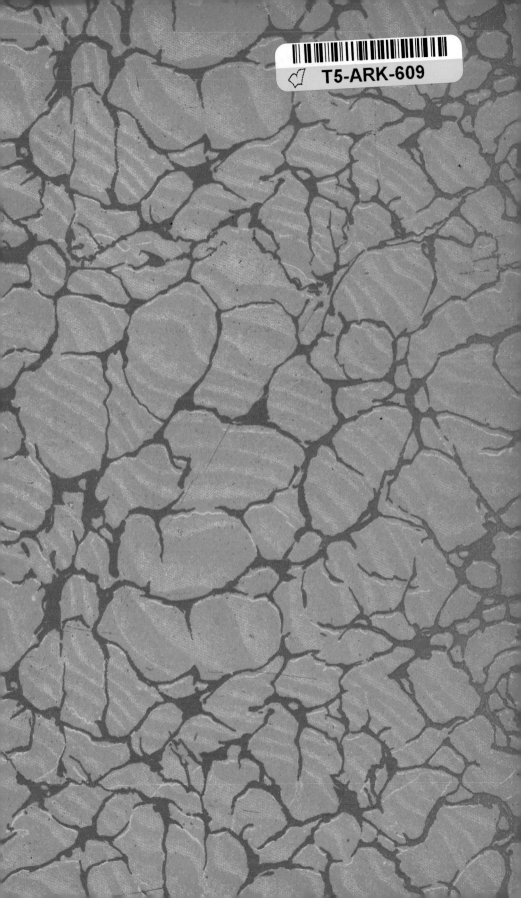

UNIVERSITÉ CATHOLIQUE
ET COLLÈGES THÉOLOGIQUES O. P. ET S. J., DE LOUVAIN

SPICILEGIUM SACRUM LOVANIENSE
ÉTUDES ET DOCUMENTS
FASCICULE 8

JEAN RIVIÈRE

PROFESSEUR A L'UNIVERSITÉ DE STRASBOURG

LE PROBLÈME
DE L'ÉGLISE ET DE L'ÉTAT
AU TEMPS DE PHILIPPE LE BEL

ÉTUDE DE THÉOLOGIE POSITIVE

LOUVAIN	PARIS
"SPICILEGIUM SACRUM LOVANIENSE"	Librairie Ancienne HONORÉ CHAMPION
BUREAUX	ÉDOUARD CHAMPION
RUE DE NAMUR, 40	QUAI MALAQUAIS, 5

1926

A. 7.

SPICILEGIUM SACRUM LOVANIENSE

ÉTUDES ET DOCUMENTS

POUR SERVIR A L'HISTOIRE DES DOCTRINES CHRÉTIENNES
DEPUIS LA FIN DE L'AGE APOSTOLIQUE JUSQU'A LA CLÔTURE DU CONCILE DE TRENTE

DIRECTION :

J. LEBON, Professeur à l'Université Catholique.
R. MARTIN, O. P., Régent du Collège Théologique O. P.
J. DE GHELLINCK, S. J., Professeur au Collège Théologique S. J.

CONSEIL :

Mgr P. LADEUZE, Recteur de l'Université Catholique.
U. BERLIÈRE, O. S. B., Abbaye de Maredsous.
C. CALLEWAERT, Président du Séminaire de Bruges.
H. DELEHAYE, S. J., Bollandiste, Bruxelles.
A. DE MEYER, Professeur à l'Université Catholique.
É. DE MOREAU, S. J., Professeur au Collège Théologique S. J.
E. REMY, Professeur à l'Université Catholique.
P. SCHAFF, O. P., Professeur au Saulchoir (Kain).
A. VAN HOVE, Professeur à l'Université Catholique.

LE SPICILEGIUM SACRUM LOVANIENSE comprend un triple genre de travaux qui paraissent en série unique :

1° Les *Études* (section A) : travaux d'ordre critique, historique, littéraire ou doctrinal, sur les écrivains, les œuvres ou les idées de la période indiquée.

2° Les *Textes* (section B) : publication de textes inédits, originaux ou versions anciennes, et réédition critique de ceux pour lesquels pareil besoin se fait sentir, soit dans la période patristique, soit dans la période médiévale.

3° Les *Documents*, ou *Instruments de travail* (section C) : travaux d'approche, nécessaires ou utiles à qui veut préparer l'édition d'un ouvrage, pénétrer son contenu, ou apprécier l'étendue et les raisons de son influence et de sa diffusion.

LE PROBLÈME DE L'ÉGLISE ET DE L'ÉTAT AU TEMPS DE PHILIPPE LE BEL

UNIVERSITÉ CATHOLIQUE
ET COLLÈGES THÉOLOGIQUES O. P. ET S. J., DE LOUVAIN

SPICILEGIUM SACRUM LOVANIENSE
ÉTUDES ET DOCUMENTS
FASCICULE 8

JEAN RIVIÈRE

PROFESSEUR A L'UNIVERSITÉ DE STRASBOURG

LE PROBLÈME
DE L'ÉGLISE ET DE L'ÉTAT
AU TEMPS DE PHILIPPE LE BEL

ÉTUDE DE THÉOLOGIE POSITIVE

LOUVAIN
"SPICILEGIUM SACRUM LOVANIENSE"
BUREAUX
RUE DE NAMUR, 40

PARIS
Librairie Ancienne HONORÉ CHAMPION
ÉDOUARD CHAMPION
QUAI MALAQUAIS, 5

1926

AVANT-PROPOS

Il est difficile d'échapper à l'impression d'un contraste quand on prend garde à la disproportion qui existe, pendant la grande période scolastique, entre le rôle effectif du pouvoir ecclésiastique et la place qu'il occupe dans les constructions des spéculatifs. Tandis que l'Église domine toute la vie religieuse et politique, que les papes exercent dans le double domaine temporel et spirituel la plus absolue suprématie, on ne voit pas que les théoriciens de la théologie et du droit, autant du moins que les sources actuellement connues permettent de se prononcer, songent à s'expliquer sur l'origine, la nature et les limites d'une autorité qui remplit à ce point les faits. Quelques principes généraux leur suffisent d'ordinaire pour en indiquer, sans autres précisions, les rapports avec l'État.

Sans doute les grands conflits du XIᵉ siècle avaient-ils déjà fourni l'occasion de soulever le problème et d'esquisser en leurs lignes essentielles les solutions antagonistes qui devaient s'affirmer dans la suite. De ces graves épisodes l'École néanmoins semble avoir surtout retenu les résultats. C'est ainsi que nombre de matériaux y préexistent, où l'on devine les éléments possibles d'une théorie du pouvoir ecclésiastique. Mais, quelque intérêt qu'on trouve à les découvrir et à les rapprocher des systématisations ultérieures, le fait demeure que, dans l'ensemble, ces matériaux ne furent pas mis en chantier et que les doctrines qu'ils recèlent restèrent tout au plus à l'état d'ébauche. Ce qui porte à croire, quand il s'agit d'une période d'activité intellectuelle comme celle-là, qu'aucune difficulté grave ne troublait la paix des esprits sur ce point.

La situation change avec le XIVe siècle, où l'on voit surgir et se multiplier les Sommes *De Potestate ecclesiastica*. Pour ne rappeler que les plus célèbres, celle d'Agostino Trionfo date probablement de 1320 et l'œuvre similaire d'Alvarez Pelayo remonte à 1332, cependant qu'à côté d'eux ou à leur suite des docteurs de plus en plus nombreux consacraient des traités à ce thème désormais classique. Une branche nouvelle vient de pousser sur le tronc de la science médiévale, qui allait être, depuis ce moment, à peine moins féconde que ne le fut, au XIIIe siècle, celle des Sommes théologiques et qui constitue sans doute la production la plus neuve de cette époque. Curieuse littérature, au demeurant, et plus riche qu'on ne pourrait le croire, où sont tracés les traits constitutifs de nos modernes traités *De Ecclesia* et remuées en sens divers toutes les questions qui intéressent les rapports du christianisme avec l'ordre social.

A lui seul, le fait avéré de cette floraison littéraire, surtout si on la compare à la stérilité relative de l'époque précédente, suffit à montrer que la théologie catholique se trouve en présence d'un problème subitement devenu brûlant et actuel : celui du pouvoir ecclésiastique en général et du pouvoir pontifical en particulier, soit en lui-même, soit dans ses relations avec le pouvoir civil.

Comme tant d'autres, ce développement ne fut d'ailleurs
point dû à l'effort désintéressé de la pensée spéculative, mais
à la pression des circonstances. De même que, plus tard, ce
sont les secousses douloureuses du grand schisme qui devaient
attirer l'attention sur la nature et les formes de la constitution
ecclésiastique, c'est un autre déchirement, d'après les conclusions actuellement reçues en histoire, qui, un demi-siècle
auparavant, aurait amené les théologiens à poser et à défendre
les droits du pouvoir spirituel : savoir la révolte de Louis
de Bavière et les écrits qui tendaient à justifier ses attentats
contre la papauté. Il avait fallu la réaction contre les entreprises
de l'État pour faire naître la théorie de l'Église.

De cette genèse il reste seulement qu'il faut avancer un peu
la date. Car, sans nier l'importance historique et théologique
du conflit soulevé par Louis de Bavière, celui-ci n'est en réalité
qu'une reprise, et un autre l'avait précédé de vingt ans, qui
présente les mêmes caractères et entraîna les mêmes conséquences : c'est le mémorable différend que la politique de
Philippe le Bel fit éclater, au début du XIVe siècle, entre Boniface VIII et la France. Les siècles précédents avaient connu
bien d'autres crises entre l'Église et l'État; mais aucune n'avait
eu de suites durables, ni trop sérieusement mis en cause les
principes admis sur les relations des deux puissances. Celle-ci,
au contraire, offre ce double intérêt qu'elle marque la ligne de
faîte entre deux époques et qu'elle provoqua une controverse
des plus ardentes, où furent examinées, de part et d'autre, toutes
les données du cas. Bien des auteurs ont étudié les côtés politiques de cette histoire : on voudrait s'attacher ici à son aspect
théologique. Pour importants qu'ils soient, les événements qui
s'y succédèrent ne prennent toute leur portée que lorsqu'on
en suit la répercussion sur les intelligences.

En eux-mêmes, les actes du pape et du roi pourraient peut-
être ne signifier qu'une collision d'intérêts. Grâce au commentaire de la polémique doctrinale qui les accompagne, on aperçoit
mieux qu'ils soulevaient, devant la réflexion des théologiens
comme devant l'activité des gouvernants, le vaste problème

des rapports de l'Église et de l'État. Peu de questions dans les temps modernes ont davantage défrayé les controverses d'école. N'est-il pas, dès lors, intéressant de la saisir au moment où elle se pose d'une manière particulièrement aiguë après de longs siècles de paix à peu près complète, où le choc d'un conflit politique plus grave a pour effet de déterminer une fermentation intellectuelle inouïe jusque-là et devient comme le réactif qui tout d'un coup précipite en systèmes, dans les esprits bien préparés, les éléments que le passé y maintenait en suspension, cependant que d'autres à côté, plus sensibles à la complexité du problème, improvisent pour le résoudre des combinaisons qui annoncent les vues auxquelles se rangent les meilleurs théologiens d'aujourd'hui ?

Cette phase à tant d'égards décisive n'a pourtant pas encore pris toute la place qui devrait lui revenir dans l'histoire générale de la question. Il est vrai qu'elle ne nous est connue que par des témoins anonymes ou de médiocre notoriété, dont les œuvres, au surplus, restées pour la plupart longtemps inédites [1], sont éparpillées dans des éditions disparates et souvent peu accessibles au commun des travailleurs. Aussi n'en est-il pas fait le moindre état dans les expositions d'ensemble consacrées aux théories politiques du moyen âge, telles que les synthèses un peu rapides de R. Blakey et d'Otto von Gierke ou les vieilles leçons d'Ad. Franck et de Paul Janet. La monumentale histoire entreprise par MM. Carlyle semble conduite de manière à devoir faire exception ; mais l'œuvre des savants auteurs n'atteint pas encore le XIIIe siècle.

Même dans les monographies plus ou moins récentes relatives aux conceptions médiévales sur les rapports de l'Église

---

[1] Qu'il suffise de rappeler que Henri de Crémone fut révélé seulement en 1903, que Jacques de Viterbe est pratiquement comme inédit, que jusqu'en 1908 les historiens les mieux informés n'ont connu le traité capital de Gilles de Rome que d'après de brèves analyses, quand ils ne se contentaient pas de la table des chapitres publiée par Ch. Jourdain.

et de l'État, cet épisode ne semble pas ou guère exister et la période de formation y est régulièrement sacrifiée à celle du plein développement. On en peut juger par les brillantes esquisses successivement tracées par Ém. Friedberg en Allemagne, Fr. Scaduto en Italie et, chez nous, par Mgr Baudrillart, qui toutes portent à peu près exclusivement sur l'époque de Louis de Bavière et font débuter ce problème de théologie politique avec les thèses contradictoires d'Agostino Trionfo et de Marsile de Padoue. Et le risque est, dès lors, évident que les humbles protagonistes de la première heure s'éclipsent devant les noms plus glorieux de la génération qui les suivit.

L'état actuel des études historiques permet de voir plus juste et de remonter plus haut. Depuis une vingtaine d'années surtout, les publications parallèles de MM. Richard Scholz et Henri Finke sont venues ajouter un lot assez considérable d'inédits aux textes déjà contenus dans les anciennes collections de Schard, de Goldast et de Pierre Dupuy. Leurs recherches, continuées et contrôlées par divers spécialistes tels que MM. H. Grauert et M. Krammer, ont précisé plus exactement la date des ouvrages et l'identité des auteurs. Ainsi se révèle peu à peu l'importance et la richesse du mouvement doctrinal qui se produisit en France autour de Philippe le Bel.

Il s'en faut néanmoins que soient encore exploitées toutes les ressources que cette littérature peut fournir pour éclairer l'histoire et peut-être l'origine des théories du pouvoir pontifical. Utiles, en effet, et souvent excellentes du point de vue littéraire, ces études manquent trop souvent, pour ne pas dire toujours, d'ouverture sur l'ensemble de la question théologique dont cette controverse fait partie.

La dernière en date et de beaucoup la meilleure, celle de R. Scholz, qui a rendu tant et de si précieux services [1], se

---

[1] Cependant, même en Allemagne, avec bien des éloges l'ouvrage a recueilli de sérieuses critiques. Voir, en particulier, les recensions très serrées que lui

présente comme une série de notices où sont réunis tous les renseignements biographiques et bibliographiques relatifs à nos publicistes, complétées par un dépouillement minutieux des diverses idées contenues dans leurs écrits. Procédé tout empirique de nomenclature, qui aboutit d'abord à mettre sur le même plan leurs thèmes essentiels et leurs conceptions les plus accessoires, sur le régime de l'État, par exemple, ou le droit de propriété, puis à traiter suivant la même méthode et pour ainsi dire avec les mêmes égards des théologiens tels que Jean de Paris ou Henri de Crémone et de simples pamphlétaires comme Nogaret ou Pierre Dubois, dont l'œuvre n'offre presque pas de caractère doctrinal [1]. Aussi, sans parler des méprises qui proviennent de ses préjugés confessionnels, l'auteur ne semble-t-il pas avoir aperçu le problème plus général qui encadre et domine les détails dont il dresse le consciencieux répertoire, ni, par conséquent, rien tenté pour en situer les solutions dans le développement théologique dont cette doctrine fut l'objet [2].

Volontairement enfermé dans le cadre strict de la littérature issue des affaires de France, il n'a surtout pas pris garde, malgré les suggestions faites dix ans auparavant par Carlo Cipolla, que, vers le même temps et en dehors de tout conflit grave, le problème de l'Empire provoquait ailleurs un mouvement de tous points symétrique, auquel est associé le nom illustre de Dante, et que cette coïncidence commandait un rapprochement. Divers mémoires publiés à l'occasion des fêtes jubilaires de 1921 ont rappelé très à propos l'attention sur les théories politiques et ecclésiastiques de l'illustre poète florentin et mis

---

consacrent M. KRAMMER, dans *Mitteilungen für österreichische Geschichtsforschung*, t. XXVII, 1906, p. 701-710, et J. HALLER, dans *Historische Zeitschrift*, t. XCIX, 1907, p. 366-380.

[1] Henri de Crémone y est traité en treize pages (p. 152-165), juste aussi longuement que Guillaume de Nogaret (p. 363-375). Jean de Paris reçoit cinquante-sept pages (p. 275-333), moins que Pierre Dubois (p. 375-443).

[2] Très loyalement l'auteur reconnaît d'ailleurs lui-même (préface, p. V-VI) le caractère analytique de son œuvre, se reposant pour la compléter sur les publications depuis longtemps annoncées de M. Digard, qui n'ont malheureusement jamais vu le jour.

en nouvelle évidence les liens qui les unissent aux discussions écloses dans les milieux français. Il n'est plus possible de comprendre adéquatement celles-ci sans les comparer avec celles-là.

En utilisant comme il convient ces travaux d'approche et ces explorations fragmentaires, il y a donc lieu de marquer le point central du débat que fit surgir la politique de Philippe le Bel, de préciser les positions diverses prises à son endroit par les docteurs qui l'abordèrent au nom de la tradition chrétienne, d'en noter les attaches avec le passé et les destinées dans l'avenir. Il n'importe pas moins d'étendre l'horizon dans l'espace que de l'élargir dans le temps. Car les résultats de cette première enquête peuvent et doivent être mis en rapport avec les courants qui agitaient alors les esprits en terre d'Empire. Double phénomène dont l'éclosion simultanée traduit l'action de causes analogues et dont la convergence se révèle au moins averti comme un signe des temps. En un mot, la synthèse reste à faire, dont tant de laborieuses analyses ont préparé les matériaux. Après que les méritoires efforts de l'érudition moderne ont établi l'inventaire sommaire du dossier, il reste à en reprendre les pièces pour en dégager la signification doctrinale et, dans ce chapitre assez mouvementé d'histoire littéraire, montrer un des tournants de la pensée théologique sur le problème spéculatif de l'Église et de l'État.

Cette synthèse fera l'objet du présent ouvrage. Il s'adresse avant tout aux théologiens, comme modeste contribution à l'histoire de l'une de nos doctrines les plus importantes et les plus discutées. Peut-être par surcroît ne sera-t-il pas sans quelque utilité pour tous ceux qui s'intéressent au mouvement des idées médiévales et spécialement à la vitalité intellectuelle de notre pays, en faisant connaître dans toute son ampleur et sa variété une controverse qui eut en France son principal foyer avant de faire sentir son influence sur la pensée et la vie de l'Église entière à travers les siècles suivants.

Il reste à l'auteur l'agréable devoir de payer sa dette de reconnaissance en remerciant le R. P. de Ghellinck pour avoir bien voulu, non seulement faciliter à ce travail l'hospitalité du *Spicilegium*, mais contribuer par de précieuses suggestions à le rendre moins imparfait.

STRASBOURG, *Université*,

1ᵉʳ octobre 1925.

J. RIVIÈRE.

LISTE DES ABRÉVIATIONS

Archiv — *Archiv für Literatur und Kirchengeschichte des Mittelalters*. Berlin et Fribourg en Brisgau, 1885-1893.

Bulletin du jubilé — *Bulletin du jubilé* pour la célébration du 6ᵉ centenaire de Dante Alighieri, Paris, 1921.

CARLYLE — *A history of mediaeval political theory in the West*, t. I-IV. Édimbourg et Londres, 1903-1922.

DAUNOU — *Essai historique sur la puissance temporelle des papes*, Paris, 3ᵉ édit., 1811.

DUPUY — *Histoire du différend d'entre le pape Boniface VIII et Philippes le Bel roy de France*. Preuves, Paris, 1655.

FÉRET — *La faculté de théologie de Paris*. Moyen Age, t. III, Paris, 1896.

FINKE — *Aus den Tagen Bonifaz VIII*, Munster, 1922.

FRIEDBERG — *Corpus iuris canonici*, Leipzig, 1879-1881.

GIERKE — *Les théories politiques du moyen âge*, traduction J. DE PANGE, Paris, 1914.

GOLDAST — *Monarchiae s. Romani Imperii sive tractatus de iurisdictione imperiali, regia et pontificia seu sacerdotali*, t. I-III, Francfort, 1668.

GRAEFE — *Die Publizistik in der letzten Epoche Kaiser Friderichs II*, Heidelberg, 1909.

HAUCK — *Der Gedanke der päpstlichen Weltherrschaft bis auf Bonifaz VIII*, Leipzig, 1904.

HEFELE-LECLERCQ — *Histoire des conciles*, Paris, 1907 et suiv.

HOLTZMANN — *Wilhelm von Nogaret*, Fribourg en Brisgau, 1898.

JAFFÉ-WATTENBACH — *Regesta Pontificum Romanorum*, t. I-II, Leipzig, 1885.

KRAMMER — *Determinatio compendiosa de iurisdictione imperii*, Hanovre et Leipzig, 1909.

LAVISSE — *Histoire de France*, t. III, II, Paris, 1911.

Libelli de lite — *Libelli de lite Imperatorum et Pontificum saeculis XI et XII conscripti*, dans les MGH, série in-4°, Hanovre, 1891-1897.

MGH — *Monumenta Germaniae historica*, Hanovre, 1826 et suiv.

MANSI — *Sacrorum conciliorum nova et amplissima collectio*, réédition H. Welter, Paris, 1901 et suiv.

PL   *Patrologiae cursus completus*, accurante J.-P. Migne, série
                latine, Paris, 1844-1869.

PERUGI   *Il De regimine christiano di Giacomo Capocci Viterbese*,
                Rome, 1914-1915.

PITHOU   *Preuves des libertez de l'Église gallicane*, Paris, 2e édit.,
                1651.

Registres   DIGARD, FAUCON et THOMAS, *Les Registres de Boni-
                face VIII*, t. I-III, Paris, 1884-1921.

ROCCABERTI   *Bibliotheca maxima pontificia*, 21 volumes, Rome, 1695-
                1699.

SCADUTO   *Stato e Chiesa negli scritti politici della fine della lotta per
                le investiture sino alla morte di Ludovico il Bavaro
                (1122-1347)*, Florence, 1882.

SCHOLZ   *Die Publizistik zur Zeit Philipps des Schönen und Boni-
                faz VIII*, Stuttgart, 1903.

WINKELMANN   *Acta Imperii inedita*, Innsbruck, 1880-1885.

INTRODUCTION

LA DOCTRINE DES DEUX POUVOIRS
AU COURS DU MOYEN AGE

SOMMAIRE. — Réalisation progressive, dans les idées et les faits, de l'empire de l'Église sur l'ordre politique. — I. *Période de formation.* Premiers germes de la suprématie pontificale : Léon IX ; saint Pierre Damien. Causes sociales et religieuses de son avènement. Grégoire VII et Henri IV. Controverse qui s'ensuit : son caractère polémique ; son importance doctrinale. — II. *Période de développement.* Les papes du XIIᵉ siècle. Premières théories : simple coordination, esquisse du pouvoir directif. A l'encontre, affirmation croissante de la suprématie pontificale dans la théologie et le droit canonique. Action et doctrine d'Innocent III : la *plenitudo potestatis* ; son application au temporel *ratione peccati*. — III. *Période d'épanouissement : Chez les Papes.* Grégoire IX, Innocent IV et Frédéric II. Défense du droit impérial par Pierre de la Vigne ; réponse d'Innocent IV : sa doctrine du pouvoir pontifical. — IV. *Période d'épanouissement : Dans l'École.* Chez les théologiens : Alexandre de Halès, saint Thomas d'Aquin. Chez les canonistes : Premières décrétales, l' « Hostiensis », Durand de Mende. Opposition des légistes. — Équilibre instable des esprits à la fin du XIIIᵉ siècle.

« Rendez à César ce qui est à César et à Dieu ce qui est à Dieu [1]. » Historiens et philosophes marquent à l'envi l'importance de la révolution que cette parole de l'Évangile introduisait dans la conception de l'ordre social. A l'encontre du despotisme antique, pour lequel la religion n'était qu'un instrument au service de la cité, le Christ affirmait la distinction des deux domaines, politique et religieux. De cette distinction devait suivre par voie de conséquence, aussitôt que serait organisée l'Église, l'indépendance respective des deux pouvoirs qui veillent aux intérêts spirituels et aux intérêts temporels de l'humanité.

Le christianisme a bien réalisé cette logique interne de son principe constitutif. Et non pas seulement dans cette période

---

[1] MATTH., XXII, 21.

héroïque d'idéalisme où il professait pour les choses de la vie
civile la plus superbe indifférence, mais encore lorsque les
circonstances le mirent en mesure de donner son plein développement social à l'esprit dont il était porteur. Si l'Église se
fit volontiers l'auxiliaire et l'inspiratrice morale de l'Empire
devenu chrétien, qui la couvrait à son tour de sa protection,
l'union, pour intime qu'elle fût, n'alla jamais jusqu'à la confusion [1]. Il fut toujours admis, comme le disait, à la fin du
Ve siècle, le pape Gélase, qu'« il y a deux principes par lesquels
est souverainement gouverné le monde : la sainte autorité des
pontifes et le pouvoir royal [2] ». Sans doute on reconnaissait
au pouvoir spirituel une incomparable excellence ; mais cette
supériorité n'allait qu'à protéger l'autonomie des consciences
contre les envahissements de l'État. « Depuis l'avènement de
celui qui a véritablement uni [en lui-même] le sacerdoce et
la royauté, l'empereur a cessé de s'arroger les droits du pontificat et le pontife d'usurper le titre impérial [3]. » Formule que
reprenait encore, quatre siècles plus tard, le pape Nicolas Ier
dans une lettre [4] à l'empereur Michel III. A l'adresse des
Césars byzantins, qu'il s'agissait de rappeler au respect de
l'ordre spirituel, cette déclaration avait la saveur d'un euphé-
misme discret ; mais, pour ce qui regarde l'Église et la papauté,
elle était à la fois l'expression réfléchie d'une doctrine et la
constatation loyale d'une réalité [5].

---

[1] Voir CARLYLE, *A history of mediaeval political theory*, t. I, p. 175-193, qui
fait bien ressortir ce qu'il appelle le « *strict dualism* » de cette doctrine.

[2] *Epist.*, 8 (PL, LIX, 42, A) : « Duo sunt... quibus principaliter mundus hic
regitur : auctoritas sacra pontificum et regalis potestas. » Cfr G. KISSLING,
Das Verhältnis zwischen Sacerdotium und Imperium... von Leon I bis Gelasius I,
Paderborn, 1921, p. 122-149.

[3] ID., *Tomus de anathematis vinculo (ibid.*, 109) : « Cum ad verum ventum
est regem atque pontificem, ultro sibi nec imperator iura pontificatus arripuit,
nec pontifex nomen imperatorium usurpavit. » Autres références semblables
de l'époque patristique dans GIERKE, *Les théories politiques du moyen âge*, traduct.
J. DE PANGE, p. 138, n. 72.

[4] *Epist.*, 86 (MGH, *Epist.*, t. VI, p. 486 ; PL, CXIX, 960) ; cfr A. GREINACHER,
Die Anschauungen des Papstes Nicolas I, p. 17-40.

[5] Voir CARLYLE, t. I, p. 253-261, qui montre comment la « *dualistic theory* »
du pape Gélase est, au total, encore régulatrice au début du IXe siècle.

Par suite de quelle évolution l'Église en est-elle venue à exercer sur l'État l'emprise la plus effective, à faire entrer dans sa mission, non seulement le sacre des souverains, mais encore la vérification de leur légitimité et le contrôle de leur gouvernement, à trouver en elle le droit et la force de juger et de censurer leur conduite, d'invalider leurs actes et, dans les cas extrêmes, de prononcer leur déposition ? Il serait difficile de le dire exactement et, dans cette manière nouvelle d'entendre la supériorité du spirituel sur le temporel, il faut sans doute faire leur part aux courants divers dont l'action combinée a produit la civilisation médiévale. Toujours est-il qu'à la surprise des historiens dominés par le culte des principes qu'il est convenu d'appeler « modernes », comme jadis au scandale des croyants imbus de traditions gallicanes, cette conception élargie de la juridiction ecclésiastique a inspiré pendant plus de deux siècles, depuis Grégoire VII jusqu'à Boniface VIII, toute la théorie et toute la pratique du pouvoir pontifical [1]. Non pas qu'elle fût encore systématisée ; mais, partout sous-jacente à l'action des papes, on la voit s'affirmer, à l'occasion, sous leur plume et, par ce double canal, se faire une place de plus en plus distincte jusque dans la pensée des spéculatifs qui, en ce moment-là même, travaillent à construire le système du monde chrétien ou à codifier les lois de son gouvernement.

Il ne saurait entrer dans notre plan d'étudier en détail les formes variées qu'a pu prendre, au cours du moyen âge, la théologie des deux pouvoirs. Chacun de ses témoins mériterait une monographie consacrée à réunir les éléments épars de sa doctrine, afin d'en préciser la signification dans un mouvement

---

[1] Pour désigner tout système qui, sous une forme ou sous une autre, accorde à l'Église, au nom de l'autorité divine qu'elle représente, une juridiction effective sur les personnes et les choses de l'ordre politique, par opposition à ceux qui bornent son action au domaine de la conscience individuelle, les historiens du dehors et souvent même ceux du dedans emploient couramment le terme de « théocratie » et ses dérivés. Dans le même sens, les auteurs allemands parlent de « hiérocratie » et de « système hiérocratique ». Toutes expressions qui demanderaient à être précisées pour n'être pas équivoques et qui n'ont pas cours dans la langue de la théologie.

d'ensemble qui, pour être constant, ne fut pas toujours uniforme. En attendant ces analyses, qui seules permettront de se rendre un compte exact de ce que fut, aux XIIᵉ et XIIIᵉ siècles, la théorie de l'Église et de l'État, il nous a paru nécessaire d'en rappeler ici les manifestations les plus saillantes et, sans prétendre en raconter l'histoire, d'en esquisser les principaux traits, ne fût-ce que pour mieux comprendre, en la situant dans son contexte historique, la crise qui allait subitement faire passer ce problème au grand jour de la discussion et soumettre l'idéal politique du moyen âge à un dur assaut, d'où ses triomphes séculaires et la vaillance de ses apologistes ne l'empêcheraient pas de sortir gravement ébranlé.

I

C'est à Grégoire VII que remontent les premières revendications impératives de l'autorité du pape sur le temporel des rois. Les auteurs mêmes qui s'attachent à lui chercher des précédents doivent reconnaître que « ce pontife et ses successeurs ont fait une application plus rigoureuse de ces maximes qu'on ne l'avait fait avant eux [1] ».

De fait, aucun pape jusque-là n'avait porté contre les souverains délinquants autre chose que des censures spirituelles et les théologiens se contentaient d'affirmer, suivant la formule des premiers siècles, l'indépendance des deux pouvoirs, complétée par l'excellence théorique du pouvoir pontifical. Témoin saint Pierre Damien, qui, en plein mouvement réformiste, présente encore le Sacerdoce et l'Empire comme les deux puissances qui gouvernent le monde suivant la double nature de l'homme, *humanum genus per hos duos apices in utraque substantia regitur*, et se borne à faire des vœux pour leur concorde

---

[1] GOSSELIN, *Pouvoir du pape*, p. 509; cfr p. 445. Parmi les précurseurs de Grégoire VII, Nicolas Iᵉʳ mérite un rang tout spécial; voir ROCQUAIN, *La papauté au moyen âge*, p. 54-75. De ce chef, son pontificat figure en bonne place parmi les « entreprises des papes du IXᵉ siècle » dans DAUNOU, *Essai historique sur la puissance temporelle des papes*, t. I, p. 62-71; cfr GREINACHER, *Die Anschauungen...*, p. 40-69.

mutuelle, le souverain pontife n'ayant d'autre supériorité que celle du père sur son enfant : *ille tamquam parens paterno semper iure praeemineat* [1]. Déjà cependant il lui arrive de dire que le Christ a confié à Pierre *terreni simul et caelestis imperii iura* [2]. Quelques années auparavant, Léon IX parlait en termes tout semblables de cet « empire à la fois terrestre et céleste », de ce « sacerdoce royal » qui appartient au Saint-Siège [3]. Par où l'un et l'autre voulaient peut-être marquer seulement que la juridiction de Pierre, aux termes de la promesse évangélique, atteint à la fois la terre et le ciel. Mais ces formules ne sont-elles pas singulièrement prégnantes? Sans énoncer encore expressément le droit de l'Église sur le temporel, elles nous mettent sur le chemin qui devait y mener [4].

L'étape ne fut pas longue. Pour comprendre comment elle a été franchie, on a beaucoup invoqué le régime politique de l'époque médiévale. Il est certain que le système féodal, en établissant le principe de la souveraineté sur les relations de vassal à suzerain, était fait pour donner aux valeurs morales une place de premier plan et, en concevant une hiérarchie de souverainetés concentriques, habituait les esprits à poser au sommet de la pyramide sociale un suprême suzerain duquel tous les autres tenaient ensuite leur pouvoir [5]. Pour prédisposée que fût la matière politique, encore avait-elle besoin d'une forme : c'est le principe religieux qui la fournit. Il faut donc s'élever plus haut, pour comprendre ce que devait être l'épanouissement de l'esprit chrétien dans une société unanimement croyante et

---

[1] *Opusc.*, IV (PL, CXLV, 86-87).

[2] *Ibid.* (PL, CXLV, 68) et *Opusc.*, V (*ibid.*, 91). Sur le sens de cette expression célèbre, voir plus bas, appendice I, p. 387-393.

[3] *Epist.*, C, 13 (PL, CXLIII, 752) : « Vobis satisfactum esse debuit de terreno et caelesti imperio, immo de regali sacerdotio sanctae romanae et apostolicae Sedis. »

[4] La première surtout est à retenir; car elle est entrée dans les collections canoniques sous le nom du pape Nicolas II et, de ce chef, a exercé une grande action sur les théologiens postérieurs.

[5] Sur l'influence du système féodal, voir BLAKEY, *The history of the political Litterature*, t. I, p. 249-264.

dont tous les membres entendaient faire de leur foi la loi de leur vie publique.

Saint Paul avait dit que « tout pouvoir vient de Dieu » et que ses détenteurs sont les « ministres » de l'œuvre divine [1]. Ce principe devait entraîner une double conséquence. D'une part, le pouvoir prenait un caractère sacré et le souverain se trouvait investi d'une mission religieuse : comment son premier devoir n'eût-il pas été de mettre au service de Dieu la puissance qu'il tenait de Dieu ? En même temps, la nature de ses obligations lui imposait toutes les conditions nécessaires pour s'en bien acquitter : comment aurait-il pu être le digne ministre de Dieu s'il n'était d'abord son loyal serviteur ?

Ces données du mysticisme chrétien ne se séparaient pas, au moyen âge, de leur réalisation ecclésiastique. Dieu avait ses représentants dans l'Église et, en particulier, dans le pape son chef. Il faudrait pouvoir réaliser ce que représentait la qualité de vicaire du Christ et de suprême pasteur des âmes à une époque où la piété populaire plus encore que la communication des idiomes saluait dans le Christ le roi du monde, où chacun tenait que les intérêts du corps sont subordonnés à ceux de l'âme et que la terre doit servir le ciel. Ainsi le pape devait avoir, du chef de sa mission, une sorte d'intendance universelle sur les personnes et les choses d'ici-bas. Dès lors, comment sa compétence aurait-elle pu s'arrêter au seuil de l'ordre public, de tous le plus important ?

Il n'y avait qu'un pas à faire pour conclure qu'il en était le maître. Dès l'époque carolingienne, les rois passaient pour être *ab episcopis instituti* [2], et réciproquement Charles le Chauve admettait pouvoir être destitué par leur jugement [3]. Le pape ne devait-il pas disposer de ce pouvoir dans l'Église entière ? Conviction religieuse d'où procède cette fameuse donation où

---

[1] *Rom.*, XIII, 1 et 4.

[2] RATHIER DE VÉRONE, *Praeloquia*, IV, 2 (PL, CXXXVI, 249). Voir dans A. FLICHE (*La réforme grégorienne*, t. I, p. 82-89) l'exposé de sa doctrine sur la prééminence spirituelle du sacerdoce.

[3] *Liber proclamationis adversus Wenilonem*, 3 (MGH, *Leges*, Sect. II, t. II, n. 300, p. 451).

Constantin était censé abandonner au pape l'empire de l'Occident [1]. Justement, c'est à partir du IXe siècle que les Fausses Décrétales commençaient à en vulgariser le texte; mais on ne s'expliquerait pas le succès de cette pièce légendaire sans la psychologie spéciale qui lui donna naissance et en assura le crédit [2]. Invoquée plus tard comme un titre juridique, elle fut d'abord l'expression et le fruit d'un sentiment mystique. Quels que soient les services de renfort qu'elle ait pu rendre à l'extension ou à la justification du pouvoir pontifical, la *Donatio Constantini* est un effet avant d'être une cause. Pour le christianisme médiéval, le vrai roi du monde ne saurait être que le Christ et son vicaire.

En tous cas, du moment que le souverain devait honorer l'Église et collaborer avec elle, l'Église ne pouvait pas ne pas avoir qualité pour se faire l'interprète de la volonté divine en tout ce qui regardait la poursuite correcte de cette fin. Mère et juge de toutes les âmes, elle devait avoir un souci spécial des plus élevées, savoir les âmes royales. Préposée au règne de Dieu sur la terre et désireuse d'ordonner vers ce but toute l'activité humaine, de qui pouvait-elle attendre un meilleur concours ou de plus sérieux obstacles que de la part des gouvernants? Il était normal qu'elle pût surveiller et, au besoin, censurer leur conduite [3]. Les peuples admettaient d'ailleurs, au moins en théorie, que toute la vie présente dût les préparer aux destinées éternelles et les rois eux-mêmes, en demandant à l'Église de sacrer leur autorité naissante, lui donnaient ou lui reconnaissaient un droit de tutelle morale sur le reste de leur gouvernement. Tout conspirait pour étendre au domaine

---

[1] Texte dans P. HINSCHIUS, *Decretales Pseudo-Isidorianae*, Leipzig, 1863, p. 249-254. Léon IX et Pierre Damien l'utilisent déjà dans les textes rapportés ci-dessus; mais Grégoire VII ne s'en est jamais servi (DÖLLINGER, *Die Papst-Fabeln des Mittelalters*, Munich, 1864, p. 77-78).

[2] Cfr A. HAUCK, *Der Gedanke der päpstlichen Weltherrschaft*, p. 3-4.

[3] Dans le droit chrétien strict, l'excommunication entraîne la suspension de tous les rapports sociaux. Voir Fr. KOBER, *Der Kirchenbann*, Tubingue, 1863, p. 376-390. Et ce droit était effectivement réalisé au moyen âge; cfr HERGENRÖTHER, *Katholische Kirche und christlicher Staat*, p. 187-198. Un souverain excommunié était dès lors pratiquement déposé.

politique comme aux autres la mission d'une Église dont personne alors n'eût voulu contester les titres surnaturels [1].

De tous les souverains, l'empereur était celui qui devait avoir à l'égard de l'autorité ecclésiastique la sujétion la plus étroite. C'est la papauté qui avait rétabli la dignité impériale en Occident. Dépendance originelle que chacun de ses détenteurs successifs venait entériner à son tour : en vertu d'un usage élevé à la hauteur d'une règle de droit public, c'est seulement après la cérémonie du sacre que le roi de Germanie pouvait se dire empereur et être obéi comme tel. Au demeurant, sa fonction propre était d'être l' « avoué » de l'Église et celle-ci lui conférait à ce titre, sur les souverains de la chrétienté, une vague prééminence qui pouvait facilement se transformer en juridiction [2]. Comment le pape n'eût-il pas eu tous les droits à demander compte à l'empereur d'une gestion dont il lui avait délégué le soin ?

Tant que l'accord existait entre les deux puissances, soit que l'empereur fût docile, soit que le pape fût faible ou accommodant, le principe inhérent à l'idée même d'une société chrétienne n'avait pas l'occasion d'affirmer toutes ses conséquences. Mais qu'un pontife énergique se trouvât en présence d'un souverain devenu l'ennemi de l'œuvre sainte dont il devait être l'auxiliaire, l'auteur ou le complice des désordres qu'il avait mission d'extirper, c'était le conflit et, par là-même, l'heure pour le vicaire du Christ de manifester la plénitude

---

[1] Cette tendance était vérifiable dès le IXe siècle dans les idées et les faits. Voir Hauck, *Der Gedanke der... Weltherrschaft*, p. 4-25 ; Carlyle, t. I, p. 273-287, et surtout H. Lilienfein, *Die Anschauungen von Staat und Kirche im Reich der Karolinger*, Heidelberg, 1902, p. 83-152. — Elle s'affirme davantage dans la déclaration du cardinal Humbert : « Sacerdotium in praesenti Ecclesia assimilari animae, regnum autem corpori... Ex quibus sicut praeeminet anima et praecipit corpori, sic sacerdotalis dignitas regali » (*Adversus simoniacos*, III, 21 ; *Libelli de lite*, t. I, p. 225 ; PL, CXLIII, 1175). Cfr A. Fliche, *La réforme grégorienne*, t. I, p. 304-305, qui conclut : « Grégoire VII sera le disciple de Humbert, tout en dépassant de beaucoup son maître. »

[2] Voir A. Diemand, *Das Ceremoniell der Kaiserkrönungen von Otto I bis Friedrich II*, Munich, 1894, p. 104-107, et, à la suite (*ibid.*, p. 108-123), les formules du serment prêté par l'empereur avant le sacre.

de son pouvoir. C'est ce qui arriva entre l'empereur Henri IV et le pape Grégoire VII [1].

Longtemps il fut à la mode de flétrir le despotisme d'Hildebrand. On ne conteste plus guère aujourd'hui qu'il ait été mû par le désir d'assurer la réforme du corps ecclésiastique et, pour cela, de briser cet assujettissement au pouvoir séculier où il voyait, non sans raison, la racine de tout le mal. Peu de princes, au demeurant, furent plus éloignés que Henri IV du type de l'empereur chrétien. Ses exactions, ses cruautés l'avaient rendu odieux à ses principaux barons; les promotions simoniaques et les attentats aux libertés ecclésiastiques dont il était coutumier faisaient de lui un obstacle direct à la réforme. C'est pourquoi Grégoire VII n'hésita pas à intervenir : par les remontrances et les menaces d'abord, puis par les sanctions. Une première fois en 1076, le monarque rebelle était frappé d'excommunication et privé de son titre impérial. Sentence qui fut renouvelée et rendue définitive en 1080, après l'éphémère pénitence de Canossa.

On s'est beaucoup demandé entre théologiens de quel droit le pape s'autorisait pour prendre de pareilles mesures. Le texte de son premier verdict ne laisse place à aucun doute :

« Beate Petre, apostolorum princeps..., credo quod mihi tua gratia est potestas a Deo data ligandi atque solvendi in caelo et in terra. Hac itaque fiducia fretus,... ex parte omnipotentis Dei... per tuam potestatem et auctoritatem, Henrico regi... totius regni Teutonicorum et Italiae gubernacula contradico, et omnes christianos a vinculo iuramenti quod sibi fecere vel facient absolvo, et ut nullus ei sicut regi serviat interdico... Et quia sicut christianus contempsit obedire... vinculo eum anathematis vice tua alligo [2]. »

Difficilement on souhaiterait formule plus nette. Le pape ne

---

[1] Sur les conceptions de Grégoire VII, voir HEFELE-LECLERCQ, Histoire des conciles, t. V, 1, p. 68-86; CARLYLE, t. IV, p. 165-210; et surtout les publications successives, désormais classiques, de M. A. FLICHE, Études sur la polémique religieuse, p. 321-342; Saint Grégoire VII, p. 144-167; La réforme grégorienne, t. I, p. 383-384 et t. II, p. 189-196, 284-286, 309-324, 389-413. Longue apologie dans BIANCHI, Della potestà... della Chiesa, t. I, p. 231-498.

[2] Conc. Rom. III (MANSI, t. XX, c. 468-469; PL, CXLVIII, 790).

laisse pas à d'autres, suivant certaine théorie qui eut jadis quelque succès, le soin de tirer les conséquences politiques de ses anathèmes spirituels. On remarquera même que, dans cette première sentence, l'excommunication vient seulement en dernier lieu ; directement le pape va aux réalités de l'ordre tangible. Il entend que le souverain indigne soit déchu de son commandement et ses sujets positivement relevés de toute obéissance à son endroit. Tout cela par un acte formel de sa volonté : *contradico, absolvo, interdico*. Et le fondement de cette autorité n'est autre que le souverain pouvoir de lier et de délier qu'il a hérité de Pierre [1]. C'est dire que Grégoire VII n'entend pas sortir de l'ordre religieux, mais aussi que l'ordre temporel est inclus pour lui dans son prolongement [2].

La sentence de 1080 traduit ce sentiment d'une manière, s'il est possible, encore plus explicite. On y trouve les mêmes formules autoritaires, mais, cette fois, dans l'ordre qui nous est habituel.

« ...Henricum... excommunicationi subicio et anathematis vinculis alligo ; et iterum regnum... interdicens ei, omnem potestatem et dignitatem illi regiam tollo, et ut nullus christianorum ei sicut regi obediat interdico, omnesque... a iuramenti promissione absolvo. »

Puis le pape s'adresse en ces termes aux membres du concile qui l'entourent :

« Agite nunc... ut omnis mundus intelligat et cognoscat quia, si potestis in caelo ligare et solvere, potestis in terra imperia, regna, principatus... et omnium hominum possessiones pro meritis tollere unicuique et concedere. Vos enim patriarchatus, primatus, archiepiscopatus frequenter tulistis pravis et indignis, et religiosis viris dedistis. Si enim spiritualia iudicatis, quid de saecularibus vos posse credendum est [3] ? »

---

[1] Invoquer ici la situation politique du pape (par exemple KOBER, *Die Kirchenbann*, p. 403) est une illusion de perspective due à la conception moderne de l'excommunication et de ses suites.

[2] En même temps, par une suite des plus logiques, Grégoire VII réclamait le droit de confirmer l'élection de l'empereur et d'approuver la personne de l'élu. Voir ENGELMANN, *Der Anspruch der Päpste auf Konfirmation und Approbation*, p. 3-11.

[3] *Conc. Rom.* VII, 7 (MANSI, t. XX, c. 535-536 ; PL, CXLVIII, 818).

C'est bien la même conviction fondamentale : l'autorité du Saint-Siège en matière religieuse entraîne *a fortiori* son autorité en matière politique [1]. Mais entre l'ordre spirituel et son épanouissement temporel on aperçoit ici l'intermédiaire de l'ordre moral, qui amorce une théorie d'une hardiesse trop peu remarquée. Parce qu'il est arbitre des consciences, il appartient au pape de prononcer sur les « mérites » de chacun et de régler en conséquence le régime des autorités et des biens. Droit souverain qui s'applique à la répartition des fonctions civiles comme des dignités ecclésiastiques. Ce qui suppose, au total, un système du monde établi sur ce double postulat que personne n'a le droit de commander ou de posséder s'il n'en est digne et que, de cette dignité, c'est le pape qui est juge au nom de Dieu [2]. Si cette déclaration jetée en passant ne semble pas avoir eu d'échos, ni dans la pensée de son auteur ni dans celle des théologiens qui le suivirent immédiatement, elle n'en mérite pas moins d'être retenue comme première indication et peut-être comme germe de la métaphysique sociale que nous verrons s'afficher plus tard.

Après avoir affirmé comme chef cette plénitude de son pouvoir pontifical, Grégoire VII fut amené à la défendre en théologien. C'est l'objet de ses deux lettres à Herman, évêque de Metz [3]. On s'étonnait qu'il eût osé excommunier le roi et délier ses sujets de leur serment. Grégoire renvoie d'abord ses contradicteurs *ad sanctorum Patrum dicta vel facta* : preuve de tradition où figurent au même titre des faits aussi disparates que la

---

[1] Doctrine résumée d'avance dans les formules lapidaires des *Dictatus papae*, dont l'authenticité est aujourd'hui reconnue : « Quod illi liceat imperatores deponere... Quod a fidelitate iniquorum subiectos potest absolvere. » (*Dictatus* 12 et 27 ; édit. CASPAR, II, 55a, p. 204 et 206 ; PL, CXLVIII, 408).

[2] On voit transparaître le même principe dans les considérants de la première sentence : « ...Ut nullus ei sicut regi serviat interdico. Dignum est enim ut qui studet honorem Ecclesiae..., imminuere, ipse honorem amittat quem videtur habere. »

[3] *Epist.*, IV, 2, et VIII, 21 (édit. CASPAR, p. 293-297 et 544-563 ; PL, CXLVIII, 454-456 et 594-602). La première est écrite après la sentence de 1076, la seconde après celle de 1080. Elles énoncent, à quelques détails près, la même doctrine et peuvent, dès lors, être synthétisées sans inconvénient.

« déposition » de Childéric par le pape Zacharie et la pénitence
imposée par saint Ambroise à Théodose. Il en appelle surtout
aux pouvoirs concédés par le Christ à saint Pierre, qui ne
comportent aucune exception, ni pour les objets, ni pour les
personnes : *nullum excepit, nihil ab eius potestate subtraxit.*
Enfin il argumente sur la portée logique des privilèges afférents
à l'autorité spirituelle : *si sancta Sedes Apostolica... spiritualia
decernens diiudicat, cur non et saecularia ?* D'autant que le
pouvoir séculier est le plus souvent issu du démon et inspiré
par son esprit. Quand on pense qu'un simple exorciste, en
tant que *spiritualis imperator*, a reçu de Dieu l'empire sur
Satan et tous ses suppôts, à plus forte raison le pontife suprême
est-il le juge naturel des péchés des rois : *Si reges pro peccatis
sunt iudicandi, a quo rectius quam a Romano Pontifice iudicari
debent ?* Mais, en dehors de cette circonstance accidentelle,
le sacerdoce chrétien a sur la royauté une excellence de nature :
*Quis dubitet sacerdotes Christi regum et principum omniumque
fidelium patres et magistros censeri ?*

Pas un instant, on le voit, le pape n'est sorti du domaine
spirituel : son but est de revendiquer l'autorité de l'Église sur
les âmes, y compris celles des rois, et son droit de leur infliger
les sanctions jugées nécessaires [1] ; ses arguments sont tous
empruntés aux sources classiques de la foi. La tradition chrétienne, en effet, professa toujours les doctrines fondamentales
qui président à cette thèse de droit pénitentiel et la théologie
moderne n'entend pas davantage les renier ; mais l'originalité
de Grégoire VII est d'y comprendre sans effort une véritable
juridiction politique. Sa pensée comme sa conduite apparaît
dominée par une conception de l'ordre providentiel où la
fonction royale est assimilée aux titres dont l'Église dispose

---

[1] Ce caractère religieux de la politique de Grégoire VII est bien marqué
dans DOMEIER, *Die Päbste als Richter über die deutschen Könige*, p. 17-18.
On a parfois opposé (par exemple HAUCK, *Der Gedanke....*, p. 25) l'*universale
regimen* qu'il revendique (*Epist.*, II, 51 ; édit. CASPAR, p. 193 ; PL, CXLVIII,
402), mais sans tenir compte qu'il s'agit là uniquement de sa juridiction spirituelle. Voir A. FLICHE, *La réforme grégorienne*, t. II, p. 320-324 et 411-413.

dans son propre sein, où, le pouvoir des clés se transformant en réalité sociale, le Saint-Siège devient pour toutes les puissances terrestres une haute-cour à durée permanente et à compétence illimitée.

Bien qu'exprimés à l'adresse de l'empereur, ces principes valent pour tous les souverains. Grégoire VII lui-même en avait déjà fait sentir la menace, dès 1073 et 1074, au roi de France Philippe Ier [1]. Vers le même temps, il en rappelle la teneur à Sanche d'Aragon [2]; plus tard encore (1080), à Guillaume le Conquérant. Ce qui ne l'empêche pas de proclamer devant celui-ci que Dieu a partagé le gouvernement du monde entre « les dignités apostolique et royale, plus excellentes que toutes les autres ». Mais cette origine et cette mission divine du pouvoir royal doivent toujours s'entendre sous la réserve de sa subordination la plus effective au pouvoir spirituel [3].

Cette extension de l'autorité pontificale venait à point dans un monde fait pour la comprendre. On n'oubliera pas que les princes saxons avaient eux-mêmes sollicité dans les termes les plus pressants l'intervention autoritaire du pape contre l'empereur [4]. Néanmoins tout n'alla pas sans difficultés. Même si tous à l'époque ne partagèrent pas l'étonnement rétrospectif du chroniqueur Othon de Freising, qui déclarait ne pas trouver dans l'histoire de précédent à la conduite de Grégoire VII [5], il est certain qu'il y eut de vives résistances.

---

[1] « Nulli clam aut dubium esse volumus quia modis omnibus regnum Franciae de eius occupatione, adiuvante Deo, tentemus eripere. » (*Epist.*, II, 5; édit. CASPAR, p. 132; PL, CXLVIII, 365). Cfr II, 18 et 32 (édit. CASPAR, p. 151 et 168-169; PL, CXLVIII, 376-377 et 387).

[2] *Epist.*, I, 63 (édit. CASPAR, p. 92; PL, CXLVIII, 339) : « ... Petrus apostolus quem Dominus Iesus Christus rex gloriae principem super regna mundi constituit. »

[3] *Epist.*, VII, 25 (édit. CASPAR, p. 506; PL, CXLVIII, 568-569) : « Religio sic se movet christiana ut cura et dispensatione apostolicae dignitatis post Deum gubernetur regia. » Cfr *Epist.*, I, 19 (PL, *ibid.*, 302) où le Sacerdoce et l'Empire sont comparés aux deux yeux du corps humain. Voir HAUCK (*op. cit.*, p. 29) où sont notées les ressemblances et les différences avec le pape Gélase.

[4] « ...Non decere tam flagitiosum... regnare...; oportere Romae suum ius in constituendis regibus reddi » (*Vita Henrici IV*, 3; MGH, *Script.*, t. XII, p. 272).

[5] *Chronicon*, VI, 35 (MGH, *Script.*, t. XX, p. 246).

Les premières, comme il fallait s'y attendre, vinrent du principal intéressé. Henri IV fit valoir l'inviolabilité du pouvoir qu'il tenait de Dieu — encore, par une inconséquence bien significative, admettait-il pouvoir être déposé pour le crime d'hérésie — et reprocha au pape de méconnaître la distinction des glaives établie par le Christ [1]. D'aucuns pourraient croire trouver ici l'esquisse d'une théorie sur l'indépendance du pouvoir civil. Mais il est bien évident que cette revendication de circonstance ne tendait qu'à protéger l'absolutisme impérial. Le XIe siècle n'était pas encore prêt pour l'équilibre savant de la politique moderne et l'alternative s'imposait entre la suprématie pontificale et ce droit divin des empereurs qui servit toujours de voile aux pires empiètements sur l'autonomie du pouvoir spirituel. Il n'en faut pas davantage pour justifier, s'il en était besoin, le mouvement de légitime défense si énergiquement inauguré par Grégoire VII.

Henri IV rencontra ou recruta des défenseurs. Entre eux et les publicistes de la cause pontificale une guerre de pamphlets s'ensuivit, qui reste un des plus curieux monuments de cette époque agitée [2]. Mais cette controverse est loin d'offrir, au moins dans sa première période, tout l'intérêt doctrinal qu'on lui supposerait. «Nous ne trouvons pas dans ces écrivains, au témoignage de M. Carlyle [3], une théorie systématique sur les pouvoirs respectifs des deux autorités, spirituelle et temporelle. Il faut se garder avec grand soin de leur attribuer les théories qui nous sembleraient en connexion logique avec leurs opinions. En réalité, on peut dire de tous, ou de presque tous, que leur in-

---

[1] « Me... tetigisti quem sanctorum Patrum traditio soli Deo iudicandum docuit, nec pro aliquo crimine, nisi a fide (quod absit !) exorbitaverim, deponendum asseruit » (Lettre à Grégoire VII, du 27 mars 1076, dans MGH, *Constitutiones et Acta*, t. I, p. 111).

[2] Ces documents sont réunis dans les *Monumenta Germaniae historica* sous le titre de *Libelli de lite*. Ils ont été exploités par C. MIRBT (*Die Absetzung Heinrichs IV durch Gregor VII*, et, plus tard, *Die Publizistik im Zeitalter Gregors VII*); mais l'auteur les considère en bloc sans égard à la différence des dates. Plus récemment, bonne analyse dans CARLYLE, t. IV, p. 211-297, qui tient compte de l'ordre chronologique et attire l'attention sur le progrès accompli entre la première et la seconde génération de ces publicistes.

[3] CARLYLE, t. IV, p. 249.

térêt ne porte pas tant sur une théorie générale du rapport entre les deux puissances que sur le situation actuelle du moment. »

Une bonne partie de la discussion roule sur des points de fait, pour savoir si c'est le pape qui fut l'agresseur et non pas plutôt le souverain, si la conduite de l'empereur justifie les sanctions rigoureuses dont il est l'objet, si l'élection de Grégoire se présente avec toutes les conditions voulues de régularité. Chemin faisant, les partisans de l'empereur revendiquent son droit d'intervenir dans la désignation du pape et rappellent que celui-ci, en cas d'indignité, est justiciable du concile. Abordant la question de principe, quelques-uns contestent au pontife romain le pouvoir d'excommunier les rois ou, en tout cas, de prononcer leur déposition. Wenrich de Trèves voit dans cette prétention quelque chose de nouveau et d'inouï jusque-là : *Novum... et omnibus retro saeculis inauditum* [1] ; Waléran de Naumbourg y dénonce un danger pour la paix publique [2] et Pierre Crassus une atteinte au droit de propriété [3]. A l'occasion, ils aiment invoquer le droit divin des rois et cherchent dans l'Écriture la preuve du respect qui leur est dû ; ils discutent les faits dont Grégoire a voulu se prévaloir [4]. Mais à ces critiques de fond se juxtaposent des considérations d'opportunité ou même de chétives querelles sur des vices de forme, comme si tout se ramenait à une question de procédure et si on ne pouvait plus sauver l'empereur qu'en établissant qu'il n'avait pas été dûment cité ou régulièrement défendu [5]. Où il serait à peine excessif de voir une reconnaissance du pouvoir pontifical, du moment qu'on se contente d'épiloguer

---

[1] WENRICH, *Epist.*, 4 (*Libelli de lite*, t. I, p. 289).

[2] *De unitate Ecclesiae conservanda*, I, 3 (*ibid.*, t. II, p. 186-188). Cfr GUY D'OSNABRÜCK, *De controversia Hildebrandi et Heinrici* (*ibid.*, t. I, p. 467-468).

[3] PETRUS CRASSUS, *Defensio Heinrici*, 6 (*ibid.*, t. I, p. 443-444).

[4] Ainsi WENRICH (*loc. cit.*, p. 290-291); GUY (*ibid.*, p. 468); PETRUS CRASSUS, (*ibid.*, p. 450).

[5] BONIZON, *Liber ad amicum*, VIII (*ibid.*, t. I, p. 617-618); BERNALD, *De damnatione schismatis*, 13-18 (*ibid.*, t. II, p. 52-53); BENNON, *Gesta Romanae Ecclesiae*, I, 3 (*ibid.*, p. 370), II, 1 (p. 373-374), III, 8 (p. 390); GUY DE FERRARE, *De scismate Hildebrandi*, I, 6 (*ibid.*, p. 538-539). Cfr J. SCHNITZER, *Die Gesta Romanae Ecclesiae des Kardinals Beno*, Bamberg, 1892, p. 96-100.

sur la validité de son exercice. En tout cas, ce mélange de doctrine et de chicane, de politique et de théologie, laisse aux historiens les moins prévenus l'impression d'un dualisme, qui montre combien on se méprendrait à transformer les adversaires de Grégoire VII en champions de l'État [1].

Plus passionnément encore les défenseurs de la cause impériale dénient au pape le droit de relever les vassaux du serment prêté à leur suzerain. Ce qui leur fournit l'occasion d'exalter avec une éloquence facile cette « sainte religion du serment dont tous les peuples eurent le respect », et de dénoncer le pape, au nom de toutes les lois divines et humaines, comme un fauteur de parjure [2]. Toutes invectives qui n'ont rien de commun avec la revendication des droits de la puissance séculière. La discussion ici encore reste sur le terrain moral et canonique où Grégoire VII l'avait placée et où il lui était manifestement le plus facile d'avoir gain de cause. De sorte que le principe de la juridiction pontificale en matière politique demeurait à peu près hors de question pour n'être pas attaqué de face : ce qui permet de comprendre pourquoi les apologistes du pape n'éprouvent pas non plus le besoin de le justifier [3]. Ni pour les tenants de la papauté, ni pour les partisans de l'Empire, cette polémique ne posait encore le problème spéculatif des deux pouvoirs.

Il convient sans doute de faire exception pour le traité *De unitate Ecclesiae conservanda*, écrit entre 1090 et 1093, soit dans les années qui suivirent la mort de Grégoire VII, et attribué par son premier éditeur à Waléran de Naumbourg [4].

---

[1] Voir Mirbt, *Die Absetzung Heinrichs IV*, p. 98-101, et *Die Publizistik*, p. 157-163.

[2] Wenrich, *Epist.*, 6 (*Libelli de lite*, t. I, p. 293) : « Sanctam et omnibus retro saeculis apud omnium gentium nationes inviolatam iurisiurandi religionem facillima, inquiunt, domni papae rescindit absolutio. » Cfr Guy d'Osnabrück, *De controversia* (*ibid.*, p. 469) : « Contra Patrum statuta periuria committendi licentiam dedit. » — De fait, « la possibilité de délier les sujets du serment de fidélité n'a été entrevue par personne avant le pontificat de Grégoire VII » (A. Fliche, *La réforme grégorienne*, t. I, p. 90).

[3] Carlyle, t. IV, p. 252.

[4] Sur ses doctrines, voir Carlyle, p. 242-249, et B. Gaffrey, *Der Liber de unitate Ecclesiae conservanda*, Berlin, 1921, p. 134-163.

Les questions de droit y tiennent une grande place. C'est ainsi que l'auteur ne veut reconnaître à l'Église que la possession du glaive spirituel : *Non habet nisi gladium spiritus quod est verbum Dei*. De ce chef il repousse toute immixtion de l'Église dans l'ordre temporel, soit au nom de la loi ecclésiastique qui interdit aux clercs de s'engager dans les affaires séculières, soit au nom de la loi divine qui établit l'indépendance du pouvoir civil. Comme preuve, il en appelle à la « règle évangélique », aux paroles et à la conduite des papes, en particulier de saint Grégoire le Grand. Aussi Hildebrand et les siens lui paraissent-ils coupables d'une grave usurpation : *usurpaverunt sibi ordinationem regiae potestatis contra Dei ordinationem*, pour avoir méconnu la distinction providentielle des pouvoirs : *... usurpaverunt sibi officia potestatis utriusque..., quomodo ... quaesierint, resistentes miro modo Dei ordinationi, haec duo quibus regitur mundus extirpare et ad nihilum ducere.* Il leur oppose l'exemple de Pierre : *Petrus... non usurpavit sibi ordinare aliquid de regno*, et encore celui des anciens pontifes romains : *non quaerentes, immo numquam concipientes animo, aliquos de regibus sive imperatoribus deponere* [1]. Au passage, il institue une critique assez pénétrante des précédents que Grégoire VII avait invoqués à l'appui de sa thèse [2]. Son idéal politique, en un mot, reste cette coordination de pouvoirs indépendants, telle que l'avait énoncée le pape Gélase dont il se plaît à citer les paroles.

Le temps n'était plus où cette formule traditionnelle pouvait suffire à fixer les esprits. Par la force des événements deux conceptions étaient en présence, entre lesquelles s'imposait

---

[1] *De unitate Ecclesiae conservanda*, I, 3 et II, 15 (*Libelli de lite*, t. II, p. 187-188 et 225-231). Naturellement son autorité favorite est le pape Gélase, qu'il cite au moins cinq fois au cours de ces chapitres, p. 186, 187, 225, 228 et 230.

[2] Voir *ibid.*, I, 2 (*Libelli de lite*, t. II, p. 185-186), où il montre que Zacharie n'a pas déposé *sola auctoritate sua* le roi Childéric, mais « consenti » à sa déposition par les grands de France. L'auteur revient encore sur ce cas, I, 3 (p. 186) et I, 16 (p. 208-209). Pour Théodose, il s'agissait seulement d'une censure spirituelle (*ibid.*, 8, p. 194-195). Quant à l'excommunication d'Arcadius par le pape Innocent, elle lui paraît controuvée (*ibid.*, 9, p. 196; cfr II, 15, p. 228).

l'option : l'une qui affirmait la supériorité de l'Église sur l'État avec toutes ses conséquences, l'autre qui dissimulait sous des formules équivoques une tendance pratique au césarisme religieux [1]. Il était déjà trop tard pour que la théologie du moyen âge pût se satisfaire d'intermédiaires imprécis ; mais il était encore trop tôt pour que fussent nettement formulées les positions antagonistes que l'on devine sous la trame des faits. Des deux, c'est le système de la suprématie pontificale qui est déjà le plus ferme. Outre sa propre séduction, qui devait être considérable pour des intelligences éprises de christianisme intégral et habituées par l'expérience à le voir suffisamment réalisé dans la vie publique, outre l'autorité morale du pape qui venait de le faire sien, comment n'eût-il pas bénéficié de la répulsion qu'inspirait à l'Église le seul idéal qui s'offrît alors pour lui faire sérieusement concurrence ? Son histoire ne pouvait être désormais que celle de son rapide et pacifique développement.

II

A partir de Grégoire VII, la querelle des investitures se poursuit à l'avantage croissant de l'Église, mais sans modifier les données du problème doctrinal ni suggérer de nouvelles solutions. Non seulement l'adversaire de Henri IV trouve des panégyristes [2], mais son esprit et ses maximes inspirent ses successeurs.

C'est ainsi que tour à tour Urbain II et Pascal II poursuivent son attitude de rigueur envers Philippe Ier de France, de telle façon que les meilleurs amis du roi l'invitent à redouter, en même temps que l'excommunication, la perte de sa couronne [3]. Beaucoup plus grave fut le conflit du Saint-Siège avec Frédéric Barberousse. Dans ce prince revivaient toutes les ambitions

---

[1] Cfr MIRBT, *Die Publizistik*, p. 574-578. « Le césaropapisme, restauré par Charlemagne..., était encore vivace au milieu du Xe siècle » (A. FLICHE, *La réforme grégorienne*, t. I, p. 74). Et l'auteur le retrouve non moins vivant (t. II, p. 280-281, 291-294) chez Henri IV.

[2] BERNRIED, *Gregorii VII vita*, 97 (dans WATTERICH, t. I, p. 531-532).

[3] YVES DE CHARTRES, *Epist.*, 15 (PL, CLXII, 27).

impérialistes et théocratiques des Césars germains : il ne voulait
dépendre que de Dieu et invoquait à son profit la distinction
des deux glaives [1]; il était homme à s'indigner contre une fresque
du Latran où l'empereur Lothaire II était représenté comme
l'*homo papae* et à soulever un incident diplomatique à propos
d'une lettre où Hadrien IV avait parlé de l'Empire comme
d'un *beneficium* [2]. Le pape dut expliquer, avec tous les secours
de l'étymologie, qu'il avait employé ce mot au sens moral de
bienfait et non pas au sens politique de fief [3]. Ce même pontife
rappelait pourtant au potentat germanique qu'il tenait de lui
son pouvoir et l'invitait à rester dans les limites de son mandat [4].
Quelques années plus tard (1160), Alexandre III lançait contre
Frédéric une sentence d'excommunication qui pouvait entraîner
les plus graves conséquences, tellement que l'orgueilleux
empereur finissait par implorer sa réconciliation [5]. A la même
époque, un légat du pape pouvait adresser à Henri II d'Angleterre ces fières paroles : *Nullas minas timemus, quia de tali
curia sumus quae consuevit imperare imperatoribus et regibus* [6].
On voit si Grégoire VII avait lutté sans résultat.

Les principes inspirateurs de cette politique pontificale
choquaient si peu l'opinion qu'ils entraient normalement dans
la doctrine des théologiens.

Au début du XIIe siècle, la situation intellectuelle pouvait
encore sembler confuse. Car, à la différence des contemporains
de Grégoire VII, les derniers publicistes qui prirent part au

---

[1] Voir sa lettre d'octobre 1159 aux évêques allemands dans MGH, *Constitutiones et acta*, t. I, p. 231 et 253.

[2] RAHEWIN, *Gesta Frederici I*, III, 8-10, 16 (MGH, SS, t. XX, p. 420-427).

[3] *Ibid.*, 22 (p. 429-430). Voir HADRIEN IV, *Epist.*, 181 (PL, CLXXXVIII,
1556-1557); cfr *Epist.*, 143 (*ibid.*, 1525-1527).

[4] « Cum a nobis consecrationem et coronam merueris, dum inconcessa captas,
ne concessa perdas nobilitati tuae timemus » (*Epist.*, 254; *ibid.*, 1635-1636).

[5] Faits bien mis en valeur dans BIANCHI, *Della potestà... della Chiesa*, t. I,
p. 1045-1074, et, du point de vue gallican, dans DAUNOU, t. I, p. 161-175;
cfr CARLYLE, t. IV, p. 307-329. On trouvera les textes officiels dans MANSI, t.
XXII, c. 33-35 et 173-194.

[6] THOMAS BECKET, *Epist.*, 383 (édit. J. CRAIGIE ROBERTSON et J. BRIGSTOCKE
SHEPPARD, *Materials for the history of Thomas Becket*, t. VII, dans *Chronicles
and Memorials*, t. LXVII, p. 71; PL, CXC, 720, D).

grand conflit du Sacerdoce et de l'Empire sont davantage sensibles aux problèmes d'ordre général [1]. On y rencontre des régaliens déterminés, comme en Angleterre, l'auteur inconnu de ces *Tractatus Eboracenses* qui reconnaissent aux rois, en vertu de l'onction qu'ils ont reçue, la supériorité sur les prêtres et le droit de présider au gouvernement ecclésiastique au nom du pouvoir des clés [2]. Grégoire de Catino [3] n'hésite pas à faire de l'empereur « la tête de l'Église », à l'instar de Saül qui fut constitué *caput in Israël* [4]. Ces poussées excentriques de régalisme indiquent bien que le danger n'était pas chimérique de voir confisquer par l'État l'indépendance de l'Église. Mais beaucoup plus significatif, au point de vue doctrinal, est le fait de ces théologiens qui, à l'encontre de cette menace, croient devoir se maintenir sur les positions traditionnelles du pape Gélase et de toute l'antiquité.

Il ne s'agit pas seulement d'un impérialiste passionné, comme Sigebert de Gembloux, qui professe l'inviolabilité des rois et ne veut accorder au pape que le glaive spirituel [5]. C'est un collaborateur de Grégoire VII, le cardinal Deusdedit, qui insiste sur la distinction des pouvoirs et l'obligation qu'ils ont de ne pas empiéter l'un sur l'autre [6] ; c'est un esprit modéré, comme Hugues de Fleury, qui éprouve le besoin d'établir *ex professo* l'origine divine ainsi que l'autonomie du pouvoir civil et refuse à l'Église le droit de déposer les souverains [7].

---

[1] CARLYLE, t. IV, p. 258; ctr p. 295 et 330.

[2] *Tractatus Eboracenses*, IV (*Libelli de lite*, t. III, p. 665-667 et 672-675). « Il est difficile de dire quelle importance nous devons attacher à des prétentions aussi anormales et de déterminer dans quelle mesure elles représentent les tendances communes à certains milieux ou de simples opinions individuelles » (CARLYLE, t. IV, p. 282).

[3] *Orthodoxa defensio imperialis*, 2 (*Libelli de lite*, t. II, p. 536). L'ouvrage date probablement de 1111.

[4] *I Reg.*, XV, 17.

[5] *Leodiensium Epistola*, 10 (*ibid.*, t. II, p. 461). Lettre écrite en 1103 par Sigebert, moine de Gembloux.

[6] *Contra invasores et symoniacos*, Prologue : « Aliud quippe sacerdotum, aliud est officium regum... Nemo alterius officium praesumat » (*ibid.*, t. II, p. 300). Écrit après 1097.

[7] *Tractatus de regia potestate et sacerdotali dignitate*, I, 1-2 (*ibid.*, t. II, p. 467-468) et I, 13 (p. 479-482). Traité dédié au roi Henri I d'Angleterre vers 1103.

Dans ces perspectives, il ne saurait être question d'attribuer à l'Église une puissance d'ordre politique ; mais ils ne renoncent pas pour autant à établir sa supériorité. Il ne suffit pas, en effet, de dire avec Gierke : « Ce qui est particulier aux adversaires de la souveraineté de l'Église, c'est la doctrine suivant laquelle on a réalisé dans ce monde l'unité des deux pouvoirs du moment où on a établi entre eux de bonnes relations réciproques [1]. » Cette coordination répondait peut-être à une vue superficielle du problème ; mais des théologiens ne pouvaient admettre que ces deux pouvoirs fussent égaux, ni douter qu'entre les deux le premier rang ne revînt au pouvoir ecclésiastique. Seulement il y a diverses manières de comprendre cette primauté : il est intéressant de voir que des tentatives s'ébauchent dès cette époque pour la ramener à l'exercice du magistère spirituel.

Le pape Gélase avait déjà dit que la charge des prêtres est plus lourde, parce qu'ils ont à répondre de l'âme des rois [2]. De ce principe un évêque moraliste du IXe siècle, Jonas d'Orléans, concluait au droit d' « avertir » les souverains sur les devoirs qui résultent de leur mission et de les reprendre avec douceur en cas de manquement [3]. Cette règle, encore restreinte à la conduite personnelle du souverain, s'élargit chez le cardinal Humbert en une sorte de principe général sur le rapport des deux puissances. A l'Église il attribue la prééminence comme à l'âme sur le corps ; mais il en conçoit uniquement l'exercice sous la forme d'une haute direction. *Sacerdotium tamquam anima praemoneat quae sunt agenda... ; sic enim regum est ecclesiasticos sequi...* [4] Presque tous les hommes d'église qui croient devoir opposer à Grégoire VII la distinction des deux pouvoirs se réfèrent à une semblable conception pour expliquer la suprématie du pouvoir spirituel, qu'ils entendent également revendiquer. S'il réserve au Christ le jugement des souverains,

---

[1] GIERKE, traduct. J. DE PANGE, p. 125, n. 45.

[2] *Epist.*, 8 (PL, LIX, 42, B).

[3] *De institutione regia*, 1 (PL, CVI, 285).

[4] *Adversus simoniacos*, III, 21 (*Libelli de lite*, t. III, p. 225-226 ; PL, CXLIII, 1175).

Sigebert de Gembloux ne veut pourtant pas les soustraire entièrement à la juridiction de l'Église : *Ammoneri quidem possunt, increpari, argui a timoratis et discretis viris.*[1] Tout de même, pour Hugues de Fleury, *sub religionis disciplina regia potestas posita est,* parce que le prince est, lui aussi, *nodo christianae fidei... adstrictus.* D'où il conclut : *Unde rex ammonitionibus episcopalibus debet aurem suam libenter accommodare et sacerdoti salubria suggerenti fideliter obaudire*[2]. Le même idéal s'affirme avec plus ·d'ampleur et de netteté chez Gerhoch de Reichersberg : *Iudicem spiritualem vacare oportere divinis et tamen... per doctrinam regere ipsos quoque reges et imperatores.* C'est ainsi que se réalisera cette collaboration des deux pouvoirs dont l'Ancien Testament fournit le modèle :

« Sic in regno Christi cooperantur sibi in bonum regalis potestas et sacerdotalis dignitas, ita ut omnis David suum habeat Nathan quem audiat, et omnis Ezechias per sibi contemporaneum regatur Ysaiam, et omnis Iosias per suum deploretur Ieremiam, et omnis Zorobabel subminister sit Iesu sacerdotis magni, habita nimirum distinctione congrua potestatis utriusque[3]. »

Il va de soi qu'à cette action sur la conscience des princes s'ajoute celle qui atteint la conscience des sujets. Mais il est remarquable que quelques auteurs s'en servent déjà pour expliquer ces rigueurs de l'Église qui scandalisaient si fort les partisans de l'empereur. Ainsi, pour Manegold de Lautenbach, Grégoire VII n'a pas précisément annulé les serments d'allégeance prêtés à Henri IV : son acte a uniquement consisté à les déclarer nuls en vertu du droit naturel à cause de la forfaiture du souverain[4]. Et l'on peut entrevoir la même idée à travers les réponses de ceux qui exposent que l'*absolutio iuramenti* n'était qu'un moyen, inutile en soi mais nécessaire pour prévenir l'illusion des simples, de rendre plus explicite

---

[1] *Leodiensium Epistola,* 7 (*Libelli de lite,* t. II, p. 459).

[2] *Tractatus de regia potestate,* I, 7-8 (*ibid.,* p. 475-476); cfr II, 2 (p. 486-487).

[3] *Commentarius in Psalmum LXIV* (*ibid.,* t. III, p. 465-466).

[4] *Ad Gebehardum,* 47 (*ibid.,* t. I, p. 392).

la portée de l'excommunication [1]. Ces divers indices ne donnent-
ils pas l'impression qu'en traits fugitifs et encore dispersés la
théorie commençait à s'ébaucher qui prendra dans la théologie
postérieure le nom de pouvoir directif ?

En attendant, une autre doctrine allait s'élaborer, à l'encontre
de ces résistances ou de ces réticences, qui concevait d'une
manière plus massive et sous une forme plus juridique les
droits du pouvoir pontifical.

Tout attentif qu'il est à maintenir la bonne harmonie entre
les deux puissances, Geoffroi de Vendôme appuie sur le « droit
divin » une « domination » de l'Église qu'il ne s'applique d'ailleurs pas à définir : *Ex iure divino regibus quidem et imperatoribus
dominamur* [2]. Un peu plus précis, le cardinal Deusdedit voit
la supériorité de l'Église réalisée dans ce double fait qu'elle
reçoit les appels en matière civile et qu'elle donne leur valeur
aux lois du pouvoir séculier. Car, estime-t-il, *in promulgandis
quoque legibus itidem certum est sacerdotium tenere primatum,
cum non primum per reges sacerdotibus sed per sacerdotes regibus...
Deus omnipotens leges statuerit* [3]. A ces titres religieux du sacerdoce d'autres ajoutent des titres politiques : ainsi Placide de
Nonantole fait incidemment allusion à la donation de Constantin, encore que, par humilité chrétienne, dit-il, le pape
Sylvestre ait refusé d'en profiter [4]. Ces deux sources combinées
inspirent à Honorius dit d'Autun [5] un petit traité spécial où
le droit divin du pape vient s'incorporer dans une vue mystique
de toute l'histoire.

Suivant cette méthode allégorique dont la tradition se per-
pétuera longtemps, il lit la supériorité du Sacerdoce dans les
figures prophétiques d'Abel, de Sem, d'Abraham, d'Isaac et de

---

[1] Cfr BERNALD, Lib. XII (*Libelli*, t. II, p. 149) et GUY DE FERRARE, *De scismate Hildebrandi*, I, 9 (*ibid.*, t. I, p. 543).

[2] *Libellus* IV (*Libelli*, t. II, p. 691 ; PL, CLVII, 219). L'auteur écrit vers 1119.

[3] *Contra invasores*, III, 12 (*Libelli*, t. II, p. 353).

[4] *Liber de honore Ecclesiae*, 57 et 91 (*ibid.*, t. II, p. 591-592 et 614). L'opuscule
remonte à la fin de 1111.

[5] Voir E. AMANN, art. *Honorius Augustodunensis*, dans *Dict. théol. cath.*,
t. VII, c. 139-158.

Jacob. Il fait valoir que jusqu'à Samuel le peuple de Dieu fut gouverné par des prêtres ou par des juges soumis à la direction des prêtres ; même dans la suite, les meilleurs des rois se firent un devoir de déférer aux prophètes, en qui ils vénéraient le caractère sacerdotal. Enfin, sous le Nouveau Testament, quand il s'est agi de constituer le gouvernement de l'Église, ce n'est pas aux rois que le Christ a voulu le confier, mais aux prêtres en la personne de Pierre. Cet état de choses a duré jusqu'à Constantin, qui a remis à Sylvestre *coronam regni*, de sorte qu'à celui-ci incombait désormais *sacerdotii cura et regni summa*. Mais le pape a voulu s'associer l'empereur *in agricultura Dei adiutorem*, en lui confiant le glaive matériel contre les hérétiques et les méchants : *cui etiam concessit gladium ad vindictam male-factorum*. Et c'est depuis lors qu'il y a des rois « dans l'Église » pour prononcer sur les affaires séculières et prêter à l'Église sur les autres le concours de leur bras [1].

Curieuse systématisation, où l'Église devient le centre et, à vrai dire, l'unique objet de l'action providentielle, mais qui pour l'auteur aboutit seulement à la dignité suréminente du sacerdoce dans l'ordre spirituel. Les rois lui paraissent d'ailleurs mériter tout respect et toute obéissance *in saecularibus negotiis*, c'est à dire *dum ea praecipiuntur quae ad ius regni pertinent*. Que s'ils viennent à franchir les limites réservées au spirituel, il n'y a pas d'autre ressource contre eux que de les « supporter avec patience et d'éviter leur communion » [2]. Au total, le Sacerdoce l'emporte sur l'Empire comme le soleil sur la lune ou comme l'âme sur le corps [3]. De cet adage, comme on l'a vu, Honorius ne tire que des conclusions singulièrement modérées, par rapport surtout à celles qu'on en déduira plus tard, et qui peuvent même sembler en régression sur la pratique de son temps. Mais le fait d'avoir posé cette thèse et, mieux encore,

---

[1] HONORIUS D'AUTUN, *Summa gloria*, 1-23 (*Libelli*, t. III, p. 64-74 ; PL, CLXXII, 1257-1265). L'ouvrage semble avoir été composé peu après 1122.
[2] *Ibid.*, 27 (*Libelli*, t. III, p. 75-76 ; PL, CLXXII, 1167).
[3] Cette expression revient deux fois, *ibid.*, 18 et 34 (*Libelli*, t. III, p. 72 et 80 ; PL, 1264, 1270).

les arguments qui lui servent à la prouver ne montrent-ils pas combien la suprématie du pouvoir ecclésiastique était implantée dans son esprit ? Beaucoup plus que son système, qui ne semble guère avoir fait école, cette tendance permet de le considérer comme un précurseur de l'avenir.

Quelques légères reprises allaient encore se produire à l'occasion du nouveau conflit qui agita le milieu du XIIe siècle. Dans l'entourage de Barberousse, « quelques-uns en alléguant la religion, d'autres en considération de la dignité séculière », on discutait fort les revendications temporelles de l'Église [1]. Même un partisan dévoué du Saint-Siège comme Gerhoch de Reichersberg, qui lui reconnaît par ailleurs le droit d'excommunier les souverains rebelles à ses avertissements, se réfère volontiers à la doctrine du pape Gélase et reproche aux pontificaux de recommencer en sens inverse les abus des anciens Césars [2]. Quelques années plus tard, on voit encore des spéculatifs, tels que le théologien Robert le Poule [3] et le canoniste Étienne de Tournai [4], appuyer sur la distinction des pouvoirs avec une insistance qui pouvait sembler une allusion et recéler un blâme discret. Mais, s'écriait mélancoliquement à la veille

---

[1] OTHON DE FREISING, *Chronicon*, IV, prologue (MGH, *Script.*, t. XX, p. 193-194).

[2] *De investigatione Antichristi*, I, 72 : « Sicut aliquando Caesares quaedam pontificalia et ecclesiastica praesumebant, ita isti de contra cum sacerdotio quoddam in se caesareum et supercaesareum imaginantur... Hoc autem quid est aliud quam potestatem a Deo constitutam destruere et ordinationi Dei resistere ?... Ubi erunt duo illi evangelici gladii, si vel omnia Apostolicus, vel omnia Caesar erit ? » (*Libelli de lite*, t. III, p. 392). Références à Gélase dans *Opusc. ad cardin.*, p. 402; *Comment. in Psalmum LXIV*, p. 465-466; cfr *De quarta vigilia noctis*, 17, p. 517 : « Caveat sibi domnus papa ne sit alienorum nimius appetitor. » Sur l'ensemble de son œuvre et de ses tendances, voir CARLYLE, t. IV, p. 342-383.

[3] *Sententiae*, VI, 56 (PL, CLXXXVI, 905-906) : « Sacerdotalis dignitas saecularisque potestas hos inter se duos dividant gladios.... Neutra potestas, aut quod sui iuris est spernat, aut quod alterius est usurpet. »

[4] *Summa Decreti*, Introduction : « ...Duo principatus, sacerdotium et regnum... Redde singula singulis et convenient universa » (édit. SCHULTE, Giessen, 1891, p. 1-2). La *Summa*, dont SCHULTE (*ibid.*, p. XX) datait la première partie antérieurement au 17 septembre 1159, n'a pas été achevée avant 1160 (GILLMANN, *Die Notwendigkeit der Intention auf Seiten des Spenders... nach der Anschauung der Frühscholastik*, Mayence, 1916, p. 174).

de sa mort le vieux Gerhoch, « qui pourrait mettre fin à ce
conflit si le Seigneur Jésus ne revient lui-même sur la barque
de Pierre [1] » ? C'est dire combien puissant apparaissait dès lors
le mouvement ascensionnel de l'idée favorable à la suprématie
du Saint-Siège. De fait, les réserves ne provenaient déjà plus
que de voix isolées et les meilleurs interprètes de la pensée
chrétienne s'avançaient à grands pas dans la voie des affirmations.

On s'est parfois mépris sur la pensée de saint Bernard. Les
remontrances qu'il adresse à Eugène III sur l'abus des fonctions
et préoccupations temporelles ne signifient aucunement la
négation de ses droits. N'est-ce pas lui qui, en s'étonnant
que les cardinaux aient élu un de ses disciples [2], assure que
le pape est fait *ad praesidendum principibus, ad imperandum
episcopis, ad regna et imperia disponenda* ? Pour tant qu'il s'agisse
d'un pouvoir spirituel, comment ne pas voir qu'il s'exerce au
même titre sur les évêques et sur les rois ? Et ceci nous prépare
à comprendre le passage classique où l'abbé de Clairvaux
reconnaît à Pierre la possession et, jusqu'à un certain point,
l'usage des deux glaives. Aucun texte ne saurait mieux caractériser sa conception théorique, puisque saint Bernard y veut
tout à la fois détourner le pape d'employer le glaive matériel
et maintenir qu'il est à sa discrétion.

« Quid tu denuo usurpare gladium tentes, quem semel iussus es
ponere in vaginam ? Quem tamen qui tuum negat non satis mihi
videtur attendere verbum Domini, dicentis sic : « *Converte gladium
tuum in vaginam.* » Tuus ergo et ipse, tuo forsitan nutu etsi non tua
manu evaginandus... Uterque ergo Ecclesiae, et spiritualis scilicet
gladius et materialis ; sed is quidem pro Ecclesia, ille vero et ab Ecclesia
exerendus ; ille sacerdotis, is militis manu, sed sane ad nutum sacerdotis
et iussum imperatoris [3]. »

---

[1] *De quarta vigilia noctis*, 17 (*Libelli de lite*, t. III, p. 519) ; cfr *ibid.*, 21 (p. 525).
[2] *Epist.*, 237 (PL, CLXXXII, 426).
[3] *De consideratione*, IV, 3, 7 (*ibid.*, 776). Bernard y renvoie expressément
le pape à une lettre antérieure, où la même doctrine est exprimée presque
dans les mêmes termes (*Epist.*, 256 ; *ibid.*, 463-464). — Voir aussi PIERRE LE
VÉNÉRABLE, qui reconnaît à l'Église, non pas le glaive impérial, mais le pouvoir
jusque sur les empereurs eux-mêmes : « Sed quamvis Ecclesia non habeat

Il est vrai qu'il est ici question seulement de la contrainte à exercer sur des rebelles : ce qui réduit la lettre de ce texte au cas du pouvoir coërcitif. Mais saint Bernard n'en veut pas moins affirmer — et prouver — qu'à cet égard le glaive temporel appartient réellement au pape, aussi bien que le glaive spirituel. On remarquera le parallélisme et l'énergie des formules possessives : *tuus ergo et ipse...*, *uterque Ecclesiae*. La diversité de leur exercice est une objection que son raisonnement tend à dissiper. N'est-ce pas au fond la même chose que d'avoir l'un en mains propres et l'autre à sa disposition ? Le prince n'est qu'une personne interposée, dont le rôle subalterne n'enlève rien au droit substantiel de l'Église. On entrevoit ici la distinction future entre la possession et l'usage de l'autorité séculière. Toute autre conception paraît à saint Bernard réaliser insuffisamment la volonté du Maître, qui voulut laisser aux siens les deux glaives. Et le fait que l'abbé de Clairvaux glisse cette explication doctrinale, par manière de parenthèse, dans un contexte qui ne l'appelait pas nécessairement prouve l'importance qu'il y attache. Il ne restait plus qu'à étendre à la fonction générale de l'État ce qui est dit de ce cas particulier. C'est ce que feront Boniface VIII et les publicistes du XIVe siècle : en quoi, s'ils ont élargi le texte de saint Bernard, on ne saurait dire qu'ils en aient faussé l'esprit [1].

Ailleurs sans doute l'abbé de Clairvaux enseigne que Dieu est l'auteur de l'Empire comme du Sacerdoce et que ces deux institutions doivent, par conséquent, se prêter un cordial appui [2]. Mais ce lieu-commun de la politique chrétienne s'entend sous le bénéfice des précisions suggérées ailleurs sur leur rôle respectif. Certains critiques voudraient que saint Bernard n'admette pas, au profit de l'Église, « un droit de domaine éminent sur le temporel », mais « à peine et tout au plus un droit

---

imperatoris gladium, habet tamen super quoslibet minores sed et super ipsos imperatores imperium » (*Epist.*, VI, 28; PL, CLXXXIX, 442, B).

[1] Très curieux est l'effort que faisaient les gallicans pour arracher à l'« ultramontanisme » l'autorité de ce « prélat françois ». Voir PITHOU, t. I, p. 129.

[2] *Epist.*, 244 (PL, CLXXXII, 440-441).

de réquisition »[1]. Il serait plus exact de dire que la question
générale du « temporel » ne s'est pas présentée à son esprit.
Néanmoins ses paroles sur les deux glaives indiquent bien
dans quel sens il l'eût tranchée; car visiblement le principe
qu'elles impliquent en dépasse de beaucoup l'objet immédiat.
En tout cas, même réduites à leur portée littérale, puisque le
pouvoir civil y reste soumis au *nutus* du pape, elles suffisent
à montrer que l'abbé de Clairvaux ne laisse pas les deux puissances dans un rapport de simple coordination[2]. S'il n'a pas
formulé de théorie proprement politique, on devine que, pour
lui, l'Église, en vertu des pouvoirs qu'elle tient de son fondateur,
a mission et moyen de se subordonner l'État[3].

Cette subordination est formellement affirmée et déjà spécifiée
par Hugues de Saint-Victor. Après avoir énoncé la distinction
des deux puissances manifestée par la diversité de leurs objets
et de leurs chefs, il tire de l'Ancien Testament la supériorité
de l'ordre spirituel. C'est, en effet, le sacerdoce qui fut institué
en premier lieu, puis, en second lieu et par son intermédiaire,
la royauté : *Primum a Deo sacerdotium institutum est, postea
vero per sacerdotium, iubente Deo, regalis potestas ordinata.* La
chrétienté est encore établie sur la même règle :

« Unde in Ecclesia adhuc sacerdotalis dignitas potestatem regalem
consecrat, et sanctificans per benedictionem, et formans per institutionem. »

Aussi principes et faits attestent-ils la primauté du pouvoir
spirituel :

« Quanto vita spiritualis dignior est quam terrena, et spiritus quam

---

[1] E. JORDAN, *Dante et saint Bernard*, dans *Bulletin du jubilé*, p. 313.
[2] A cette solution dualiste s'arrête encore M. JORDAN (*ibid.*, p. 317). Dans
le même sens, voir déjà E. VACANDARD, *Vie de saint Bernard*, t. II, p. 470-
472, et J. SCHEEBEN, *Die Bulle Unam Sanctam*, dans *Der Katholik*, 1888,
t. LXVIII, II, p. 568.
[3] On s'est demandé ce qu'il pensait du droit d'excommunication et de ses
suites. « Son silence, sur une question aussi délicate, équivaut sans doute à
une leçon de prudence qu'il adresse à son disciple; mais il ne donne pas la
mesure exacte de sa pensée » (VACANDARD, *op. cit.*, p. 473). De fait, on peut
lire des indications menaçantes à cet égard dans *De consideratione*, IV, 7, 23
(PL, CLXXXII, 788).

corpus, tanto spiritualis potestas terrenam... honore ac dignitate praecedit. Nam spiritualis potestas terrenam potestatem et instituere habet
ut sit et iudicare si bona non fuerit. Ipsa vero primum instituta est
et, cum deviat, a solo Deo iudicari potest [1]. »

Il ne s'agit plus d'un cas spécial envisagé par occasion et
qu'on puisse craindre de généraliser. Ces lignes dessinent en
traits succincts un système d'après lequel il appartient à l'Église,
au nom des Écritures où s'exprime la volonté positive de Dieu,
au nom de sa fin spirituelle interprétée par la raison, d'instituer
et de juger le pouvoir civil. Avec Hugues de Saint-Victor la
suprématie politique du pouvoir spirituel est franchement incor-
porée à la théologie [2].

Elle s'y maintient avec Jean de Salisbury, qui associe les
principes de Hugues aux formules de saint Bernard. S'expliquant
sur l'origine du pouvoir, l'évêque de Chartres le rattache à
Dieu comme source dernière, *quod princeps potest ita a Deo
est ut potestas a Domino non recedat sed ea utitur per principis
manum*, mais par la médiation de l'Église :

« Hunc ergo gladium de manu Ecclesiae accipit princeps, cum ipsa
tamen gladium sanguinis omnino non habeat. Habet tamen et istum;
sed eo utitur per principis manum, cui coercendorum corporum
contulit potestatem, spiritualium sibi in pontificibus auctoritate ser-
vata. »

D'où il suit logiquement que le prince est *sacerdotii minister*
pour les fonctions qui ne conviennent pas aux mains sacer-
dotales et, en vertu de l'adage : *Eius est nolle cuius est velle,*

---

[1] *De sacramentis*, II, pars II, c. 4 (PL, CLXXVI, 418).

[2] Ce qui ne veut pas dire que l'Église ne doive respecter les droits de l'État :
« Spiritualis potestas non ideo praesidet ut terrenae in suo iure praeiudicium
faciat » (*Ibid.*, c. 7; 420). Il faut tout de même une foi robuste au système
du pouvoir directif pour écrire avec M. GOSSELIN (*Pouvoir du Pape*, p. 547) :
« Tout le pouvoir de l'Église sur les rois... se réduit à sanctifier leur puissance
par sa bénédiction et *à la diriger par de sages conseils.* » M. JORDAN lui aussi
(*Bulletin du jubilé*, p. 323-324) s'efforce en vain de minimiser le témoignage
du Victorin, sous prétexte qu'il ne penserait qu'à la cérémonie du sacre. Même
tentative et pour la même raison dans BOSSUET, *Defensio declarationis cleri
gallicani*, I, 3, 17 (*Œuvres complètes*, édit. Vivès, t. XXI, p. 441). Là-contre
voir VERNET, art. *Hugues de Saint-Victor*, dans *Dict. théol. cath.*, t. VI, c. 270-
271.

que l'Église peut retirer ses pouvoirs au prince désobéissant : *Eius est auferre qui de iure conferre potest* [1]. Cette thèse préparait Jean de Salisbury à comprendre la politique d'Alexandre III. Aussi le voit-on, en 1167, applaudir à la déposition de Barberousse, qu'il se plaît à montrer établie sur le « privilège de Pierre » et confirmée par le jugement de Dieu [2].

Quelle que dût être plus tard l'autorité de ces théologiens, beaucoup plus grande fut l'influence des canonistes, dont les compilations convoyèrent d'autant plus efficacement les éléments doctrinaux du passé qu'ils étaient ou semblaient inclus dans des textes législatifs. Or, déjà Yves de Chartres [3] avait détaché les fragments les plus saillants de la deuxième lettre de Grégoire VII à Herman de Metz, qui passèrent de là dans le *Décret* de Gratien, avec le discours de saint Pierre Damien aux Milanais attribué au pape Nicolas II [4]. Il est vrai que le maître recueillait aussi les déclarations de Gélase et de Nicolas Ier qui favorisent l'autonomie du pouvoir civil [5]. Cette position éclectique rend peut-être difficile l'exégèse de sa pensée personnelle. En fait, toutes les écoles se réclameront un jour de lui ; mais il n'en a pas moins contribué à fournir aux tenants

---

[1] *Policraticus*, IV, 3 (édit. WEBB, t. I, p. 237 ; PL, CXCIX, 516) ; cfr V, 2 (*ibid.*, p. 282 ; PL, CXCIX, 540). Voir C. SCHAARSCHMIDT, *Johannes Sarisberiensis*, Leipzig, 1862, p. 342-351, et P. GENNRICH, *Die Staats- und Kirchenlehre Johanns von Salisbury*, p. 27, 31, et 150-158. — Chez les théologiens, on donne généralement l'évêque de Chartres comme le premier partisan du « pouvoir direct » ; voir GOSSELIN, *Pouvoir du pape*, p. 448, 533 et 739. Son contemporain et ami saint Thomas Becket semble s'inspirer de la même doctrine : « *Certum est reges potestatem suam accipere ab Ecclesia* » (*Epist.*, 179 ; édit. J. CRAIGIE ROBERTSON, t. V, p. 281, dans *Chronicles and Memorials*, t. LXVII ; PL, CXC, 652, A). Mais ailleurs (*Epist.*, 180 ; même édit., t. V, p. 275 ; PL, CXC, 655-656), il se réfère au texte du pape Gélase.

[2] *Epist.*, 233 et 234 (PL, CXCIX, 261-263).

[3] *Decretum*, V, 378 (PL, CLXI, 437-438). Cfr *Panormia*, V, 109-110 (*ibid.*, 1235-1236).

[4] GRATIEN, *Decretum*, I, D. 22, c. 1 (édit. FRIEDBERG, t. I, c. 73), et II, C. 15, qu. 6, c. 3 (*ibid.*, c. 756), avec ce *dictum* du maître : « A fidelitatis iuramento Romanus Pontifex nonnullos absolvit cum aliquos a suis dignitatibus deponit. »

[5] *Ibid.*, I, D. 96, c. 6 et 10 (*ibid.*, c. 339-340). D'une manière générale, contrairement aux théologiens de l'époque, tous les canonistes admettent l'origine immédiatement divine de la royauté. Textes réunis dans CARLYLE, t. II, p. 147-148.

de la suprématie pontificale une importante documentation et les premières indications pour en tirer parti.

Aussi, dès la fin du XIIe siècle, les commentateurs du *Décret* ont-ils des théories arrêtées sur la déposition des princes par le pape, sur la portée politique de l'excommunication, sur les pouvoirs conférés à Pierre en matière temporelle et la donation de Constantin. Par ces voies diverses tous affirment la suprématie plus ou moins complète du souverain pontificat sur le pouvoir civil [1]. Elle est telle, aux yeux de Rufin, que, préludant à une distinction célèbre, il reconnaît au pape au regard de l'empire le *ius auctoritatis* : le souverain en jouit seulement à titre subordonné (*post ipsum*) et n'a en propre que le *ius amministrationis* [2]. Il en est même qui n'hésitent pas à revêtir cette thèse religieuse d'un langage politique et à présenter le successeur de Pierre comme le seul véritable empereur [3]. De la coordination traditionnelle des pouvoirs l'école glissait rapidement vers l'idée de leur subordination, qui tendait elle-même à devenir celle d'une concentration aux mains du pape [4].

Pour prendre tout son éclat, cette conception n'avait plus besoin que d'inspirer la pensée et l'action d'un homme qui réunît en sa personne le triple prestige du chef, du juriste et du docteur : cet homme fut Innocent III. On sait comment ce pontificat de dix-huit ans ne fut qu'une longue suite d'interventions dans toutes les affaires de la chrétienté [5]. Mais cette activité n'était pas seulement d'un politique soucieux d'étendre

---

[1] Bonne exposition dans Carlyle, *ibid.*, p. 200-213.

[2] *Summa Decreti*, dist. XXII, 1 (édit. Singer, p. 47-48).

[3] « Ipse est verus imperator et imperator vicarius eius » (*Summa Parisiensis* (1160-1170), dans Fr. Schulte, *Sitzungsberichte der k. Akademie der Wissenschaften*. Phil. hist. Klasse, t. LXIV, Vienne, 1870, p. 132). De même la *Summa Coloniensis* : « Cum papa super imperatorem, immo ipse verus imperator sit » (*ibid.*, p. 111). Voir Saegmueller, *Die Idee von der Kirche als Imperium romanum*, dans *Theolog. Quartalschrift*, t. LXXX, 1898, p. 50-81.

[4] S'il est bon d'observer, avec Carlyle, t. IV, p. 394, que cette doctrine n'avait encore aucun caractère officiel, ce n'est pas un motif de méconnaître la place de plus en plus importante qu'elle prenait dans l'opinion.

[5] Voir A. Luchaire, *Innocent III*, Paris, 1904-1908, surtout t. III : *La papauté et l'Empire*, et t. V : *Les royautés vassales du Saint-Siège*.

la puissance du Saint-Siège : elle était d'un théoricien qui entendait par là suivre un système sur les droits essentiels de la papauté [1].

Aucun pape n'a plus fortement senti ni plus souvent affirmé la *plenitudo potestatis* inhérente à sa fonction. Cette « plénitude » se réalise d'abord et avant tout dans l'ordre spirituel [2], où Innocent III esquisse en termes qu'on dirait tout modernes la théologie de la primauté; mais elle atteint aussi l'ordre temporel. Successeur de Pierre, vicaire du Christ ou, suivant son expression favorite, vicaire de Dieu : tous ces titres lui assurent un pouvoir sans limites. Après en avoir ainsi dégagé la racine dogmatique, Innocent III se montre exégète subtil et fécond pour en fournir la justification scripturaire. Comme Jérémie, il se sait préposé *super gentes et regna*; le double pouvoir de Pierre est symbolisé par le précédent figuratif de Melchisédec et, bien entendu, par les deux glaives de l'Évangile; le rapport des deux puissances, par les deux astres que Dieu fit au quatrième jour pour éclairer le monde. Toutes ces allégories et bien d'autres, qui devaient tenir tant de place dans la théologie postérieure, se retrouvent à maintes reprises dans ses écrits [3].

D'où Innocent III conclut tout d'abord à la préséance de l'Église sur le pouvoir civil : *Quanto dignior est anima corpore,*

---

[1] Voir E. AMANN, art. *Innocent III*, dans *Dict. théol. cath.*, t. VII, c. 1961-1981, et CARLYLE, t. II, p. 214-223, 231-233.

[2] Encore faut-il ne la point exagérer jusqu'à l'absurde. Voir notre article : *Le pape est-il « un Dieu » pour Innocent III ?* dans *Revue des sciences religieuses*, t. II, 1922, p. 447-451.

[3] « Monuments de l'ignorance de son siècle et de la sienne propre », écrivait pompeusement DAUNOU, t. I, p. 194. — La plupart, en effet, ne sont pas de sa création : l'allégorie des deux astres est entrevue par Nicolas Ier (*Epist.*, I; PL, CXIX, 769) et utilisée par Grégoire VII (*Epist.*, VII, 25; PL, CXLVIII, 569); celle des deux glaives est connue de saint Bernard (voir p. 26). Seulement, tandis que ces comparaisons servaient ici et serviront longtemps encore à marquer la dualité des pouvoirs, Innocent III en tire la supériorité du pouvoir ecclésiastique. En quoi il s'agrège à la tradition récente inaugurée par les théologiens du XIIe siècle. Le texte de Jérémie est déjà appliqué au pape par Gerhoch de Reichersberg (*Comment in Psalmum LXIV*, dans *Libelli de lite*, t. III, p. 463) et surtout par saint Bernard (*De consideratione*, II, 6, 9; PL, CLXXXII, 747). Sur ces diverses images, voir K. BURDACH, *Vom Mittelalter zur Reformation*, t. II, 1, p. 240-295.

tanto dignius est sacerdotium quam sit regnum. Préséance qui
s'accuse sous l'ancienne Loi par l'origine des deux puissances :
*sacerdotium per ordinationem divinam, regnum per extorsionem
humanam*, et actuellement dans la cérémonie du sacre : *dignior
est ungens quam unctus* [1]. Une décrétale tout entière est consacrée
à défendre ce privilège du spirituel contre les prétentions de
l'empereur de Constantinople [2].

A l'égard de l'Empire byzantin, cette prééminence ne pouvait
que rester platonique : en Occident, elle devient une puissance
effective. Pour Innocent III, non seulement c'est la papauté
qui a transféré la dignité impériale des Grecs aux Germains,
mais c'est à elle qu'appartient de la manière la plus stricte
l'investiture présente de l'empereur. La confirmation de l'élection, l'examen de l'élu et, en cas de contestation, le libre choix
du plus digne ont été par lui revendiqués comme autant de
droits [3]. Car, en deux mots, l'Empire relève du Saint-Siège
principaliter et finaliter [4], c'est à dire tant par son origine que
par sa destination. Quant aux autres États, sans avoir les mêmes
liens historiques de dépendance, comment ne rentreraient-ils
pas dans la subordination générale du temporel par rapport
au spirituel ? *Sicut luna lumen suum a sole sortitur..., sic regalis
potestas ab auctoritate pontificali suae sortitur dignitatis splen-
dorem* [5]. Et si le pape est ainsi le vrai maître des rois, il devient
naturellement leur juge : *Nos... supra principes sedere voluit et
de principibus iudicare* [6]. C'est dans ces convictions théologiques

---

[1] INNOCENT III, *Registrum super negotio R. Imperii*, 18 (PL, CCXVI, 1012-
1013).

[2] PL, CCXVI, 1182-1185, et c. *Solitae* (c. 6, X, *de maioritate et obedientia*, I,
33 ; édit. FRIEDBERG, t. II, c. 196-198).

[3] *Registrum super negotio R. Imperii*, 62 (PL, CCXVI, 1065-1067) et c. *Venerabilem* (c. 34, X, *de electione*, I, 6 ; édit. FRIEDBERG, p. 79-82). Cfr E. MEYER,
Staatstheorien Papst Innocenz' III, p. 29-47, et ENGELMANN, *Der Anspruch*,
p. 28-44.

[4] *Registrum super negotio R. Imperii*, 29 (PL, CCXVI, 1025).

[5] *Epist.*, I, 401 (PL, CCXIV, 377).

[6] *Ibid.*, II, 197 (PL, *ibid.*, 746). Cfr I, 171 (*ibid.*, 148) : « Non solum cum principibus, sed de principibus etiam iudicamus. » — D'où il suit que la célèbre
incise : « *Cum rex Franciae in temporalibus superiorem non recognoscat* » (Décré-

4

qu'il faut chercher tout le secret de la politique d'Innocent III.

Non content de les exprimer en paroles et en actes, il les a traduites en formules précises, que sa double autorité de pape et de canoniste devait rendre régulatrices pour l'avenir. Dans sa nature, la puissance temporelle du souverain pontife est divine tout autant que sa puissance spirituelle ; mais elle lui reste inférieure en étendue :

« Quia Romanus Pontifex illius agit vices in terris qui est rex regum in terris et dominus dominantium..., non solum in spiritualibus habet summam, verum etiam in temporalibus magnam, ab ipso Domino potestatem [1]. »

Car, en dehors du patrimoine de saint Pierre, où le pape est un souverain comme les autres, sa juridiction ne s'exerce au temporel que par occasion et dans certains cas déterminés :

« Non solum in Ecclesiae patrimonio, super quo plenam in temporalibus gerimus potestatem, verum etiam in aliis regionibus, certis causis inspectis, temporalem iurisdictionem casualiter exercemus [2]. »

Deux motifs peuvent autoriser ces interventions accidentelles : savoir, les dérogations apportées au droit commun par la coutume ou les conventions, et les exigences de l'ordre moral. Comme les premières ne relèvent d'aucune loi, il ne reste pour fonder régulièrement l'exercice du pouvoir pontifical en matière temporelle que la *ratio peccati*. De toutes façons l'ordre proprement politique en est exclu :

« Non enim intendimus iudicare de feudo, cuius ad ipsum [regem] spectat iudicium nisi forte iuri communi per speciale privilegium vel contrariam consuetudinem aliquid sit detractum, sed decernere de peccato, cuius ad nos pertinet sine dubitatione censura, quam in quemlibet exercere possumus et debemus [3]. »

---

tale *Per venerabilem*) doit évidemment s'entendre d'un supérieur au point de vue féodal, sans exclure la souveraine magistrature du pape.

[1] *Epist.*, VIII, 190 (PL, CCXV, 767).

[2] *Ibid.*, V, 128 (PL, CCXIV, 1132), et c. *Per venerabilem* (c. 13, X, *qui filii sint legitimi*, IV, 17 ; édit. FRIEDBERG, t. II, c. 714-716).

[3] *Ibid.*, VII, 42 (PL, CCXV, 326) et c. *Novit* (c. 13, X, *de iudiciis* II, 1 ; édit. FRIEDBERG, t. II, c. 242-244). Cfr *Epist.*, VI, 163 et 166 (PL, CCXV, 177, 180, 182).

Innocent III pose cette règle à propos du différend survenu entre Philippe Auguste et Jean sans Terre. Mais dans quel acte public d'un souverain la morale ne sera-t-elle pas en cause ? Pour comprendre jusqu'où s'étendait alors la *ratio peccati*, il faut se rappeler que, dans la même lettre, le pape donne comme exemples les cas où il y a serment, surtout quand la paix du monde y est intéressée. En théorie, l'action de l'Église se borne au domaine de la conscience ; mais, par là-même, c'est l'ordre tout entier de la vie nationale et internationale qui s'ouvre devant elle. Si la théologie d'Innocent III, d'accord en cela avec celle de tout son temps, respecte la distinction des deux pouvoirs, comme elle aussi on voit qu'elle pousse jusqu'à ses plus extrêmes conséquences la subordination du temporel.

On s'est même demandé s'il ne concevait pas, en définitive, le pouvoir civil comme une délégation de l'Église. Lorsqu'il parle du glaive spirituel *quem Petrus* PER SEIPSUM *exercet* [1], ne laisse-t-il pas entendre que Pierre détient aussi le glaive matériel, dont il se sert par les mains d'un autre ? Cette induction peut sembler conforme aux règles d'une logique abstraite et corroborée d'ailleurs par toutes les déclarations déjà rencontrées sur la fonction spirituelle du pape. Il n'en est pas moins vrai que la pensée réfléchie d'Innocent III n'est pas allée aussi loin. Quelle qu'ait pu être l'énergie de sa politique et la pente même de ses principes, jamais il n'a formellement réclamé pour l'Église sur les États autre chose qu'une juridiction occasionnelle *ratione peccati* [2].

Non pas sans doute qu'il ait voulu désavouer les doctrines

---

[1] *Epist.*, VII, 212 (PL, CCXV, 527). Texte exploité et quelque peu majoré dans MEYER, p. 22. Cfr HAUCK, *Der Gedanke...*, p. 42, qui veut ensuite (p. 43 et 47) que la formule *ratione peccati* marque un recul. — On comparera ce qu'il dit ailleurs des Romains, *qui tamquam peculiaris populus noster nobis tam in spiritualibus quam temporalibus nullo subiacent mediante* (*Epist.*, VII, 8 ; PL, CCXV, 293). N'est-ce pas suggérer implicitement que la même autorité s'étend aux autres peuples, mais par intermédiaire ?

[2] Voir MOLITOR, *Die Decretale « Per venerabilem »*, p. 43-61 et 70-83, qui s'efforce ensuite indûment de ramener tous les papes à la pensée d'Innocent III (*ibid.*, p. 109-110, 179-181).

plus compréhensives que professaient les Jean de Salisbury et les Hugues de Saint-Victor [1]. Homme d'action, il eut souci d'utiliser l'instrument qu'il avait en mains plutôt que d'en perfectionner la théorie. Et quand incidemment il aborda ce terrain, son tempérament positif le retint sur les positions solides des réalités morales et du droit traditionnel. Ce qui fait que l'autorité temporelle du pape, tout en entraînant d'immenses répercussions dans l'ordre politique, reste encore pour lui essentiellement religieuse tant par son origine que par les conditions de son exercice. Innocent III est le continuateur de Grégoire VII, mais sans guère le dépasser, en somme, que par l'abondance et la précision des formules, sans incorporer en tout cas le développement théologique déjà ébauché dans l'intervalle.

En s'inspirant du même idéal et s'efforçant d'en maintenir les applications, ses successeurs du XIIIe siècle, plus hospitaliers aux théories d'école ou peut-être stimulés par la contradiction, allaient donner au système son épanouissement le plus complet dans l'ordre spéculatif.

III

Si jamais la domination temporelle de la papauté put paraître bien assise, ce fut certainement après le règne glorieux d'Innocent III. Malgré bien des difficultés et quelques déboires, sa politique fut, en fin de compte, couronnée de succès. Quant aux revendications théoriques dont il ne cessa de l'accompagner, elles ne rencontrèrent même pas d'adversaire sérieux. Les quelques oppositions que l'on devine à travers sa correspondance ne prirent jamais corps. Tout pliait devant la majesté du souverain pontificat.

C'est à ce moment-là pourtant que la suprématie pontificale allait rencontrer la plus vive résistance qu'elle eût encore

---

[1] Cette interprétation inexacte s'affirme dans CARLYLE, t. II, p. 218 et 225.

connue [1]. Par un singulier retour des choses humaines, elle lui
vint de celui qu'Innocent III lui-même avait préparé, puis
appelé à la couronne : l'empereur Frédéric II. Après une
jeunesse déférente, celui-ci ne tarda pas à relever contre le
Saint-Siège l'étendard de Barberousse, et la situation devint à
ce point tendue que Grégoire IX d'abord, puis Innocent IV,
furent amenés à renouveler contre lui les revendications traditionnelles, qu'appuyèrent bientôt les antiques rigueurs.

Déjà Honorius III rappelait à Frédéric (avril 1226) le devoir
de soumission auquel il était tenu du chef de sa fonction :
Vinculo fidelitatis es nobis nostrisque successoribus obligatus [2]. Ce
« lien de fidélité » repose sur un double fondement, bien dégagé
par Grégoire IX dans une lettre du 23 octobre 1236. Avant
tout il affirme devant l'empereur, à la fois comme un droit et
comme un fait, la prééminence du pouvoir spirituel :

« Cum regum colla et principum submitti videas genibus sacerdotum et christiani imperatores subdere debeant executiones suas
non solum Romano Pontifici, quin etiam aliis presulibus non pre-
ferre... »

Mais le Souverain Pontife a sur l'Empire un titre spécial :
savoir la donation de Constantin. Non content d'en faire état,
Grégoire se plaît à y montrer la juste reconnaissance d'un
principe absolu : ... *Dignum esse decernens* [Constantinus] *ut,
sicut principis Apostolorum vicarius in toto orbe sacerdotii et
animarum regebat imperium, sic in universo mundo rerum obtineret
et corporum principatum*. C'est en vertu de ce titre que le Saint-
Siège a transféré l'Empire aux Germains; mais, ce faisant, il
n'abdiquait rien de son droit radical :

« Sedes Apostolica transferens in Germanos... nihil de substantia
sue iurisdictionis imminuens, imperii tribunal supposuit et gladii
potestatem in subsecuta coronatione concessit. Ex quo iuri Apostolice

---

[1] Pour l'histoire et l'analyse détaillée des pièces de la controverse qui se
déroula autour de Frédéric II, on consultera Fr. Graefe, *Die Publizistik in
der letzten Epoche Kaiser Friedrichs II* (1239-1250).

[2] Huillard-Bréholles, *Historia diplomatica Friderici II*, t. II, 1, p. 554.

Sedis et non minus fidei ac honori tuo derogare convinceris, dum factorem proprium non agnoscis [1]. »

Ainsi, non seulement le pape est le véritable auteur *(factor)* du pouvoir impérial, mais il en garde entre ses mains toute la substance, puisque l'empereur n'est que son délégué. Grégoire explique ailleurs (février 1240) que l'État romain est le reste et le symbole de la domination universelle qui lui appartient et dont il a voulu confier à l'empereur une partie :

«Patrimonium B. Petri..., inter cetera imperii iura que seculari principi tamquam defensori sacrosancta commisit Ecclesia, ditioni sue in signum universalis dominii reservavit [2]. »

Ce n'est plus « par occasion », comme pour Innocent III, que l'Empire relève du pouvoir pontifical, mais par essence, et l'on dépasserait à peine la pensée de Grégoire IX en disant que le haut domaine de la papauté n'est lui-même que l'affirmation d'un droit naturel que Constantin voulut revêtir d'un titre positif. Or, si l'Empire, qui était « la plus haute expression du pouvoir temporel », est ainsi dans la dépendance du Saint-Siège, il s'ensuit que « le Souverain Pontife, supérieur au chef de l'Empire, est le monarque des monarques » [3]. La suprématie pontificale prend les allures d'un véritable impérialisme spirituel.

Grégoire IX en a laissé ailleurs une expression formelle, qui anticipe à la lettre celle de la bulle *Unam Sanctam*. Après avoir écrit une longue épître au patriarche schismatique de Constantinople pour établir la primauté spirituelle du pape, voire même son infaillibilité, il éprouve le besoin de lui en adresser une seconde, en date du 18 mai 1233, pour revendiquer ses droits en matière temporelle :

«Illud tantum adicimus quod utrumque gladium ad Romanum pertinere Pontificem ex evangelica lectione tenemus. »

---

[1] Huillard-Bréholles, t. IV, ii, p. 919-922. « Quelle différence y a-t-il, écrivait déjà l'auteur (Préface et introd., p. cdxxxi), entre ce langage absolu et hautain et celui des bulles de Boniface VIII ? » Cfr Graefe, *Die Publizistik*, p. 7-10.

[2] *Ibid.*, t. V, ii, p. 777.

[3] *Ibid.*, Préface et introduction, p. cdxxviii.

A l'appui de cette affirmation il développe, en effet, une exégèse analogue à celle de saint Bernard et conclut avec lui :

« Uterque igitur gladius Ecclesiae traditur ; sed ab Ecclesia exercetur unus, alius pro Ecclesia manu saecularis principis est eximendus ; unus a sacerdote, alius ad nutum sacerdotis administrandus a milite [1]. »

Innocent IV suivit sans dévier la ligne de son prédécesseur [2]. Comme canoniste, il avait interprété dans le sens le plus maximiste les textes du *Corpus Iuris*. Ainsi, non content de réclamer pour le pape la suprême juridiction sur l'Empire [3], quand Innocent III admettait incidemment que le roi de France ne reconnaît pas de supérieur au temporel, Sinibaldo Fieschi croyait devoir corriger cette concession, en rapportant, d'une part, la distinction entre le droit et le fait où s'abritait l'impérialisme traditionnel : *de facto nam de iure subest Imperatori Romano*, et ajoutant pour son propre compte : *Nos contra, immo Papae* [4]. De même, sur la célèbre formule : *Non intendimus iudicare de feudo*, le commentateur précisait, suivant une distinction déjà courante : *Directe, secus indirecte* [5]. Mais il faut bien se rendre compte que ce « pouvoir indirect » n'a pas encore chez Innocent IV le sens de Bellarmin et des écoles modernes [6].

---

[1] MANSI, t. XXIII, c. 60. La lettre précédente se lit *ibid.*, c. 55-59. Voir encore une lettre du 15 février 1236, écrite à saint Louis roi de France : « Ecclesia, gladii spiritualis et materialis obtinens a Domino potestatem, ut alterum ipsa exerat et ut alter exeratur indicat. » Quelques lignes plus haut, il s'approprie la formule de saint Pierre Damien pour revendiquer *terreni simul et celestis imperii iura* (MGH, *Epistolae saeculi XIII Pontificum Romanorum*, t. I, n. 672, p. 568).

[2] Voir AMANN, art. *Innocent IV*, dans *Dict. théol. cath.*, t. VII, c. 1981-1996.

[3] *Apparatus in quinque libros Decretalium*, II, c. *Licet ex praecepto* (fol. 72-73).

[4] *Ibid.*, IV, c. *Per venerabilem* (fol. 173ᵛ).

[5] *Ibid.*, II, c. *Novit* (fol. 71ʳ). — Innocent IV a été souvent donné comme le premier témoin de cette formule. Voir MOLITOR, *Die Decretale « Per venerabilem »*, p. 119-120, 177 et 181 ; après lui, MICHAËL, *Zeitschrift für kath. Theologie*, t. XXVI, p. 270, et *Geschichte des deutschen Volkes vom dreizehnten Jahrhundert bis zum Ausgang des Mittelalters*, Fribourg, 1903, t. III, p. 270. Il est maintenant démontré, comme on le verra plus loin (p. 54), qu'elle était déjà familière aux canonistes de la génération précédente.

[6] BELLARMIN, attentif seulement au terme plutôt qu'à son contenu, s'est réclamé d'Innocent IV (*Tractatus de potestate summi Pontificis*, 5 ; *Opera*, t. XII, p. 26). Il va jusqu'à l'appeler *auctorem harum vocum*.

Ses paroles et ses actes de pape montrent qu'il attribuait au pouvoir pontifical un sens autrement plein.

Un des premiers gestes de son pontificat fut la déposition de Frédéric II. La sentence fulminée au concile de Lyon (1245) contre le souverain indigne est dans le plus pur style de Grégoire VII :

« Cum Iesu Christi vices immeriti teneamus in terris nobisque in B. Petri apostoli persona sit dictum : *Quaecumque ligaveris...*, memoratum principem... suis ligatum peccatis et abiectum omnique honore et dignitate privatum a Domino ostendimus, denuntiamus ac nihilominus sententiando privamus, omnes qui ei iuramento fidelitatis tenentur adscripti a iuramento huiusmodi perpetuo absolventes [1]. »

Où l'on voit encore une fois que l'unique fondement sur lequel Innocent IV entend s'établir, aussi bien que ses prédécesseurs, est le pouvoir spirituel qu'il tient du Christ. Mais l'application de cette autorité est ici double : d'une part, le pape se fait l'interprète du jugement divin : *abiectum... a Domino ostendimus, denuntiamus* ; de l'autre, il prononce la déposition de l'empereur en son nom personnel : *sententiando privamus*. En même temps qu'il promulgue la sentence de Dieu, Innocent IV se reconnaît qualité pour la corroborer par la sienne propre [2].

Frédéric osa tenir tête à cet anathème de Dieu et de son vicaire. Pour expliquer son attitude, on a tour à tour invoqué son despotisme personnel, ses fréquentations orientales et l'influence des légistes de sa cour. Et il y eut sans doute dans sa conduite un peu de tout cela. Toujours est-il qu'il s'éleva contre les prétentions de l'Église au nom des droits de l'Empire.

Ces droits sont d'abord ceux de tous les souverains, et l'empereur d'opposer au pape la distinction providentielle des puis-

---

[1] MANSI, t. XXIII, c. 613-619, et dans le *Corpus Iuris*, c. 1 et 2, *de sententia et re iudicata*, II, 14, *in VI*° (édit. FRIEDBERG, t. II, c. 1008-1010).

[2] Subsidiairement Innocent IV s'appuyait aussi, pour déposer l'empereur, sur le fait qu'il l'avait nommé et, de ce chef, sa sentence prend une couleur juridique que n'avait pas encore celle de Grégoire VII. Voir DOMEIER, *Die Päbste als Richter...*, p. 76-81.

sances [1]. Mais son impérialisme a aussi une forme politique : Frédéric II l'étale sans ambages dès sa première excommunication par Grégoire IX. Le pape s'étant appuyé sur la donation de Constantin pour réclamer la souveraineté universelle, l'empereur lui objecte son titre impérial qui lui assure la maîtrise du monde entier, y compris les États du Saint-Siège. C'est lui qui avait voulu sacrifier momentanément son domaine, *vos in alienam dicionem teneri permisimus*, et qui maintenant, retournant contre le pape ses propres méthodes, relève les Italiens d'un serment de fidélité prêté, affirme-t-il, *ex permissione nostra*. Si jadis il y eut donation, elle ne pouvait être que révocable : l'ingratitude du donataire est aujourd'hui une raison suffisante de la révoquer [2]. Vraie déclaration de guerre sous laquelle on devine la conception réfléchie d'un Empire universel, souverain et inviolable. Empire dont, bien entendu, Frédéric II, à l'instar des Henri IV et des Frédéric Barberousse, s'attribue la possession de droit divin : *Imperii... cui Domino praesidemus auctore* [3].

L'empereur allait accentuer davantage ce système et lui faire sortir toutes ses conséquences théologiques après sa déposition par Innocent IV. Durant le concile de Lyon, Thaddée de Suesse avait multiplié ses efforts de diplomate et de juriste pour éviter à son maître la fatale sentence. Lorsqu'elle fut portée, Frédéric essaya de parer le coup, sinon de prendre sa revanche,

---

[1] HUILLARD-BRÉHOLLES, t. V, I, p. 348. Il utilise à cette fin l'allégorie des deux luminaires. Cfr GRAEFE, p. 41-47. Même texte dans PIERRE DE LA VIGNE (*Epist.*, I, 31 ; édit. ISELIUS, Bâle, 1740, t. I, p. 197). Une lettre toute semblable, mais où l'allégorie est plus développée, se lit dans WINKELMANN, *Acta imperii inedita*, n° 355, t. I, p. 314. Voir aussi HUILLARD-BRÉHOLLES, t. V, II, p. 1125.

[2] HUILLARD-BRÉHOLLES, t. V, I, p. 376-378. Cfr une lettre de mai 1239 (*ibid.*, t. IV, II, p. 849) : « ...Ut illud Italie medium... ad nostre serenitatis obsequia et *imperii redeat unitatem*. » Plus nette encore est cette formule d'une lettre de mars 1244, publiée postérieurement par l'auteur (Préface et Intr., p. CDXXXV) : « ... Sed potius causam dederit [Gregorius] terras imperii quas iniuriose tenebat ecclesia ad ius et dominium imperii revocandi. » Voir de même une lettre du 2 février 1240 (*ibid.*, t. V, II, p. 709).

[3] Lettre du 22 août 1241, insérée dans son *Conceptbuch* par ALBERT DE BÉHAM (édit. HOEFLER, dans *Bibliothek des lit. Vereins von Stuttgart*, t. XVI, II, p. 59).

par une sorte d'appel à l'opinion publique. Et des circulaires furent expédiées aux diverses cours de l'Europe, œuvre sans doute de son chancelier Pierre de la Vigne, qui tendaient à présenter la mesure conciliaire, d'abord comme irrégulière et indécente, puis comme franchement illégitime [1]. L'empereur s'y élevait contre l'ingratitude de ces clercs qui, engraissés par les aumônes des pères, entreprenaient aujourd'hui d'opprimer leurs enfants. Reprenant les arguties juridiques opposées jadis à Grégoire VII, il assurait n'avoir pas été dûment cité au concile, qui s'était prononcé sur des accusations partiales et sans défense suffisante de sa part. Mais surtout il remontait jusqu'au principe et dénonçait dans la sanction dont il était victime un abus de pouvoir : *sacerdotalis abusio potestatis*. Sans prétendre nier l'autorité pontificale — ce qui était peut-être une concession habile plutôt qu'une véritable conviction — il en contestait hardiment l'application en matière politique :

« Etsi nos fateamur collatam a Domino sacrosanctae Romanae Sedis antistiti plenariam in omnibus potestatem ..., nusquam ... legitur divina sibi vel humana lege concessum quod transferre pro libitu possit imperia, aut de puniendis temporaliter in privatione regnorum regibus aut terrae principibus iudicare. »

Non seulement l'acte d'Innocent IV péchait par défaut de titre, mais il se heurtait au droit sacré de l'empereur qui ne relève que de Dieu. L'encyclique de Frédéric soulignait cette anomalie en antithèses hautaines :

« Imperator Romanus, imperialis rector et dominus maiestatis, laesae maiestatis crimine dicitur condempnatus... Ridiculose subicitur legi qui legibus omnibus imperialiter est solutus, de quo temporales poenae sumendae, cum temporalem hominem superiorem non habeat, non sunt in homine sed in Deo. »

Ces courtes phrases du mémorandum impérial contiennent toute une philosophie politique. L'Église y est réduite au domaine spirituel : Frédéric se déclarait justiciable, dans l'ordre intime de la conscience, non seulement du pape, mais de n'im-

---

[1] ALBERT DE BÉHAM, *Conceptbuch*, p. 79-85 ; cfr GRAEFE, p. 179-200.

porte quel prêtre. En regard, un moderne eût affirmé l'autonomie de l'État : comme ses prédécesseurs, le despote allemand du XIIIᵉ siècle oppose à l'envahissement du pouvoir pontifical la mission divine de l'empereur, qui le soustrait à la juridiction de tout pouvoir humain. Sans cesser d'être une puissance politique, l'impérialisme est devenu un dogme religieux. Et ce dogme n'est pas loin de primer l'autre, si l'on en juge par cette étrange formule où Frédéric subordonne son respect pour le pape à celui que le pape voudra bien lui témoigner : *Quem in spiritualibus patrem nostrum et dominum profitemur, si tamen ipse nos filium debita relatione cognoscat* [1].

Or, comme le pape lui paraissait insuffisamment fidèle à cette *debita relatio*, l'empereur s'estimait dégagé de son loyalisme conditionnel. Mais, au lieu de suivre les errements de ses ancêtres en suscitant un antipape, poussé sans doute par le sentiment de sa responsabilité impériale, il préféra prendre à son compte la réforme du clergé et l'histoire a gardé quelques traces d'un essai d'Église nationale dont Frédéric eût été le pape et Pierre de la Vigne le vicaire [2]. Le césaro-papisme est au terme logique de la suprématie impériale : sous prétexte d'émanciper l'État, Frédéric II finissait, en réalité, par absorber l'Église dans l'État [3] et l'excès de cette dernière prétention compromettait ce qu'il peut y avoir de juste dans la première.

A cet absolutisme laïque allait s'affronter un absolutisme ecclésiastique d'une égale intransigeance. Innocent IV, en effet, jugea bon d'opposer une réponse au manifeste de Frédéric II [4]. C'est en quelques pages l'expression la plus complète et la plus

---

[1] *Ibid.*, p. 84. Voir dans WINKELMANN, t. II, n. 43, p. 44-47, une lettre toute semblable adressée au roi de France en septembre 1245.

[2] Voir HUILLARD-BRÉHOLLES, *Historia diplomatica Friderici II*. Préface et introduction, p. CDLXXXV-DXIX, et *Vie et correspondance de Pierre de la Vigne*, Paris, 1865, p. 160-243. Ce fait a été contesté (voir encore GRAEFE, p. 38, n. 29), mais, semble-t-il, sans raison péremptoire.

[3] A plusieurs reprises Grégoire IX et Innocent IV ont formulé contre lui cette accusation. Voir GRAEFE, p. 37-38, 115 et 131.

[4] Pièce également conservée par ALBERT DE BÉHAM (*Conceptbuch*, édit. HOEFLER, p. 86-92). Texte plus critique et plus complet dans WINKELMANN, n. 1035, t. II, p. 696-701.

sereine du système politico-théologique dont maintes fois déjà
nous avons rencontré l'ébauche.

Le pape commence par revendiquer dans toute leur plénitude
les droits de sa primauté. Prétendre s'y soustraire, c'est manquer
au Christ qui en est l'auteur :

« Cuius auctoritatem profecto diminuit... quisquis ab ipsius ditione
vicarii se contendit exemptum. Generali namque legatione in terris
fungimur Regis Regum, qui non solum quemcumque sed ... quodcumque ligandi super terram pariter et solvendi apostolorum principi
nobisque in ipso plenitudinem tribuit potestatis. »

Dans cette *generalis legatio* est évidemment compris le droit
de juger l'empereur. N'est-il pas dit des apôtres qu'ils jugeront
les anges ? Et Jérémie n'est-il pas établi par Dieu, *non solum
utique super gentes, sed etiam super regna* ? Tous arguments qui
justifient la juridiction du pape sur le temporel :

« Romanum Pontificem posse SALTEM *casualiter* suum exercere pontificale iudicium in quemlibet christianum, cuiuscumque conditionis
existit..., MAXIME *ratione peccati*. »

Ce sont les expressions mêmes d'Innocent III, mais glosées de
telle façon que l'intervention occasionnelle « en raison du péché »
n'est plus qu'un minimum. Innocent IV, en effet, ne tarde pas
à le dépasser. La première et la plus incontestable forme du
pontificale iudicium est évidemment l'excommunication. Mais
la déposition du souverain coupable peut s'ensuivre, *saltem per
consequens*. « Conséquence » que le pape fonde, non pas sur les
contingences historiques du droit humain, mais sur les conditions métaphysiques de l'autorité :

« Que [temporalis regiminis potestas] procul dubio extra Ecclesiam
efferri omnino non potest, cum foris, ubi omnia edificant ad gehennam,
a Deo nulla sit ordinata potestas. »

Ainsi la juridiction temporelle du pape repose à la fois sur
le droit positif et sur le droit naturel, sur les promesses du
Christ qui a tout remis à son vicaire et sur l'essence même
des choses qui veut qu'il ne puisse y avoir d'autorité légitime
en dehors de l'Église. Le rapprochement de ces deux principes

éclaire d'un jour tout nouveau le cas de Constantin : la fameuse donation n'a pu avoir pour effet d'accorder réellement à l'Église un pouvoir qui lui appartenait déjà, *imperii principatum qui prius naturaliter et potentialiter fuisse dinoscitur apud eam*, mais tout au plus de faire passer cette puissance à l'acte. Bien au contraire, Constantin ne faisait que remettre l'Empire à son véritable propriétaire, et, par cette humble soumission, c'est lui qui acquérait désormais la possession légitime d'un pouvoir qui n'était jusque-là que tyrannie :

« Illam inordinatam tyrampnidem qua foris antea illegitime utebatur humiliter Ecclesie resignavit... et recepit intus a Christi vicario... ordinatam divinitus imperii potestatem... et qui prius abutebatur potestate permissa deinde fungeretur auctoritate concessa. »

A propos de ce cas particulier c'est bien une théorie générale qui se fait jour. Il n'y a pas de milieu entre la *potestas permissa*, c'est à dire le pouvoir de fait qui bénéfice de la simple tolérance divine, et la *potestas ordinata*, seule conforme à l'ordre providentiel. Or celle-ci est toujours une *auctoritas concessa*, qui n'existe que dans et par l'Église, lorsque la ratification du vicaire de Jésus-Christ vient transformer le fait en droit.

Cette théorie suppose que l'Église est détentrice de l'autorité temporelle non moins que de l'autorité spirituelle. Innocent IV n'hésite pas à comprendre dans ce sens l'allégorie des deux glaives. S'ils sont tous deux aux mains des Apôtres, c'est que ni l'un ni l'autre ne saurait exister en dehors d'eux : *unde quisquis ibidem non fuerit neutrum habet*. Pierre, en effet, s'est servi du glaive temporel et le Maître lui a donné l'ordre, non pas de le jeter, mais de le remettre au fourreau. Ce qui était dire équivalemment qu'il ne devait plus à l'avenir l'exercer par lui-même : *ut ipsum videlicet per teipsum ultra non exerceas*. Voilà pourquoi il le délègue aux souverains. Ainsi, en termes d'école, l'autorité temporelle est dans l'Église à l'état implicite et potentiel; en la recevant de ses mains, l'empereur a pour rôle d'en faire une réalité effective :

« Huius siquidem materialis potestas gladii apud Ecclesiam est implicata, sed per Imperatorem qui eam inde recipit explicatur et que

in sinu Ecclesie potentialis est solummodo et inclusa fit, cum trans-
fertur in principem, actualis.»

Sans doute le pape ne parle ici que de l'empereur et il a
soin de bien marquer la différence qui distingue celui-ci des
monarques héréditaires. Cependant les principes qu'il pose sont
d'application indéfinie et renferment une doctrine des deux
pouvoirs. Par delà les distinctions canoniques d'Innocent III,
par delà même les insinuations imprécises de Grégoire IX,
Innocent IV rejoint la pensée des Hugues de Saint-Victor et
des Jean de Salisbury, qu'elle complète, à la suite de Grégoire VII, par une métaphysique hardie, où le pouvoir spirituel,
parce qu'il est la suprême expression de l'ordre moral, devient
la norme et la base de tout l'ordre politique. Ainsi l'Église ne
serait pas seulement le juge des souverains, mais l'auteur —
et l'auteur nécessaire — de leur pouvoir, l'autorité civile n'étant
plus qu'une émanation et, à vrai dire, une autre forme de
l'autorité religieuse. La thèse de la suprématie pontificale avait
dit par là son dernier mot [1]. Il ne restait plus qu'à développer
en système la théologie qu'Innocent IV condensait en quelques
propositions marquées au meilleur coin de l'*imperatoria brevitas*.
C'est l'œuvre à laquelle s'appliqueront les théologiens pontificaux de la génération suivante; mais ils ne feront en cela
qu'élever l'édifice dont Innocent IV avait posé les bases et
dessiné le plan.

En attendant, cette doctrine, qui nous paraît aujourd'hui si
audacieuse, ne semble pas avoir éveillé l'attention : ce qui
prouve à quel point les esprits du XIIIe siècle étaient mûrs
pour la recevoir. Car la résistance de Frédéric II ne fut pas
précisément dirigée contre les théories particulières du pape,
ni sans doute provoquée par elles, mais bien par le principe
même de l'intervention ecclésiastique. A quoi d'ailleurs le
monarque opposait, non pas, comme on le ferait aujourd'hui,
l'indépendance naturelle du pouvoir laïque, mais, à l'instar de

---

[1] Voir dans GRAEFE, p. 217-221, la comparaison entre Innocent IV et les
pontifes antérieurs.

ses prédécesseurs du XIᵉ siècle, le droit divin de l'Empire. Et si c'était là, comme on l'a dit, un « conflit de principes [1] », il faut convenir aussi que la bataille était engagée sur un terrain très spécial, non moins éloigné de nos vues modernes que de toute la tradition chrétienne telle que les siècles l'avaient développée. D'autant qu'aux protestations où l'empereur réclamait son indépendance ne cessaient de se mêler, comme autrefois, avec des arguties de procédure que l'on pourrait prendre pour un aveu, des agressions personnelles qui dégénéraient en basse polémique au grand détriment des thèses engagées dans le débat [2].

Frédéric ne faisait, en somme, que recommencer après deux siècles l'expérience tentée par Henri IV. Sur le terrain politique et diplomatique où il se plaçait volontiers [3], il put compter comme un succès relatif le fait d'avoir obtenu la neutralité bienveillante du roi de France et renforcé, sinon créé, la fameuse ligue des barons qui croyaient devoir se coaliser contre les envahissements des clercs [4]. Mais dans l'ordre doctrinal il n'a pas exercé d'influence appréciable. S'il a pu sans peine mobiliser un corps de légistes toujours en garde contre l'autorité pontificale, il n'a pas suffisamment ému les théologiens, ni pour leur faire organiser et défendre la doctrine alors reçue, ni beaucoup moins encore pour les jeter dans des voies novatrices. Aux manifestes impériaux il a suffi que le pape opposât le sien : la

---

[1] GRAEFE, p. 224.

[2] Voir le même auteur (p. 51), qui marque bien ce caractère personnel et polémique de la controverse. Il reconnaît d'ailleurs plus loin (p. 221) que la réponse d'Innocent IV fait heureusement exception.

[3] Du commencement à la fin de la lutte, Frédéric II ne cessa pas d'en appeler à la solidarité des souverains contre les entreprises de la papauté. Voir GRAEFE, p. 17-18, 47-50, 185-187 et 224-229.

[4] Cfr LANGLOIS, dans LAVISSE, Hist. de France, t. III, II, p. 59-61, 87, et GRAEFE, p. 230-235. Plus tard la légende s'en mêla. Dans les milieux joachimites, on refusait de croire à la mort de Frédéric et on le réservait, lui ou l'un de ses descendants, pour le rôle d'Antechrist. Voir GRAUERT, Zur deutschen Kaisersage, dans Historisches Jahrbuch, t. XIII, 1892, p. 100-115, et FR. KAMPERS, Kaiserprophetieen und Kaisersagen im Mittelalter, Munich, 1895, p. 107-118 et 124-145.

lutte théologique n'a pas dépassé l'affirmation de cette antithèse.

Rien n'indique, en un mot, que ce nouveau conflit, à tant d'égards si violent, entre l'Église et l'État ait soulevé devant les intelligences chrétiennes le problème de l'Église et de l'État.

IV

Au contraire, il est frappant de constater avec quelle paix parfaite — il faudrait presque dire : avec quelle souveraine indifférence — la grande scolastique allait enregistrer discrètement les résultats qu'on pouvait croire acquis. Non pas que la doctrine des deux pouvoirs y soit nulle part traitée *in extenso*; mais quelques déclarations incidentes laissent suffisamment deviner les tendances de l'école. Alexandre de Halès et Vincent de Beauvais reproduisent à la lettre le texte cité plus haut de Hugues de Saint-Victor, où sont dogmatiquement précisés les rapports des deux puissances [1]. Saint Thomas semble tout d'abord bien isoler leurs domaines respectifs :

« Potestas spiritualis et saecularis utraque deducitur a potestate divina et ideo in tantum saecularis potestas est sub spirituali in quantum est ei a Deo supposita, scilicet in his quae ad salutem animae pertinent... In his autem quae ad bonum civile pertinent, est magis obediendum potestati saeculari quam spirituali. »

Mais une exception est aussitôt prévue pour le Souverain Pontife, qui réunit en lui le double pouvoir temporel et spirituel :

« Nisi forte potestati spirituali etiam saecularis potestas coniungeretur, sicut in papa qui utriusque potestatis apicem tenet, scilicet spiritualis et saecularis, hoc illo disponente qui est sacerdos et rex [2]. »

On ne retrouve pas cette déclaration dans la *Somme théo-*

---

[1] ALEXANDRE DE HALÈS, *Summa theologica*, pars III, qu. 40, membr. 5; voir également pars IV, qu. 10, membr. 5, art. 2. — VINCENT DE BEAUVAIS, *Speculum doctrinale*, VII, 32, fol. 94r.

[2] S. THOMAS D'AQUIN, *In II Sentent.*, dist. XLIV, qu. 2, art. 2, *Expositio textus*, ad 4um (*Opera omnia*, t. VIII, p. 594) : texte que Bellarmin s'efforce de ramener au pouvoir indirect (*De summo Pontifice*, V, 5; *Opera*, t. II, p. 153).

logique; mais saint Thomas y pose en principe *quod potestas saecularis subditur spirituali sicut corpus animae* [1] et il en tire comme conclusion la juridiction *ratione peccati*, dont il conçoit tout naturellement qu'elle puisse aller jusqu'à la déposition juridique des souverains coupables d'hérésie et tout autant pour d'autres fautes qu'il ne précise pas :

« Aliquis per infidelitatem peccans potest *sententialiter* ius dominii amittere, sicut etiam quandoque propter alias culpas ... Infidelitatem eorum qui fidem susceperunt potest [Ecclesia] *sententialiter punire*, et convenienter in hoc puniuntur quod subditis fidelibus dominari non possint [2]. »

En vertu du même principe, le Docteur angélique admet ailleurs que l'Église puisse annuler le pouvoir des princes infidèles sur les chrétiens, si elle le jugeait bon :

« Potest iuste *per sententiam vel ordinationem Ecclesiae*, auctoritatem Dei habentis, tale ius dominii vel praelationis tolli, quia infideles merito suae infidelitatis merentur potestatem amittere super fideles [3]. »

Dans l'un et l'autre cas, saint Thomas commence par maintenir les droits naturels de l'autorité, qui ne sauraient être compromis en eux-mêmes par un manquement au droit divin. Cependant, si elle ne crée pas une incapacité absolue, l'indignité morale du prince est une sorte d'indécence et certainement un gros danger dans une société chrétienne. Voilà ce qui autorise l'intervention de la puissance ecclésiastique. Le fait seul d'avoir

---

[1] *Summa theologica*, IIa IIae, qu. 60, art. 6, ad 3um. Ailleurs, après avoir rappelé le temps des premières persécutions, saint Thomas constate sans déplaisir — et, en tout cas, sans protestation — que la situation a changé depuis que le Christ règne sur la conscience des souverains : « *In isto tempore reges sunt vassalli Ecclesiae* » (*Quodlib.* XII, qu. 12, art. 19, ad 2um; *Opera*, t. XV, p. 604). Ce fait ne semble-t-il pas être pour lui l'indication du droit ?

[2] *Ibid.*, qu. 12, art. 2. L'auteur explique aussitôt que la déchéance politique suit *ipso facto* la sentence d'excommunication : « Quam cito aliquis per sententiam denuntiatur excommunicatus propter apostasiam a fide, ipso facto eius subditi sunt absoluti a dominio eius et iuramento fidelitatis quo ei tenebantur. » Plus loin, il est vrai, l'Église ne semble plus avoir droit qu'aux « armes spirituelles » (*Ibid.*, qu. 40, art. 2, ad 1um). « *De sancto Thoma quid senserit non est tam certum* », observait déjà Bellarmin (*De summo Pontifice*, V, 1 ; p. 146).

[3] *Ibid.*, qu. 10, art. 10.

5

enfreint la loi de Dieu n'enlève pas à un prince son empire
sur ses sujets; mais sa déchéance peut être prononcée de ce
chef, sous forme de sanction, par une sentence de l'autorité
compétente, et cette sentence il appartient à l'Église de la porter.

Tout cela ne semble pas aller au-delà du pouvoir indirect.
Mais il ne faut pas oublier qu'en dehors de ces cas exceptionnels
où elle intervient comme juge, l'Église a sur l'État une supériorité normale qui tient à l'excellence de sa fin. *Semper enim
invenitur ille ad quem pertinet ultimus finis imperare operantibus
ea quae ad finem ultimum ordinantur.* La fin dernière de l'humanité est d'atteindre le royaume céleste dont le Christ a confié
la garde à son Église. C'est pourquoi les souverains temporels
doivent au vicaire du Christ la même soumission qu'au Christ
lui-même :

« Huius regni ministerium... sacerdotibus est commissum et praecipue summo Sacerdoti successori Petri, Christi vicario, Romano Pontifici,
cui omnes reges populi christiani oportet esse subditos sicut ipsi
Domino Iesu Christo. Sic enim ei ad quem finis ultimi cura pertinet
subdi debent illi ad quos pertinet cura antecedentium finium et eius
imperio dirigi [1]. »

De cette soumission saint Thomas ne précise pas les formes;
mais on voit avec quelle fermeté il en pose le principe, qui
tenait pour lui à l'essence même de l'Église et de l'État [2].

Un seul détail d'exégèse montrera suffisamment à quel point
la pleine suprématie du pouvoir spirituel s'imposait aux intelligences du XIIIe siècle.

Pierre Lombard avait recueilli incidemment, d'après Gratien,
sous le nom du pape Nicolas Ier, une phrase qui n'attribuait
à l'Église que le glaive spirituel [3]. Non seulement cette demi-

---

[1] *De regimine principum*, I, 14 (*Opera*, t. XXVII, p. 354-355).

[2] Voir ANTONIADÈS, *Die Staatslehre des Thomas ab Aquino*, p. 100-105,
et O. SCHILLING, *Die Staats- und Sociallehre des hl. Thomas von Aquino*, p.
183-203.

[3] *Liber Sententiarum*, IV, Dist. XXXVII, c. 2; cfr GRATIEN, c. 6, *Inter haec*,
C. XXXIII, qu. 2 (édit. FRIEDBERG, t. I, c. 1152). La lettre de Nicolas Ier,
d'ailleurs très contestée, se lit dans MANSI, t. XV, c. 142, à la suite des actes
d'un concile tenu à Mayence en 857.

ligne, perdue dans un article relatif aux empêchements de mariage, a retenu l'attention des commentateurs ; mais ils n'ont pas manqué d'y relever un désaccord avec la doctrine bien connue de saint Bernard. Or il est frappant que saint Thomas éprouve le besoin de corriger le pape au nom de l'abbé de Clairvaux [1]. En quoi il est suivi par les plus éminents de ses contemporains, tels que saint Bonaventure [2], Pierre de Tarentaise [3], et Richard de Middleton [4]. La possession par l'Église des deux glaives leur paraissait une vérité tellement certaine et tellement opportune, sauf à marquer la différence qui en règle l'exercice, qu'ils avaient scrupule de la compromettre, même par une simple prétérition.

A la suite de saint Thomas, Humbert de Romans, dans son mémoire célèbre au concile de Lyon, oppose à l'état de l'Église primitive les gloires de l'Église actuelle : il montre « les puissances du monde » qui lui sont soumises, les empereurs qui reçoivent d'elle leur pouvoir, *honorem suae dignitatis ab Ecclesia recipiunt et recognoscunt*, et lui reconnaît pour son compte la possession du glaive matériel, bien que l'usage en soit réservé aux laïques [5].

---

[1] *In IV Sent.*, Dist. XXXVII, *Expositio textus* (*Opera*, t. XI, p. 190-191) : « Habet spiritualem [gladium] tantum quantum ad executionem ; sed habet etiam temporalem quantum ad eius iussionem. »

[2] *In IV Sent.*, Dist. XXXVII, dubium IV (édit. de Quaracchi, t. IV, p. 812) : « Dicendum quod uterque, ut dicit Bernardus, est Ecclesiae, sed differenter. » Cfr *In Lucam*, XXII, 50 (*ibid.*, t. VII, p. 555) et *De perfectione evangelica*, q. IV, art. 3, ad 8um (*ibid.*, t. V, p. 196), qui invoque saint Bernard à l'appui de cette thèse : « Cum... Christus utrumque habuerit, vicarius Christi in terris utramque ex Christo potestatem accepit... Ex quo aperte colligitur quod utraque potestas ad ipsum reducitur sicut ad unum hierarcham primum et summum. »

[3] *In Sententias*, Dist. XXXVII, *Exp. litterae* (édit. de Toulouse, 1651, t. IV, p. 360). « Respondetur : Ecclesia utrumque [gladium habet] ; sed uno utitur per se immediate, scilicet spirituali, altero per saeculare brachium mediate et indirecte, scilicet materiali ; iste enim, ut dicit Bernardus, educi debet ad iussum Imperatoris et ad nutum Sacerdotis. »

[4] *In Sententias, in hunc locum*, nota E (édit. de Paris, 1512, fol. CCIIII^v). Voir E. HOCEDEZ, *Richard de Middleton, sa vie, ses œuvres, sa doctrine*, dans le *Spicilegium Sacrum Lovaniense*, t. VII, 1925, p. 296.

[5] *Opuscula tripartita*, I, 5 et 11 (publié sans nom d'auteur dans E. BROWN, *Appendix ad fasciculum rerum expetendarum et fugiendarum*, p. 187 et 191-192). Ailleurs (I, 1 ; *ibid.*, p. 185), il parle du pape comme ayant *totius mundi*

Dans les anciennes éditions de saint Bonaventure se lit un petit traité *De ecclesiastica hierarchia*, que les éditeurs franciscains de Quaracchi refusent au Docteur Séraphique [1], mais qui doit sans doute remonter à son époque. L'auteur y déclare que l'autorité ecclésiastique est *in sua radice penitus spiritualis.* Voilà pourquoi elle est au-dessus de la puissance séculière comme l'âme au-dessus du corps. Dans l'Ancien Testament les prêtres sont soumis aux rois et dépendent de leur pouvoir : il en est autrement sous la nouvelle Loi. *Nam temporale regnum velut quoddam adiectum subiacet Sacerdotio.* C'est ainsi que l'on a vu les papes *ex causa amovere reges et deponere imperatores,* tandis qu'ils ne sont eux-mêmes jugés que par Dieu. Mais, pour qu'ils puissent vaquer librement à leur ministère spirituel, ils ont dû se donner des auxiliaires qui les dispensent des charges temporelles : *necesse fuit alios assumere in partem sollicitudinis* [2]. Il est vrai que l'auteur ne cite plus comme exemple que les archidiacres, les prévôts et autres officiers proprement ecclésiastiques. Néanmoins, puisque toute sa comparaison porte sur les papes et les souverains, la logique n'oblige-t-elle pas à faire entrer également ceux-ci dans la catégorie de ceux que l'Église considère comme ses délégués ?

Plus explicite, un traité anonyme *De perfectione statuum,* que certains manuscrits attribuent à Duns Scot, fait du pape l'héritier intégral des droits du Christ sur le monde aussi bien que sur l'Église :

« Inter quos [apostolos] suum vicarium quantum ad ista duo quod erat dominus mundi et praelatus ecclesiasticus ordinavit Petrum, cui succedit quantum ad utrumque Dominus Papa [3]. »

---

dominium; mais ceci s'entend sans doute de son *dominium spirituale,* que l'auteur distingue plus loin (II, 7 ; *ibid.,* p. 211-212) du *dominium temporale,* dont Rome est aussi le siège providentiel.

[1] S. BONAVENTURE, *Opera omnia* (édit. de Quaracchi, t. V, p. XLIX-L ; cfr t. X, p. 20).

[2] *De ecclesiastica hierarchia,* II, 1 (dans S. BONAVENTURE, *Opera omnia,* Lyon, 1668, t. VII, p. 256).

[3] *De perfectione statuum,* 7 (dans JEAN DUNS SCOT, *Opera omnia,* t. XXVI, p. 506). Cfr *ibid.,* 92 (p. 558). D'où l'auteur induit (*ibid.,* 3 ; p. 503) : *quod iuste de terris et bonis infidelium potest ordinare.*

Pour tous ces théologiens, auxquels il faudrait peut-être ajouter Henri de Gand [1], la royauté du Christ est passée à son vicaire : ce qui lui assure un droit de prééminence, une sorte de haut-domaine sur le pouvoir civil et sur toutes les formes de son activité. Sans adopter entièrement les spéculations spéciales à Innocent IV, l'école consacrait le système fondamental dont il fut l'héritier.

Les canonistes, de leur côté, aboutissaient au même résultat par un autre chemin. Ce n'est pas sans raison que Dante devait signaler, parmi les tenants de la suprématie pontificale qu'il s'appliquait à combattre, ces « décrétalistes » dont il traçait ce portrait peu flatteur : *qui, theologiae ac philosophiae cuiuslibet inscii et expertes, suis decretalibus... tota intentione innixi, de illorum praevalentia, credo, sperantes, imperio derogant* [2].

Par cette ignorance de la théologie qui leur est reprochée, il faut entendre que leur pensée n'allait pas, comme celle de Dante, au développement de théories abstraites. Mais on conçoit aisément que le pli professionnel ait entretenu chez eux le culte des textes législatifs et le sentiment de leur *praevalentia*. Or les décrétales les plus caractéristiques d'Alexandre III et d'Innocent III, de Grégoire IX et d'Innocent IV, figuraient au *Corpus Iuris*, dont l'autorité officielle doublait celle de leurs auteurs. C'est pourquoi toutes les déclarations citées plus haut et les faits qui les illustrent furent tour à tour recueillis, soulignés et glosés comme formant l'expression d'un droit absolu. Il pouvait y avoir et il y avait des divergences dans le détail; mais l'ensemble de ces commentaires tendait à l'exaltation croissante de la papauté. Ainsi se constituait peu à peu ce qu'on pourrait appeler le technique du pouvoir pontifical, où

---

[1] BELLARMIN (*Tractatus de potestate summi Pontificis*, praefatio; *Opera*, t. XII, p. 8) cite de lui le texte suivant (*Quodl.* VI, quaestio 33) : « Iste hierarcha primus post Christum super universalem Ecclesiam Petrus erat, cui ambas claves tradidit et duos gladios commisit, sic ut regimen universalis Ecclesiae tam in spiritualibus quam in temporalibus ad ipsum pertineret » (*Quodlibeta Magistri Henrici Goethals a Gandavo*, Paris, 1518, fol. CCXLIIII, F). Mais ce que Bellarmin ne relève pas, c'est que le *Doctor solemnis* y distingue soigneusement entre la *iurisdictio* et l'*executio iurisdictionis*.

[2] DANTE, *Monarchia*, III, 3 (édit. WITTE, p. 93-94).

il ne s'agissait plus de discuter la suprématie du spirituel, mais seulement d'en mesurer l'étendue et dénombrer les applications. Ces gloses des vieux maîtres fourniront, au moment de la grande controverse, des matériaux tout prêts que les publicistes ne se priveront pas d'utiliser.

Dès le commencement du XIIIᵉ siècle, le Décret de Gratien ne circulait plus dans les écoles qu'avec la *Glossa ordinaria* de Jean le Teutonique, où le pape reçoit expressément la possession des deux glaives [1]. Les premières compilations des Décrétales ne pouvaient qu'accentuer une poussée déjà si ferme. Tous les plus anciens commentateurs se préoccupent d'assurer l'autorité du souverain pontife en matière temporelle et ils s'accordent à l'expliquer par une répercussion de son pouvoir spirituel : s'ils lui refusent une juridiction « directe » dans l'ordre politique, c'est en ajoutant, suivant une distinction désormais classique que le futur Innocent IV allait bientôt recueillir, qu'il l'a « indirectement » *ratione peccati* [2].

Fallait-il aller plus loin, jusqu'à poser en thèse la prééminence absolue du pape et faire entrer d'une certaine manière dans ses attributions la gestion même du temporel ? On commençait à se poser la question et les réponses étaient divergentes. Certains auteurs, tels que Vincent l'Espagnol, sont pour la négative et considèrent comme un empiètement tout ce qui dépasserait le pouvoir indirect [3]. Mais d'autres affirment la subordination des

---

[1] *Decretum*, Dist. XXII (dans *Corpus Iuris*, Lyon, 1671, t. I, c. 100).

[2] Voir Fr. GILLMANN, *Von wem stammen die Ausdrücke « potestas directa »...?* (dans *Archiv für kath. Kirchenrecht*, t. XCVIII, 1918, p. 407-409), qui publie d'après un manuscrit de Bamberg quelques extraits topiques empruntés aux œuvres de JEAN GALENSIS, de VINCENT L'ESPAGNOL et d'une glose anonyme qui lui sert de source, puis encore de LANFRANC, tous auteurs ayant écrit aux environs de 1216. Le texte suivant de Vincent l'Espagnol donnera une idée des autres. Sur la parole d'Innocent III : « Non enim intendimus iudicare de feudo », notre glossateur ajoute : « *Directe*; sed *indirecte* cognoscendo an peccet et inducendo ad penitentiam... et ita *per consequentiam* feudum restituet.»

[3] « Hic est expressa opinio mea, enseigne VINCENT L'ESPAGNOL, quod papa non est maior vel inferior (*sic*, mais on lira : superior) quoad temporalia quod imperator... Ex eodem enim principio procedunt... Ergo Papa de temporali se iurisdictione non debet intromittere nisi indirecte ratione peccati » (Cité *ibid.*, p. 408). Le texte de LANFRANC est en tout semblable, sauf la finale où on lit : « ... nisi in subsidium cum secularis negligens est... vel vacante imperio. »

pouvoirs. Distinguant sur les pas de Rufin entre la possession et l'exécution du glaive matériel, ils veulent accorder la première au pape et réservent seulement la seconde aux souverains. Ce qui revient à faire des rois les simples administrateurs délégués d'une puissance dont l'Église détient la nue propriété. Telle était déjà, dans le premier quart du XIIIe siècle, la position de canonistes importants tels que Tancrède (vers 1214-1215) :

« Ego credo papam maiorem imperatore... Ipse [Petrus] utrumque gladium habuit ... Quam iurisdictionem et potestatem suis posteris transmisit ... Verumtamen *executionem gladii materialis quoad iuditium sanguinis imperatoribus et regibus ecclesia commisit*, iurisdictionem vero causarum civilium aliquando per sacerdotes exercuit... Quedam enim possumus aliis committere et dare que nobis non possumus retinere [1]. »

Tancrède lui-même devait le principe de cette doctrine à son maître Laurent l'Espagnol, qui suivait sur ce point l'enseignement d'Alain (vers 1210) :

« Dicunt quidam quod potestatem et gladium habet [imperator] tantum a principibus... Verius est quod gladium habeat a papa. Est enim corpus unum Ecclesiae, ergo unum solum caput habere debet. Item dominus utroque gladio usus est... Sed Petrum vicarium suum in terris in solidum constituit; ergo utrumque gladium ei reliquit... Propter hoc dicatur quod gladium materialem habet a papa... Si ergo papa iudex ordinarius est et quoad spiritualia et quoad temporalia, potest ab eo deponi imperator et eodem modo quilibet laïcus habens potestatem vel dignitatem aliquam sub imperatore, si plenitudine potestatis suae uti vellet [2]. »

D'abord assez isolée peut-être et certainement contredite, cette spéculation juridique avait pour elle l'avenir [3]. Tandis

---

[1] TANCRÈDE, ad v. *Per alienam* (cité *ibid.*, p. 408, n. 4). L'auteur note pour s'en séparer la doctrine de Lanfranc mentionnée ci-dessus. Texte rapporté sous le nom d'Alain, d'après une citation de Léopold de Bebenburg (évêque de Bamberg en 1353), dans GIERKE, traduct. J. DE PANGE, p. 118, n. 22.

[2] ALAIN, in c. *Si duobus* (cité par Fr. SCHULTE, *Literaturgeschichte der Compilationes antiquae*, dans *Sitzungsberichte der k. Akademie der Wissenschaften zu Wien*. Phil. hist. Klasse, t. LXVI, 1871, p. 89-90). La glose de Laurent l'Espagnol est reproduite *ibid.*, p. 86. Voir du même auteur *Die Macht der römischen Päpste*, p. 19, d'où il appert qu'Alain serait le premier témoin connu de cette doctrine.

[3] Tancrède et Alain furent nommément associés à ce succès. Ils sont cités

qu'elle était, comme on l'a vu, portée par Innocent IV sur la chaire même de Pierre, elle allait être acclimatée dans les écoles par l'enseignement du maître des maîtres, le célèbre *Hostiensis*, Henri de Suse, cardinal d'Ostie († 1271), que les juristes postérieurs nommaient à l'envi *pater canonum, fons et monarcha iuris, stella decretorum.* Il associe franchement dans sa pensée ce double aspect théologique et politique de la suprématie pontificale que nous avons vu se manifester dès le XIIe siècle.

Non seulement pour lui le pape possède un droit de haute juridiction sur le temporel, mais il est la vraie source de l'autorité séculière. Son rapport avec les souverains est celui du soleil avec la lune. Or ces deux astres diffèrent d'abord *quoad maioritatem :* d'après l'Almageste, celui-là serait 7644 fois et demie plus grand que celui-ci. Ils ne diffèrent pas moins par l'importance; car la lune n'est qu'un reflet et, en réalité, c'est toujours la lumière du soleil qui nous arrive par elle : *Sol illuminat mundum per lunam quando per se non potest.* Ainsi le pouvoir pontifical adopte l'intermédiaire du pouvoir civil pour les besognes qu'il ne peut accomplir lui-même. De sorte que l'Empire appartient véritablement au Saint-Siège, dont l'empereur n'est plus que le représentant : *Imperator ab Ecclesia Romana imperium tenet et potest dici officialis eius seu vicarius.* La raison de cette suprématie est qu'il ne saurait y avoir qu'une tête du monde : savoir le Christ. Mais le Christ a transmis à Pierre tous ses pouvoirs, *omnia commisit Petro,* en lui confiant les clés du royaume. Et notre commentateur d'observer que ces clés sont au pluriel, *non dixit : clavem, sed* CLAVES, *scilicet duas,* pour signifier que l'autorité du pape s'étend au temporel comme au spirituel [1].

---

l'un et l'autre par l'*Hostiensis* (référence ci-après). Et l'on n'oubliera pas que le commentaire de Tancrède devint la *Glossa ordinaria* des compilations antérieures à Grégoire IX (SCHULTE, *Sitzungsberichte*, p. 112). Voir, sur Tancrède, SCHULTE, *Die Geschichte der Quellen und Literatur des canonischen Rechts*, Stuttgart, 1875, t. I, p. 199-205, et sur Alain, *ibid.*, p. 188-189.

[1] HOSTIENSIS, *Summa aurea*, IV, 17 : *Qui filii sint legitimi*, n. 9 (édit. de Lyon, 1588, fol. 264). Ce qui ne l'empêche pas de poser tout d'abord en thèse : « Ego iurisdictiones distinctas assero et utramque a Deo processisse. » Mais le correctif ne se fait pas attendre : « Quamvis iurisdictiones sint distinctae

Ces arguments d'une théologie déjà classique étaient soutenus chez l'*Hostiensis* par des considérations plus spéciales, où les réminiscences du vieil impérialisme romain s'unissaient aux déductions les plus hardies de la foi religieuse pour accorder au pape la suzeraineté de l'univers. D'une part, en effet, parce qu'il détient la succession de l'Empire, il est l'héritier de tous ses droits. Les croisades passées et futures se justifient pour notre auteur au nom de ce principe, puisqu'elles ne font que remettre le pape en possession d'un bien dont il avait été injustement dépouillé :

« Et ideo papa, ratione imperii romani quod obtinet, potest et debet ipsam [terram sanctam] ad suam iurisdictionem revocare, quia iniuste ab illis qui de iure hoc non poterant facere noscitur spoliatus, et haec ratio sufficit in omnibus aliis terris in quibus nonnumquam imperatores romani iurisdictionem habuerunt. »

Mais le pape est aussi et surtout l'héritier du Christ. Or l'avènement de celui-ci a eu pour effet une expropriation générale de tous les infidèles au profit des chrétiens :

« Mihi tamen videtur quod in adventu Christi omnis honor et omnis principatus et omne dominium et iurisdictio de iure et ex causa iusta, et per illum qui supremam manum habet nec errare potest, omni infideli subtracta fuerit et ad fideles translata [1]. »

Tout cela s'entend *de iure*, comme l'auteur le marque très exactement, c'est à dire, en bon français, d'une conception purement spéculative. Mais il n'en faut pas moins retenir comme un signe des temps l'apparition de cette théorie qui subordonne à la foi la légitimité des pouvoirs et des propriétés. En la retrouvant plus tard pleinement développée chez Gilles de Rome [2], nous nous souviendrons que le germe en fut posé, un demi-siècle plus tôt, par le cardinal d'Ostie.

Plus sobre dans ses développements, son disciple Durand

---

quoad *executionem*, tamen Imperator ab Ecclesia Romana imperium tenet et potest dici officialis eius seu vicarius. »

[1] *In librum tertium Decretalium*, c. 8 : *De voto et voti redemptione*, n. 17 et 26 (édit. de Venise, 1581, p. 128).

[2] Voir plus bas, p. 210-213.

de Mende s'inspire du même idéal. Au pape, bien entendu,
revient le droit de sacrer l'empereur, mais aussi de confirmer
ou infirmer son élection [1], et, par conséquent, de le déposer
en cas de faute grave [2]. La raison en est qu'il possède en ses
mains les deux glaives *ex commissione Dei* et que la *plenitudo
potestatis* qu'il tient de Dieu comprend *iura caelestis et terreni
imperii* [3]. Quelques années plus tard, un maître bolonais de
grand renom, Guy de Baisi, connu sous le nom de l'*Archidiacre,*
suivait de plus près l'*Hostiensis* dans la voie des spéculations et
reprenait, au rapport de son ancien élève Gilles Spiritalis, les
vues d'Innocent IV sur les conditions dans lesquelles Constantin
avait pu obtenir la légitimité de son empire :

« Videns et intelligens Constantinus se gladio non usum fuisse
legitime cum illum ab Ecclesia non haberet, resignavit et renuntiavit
eidem, et postea illum ab Ecclesia et beato Sylvestro recepit [4]. »

On voit par ces spécimens que les canonistes du XIIIe siècle

----

[1] DURAND DE MENDE, *Speculum iuris*, lib. I, partic. I, *De legato*, 6, n. 41,
(t. I, p. 46).

[2] *Ibid.*, n. 17, p. 43. Évidemment ce principe vaut aussi pour les rois et
s'étend au cas d'incapacité : « Deponit Imperatorem propter ipsius iniquitates...
et etiam reges... et dat eis curatores ubi ipsi sunt inutiles ad regendum. » Cfr
part. II, *De accusato*, 1, n. 3, p. 192.

[3] *Ibid.*, n. 50 et 52, p. 48. « Sed et alii quandoque, précise l'auteur, habent
exercitium utriusque gladii. » Et l'on n'oubliera pas que, dans la langue canonique, « exercice » s'oppose à possession. — Pour l'auteur, d'une manière plus
générale, le pape a tout pouvoir dans l'Église. « Dummodo contra fidem non
veniat, in omnibus et per omnia potest facere et dicere quicquid placet, *aufe-
rendo etiam ius suum cui vult*... Nam et apud eum est pro ratione voluntas...
Potest etiam omne ius tollere » (*ibid.*). Toute-puissance qui s'entend pour lui
dans l'ordre législatif ou administratif, et dont rien n'indique qu'il faille
l'appliquer à la propriété. C'est donc à tort qu'on a voulu trouver dans ce
passage l'affirmation du haut-domaine pontifical sur tous les biens. Voir
G. MEYER, *Das Recht der Expropriation*, Leipzig, 1868, p. 101, suivi de
confiance par R. SCHOLZ (*Die Publizistik*, p. 74-75, n. 100), avec cette aggrava-
tion que Durand pourrait être la source de la théorie — d'ailleurs toute différente — que nous trouverons plus loin chez Gilles de Rome. Voir plus bas,
p. 205-208.

[4] GUY DE BAISI, *Glossa in Decret.*, D. X, c. 8 (dans AEGIDIUS SPIRITALIS, *Liber
contra infideles et inobedientes*; édit. R. SCHOLZ, *Unbekannte kirchenpolitische
Streitschriften aus der Zeit Ludwig des Bayern*, t. II, Rome, 1914, p. 111).
Cfr p. 115.

avaient plutôt tendance à renchérir sur les théologiens. Leur enseignement à tous a d'ailleurs pour commun caractère de s'affirmer sans hésitation ni discussion. C'est pourquoi quelques lignes, quelques pages tout au plus, leur suffisent, et la sérénité dogmatique de leur solution prouve qu'il n'y avait pas encore pour eux de véritable problème. Dans les idées comme dans les faits, la suprématie pontificale en matière politique touchait à son apogée.

Or c'est à l'heure de cet épanouissement triomphal qu'allait commencer son déclin.

Des résistances s'étaient déjà manifestées sous Grégoire VII et sous Innocent III, auxquelles Frédéric II et Pierre de la Vigne venaient de donner une première figure de doctrine. En dehors des grands conflits politiques, les légistes, gardiens vigilants des droits du pouvoir civil, avaient à cœur de ne pas laisser prescrire dans l'école la doctrine qui limite la puissance de l'Église au domaine spirituel. Au commencement du XIIIe siècle, Pillio de Medicina concède volontiers au pape la *plenitudo potestatis*, mais seulement *in divinis*, et il place en regard la puissance souveraine de l'empereur comme mandataire du peuple romain [1]. Plus précis, le grand juriste anglais Henri de Bracton († 1268) affirme l'indépendance des deux juridictions, qui n'ont pas d'autre devoir que de se prêter un mutuel appui : *... cum eorum iura sive iurisdictiones limitatae sint et separatae, nisi ita sit quod gladius iuvare debet gladium ; est enim magna differentia inter sacerdotium et regnum* [2]. D'où découle l'inviolabilité du pouvoir royal, qui n'a de comptes

---

[1] *Ordo de civilium atque criminalium causarum iudiciis*, Bâle, 1543, p. 57. — Sur Pillio de Medicina, professeur de droit civil à Bologne avant 1187 et mort après 1207, voir SARTI-FATTORINI, *De claris Archigymnasii Bononiensis professoribus*, nouvelle édit. par ALBICINIO et MALAGOLA, Bologne, 1888-96, t. I, p. 82-89, et SAVIGNY, *Geschichte des römischen Rechts im Mittelalter*, 2e édit., Heidelberg, 1850, t. IV, p. 312-353.

[2] HENRI DE BRACTON, *De legibus et consuetudinibus Angliae*, III, 8, 5 (édit. TWISS, t. II, p. 170; dans les *Chronicles and Memorials*, t. LXX, Londres, 1878-83). Cfr I, 8, 1-2 (t. I, p. 36). Cet ouvrage capital fut écrit avant 1259. Nous n'avons pu avoir à notre disposition la nouvelle édition commencée en 1915 par S. E. WOODBINE, de Yale University.

à rendre qu'à Dieu [1], et l'obligation pour le pape de s'abstenir de toute intervention au temporel :

« Ad Papam et ad sacerdotium quidem pertinent ea quae spiritualia sunt; ad regem vero et ad regnum ea quae sunt temporalia, iuxta illud : *Caelum caeli domino, terram autem dedit filiis hominum.* Et unde ad Papam nihil pertinet ut de temporalibus disponat vel ordinet, non magis quam reges vel principes de spiritualibus, ne quis eorum falcem immittat in messem alienam [2]. »

Pas plus d'ailleurs que chez les canonistes ou les théologiens, ces idées n'arrivaient encore chez les juristes à prendre les contours arrêtés d'un système [3]. Aussi ne trouve-t-on pas trace d'un choc entre les deux écoles. Il n'en est pas moins certain que deux tendances antagonistes s'affirment çà et là, dont la divergence devait finir par éclater au grand jour aussitôt que le problème de l'Église et de l'État se poserait *ex professo*. En dépit des apparences, au terme du moyen âge, la doctrine des deux pouvoirs, non moins que l'état réel de leurs relations, restait dans un état d'équilibre instable, que tous les succès obtenus par la politique pontificale depuis deux siècles ne parvenaient pas à dissimuler. On ne peut même pas s'empêcher de reconnaître que les germes d'opposition croissaient avec le temps. Il suffisait d'un incident plus sérieux que les autres pour ramener les vieilles luttes et peut-être ouvrir une crise générale. C'est ce qui arriva dans le fameux différend survenu entre le pape Boniface VIII et le roi Philippe le Bel.

---

[1] *De legibus etc.*, V, tract. III, 3, 2 (t. V, p. 402).

[2] *Ibid.*, V, tract. V, 19, 2 (t. VI, p. 296). Cfr *ibid.*, 15, 2, p. 248-250.

[3] Voir SCADUTO, *Stato e Chiesa*, p. 11-14, et CARLYLE, t. II, p. 78. Cfr ÉD. JORDAN, *Dante et la théorie romaine*, dans *Revue historique de droit français et étranger*, quatrième série, t. I, 1922, p. 375 : « La théorie papale [de l'Empire] triomphait avec éclat..., sans rencontrer — bien entendu avant les grands conflits doctrinaux du commencement du XIVᵉ siècle — même une vigoureuse opposition de plume. »

CHAPITRE I

POSITIONS DOCTRINALES DE BONIFACE VIII

SOMMAIRE. — Revendication de l'autorité pontificale à l'égard du roi de France. — I. *Première phase du conflit : La question des immunités ecclésiastiques.* Bulle *Clericis laïcos.* Monition à Philippe le Bel : la « liberté » de l'Église et l'autorité du pape. Apaisement momentané : bulle *Etsi de statu.* — II. *Deuxième phase du conflit. La suprématie du pouvoir spirituel.* Bulle *Ausculta fili :* censure de la politique royale ; indiction et programme du concile romain. Consistoire du 24 juin 1302 : discours du cardinal Matthieu d'Aquasparta et de Boniface VIII. — III. *Promulgation du droit pontifical : bulle « Unam Sanctam ».* Origine de la bulle. Analyse de son contenu : constitution de l'Église et rôle du pape ; pouvoirs de l'Église : les deux glaives et leurs rapports réciproques ; subordination du temporel. Signification historique et théologique de la bulle. — IV. *Derniers actes du pontificat.* Ultimatum au roi de France. Revendications théoriques et pratiques amenées par la « promotion » d'Albert d'Autriche. Menaces et sanctions contre Phlilippe le Bel. — Boniface VIII témoin et héritier de la papauté médiévale.

On a tout dit sur l'importance, au double point de vue politique et ecclésiastique, du conflit qui mit aux prises la cour de France et le Saint-Siège à l'aurore du XIVe siècle [1]. Bien des contemporains en eurent déjà l'impression. Après l'assemblée du 10 avril 1302, les évêques français attiraient l'attention du pape, en termes émus, sur la gravité des événements : *Considerantes igitur tam vehementem commotionem et turbationem*

---

[1] La source classique est ici toujours P. DUPUY, *Histoire du différend*, Paris, 1655, où sont réunis en appendice et avec une pagination différente, sous le titre de *Preuves*, toutes les pièces relatives au conflit. Bien qu'assez défectueuse sur certains points, cette publication n'est pas encore remplacée : il suffit de la contrôler et, au besoin, compléter par les travaux partiels de l'érudition moderne. Les actes de Boniface VIII seront cités et vérifiés sur l'édition de ses *Registres*

*tam periculosam et gravem, immo gravissimam, Regis, baronum
et aliorum laïcorum regni praedicti....* [1] Tandis que le clergé
bornait son inquiétude à l'horizon national, il est curieux de
voir la noblesse, dans la même circonstance, prendre en considération les intérêts généraux de la catholicité. Dans leur lettre
au collège des cardinaux, outre « l'amour et li unitez qui a
tousiours duré entre l'Eglise et le Royaume », les seigneurs
envisagent « li griefs esclandres qui pour ce est meus et est
appareillez d'estre si grans et si cruels que la generalle Eglise
et toute Chrestienté s'en pourroit douloir à tousiours [2] ». La
suite devait montrer que ce n'étaient pas là de vaines alarmes
ou de simples fictions diplomatiques.

D'aucuns cependant affectaient de dire et pouvaient sans
doute croire que cet orage, dont on commençait à entrevoir
les formidables répercussions, était dû à une cause insignifiante.
Ainsi, dans son discours prononcé en plein consistoire du 24 juin
1302, Matthieu d'Aquasparta parle de cette *dissensio... quae ex
modica causa, tenui et levi valde, ortum habuit* [3]. Comment
s'expliquer alors que l'affaire eût pris de telles proportions ? Il
est vrai que la harangue du cardinal s'adressait à des ambassadeurs français. Quelques ménagements étaient évidemment de
saison.

Mieux éclairé ou moins habile, Boniface VIII ne cachait pas
que la question intéressait les droits imprescriptibles du Saint-
Siège.

« Que causa mutationis tam subitae ? que causa irreverentie filialis ?
Vere sciant cuncti quod increpationis nitrum quo peccatorum suorum
purgare volebamus vulnera [4].... »

C'est dire que, par delà la collision des intérêts et le choc
des amours-propres rivaux, des principes étaient en jeu, que le

---

[1] Dans Dupuy, *Preuves*, p. 70.

[2] Lettre du même jour (*ibid.*, p. 62).

[3] *Ibid.*, p. 74. C'est évidemment dans un tout autre esprit que la noblesse
française suppliait le Sacré Collège de porter remède à « ce qui est par si legier
et par si desordenné mouvement commencié ».

[4] Bulle *Nuper ad audientiam*, du 15 août 1303, dans *Registres*, n. 5383, t. III,
c. 891, et Dupuy, p. 166.

pape croyait devoir affirmer et que le roi ne voulait reconnaître à aucun prix. Et quand on voit le pontife évoquer aussitôt des précédents, depuis les vieux souvenirs de saint Ambroise dressé contre l'empereur Théodose jusqu'à la déposition de Frédéric II par Innocent IV, nul doute qu'il n'entendît se rattacher à la grande tradition du moyen âge, tandis que Philippe le Bel émettait la prétention de s'y soustraire. Il ne s'agit pas d'apprécier ici les revendications de Boniface VIII, mais bien de constater qu'il se fit un cas de conscience de les soutenir.

Faute de s'élever jusqu'à ce sommet, on comprendrait mal l'âpreté de la lutte sur le terrain politique et, plus encore, on enlèverait le principal de sa portée au mouvement théologique dont elle fut l'occasion. Notre première tâche doit donc être de rappeler les positions doctrinales prises par le pape aux diverses phases du conflit [1].

I

Quelque violente qu'en ait été l'explosion, le différend de 1296 pourrait sembler, de prime abord, restreint à un objet assez circonscrit. Pour subvenir aux frais de sa campagne contre l'Angleterre, le roi, dont les finances furent toujours en détresse, avait pris l'habitude d'imposer au clergé des subsides extraordinaires, sans aucun égard pour les prescriptions canoniques qui exigeaient l'assentiment du pape. Des réclamations s'élevèrent, en France même, de divers côtés. Boniface VIII estima qu'il y avait lieu de rétablir le droit, et ce fut la bulle *Clericis laïcos* (24 février 1296).

« L'antiquité, disait-il, nous apprend que les laïques furent hostiles aux clercs. Fait que l'expérience du temps présent atteste à l'évidence, quand on les voit, non contents de leur domaine propre, entreprendre illicitement d'empiéter sur les terrains défendus, sans avoir la prudence de prendre garde que,

---

[1] Pour la succession extérieure des événements, voir Langlois, dans Lavisse, *Histoire de France*, t. III, ii, p. 127-174; Hefele-Leclercq, *Histoire des conciles* t. VI, i, p. 348-452.

sur les clercs, sur les personnes et biens de l'Église, tout pouvoir leur est interdit. Aux prélats, aux ecclésiastiques réguliers et séculiers ils imposent de lourdes charges... De toutes façons, ils s'efforcent de les réduire en servitude et de les soumettre à leur domination. » Ce qui est plus grave encore, c'est que des ecclésiastiques eux-mêmes, par une inconcevable capitulation, se font les complices de ces empiètements. Mais le pape ne laissera pas passer sans résistance cet abus du pouvoir civil : *cum nostrae intentionis existat tam horrendum secularium potestatum abusum nullatenus sub dissimulatione transire.*

En conséquence, il défend, sous les peines les plus rigoureuses, soit aux clercs de promettre ou de payer n'importe quels subsides, soit aux autorités civiles de les exiger ou seulement de les recevoir, sans l'autorisation expresse du Saint-Siège [1]. La mesure, comme on le voit, allait directement à l'encontre de la politique financière du roi; mais elle se présentait sous la forme d'une décision juridique où la France n'était pas spécialement nommée et ne paraissait pas engager d'autre principe que celui des immunités ecclésiastiques.

« Cette fulminante quoy que générale, écrit Pierre Dupuy, touchoit le Roy en son particulier [2]. » Philippe le Bel se sentit bien visé et riposta par une ordonnance (17 août 1296) qui interdisait toute exportation d'argent ou de denrées hors du pays, avec l'évidente intention de tarir par ce moyen la source des revenus, déjà considérables, que Rome tirait du royaume. A quoi le pape répondit (20 septembre 1296) par cette longue monition au roi de France qu'est la bulle *Ineffabilis amoris* [3].

Les questions personnelles y tiennent beaucoup de place. Tout en multipliant les protestations d'amour, non seulement Boniface reproche à Philippe son infidélité aux exemples de ses pères, *succede virtutibus... qui succedis et regno*, et son ingratitude pour les bienfaits qu'il a reçus du pape, *certe non con-*

---

[1] Texte dans *Registres*, n. 1567, t. I, c. 584-585, et Dupuy, *Preuves*, p. 14-15.

[2] Dupuy, *Histoire du différend*, p. 3.

[3] *Registres*, n. 1653, t. I, c. 614-620, et Dupuy, *Preuves*, p. 15-20.

dignum pro iis nobis offers retributionis effectum, mais il fait allusion à ses mauvais conseillers et à l'impopularité croissante qui est la suite de ses exactions :

« Ipsi quidem subditi adeo sunt diversis oneribus agravati quod eorum ad te subiectio et solita multum putatur refriguisse devotio, et quanto amplius agravantur tanto potius in posterum refrigescet. Nec parum amisisse censetur qui corda perdit subiectorum. »

En même temps, ses injustices l'ont mis en guerre avec le roi d'Angleterre et avec l'empereur. Le moment est vraiment mal choisi de se mettre à dos Dieu et l'Église : *ac si etiam Dei et Ecclesie adversantiam non curares*. Alors que la simple neutralité du Saint-Siège, *favoris sola substractio*, serait déjà pour lui une cause de faiblesse, comment a-t-il pu s'exposer de gaîté de cœur à le mettre au nombre de ses ennemis ?

« Quid ergo tibi accideret si, quod absit, Sedem ipsam offenderes graviter eamque hostium tuorum constitueres adiutricem, quin potius contra te faceres principalem ? »

Ces interventions comminatoires ne procèdent pas d'un caprice : elles sont précédées et entourées de commentaires théologiques, où l'on voit que le pape entend bien les rattacher à son ministère pontifical. Il commence par revendiquer les prérogatives accordées par le Christ à son Église, parmi lesquelles s'inscrit au premier rang le *beneficium libertatis*. Par où il ne faut pas entendre seulement, suivant nos conceptions modernes, le droit négatif de remplir sans entraves les fonctions nécessaires à sa vie, mais la faculté d'imposer à ses enfants, en toute indépendance, le joug de son magistère spirituel et pour ceux-ci — le pape insiste qu'il s'agit de tous sans exception — le devoir strict de lui obéir :

« Voluit enim peramabilem sponsam eius libero fidelibus populis praeesse dominio, ut velut in filios haberet more matris *in singulos* potestatem, ac eam *cuncti* cum filiali reverentia tamquam universalem matrem et dominam honorarent. »

De ce *beneficium libertatis* entendu au sens de la pleine autorité le pape est le principal détenteur. Père et pasteur spirituel, juge souverain, il n'entend pas laisser prescrire les droits de sa fonction :

« Nos qui Pastoris pastorum... gerimus vices in terris et in excelso solio, summi apostolatus videlicet, praesidemus,... horum circa te officia pio affectu et efficaci studio providimus exequenda. »

Voilà pourquoi il s'élève d'abord contre la nouvelle ordonnance royale, manifestement attentatoire aux immunités traditionnelles de l'Église :

« Suadentium eam fieri (utinam non edentis !) fuisse videtur intentio impingere in ecclesiasticam libertatem... Et si, quod absit ! fuerit condentis intentio ut ad nos et fratres nostros ecclesiarum prelatos,... ac nostra et ipsorum bona... extendatur, hoc non solum fuisset improvidum, set insanum, velle ad illa temerarias manus extendere in quibus tibi secularibusque principibus nulla est attributa potestas. »

Mais la conscience de cette « liberté » l'invite, en outre, à blâmer la conduite du roi, à dénoncer les exactions de ses officiers qui l'ont mis dans l'obligation de promulguer la bulle *Clericis laïcos*, à publier ses torts envers de puissants voisins qui les ont forcés d'entrer en guerre contre lui. A ce propos, on n'a peut-être pas assez remarqué avec quelle ferme et calme assurance le pape revendique pour le siège apostolique, en raison de sa primauté, le droit de se prononcer sur les conflits entre nations :

« Numquid super hiis dicti reges denegant stare iuri ? Numquid Apostolice sedis, que Christicolis omnibus preminet, iudicium vel ordinationem recusant ? *Dumque in eos super hiis peccare te asserunt, de hoc iudicium ad sedem eamdem non est dubium pertinere.* »

Sur cet ensemble se détache, en termes qui ne manquent pas de grandeur, cette fière déclaration, où l'on retrouve un écho de tous les *non possumus* que l'Église a opposés aux attentats de la force :

« ...Cum nos et fratres nostri, si Deus ex alto concesserit, parati simus non solum persecutiones, damna rerum et exilia substinere, sed et corporalem mortem subire pro ecclesiastica libertate. »

La bulle *Ineffabilis* semble avoir été lancée à une époque

où le pape ne connaissait encore que par ouï-dire la teneur de la constitution royale du 17 août [1]. Quand il en eut reçu le texte officiel, il jugea bon de s'en expliquer par une courte bulle du 7 février 1297 [2]. Elle offre ceci d'intéressant que Boniface VIII y précise ce qu'il accorde à l'autorité du roi et ce qui lui demeure interdit :

« Et quidem si fuit edicentis intentio ut ad hostes tuos non portarentur huiusmodi [res et pecuniae] ..., *sub quadam potest tolerantia praeteriri*. Sed sic generalis edicti promulgatio vel statuti, ut textus verborum indicat, procul dubio iustae redargutioni subicitur et edicentis in ipso... culpa notatur, praesertim si eorumdem verborum intellectum patiaris extendi ut ad ecclesias ecclesiasticasve personas, de quibus disponendi tibi non est attributa potestas, ipsius edicti sententia porrigatur. «

C'est bien toujours la même position générale du pouvoir spirituel à l'égard des souverains. L'effort même que le pape fait pour la délimiter en aggrave l'abrupte intransigeance. Il ne veut pas contester au roi de France le droit de prendre, au dedans de son royaume, les précautions jugées nécessaires contre ses ennemis du dehors ; mais il ne manque pas de souligner que c'est de sa part un acte bénévole, une sorte de concession et de faveur : *sub quadam potest tolerantia praeteriri*. Dans un document dont tous les termes sont pesés, sous la plume d'un pape qui fut un canoniste, on est en droit d'attacher à ces nuances de la langue juridique leur pleine signification.

Il est facile de voir combien grand était le chemin parcouru depuis la bulle *Clericis laïcos*. Celle-ci ne faisait que réaffirmer le droit de l'Église en matière d'immunités. En s'opposant à ces prescriptions, Philippe le Bel venait de provoquer une déclaration dont l'étendue et la portée dépassaient de beaucoup le débat initial. Sans doute la bulle *Ineffabilis* n'a pas encore cette allure de manifeste qui caractérise certains documents

---

[1] *Registres*, c. 615 : « Ad nostrum siquidem... pervenit *auditum* quod tu... constitutionem talem hiis diebus, *ut asseritur*, edidisti. »

[2] *Registres*, n. 2308, t. I, c. 905-906, jusqu'aux mots *Exiit a te*. Le reste dans DUPUY, p. 24-25.

postérieurs. Mais, sous les formules de rhétorique et les témoignages d'affection qui en forment le tissu, on ne saurait se dissimuler que Boniface VIII y exprime, et d'une manière d'autant plus significative que l'énoncé lui en semble plus naturel, toute une conception de la papauté.

Une fois de plus le pontife proclame que les personnes et les biens ecclésiastiques sont soustraits à la juridiction du pouvoir civil : par les prémisses qu'il suppose et les conséquences qu'il entraîne, c'est un programme qui déjà mène loin. En outre, la résistance du roi le conduit à déployer davantage son idéal de l'autorité. Parce qu'il incarne la majesté de l'Église, parce qu'il est ici-bas le vicaire du Christ, le pape détient la suprême magistrature de l'ordre spirituel. Son pouvoir s'étend sur les rois, aussi bien que sur les simples particuliers. Il comporte un droit de regard sur leur politique, tant extérieure qu'intérieure. Contrôle qui peut se traduire par les avertissements, les sentences arbitrales, les censures canoniques, voire même les menaces diplomatiques, et y trouver, au besoin, la plus effective des sanctions. Tous ces traits se trouvent dans la bulle du 20 septembre 1296, noyés dans un contexte qui en atténue le relief sans en faire complètement disparaître les contours. C'est dire que, si l'affirmation de la suprématie pontificale doit prendre, au cours des années suivantes, plus de rigueur et plus de consistance doctrinale, elle existe tout entière dès les premiers jours du conflit, où on la voit s'accuser avec peut-être plus d'ampleur et, en tous cas, avec non moins de confiante sérénité.

La netteté de ces déclarations officielles nous dispense de scruter plus longuement les documents voisins, où l'on s'est efforcé de retrouver une certaine anticipation de la bulle *Unam Sanctam* [1]. Dans leur manifeste du 15 juin 1297, l'un des griefs que les cardinaux Colonna en révolte contre le pape reprochaient à Boniface VIII était de s'attribuer la pleine puissance sur les souverains :

---

[1] Voir FINKE, *Aus den Tagen Bonifaz VIII*, p. 151-153.

« Super reges et regna in temporalibus etiam presidere se glorians, omnia per se solum posse pro libito de plenitudine potestatis ... asserere non formidat [1]. »

Au ton près, qui a plutôt chance de refléter la rancune des cardinaux rebelles, il n'y a rien dans ces revendications qui dépasse essentiellement celles qui s'affirment dans les diverses bulles qu'on vient d'analyser. Un mois auparavant, dans un discours très animé contre ces mêmes Colonna, Boniface VIII s'écriait :

« ...Quo modo praesumimus iudicare reges et principes orbis terrarum, et vermiculum aggredi non audemus ?... Pereant in seculum seculi, ut cognoscant quod nomen Romani Pontificis est notum in omni terra et est solus altissimus super omnes [2]. »

Ces paroles n'ont rien que de vraisemblable et elles seraient, au besoin, confirmées par la réaction que l'attitude du pape excita dès cette époque chez les dirigeants de la politique française.

On sait d'ailleurs que l'inflexible pontife ne tarda pas à fléchir. La constitution *Etsi de statu*, du 31 juillet 1297, déclarait que la bulle *Clericis laïcos* avait été interprétée contrairement aux intentions de son auteur, qu'elle ne s'appliquait pas aux impositions consenties par le clergé, moins encore aux obligations féodales ou aux clercs *clericaliter non viventes*, bien plus que le roi serait juge des cas de nécessité pressante où il aurait le droit de procéder à la réquisition *inconsulto etiam Romano Pontifice* [3]. Mais, tout en accordant ces adoucissements pratiques, le pape ne reniait aucun des principes précédemment posés. Au contraire, il tenait à rappeler expressément que la bulle *Clericis laïcos* était un acte de sa fonction pastorale, justifié par le souci de défendre l'Église :

---

[1] Texte publié par le cardinal EHRLE, *Die Denkschriften der Colonna gegen Bonifaz VIII und der Cardinäle gegen die Colonna*, dans *Archiv*, t. V, p. 521.

[2] Ce discours est rapporté dans les *Gesta* de l'archevêque Boémond, 25 (MGH, *Script.*, t. XXIV, p. 478-480). Il est déjà utilisé dans FINKE, *Aus den Tagen Bonifaz VIII*, p. 152-153, mais avec une erreur dans les deux derniers mots, que l'auteur transforme, sans doute par distraction, en *super eos*.

[3] *Registres*, n. 2354, t. I, c. 941-943, et DUPUY, p. 39-40.

« Dudum siquidem pastoralis officii debitum exequentes, in favorem ecclesiarum et ecclesiatice libertatis auctoritate apostolica duximus statuendum... »

Il est donc certain que, dans la lutte qu'il entreprit pour la sauvegarde des immunités, Boniface VIII eut conscience d'accomplir un acte de son ministère spirituel et que l'opposition inattendue de Philippe le Bel, loin de l'intimider, lui fournit une occasion solennelle d'affirmer qu'il comprenait dans l'objet de la juridiction pontificale, à l'exemple de ses grands prédécesseurs, le droit de contrôler de la manière la plus complète et la plus efficace les actes des souverains. Ainsi l'intervention impérative du pape dans les affaires de la France n'était pas le fait d'une improvisation arbitraire qu'expliquerait l'ambition ou qu'excuseraient les excès du roi : elle se rattachait à une doctrine, à cette suprématie du pouvoir spirituel telle que le moyen âge l'avait connue et pratiquée, où l'Église voyait encore une des formes légitimes et nécessaires de la mission qu'elle tient de Dieu. C'est de quoi le pape aussi bien que le roi se rendirent parfaitement compte dès le premier jour. L'éclat de 1296 n'avait été qu'une occasion : l'accalmie de 1297 ne pouvait être qu'une trêve à la merci du premier incident.

II

Elle dura juste un peu plus de quatre années, qui furent d'ailleurs loin d'être absolument pacifiques. On a cherché dans les témoignages de l'époque la preuve que, dans l'intervalle, Boniface VIII n'avait rien abdiqué de ses prétentions, qu'il profitait plutôt de toutes les circonstances pour les proclamer [1]. C'est le contraire qui surprendrait, étant donnée la manière dont le problème s'était posé devant son esprit.

Les Flamands, qui voulaient faire revenir le pape sur son arbitrage de 1298 où ils se prétendaient lésés par Philippe le

---

[1] Voir FINKE, *Aus den Tagen Bonifaz VIII*, p. 153-156, et LANGLOIS, dans LAVISSE, *Histoire de France*, t. III, II, p. 139-142, après BAILLET, *Histoire des démeslez*, p. 69-77.

Bel, le saluaient pour ce motif comme « souverain du roy de France en espirituel et en temporel ». Dans sa réponse, Boniface s'approprie à son tour la même inquiétante formule. Prêchant devant le pape et toute sa cour, le 6 janvier 1300, Matthieu d'Aquasparta renchérissait encore et posait en thèse que « li pape tous seus (= tout seul) est sire souverains temporeus et spirituels deseure tous, quelque ils soient, ou liu de Diu ». Ces propos oratoires donnent le ton d'une époque [1].

D'autant que les mêmes prétentions se font jour dans des documents officiels. Les princes allemands ayant déposé Adolphe de Nassau pour élire à sa place Albert d'Autriche, le pape fit entendre sa protestation et, dans une lettre au duc de Saxe (13 mai 1300), où il rappelait aux électeurs qu'ils tiennent leur privilège du Saint-Siège, réclama le droit de procéder à la « promotion » de l'élu. Ce qu'il refusait de faire, dans l'espèce, (13 avril 1301), si celui-ci ne venait à Rome avant six mois pour se justifier [2]. En tête du premier de ces documents se lisent les déclarations suivantes sur la position que revendique le pape à l'égard des pouvoirs civils et de l'Empire en particulier :

« Apostolica sedes divinitus constituta super reges et regna ut evellat et dissipet, edificet et plantet [IEREM., I, 10], dominice domus dominium et omnis possessionis eius obtinens principatum, cui omnis anima quasi sublimiori preminentie debet esse subiecta, per quam principes imperant et potentes decernunt iustitiam, ac reges regnant et legum conditores iusta decernunt [*Prov.*, VIII, 15-16] ...Quicquid honoris, preminentie, dignitatis et status imperium seu regnum Romanum habet ab ipsius sedis gratia, benignitate et concessione manavit, a qua Romanorum imperatores et reges... receperunt gladii potestatem [3]. »

---

[1] Textes publiés dans Kervyn de Lettenhove, *Études sur l'histoire du XIIIᵉ siècle*, dans les *Mémoires de l'Académie royale de Belgique*, t. XXVIII, 1854, p. 79-81.

[2] Documents réunis dans MGH, *Leges*, sect. IV, t. IV, 1, n. 105-119, p. 80-95; extraits considérables dans Raynaldi, *Annales eccles.*, édit. Theiner, t. IV [= Baronius, t. XXIII], an. 1301, n. 1-3, p. 278-280. Sur les vicissitudes de ces négociations, consulter A. Niemeier, *Untersuchungen über die Beziehungen Albrechts I zu Bonifaz VIII*, p. 1-96.

[3] Lettre du 13 mai 1300, dans MGH, p. 80. Une formule était préparée où Albert devait souscrire les mêmes déclarations (*ibid.*, p. 82-84).

Deux jours plus tard, Boniface VIII écrit au sujet des Florentins révoltés :

« ...Non attendentes quod Romanus pontifex, vices gerens illius qui vivorum et mortuorum iudex est constitutus..., imperat super reges et regna omniumque dominicarum ovium curam gerens super omnes mortales obtinet principatum... Huic militantis ecclesie summo ierarche omnis anima debet subesse omnesque fideles cuiuscumque eminentie sive status colla submittere [1]. »

L'année suivante, il se présente aux électeurs ecclésiastiques de l'Allemagne comme « le vicaire du Christ, assis sur un trône élevé pour détruire d'un coup d'œil toutes les formes de mal ». En suite de quoi il traduit Albert à sa barre pour rendre compte de sa conduite et recevoir une pénitence appropriée : *ad faciendum... que iustitia suadebit et expedire videbimus sibique duxerimus iniungenda*. A défaut de cette soumission, le prince doit s'attendre aux sanctions suprêmes : *Districtius iniungemus quod nullus sibi ut Romanorum regi obediat..., et omnes et singulos ab homagiis... et fidelitatis prestitis iuramentis absolvemus* [2].

Il résulte suffisamment de ces paroles que, loin d'être spéciale à l'Empire, cette juridiction s'étend également à tous les souverains. Boniface VIII s'en expliquait, bientôt après, dans une lettre sévère au duc de Bohême, qui rappelle de tous points celles qu'il adressait à Philippe le Bel :

« Attendentes igitur quod thronus Apostolici culminis constitutus est a Domino super reges et regna, ut equitatis virga unicuique tribuat, prava dirigat in directa et morbis qui fomentorum non recipiunt medicinam asperius medicamen apponat... [3] »

De ces aphorismes déjà connus la politique religieuse du roi de France allait amener une nouvelle et plus retentissante expression.

---

[1] Lettre du 15 mai 1300 (MGH, *Leges*, t. IV, 1, p. 85). Les propos contraires des Florentins sont qualifiés de *verba non tam heretica quam insana*.

[2] Lettre du 13 avril 1301 (*ibid.*, p. 87). Avec un sens très averti des précisions canoniques, le pape continue : « Seu faciemus absolvi, vel denuntiabimus seu denuntiari faciemus potius absolutos. »

[3] Lettre du 10 juin 1302, dans *Registres*, n. 5025, t. III, c. 600.

En effet, depuis longtemps les griefs s'accumulaient à Rome contre Philippe le Bel. Il avait recueilli dans ses États les deux cardinaux Colonna, déposés et excommuniés par le pape; il multipliait çà et là les empiètements sur la juridiction ecclésiastique; il abusait des levées d'impôts au point d'écraser les clercs sous le poids de charges intolérables; sous prétexte de régale, il mettait la main sur les revenus des sièges vacants; enfin il venait d'incarcérer et de traduire en jugement l'évêque de Pamiers, Bernard Saisset. Ce dernier acte de l'autorité royale fit déborder un vase déjà trop rempli et Boniface VIII se résolut aux mesures de rigueur. Elles allaient porter la double marque de son caractère énergique et des conceptions doctrinales que nous lui connaissons. Il n'y a plus qu'à laisser la parole aux documents.

Sous la date des 4 et 5 décembre 1301, deux constitutions pontificales étaient expédiées de Rome en France, qui allaient rallumer l'incendie à peine éteint.

La bulle *Salvator mundi* a pour unique objet de suspendre les privilèges concédés au roi de France le 31 juillet 1297 [1]. C'est un document de grand style juridique, destiné à la chrétienté tout entière, mais dont la portée ne déborde guère son objectif immédiat. Le pape se contente de rappeler cette maxime générale du droit que l'autorité qui porte une loi garde toujours qualité pour la révoquer. Dès lors, le plein pouvoir du Saint-Siège ne saurait être limité par les initiatives qu'il a pu prendre en d'autres circonstances :

« Nec Romanus Pontifex in concedendis gratiis sic plenitudinem potestatis astringit quin possit eas, cum decet et expedit, revocare ac etiam immutare. »

Rien de moins contestable : il n'y avait plus qu'à faire de ce principe l'application au cas présent. Le pape la justifie brièvement par les abus dont ses faveurs ont été l'occasion. Il retire, en conséquence, toutes les faveurs accordées par la bulle *Etsi de statu*, se réservant de voir, au concile qu'il convoque pour

---

[1] *Registres*, n. 4422, t. III, c. 325-327, et Dupuy, p. 42-43.

l'année suivante, *si dicta suspensio fuerit in aliquo vel aliquibus moderanda.*

En même temps, le pape adressait personnellement à Philippe le Bel la bulle *Ausculta fili* [1], véritable réquisitoire, malgré l'onction traditionnelle de la forme, contre la personne et la politique du roi. Après un tendre appel du père à son fils, Boniface VIII s'élève aussitôt à des considérations théologiques sur l'autorité de l'Église et du pape.

« Veri Noe es arcam ingressus, extra quam nemo salvatur, catholicam scilicet Ecclesiam..., in (qua) Christi vicarius Petrique successor primatum noscitur obtinere. »

Cette « primauté » fait du Souverain Pontife « le juge des vivants et des morts..., celui à qui il appartient de dissiper tout mal par son regard ». Il est par là-même « la tête » unique de l'Église ; car on ne saurait admettre que cette épouse immaculée du Christ soit un monstre polycéphale : *nec habet plura capita monstruosa.*

S'il croit bon de rappeler ces vérités, c'est par devoir de conscience : *imminente necessitate ac urgente conscientia.* Car, en lui imposant « le joug de la servitude apostolique », Dieu l'a placé, ainsi qu'autrefois le prophète, *super reges et regna*, afin d'arracher et de détruire, de ruiner et de disperser, d'édifier et de planter en son nom. Sa fonction de pasteur l'oblige à veiller sur tout son troupeau pour en guérir les maladies et panser les blessures. Le roi de France est soumis aussi bien que tout autre à cette juridiction supérieure : quiconque voudrait la mettre en doute ferait preuve de divagation ; la nier obstinément serait se convaincre d'infidélité :

« Quare, fili carissime, nemo tibi suadeat quod superiorem non habes et non subsis summo ierarche ecclesiastice ierarchie. Nam desipit qui sic sapit et pertinaciter hoc affirmans convincitur infidelis. »

En vertu de ce mandat divin, le pape énumère ses principaux griefs contre le roi : attentats multipliés contre les franchises ecclésiastiques, falsification de la monnaie et autres actes injustes

---

[1] *Registres*, n. 4424, c. 328-335, et Dupuy, p. 48-53.

qui soulèvent d'unanimes protestations soit en France soit à l'étranger. Contre ces crimes il a élevé la voix à plusieurs reprises ; il y a pris tellement de peine que sa gorge, comme celle du psalmiste, en est enrouée. Du moment que le roi s'est montré sourd, le pape serait en droit de « prendre contre lui les armes, l'arc et le carquois ». Il veut encore l'avertir et lui laisser le temps de se corriger. Un concile des évêques de France est convoqué à Rome pour le 1er novembre 1302, à l'effet d'y prendre en commun les mesures de réforme réclamées par la situation du royaume. Le roi n'a qu'à s'y faire représenter et à donner d'ici là des marques sincères de son bon propos.

Une autre bulle portait convocation au concile de tous les prélats français [1]. On y remarquera l'ampleur redoutable du programme que Boniface VIII trace à la future assemblée :

« Ut super premissis [excessibus, culpis, insolentiis, iniuriis atque dampnis] et ea contingentibus vestra possimus habere consilia..., necnon tractare, dirigere, statuere, procedere, facere et ordinare que ad honorem Dei et Apostolice Sedis, augmentum catholice fidei, conservationem ecclesiastice libertatis, ac reformationem regis et regni, correctionem praeteritorum excessuum, et bonum regimen regni eiusdem viderimus expedire. »

On voit si le pape entendait laisser à l'état de lettre morte la revendication de sa responsabilité sur les rois et les royaumes. Non content du droit de remontrance le plus étendu, il prenait des dispositions pour faire sortir à sa suprématie spirituelle son plein effet pratique. Un concile était annoncé, qui aurait à juger, ni plus ni moins, toute la politique religieuse de Philippe le Bel. En admettant même que cette *reformatio* et ce *bonum regimen regni* doivent se restreindre au domaine ecclésiastique, n'était-ce pas introduire dans une bien large mesure l'autorité pontificale sur le temporel des États ?

Cette conclusion est si peu forcée que Boniface la tire aussitôt, en termes formels, dans sa réponse aux avertissements éplorés

---

[1] *Registres*, n. 4426, c. 335-337, et DUPUY, p. 53-54.

du clergé de France [1]. La conception contraire lui paraît procéder de tendances manichéennes :

« Nonne duo principia nituntur ponere qui dicunt temporalia spiritualibus non subesse ? »

Encore faudrait-il savoir la raison précise et la limite de cette subordination. Au consistoire du 24 juin 1302, tenu pour exposer le point de vue du Saint-Siège devant les ambassadeurs français, le cardinal Matthieu d'Aquasparta allait se charger de fournir ces explications théologiques avec toute la clarté désirable [2]. Prenant pour thème de son discours la parole de Jérémie : *Ecce ego constitui te super gentes et regna* [3], il assure que ce texte convient plutôt au Christ et à son vicaire : *per accidens verius possint dici de Christo et eius vicario.* A celui-ci, à la différence des évêques, appartient l'autorité dans toute sa plénitude, et de telle façon que personne ne peut lui fixer de limites :

« Habent [episcopi] certam potestatem : summus Pontifex habet plenissimam ; nullus est qui possit eam limitare. »

Vérité tellement certaine que le cardinal serait prêt à la défendre au prix de sa vie. La nier est une hérésie au regard de la foi et, au regard de la raison, un défi à cette loi d'unité dont la Providence a fait la règle fondamentale de ce monde.

« In Ecclesia, quae est navis Christi et Petri, dicitur esse unicus rector et unum caput, ad cuius praeceptum omnis tenetur obedire, et ille dicitur esse dominus omnium temporalium et spiritualium qui habet plenitudinem potestatis..., et iste est summus Pontifex qui est successor Petri. Et qui hoc credunt bene sentiunt, qui autem contrarium male credunt. »

Après avoir posé le principe de cette manière générale,

---

[1] Lettre *Verba delirantis filiae*, dans DUPUY, p. 65-66. — On notera la remarque de H. DENIFLE (*Chartularium Univ. Paris.*, n. 630, t. II, p. 100) : « Referimus tantum hanc epistolam ut *dicamus eam fortasse inter suspectas recensendam esse*, cum dicendi ac scribendi genus in eadem cum genere a Bonifacio aliisque pontificibus adhibito non congruat. Non sine causa ubique sine temporis nota invenitur. »
[2] DUPUY, p. 73-76.
[3] JÉRÉMIE, I, 10.

l'orateur en analyse le contenu. Et rien n'est plus frappant que l'implacable progression de sa logique. Dans cette *plenitudo potestatis* il est évident que rentre d'abord le pouvoir *in spiritualibus*; mais elle atteint aussi le temporel. Il y a bien lieu de reconnaître deux puissances, à condition d'ajouter que la puissance temporelle, qui est aux mains des rois, est toujours soumise à la spirituelle, qui peut connaître de tous ses actes :

« Item planum est quod nullus debet revocare in dubium quin possit iudicare *de omni temporali* ratione peccati... Sunt enim duae iurisdictiones, spiritualis et temporalis... Tamen de omni temporali habet cognoscere summus Pontifex et iudicare ratione peccati. »

C'est jusqu'ici la doctrine d'Innocent III; mais le cardinal en veut faire ressortir toute la portée. Il faut donc en déduire, à son sens, que la juridiction sur le temporel appartient au pape en droit, le seul exercice en étant réservé au pouvoir civil :

« Unde dico quod iurisdictio temporalis potest considerari prout competit alicui ratione actus et usus, vel prout competit alicui de iure. Unde iurisdictio temporalis competit Summo Pontifici, qui est vicarius Christi et Petri, *de iure...* Sed... quantum ad executionem actus non competit ei. »

Par ces explications le cardinal se flattait d'avoir enlevé au roi de France tout motif de se plaindre. Boniface les reprit aussitôt à son compte sur le ton autoritaire qui lui était habituel, et non sans y mêler force rudesses à l'égard des ambassadeurs [1]. La distinction des deux pouvoirs est une vérité tellement élémentaire que le soupçonner d'avoir voulu la nier serait faire injure à un vieux canoniste comme lui :

« Quadraginta anni sunt quod nos sumus experti in iure, et scimus quod duae sunt potestates ordinatae a Deo. Quis ergo debet credere vel potest quod tanta fatuitas, tanta insipientia sit vel fuerit in capite nostro ? »

Jamais donc il n'a voulu attenter à l'autorité royale; mais le roi doit bien reconnaître à son tour qu'il est soumis au pape, comme tous les fidèles, en raison du péché :

---

[1] DUPUY, p. 77-79.

« Dicimus quod in nullo volumus usurpare iurisdictionem regis, et sic frater noster Portuensis dixit. Non potest negare rex, seu quicumque alter fidelis, quin sit nobis subiectus *ratione peccati* [1]. »

Et Boniface de répéter encore quelques-uns des « péchés » qu'il reproche au roi. Il maintient donc la convocation du concile, *pro bono statu ecclesiarum et regis et regni*, et somme Philippe le Bel de venir à résipiscence. Sinon, il sera lâché par l'Église au milieu de toutes les compétitions politiques dont le pape retrace le menaçant tableau et, s'il le faut, frappé de déposition, comme d'autres le furent avant lui :

« Praedecessores nostri deposuerunt tres reges Franciae... Cum rex commisit omnia quae illi commiserunt et maiora, nos deponeremus regem ita sicut unum garcionem, licet cum dolore et tristitia magna. »

La tristesse, on le comprend, serait celle du père réduit à châtier celui qui fut toujours le plus cher de ses fils. Mais le droit de suprême justicier appartient au Souverain Pontife, et celui-ci, au besoin, saurait en user. Les principes latents dans le premier conflit sont maintenant dégagés en toute lumière. C'est bien la pleine suprématie que Boniface VIII revendique pour le Saint-Siège [2]. Pouvoir spirituel dans sa source et qui ne prétend donc pas absorber l'autorité civile, mais pouvoir qui s'étend aussi loin que les frontières de l'ordre moral et comporte comme conséquences inévitables le droit de surveiller les princes et de leur demander compte de leur conduite, de semoncer et juger les coupables, de déposer même les récalcitrants obstinés.

Il ne restait plus qu'à condenser *ex professo* toute cette doctrine dans un document officiel. Ce fut l'objet de la bulle *Unam Sanctam*.

---

[1] En termes semblables les cardinaux romains répondaient à la noblesse de France, à la date du 26 juin : « Non venit in dubium homini sanae mentis Romanum Pontificem obtinere primatum et esse summum hierarcham... *ac posse omnem hominem arguere de peccato* » (DUPUY, p. 64).

[2] Si les documents pontificaux avaient besoin d'une confirmation, on la trouverait dans l'interprétation qui leur fut donnée aussitôt en France. Voir plus bas, p. 103-109.

III

Malgré l'opposition de Philippe le Bel, le concile réformateur indiqué par le pape se tint à la date fixée. Plusieurs évêques français y furent présents et il y a lieu de croire que leur influence s'exerça dans le sens de la modération ; car on ne semble même pas avoir envisagé le jugement du roi de France [1].

A tout le moins assure-t-on d'ordinaire que la bulle *Unam Sanctam* en aurait été le fruit. Cependant rien dans sa teneur ne porte la trace d'une promulgation conciliaire et un auteur contemporain, Bernard Gui, témoigne que toute l'assemblée se passa en discours sans aboutir à aucun acte notable [2]. Il est donc vraisemblable que la bulle fut, comme les précédentes, fulminée par le pape seul, à sa date du 18 novembre. Et ceci ne lui enlève rien de son autorité ; car elle reste toujours la manifestation la plus éclatante de la doctrine pontificale, au moment où le conflit avait atteint son maximum d'acuité sans qu'on pût encore en pressentir le tragique dénouement.

L'architecture de la bulle est loin d'être simple [3]. Comme dans tous les textes de ce genre, la définition doctrinale qui en forme l'objet propre vient au terme d'une argumentation qui a pour but de la légitimer en la raccordant à des prémisses regardées par ailleurs comme certaines. Encore dans ces considérants faut-il distinguer entre les propositions elles-mêmes

---

[1] « Coruscationibus multis previis contra regem nulla pluvia apparuit consecuta » (BERNARD GUI, dans DUCHESNE, *Liber Pontificalis*, t. II, p. 470).

[2] « Verba quidem fuerunt et transierunt, sed nihil aliud notabile gestum. » Témoignage rapporté, d'après G. Cossart, dans MANSI, t. XXV, c. 100, et retenu par FINKE, p. 147. — Si l'on pouvait se fier à un texte du futur pape Jean XXII, publié dans V. VERLAQUE, *Jean XXII. Sa vie et ses œuvres*, p. 54, Boniface VIII aurait proclamé en présence du concile les principes directeurs, sinon le texte même, de la bulle *Unam Sanctam*. Le renseignement est recueilli à titre documentaire dans FINKE, p. CCXXIII. Mais la preuve est depuis longtemps faite que ce document est des plus suspects. Voir M. HEBER, *Gutachten und Reformvorschläge für das Vienner Generalconcil*, p. 17-18 et 63-64.

[3] Texte abrégé dans DENZINGER-BANNWART, n. 468-469 ; complet dans *Registres*, n. 5382, t. III, c. 888-890 ; DUPUY, p. 54-56, et dans le *Corpus Iuris*, c. 1, *de maioritate et obedientia*, I, 8, *in Extr. comm.* (édit. FRIEDBERG, t. II, col. 1245-1246).

et les arguments invoqués à leur appui. Ces divers matériaux sont de valeur inégale, bien que tous contribuent dans une certaine mesure à nous faire connaître la portée de la constitution pontificale et l'esprit de son auteur. Le théologien adopte à leur endroit l'attitude prudente du jurisconsulte, qui a grand soin de marquer la différence entre le dispositif de la loi et l'exposé des motifs destinés à l'introduire, entre la sentence du tribunal et les attendus qui tendent à le justifier, tout en utilisant ces données latérales pour expliquer le document soumis à son interprétation.

Il est de toute évidence que Boniface VIII a voulu poser devant la conscience catholique les droits du pontife romain. La formule finale, où s'exprime le dernier mot de sa pensée, se réfère aux conditions nécessaires du salut, pour affirmer que la soumission au pape y entre à titre essentiel : *subesse Romano Pontifici... omnino esse de necessitate salutis.* Or l'économie surnaturelle a été déterminée par le Christ et personne ne contestait alors qu'elle fût concentrée dans l'Église. Il s'agit, par conséquent, de mettre en relief le rôle du pape dans cet ensemble. A la base de la bulle *Unam Sanctam* il y a donc toute une théologie de l'Église et de sa mission, qui constitue la trame doctrinale dans laquelle s'insère la fonction du Souverain Pontife son chef. Le tout est relié au plan divin moyennant les ressources variées que l'exégèse et la philosophie offraient aux esprits du temps.

Bien que le développement de cette thèse complexe ne semble pas toujours suivre une marche strictement rectiligne, on arrive à y démêler deux parties, qui s'enchaînent suivant un ordre progressif : l'une pose les principes dont l'autre tire les conséquences; la première expose la constitution de l'Église, la seconde décrit les pouvoirs qui en découlent. Ces deux thèmes nous serviront de fil conducteur.

Suivant la formule des vieux symboles [1], l'Église est une, sainte, catholique et apostolique : c'est un dogme qui s'impose

---

[1] HAHN, *Bibliothek der Symbole*, 3e édit., Breslau, 1897, p. 28, 29, 80, 109, 115, 116, 338, etc.

au chrétien : *urgente fide credere cogimur*. En le proclamant à son tour, Boniface VIII insiste sur l'unité et l'unicité de cette institution. L'inversion significative qui ouvre la bulle invite à traduire : « Il n'y a qu'une Église », UNAM *sanctam Ecclesiam... credere cogimur... nosque hanc firmiter credimus et simpliciter confitemur*. C'est pourquoi à ce premier article de foi se joint aussitôt un second qui le complète : en dehors de l'Église il n'y a ni grâce ni salut, *extra quam nec salus est nec remissio peccatorum*. Elle forme, en effet, une sorte d'organisme dont le Christ est la tête et qui, par là, est en continuité directe avec Dieu : *unum corpus mysticum representat, cuius corporis caput Christus, Christi vero Deus*. Où l'on peut entrevoir que cette unité organique doit normalement se traduire à l'extérieur par l'unité de chef.

Cette doctrine est établie, suivant la manière éclectique de l'époque, sur les effusions lyriques par lesquelles l'époux du Cantique salue sa bien-aimée [1] et sur les affirmations de saint Paul [2], qui déclare n'admettre qu'une seule foi et un seul baptême aussi bien qu'un seul Seigneur. Elle est surtout éclairée par l'allégorie de l'arche, qui a l'avantage de réunir dans une image expressive tous les thèmes déjà indiqués : unité de l'Église et de son chef, *una... archa Noe unam Ecclesiam prefigurans, que, in uno cubito consummata, unum... gubernatorem habuit et rectorem*; absolue nécessité de lui appartenir pour être sauvé : *extra quam omnia... legimus fuisse deleta*. Dans le même sens le pape relève encore le passage où le Psalmiste [3] parle de son « unique » et de la « tunique sans couture » que les bourreaux de Jésus tirèrent au sort pour ne pas la déchirer [4]. Textes qui lui servent à accentuer l'union intime du Seigneur et de son Église.

De ces prémisses il dégage la conclusion amorcée tout à l'heure : l'Église n'étant qu'un seul corps ne doit aussi, sous

---

[1] *Cant.*, VI, 8.
[2] *Eph.*, IV, 5.
[3] *Ps.*, XXI, 21.
[4] Cfr JEAN, XIX, 23.

7

peine d'être un monstre, avoir qu'une tête. Cette « tête » unique
est évidemment le Christ. Mais le Christ se continue en la
personne de son vicaire : il revient donc à Pierre et à ses successeurs de le suppléer dans son rôle de chef. Toutes ces
déductions sont ramassées dans une seule phrase, dont les termes étonnamment pleins représentent sans doute le maximum
de densité doctrinale que l'on puisse attendre du langage
humain :

> « Igitur Ecclesie unius et unice unum corpus, unum caput, non
> duo capita quasi monstrum : Christus scilicet et Christi vicarius,
> Petrus Petrique successor. »

C'est à Pierre, en effet, que le Sauveur ressuscité a confié
ses brebis, non pas celles-ci ou celles-là en particulier, mais
toutes sans exception. Le bercail du Christ est unique, et unique
le pasteur [1]. Quiconque prétendrait se soustraire à Pierre, à
l'instar des schismatiques grecs, *sive Greci sive alii*, renoncerait
par là-même à compter au nombre des brebis du Christ :
fateantur necesse est se de ovibus Christi non esse. L'identité du
corps mystique et du corps social entraîne logiquement celle
du Christ invisible et de son représentant. Association, fusion
de l'ordre divin et de l'ordre humain, qui nous instruit à la
fois sur le rôle de l'Église dans le plan du salut et sur les
principes constitutifs de son organisation.

Operatio sequitur esse, disait l'école : les pouvoirs de l'Église
sont conformes à cette fin. Boniface VIII consacre à les développer la dernière partie de sa bulle, que les généralités précédentes tendaient sans nul doute à préparer.

D'emblée le pape revendique pour elle le double domaine
spirituel et temporel. Ce qu'il exprime, suivant la terminologie
courante, sous la métaphore des deux glaives : *In hac [Ecclesia]
eiusque potestate duos esse gladios, spiritualem videlicet et temporalem*. Doctrine qu'avec la théologie allégorisante d'alors il
croit lire dans l'Évangile même. Quand les Apôtres montrent
au Maître les deux épées qu'ils ont pour se défendre, celui-ci

---

[1] JEAN, X, 16.

ne dit pas : « C'est trop », mais : « C'est assez [1]. » Au surplus,
répondre, comme il le fait ailleurs, à Pierre qui avait dégaîné :
« Remets *ton* épée dans le fourreau [2] », n'était-ce pas attester
que le « glaive temporel » est en son pouvoir aussi bien que le
spirituel ?

Cette démonstration est suivie d'une explication qui en précise la portée. Il y a entre les deux glaives cette différence que
l'un est manié par l'Église, l'autre pour l'Église ; c'est à dire
que l'autorité temporelle est aux mains du prince, mais toujours
au service de l'autorité ecclésiastique et sous sa haute direction :

« Uterque ergo in potestate Ecclesie, spiritualis scilicet gladius et
materialis ; sed is quidem *pro Ecclesia*, ille vero *ab Ecclesia* exercendus ;
ille sacerdotis, is manu regum et militum, sed ad nutum et patientiam
sacerdotis. »

Par leur nature même, on voit que les pouvoirs du souverain
temporel ne peuvent être que subordonnés. Boniface souligne
expressément cet aspect si important de leurs mutuels rapports :

« Oportet autem gladium esse sub gladio et temporalem auctoritatem
spirituali subici potestati. »

Ce qui suppose une sorte de syllogisme dont les deux propositions vont être successivement justifiées. La subordination
des pouvoirs se réfère à la loi providentielle d'ordre, telle qu'elle
est énoncée par le bienheureux Denys. On ne peut concevoir,
en effet, que les œuvres de Dieu ne soient pas ordonnées, et
l'ordre normal s'établit par la superposition hiérarchique : *lex
divinitatis est infima per media in suprema reduci.* Cela étant, il
est clair que le pouvoir spirituel l'emporte sur le temporel en
noblesse et en dignité, autant que l'esprit sur la matière. Prééminence rationnelle que l'on peut voir, au demeurant, inscrite en
traits significatifs dans les réalités de l'histoire : témoin surtout
l'usage des dîmes, le sacre des souverains et le contrôle exercé
par l'Église sur les défaillances de leur gouvernement :

« Quod... ex decimarum datione, et benedictione et sanctificatione,

---

[1] Luc, XXII, 38.
[2] Matth., XXVI, 52 ; Jean, XVIII, 11.

ex ipsius potestatis acceptione, ex ipsarum rerum gubernatione claris oculis intuemur. Nam, veritate testante, spiritualis potestas terrenam potestatem instituere [1] habet et iudicare, si bona non fuerit. »

Soit qu'il pense uniquement aux textes de l'Écriture, soit aux précédents consacrés par le droit, soit plus probablement aux deux, le pape en appelle à ces marques de la puissance ecclésiastique comme à des faits que chacun peut voir de ses yeux et il y trouve réalisé l'oracle de Jérémie qu'il s'appliquait volontiers : *Ecce constitui te hodie super gentes et regna.*

C'est surtout dans les cas délictueux que cette subordination hiérarchique trouve à s'affirmer. Voici quelle est alors l'échelle des juridictions ici-bas : le pouvoir civil relève de l'Église ; dans l'Église même, l'inférieur relève du supérieur ; mais l'autorité suprême ne relève que de Dieu. Car l'Apôtre a dit que « l'homme spirituel est juge de toutes choses et n'est lui-même justiciable de personne » :

« Ergo, si deviat terrena potestas, iudicabitur a potestate spirituali. Sed si deviat spiritualis minor, a suo superiori ; si vero suprema, a solo Deo non ab homine poterit iudicari. »

Privilège immense, qui situe le pape dans une sphère supérieure à la terre. Ce pouvoir, en effet, n'a rien d'humain que la personne de son détenteur ; mais il est, en réalité, tout divin, puisqu'il a été donné et reste garanti à Pierre et à ses successeurs par le Fils même de Dieu : *auctoritas... non humana, sed potius divina potestas, ore divino Petro data.*

Il n'y avait plus qu'à tirer les conclusions appelées par ces considérants. Résister à un pouvoir ainsi ordonné par Dieu c'est résister à Dieu même, à moins qu'on ne veuille restaurer le dualisme manichéen. Au contraire, la même « nécessité du salut » qui rattache à l'Église tous les hommes sans exception leur impose également le devoir strict de la soumission au

---

[1] On a essayé d'entendre ce verbe au sens adouci d'*instruere* : références dans JUNGMANN, *Dissertationes selectae*, t. VI, p. 60, n. 2. Mais il ressort du contexte. *ex potestatis acceptione*, et des sources que le pape songe à l'origine même du pouvoir royal. Voir FUNK, *Kirchengesch. Abhandlungen*, t. I, p. 483-489, et HEMMER, art. *Boniface VIII*, dans *Dict. théol. cath.*, t. II, col. 1001.

Pontife romain. Telle est la doctrine que Boniface VIII sanc-
tionnait avec toutes les clauses de rigueur qui caractérisent les
actes du suprême magistère doctrinal :

« Quicumque igitur huic potestati a Deo sic ordinate resistit Dei
ordniationi resistit, nisi duo sicut Maniceus fingat esse principia...
Porro subesse Romano Pontifici omni humane creature declaramus,
dicimus et diffinimus [1] omnino esse de necessitate salutis. »

La bulle *Unam Sanctam* a été l'objet de discussions passion-
nées chez les politiques et les théologiens. Pour quelques rares
panégyristes, elle a trouvé d'innombrables détracteurs. Tandis
que nos vieux gallicans en éprouvaient jadis un chagrin proche
du scandale, les polémistes protestants s'en réjouiraient plutôt,
tellement elle vient servir à souhait leurs préjugés ou leurs
rancunes contre l'absolutisme pontifical. Et parfois la situation
parut à ce point difficile que des apologistes embarrassés ne
trouvèrent pas mieux, pour couper court à toutes les objections,
que de nier l'authenticité du document [2]. Mais il fallut bien
se rendre à l'évidence devant le *fac-simile* de la bulle telle qu'elle
se lit encore au Registre de Boniface VIII [3]. Peut-être suffit-il
simplement de la bien comprendre : l'historien, en tout cas,
n'a pas d'autre mission.

Au point de vue strictement théologique, le cas de la bulle
Unam Sanctam n'offre rien de bien inquiétant, ni même de
bien spécial. Il faut seulement prendre garde, conformément
aux règles d'une exégèse rationnelle, de ne pas en mettre toutes

---

[1] Toutes les éditions et déjà la glose d'un contemporain, le cardinal Lemoine,
ajoutent ici le verbe : « *et pronuntiamus* ». Son omission dans la minute des
archives vaticanes est peut-être imputable à une faute de copie. Voir FINKE,
p. 146, n. 1.

[2] P. MURY, *La Bulle « Unam sanctam »*, dans *Revue des questions historiques*,
t. XXVI, 1879, p. 91-130. Quelques échos dans ÉM. OLLIVIER, *L'Église et
l'État au concile du Vatican*, t. II, p. 63-64, et V. VERLAQUE, *Jean XXII. Sa
vie et ses œuvres*, p. 54-55. — Il s'en faut d'ailleurs que la science catholique
se soit abandonnée à cette thèse tendancieuse; témoin la forte critique qui
en fut faite aussitôt par le P. DESJARDINS, *La Bulle « Unam Sanctam »*, dans
Études, t. XXXVI (sixième série, t. V), 1880, p. 161 sq.

[3] Elle est reproduite dans H. DENIFLE, *Specimina palaeographica*, pl. XLVI.
Cette publication obligea M. Mury à rétracter lui-même son opinion paradoxale
(*Revue des questions historiques*, t. XLVI, 1887, p. 253-257).

les propositions sur le même plan, de ne pas transformer en enseignements officiels des arguments de circonstance ou de simples *obiter dicta*. Car c'est un principe élémentaire de méthode que l'autorité ecclésiastique — comme du reste toutes les autres — n'est engagée que par la teneur formelle de ses décisions. Or ici, comme on l'a observé à très juste titre, la clausule finale sur laquelle seule porte le poids de la définition, n'affirme pas autre chose qu'un devoir général et absolument indéterminé de soumission au Pontife Romain : *subesse Romano Pontifici... omnino esse de necessitate salutis.* Définition dont on sauvegarderait peut-être suffisamment, sinon l'esprit, au moins les termes en l'entendant du seul pouvoir spirituel, et la conclusion de la bulle rejoindrait ainsi les énoncés dogmatiques de la première partie. A supposer même, comme il est probable, qu'il faille tenir compte des considérations politiques développées dans l'intervalle et donc y voir une certaine revendication du pape en matière temporelle, la formule de ce droit est d'une discrétion frappante et qui la laisse compatible avec les interprétations les plus bénignes. Quoi qu'il en soit des considérants, ils n'ont pas formellement pénétré dans la sentence [1]. Et la remarque est décisive pour quiconque est exercé à se mouvoir dans la subtile jurisprudence des documents pontificaux [2].

Du reste, la forte personnalité de Boniface VIII et l'éclat de

---

[1] Ainsi Mgr. FESSLER, *La vraie et la fausse infaillibilité des papes*, traduct. fr., Paris, 1873, p. 95-100; Mgr. D'HULST, *Conférences de Notre-Dame*, carême de 1895, note 24, p. 358-359; ÉM. CHENON, *Le rôle social de l'Église*, Paris, 1921, p. 146-147, et surtout le canoniste WERNZ : « Cuius sola clausula finalis continet definitionem dogmaticam » (*Ius Decretalium*, Prato, 1913, t. I, p. 35). Pour la thèse contraire, voir J. BERCHTOLD (vieux catholique), *Die Bulle « Unam Sanctam »*, p. 48-88. Thèse critiquée par MARTENS, *Das Vaticanum und Bonifaz VIII*, p. 20-36; GRAUERT, dans *Historisches Jahrbuch*, t. IX, 1888, p. 137-151; J. SCHEEBEN, *Die Bulle Unam Sanctam und ihr neuester Gegner*, dans *Der Katholik*, t. LXVIII, II, 1888, p. 449-483 et 561-602.

[2] Il faut donc une rare puissance d'incompréhension ou de parti pris pour avancer, comme on l'a fait, que, d'après la bulle « *Unam Sanctam* », la domination politique du pape serait « un article de foi » (F. ROCQUAIN, *La cour de Rome et l'esprit de réforme*, t. II, p. 301). Voir, en sens opposé, l'étude du canoniste de Louvain F. J. MOULART, *L'Église et l'État ou les deux puissances*, 3ᵉ édit., Louvain et Paris, 1887, p. 231-239.

ses actes ne doivent pas faire méconnaître que sa doctrine est
faite pour une bonne part d'éléments traditionnels [1]. On ne
trouve, bien entendu, rien d'essentiellement nouveau dans la
première moitié de la bulle, qui est du dogme pur : l'unité de
l'Église et la nécessité de lui appartenir pour être sauvé étaient
affirmées en termes formels par saint Cyprien au IIIe siècle ;
la primauté du pontife romain ressort en traits multiples de toute
l'ancienne histoire ecclésiastique. Quant aux pouvoirs de l'Église
dont l'exposé fait la deuxième partie de la bulle, ce n'est pas
le fond seul, mais l'énoncé même qui en est emprunté à des
auteurs plus anciens.

Rien de plus instructif que cette étude des sources de Boniface VIII [2]. La métaphore des deux glaives est classique au
moins depuis le XIe siècle et le texte du pape reproduit ici
presque mot pour mot celui de saint Bernard [3]. Ceux qui
seraient effarouchés d'entendre que l'Église a pour mission
d'instituer et de juger le pouvoir civil se souviendront qu'on
retrouve à la lettre cette thèse chez Hugues de Saint-Victor et
Alexandre de Halès [4]. De même c'était un adage courant, tout
au moins depuis le pape Symmaque au début du VIe siècle, que
le Saint-Siège n'est jugé par personne [5]. Enfin la définition
dogmatique qui clôt le document n'est pas autre chose qu'une

---

[1] Cfr HAUCK, *Der Gedanke der päpstlichen Weltherrschaft*, p. 46, qui tombe
dans l'excès contraire, jusqu'à n'y trouver absolument rien d'original.

[2] Indication des matériaux dans F. EHRMANN, *Die Bulle « Unam Sanctam »
nach ihrem authentischen Wortlaut erklärt*; BERCHTOLD, *Die Bulle, etc.*, p. 14-23,
et HERGENRÖTHER, *Handbuch der allg. Kirchengeschichte*, édit. KIRSCH, Fribourg-
en-Brisgau, 1904, t. II, p. 594.

[3] Voir plus haut, p. 26. Comme différences on peut signaler que la bulle
ne mentionne plus, à propos du glaive matériel, le *iussus imperatoris* et qu'au
nutus elle ajoute la *patientia sacerdotis*, sans doute pour marquer mieux la
double manière, positive et négative, dont s'exerce à cet égard l'autorité de
l'Église. En revanche, le pape se contente de dire que les deux glaives sont
in potestate Petri ou *Ecclesiae* là où saint Bernard écrivait au possessif : «*Qui
tuum negat... Uterque ergo Ecclesiae.*»

[4] Voir plus haut, p. 28-29 et 48. Ici encore la bulle atténue plutôt le texte de
Hugues, qui disait de l'Église par rapport au pouvoir civil : «*Instituere habet
ut sit.*»

[5] *Liber Pontificalis*, édit. DUCHESNE, t. I, p. 264, et HEFELE-LECLERCQ, *Histoire
des conciles*, t. II, II, p. 960 ss.

formule de saint Thomas [1]. Les arguments philosophiques ou exégétiques invoqués à l'appui de ces diverses thèses sont, eux aussi, autant de lieux-communs de la littérature médiévale. Et l'on verra plus tard que le rédacteur de la bulle n'a guère fait que les prendre dans un traité de Gilles de Rome [2].

Fidèle expression et parfois simple reproduction de la théologie commune [3], la bulle *Unam Sanctam* n'est pas davantage nouvelle dans la pensée de Boniface VIII et de son milieu. On a pu en voir à maintes reprises l'équivalent ou la préparation très directe dans les documents analysés plus haut, surtout dans les actes du consistoire de juin 1302.

Il n'en est pas moins vrai que le seul rapprochement de ces matériaux épars et leur insertion dans un texte officiel devait leur donner plus d'importance et de relief. A cet égard, les considérants de la bulle, s'ils n'ont pas reçu la suprême consécration du magistère ecclésiastique, restent sans nul doute possible hautement significatifs pour nous faire connaître la conviction personnelle du pape et la pensée de tout son temps. Or il est évident que Boniface VIII semble s'être donné pour but de ramasser en une sorte de synthèse les affirmations les plus compréhensives sur le pouvoir pontifical. De la bulle prise dans son ensemble se dégagent les thèses suivantes :

1. - A l'Église, parce qu'elle est l'organe universel et nécessaire du salut, appartiennent les deux glaives : *in hac eiusque potestate duos esse gladios*, la seule différence étant dans la manière dont ils ont à s'exercer [4].

---

[1] S. Thomas, *Contra errores Graecorum*, II, 27 (*Opera*, t. XXIX, p. 371).

[2] Voir plus bas, appendice ii, p. 394-404.

[3] Ce qui n'oblige pas à la regarder, avec certains auteurs, comme « un des plus beaux monuments de la théologie catholique » (G. Desjardins, *La Bulle « Unam Sanctam »*, dans *Études*, t. XXXVI, 1880, p. 533). Cfr Jungmann, *Dissertationes selectae*, t. VI, p. 76 : « Insigne illud... doctrinae documentum ».

[4] « Ille sacerdotis, is manu regum et militum [exercendus]. » Distinction importante, mais qu'il faut mettre en connexion avec la troisième thèse, où l'on voit qu'il appartient au pouvoir spirituel d'instituer le temporel. Il en résulte logiquement que celui-ci n'est qu'un délégué et que c'est, au fond, l'Église qui exerce par son intermédiaire le glaive matériel qu'elle ne peut ou ne veut exercer elle-même.

2. - Si de ce chef le pouvoir civil est distinct du pouvoir ecclésiastique, il lui reste radicalement subordonné : *oportet gladium esse sub gladio.*

3. - Cette subordination se vérifie : 1) en ce que l'autorité séculière tient de l'Église son origine : *ex potestatis acceptione...*, *nam... spiritualis potestas terrenam... instituere habet*; 2) en ce qu'elle doit se conduire *ad nutum et patientiam sacerdotis*; 3) en ce qu'elle lui est comptable de ses actes : *spiritualis potestas terrenam... habet ... iudicare, si bona non fuerit.* Tout cela au nom des exigences de la révélation divine, puisque le pape ne cesse de s'appuyer sur l'Écriture et autres faits providentiels où se traduit dans sa souveraine « vérité », *veritate testante*, l'*ordinatio Dei*.

On a parlé du « vague grandiose » de ces considérants par rapport à « la précision modérée de la conclusion » qui les termine [1]. N'est-ce pas, en réalité, la conclusion qui se dérobe en généralités peu compromettantes, tandis que les considérants se déroulent dans la lumière crue d'une implacable clarté ? Prises en elles-mêmes, ces formules si pleines seraient déjà révélatrices : quand on les rapproche de cette conception dont nous avons relevé les traces depuis saint Bernard jusqu'à Innocent IV, elles achèvent de prendre tout leur sens et permettent de fixer aisément la position de leur auteur dans les courants doctrinaux de son époque.

Quelques auteurs modernes se persuadent encore, à la suite de Bellarmin, que toute la bulle *Unam Sanctam* peut se ramener au système classique du pouvoir indirect ou de l'intervention *ratione peccati* [2]. Mais si cette théorie convient suffisamment

---

[1] P. ROUSSELOT, dans J. HUBY, *Christus*, 3e édit., Paris, 1912, p. 832-833, n. 2.

[2] Voir J. DE LA SERVIÈRE, art. *Boniface VIII*, dans *Dict. apol. de la foi*, t. I, c. 430. Interprétation notoirement insuffisante chez qui vient de reconnaître que « Boniface VIII entend bien affirmer dans le Pape un double pouvoir, spirituel qu'il exerce par lui-même, temporel qu'il exerce par les princes chrétiens ». Cfr JUNGMANN, *Dissertationes selectae*, p. 52-67; MOLITOR, *Die Decretale « Per venerabilem »*, p. 83-108, et BELLARMIN, *De summo Pontifice*, V, 5 et 7 (*Opera*, t. II, p. 152 et 157). Au contraire, pour H. FINKE (*Aus den Tagen Bonifaz VIII* p. 159), il est sur le chemin de la future *potestas directa*. Cfr

à la dernière des propositions dégagées ci-dessus, comment
l'appliquer aux autres ? Juger les défaillances du pouvoir civil
suppose manifestement le péché comme cause de cette juridiction : on ne saurait plus en dire autant quand il s'agit d'établir
le pouvoir lui-même ou d'en régler l'exercice *ad nutum sacerdotis*.
Si l'Église possède ce double droit, c'est que l'autorité des
souverains est par elle-même à son égard dans un état de dépendance nécessaire, perpétuelle et absolue. Aussi bien le pape
professe-t-il sans restriction que les deux glaives sont *in eius
potestate* ; il n'a pas davantage la moindre réserve quand il
énonce la subordination du temporel au spirituel et qu'il détaille
les principales conséquences de cette loi. Ni ses idées ni son
texte n'autorisent à limiter à des cas accidentels la portée de
ses déclarations.

C'est, en effet, de l'Église et de l'État *in se* qu'il envisage
les rapports constitutifs. Plus exactement, c'est le droit essentiel,
la « thèse » intégrale de l'Église qu'il se préoccupe de poser, et
elle prend à ses yeux une ampleur telle que l'État n'en est plus
qu'un élément et, pour ainsi dire, qu'une fonction [1]. L'unité
providentielle du monde ne se concevrait pas sans un chef
unique ; dès là que cette unité trouve dans l'Église son expression,
c'est donc le chef de l'Église qui doit être la source et la règle
de toute puissance ici-bas. Tous ces traits ne sont pas également
accusés dans la bulle *Unam Sanctam* ; mais la plupart y sont
nettement tracés et les autres y transparaissent à la base ou au
terme de ses affirmations [2]. D'où un ensemble qui ne trompe
pas et qui apparente Boniface VIII à la lignée des grands spéculatifs que l'on a vus se succéder à travers les deux siècles pré-

---

Mgr. d'Hulst (*Conf. de Notre-Dame*, 1895, p. 359) : « Il n'est pas douteux que
Boniface VIII, comme théologien, fût partisan du système du pouvoir direct. »

[1] On remarquera le début caractéristique de la deuxième partie : « In hac
[Ecclesia]... duos esse gladios », qui se continue par l'aphorisme : « Oportet
autem gladium esse sub gladio. » Même quand elle touche à l'ordre politique,
c'est encore l'économie de l'Église que la bulle a l'intention de développer.

[2] A ces données de la critique interne on oppose les paroles prononcées
par Boniface au consistoire de juin 1302. Voir ci-dessus, p. 77-78. Il faut croire
d'après la bulle que le pape avait évolué depuis, ou plutôt que la *ratio peccati*
n'expliquait qu'une partie de sa pensée.

cédents. Comme eux, il a porté plus ou moins confusément dans son esprit et certainement reflété dans sa bulle ce système de haute inspiration religieuse où le pouvoir ecclésiastique, parce qu'il tient la place de Dieu, devient, non seulement le guide et le juge éventuel, mais l'auteur et, par conséquent, le tuteur responsable du pouvoir civil. Système qui ne fut jamais à aucun titre une doctrine d'Église, mais qui n'en a pas moins traversé la pensée personnelle de plusieurs papes et, en une heure particulièrement grave, coloré le fond traditionnel des revendications pontificales dans le document solennel où s'expriment les vues directrices de Boniface VIII.

IV

On ne s'étonnera pas d'en retrouver l'écho dans les pièces postérieures du conflit.

En avril 1303, quand Philippe le Bel eut fait connaître ses *responsiones* à l'*ultimatum* du cardinal Lemoine, le pape, irrité de leur insuffisance, ne parle plus que de procéder contre lui ou ses soutiens *spiritualiter et temporaliter* [1]. Menaces qui supposent et commentent les principes généraux de la bulle.

De la même époque datent les paroles les plus précises qui soient tombées de ses lèvres sur les rapports des deux puissances. En tête du discours solennel où il se préparait à reconnaître Albert d'Autriche comme légitime empereur, Boniface VIII commence par rappeler et gloser en termes significatifs l'allégorie traditionnelle des deux glaives :

« ...Sicut luna nullum lumen habet nisi quod recipit a sole, sic nec aliqua terrena potestas aliquid habet nisi quod recipit ab ecclesiastica potestate. »

Interprétation courante, ajoute-t-il, *ita communiter consueverit intelligi*, et dont il dégage aussitôt la conclusion :

« Omnes [potestates] sunt a Christo et a nobis tanquam a vicario Ihesu Christi [2]. »

---

[1] *Registres*, n. 5341, c. 839-841, et Dupuy, p. 95-96. Cfr n. 5342, c. 843, et Dupuy, p. 99.

[2] Discours prononcé au consistoire du 30 avril 1303, dans A. Niemeier, *Unter-*

En faut-il davantage pour expliciter les thèses qui restaient un peu enveloppées dans la phraséologie de la bulle *Unam Sanctam*? Les derniers documents relatifs à Philippe le Bel en respirent encore çà et là l'esprit, avant d'en tirer les conséquences.

Ainsi dans la bulle *Rem non novam* (15 août 1303), qui modifie la procédure des citations, Boniface VIII affirme son universelle supériorité : *Nos qui universis, disponente Domino, preesse dignoscimur* [1]. Une expression analogue revient dans la bulle *Nuper ad audientiam*, promulguée à la même date : *Romanus Pontifex Petri successor, qui ipsius Petri voce omnibus preest.* A la veille de prendre des mesures décisives, le pape rappelle les grands exemples de saint Ambroise et des pontifes romains ses devanciers. Comme eux, il réclame le droit de suprême judicature, dût-il *circa alicuius principis vel potentis... correctionem intendere et immittere manus ad fortia* [2].

Le pape allait, en effet, « mettre la main » à cette « correction » du monarque révolté. Une bulle était prête, qui résumait encore une fois tous les attentats de Philippe le Bel contre la liberté de l'Église et sa résistance aux avances ou aux sommations du Saint-Siège. En conséquence, comme vicaire de celui qui

---

suchungen..., p. 114-115. Imprimé d'abord par Baluze, dans P. DE MARCA (*Dissert. de concordia sacerdotii et imperii*, II, 3, 2e édit., Paris, 1669, t. I, p. 64-65; cfr II, 1, p. 51), ce discours était devenu suspect depuis J. F. BOEHMER (*Die Regesten des Kaiserreichs* : 1246-1313, Stuttgart, 1844, n. 303, p. 342). Mais les meilleurs érudits récents le tiennent pour authentique. Pour l'histoire de la question, voir NIEMEIER, p. 109-111, et, pour les preuves de l'authenticité, p. 129-142. — A la suite de ce texte, et dans le même ms. lat. 4350 de la Bibliothèque nationale qu'avait utilisé Baluze pour son édition, A. NIEMEIER a découvert la réponse des ambassadeurs allemands, où s'exprime pour la circonstance une doctrine identique : « Tu qui es dominus absolute, non unius tantum terre, patrie vel provincie sed absque determinatione et generaliter, iudicabis merito et rationabiliter fines terre sine exceptione universaliter, ut tibi dici possit hoc verbum Ysaye (XXXIII, 22) : *Dominus iudex noster, dominus legifer noster... Et merito, quia per te reges regnant et conditores legum iusta decernunt, per te principes imperant et potentes decernunt iustitiam*, ut dicitur in Proverbiis (VIII, 15-16). » Un peu plus loin on y peut lire ces mots, qui sont un écho direct de la bulle *Unam Sanctam* : « Cunctos enim iudicaturus a nemine es iudicandus » (*ibid.*, p. 120). — Les deux documents ont été publiés depuis dans MGH, *Leges*, sect. IV, t. IV, 1, n. 173, p. 138-145.

[1] *Registres*, n. 5384, c. 894-895, et DUPUY, p. 161.

[2] *Registres*, n. 5383, c. 893, et DUPUY, p. 167.

a pouvoir de mener les rois « à la verge de fer », comme « juge
des grands aussi bien que des petits », sur l'autorité des Écritures,
des conciles et des Pères, le Souverain Pontife, sans user encore
de toutes ses rigueurs, voulait au moins saisir la *correctionis
ferula*. Il déclarait donc que le roi était tombé sous le coup de
l'excommunication et, jusqu'au jour de son amendement, relevait
tous ses sujets, *sub interminatione anathematis*, de leur serment
de fidélité, sans préjudice pour les sanctions ultérieures qu'il
se verrait forcé de prendre en cas d'obstination. La bulle
Super Petri solio devait être lancée le 8 septembre [1]; mais, dès
le 7 au matin, les bandes conduites par Guillaume de Nogaret
pénétraient dans Anagni et procédaient à l'arrestation de Boniface VIII, qui en mourait d'émotion et de douleur le 11 octobre
suivant.

Jusqu'au bout il était resté fidèle à sa conception de l'autorité
pontificale. Cette doctrine nous l'avons vue s'affirmer implicitement dès la première heure du conflit, en attendant que la
marche des événements et le choc de la contradiction fissent
naître l'occasion de lui donner une forme de plus en plus
explicite. Partout le pape se donne comme le maître des souverains et le juge de leur conduite, au nom de Dieu dont il
est le représentant. Juridiction qu'il sait traduire en actes
effectifs et au service de laquelle, outre les moyens ordinaires
de persuasion et de réprimande, il dispose, au besoin, de censures dont il entend que la suprême portée se puisse épanouir
en effets d'ordre temporel. En quoi d'ailleurs il ne prétend
pas innover, mais bien maintenir la tradition séculaire de
l'Église [2]. Parce qu'il est convaincu de cette responsabilité et
conscient de cette tradition, Boniface VIII se montre inébran-
lable. Il ne plaide pas, il ne négocie pas : il affirme, il tranche, il
menace, et seul le coup de force d'Anagni l'empêcha de frapper.

---

[1] Texte dans Dupuy, p. 182-186.

[2] Fait bien reconnu dans Boutaric, p. 94. Il faut s'en souvenir pour mettre
au point les jugements scandalisés des vieux gallicans, par exemple Daunou,
t. I, p. 223 : « Les prétentions de Boniface tenaient réellement du délire. »
Cfr t. II, p. 116, où ce « délire » remonte jusqu'à Grégoire VII.

C'est bien l'esprit des Grégoire VII et des Innocent III qui l'anime, de même que leur souvenir hantait volontiers sa mémoire. Et ce large contexte historique, joint aux considérations théologiques dont elles s'enveloppent, explique sans doute, s'il ne la justifie, la signification politique que prirent alors les propositions indéfinies de la bulle *Unam Sanctam* et que tant de lecteurs passionnés ou prévenus ne savent plus encore cesser d'y voir. Sans violence comme sans abdication, sous la pression de sa haute conscience pontificale, Boniface VIII a jeté dans sa lutte contre Philippe le Bel tout l'idéal du moyen âge [1].

Est-ce que cependant à des principes éternels ce système n'associait pas des modalités contingentes et l'heure, en tout cas, était-elle encore favorable pour le faire prévaloir? Ni ce scrupule spéculatif ni cet instinct de réalisme politique ne semblent l'avoir effleuré. Canoniste plutôt que théologien, plus versé dans la connaissance des textes que dans le maniement des hommes [2], il a revendiqué la suprématie du Siège apostolique suivant la formule établie, qu'il croyait immuable. Étranger aux hésitations, dédaigneux des palliatifs, il l'a posée hardiment devant un siècle déjà rebelle, sans aucune velléité d'opportunisme, mais aussi sans le moindre essai d'adaptation [3]. Le

---

[1] Les nuances qui peuvent exister entre ces divers papes sur la manière de comprendre le droit pontifical n'entament pas leur accord sur son existence, ni leur commune intention d'en user. Il faut se garder de confondre le fait de l'intervention de l'Église en matière politique avec les doctrines d'école qui s'efforcent d'en rendre compte. Tandis que celles-ci n'intéressent que l'histoire des systèmes théologiques, le principe de celle-là appartient à la tradition même de l'Église. Chez Boniface VIII, comme chez tous les autres papes du moyen âge, les vues du « docteur privé » ont beaucoup moins d'importance que les actes publics du chef.

[2] « Hic eloquentissimus fuit et eruditissimus in leges et decreta, cuius gloria fuit hominem verbis confundere, ut fertur. » Ainsi le caractérise un continuateur anonyme de la chronique due à Martin d'Oppau (*Contin. pontif. anglica brevis*, dans MGH, *Script.*, t. XXX, 1, p. 715).

[3] Dans le discours déjà cité du 30 avril 1303, on relève cette déclaration où se peint toute la psychologie de Boniface VIII : « Et audacter dicimus quod si omnes principes terreni essent hodie colligati contra nos et contra ecclesiam istam, dum tamen nos haberemus veritatem et staremus pro veritate, non appretiaremus eos unam festucam. Et sine dubio, si veritatem et iustitiam non haberemus, bene timeremus; sed alias omnes confunderemus et veritas

souci des principes abstraits ne lui permit pas de se demander s'il ne risquait pas de les compromettre par l'énergie même de leur expression [1].

Autant l'attitude de Boniface VIII dénote un fier caractère, autant elle démontre combien il dominait peu les horizons de son temps. On l'eût sans doute bien surpris en lui disant que le plus clair résultat de ses revendications allait être précisément d'exposer la thèse dont il se constituait le défenseur aux coups de la critique et au contrôle implacable des faits.

---

confunderet eos » (NIEMEIER, *Untersuchungen über die Beziehungen...*, p. 117, et MGH, *Leges*, sect. IV, t. IV, 1, p. 140).

[1] On a soutenu contre toute vraisemblance (M. KRAMMER, dans *Mitteilungen für österreichische Geschichtsforschung*, t. XXVII, 1906, p. 701-710) que la politique de Boniface VIII constituerait une nouveauté, inspirée par la thèse de la *potestas directa* dont les publicistes de la Curie se seraient faits à sa suite les apologistes. C'est oublier que les faits avaient précédé les théories et que de celles-ci même la spéculation antérieure fournissait en abondance des germes déjà très développés.

CHAPITRE II

POSITIONS DE LA COUR DE FRANCE

SOMMAIRE. — Traditions autonomistes de la monarchie française. — I. *Premières résistances*. Opposition aux immunités : la pièce *Antequam essent clerici*. Indépendance de la politique royale. — II. *Reprise du conflit : Défensive de Philippe le Bel*. Assemblée du 10 avril 1302 : la fausse bulle *Deum time* et la réponse du roi ; la *Deliberatio* de Pierre Dubois ; le discours de Pierre Flote ; protestation de la noblesse et du clergé contre l'attitude du pape. — III. *Offensive de Philippe le Bel*. Assemblée du 12 mars 1303 : réquisitoire de Nogaret ; intervention personnelle du roi ; plébiscite pour la mise en jugement du pape. — IV. *Portée doctrinale du conflit*. Faiblesse des griefs imputés à Boniface VIII. Prétentions régaliennes de Philippe le Bel : « *In partem sollicitudinis* » ; connivence de l'épiscopat. Conséquences pratiques du régalisme : la « supplique du peuple Français ». — Suprématie pontificale et césaro-papisme byzantin.

Si les papes du moyen âge ont pu formuler des revendications que beaucoup de chrétiens seraient aujourd'hui tentés de trouver exorbitantes et s'ils ont pu instaurer en conséquence une politique suivie qui enregistra bien des succès, c'est que la perception et le jeu des principes étaient favorisés par un concours de circonstances unique sans doute dans l'histoire. Dans une société universellement croyante, les droits de Dieu avaient un sens et l'on ne s'étonnait pas qu'il eût en ce monde un vicaire pour le représenter. Cette société était, de plus, organisée suivant le type féodal. A travers les frontières un peu flottantes des nations, les peuples avaient encore le sentiment d'être les membres d'une seule famille, les éléments d'une même cité, et les multiples principautés dont ils se composaient s'acheminaient vers cet idéal par un système progressif des suzerainetés, dépendantes les unes des autres, dont l'hommage personnel était souvent la seule source et demeurait toujours le principal garant. La place était toute marquée dans cette hiérarchie pour un suprême suzerain, qui fût la source dernière de tous les autres pouvoirs, qui veillât à ces intérêts majeurs dont tout le monde alors avait souci, qui assurât l'unité de la cité terrestre et entreprît d'y faire règner cet ordre moral qui devait être sa loi. Il revenait aux papes d'assumer ce rôle : la conscience de leur mission spirituelle et la foi unanime des peuples s'unirent pour le leur imposer.

Or les conditions commençaient à changer avec le XIVe siècle naissant. Les nationalités prenaient plus de consistance et tendaient à se serrer autour de leurs souverains en groupes exclusifs et jaloux. En même temps, sans renoncer au christianisme, les âmes se préoccupaient déjà moins de le faire rayonner sur l'ordre social et la politique obéissait de plus en plus à des impulsions autres que celles de la foi. Ces sentiments obscurs trouvaient un aliment dans le droit romain ressuscité, où les légistes apprenaient aux rois à lire la charte de leur émancipation, sinon vis-à-vis du Christ, au moins de son vicaire, trop proche et trop visible pour n'être pas gênant.

Nulle part ce travail n'était plus avancé qu'en France, où l'unité nationale était entièrement faite, tandis que l'autorité du roi coïncidait tous les jours davantage avec les frontières naturelles du royaume. La féodalité y existait encore, mais compensée par une bourgeoisie puissante, l'une et l'autre d'ailleurs alliées et subordonnées au pouvoir royal, à la suite d'une patiente résorption où l'assimilation avait tenu plus de place que la conquête et qui avait fini par faire du loyalisme envers la personne du souverain une forme de l'honneur aussi bien que de l'intérêt. Que l'on ajoute à ces facteurs politiques les délicatesses d'un tempérament susceptible et l'on s'expliquera que la France — où d'ailleurs l'autorité romaine avait toujours été tenue à distance — était mûre, si peu qu'une occasion se présentât, pour soutenir son roi dans la revendication de son autonomie. L'attitude de Boniface VIII fournit cette occasion : les dirigeants de la politique française ne la laissèrent pas échapper.

Philippe le Bel n'a jamais écrit d'exposé doctrinal comparable à ceux de Boniface VIII. Il n'en a pas moins laissé connaître, par des actes significatifs, l'inspiration de sa conduite.
Sans procéder peut-être, comme celle du pape, d'un idéal
nettement défini, sa politique ne s'en rattache pas moins à
une doctrine, que l'on devine dès le premier jour et que la
marche des événements allait rapidement accentuer. Non contente d'opposer à l'ingérence pontificale le dogme de l'indépendance des souverains, la cour de France en viendrait peu à
peu, entraînée par la pente de son système tout autant que le
pape par le sien, à esquisser un programme de césarisme religieux.

I

Il est clair aujourd'hui pour l'historien que la bulle *Clericis
laïcos*, surtout quand elle fut appuyée par la bulle *Ineffabilis*,
contenait en germe toute la notion de la suprématie pontificale
telle qu'elle devait s'affirmer plus tard. La portée de ces actes
ne pouvait pas ne pas être aperçue ; mais l'antithèse resta tout
d'abord, comme la thèse elle-même, dans le demi-jour de
l'implicite. Au demeurant, le roi n'indiquait-il pas suffisamment
sa position à l'égard de la thèse pontificale en refusant de s'y
soumettre ? Toujours est-il que l'opposition française ne quitta
guère le terrain des immunités ecclésiastiques, objet direct de
ce premier conflit. A défaut de document officiel, la substance
nous en est parvenue dans une pièce anonyme, qui se donne
comme une réponse aux constitutions de Boniface VIII [1] :

---

[1] Texte dans DUPUY, p. 21-23, qui la publie comme un « écrit fait par le
Roy », et PITHOU, t. II, p. 1497-1499. « Admirable lettre de Philippe le Bel
à Boniface VIII », disait encore P. JANET (*Histoire de la philosophie morale et
politique*, t. I, p. 374, n. 1). — Les historiens modernes sont d'un avis différent.
« Il ne faut pas croire, comme on l'a cru autrefois, que cette réponse... ait été
envoyée au pape sous le sceau du roi de France : c'est un projet de réponse
qui ne fut pas, sans doute, expédié. » Tout au plus indique-t-il « l'attitude
qu'un légiste de la cour de France aurait voulu voir prendre au roi » (LANGLOIS,
dans LAVISSE, *Histoire de France*, t. III, II, p. 134).

« Antequam essent clerici, Rex Franciae habebat custodiam regni sui et poterat statuta facere quibus ab inimicorum insidiis et nocumentis sibi praecaveret... »

Exorde abrupt qui suffirait à montrer que nous ne sommes pas en présence d'un acte de chancellerie. Non pas que toute diplomatie en soit absente : l'auteur usait assurément de restriction mentale en protestant que l'édit royal contre les exportations n'était qu'une précaution dictée par l'intérêt national et ne prétendait aucunement léser les intérêts du personnel ecclésiastique. Ce qu'il y a d'intéressant et de nouveau, c'est que ces explications telles quelles soient présentées comme une sorte de défi : l'indépendance de la politique intérieure est un droit royal qui s'affiche à l'encontre du clergé.

Immédiatement d'ailleurs la question de fait s'élargit en question de principe. Le pape avait invoqué les libertés de l'Église : notre anonyme — car tout le monde se piquait alors de théologie — ne manque pas de le suivre sur ce terrain. Il faut, à son sens, bien distinguer les deux parties qui la composent à égal titre, les laïques et les clercs : *Ecclesia... non solum est ex clericis, sed etiam ex laïcis*. Dès lors, cette éminente liberté, par laquelle l'âme chrétienne est affranchie du péché, appartient à tous et l'on ne voudrait sans doute pas restreindre aux seuls clercs le bénéfice de la rédemption. Quant aux multiples « libertés » du corps ecclésiastique, elles n'ont pu être déterminées par les papes qu'en vertu de l'autorisation gracieuse des princes séculiers. Au droit ecclésiastique s'oppose nettement le droit régalien :

« Multae sunt libertates singulares, non universalis Ecclesiae..., sed eius ministrorum... Quae quidem libertates per statuta Romanorum Pontificum de benignitate vel saltem permissione Principum saecularium sunt concessae. »

D'où il suit évidemment que les franchises accordées dans ces conditions ne sauraient limiter l'initiative des souverains en tout ce qui concerne le gouvernement et la défense de leurs empires. Moins encore pourraient-elles dispenser les clercs de la contribution qu'ils doivent, comme tous les citoyens, à la solidarité du corps social. « Sous peine de désordre, la partie doit concourir au tout. Un membre qui refuse son service au reste de l'organisme est inutile et comme paralysé. Ainsi en serait-il de ceux, clercs ou autres, qui refuseraient de porter secours au roi, tête de l'organisme national. Les fonds réquisitionnés à cette fin ne sont pas des prélèvements injustes qu'on puisse qualifier d'exactions, mais l'acquittement d'une dette, le salaire payé par les non-combattants à ceux qui se chargent de leur défense. » Ce devoir s'impose aux clercs plus qu'à personne : chacun sait qu'une victoire ennemie entraînerait la perte totale de leurs biens. Il s'agit donc ici d'une obligation de droit naturel. Comment ne pas être surpris de voir que le vicaire du Christ se permette de la violer ?

Sur cette voie, l'auteur devient vite agressif. Alors que les clercs reçoivent l'interdiction d'acquitter une taxe patriotique, on leur permet de dépenser les biens de l'Église en fêtes profanes ou d'enrichir leurs amis au détriment des pauvres. Ce que tous les droits humains et divins condamnent est librement autorisé : ce que le devoir national impose est interdit sous peine d'anathème. « On ne prend pas garde que porter de telles défenses ou refuser ce concours n'est pas autre chose que venir en aide à l'ennemi et commettre le crime de lèse-majesté, en cherchant à trahir le défenseur même de l'État. » Si cette diatribe fut mise effectivement sous les yeux du chancelier de France, on conçoit que celui-ci l'ait remisée dans ses cartons.

L'auteur est moins étendu et moins véhément sur le chapitre de la politique extérieure. Il laisse tomber sans la contredire la prétention émise par Boniface VIII d'en connaître d'autorité et se contente d'établir que, sur tous les points en litige, Philippe le Bel a le bon droit pour lui. Chemin faisant, le roi proteste énergiquement de ses bonnes intentions. « Nous servons Dieu, dit-il, en toute foi et piété. Pour l'Église catholique et ses ministres nous n'avons que respect, à l'exemple de nos pères. Quant aux menaces déraisonnables et injustifiées des hommes, nous ne les craignons pas. Car devant Dieu, par le secours de sa bonté, on ne trouvera jamais en nous que la justice [1]. »

Déclaration où il ne faudrait peut-être pas plus chercher un modèle de sincérité que d'humilité, mais qui est encore un trait de mœurs. Les conseillers du roi de France voulaient assurément être de bons chrétiens; mais ces pieux fils de l'Église étaient aussi les dévots serviteurs de la couronne et l'on peut voir, par le factum de ce scribe inconnu, à quel point ces consciences catholiques étendaient la mainmise du pouvoir civil, combien ils étaient empressés, pour peu que l'État leur parût en cause, à prendre contre les attentats du pape la défense du droit.

Cette politique si jalouse des prérogatives royales, ce catholicisme de cour si attentif à limiter l'action du pape, et qui n'hésitait pas à incorporer dans la juridiction du souverain la garde des intérêts religieux, ne nous ramènent-ils pas au temps de Justinien ? Par delà tout le moyen âge, c'est l'ère de l'absolutisme byzantin qui se rouvre. Quand on sait quelle longue, sinon glorieuse, survivance la monarchie lui réservait en France et ailleurs, il est intéressant d'en noter l'expression dans l'entourage de Philippe le Bel dès ses premières résistances aux revendications de Boniface VIII.

Sans s'élever encore à ces considérations théologiques, le roi tenait du moins à réclamer la pleine indépendance de son gouvernement temporel. L'occasion lui en fut offerte dès cette époque par l'acte pontifical qui ordonnait une trève entre lui et les divers ennemis du royaume. Avant même de laisser ouvrir ces lettres, Philippe le Bel fit enregistrer par les légats du pape (20 avril 1297) une solennelle protestation où les positions étaient nettement marquées [2] :

« Regimen temporalitatis regni sui ad ipsum Regem solum et neminem alium pertinere, seque in eo neminem superiorem recognoscere nec habere, nec se intendere supponere vel subicere modo quocumque viventi alicui super rebus pertinentibus ad temporale regimen regni...

---

[1] Dupuy, p. 21-23.
[2] *Ibid.*, p. 28.

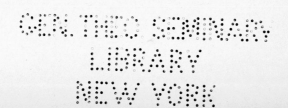

A quibus declaratione et protestationibus, verbo vel facto, nunc vel in futurum, idem rex non intendit recedere. »

Pour le spirituel, au contraire, l'Église et le pape n'auront jamais de fils plus soumis :

« Quantum autem ipsius Regis tangit animam et ad spiritualitatem attinet, idem Rex... paratus est monitionibus et praeceptis Sedis Apostolicae devote ac humiliter obedire, in quantum tenetur et debet, et tanquam verus et devotus filius Sedis ipsius et sanctae matris Ecclesiae reverentiam observare. »

Jusque dans cette profession de souverain respect ne pourrait-on discerner quelque ambiguité ? Mais, en supposant même que la clause *in quantum tenetur et debet* ne doive pas être interprétée dans le sens d'une restriction, il est aisé de comprendre que la seconde partie du programme avait toutes chances d'être plus facilement oubliée que la première. Il n'y avait pas lieu d'insister pour le moment, puisque le pape prenait l'initiative d'adoucir les prohibitions de la bulle *Clericis laïcos*. Malgré cette incontestable détente, on voit que Philippe le Bel n'entendait pas laisser croire qu'il fût prêt à soumettre au pape le gouvernement intérieur de ses États.

On ne pouvait pas s'attendre à ce qu'il lui soumît davantage sa politique extérieure. En acceptant, l'année suivante, l'intervention de Boniface VIII dans son conflit avec le roi d'Angleterre, il prit soin d'observer que cet arbitrage ne procédait pas d'un droit, mais de son bon consentement, et que le pape l'exercerait uniquement à titre personnel, non pas comme pontife, mais comme Benoit Gaëtani [1]. Il dut être difficile à Boniface VIII de compter ce résultat pour une victoire. En tous cas, cette double expérience avait pu lui faire voir que des principes arrêtés s'opposaient dès lors, en France, à sa conception de la papauté.

---

[1] Dupuy, p. 41. Au cours de l'année 1302, le roi manifeste la crainte que, malgré cet engagement, le pape ne veuille agir comme pontife et prolonger d'office la trêve indiquée. Il envoie des instructions à son ambassadeur, l'évêque d'Auxerre, pour prévenir cet abus (Lettre publiée par Boutaric, *Notices et extraits de documents inédits relatifs à l'histoire de France sous Philippe le Bel*, dans *Notices et extraits des manuscrits...* t. XX, II, p. 145-147).

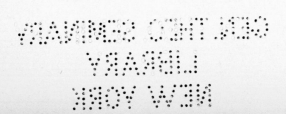

II

Ces principes allaient se manifester avec plus de force et d'éclat quand la reprise du conflit mettrait en pleine évidence les positions doctrinales du pape. Non content de blesser le roi par le retrait des privilèges concédés antérieurement, Boniface VIII affirmait son droit de juridiction sur les souverains et traduisait, en conséquence, Philippe le Bel devant un concile : les deux prétentions parurent également inacceptables et soulevèrent en France la plus vive opposition. Sentant combien la partie était grave, la cour prit tous les moyens pour engager à sa suite la nation entière.

Le pape avait convoqué le concile pour la Toussaint de 1302 : le roi répondit à cette menace en convoquant de son côté les États généraux de son royaume pour le printemps de la même année. Il s'agissait, en attendant, de travailler l'opinion : la cour y pourvut par une de ces manœuvres perfides dont les politiciens eurent de tout temps le secret. Les chroniqueurs ont raconté que la bulle *Ausculta Fili* aurait été officiellement brûlée par ordre du roi. Qu'il s'agisse d'un incident mal interprété ou d'une pure légende, l'histoire moderne n'accepte plus la réalité du fait. On fit mieux que de détruire le document pontifical : on en répandit une version falsifiée, où la bulle se réduisait à la forme insolente et sèche d'un *ultimatum* :

« Deum time et mandata eius observa. Scire te volumus quod in spiritualibus et temporalibus nobis subes. Beneficiorum et praebendarum ad te collatio nulla spectat. Et si aliquorum vacantium custodiam habeas, fructus eorum successoribus reserves. Et si quae contulisti, collationem huiusmodi irritam decernimus et, quantum de facto processit, revocamus. Aliud autem credentes haereticos reputamus [1]. »

---

[1] Dupuy, p. 44. « Il fallait la force d'une tradition nationale obstinée pour qu'une pièce aussi évidemment fabriquée ait pu être prise au sérieux par nos anciens historiens » (Renan, dans *Histoire littéraire de la France*, t. XXVII, p. 376). — Sur les différences de fond qui distinguent la bulle authentique de son prétendu résumé, voir Hefele-Leclercq, t. V, ii, p. 404-406.

Une réponse du même style était censée traduire les sentiments du roi :

« Philippus, Dei gratia Francorum rex, Bonifacio se gerenti pro Summo Pontifice salutem modicam seu nullam.

Sciat tua maxima fatuitas in temporalibus nos alicui non subesse, Ecclesiarum ac praebendarum vacantium collationem ad nos *iure regio* pertinere, fructus earum nostros facere, collationes a nobis factas et faciendas fore validas in praeteritum et futurum, et eorum possessores contra omnes viriliter nos tueri. Secus autem credentes, fatuos et dementes reputamus [1]. »

De ce pastiche impertinent la théologie n'a rien à retenir que l'affirmation qui s'y étale du *ius regium* et de ses conséquences [2]. Le régalisme n'était pas seulement une théorie : la cour de France entendait bien dès lors le faire fructifier en bénéfices de l'ordre le plus concret.

Nous avons un spécimen de l'impression produite par ces faux. Un avocat de Coutances, dont le nom était promis à une tardive célébrité, Pierre Dubois, en eut à peine connaissance qu'il fut indigné par le ton autoritaire du pape, *nullam causam nullamque rationem sui dicti protendit nisi quod innuit hoc sibi taliter complacere*, autant que par l'outrance de ses thèses et il écrivit aussitôt à l'adresse du roi une *Deliberatio super agendis* dont la plus grande partie nous est parvenue [3].

L'histoire lui fournit la preuve qu'il n'a jamais existé de

---

[1] DUPUY, *ibid.* En vertu de la même « tradition nationale », nos vieux gallicans goûtaient fort cette riposte. « A quoy, écrivait Étienne PASQUIER, respondit par autres lettres latines, mais d'une bravade plus grande » (*Les Recherches de la France*, Paris, 1633, p. 220). « Réponse d'une inqualifiable insolence », dit au contraire BOUTARIC (*La France sous Philippe le Bel*, p. 106). Dans l'intérêt de la polémique confessionnelle, des théologiens vieux-catholiques ont vainement essayé de reprendre l'authenticité de ces deux documents, par exemple BERCHTOLD, *Die Bulle « Unam Sanctam »*, p. 35-43.

[2] Au point de vue historique, ces deux pièces « d'une heureuse et saisissante brièveté» ont l'avantage de «résumer cette grande querelle » telle qu'elle apparut aux contemporains. « Des questions secondaires avaient donné naissance au différend. Mais ces questions s'effacèrent et même disparurent complètement devant le terrible problème de la suprématie de l'Église » (P. VIOLLET, *Histoire des institutions politiques et administratives de la France*, t. II, Paris, 1898, p. 275-276).

[3] DUPUY, p. 45-47.

monarchie universelle et le droit s'oppose à ce qu'on la vienne
établir. En effet, après la communauté primitive, la Providence
a autorisé une légitime appropriation des biens. Axiome de
droit privé que l'auteur applique sans plus à l'autorité des
souverains sur leurs royaumes et qui lui permet de dire que le
pape attente sciemment à la loi de propriété :

« Nonne papa concupiscit et rapit et aufert de novo scienter summam
Regis libertatem, quae semper fuit et est, nulli subesse et toti regno
imperare sine reprehensionis humanae timore ? »

Outre l'indépendance, Pierre Dubois comprend, bien entendu,
dans cette *summa regis libertas* la collation des prébendes et
l'usufruit des bénéfices vacants. Le droit royal sur ce point
lui paraît, au besoin, confirmé par une prescription déjà plus
que millénaire [1]. Or cet argument a une valeur tout à la fois
juridique et théologique. Sinon, le pape devrait reconnaître
que l'empereur de Constantinople peut révoquer la donation
de Constantin. « Et peut-être, ajoute-t-il en passant, convien-
drait-il que les papes fussent pauvres comme autrefois, afin
d'être plus saints. » Ce qui l'amène à dénoncer Boniface VIII
pour le scandale qu'il donne et les désordres qu'il risque d'occa-
sionner par ses entreprises ambitieuses sur les *praescriptiones
ac libertates Regum* : empiètement criminel qui le met au rang
de l'Antechrist, *ut antichristum et tentatores inferni se malum
ostendens.*

Voilà comment Pierre Dubois pense avoir établi d'une manière
victorieuse la proposition qu'il annonçait au commencement de
son mémoire : *Quod Papa sic scribens, nitens et intendens, sit et
debeat haereticus reputari* — à moins qu'il ne s'empresse de
faire amende honorable au prince qu'il a si gravement offensé :
*nisi resipiscere... voluerit et Regi christianissimo Ecclesiae defensori
satisfacere super tanta iniuria.* Ces derniers mots sont à remarquer
comme indice de la tendance déjà rencontrée ailleurs à remplacer
la religion du pape par la religion du roi.

---

[1] Après avoir d'abord écrit *ultra mille annos,* l'auteur se croit en état de
préciser ensuite que le prince en jouit depuis douze cent soixante-dix ans.

Ainsi préparée, l'assemblée nationale réunie par Philippe le Bel se tint le 10 avril 1302. C'est le chancelier Pierre Flote qui eut l'honneur d'y plaider la cause royale. Son discours, qui fit sensation auprès des contemporains, ne nous a pas été conservé. D'après les indications des chroniqueurs, il semble s'être principalement placé sur le terrain du patriotisme français :

« Regnum Franciae, quod, Deo propitio, praedecessores nostri sua industria et virtute gentis suae expulsis inde barbaris acquisierunt et partum, strenue gubernando, a nemine nisi a Deo solo usque nunc fortiter tenuerunt ...[1]. »

Évoquer les glorieux efforts de la monarchie française, la sage ténacité de sa politique et le succès de ses armes était le sûr moyen de susciter une grosse et féconde émotion dans une assemblée de patriotes croyants, qui ne savaient pas encore séparer le triple culte de leur pays, de leur roi, de leur Dieu. L'orateur ne se privait d'ailleurs pas de protester, par surcroît [2], contre la manière dont la cour romaine administrait ou exploitait l'Église de France.

Cet appel au sentiment national ne fut-il pas aidé par la production des faux qui avaient si fort excité l'âme de Pierre Dubois ? Tout permet de le supposer. Au consistoire du 24 juin, le cardinal d'Aquasparta d'abord, puis Boniface VIII lui-même, font allusion à une pièce apocryphe qu'on aurait substituée à la bulle authentique, soit devant le roi, soit devant les barons de France, et le pape impute nommément à Pierre Flote la responsabilité de cette falsification [3]. Les membres de la noblesse et du clergé présents à l'assemblée du 10 avril témoignent,

---

[1] Texte transmis par un des continuateurs de GUILLAUME DE NANGIS, édit. J. GÉRAUD, dans la *Société de l'histoire de France*, Paris, 1843, t. I, p. 315. L'*Histoire littéraire de la France*, t. XXVII, p. 373, sans donner de référence, l'attribue à tort à Guillaume. — Vers la même époque, en tête de son célèbre édit de « réforme » (*Ordonnances des rois de France*, t. I, p. 357), Philippe le Bel exprimait sa ferme volonté de soumettre sa politique à Dieu seul : « ....cuius solius ditioni, manui et protectioni predictum regnum nostrum subiectum semper exstitit et nunc esse volumus. »

[2] Les lettres de la noblesse et du clergé, qui suivirent l'assemblée, donnent un bref aperçu des griefs qui y furent développés contre Rome et le pape.

[3] DUPUY, p. 75 et 77.

chacun de leur côté, dans le rapport officiel dont il va être question tout à l'heure, qu'on leur a représenté le pape comme exigeant la sujétion du roi au temporel :

« Premiers entre les choses que audit Roy nostre Sire furent envoyées *par messages et par lettres*, il est contenu que du Royaume de France, que nostre Sire li Roy et li habitans du Royaume ont toujours dit être soubget en temporalité de Dieu tant seulement..., il en devroit estre subget à luy temporellement, et de luy le devoit et doit tenir. »

Ainsi s'expriment les délégués de la noblesse [1], et ceux du clergé confirment leur relation [2]. Évidemment l'assemblée n'a pas connu la bulle *Ausculta fili*, où le pape se contentait d'affirmer en général la subordination du roi au vicaire du Christ, mais la pièce tendancieuse où cette obligation indéterminée est traduite par un assujettissement *in spiritualibus et temporalibus*. Des commentaires oraux issus de la même source durent représenter que le roi était requis de reconnaître qu'il tenait son royaume du pape. Textes et propos que les cardinaux, puis le pape lui-même, purent loyalement démentir [3]. Ils n'en avaient pas moins servi à enflammer les passions des représentants de la France et à provoquer les protestations que la cour attendait d'eux.

La noblesse eut un sursaut d'indignation [4]. Dans les actes du pape elle ne veut voir que « torcionnières et desrenables entre-prises »; dans ses prétentions, que « mauvaises et outrageuses nouvelletez ». A l'encontre, les barons affirment comme « chose notoire à tout le monde » l'indépendance du roi et se déclarent prêts à le soutenir contre le pape :

« Nous, ne les Universitez, ne li peuples du dit Royaume ne requirons ne ne voulions avoir ne correction ne amende sur les choses devant dites par luy, ne par s'authorité, ne par son pouvoir, ne par autre, *fors que par ledit nostre Sire le Roy*. »

---

[1] Dupuy, p. 60.

[2] *Ibid.*, p. 68. D'après eux, la lettre pontificale authentique aurait été com-muniquée à un petit nombre seulement de seigneurs présents à la cour au moment de sa réception : *quibusdam, licet paucis, baronibus suis, tunc sibi assisten-tibus, eorum communicato tenore.*

[3] *Ibid.*, p. 63, 71, 75, et 77.

[4] *Ibid.*, p. 60-62.

Tout cela, bien entendu, pour la plus grande gloire de Dieu
et le bien de l'Église, en vue de protéger l'union traditionnelle
entre Rome et la France contre « la perverse volonté ou la folle
envahie d'un tel homme ». Avec un rare mépris des convenances,
ce document était adressé directement au Sacré-Collège, pour
en appeler du pape aux cardinaux qu'on ne voulait pas supposer
complices de ses attentats [1].

Naturellement le clergé parlait sur un autre ton [2]. Sa lettre
indique qu'il y eut de sa part quelques essais de négociation,
à défaut de résistance proprement dite. Mais le moyen de
se défendre longtemps contre un prince qui « requérait avec
instance, ordonnait comme un maître, priait et suppliait comme
un ami »? Aussi les évêques se décident-ils à intervenir de
leur côté auprès du pape et, si leur lettre ne conclut qu'à solliciter de lui un *salubre remedium in praemissis*, il n'en est pas
moins remarquable qu'elle reproduit longuement et sans la
moindre protestation la revendication faite par Philippe le Bel
de son inaliénable souveraineté, ainsi que la prétention d'assurer
par ses propres moyens *conservationem libertatis antiquae,....
reformationem regni et Ecclesiae Gallicanae.* Pris entre le pape
et le roi, les évêques de France penchaient décidément vers
celui-ci et Geoffroy de Paris n'avait pas tort de rimer leurs
capitulations :

> « Si firent de Paris leur Romme,
> Où saint Pierre onques ne sist [3]. »

Fort de ce double appui, Philippe le Bel ne craignit pas de
tenir tête à Boniface VIII. Il interdit aux prélats français de se

---

[1] Déjà Frédéric II avait employé à plusieurs reprises la même méthode.
Voir GRAEFE, *Die Publizistik*, p. 11, 27 et 41-43.

[2] DUPUY, p. 67-71.

[3] GEOFFROY DE PARIS, *Chronique rimée*, v. 246-250, dans BOUQUET, *Recueil
des Historiens de France*, t. XXII, p. 91. — « On a raison sans doute de s'étonner
que, dans un siècle où la cour de Rome s'étoit rendue plus puissante que jamais
sur tous les états de l'Europe, sous un Pape qui savoit se faire craindre plus
qu'aucun de ses prédécesseurs, il y ait eu dans tout le clergé de France si
peu de contradiction et si peu de résistance aux volontez du Roi » (A. BAILLET,
Histoire des démeslez, p. 198-199).

rendre au concile romain, saisit les biens de ceux qui avaient
bravé sa défense et convoqua une nouvelle assemblée nationale
pour y délibérer sur tout ce qui concernait, à cette heure,
l'honneur du royaume et le sien [1]. Jusque dans sa réponse à
l'ultimatum de décembre 1302, il affirmait son attachement à
l'Église, mais priait le pape de ne pas l'entraver dans la jouissance « de ses libertés, franchises, privilèges ou indults [2] ». Les
positions régaliennes étaient bien prises : la cour de France
ne les abandonnerait plus, alors même qu'elle aurait recours à
d'autres armes pour les soutenir.

III

Engagée sur le terrain des principes, la lutte pouvait être
d'issue incertaine, mais n'était pas sans grandeur. Pour s'assurer
la victoire, les conseillers du roi allaient la transformer en
agression personnelle. Dans toutes les guerres, l'offensive fut
la meilleure des défenses : la cour de France pensa qu'une
diversion contre Boniface VIII ne manquerait pas de servir sa
cause. Ce changement de tactique fut l'œuvre de Guillaume
de Nogaret.

Quand, le 12 mars 1303, s'ouvrit au Louvre la nouvelle
assemblée nationale, ce *legum professor venerabilis*, qui tenait
déjà une place importante à la chancellerie royale, y prit d'abord
la parole. Et ce fut pour donner lecture d'une requête violente, dont le fond aussi bien que la forme offraient un
singulier contraste avec les usages diplomatiques du temps [3].
L'auteur rappelait l'histoire du faux prophète Balaam et,
subitement, le montrait sur la chaire de Pierre en la personne
de ce malfaiteur qui se fait appeler « Boniface » : *faciens se,
cum sit omnifarie maleficus, Bonifacium nominari*. Contre ce
pontife criminel, qui se préparait à maudire le peuple élu, il
élevait donc la voix, lui pauvre bête de somme, et suppliait le

---

[1] DUPUY, p. 83-87.
[2] *Ibid.*, p. 95.
[3] *Ibid.*, p. 56-59.

roi d'être l'ange qui, l'épée nue, l'arrêterait sur son chemin.

Boniface était d'abord accusé d'être un intrus, pour avoir usurpé le Saint-Siège *praeter formam communem* du vivant de Célestin V : acte sacrilège qui faisait de lui un adultère et un voleur. L'Église hésitante a pu le supporter un moment pour le juger à ses fruits. Sa conduite démasque aujourd'hui à tous les yeux son imposture. C'est un hérétique manifeste et à plusieurs titres, un simoniaque comme il n'y en a pas eu de pareil depuis le commencement du monde, un criminel endurci qu'on ne saurait supporter davantage sans compromettre la chrétienté. Le réquisitoire concluait à la mise en jugement du pontife coupable :

« Je prie donc, je requiers avec toute la force dont je suis capable, je supplie le roi mon Seigneur de donner ses ordres aux prélats et tous ensemble de réunir un concile pour condamner cet infâme brigand et pourvoir l'Église d'un légitime pasteur. Devant ce concile je m'offre à soutenir les accusations précédentes. Et parce que cet homme, dans la haute position qu'il occupe, n'a pas de supérieur qui le puisse suspendre en attendant, il doit être tenu pour suspens *ipso facto*, à cause de ses crimes, dès là qu'il est déféré en jugement. Je demande donc et requiers... qu'on nomme un vicaire de l'Église romaine et que la personne de son indigne pontife actuel soit mise sous bonne garde jusqu'à ce que l'Église ait un nouveau chef. »

Avocat sans scrupules de la cause royale, Nogaret avait eu l'idée de perdre le pape par une accusation au for ecclésiastique : sa science du droit canonique et son esprit de légiste retors lui en eurent vite fait trouver les moyens. Certains cercles spirituels avaient, de bonne heure, contesté la démission de Célestin V et la légitimité de son successeur. En 1297, les cardinaux Colonna, pour justifier leur révolte, prirent à leur compte cette imputation. Ils accusaient, en conséquence, Boniface VIII d'être un *pseudo-praesul* et réclamaient un concile oecuménique pour nommer un vrai pape [1]. Quelques théologiens de l'Université de Paris s'en étaient émus et un docteur célèbre, dont nous

---

[1] Leur premier mémoire seul (10 mai 1297) est dans DUPUY, p. 34-38. Il est publié de nouveau avec les deux suivants (16 mai et 15 juin) par Fr. EHRLE, *Die Denkschriften der Colonna gegen Bonifaz VIII*, dans *Archiv*, t. V, 1889, p. 509-524.

retrouverons le nom, Gilles de Rome, écrivit contre eux un traité *De renuntiatione Papae*[1]. Néanmoins, au total, l'affaire n'eut pas de suites. C'est sans doute à l'instigation des Colonna, réfugiés en France, que Nogaret eut la pensée de reprendre ce grief; mais sur cette plate-forme un peu étroite il eut l'art d'élever toute une action juridique d'où devait ressortir l'indignité de Boniface VIII.

Tous les historiens ont justement relevé le caractère judiciaire de l'appel au concile interjeté par Nogaret et le lien qui rattache cette hardie manœuvre aux principes énoncés par les canonistes médiévaux pour le cas d'un pape hérétique[2]. Mais on n'a pas toujours suffisamment observé à quel point cette offensive se modelait sur le dispositif prévu par eux.

Avec ses prédécesseurs du xie siècle, Gratien avait recueilli un texte de saint Boniface, aux termes duquel le pape coupable d'hérésie est justiciable de l'Église[3]. Enseignement déjà grave que les commentateurs successifs du *Décret* trouvèrent encore moyen d'aggraver en le précisant. Tous entendent qu'il s'agit d'une « hérésie obstinée »; mais la plupart aussi ne la veulent prendre que pour un cas d'espèce dans un genre plus vaste. Rufin joint à l'hérésie le schisme et connaît des auteurs qui étendent la même règle au cas d'idolâtrie. Huguccio soumet le pape à la justice de l'Église pour « n'importe quel crime notoire »: la seule différence, c'est que l'hérésie peut être poursuivie même si elle était restée secrète, tandis que les autres fautes doivent avoir un retentissement public. Or ces deux illustres maîtres firent largement école à travers le moyen âge. Au xiiie siècle, il est vrai, les glossateurs des Décrétales ont une tendance commune à restreindre à son sens strict la formule de Gratien;

---

[1] Dans Roccaberti, *Bibliotheca maxima pontificia*, t. II, p. 1-64. Un peu auparavant, la même thèse avait été soutenue par le célèbre franciscain Olivi; texte édité par Fr. Ehrle, *Petrus Johannis Olivi. Sein Leben und seine Schriften*, dans *Archiv*, t. III, 1887, p. 525-528. Cfr Arquillière, *L'appel au concile*, dans *Revue des questions historiques*, 1911, p. 28-37 et Finke, p. 65-77.

[2] Voir Arquillière, *L'appel au concile*, recueil cité, p. 50-55, et Renan, *Histoire littéraire de la France*, t. XXVII, p. 241-246, 254-256.

[3] Gratien, c. 6, Dist. XL (PL, CLXXXVII, 215, avec en note les principales références aux canonistes antérieurs; édit. Friedberg, t. I. c. 146).

mais d'autres continuèrent à l'élargir comme l'avaient fait les anciens décrétistes [1].

Voilà pourquoi Nogaret se crut en droit d'accuser Boniface VIII, non seulement d'hérésie et d'hérésie manifeste, *haereticus manifestus*, mais de simonie et autres crimes, *involutus criminibus enormibus infinitis*. Il avait d'ailleurs soin d'ajouter que cette simonie était notoire, *sic est in eo ubique terrarum notoria quod patet omnibus volentibus intelligere indistincte*, et que ces crimes divers présentaient toutes les marques d'un incorrigible endurcissement : *est in eis taliter induratus quod est prorsus incorrigibilis*. En utilisant les ressources du droit pénal de l'époque, l'accusateur de Boniface VIII devait en endosser les charges ; il le comprit dès le premier jour et, dix ans durant, ne cessa plus d'affirmer qu'il était à même d'y faire face.

Plus importante pour la théologie que cette procédure chicanière est l'accentuation de régalisme dont elle fut la source. Nogaret ne pouvait réussir contre le pape qu'avec le secours du roi. Du moment que la lutte se portait sur le terrain de l'orthodoxie et de la morale, c'est le roi très-chrétien qui allait prendre en mains les intérêts de l'Église et se faire juge d'un pape censé prévaricateur. Ce renversement des rôles s'affiche dès la requête du 12 mars. Philippe le Bel y est salué comme l'ange du Seigneur qui doit tirer l'épée contre le faux prophète : mission toute naturelle de celui qui est sacré pour la sauvegarde de la justice, *vos qui uncti estis ad executionem iustitiae*. A la fin l'orateur résume tous les motifs de cette intervention. C'est un devoir auquel le roi est tenu, *vos teneri ad hoc asserens* : 1) à cause de la foi, puisqu'il s'agit d'hérésie ; 2) à cause de la

---

[1] Pour ne pas allonger ces notes d'extraits d'œuvres en majorité inédites, et en attendant la publication des textes annoncée par le professeur GILLMANN, de Würzbourg, sous le titre de *Die kirchenpolitischen Anschauungen der ältesten Dekretglossatoren* (cfr *Archiv für katholisches Kirchenrecht*, t. CXL, 1924, p. 40, n. 1), nous nous contentons de renvoyer à l'appendice documentaire publié jadis par Fr. SCHULTE, à l'appui d'une thèse tendancieuse et anticatholique, à la fin de son ouvrage *Die Stellung der Concilien, Päpste und Bischöfe vom historischen und canonistischen Standpunkte*, Prague, 1871, « Anhang », p. 253-268. Le Dr Gillmann prépare une étude sur ces idées des canonistes des XIIe-XIIIe siècles.

dignité royale, dont la mission est d'extirper tous les criminels;
3) à cause du serment qu'il a prêté de défendre les Églises du
royaume; 4) à cause de son droit de patronat sur ces Églises et
leurs biens; 5) à cause de ses ancêtres, dont l'exemple l'invite
à délivrer notre mère l'Église romaine du lien infâme que
l'oppression lui a imposé [1]. Nogaret jugeait normal d'étendre
la compétence du pouvoir civil à l'ordre le plus directement
spirituel, de substituer la mission divine du roi à celle du
pape, de donner au « bras séculier » le rôle de la tête, sous prétexte de remédier à la carence de celle-ci.

C'est dans ces conditions que l'on allait passer de la parole
aux actes. Une nouvelle assemblée nationale se tint au Louvre
le 14 juin, où Guillaume de Plaisians, l'*alter ego* de Nogaret,
lut un acte d'accusation en tout semblable au précédent, sauf
que la preuve y est faite en vingt-neuf articles des allégations
simplement énoncées le 12 mars : le tout *propter zelum fidei
et propter devotionem quam habeo ad sanctam Dei ecclesiam*. Il
mettait donc tout son espoir dans le roi, *ad quem spectat sanctae
matris Ecclesiae fideique catholicae defensio*. La veille, une supplique des principaux seigneurs avait salué le souverain *tanquam
fidei pugilem et Ecclesiae defensorem* [2]. Comment sa conscience
aurait-elle pu résister à de telles sommations ?

Aussi, bien qu'il eût préféré couvrir de son manteau la
nudité de son père, poussé par la ferveur de sa foi et de son
amour pour l'Église, Philippe le Bel ne veut-il pas rester plus
longtemps complice, par négligence ou dissimulation, d'un
pontificat qui fait la ruine de la chrétienté. Conscient du pouvoir qu'il a reçu de Dieu pour la sauvegarde de la foi, il se
décide, *pro divini reverentia nominis*, et en tout respect pour
l'honneur dû à l'Église romaine, à demander la réunion du
concile général. Il supplie en conséquence et requiert les évêques,
comme fils de l'Église et colonnes de la foi, de l'aider de tous
leurs moyens dans la réalisation de cette œuvre [3].

---

[1] Dupuy, p. 58-59.
[2] *Ibid.*, p. 101-107.
[3] *Ibid.*, p. 107. « Un roi que saint Louis avait tenu enfant sur ses genoux

Ceux-ci ne restèrent pas sourds à cet appel. Le jour même, *in camera dicti Domini Regis*, les évêques et prélats présents à Paris, *legitimis causis inducti et quadam quasi necessitate compulsi*, promirent par acte public leur concours au projet royal [1]. Bientôt ce fut l'Université, puis le chapitre et les Frères-Prêcheurs de la capitale. Dans les mois qui suivirent, des émissaires royaux firent le tour des provinces pour capter les suffrages des notables et du clergé. Les prières d'un roi sont des ordres; des sanctions sévères, immédiatement appliquées, le rappelaient, au besoin, à ceux qui ne l'auraient pas compris. Aussi cet étrange plébiscite était-il assuré de réussir. « Le Roy, écrit P. Dupuy, eut ce contentement que d'avoir plus de sept cents actes de consentement et adhésion à son appel [2]. »

Autant que le fait, la teneur de cette adhésion est ici à retenir. « Et est remarquable, ajoute P. Dupuy, qu'en tous les actes donnez par les villes il y a perpétuellement cette clause : qu'ils se soûmettent eux, leurs suiets et adhérens, à la protection de notre Mère sainte Église, du Concile, et autres qu'il appartiendra, en ce qui concerne le spirituel seulement. » [3] Cette formule apparaît beaucoup moins « remarquable » quand on pense qu'elle était dictée par les envoyés du roi. Aussi trouve-t-on partout le même exposé des motifs sur la responsabilité royale en matière spirituelle, aboutissant à la même conclusion : nécessité de réunir le concile, et, en attendant, appel à cette assemblée ou au futur pape de toutes les censures que Boniface VIII pourrait porter contre ceux qui voulaient s'opposer

---

et qui était lui-même un homme d'une réelle piété, crut sincèrement ne faire que suivre les principes de ses ancêtres en s'érigeant en juge du chef de la catholicité et en se portant contre lui défenseur de l'Église de Dieu » (RENAN, *Histoire littéraire de la France*, p. 245). Cfr BOUTARIC, *La France sous Philippe le Bel*, p. 31 : « Le roi se posait en défenseur de la foi. »

[1] DUPUY, p. 108-109.

[2] *Ibid.*, p. 111. Il trouve dans son dossier « six [actes] seulement [de ceux de Cisteaux] qui refusèrent d'y adhérer, avec onze de divers autres Ordres qui ne parlèrent pas franchement ». Ailleurs (*Histoire*, p. 20), notre bon gallican s'indigne de ce qu'il appelle « froideur et lascheté ».

[3] *Ibid.* Cfr p. 171.

à ses mauvais desseins [1]. La France tout entière se dressait contre le pape à l'appel de son roi.

IV

Il n'y a pas lieu de s'arrêter longtemps sur des manifestations trop peu spontanées pour être prises au sérieux. La mise en accusation de Boniface VIII par l'Église de France n'a qu'un intérêt historique, comme premier essai d'application d'une procédure que les théoriciens du droit canon au moyen âge avaient envisagée dans leur cabinet sans supposer vraisemblablement qu'elle en dût jamais sortir, ni surtout qu'elle pût servir d'appui aux adversaires systématiques de la papauté. Il fallut toute la perfidie de Nogaret pour trouver dans cette panoplie une arme contre le pape, toute la complaisance de l'épiscopat pour lui donner une apparence de valeur.

Comment se dissimuler, en effet, que ces prétendus griefs venaient bien tard contre un pape qui régnait depuis plus de huit ans ? « Hier et avant-hier, observait-il très justement, tant que nous comblions le roi de bienfaits, il nous tenait pour bons catholiques : aujourd'hui il n'a plus assez de blasphèmes contre nous. » Et comment ne pas apercevoir le paradoxe juridique de l'entreprise ? Boniface VIII le relève en termes lapidaires : « C'est à nous qu'on en appelle contre nous-mêmes, *contra nos petatur à nobis*, puisque le concile général ne peut pas se réunir sans nous. » Il en dénonce également le danger. « N'est-ce pas la révolution dans l'Église et l'avilissement de l'autorité pontificale, si les rois et les princes ont désormais licence d'entrer dans cette voie ? Aussitôt que le Pontife Romain... voudra mettre la main à la correction d'un prince ou d'un puissant quelconque, on l'accusera d'être hérétique ou notoirement

---

[1] Voir les principaux textes dans DUPUY, p. 109-161 et 168-180. Publication intégrale des pièces encore existantes dans G. PICOT, *Documents pour servir à l'histoire des assemblées réunies sous Philippe le Bel*, Paris, 1901 (dans *Collection de documents inédits sur l'histoire de France*), p. 289-480.

scandaleux. Ce serait le moyen d'esquiver toute correction et d'annihiler entièrement la puissance suprême [1]. »

En effet, l'autorité du roi se faisait de plus en plus envahissante, et non pas seulement par l'impulsion pratique qu'il donnait à ce mouvement de pétitions, mais par le rôle qu'il revendiquait à ce propos. D'ordinaire, les missives officielles s'en tiennent aux termes du 14 juin et les pétitionnaires sollicités d'y souscrire les reproduisent avec une parfaite unanimité. C'était déjà beaucoup. Une lettre d'envoi, en date du 1er juillet, trouve cependant moyen de renchérir [2]. Le roi y affirme une fois encore la mission générale que Dieu donne aux princes dans la défense de l'Église et de la foi.

« ...Eo astricti tenemur obnoxius [nos et alii Reges] quo ad exaltationem et augmentum eiusdem fidei et defensionem Ecclesiae et ecclesiasticae libertatis commissam suscepisse recognoscimus et fatemur traditam divinitus potestatem. »

Mais, par dessus tous, le roi de France est le « protecteur spécial » de la chrétienté et il lui plaît de rappeler qu'en ces sortes d'affaires la cause de la vérité trouva toujours dans les siens un guide sûr : *cum in talibus et similibus casibus semper directrix veritatis extiterit Regia domus nostra.* A l'infaillibilité du Saint-Siège a succédé l'infaillibilité de la maison de France [3].

On voit à quelle abdication se condamnaient les évêques en contresignant de pareilles flatteries. Il y a même lieu de croire

---

[1] Bulle *Nuper ad audientiam,* du 15 août 1303, dans *Registres,* n. 5383, c. 892-893, et DUPUY, p. 166-167.

[2] DUPUY, p. 124-125.

[3] La même conviction devait s'affirmer plus tard dans l'affaire des Templiers « Semper progenitores nostri ad hereses et errores alios ab Ecclesia Dei pellendos, et specialiter e regno Franciae, pre ceteris principibus suorum temporum fuerunt solliciti. » Lettre de Philippe le Bel au Tiers-État, en date du 25 mars 1307, dans *Notices et extraits...,* t. XX, II, p. 164. — Il est curieux de retrouver un semblable éloge — restreint, bien entendu, à la France d'autrefois — chez un ardent défenseur de Boniface VIII contre Philippe le Bel, l'italien Agostino Trionfo : « In domo Francie, zelus christiane fidei et reverentia sancte matris Ecclesie... *temporibus retroactis* potissime viguit et refulsit, in tantum ut domus illa quasi antonomastice et per quandam superexcellentiam caput christianorum et zelatrix et defensatrix fidei orthodoxe ubique diceretur et predicaretur » (*Tract. contra articulos inventos...,* I, 5 ; édit. FINKE, p. LXXVI).

qu'ils la poussèrent plus loin. C'est en termes d'une troublante identité que Philippe le Bel, dans son acte du 14 juin, affirme, à quelques lignes de distance, sa responsabilité en matière religieuse et celle du corps épiscopal [1].

«... Qui ad eius fidei nostrae exaltationem et augmentum collatam nobis a Domino suscepisse cognoscimus potestatem. »	« Vos archiepiscopos... ad exaltationem, augmentum et conservationem ipsius fidei a Domino in partem sollicitudinis evocatos, instanter requirimus... »

D'où il résulte au minimum que les deux pouvoirs du roi et des évêques viennent chacun de Dieu et sont coordonnés en vue des intérêts supérieurs de la foi chrétienne. Mais, comme c'est l'affirmation du pouvoir royal qui précède, ne peut-on se demander si ce n'est pas à lui que revient dans son intégrité cette *sollicitudo* dont les évêques n'ont reçu qu'une partie? Cette induction dépasserait sans doute la grammaire; mais n'est-elle pas dans la logique du morceau? Par l'imprécision même de leurs perspectives, des déclarations de ce genre étaient bien faites pour favoriser la conception d'un État qui serait préposé au spirituel comme au temporel de ses sujets et n'admettrait le corps épiscopal qu'à titre d'auxiliaire et de subordonné.

Il s'en faut, en tout cas, que les évêques de France aient rien fait pour dissiper cette équivoque. En ratifiant la conduite du roi, ils adoptent son langage. Saisis de la requête des princes, ils professent ne pouvoir se dispenser d'y concourir :

« Attendentes quod in praemissis negotium [agitur] fidei, quod est Christi, nos qui ad ipsius defensionem et exaltationem fidei et animarum regimen sumus, licite immeriti, in partem sollicitudinis evocati...[2] »

Sans insister sur l'initiative qu'ils abandonnent au pouvoir civil dans une « affaire de foi », n'est-il pas frappant que les prélats réunis au Louvre, s'ils ne se reconnaissent pas autre chose qu'une « sollicitude partielle » sur les âmes, n'éprouvent pas le besoin de dire de qui ils la tiennent, ni avec qui ils

---

[1] DUPUY, p. 107.
[2] *Ibid.*, p. 108.

la partagent ? Cette réticence est d'autant plus significative quand on se souvient que cette formule *in partem sollicitudinis evocati* servait précisément aux anciens papes pour marquer la différence entre le pouvoir restreint des évêques et la *plenitudo potestatis* qui leur appartient comme vicaires du Christ [1].

La transformation régalienne de cet antique adage pontifical apparaît plus nette encore dans les considérants tout faits que les notaires royaux fournirent aux délibérations des divers corps, civils ou ecclésiastiques, comme résumé des actes du 14 juin :

« Idem dominus Rex, Archiepiscopi, Episcopi...., considerantes quod in hoc casu negotium agitur fidei, quod est Dei, et quod ad defensionem, conservationem et exaltationem ipsius fidei ipse dominus Rex collatam sibi recepit a Domino potestatem iidemque Praelati sunt in partem sollicitudinis evocati...[2]. »

Dans toutes les pièces qu'il a consultées, Dupuy signale qu'il a rencontré cette clause : « Que le Roy a receu la puissance de Dieu pour la defense et exaltation de la Foy, à quoy les Prelats sont appelez *in partem sollicitudinis* [3]. » C'était donc un mouvement parfaitement concerté : il n'allait à rien d'autre, en écartant le pape et absorbant l'épiscopat, qu'à mettre l'Église entière aux mains du pouvoir civil.

Il fallait dégager ces principes, puisque aussi bien ils furent émis et que rien ne montre mieux la secrète inspiration — ou du moins la portée dernière — de la politique suivie par Philippe le Bel. Mais on aurait tort de penser qu'à la poursuite de ces chimères pseudo-théologiques le réalisme perdait ses droits. Nulle part on ne saisit mieux les divers aspects de cet ensemble complexe que dans les documents rédigés après la mort de Boniface VIII, où la cour de France semble avoir

---

[1] C'était une expression favorite d'Innocent III, par exemple, *Sermo* II (PL, CCXVII, 658) et *Sermo* III (*ibid.*, 665), mais qui remonte, à travers bien des intermédiaires, jusqu'à saint Léon le Grand. Voir notre article « *In partem sollicitudinis* », dans *Revue des Sciences Religieuses*, t. V, 1925, p. 210-231.

[2] Dupuy, p. 118. Texte soumis à l'Université de Paris, qui reparaît dans la réponse du chapitre (*ibid.*, p. 119).

[3] *Ibid.*, p. 111. Cfr *Histoire...*, p. 19.

voulu résumer le dernier mot de ses exigences à l'adresse de son éphémère successeur.

C'est d'abord l'indépendance totale du roi au temporel, et qui comporte pour lui un droit très étendu, sinon illimité, de mainmise sur les biens et revenus ecclésiastiques. Une prétendue supplique du peuple de France, œuvre de Pierre Dubois, met au premier plan ce côté pratique de la question :

« A vous, tres-noble Prince, nostre Sire, par la grace de Dieu Roy de France, supplie et requiert le pueuble de vostre Royaume, pource que il li appartient que ce soit faict, que vous gardiez la souveraine franchise de vostre Royaume, qui est telle que vous ne recognissiez de vostre temporel Souverain en terre fors que Dieu, et que vous faciez declairer, si que tout le monde le sçache, que le pape Boniface erra manifestement et fit pechié mortel notoirement en vous mandant par lettres bullées que il estoit vostre seigneur de vostre temporel, et que vous ne pouvez prevendes donner, ne les fruits des Eglises cathédrales retenir, et que tous ceux qui croient le contraire il tenoit pour hereges... Si que ledit pape vous vouloit tolir à tort la graigneur noblesse et le plus haut point de vostre Seigneurie [1]. »

On sait du reste que la cour de France n'eut de repos qu'après avoir obtenu de Clément V l'assurance que la situation du royaume vis-à-vis du Saint-Siège n'était aucunement modifiée par les constitutions de Boniface VIII. Mais le même texte tient aussi à ne pas laisser dans l'ombre les prérogatives royales dans l'ordre spirituel :

« Vous, noble Roy, sur tous autres Princes par herege defendeour de la Foy, destruieur de bougres, povez et devez et estes tenus requerre et procurer que ledit Boniface soit tenus et iugiez pour herege et punis en la maniere que l'en le pourra et devra et doit faire emprès sa mort, si que vôtre souveraine franchise soit gardée et declairée, et qu'elle ne perisse ne ne soit avilée en vostre temps, et si que vous gardiez le serement lequel vous feistes en vostre couronnement, l'honneur et le profit de vous, et de vos ancesseurs, et de vos heirs, et de tout vostre pueuble... [2]. »

---

[1] Dupuy, p. 214-215. Les pouvoirs donnés par le roi à ses ambassadeurs auprès de Benoît XI pour régler les suites de son différend avec Boniface VIII réservent formellement, avec l'honneur du prince, « la conservation de ses libertés, franchises, privilèges, bonnes coutumes et droits » (ibid., p. 224).

[2] Ibid., p. 218-219.

« Honneur et profit » : on ne saurait mieux définir les mobiles qui animèrent le gouvernement de Philippe le Bel dans sa lutte contre Boniface VIII et qui lui dictèrent ensuite un si implacable acharnement contre sa mémoire [1].

Au terme de cette analyse, on peut voir l'évolution rapide suivie par la politique religieuse de la cour de France ou du moins les manifestations progressives dont le double conflit avec le pape fut l'occasion. Non seulement Philippe le Bel revendique l'autonomie de son gouvernement temporel et n'y veut admettre aucune immixtion étrangère [2], mais, dès le début, il entend s'affirmer comme le maître de son Église. Et quand cette prétention lui est contestée, il en arrive à prendre conscience — où à faire état — de la mission qu'il tient de Dieu dans l'Église entière [3]. Les historiens politiques ont exalté le premier aspect de son programme royal : les historiens religieux ne peuvent pas laisser oublier le second.

Vainement essaierait-on de moderniser cette figure de monarque : c'est plutôt d'archaïsme qu'il faudrait parler. Le pape

---

[1] Jusque pendant le procès de Boniface VIII, Nogaret croit devoir rappeler, à l'encontre des défenseurs du feu pape qui s'en prennent au roi son maître, « les droits qu'il a en la temporalité des Églises de son royaume » (DUPUY, *Histoire...*, p. 35). — Son lieutenant, Bertrand de Rochenoyée, revendiquait, lui aussi, « une infinité de beaux droits du Roy ». Droits, ajoute mélancoliquement Dupuy, « dont beaucoup de personnes mal informées font doute à présent » (*ibid.*, p. 36).

[2] Il se montrait suffisamment susceptible sur ce point pour l'affirmer encore avec énergie, par lettre du 29 juin 1312, dans sa réponse à la missive par laquelle l'empereur Henri VII lui annonçait son avènement. Texte dans K. WENCK, *Philipp der Schöne von Frankreich*, Marbourg, 1905, p. 71-73.

[3] Au cours des mémoires qu'il prodigua pour justifier l'attentat d'Anagni, G. de Nogaret ne cesse d'en appeler au roi champion de la foi contre un pape indigne. Pour exhorter le roi à la croisade, il lui parle de ce combat du Christ *ad quod sumus a Deo electi* (*Notices et extraits...*, t. XX, II, p. 201). — L'affaire des Templiers permit à Philippe le Bel d'affirmer encore une fois ses principes. Il s'y présente lui-même comme *Dei minister, pugil fidei catholice, legis divine zelator*. Si le pape est le « bras droit » de l'Église, le roi en est le « bras gauche » et son devoir est d'intervenir à défaut du premier (Mémoire à Clément V, en 1308; *ibid.*, p. 182-184). — Sur cette mission religieuse du pouvoir royal dans la pensée de Philippe le Bel et de son entourage, voir dans WENCK (*Philipp der Schöne*, p. 11-14) les textes empruntés à des auteurs contemporains. L'auteur reconnaît (*ibid.*, p. 54) que, si Philippe le Bel avait hérité ce « droit divin » de ses prédécesseurs, il l'a beaucoup plus souligné.

proclamait sa supériorité sur le roi : le roi d'afficher à son tour, tout en continuant par habitude à s'appeler le plus soumis des fidèles, sa supériorité sur le pape et d'en fournir la preuve en assumant son rôle et prenant les moyens de le ramener au devoir [1]. C'était d'un extrême tomber dans un pire. La suprématie spirituelle, en effet, ne pouvait plus guère que s'épuiser en revendications platoniques, tandis que l'autocratie royale était susceptible de se traduire par les attentats les plus effectifs [2]. Si Boniface VIII incarnait en lui la tradition pontificale du moyen âge, Philippe le Bel en ressuscitait une plus ancienne : celle de l'Empire byzantin, qui, en plein christianisme, tendait à restaurer la confusion des deux pouvoirs.

---

[1] « Donner au roi tout l'effectif du pouvoir de l'Église, réduire le pape à l'état de pensionnaire du roi, telle était la doctrine reçue du petit cercle de canonistes et de juristes qui, à cette époque, gouverna la France... De plus en plus, le caractère ecclésiastique du roi capétien se déclare : sa lutte perpétuelle avec la papauté romaine est une rivalité de fonctions » (RENAN, *Guillaume de Nogaret*, dans *Histoire littéraire de la France*, t. XXVII, p. 354-355). Et encore (*ibid.*, p. 367) : « Philippe le Bel voulut s'emparer du pouvoir central de l'Église universelle, le diriger à son profit... Philippe voulut dominer, non être indépendant. » Toutes appréciations qui s'accordent mal avec le jugement exprimé à la page suivante : « Il [Boniface] voulut bien réellement détruire la France : la France en lui résistant ne fit que se défendre. »

[2] C'est le cas de rappeler le mot cruel que Pierre Flote, d'après le chroniqueur anglais Walsingham, aurait répondu à Boniface VIII, qui se vantait devant lui de posséder les deux pouvoirs : « *Utique, Domine, sed vestra* [potestas] *est verbalis, nostra autem realis* » (*Historia Anglicana*, a. 1301, édit. H. Th. RILEY, 1863, dans *Chronicles and Memorials*, t. XXVIII, 1, p. 85).

CHAPITRE III

LA MÊLÉE THÉOLOGIQUE

SOMMAIRE. — Lutte politique prolongée en discussion doctrinale. — I. *Sources de la controverse*. Difficultés du problème littéraire. Part des conseillers royaux : la harangue de Pierre Flote ; les apologies de Nogaret ; les pamphlets de Pierre Dubois ; Guillaume de Plaisians et Pons d'Homelas. Écrits anonymes et principe de leur classification. — II. *Autour de la bulle « Clericis laïcos »*. Critique de la bulle : le *Dialogue entre un clerc et un chevalier*. Apologie de la bulle : le traité anonyme *Non ponant laïci*. Corrélation des deux ouvrages. — III. *Le grand débat : Publicistes du premier jour*. Du côté royal : la *Quaestio in utramque partem* ; le traité *Rex pacificus*. Du côté pontifical : Henri de Crémone. — IV. *Le grand débat : Œuvres de synthèse doctrinale*. Théoriciens du droit pontifical. Gilles de Rome : sa carrière ; son traité *De ecclesiastica potestate*. Jacques de Viterbe : son traité *De regimine christiano*. Leur influence sur la théologie postérieure. — Systématisation opposée : Jean de Paris ; son traité *De potestate regia et papali*. — V. *Commentaires de la bulle « Unam Sanctam »*. Apologie de la bulle : glose classique du cardinal Lemoine. Critique de la bulle par un glossateur anonyme. — VI. *En marge du conflit*. Aspects pratiques de la controverse : opuscules d'Agostino Trionfo et plans divers de réforme. Problème parallèle de l'Empire : les impérialistes allemands ; la *Determinatio compendiosa* ; la *Monarchia* de Dante.

A toutes les époques les conflits entre l'Église et l'État eurent le privilège de passionner l'opinion. Néanmoins ceux que le moyen âge avait connus ne dépassèrent pas, en général, la sphère politique. Il en fut autrement en ce début du XIVe siècle, où la lutte entre Boniface VIII et Philippe le Bel prit dès la première heure et garda jusqu'à la fin la tournure d'une controverse d'idées. L'importance du problème, la netteté agressive des principes posés de part et d'autre, la gravité des actes qui en furent la suite et des intérêts qu'ils mettaient en jeu devaient exciter au plus haut point les intelligences. Au dire d'un contemporain, ce fut une véritable tempête[1]. En présence des documents aujourd'hui connus, aucun témoignage n'apparaît mieux justifié.

Ce n'est pas ici le lieu de s'arrêter aux libelles que de zélés partisans ou des publicistes à gages répandirent à profusion dans le public. Pièces inventées ou falsifiées, tracts diffamatoires en langue latine ou vulgaire, tous les moyens furent bons aux meneurs de la politique française pour abattre Boniface VIII[2]. Mais est-il besoin de dire que la théologie n'a rien à prendre dans les vestiges qui nous restent de cette polémique sans dignité ? Autrement grave et fécond était le débat ouvert sur le terrain doctrinal. Les positions respectives avaient été fixées par les documents officiels émanés de la curie romaine ou de la chancellerie royale. Spontanément ou sur commande, une phalange de combattants allait se grouper autour d'elles, qui emploieraient à les défendre les diverses armes que pouvait alors fournir l'arsenal de la science théologique. Une littérature spéciale en est sortie, dont il faut tout d'abord prendre un rapide aperçu[3]. On y sent partout la fièvre ardente de la lutte, mais analysée par des esprits réfléchis, qui, à travers les incidents du jour, savent déjà s'élever aux principes qu'ils recèlent et abordent par ce biais les plus hauts problèmes relatifs aux rapports du pouvoir ecclésiastique et du pouvoir civil.

I

Ne semble-t-il pas que la première tâche de l'historien, ici

---

[1] «Placeat illi... per quem in mari facta est tranquillitas... ut, post tempestatem modernam, tranquillum faciat» *Rex pacificus* (édit. Dupuy, p. 683).

[2] Outre les fausses bulles déjà citées, voir dans Dupuy (p. 5-6) une soi-disant lettre romaine sur le *transitus defuncti Malifacii* et autres racontars calomnieux sur sa conduite.

[3] Comme source, consulter ici avant tout l'ouvrage capital de R. Scholz, déjà signalé dans la préface : *Die Publizistik zur Zeit Philipps des Schönen und Bonifaz VIII*, 1903, qui dépouille avec le soin le plus minutieux tout le dossier littéraire de la controverse et y ajoute de nombreux inédits. A titre complémentaire, voir H. Finke, *Aus den Tagen Bonifaz VIII*, 1902. — L'un et l'autre se restreignent à la littérature provoquée par les affaires de France. Il y aura lieu d'y ajouter celle que fit éclore vers le même temps la question de l'Empire.

comme ailleurs, soit de déterminer la date des écrits en question et la personnalité de leurs auteurs ? Dans l'espèce, il faut pourtant bien reconnaître que ce légitime instinct de curiosité ne peut être que très relativement satisfait.

Seul le groupe des théologiens pontificaux nous est suffisamment connu. De la plupart nous savons au moins le nom et quelques-uns se révèlent comme des docteurs de premier plan. Quant aux avocats de la cause royale, leurs œuvres sont généralement restées anonymes. Pour combler cette lacune de la tradition manuscrite, les premiers éditeurs ont souvent cru devoir proposer ou recueillir des identifications fantaisistes. Elles n'en imposent plus à la critique moderne; mais par quoi les remplacer ? On a tout naturellement essayé de mettre d'abord en avant l'un ou l'autre des collaborateurs de Philippe le Bel. Et la tentative ne laisserait pas d'être séduisante, si elle devait avoir pour résultat, non seulement de fixer sur des noms connus notre imagination en désarroi, mais d'ajouter des titres littéraires à la gloire de personnages dont on sait que l'activité politique fut par ailleurs si importante. Malheureusement on n'a guère pu, dans cette voie, aboutir qu'à des déceptions.

Comment n'en pas avoir l'impression pour ainsi dire expérimentale, quand on voit le même ouvrage rapporté tour à tour aux auteurs les plus différents ? Ainsi la *Quaestio in utramque partem*, où d'aucuns voulaient trouver une œuvre de Nogaret, fut longtemps attribuée à Pierre Dubois [1], et l'on vient naguère de suggérer pour elle le nom de Guillaume de Plaisians [2]. Plus encore que les conclusions, c'est la méthode qui est ici en faute. Car ces diverses hypothèses semblent parfois risquées au hasard et reposent, en tout cas, sur de simples possibilités : c'est dire combien elles manquent de fondement objectif. Toutes d'ailleurs ont contre elles la vraisemblance. On sait que les ministres d'État laissent, en général, aux subalternes les menues besognes de la polémique : il faudrait des indices positifs pour permettre

---

[1] Voir Renan, *Hist. litt. de la France*, t. XXVI, p. 498-499.
[2] P. Fournier, *Bulletin du jubilé* [de Dante], 1921, n° 3, p. 172, n. 1.

de croire que ceux de Philippe le Bel firent exception, et ces indices n'existent pas.

Pierre Flote dirigea la chancellerie royale jusqu'en juillet 1302. Il est donc certain que tous les actes qui en sortirent durant cette période du conflit sont dus à son inspiration. Mais la seule coutribution qu'on puisse lui accorder avec certitude, c'est le grand discours de politique religieuse prononcé devant l'assemblée du 10 avril 1302 et dont le texte s'est perdu [1]. Il est probable, au demeurant, que le souci des affaires ne lui laissait guère le loisir de songer à des dissertations théologiques.

Guillaume de Nogaret a certainement appartenu, lui aussi, au gouvernement de Philippe le Bel [2]. Ce légiste érudit et sans scrupules, ce méridional cauteleux, qu'on disait petit-fils d'hérétique et qui semble poursuivre dans sa lutte contre le pape comme un âpre désir de représailles, est très justement reconnu responsable de l'attitude prise par la France à partir de 1303. Mais, à la différence de Pierre Flote, il a laissé un héritage littéraire considérable, bien que très limité dans son objet.

Lui-même se chargea du premier réquisitoire contre Boniface et ne cessa plus de le reprendre sous mille formes dans les apologies intéressées qui suivirent le drame d'Anagni [3]. Il les multiplie avec une intarissable abondance; il les adresse aux diverses autorités civiles et ecclésiastiques. Toutes veulent démontrer, à grand renfort de tirades ampoulées et de protestations dévotes, que Boniface était un criminel qui perdait l'Église et que Nogaret est non seulement excusable, mais digne de tous éloges, pour avoir pris en mains contre lui le *negotium Christi*. Le besoin de justifier sa conduite l'entraîne d'ailleurs à des principes qui, s'ils étaient froidement présentés,

---

[1] Aussi Renan n'estimait-il pas ses « titres assez personnels... pour... lui assigner une place dans l'Histoire Littéraire » (*Histoire littéraire de la France*, t. XXVII, p. 372). Depuis un demi-siècle la situation n'a pas changé; voir Scholz, p. 355-363.

[2] Sur la personne et la carrière de Nogaret, voir Renan, *ibid.*, p. 233-271, et R. Holtzmann, *Wilhelm von Nogaret*, Fribourg-en-Brisgau, 1898.

[3] La plupart éditées dans Dupuy, p. 237-576. Quelques pièces inédites en appendice dans Holtzmann, p. 246-278.

ne seraient pas loin d'être révolutionnaires. On a fait remarquer avec juste raison comment il en arrive à soumettre le pape coupable, d'abord au concile, puis au roi, puis, en cas de nécessité, à n'importe quel chrétien qu'inspire l'esprit de Dieu [1]. Adaptation imprévue de la doctrine couramment admise sur le tyrannicide et qui justifierait facilement tous les attentats. Mais c'est peut-être faire à ces pamphlets pseudo-juridiques beaucoup d'honneur que d'y chercher autre chose que des passions ou des plaidoyers *pro domo*. Outre cette littérature de combat, signée de son nom et marquée de sa griffe, rien n'autorise à penser que Nogaret ait jamais composé le moindre écrit de caractère doctrinal.

Pierre Dubois est une découverte du XIXe siècle. Jusque-là on n'avait guère de lui que la *Deliberatio super agendis*, jointe par Dupuy aux actes de l'assemblée nationale du 10 avril 1302, lorsque Natalis de Wailly et, après lui, E. Boutaric le révélèrent au monde savant comme auteur d'un lot assez étendu de mémoires inédits sur les affaires religieuses de son temps [2]. Depuis lors, l'obscur avocat normand est devenu presque célèbre, jusqu'à être donné parfois pour un « précurseur des temps modernes » [3]. Ce premier engoûment passé, il a été reconnu que Pierre Dubois fut seulement un publiciste fécond, hardi sans doute mais quelque peu chimérique, et qui n'eut jamais, en tout cas, malgré ses efforts, l'audience qu'il souhaitait

---

[1] Voir SCHOLZ, p. 369-372. Le dernier mémoire publié dans HOLTZMANN, p. 276, contient cette déclaration : « Oportuit in tanto necessitatis articulo per aliquem catholicum subveniri ad liberandum Ecclesiam, cum quilibet catholicus, in utriusque potestatis ecclesiastice et secularis periculo, si vivit in corpore ecclesie, ad eius defensionem assurgere teneatur. »

[2] N. DE WAILLY, *Mémoires de l'Académie des Inscriptions et Belles-Lettres*, t. XVIII, II, Paris, 1849, p. 435-495 ; E. BOUTARIC, *Comptes-rendus de l'Académie des Inscriptions et Belles-Lettres*, t. VIII, Paris, 1864, p. 84-106.

[3] BOUTARIC, *ibid.*, p. 85, et *Revue contemporaine*, 1864, p. 417-447 ; de même encore HEYCK, *Moderne Ideen im Mittelalter*, dans *Grenzboten*, 1892, p. 18-27. — Sur la vie et l'œuvre de Pierre Dubois, voir RENAN, *Histoire littéraire de la France*, t. XXVI, p. 471-536 ; SCHOLZ, p. 375-444, et CH.-V. LANGLOIS, Introduction au *De recuperatione terre sancte*. Monographie par E. ZECK, *Der Publizist Pierre Dubois*, Berlin, 1911.

dans les conseils supérieurs du gouvernement. Il s'en consolait ou s'y préparait en agitant l'opinion par des placards de circonstance, tels que cette prétendue *Supplication du pueuble de France* (1304 ?) où le roi était sommé d'intenter un procès d'hérésie à la mémoire de feu Boniface VIII [1]. Ses deux principaux écrits portent sur des questions de politique générale — et nous les retrouverons plus tard à ce titre [2] — où la théologie n'a pas davantage à voir. La vogue relative de son nom explique, sans le justifier, qu'on ait voulu mettre à son compte l'une ou l'autre des œuvres de controverse qui font l'objet de cette étude.

Quant à Guillaume de Plaisians, s'il fut l'associé de Nogaret — on parlait alors couramment des « deux Guillaumes » — il ne semble pas avoir été autre chose qu'un sous-ordre. « Son rôle dut se borner le plus souvent à figurer dans les cas où Nogaret ne pouvait ester en justice, vu son état d'excommunié [3]. » Aucun fait nouveau n'est encore venu modifier cette appréciation de Renan.

« Il serait très intéressant, continue le même historien, de pouvoir entendre les avocats français du parti ultramontain.... Un conseiller de Philippe le Bel, qui paraît avoir été non moins intelligent, non moins actif que Pierre Dubois, mais dans un sens tout opposé, est Ponce d'Homélas. » Ces lignes ont suscité bien des espérances, et la perspective était, en effet, singulièrement attrayante de voir surgir un légiste français défenseur de la papauté. Mais le rêve n'a pas tardé à s'évanouir. Renan communiquait cette information sur la foi d'E. Boutaric et celui-ci est mort sans avoir pris soin de la justifier. C'était probablement une illusion d'optique. Les recherches postérieures n'ont révélé en Pons d'Homelas qu'un fonctionnaire

---

[1] Texte dans DUPUY, p. 214-219, et PITHOU, t. I, p. 246-258.

[2] Voir plus bas, p. 342-350.

[3] RENAN, *Histoire littéraire de la France*, t. XXVII, p. 374, qui ajoute : « On peut croire que ce dernier eut très peu de part dans la rédaction des pièces qui portent le nom de deux Guillaumes. » Et rien ne permet de lui en attribuer d'autres.

de second ordre, dont les archives permettent tout juste d'établir le *curriculum vitae* [1].

Au total, on ne voit aucune raison pour que la théologie entrât dans les préoccupations immédiates des conseillers ou collaborateurs de Philippe le Bel. Il était réservé à de plus modestes de la mettre au service de la cause royale, cependant que d'autres en faisaient un rempart pour le droit de la papauté.

Une douzaine de ces publications contradictoires nous sont parvenues, dont quelques-unes sont de simples libelles, tandis que trois au moins prennent déjà l'ampleur de véritables traités. Toutes doivent leur origine au conflit déchaîné entre le pape et la cour de France; mais, comme on n'a guère pour les dater que les données de la critique interne, il est souvent difficile d'en fixer la place exacte dans la série des événements.

Même leur dépendance relative ne saurait être affirmée qu'avec une certaine discrétion. Il est incontestable que ces divers écrits se partagent en familles, sinon en écoles, dont chacune exploite un semblable dossier d'objections ou d'arguments. Encore faut-il ne pas perdre de vue que ces idées étaient dans l'air et que la controverse dut amener plusieurs maîtres à les introduire dans leur enseignement. Il n'est donc pas sûr qu'il faille en faire coïncider l'apparition historique avec le témoignage littéraire qui nous en est resté. Deux auteurs qui se ressemblent peuvent bien être tributaires d'une source commune et tel traité qui paraît en réfuter un autre, quand toute mention directe fait défaut, s'adressait peut-être à quelque prototype, écrit ou oral, aujourd'hui perdu.

Sous le bénéfice de ces réserves, voici comment peuvent s'établir les grandes lignes d'un classement approximatif.

II

Dans l'état actuel de nos sources, il semble que l'attaque soit venue des partisans du roi. La plus ancienne trace en

---

[1] Ch.-V. LANGLOIS, *Pons d'Aumelas*, dans *Bibliothèque de l'École des Chartes*, t. LII, 1891, p. 259-264 et 673-676.

serait cette *Disputatio inter clericum et militem*, qui parvint dès le moyen âge à une véritable célébrité.

Publié autrefois sous le nom d'Ockam, attribué dans la suite sans raison précise à Pierre Dubois, cet opuscule reste décidément anonyme [1]. Il se présente sous la forme d'un dialogue : artifice littéraire pour piquer l'intérêt et qui se soutient avec un art réel. Mais cette conversation vivante et animée garde, au fond, toutes les allures d'une thèse. Le clerc y fait figure moins de contradicteur sérieux que de partenaire complaisant et ridicule, un peu comme le jésuite des *Provinciales* : c'est au chevalier qu'est réservé le beau rôle dans la discussion et qu'appartient le dernier mot.

Il se donne comme un laïque ignorant du droit et de la théologie : ce qui ne l'empêche pas de faire la leçon au pauvre clerc sur le terrain des Écritures. Celui-ci exprime ses doléances pour les exactions ruineuses dont l'Église est aujourd'hui la victime : *Ecclesia facta est vobis omnibus praeda, exiguntur a nobis multa, dantur nulla* ; il invoque les franchises traditionnelles, les décrets pontificaux. Le chevalier de répondre que les canons ecclésiastiques en ces matières sont sans valeur pour les séculiers : *vobis possunt iura esse, nobis vero non sunt*, et d'opposer aux prétentions de l'Église les exigences du devoir patriotique, le droit souverain du roi. Dans l'intervalle, il critique vivement l'usage scandaleux que le clergé fait de ses biens et réfute les raisons au nom desquelles l'Église voudrait établir sa suprématie sur le temporel.

Par cette préoccupation des immunités ecclésiastiques il semble que nous soyons rapportés à la situation qui suivit la bulle *Clericis laïcos* et plusieurs traits rappellent la pièce officieuse *Antequam essent clerici*. Aussi le *Dialogue* est-il communément rattaché à la phase initiale du conflit [2]. Mais on devra tenir

---

[1] Texte dans GOLDAST, *Monarchia*, t. I, p. 13-18 (sous le nom d'Ockam). Étude dans SCHOLZ, p. 333-352.

[2] Voir LANGLOIS, dans LAVISSE, p. 133, qui le rapporte à l'an 1296. R. SCHOLZ hésite entre 1296-1297 (p. 171) et 1300 comme terme extrême (p. 337-344). Le *noviter statutum* nous paraît exiger une date plus tardive.

compte qu'il insiste déjà sur l'indépendance temporelle des souverains, qui n'était pas encore explicitement posée à ce moment-là. Il fait, à ce propos, une allusion dédaigneuse à certaine constitution récente, *noviter statutum esse*, où Boniface VIII se serait mis « au-dessus des principautés et des royaumes ». Or, cette expression n'apparaît qu'au temps de la bulle *Ausculta fili*. D'où il semble qu'on doive plutôt placer au début de 1302 la composition de ce petit écrit, qui, par sa forme légère, par son argumentation populaire et incisive, était fait pour gagner à la cause royale les sympathies du grand public. Il obtint un gros succès, dont témoignent les nombreux manuscrits et les anciennes éditions qui nous en restent[1]. De bonne heure, il fut traduit en anglais; chez nous, il servit de première source et de modèle au fameux *Songe du Vergier* compilé sous Charles V[2].

En attendant, il subissait des réfutations du côté romain. Un traité anonyme découvert par R. Scholz semble le viser directement[3]. Qu'on en juge par cet exorde *ex abrupto* :

« Non ponant laïci nos i caelum dicendo seu blasphemando quod papales constitutiones edite super temporalibus bonis seu rebus.... ipsos laïcos non astringunt. »

Prétention qui lui semble une hérésie : *hoc asserere et tenere esset haereticum*. L'auteur s'attache à l'établir en démontrant par l'Écriture et les canons l'autorité du pape dans l'ordre temporel, tout au moins la subordination de celui-ci à l'ordre spirituel. Aussi la bulle *Clericis laïcos* lui paraît-elle due à une véritable inspiration divine : *licite et divino quodam motu*

---

[1] R. SCHOLZ (p. 334-335) en signale huit manuscrits, dont cinq en Angleterre et trois à la Bibliothèque nationale : ms. lat. nᵒˢ 4364, 15004 et 12464. Il n'en subsiste pas moins de quinze éditions incunables connues : HAIN, nᵒ 6111-6121; COPINGER, nᵒˢ 1961 et 1963ª; PELLECHET, nᵒˢ 4347 et 4350. Voir R. A. PEDDIE, *Conspectus incunabulorum*, Londres, 1914, t. II, p. 215-216.

[2] Voir *Somnium Viridarii*, 1-36 (édit. GOLDAST, t. I, p. 61 et suiv.). Il est également cité dans PITHOU, t. I, p. 271. Les deux vieilles traductions anglaises ont été éditées deux fois au cours du XVIᵉ siècle, à Londres, chez Berthelet, la première fois sans date, la seconde en 1540.

[3] Texte dans SCHOLZ, p. 471-484; étude littéraire, *ibid.*, p. 166-172. Nous le citons dans la suite par son *incipit*.

promulgata. Ce qui n'empêche pas qu'elle puisse recevoir *novam declaracionem per iura praecedentia*[1]. Lui-même fait voir, en conséquence, qu'elle ne lèse pas les droits des patrons — privilège d'ailleurs révocable — qu'elle respecte les obligations féodales ordinaires, mais n'admet pas les autres. Il n'accepte pas que l'Église soit imposable, même pour la réfection des routes et des ponts.

On voit si l'auteur va loin dans l'affirmation des immunités ecclésiastiques; mais il est remarquable que, pour sauver les applications qui lui sont chères, il insiste sur la prééminence du pouvoir spirituel qui en est le principe. Cette petite dissertation au ton assez vif, au style sec et nerveux, dénote la main d'un juriste, épris sans doute des droits pontificaux, mais déjà capable de les éclairer par d'heureuses distinctions. Son thème et sa marche générale étant assez conformes au *Dialogue*, il semble naturel de les replacer à la même époque[2]. On aurait ainsi comme les premiers manifestes des deux groupes opposés qui se constituèrent aussitôt que les revendications pontificales firent éclater dans toute son ampleur le conflit créé par la bulle *Clericis laïcos.*

Une note manuscrite, signalée encore par R. Scholz, tend à confirmer ces inductions.

Le même manuscrit lat. 4364 contient le précédent traité et le commencement du *Tractatus seu libellus de clerico et milite*. Entre les deux se trouve une sorte de bordereau, d'après lequel ces deux œuvres seraient issues de la curie romaine et dignes, l'une et l'autre, de retenir l'attention de la cour[3]. L'auteur ne se nomme pas; mais c'est évidemment un contemporain, puisqu'il critique à son tour vivement les actes récents de la politique

---

[1] *Ibid.*, p. 479 et 481.

[2] La date qui paraîtrait « la plus naturelle » à R. Scholz est celle de 1296-1297; mais les rapports de l'opuscule avec la bulle *Unam Sanctam* et les données générales de l'histoire le font pencher pour 1302 (*Die Publizistik*, p. 169-170).

[3] Texte dans Scholz, p. 484-485. Cfr p. 166 et 339-340. En voici le début : « Hic tractatus in curia romana dicitur factus et quidam alius maior, qui intitulatur... de clerico et milite. »

pontificale et souhaite que le roi se mette aussitôt en garde contre la menace de cet empiètement. Aussi toutes ses préférences vont-elles au *Dialogue*, où il assure qu'on trouvera *responsiones contra hoc et contra constitutionem de novo bullatam, continentem imperatores, reges, duces, comites et omnes catholicos barones teneri servare constitutiones papales super temporalibus factas et faciendas.*

Cette *constitutio de novo bullata* ainsi décrite ne peut être que la bulle *Ausculta fili*. D'où cette note pourrait passer pour le rapport sommaire de quelque secrétaire inconnu, transcrivant et caractérisant à l'adresse d'une autorité supérieure deux documents capables de l'éclairer sur les divers aspects de la controverse naissante. Puisque tous les deux sont dits venir de la curie, ne seraient-ils pas la preuve de l'agitation qui se produisit, à Rome même, dès l'apparition — ou peut-être même dès la préparation — de la nouvelle constitution pontificale, et des tendances contradictoires qui s'y faisaient jour ?

Quoi qu'il en soit de cette hypothèse, il est certain que, dès le début de 1302, nos deux traités étaient connus en France et déjà rapprochés comme propres à se contrebalancer l'un l'autre. Un chevalier teinté de théologie et armé d'une plume experte à la satire s'était fait contre le pape le défenseur de la société laïque. Moins habile écrivain, mais logicien plus vigoureux et plus érudit, un théologien intransigeant doublé d'un canoniste subtil avait entrepris de lui fermer la bouche en affirmant l'absolue autorité de l'Église et de ses droits. Les deux opuscules ont d'ailleurs ceci de commun qu'ils retiennent surtout les aspects pratiques de la question, tandis que le principe qu'elle implique, sans être entièrement méconnu, n'y est guère traité qu'en passant. Encore un trait de vraisemblance qui invite à en chercher l'origine dans ces milieux du haut gouvernement où la pensée eut toujours moins d'importance que l'action. Mais par là éclate aussi leur caractère relativement archaïque et leur moindre valeur en comparaison des œuvres qui suivent, où la discussion va porter sur le problème spéculatif du spirituel et du temporel.

III

Ici encore il semble que la priorité ait appartenu aux adversaires des revendications pontificales, puisque, nous le verrons bientôt, les apologistes de la papauté manifestent l'intention de se défendre. Deux spécimens en sont connus depuis longtemps. L'un est cette *Quaestio in utramque partem* [1] qui, jusqu'au milieu du XIXe siècle, s'était, on ne sait pour quel motif, fourvoyée sous le nom de Gilles de Rome. Elle est unanimement enlevée aujourd'hui à celui que tout le monde reconnaît comme le plus éminent docteur du groupe ultramontain, mais sans que rien permette d'en identifier l'auteur [2].

En revanche, on en peut suffisamment préciser la date. Tous les manuscrits de la *Quaestio* placent en tête de son texte la fausse bulle *Deum time* et la riposte de Philippe le Bel. Ce n'est pas seulement une manière d'en indiquer le *leit-motiv* : il est permis d'y voir une indication de la circonstance qui la fit naître.

Il serait sans doute excessif d'y chercher, avec R. Scholz, une consultation improvisée au sujet de la bulle *Ausculta fili* et une préparation de la réponse à y faire, plus encore d'insinuer que le rédacteur de ce mémoire pourrait bien être le même qui fabriqua les deux faux documents [3]. Rien n'autorise de semblables précisions. L'auteur est un théologien philosophe, dont la place serait à chercher plutôt dans les milieux universitaires que dans les bureaux de la chancellerie. Son indifférence aux problèmes pratiques et la modération dont il fait preuve, dans les idées aussi bien que dans le ton, sont aux antipodes de l'état d'esprit perfide et passionné qui inspira la manœuvre des conseillers royaux. Par rapport aux falsifications officielles, si

---

[1] Texte dans GOLDAST, *Monarchia*, t. II, p. 96-107 (qui l'attribue à Gilles de Rome). Voir SCHOLZ, p. 224-251.

[2] Par une évidente distraction, quelques historiens ont voulu en faire honneur à Raoul de Presles : par exemple, F. LAURENT, *L'Église et l'État*, p. 313. Celui-ci n'en fut, comme on le verra plus loin (p. 137-138), que le traducteur.

[3] SCHOLZ, p. 229.

vraiment il les a connues, l'auteur de la *Quaestio* aurait été
plutôt victime, en ce sens du moins qu'il y trouva une amorce
à ses réflexions. Son exemple est la preuve de l'émotion que
les affaires politiques commençaient à exciter dans les cercles
intellectuels.

C'est par erreur que l'on a voulu reculer cette dissertation
jusqu'à l'époque de Louis de Bavière [1]. Elle donne comme
récente, *diebus nostris*, la canonisation de saint Louis (1297)
et de même la publication du *Sexte* (3 mars 1298) : tous indices
qui nous ramènent au temps de Philippe le Bel et sont parfaitement compatibles avec les raisons d'ordre extrinsèque qui
font envisager avec assurance la date du printemps 1302, dans
les premiers remous causés en France par la bulle *Ausculta
fili*.

Nettes et froides, les premières lignes jettent aussitôt le
lecteur *in medias res*. Elles suffisent à révéler la manière
didactique du professeur, en même temps qu'à définir le cas
d'actualité qu'il se propose de débattre.

« Quaestio est utrum dignitas Pontificalis et Imperialis sive Regalis
sint duae potestates distinctae ad invicem. Et hoc est quaerere utrum
Summus Pontifex plenam iurisdictionem et ordinariam potestatem
habeat tam in temporalibus quam in spiritualibus, ita quod omnes
principes temporales subsint ei quantum ad temporalia [2]. »

Après ce début qui pose clairement le problème, l'auteur
énonce sa propre thèse : il veut prouver que les deux pouvoirs
sont distincts et que le pape n'a pas d'empire sur le temporel.
Ce qu'il établit sommairement au moyen de la philosophie,
de la théologie, du droit canonique et du droit civil. Suit un
développement en cinq articles, d'où il appert que les deux
pouvoirs viennent de Dieu, qu'ils sont essentiellement distincts

---

[1] Hypothèse émise dans S. RIEZLER, *Die literarischen Widersacher der Päpste*,
p. 141-142, et reprise dans SCADUTO, *Stato e Chiesa*, p. 98, qui prononce,
lui aussi, le nom de Raoul de Presles. Réfutation décisive par E. SCHEFFER-
BOICHORST, dans *Ienäer Literaturzeitung*, 1874, p. 672-675 (article réimprimé
dans *Gesammelte Schriften*, Berlin, 1905, t. II, p. 312-313), dont les arguments
et les conclusions se retrouvent dans SCHOLZ, p. 225-228.

[2] GOLDAST, t. II, p. 96.

et que l'autorité ordinaire de l'Église se borne à l'ordre
spirituel.

L'auteur insiste en particulier sur le cas du roi de France :

« A solo Deo immediate tenet et possidet regnum suum, ita quod
non ab homine quoquam; a vicario vero Christi non tenet, nec in
quantum homo, nec in quantum Christi vicarius [1]. »

Son patriotisme est fier de pouvoir déclarer que les « Français
ne furent jamais soumis à personne » et sa dévotion lui permet
de voir l'indépendance royale garantie par l'origine divine du
sacre, *unctio sacra missa divinitus*, et les miracles, *aperta miracula*,
qui l'accompagnent. Puis il confirme sa thèse en réfutant les
principaux arguments des adversaires. Le tout en peu de mots
— car il se préoccupe d'être court, *causa brevitatis* — et avec
toutes les réserves qui conviennent en matière disputée :

« Omnia premissa et singula dicta sunt sine preiudicio sententie
melioris, opinando tantum non sententiando [2]. »

Par cette circonspection qui n'exclut en rien la fermeté, par
la méthode qui préside à son exposition, par sa forme claire
et concise, cet opuscule a tous les caractères d'une discussion
théologique et peut donner une idée du travail d'analyse qui
commençait à se faire dans les écoles sur les principes im-
pliqués dans le conflit.

C'est un peu dans le même genre que se classe une autre
Quaestio de potestate papae, plus ordinairement désignée, d'après
son *incipit*, sous le nom de *Rex pacificus* [3]. Aussi fut-elle souvent
confondue avec la précédente. Plusieurs historiens ont voulu
l'attribuer à Pierre Dubois; mais aucune raison décisive ne
permet de lever l'anonymat qu'elle garde dans les manuscrits.
Rien n'indique non plus que ce texte ait été, comme l'a cru
Du Boulay, la réponse fournie au roi par l'Université de Paris
au sujet de la bulle *Unam Sanctam* [4]. Sa forme argumentative

---

[1] *Ibid.*, p. 102.
[2] *Ibid.*, p. 107.
[3] Texte dans DUPUY, p. 663-683. Voir sur ce traité R. SCHOLZ, p. 252-274.
[4] Sur la question d'auteur, voir SCHOLZ, p. 254-258.

et la véhémence du ton commandent plutôt d'y voir une œuvre
privée. Comme la *Quaestio in utramque partem* semble y être
utilisée, on peut croire qu'elle est sortie des mêmes milieux et
des mêmes circonstances.

On voit cependant que l'auteur écrit déjà en pleine controverse. Il pose la question dans les termes mêmes de la fausse
bulle *Deum time*, mais sans aucun souci des précisions qu'y
ajoutait le précédent traité :

« Quaeritur utrum Papa sit dominus omnium, tam in spiritualibus
quam in temporalibus, ita quod habeat utramque iurisdictionem [1]. »

Et il y sait des réponses aussi nombreuses que peu uniformes :
Circa quaestionem istam multi multa et diversi diversa senserunt [2].
Il est vrai qu'il va chercher la thèse pontificale chez l'*Hostiensis* [3];
mais il sait également des contemporains, *his diebus*, pour qui
refuser au pape le pouvoir sur le temporel serait tomber dans
l'hérésie. La crainte d'encourir ce reproche ne l'empêche pas
de s'élever contre eux.

Son exposition a été fort justement donnée comme un modèle
de la *disputatio* telle que l'avait élaborée le génie dialectique de
l'école. La *Quaestio in utramque partem* n'est, en somme, qu'une
thèse méthodiquement conduite, suivie de la classique discussion des objections. Celle-ci est d'une composition autrement
savante. Elle commence par exposer largement l'état de la
question, en alignant d'une part dix-sept arguments favorables
à la suprématie temporelle du pape, puis en leur opposant
seize arguments contraires [4]. Là-dessus l'auteur procède à la
decisio quaestionis. Une série de principes philosophiques et
juridiques fortement enchaînés l'amène à conclure nettement
contre les prétentions pontificales :

« Ex praemissis omnibus colligitur evidenter quod Papa non est

---

[1] DUPUY, p. 664.
[2] *Ibid.*, p. 669.
[3] Voir plus haut, p. 56-57.
[4] Plusieurs de ces arguments se retrouvent en termes semblables et suivant
le même ordre dans la *Quaestio in utramque partem* (SCHOLZ, p. 258-259).

super omnes christianos superior dominus in temporalibus. Unde argumenta omnia istud concludentia concedenda sunt [1]. »

Il ne lui reste plus qu'à reprendre les arguments énumérés en premier lieu pour leur opposer à chacun une réponse tirée des principes établis dans la thèse. C'est la marche bien connue de saint Thomas, mais qui se développe ici avec une ampleur dont le moyen âge fournirait sans doute peu d'exemples et donne l'impression d'une vigueur au-dessus du commun.

Le fond n'est pas moins remarquable en son genre. Non content d'enseigner la distinction des pouvoirs, l'auteur proclame l'*impertinentia* de l'Église en matière temporelle et que tous les avantages qu'elle y possède lui sont accordés par l'État, que les souverains, au contraire, les rois de France en particulier, ont *ius summae superioritatis in regno suo* [2]. Comme conséquence, il ne manque pas de signaler qu'au roi appartient le droit de régale et la nomination aux bénéfices vacants. Il abandonne au surplus le cas de l'empereur, qui est nommé par élection et confirmé par le pape; mais l'indépendance du roi de France lui paraît absolument sacrée. Régalisme et nationalisme sont les notes distinctives du *Rex pacificus*, qui rappelle à certains égards le *Dialogue entre un clerc et un chevalier*.

On a remarqué aussi avec raison que son information et son argumentation ont surtout un caractère juridique : il parle quelque part des *theologi doctores* sur le ton de quelqu'un qui ne se range pas dans cette catégorie [3]. Tandis que la *Quaestio in utramque partem* est d'un théologien qui n'ignore pas le droit, celle-ci est d'un juriste qui ne dédaigne pas le concours subsidiaire de la théologie. Il semble que l'auteur soit un laïque, imprégné des maximes légistes, et peut-être non sans attaches avec les milieux officiels. Jamais, en tout cas, la politique de Philippe le Bel ne rencontra de meilleur théoricien.

Ces deux traités, à la fois si semblables et si différents, jouirent

---

[1] DUPUY, p. 676.
[2] *Ibid.*, p. 675.
[3] *Ibid.*, p. 676.

dans la suite d'un grand crédit. Raoul de Presles en fit une traduction française [1] pour le roi Charles V et le *Rex pacificus* est passé largement dans le *Songe du Vergier* [2] : succès qu'ils durent certainement à la perfection technique de la forme non moins qu'aux tendances du fond. Les hommes d'État français y crurent trouver le bréviaire doctrinal dont ils avaient besoin [3].

Autour des positions pontificales ainsi attaquées ne manquèrent pas les défenseurs. Celui qui paraît le premier en date vient à peine d'être découvert.

Henri de Crémone n'avait pas encore de mention dans l'histoire, il y a vingt ans. Cependant les chroniques locales ont permis d'établir qu'il descendait de la noble famille des Casalorci, qui a tenu une grande situation dans la ville de Crémone au cours du moyen âge. Lui-même était un *doctor decretorum* des plus distingués. Chanoine de son église natale et peut-être de Bologne, il se transporta de bonne heure à Rome, où sa science

---

[1] La traduction de la *Quaestio in utramque partem* est publiée dans GOLDAST, t. I, p. 39-57, précédée de cette dédicace : « Au commendement de tres hault et tres excellent Prince Charles par la grace de Dieu le Quint Roy de France de ce nom maistre Raoul de Praelles son petit serviteur, conseiller et maistre des requestes de son hostel translata cette petite œuvre. » Vers la fin (p. 56), l'auteur renvoie à la « translation du livre qui sapelle *Rex pacificus* », lequel dit-il au prince, est « par devers vous ».

[2] Voir K. MUELLER, *Ueber das Somnium Viridarii*, dans *Zeitschrift für Kirchenrecht*, t. XIV, 1879, p. 140-147.

[3] Un autre indice de leur importance est fourni par le fait que nos opuscules sont réunis, séparément ou tous ensemble, dans plusieurs manuscrits, avec d'autres pièces relatives au même problème. Voir SCHOLZ, p. 226-228, 252-253. — Ainsi dans le ms. JJ. 28 des Archives Nationales à Paris, qui appartint à Pierre d'Étampes, secrétaire de Philippe le Bel : on y trouve la *Quaestio in utramque partem* à côté des principales bulles de Boniface VIII et des réponses officielles qu'elles provoquèrent du côté français. Une semblable collection du XVᵉ siècle (Bibliothèque nationale, ms. lat. 15004) contient la *Quaestio* et le traité *Rex pacificus*, plus encore le traité de Jean de Paris dont il sera question plus loin. Le ms. lat. 12467, du XIVᵉ s., les rapproche tous trois et y ajoute un fragment du *Dialogue*. Un autre manuscrit du XIVᵉ siècle (Bibliothèque nationale, lat. 15690) juxtapose le *Rex pacificus* à Marsile de Padoue. L'abondance relative de ces copies anciennes prouve le prix qu'on attacha de bonne heure à ces divers ouvrages et ces rapprochements indiquent dans quel sens on les lisait. Double confirmation de l'intérêt que leur porte aujourd'hui l'histoire.

du droit parut surprenante et lui valut des jaloux [1]. A ce titre, il aurait été employé par Boniface VIII à la rédaction du *Sexte*, puis associé à diverses missions diplomatiques, à celle notamment qui vint intimer au roi de France la bulle *Ausculta fili*. Le 3 avril 1302, c'est à dire sans nul doute au lendemain de son retour, il fut promu évêque de Reggio, où il mourut en 1312.

Or cette nomination, d'après le *Memoriale potestatum Regiensium*, fut la récompense de services insignes dans l'ordre théologique :

« Papa et multi cardinales eum cognoverant propter librum quem fecit De Potentia Papae, probando ipsum esse Dominum in spiritualibus et temporalibus per totum mundum. »

Ce « livre », qui n'est, en réalité, qu'un tout petit opuscule, a été retrouvé dans deux manuscrits de la Bibliothèque nationale : il suffit à ranger Henri de Crémone en bonne place dans l'histoire de la controverse [2]. La comparaison des manuscrits montre que l'auteur en publia deux éditions : l'une avant, l'autre après sa promotion à l'épiscopat. Celle-ci étant datée d'avril 1302, il s'ensuit que l'ouvrage remonte au commencement de cette année ou peut-être à la fin de 1301. On a supposé que l'auteur l'apporta lui-même dans son voyage en France : ce qui expliquerait qu'il y fût connu de bonne heure et que son texte y ait survécu.

Dès les premières lignes, il s'élève en termes très vifs contre ceux qui ont l'audace de contester au pape sa suprême dignité :

« Circa dignitatem papalem et potestatem quidam os ponentes in celum quedam falsa et sophistica notaverunt, digni lapidatione sicut bestie montem tangentes (*Exod.*, XIX, 13), dicentes papam non habere iurisdictionem in temporalibus per totum mundum. »

Il s'en prend surtout à ces « perfides Gibelins », qui, sans

---

[1] Biographie dans SCHOLZ, p. 152-158. Le texte du *Memoriale* y est cité, p. 155, n. 9.

[2] Texte signalé dans FINKE, p. 166-170; édité dans SCHOLZ, p. 459-471. Notice littéraire et théologique, *ibid.*, p. 158-165. L'auteur tend à lui attribuer également (p. 171-172), mais sans preuves suffisantes, la petite dissertation *Non ponant laïci*.

errer dans la doctrine, *qui non directe contra fidem credunt*,
sont conduits par leurs tendances politiques à combattre la
papauté. Ce qui prouve que l'auteur est particulièrement attentif
aux choses de sa patrie. Mais il en connaît aussi d'autres que
heurtent les fermes revendications de Boniface VIII :

« Diebus nostris a Deo missus est, nolens, et bene, gloriam et honorem
suum alteri dare, scilicet dominus Bonifacius..., propter que quidam
indigne tulerunt bonum opus, sicut malum habentes stomachum, et
inde murmuraverunt. »

Ceux-là, parce qu'ils s'opposent à la doctrine qui lui est
chère, sont coupables envers la foi : *dicentes et credentes contra
veritatem... male de fide sentiunt.* Voilà pourquoi il lui paraît
opportun de réagir contre cette erreur par une exposition claire
de la vérité : *necesse ergo videtur tali errori obviare et veritatem
clare ponere.* En quoi il a conscience de faire une œuvre neuve
non moins que nécessaire :

« Licet multi multa bona dixerint..., quia tamen ipsi doctores habuerunt multa dicere, non potuerunt super hiis insistere, nec curaverunt
quia non fuit qui opponeret [1]. »

Il n'y a aucune raison de contester à l'auteur le témoignage
qu'il rend à l'originalité de son effort. Si donc, en dehors des
docteurs anciens dont il analyse bien l'insuffisance, quelques
défenseurs de la papauté avaient déjà surgi, Henri de Crémone
ne les a pas connus et rien n'empêche de lui laisser à lui-même
le premier rang.

L'auteur s'adresse à tous ceux qui veulent réduire le pouvoir
du pape à l'ordre spirituel, *dicunt... papam non habere potestatem nisi in spiritualibus,* et se propose de les réfuter *scripturis
divinis, expositionibus sanctorum, sacris constitutionibus, argumentis,
rationibus et exemplis.* Énumération qu'il ne faudrait pas prendre
pour une division. Sa démonstration ne suit pas, en réalité,
d'ordre bien apparent. Elle se ramène à une série d'arguments
pris de tous les côtés, présentés sous une forme claire et vigoureuse, sans aucune préoccupation de littérature ni de philo-

---

[1] Édit. SCHOLZ, p. 459-460.

sophie. Il réfute ensuite suivant la même méthode les objections de ses adversaires. C'est le triomphe de cette méthode géométrique que l'école avait mise en honneur.

Quelques passages patristiques pour lesquels il renvoie au bréviaire indiquent l'intention d'atteindre surtout le clergé. Mais, en général, l'auteur exploite de préférence le droit canon, dont il manifeste une connaissance très étendue. Et comme les canons sont « dictés par l'Esprit Saint », résister à cette preuve décisive c'est commettre le péché qui n'admet pas de pardon. C'est ainsi qu'il impose au nom de la foi la puissance la plus indéfinie du pape sur les choses temporelles et l'idée ne lui vient nulle part d'atténuer ce principe par le moindre essai de distinction. Par la manière dont il pose et affirme le droit pontifical, Henri de Crémone avait réellement bien mérité du Saint-Siège. Au service de cette thèse d'autres mettront plus d'ampleur : personne n'y a déployé plus de force et de conviction.

Son opuscule ne passa pas inaperçu. Il est cité nommément par Jean de Paris [1] et l'on a pu dire que son influence s'est exercée sur tous les écrivains, favorables ou hostiles à la papauté, qui sont venus dans la suite [2]. Peut-être son intransigeance a-t-elle déterminé l'opposition dont témoignent la *Quaestio in utramque partem* et le traité *Rex pacificus*. En tout cas, ces publications antagonistes marquent bien les positions prises de part et d'autre. Il ne restait plus qu'à les fortifier suivant les règles de l'art : les grands docteurs vont y pourvoir en installant de vastes traités sur le terrain ainsi délimité par les polémistes du premier jour.

IV

On peut s'attendre à y voir s'affronter les mêmes thèses.

---

[1] GOLDAST, t. II, p. 123 et 135. Le texte imprimé porte : « *Johannes de Cremona* ». Mais tous les manuscrits, sauf un, écrivent : « *Ille de Cremona* ». Voir SCHOLZ, p. 152-153, n. 1, et FINKE, p. 173, n. 1. Aucun doute ne saurait subsister sur l'identité de l'ouvrage et de l'auteur visés par Jean de Paris.

[2] SCHOLZ, p. 164-165.

Mais, par un phénomène assez curieux, les œuvres vouées à la défense du droit pontifical étaient restées dans une ombre complète jusqu'au milieu du siècle dernier. Aujourd'hui encore, c'est tout juste si chacune d'elles a trouvé un éditeur. Elles sont néanmoins suffisamment connues pour qu'on en puisse apprécier l'importance.

La plus considérable est due à un disciple de saint Thomas, qui fut l'une des plus brillantes personnalités du second âge scolastique : Gilles de Rome [1]. Il semble avoir appartenu à la famille des Colonna [2]. Né vers 1246-1247, il entra — *in aetate adolescentuli*, d'après le B. Jourdain de Saxe — dans l'Ordre des Ermites de Saint-Augustin et fut envoyé faire ses études à Paris. C'est là qu'il suivit les leçons du Docteur Angélique, dont il adopta et défendit avec ardeur les doctrines. Sa jeune gloire attira l'attention de Philippe le Hardi, qui lui confia l'éducation de son fils, le futur Philippe le Bel. A l'intention de son royal élève, Gilles écrivit le *De regimine principum*, qui compte parmi les œuvres les plus lues du moyen âge. Mais l'aversion de l'évêque Étienne Tempier pour le thomisme retarda son doctorat jusqu'en 1287.

A partir de ce moment, il apparaît comme un des théologiens les plus réputés de la Faculté de Paris. Le chapitre général des Augustins tenu à Florence cette année-là, constatant que la science de Fr. Gilles éclaire déjà le monde, *venerabilis fratris Aegidii doctrina mundum illustrat*, impose à tous ses membres de suivre *positiones et sententias scriptas et scribendas predicti*

---

[1] Étude biographique par F. LAJARD, dans *Histoire littéraire de la France*, t. XXX, p. 421-666. Cette monographie érudite a inspiré tous les écrivains subséquents. Voir FÉRET, *La Faculté de théologie de Paris*, t. III, p. 459-475, et N. MATTIOLI, *Studio critico sopra Egidio Romano*, dans *Antologia agostiniana*, t. I, Rome, 1896. A lire aussi P. MANDONNET, O. P., *La carrière scolaire de Gilles de Rome*, dans *Revue des sciences philosophiques et théologiques*, t. IV, 1910, p. 480-499.

[2] Cette parenté a été pourtant mise en doute; voir A. DYROFF, *Aegidius von Colonna? Aegidius Corrigiatus?* dans *Philosophisches Jahrbuch*, t. XXXVIII, 1925, p. 18-25. Pour le distinguer de l'illustre tribu romaine, déjà G. L. PERUGI (*Il De regimine christiano*, Rome, 1914-1915, Introd., p. VII) proposait de l'appeler : Gilles *della Colonna*.

magistri. Plus tard, il reçut dans l'école le surnom de *Doctor fundatissimus*. A ces années fécondes d'enseignement doivent remonter ses nombreux ouvrages, pour la plupart inédits, qui embrassent tout le champ de la dialectique et de la philosophie, de l'Écriture Sainte et de la théologie [1].

En 1292, il fut élu « par acclamation » supérieur général de son Ordre. Trois ans après, la commune faveur de Philippe le Bel et de Boniface VIII l'appelait sur le siège archiépiscopal de Bourges, alors un des plus importants de France. C'est à ce titre qu'il fut mêlé à la politique religieuse du temps. Son attachement pour le roi, dont il avait été le précepteur, ne l'empêcha pas de prendre le parti du pape et Gilles fut un des rares évêques français qui prirent part au concile romain de 1302. La mort de Boniface VIII lui permit de rentrer en grâce auprès de Philippe le Bel. A partir de 1304, on le retrouve sur son siège : il mourut à Avignon le 23 décembre 1316.

Sa mémoire a suivi la fortune de son œuvre littéraire. Aussitôt que Goldast eut édité sous son nom la *Quaestio in utramque partem*, Gilles de Rome passa communément pour un partisan de Philippe le Bel et rien ne paraissait plus naturel chez un descendant des Colonna. Quelques annalistes de son Ordre dénonçaient bien cette attribution comme fausse et signalaient dans les fonds manuscrits de diverses bibliothèques monastiques un traité d'un tout autre ton [2]. Mais leur voix resta sans écho [3] jusqu'au jour où un érudit français, qui a beaucoup fait pour rendre à notre époque la connaissance du moyen âge, vint révéler au public ce défenseur méconnu de la papauté.

---

[1] Voir Merlin, dans *Dict. théol. cath.*, t. VI, c. 1361-1365. — Un des plus connus est son commentaire sur les trois premiers livres des Sentences. Nous avons déjà signalé plus haut (p. 111) son *De renunciatione Papae*, qui le classait parmi les défenseurs de Boniface VIII.

[2] Gandolfo, *Dissertatio historica de... Augustinianis scriptoribus*, Rome, 1704, p. 33 : « ...*Libri tres De potestate ecclesiastica* in uno volumine. Qui libri necessario impressioni tradendi sunt, ut melius ostendatur falsitas libri editi a Goldasto. » Malheureusement cette impression devait tarder encore deux siècles.

[3] Même chez les Augustins, on finissait par se rallier à la tradition erronée de Goldast. Voir Ossinger, *Bibliotheca Augustiniana*, Ingolstadt et Augsbourg, 1768, p. 24.

En 1858, Charles Jourdain découvrait le *De ecclesiastica potestate* dans le manuscrit latin n. 4229 de la Bibliothèque nationale et signalait aussitôt l'intérêt de cet ouvrage, « resté inédit, malgré son mérite incontestable, tandis que des productions beaucoup moins savantes obtenaient les honneurs de la publicité ». Il en montrait la richesse en donnant une analyse substantielle de son contenu et en reproduisant l'intitulé des trente-six chapitres qui en forment les trois parties. On se trouvait donc en présence d'un traité complet, à la fois étendu et méthodique en dépit d' « assez fréquentes répétitions », où les droits du Souverain Pontife se développaient avec une « inflexible rigueur ». « Si d'autres sont allés aussi loin... dans la déduction des prérogatives temporelles du Saint-Siège, certainement personne n'a poussé plus avant. » Il ne s'agissait donc plus d'imputer à Gilles de Rome la *Quaestio in utramque partem*. L'auteur, au contraire, signalait entre son traité authentique et la bulle *Unam Sanctam* de telles coïncidences dans les idées et les expressions qu'il croyait devoir suggérer, à titre de « conjecture », d'y reconnaître la même main [1].

Depuis ces pages révélatrices, Gilles de Rome est inscrit dans l'histoire comme un des théoriciens les plus résolus de la suprématie spirituelle et temporelle des papes. Parmi tous les noms de théologiens que le conflit de Boniface VIII et de Philippe le Bel a mis en évidence, le sien est sans contredit le plus grand [2].

Le *De ecclesiastica potestate* est dédié à Boniface VIII, avec toute la pompe d'usage, par « Frère Gilles, son humble créature, archevêque de Bourges » [3]. Comme il vise des théologiens qui

---

[1] Ch. JOURDAIN, *Un ouvrage inédit de Gilles de Rome*, p. 3-26.

[2] Voir KRAUS, *Aegidius von Rom*, dans *Oesterr. Vierteljahresschrift für kath. Theologie*, t. I, 1862, p. 1-33, et SCHOLZ, p. 46-129. — L'ouvrage cependant est à peine publié. Deux érudits italiens, MM. OXILIA et BOFFITO, ont imprimé un manuscrit de Florence sous ce titre : *Un trattato inedito di Egidio Colonna*, Florence, 1908, gr. in 8º de LXXXI-171 p. Le texte en est d'ailleurs très fautif et littéralement indéchiffrable par endroits. R. SCHOLZ en annonce depuis longtemps une édition critique qui n'a pas encore paru.

[3] Mais rien n'autorise à dire qu'il ait été écrit « *probabilmente per urgente commissione di papa Bonifacio* » (OXILIA, *ibid.*, Introduction, p. LXXVII).

professent l'origine immédiatement divine des deux pouvoirs [1], il n'appartient pas à la phase initiale de la controverse. D'autre part, comme il offre des ressemblances évidentes avec la bulle *Unam Sanctam* et qu'il ne cite d'ailleurs pas ce document qui allait si bien à sa thèse, on a tout lieu de croire qu'il lui est antérieur [2]. Les derniers mots de la conclusion sont calqués sur le début de la fausse bulle de 1302 :

« Finem ergo loquendi omnes pariter audiamus : Ecclesiam time et mandata eius observa [3]. »

Encore une circonstance qui ne saurait être fortuite. On a supposé que les légistes français ont eu l'art de plagier les formules d'un adversaire illustre [4]. Hypothèse trop subtile pour n'être pas invraisemblable. Il est bien plus naturel de croire que l'auteur ait voulu faire allusion à un texte déjà célèbre. Dans les deux cas, tout nous ramène à placer son écrit vers les premiers mois de 1302. L'archevêque de Bourges se trouvait alors à la curie : on conçoit qu'il ait pris la plume pour défendre les droits du Saint-Siège. Mais, comme sa thèse était loin d'être populaire en France, on comprend aussi que l'ouvrage n'ait pas eu tout le retentissement qu'il aurait mérité et qu'il ait fini par sombrer dans l'oubli. Son incontestable valeur se double pour nous aujourd'hui de l'attrait qui s'attache toujours à une résurrection.

En même temps que Gilles de Rome, ressuscitait un de ses contemporains et frères en religion, Jacques de Viterbe [5]. Il appartenait à la famille des Capocci [6] et semble être né vers 1260. Entré jeune au couvent des Augustins de sa ville natale, il avait étudié à Paris, probablement à l'école de Gilles. A partir de 1293, il y enseigne lui-même avec grand succès. En

---

[1] II, 5, p. 45.
[2] Voir appendice II, p. 394-404.
[3] III, 12, p. 167.
[4] SCHOLZ, p. 128.
[5] Voir B. HAURÉAU, dans *Histoire littéraire de la France*, t. XXVII, p. 45-64, et ARQUILLIÈRE, dans *Dict. théol. cath.*, t. VIII, c. 305-309.
[6] Généalogie contestée par U. MARIANI, dans *Il Giornale dantesco*, 1924, p. 11.9

1300, les besoins de son Ordre l'appellent à Naples, où il se lie d'amitié avec le roi Charles II. Sur le désir de celui-ci, Boniface VIII le nommait archevêque de Bénévent le 3 septembre 1302 et, quelques mois après, archevêque de Naples. Il y mourut vers la fin de 1307, laissant une haute réputation de science et de sainteté.

On l'a surnommé le « Docteur spéculatif »[1]. Ses ouvrages indiquent, en effet, une grande culture philosophique : ils sont encore inédits et plusieurs, au dire de ses anciens biographes, avaient été déjà démarqués par de trop peu scrupuleux admirateurs.

Celui qui nous intéresse ici est un traité *De regimine christiano*, qui développe le même thème que le *De ecclesiastica potestate*[2].

L'auteur déclare l'avoir entrepris sous le coup de la « dévotion filiale » qui l'anime « à l'égard de notre sainte mère l'Église et du siège apostolique ». Il le dédie à Boniface VIII comme au *regum terrae sacer princeps*, à cause de la prudence et du zèle qu'il déploie *ad libertatem ecclesiastici regiminis et exaltationem catholicae veritatis*. De telles paroles sont un programme. Elles disent suffisamment que Jacques de Viterbe, autant que Gilles de Rome, entend s'attacher à maintenir les droits suprêmes de la papauté.

---

[1] Les anciennes listes lui donnent le titre de « Doctor gratiosus ». Voir EHRLE, *Die Ehrentitel der scholastischen Lehrer des Mittelalters*, dans les *Sitzungsberichte der Bayerischen Akademie der Wissenschaften*, Philos.-philolog. und histor. Klasse, 1919, Abh. IX, p. 38, 42, 44, 48, 54.

[2] L'ouvrage se trouve conservé dans un petit nombre de manuscrits des XIVe et XVe siècles : à Paris, dans les mss. lat. 4046 et 4229 de la Bibliothèque nationale, dans ce dernier à la suite précisément du traité de Gilles de Rome; à Rome, sans parler de copies modernes, dans le *Cod.* 130 de la Bibliothèque Angélique, également à la suite du *De ecclesiastica potestate*. — Ce dernier texte a été édité par G. L. PERUGI, *Il De regimine christiano di Giacomo Capocci Viterbese*, in 8° de XLVI-203 p., Rome, tipografia *Universo*, 1914-1915. Mais cette édition, qui contient d'ailleurs pas mal de fautes, semble être restée totalement inaperçue. Entre autres renseignements utiles, on y trouve publiée pour la première fois (Introd., p. XXXVII-XLVI), d'après le *Cod. lat.* 3212 de la *Biblioteca Casanatense* (XVIIe s.), une notice historique et bibliographique sur Jacques de Viterbe, due à la plume d'un Augustin anonyme, qui complète sur quelques points les précédentes.

Dans cette même dédicace, l'auteur s'intitule seulement *theologicae facultatis professor* : c'est dire qu'il écrivit avant d'être promu au siège métropolitain de Bénévent. Comme d'ailleurs, bien que sans le nommer, en beaucoup d'endroits il s'inspire visiblement de Gilles, son œuvre doit remonter au milieu de l'année 1302. On la sent écrite en pleine controverse. Lui-même parle des contradicteurs qui diminuent les prérogatives du Saint-Siège, *a quorum vaniloquio sancte Sedis Apostolice... obscuratur gloria, deprimitur excellentia et minoratur potentia*, de ces esprits mal faits *qui testium veritatis dicta vel non capiunt, vel minus recte intelligunt, vel inordinata voluntate invertere et ad sensum suum trahere satagunt* [1].

C'est donc plus que jamais l'heure pour les docteurs de défendre la vérité. Il en connaît qui l'ont précédé dans cette voie [2]; mais la tâche lui paraît assez importante pour tenter l'effort de plusieurs : *nec est supervacuum hoc a pluribus fieri*. Sa contribution personnelle fut si loin d'être superflue qu'elle devait, plus que toute autre, être exploitée par les apologistes postérieurs de la suprématie pontificale [3] et remarquée par ses

---

[1] JACQUES DE VITERBE, *De regimine christiano*, Prologue, 3-4 (Ms. lat. 4229, fol. 59ʳ; édit. PERUGI, p. 6).

[2] Allusion sans doute à Gilles de Rome, qu'il utilise notoirement. On ne peut donc pas donner le *De regimine christiano* comme « *il primo trattato* terribilmente clericale che apre la lotta e provoca la reazione laïca ». V. T. COGLIANI, *Giacomo Capocci e Guglielmo de Villana*, dans *Rivista d'Italia*, 1909, t. II, p. 437. Cfr p. 452, où l'auteur reconnaît l'antériorité de Gilles.

[3] Le traité de Jacques fut largement remployé, sous Jean XXII, en même temps que celui de Gilles, par Alexandre de Saint-Elpide. Alvarez Pelayo a fait mieux encore, puisque le *De regimine christiano* est inséré *in extenso*, sauf que l'ordre des deux livres y est renversé, dans son célèbre *De planctu Ecclesiae*, I, art. 51-59 = lib. II; art. 61-63 = lib. I. Voir SCHOLZ, p. 151, et, pour le détail, H. BAYLAENDER, *Alvaro Pelayo*, Aschaffenbourg, 1910, p. 32-33. — On remarquera aussi le fait que, dans le ms lat. 4229 de la Bibliothèque nationale, qui date du XIVᵉ siècle, le traité de Jacques est réuni à celui de Gilles de Rome et à l'opuscule déjà cité de Henri de Crémone. C'était déjà comme une *Bibliotheca pontificia* en miniature, qui est en tout cas l'équivalent, du côté ecclésiastique, des dossiers signalés plus haut (p. 138) que constituaient du leur les partisans du pouvoir royal. Dans le même sens, le *Cod.* 130 de la Bibliothèque Angélique (XVᵉ s.) rapproche l'œuvre des deux Augustins; voir PERUGI, *Il De regimine christiano*, Introd., p. XXXVI. De toutes façons, il n'est pas exact de parler avec l'auteur (*ibid.*, p. XXXV) de « l'abandon apparent » dans lequel serait tombé cet ouvrage.

adversaires [1]. Pour nous aujourd'hui elle balance en intérêt celle de ses plus illustres devanciers.

Au moment où la lutte se faisait le plus âpre entre le Saint-Siège et la France, Gilles de Rome et Jacques de Viterbe eurent à cœur de se faire les interprètes du droit pontifical le plus absolu. D'autres avaient déjà posé les principes : ils surent en tirer un système.

Une réaction des plus naturelles allait faire naître aussitôt le système opposé, dont le principal représentant fut le dominicain Jean de Paris.

Sa vie n'est pas très connue [2]. Il s'appelait Jean Quidort ou Lesourd (*Dormiens*, *De Soardis*) et ne doit pas être confondu avec un autre Dominicain, Jean Pointlâne (*Pungensasinum*), nommé aussi Jean de Paris, et qui appartient au commencement du XIIIe siècle. On le voit apparaître pour la première fois comme bachelier-ès-arts dans un acte universitaire du 6 août 1290 : ce qui suppose qu'il avait alors au moins vingt et un ans. Il entra plus tard dans l'Ordre dominicain et s'adonna aux études théologiques, où il se fit remarquer par une grande ardeur à défendre les doctrines de saint Thomas. En 1303, il compte parmi les *Fratres celebriores* de l'Ordre et il conquiert sa licence en 1304. On connaît de lui un commentaire des *Sentences*, un traité *De Antechristo*, écrit contre Arnaud de Villeneuve, et autres opuscules divers. Une théorie spéciale sur la transsubstantiation lui attira un procès qu'il perdit devant l'officialité de Paris (1305) et entreprit de gagner devant le pape Clément V. La mort le surprit prématurément à Bordeaux, le 22 septembre 1306, au cours de ces négociations.

Non moins attentif aux questions du jour qu'aux problèmes

---

[1] Dans le *Songe du Vergier*, I, 77 (GOLDAST, t. I, p. 83-84), Jacques de Viterbe est une des autorités du « clerc », qui cite de lui un long passage de ses *Quaestiones quodlibetales* encore inédites.

[2] Notice par F. LAJARD, dans *Histoire littéraire de la France*, t. XXV, p. 244-266. Voir également SCHOLZ, p. 275-286; FÉRET, p. 373-379, et mieux, tout dernièrement, M. GRABMANN, *Studien zu Johannes Quidort von Paris*, dans les *Sitzungsberichte* de l'Académie de Bavière, Munich, 1922.

classiques de l'école, il prit part à la grande querelle ecclésiastique par un important traité *De potestate regia et papali*[1]. Il y parle de Boniface VIII en termes qui le supposent encore vivant, sans d'ailleurs jamais citer, pas plus que ses prédécesseurs, la bulle *Unam Sanctam*. Au contraire, il nomme, pour l'attaquer, « celui de Crémone », qu'il ne semble pas encore connaître comme évêque de Reggio. Par ailleurs, il vise assez clairement Gilles de Rome et son école, quand il parle de « grands personnages qui s'appuient sur la philosophie de l'unité pour attribuer à l'Église les deux glaives » : ... *propter aliquos magnos qui propter unitatem ecclesiasticae hierarchiae nituntur ostendere papam habere utrumque gladium*[2]. Tous ces traits réunis permettent de situer également son œuvre au cours, plus exactement vers la fin, de cette année 1302, que nous avons déjà vue si féconde pour la controverse.

Jean de Paris y fait figure d'indépendant, plus soucieux de servir des principes que de s'inféoder à un parti. Il se propose de tenir une voie moyenne entre les extrêmes. D'une part, les Vaudois prétendent interdire à l'Église, au nom de l'esprit chrétien, toute action sur le temporel ; à l'extrémité opposée, « certains modernes » veulent que le *dominium in temporalibus* soit pour le pape une conséquence nécessaire de sa fonction spirituelle. Contre eux il établira que ce *dominium* n'est ni contradictoire ni essentiel à l'Église, mais qu'il peut lui convenir *ex concessione et permissione principum*. Thèse contestable peut-être à certains égards, mais qui dénote un effort sincère de conciliation et que l'auteur, au demeurant, n'avance que sous le bénéfice des plus formelles réserves :

« Protestor autem quod nihil intendo dicere cum assertione aliqua contra fidem, nec contra bonos mores vel sanam doctrinam, personae vel status Summi Pontificis reverentiam. Et si aliquid occurrerit inter dicta vel dicenda principaliter vel incidenter, volo pro non dicto haberi[3]. »

---

[1] Texte dans Goldast, t. II, p. 108-147. Étude doctrinale dans Finke, p. 170-177 ; analyse dans Scholz, p. 286-333.

[2] Jean de Paris, *De potestate regia et papali*, 19 (Goldast, p. 134).

[3] Prologue, dans Goldast, p. 109.

La démonstration qui suit est bien charpentée et suffisamment méthodique dans l'ensemble, malgré quelques digressions, pour former une synthèse comparable à celles qu'avait inspirées l'apologie du droit pontifical. Jean de Paris est un théologien qu'on peut opposer, pour la tendance et l'importance de sa pensée, aux Gilles de Rome et aux Jacques de Viterbe. Leur influence à tous a dépassé leur époque. Si, plus tard, les défenseurs de la papauté puisent largement dans ceux-ci, les gallicans du grand schisme ont connu et utilisé celui-là [1].

C'est ainsi que, dès le début du XIVe siècle, le conflit déchaîné entre l'Église et l'État fit surgir, après les premières ébauches, des œuvres plus imposantes, sinon définitives, et assez fortes pour présider à tout le développement ultérieur de cette question.

V

Grands ou petits, libelles de circonstance ou traités en forme, ces divers ouvrages ont pour commun caractère d'ignorer ou négliger la bulle *Unam Sanctam*. D'où l'on a pu induire qu'ils lui sont antérieurs. Sinon, on s'expliquerait mal qu'un acte aussi important n'ait pas retenu leur attention. Il nous reste deux gloses, d'ailleurs entièrement divergentes, qui prouvent que ce grave document, loin de passer inaperçu auprès des

---

[1] Gerson s'en est servi pour rédiger son *De potestate ecclesiastica* (*Opera*, édit. ELLIES DU PIN, Anvers, 1706, t. II, c. 225-256). Un théologien contemporain, le viennois Nicolas de Dinkelspühl, en faisait déjà la remarque. Après le texte du chancelier de Paris, il écrit ces lignes : «Sequitur tractatus bonus de sacerdotio et regno..., quem composuit, ut audivi, quidam magister Parysiensis, et *ex quo precedens tractatus in magna parte est tractus*.» Texte inédit, cité dans FINKE, p. 122, n. 1. — Un demi-siècle auparavant, Jean de Paris avait été traduit en français, comme les autres écrivains favorables au roi, par Raoul de Presles. Le Dr. Grabmann signale pour la première fois (*Studien zu Johannes Quidort von Paris*, p. 13) un texte de cette traduction dans le ms. 365 de la bibliothèque de Lyon. Quant à l'original, il est conservé dans au moins six manuscrits remontant au XIVe et au XVe siècles : Bibliothèque nationale, lat. 4364, 14530, 15004, 12467, 18288, 4046 (SCHOLZ, p. 286-287). Nouvelle preuve de sa diffusion précoce.

contemporains, vint, au contraire, comme il fallait s'y attendre, fournir à la controverse un aliment nouveau.

La première est due à un célèbre canoniste français, le cardinal Jean Lemoine [1]. Elle est connue depuis longtemps et figure, dans les anciennes éditions du *Corpus iuris*, comme commentaire classique du texte pontifical [2]. L'exorde et la conclusion parlent de Boniface VIII comme du pape encore régnant. C'est dire que la glose a suivi de près la publication de la bulle. Peut-être le cardinal l'a-t-il composée durant les loisirs de son ambassade infructueuse en France, où il resta depuis novembre 1302 jusqu'à juin 1303. Si cette hypothèse était vérifiée, cet opuscule aurait encore plus d'attaches avec le mouvement des idées dans notre pays, sans rien perdre de la haute signification que lui confèrent le nom et la situation de son auteur.

C'est une glose du plus pur style scolastique, où Lemoine s'attache aux moindres éléments du texte, les analyse en théologien autant qu'en juriste, les décompose en raisonnements d'une parfaite symétrie, les prolonge au besoin par la dialectique, de manière à donner aux paroles pontificales leur maximum de portée. Il observe très justement que la *principalis intentio* de cette décrétale est d'établir l'autorité du pontife romain et la nécessité pour tout fidèle de lui être soumis. Elle a été motivée par la résistance de ceux qui s'y opposent en paroles ou en actes. Contre eux, le pape a voulu exposer ses pouvoirs dans toute leur ampleur : *hanc decretalem edidit, ubi hoc plenissime declaratur.*

Plénitude que l'exégèse de notre glossateur trouve moyen de rendre encore plus débordante. C'est ainsi qu'il voit la conclusion établie directement par les généralités qui forment la première moitié de la bulle. Il y distingue des *conditiones generales*, exprimées par les mots du début : *Unam sanctam*, etc., puis des *adaptationes* qui ont pour but de les expliquer. Les

---

[1] Notice par F. LAJARD, dans *Histoire littéraire de la France*, t. XXVII, p. 201-225.

[2] *Corpus Iuris canonici*, Lyon, 1671, t. III, III, c. 201-212.

unes et les autres, prises dans leur plein sens, énoncent le devoir
de soumission au Pontife romain :

« Notandum autem hanc decretalem sic ordinate procedere quod
ex omnibus fere verbis habetur conclusio principalis... Nam si considerentur conditiones superius generales quod Ecclesia est una, sancta...,
si considerentur adaptationes superadditae quod fuit una arca figurans
Ecclesiam, quod unica est Ecclesia pro qua Christus oravit, quod
unica fuit tunica Christi inconsutilis, quod Ecclesia est unum corpus
habens unum caput, quod una facta fuit Petro de omnibus ovibus
commissio principalis, quod Ecclesia est unum ovile habens unum
pastorem, omnia ista clamant contra eos qui salvari volunt nisi subsint
Summo Pontifici; omnia ista protestantur quod sic subesse est de
necessitate salutis [1]. »

De la sorte on aurait une double série convergente de six
arguments dont voici un spécimen. L'Église est déclarée « une »
par le pape; or cette unité ne peut être acquise que par la soumission de tous à un seul chef. Donc... Si l'Église est proclamée
sancta, il faut comprendre qu'elle est *sancita et firmata in
unitate*. On arriverait d'ailleurs à la même conclusion en entendant *sancta* de la pureté, parce que la pureté c'est la vie surnaturelle et que les membres d'un corps ne vivent que par
leur union à la tête. Le reste est à l'avenant.

A plus forte raison la même thèse est-elle établie par le
développement relatif aux deux glaives, qu'il s'agisse soit des
praeambula où est indiquée l'existence des deux pouvoirs dans
l'Église, soit du *principale propositum* qui en affirme la subordination. Ici le commentateur n'a plus guère besoin d'argumenter :
il lui suffit d'exposer. Et il s'en faut que son exposé minimise
le texte original. Il ne se contente pas d'une vague infériorité
du temporel; il exige une véritable sujétion :

« Haec ratio non concludit solum terrenam potestatem esse sub
spirituali quia temporalia sunt communiter sub spiritualibus, sed etiam
probat quod terrena potestas habet reduci in Deum per spiritualem,
hoc est habet dirigi et gubernari per ipsam. »

La perception des dîmes lui est une preuve que *tota terra*

---

[1] *Corpus Iuris canonici*, Lyon, 1671, t. III, III, c. 207.

laïcorum est in censum Ecclesiae. Et là où le pape disait que le
pouvoir spirituel est juge du temporel, Lemoine glose : *iudicare
et destituere* [1]. Quand la bulle affirme que le pape est « l'homme
spirituel » qui juge de toutes choses, Lemoine distingue assez
heureusement une double spiritualité : *personalis et secundum
statum.* La première appartient aux saints et plusieurs peuvent,
à ce point de vue, être supérieurs au pape. Mais, par son état,
le pape est au plus haut degré du ministère spirituel, et là est
la source de sa suprême juridiction [2].

Que cette glose soit souvent éloignée des méthodes historiques, c'est l'évidence même ; mais elle n'en est que plus
significative d'un état d'esprit. Loin d'atténuer la bulle *Unam
Sanctam,* le commentaire du cardinal Lemoine, parce qu'il
donne un sens absolu à ses moindres propositions, tend plutôt
à l'exagérer.

Tout autre est la méthode et la doctrine d'une seconde
glose, également contemporaine, que seuls les érudits du
XIXe siècle ont arrachée à la poussière des archives [3]. L'auteur
ne se contente pas, comme le précédent, de s'attacher à la lettre
du texte officiel. Après une courte analyse de la bulle et une
explication rapide des passages les plus saillants, il entreprend
un examen critique de la doctrine qu'elle énonce. Est-il vrai,
et dans quel sens, que, pour être sauvée, toute créature doive
être soumise au Pontife romain ? Là-dessus l'auteur de greffer
une véritable dissertation, où les divers aspects du problème
sont méthodiquement envisagés.

Il y a lieu évidemment de distinguer entre l'ordre temporel
et l'ordre spirituel. Encore dans celui-ci le cas n'est-il pas le
même pour les biens de la nature et les biens de la grâce. Les
premiers ne dépendent que de Dieu et de nous. Parmi les
seconds, il faut d'abord excepter les *gratiae gratis datae.* Restent
les grâces ordinaires, qui sont seules soumises à la juridiction

---

[1] *Ibid.,* c. 209.
[2] *Ibid.,* c. 211.
[3] Texte dans FINKE, p. C-CXVI (avec quelques coupures).

de l'Église et du pape. Celui-ci ne remplit d'ailleurs à leur sujet que le rôle de ministre et d'instrument :

« Dico autem ministrum, non dominum, quia in praedictis non operatur nisi ministerialiter [1]. »

L'auteur apporte la même acuité de précision théologique dans la question des biens temporels. Pour la substance, ils n'appartiennent qu'à Dieu. Quant à l'usage, il peut être apprécié d'un point de vue naturel ou surnaturel : sous le premier aspect, ils relèvent de l'individu ou de l'État ; sous le second seul, ils relèvent de l'Église. Ainsi l'autorité ecclésiastique n'est, en somme, jamais que d'ordre spirituel : *non aliam potestatem... directe et immediate nisi spiritualem* [2]. D'après ces principes l'auteur se préoccupe ensuite de répondre *ad argumenta in hac decretali adducta*, en montrant que tout ce qu'il y a de vrai se ramène à la prééminence du pouvoir spirituel ou à la direction supérieure que celui-ci imprime, en conséquence, à toute l'activité humaine, même dans l'ordre temporel.

On ne saurait imaginer deux interprétations plus différentes du même document. La première s'attache à la lettre de la bulle pour l'aggraver ; la seconde en discute la thèse et les arguments et, discrètement, les transpose sur un autre plan. Des deux glossateurs, l'un est un juriste à l'esprit rigide qui ne connaît que la ligne droite de la déduction abstraite ; l'autre est un théologien philosophe à qui son esprit de finesse fait apercevoir la complexité du problème et tenter une solution originale.

Cependant ces deux gloses si dissemblables ont longtemps passé pour être du même auteur. Pour avoir découvert la seconde, dans un manuscrit du XIVe siècle, parmi les œuvres authentiques du cardinal Lemoine, F. Lajard la lui attribue aussi bien que la première. Les différences de style et d'idées, qu'il ne peut pas s'empêcher d'apercevoir, s'expliqueraient par l'intention d'aplanir le conflit et signifieraient la volte-face d'un homme

---

[1] FINKE, p. CV.
[2] *Ibid.*, p. CVIII.

politique habile à se dégager [1]. Psychologie qui n'a certes rien
d'invraisemblable en soi ; mais, dans l'espèce, on ne comprendrait guère comment le même homme a pu en si peu de temps
transformer à ce point son esprit et sa plume. Les caractères
intrinsèques des deux écrits obligent à admettre deux auteurs
différents [2].

Telle fut l'impression d'un lecteur ultramontain du xvᵉ siècle,
qui désigne ainsi le second : *glosa alicuius mali hominis super
Extravagante Unam Sanctam*, dans le manuscrit même qui contient le commentaire du cardinal Lemoine. Elle s'impose encore
aujourd'hui, sauf à juger moins sévèrement l'inspiration de
l'anonyme. La glose du cardinal reflète les conceptions bien
connues qui régnaient alors dans les milieux de la curie : l'autre
se rattache à ce groupe de théologiens français qui, sous des
formes diverses, s'appliquèrent à les combattre et à les remplacer. Du commencement à la fin, un même rythme alternatif
préside aux phases politiques du conflit, que l'on retrouve dans
la littérature variée qu'il inspira.

VI

Autour de ce bloc d'écrits, que la communauté du sujet rend
homogènes jusque dans la diversité de leurs tendances, peuvent
se grouper divers fragments propres à éclairer quelques aspects
de la controverse.

La mort de Boniface VIII n'arrêta pas l'animosité du roi
de France, qui ne cessa de poursuivre contre le feu pape l'ouverture d'un procès d'hérésie. Ces attaques posthumes eurent au
moins le bon résultat de provoquer l'entrée en lice d'un théologien déjà réputé et qui, dans un avenir prochain, allait prendre
le premier rang parmi les défenseurs du droit pontifical :

---

[1] F. LAJARD, *Histoire littéraire de la France*, t. XXVII, p. 220-224. L'auteur
admet du reste (p. 223) que l'identité d'origine ne soit pas « absolument »
démontrée.

[2] Cette démonstration a été faite par H. FINKE, p. 177-186. Elle est adoptée
par les historiens subséquents ; par exemple, SCHOLZ, p. 197-198 et 274-275 ;
HURTER, *Nomenclator literarius*, Innsbrück, 1906, t. II, c. 512-513, note.

Agostino Trionfo[1]. Né à Ancône en 1243, il était entré de bonne heure dans l'Ordre des Augustins et avait étudié à Paris en compagnie de Gilles de Rome. Bientôt il enseigna lui-même à l'Université avec un succès tel qu'il fut appelé par Grégoire X au concile de Lyon, en remplacement, assurent ses biographes, de saint Thomas d'Aquin. Après le concile, il fut demandé à Padoue par le duc François de Carrare comme prédicateur de la cour. Puis, il connut dans sa ville natale quelques années de retraite studieuse, d'où il fut attiré à Naples par le roi Charles II, qui le retint comme conseiller politique. C'est là qu'il finit ses jours le 2 avril 1328.

Ses œuvres sont considérables[2]. Il a commenté la *Métaphysique* d'Aristote, le livre des *Sentences* et presque tout le Nouveau Testament, commencé un *Milleloquium* où il se proposait de synthétiser la doctrine de saint Augustin, écrit des *Quaestiones quodlibetales*, des traités ascétiques et de nombreux sermons. Non content de se mouvoir dans les cadres classiques, il fut entraîné par les circonstances vers les problèmes d'actualité. Les anciens bibliographes ont connu de lui un *De sacerdotio et regno ac de donatione Constantini*, un *De ortu Romani imperii*, dont le titre seul a survécu. On peut supposer que l'auteur y préludait à la fameuse *Summa de potestate ecclesiastica* sur laquelle il devait terminer sa carrière[3]. La renommée de cet ouvrage a fixé l'attention des érudits sur quatre opuscules relatifs à la période qui nous occupe. C'est d'abord un *Tractatus contra articulos inventos ad diffamandum sanctissimum patrem dominum Bonifacium sancte memorie et de commendatione eiusdem*, écrit vers 1307-1308 à la sollicitation du cardinal François Gaëtani, où l'auteur, après avoir pris la défense du

---

[1] Notice biographique par Augustin FIVIZANI, en tête de la *Summa de potestate ecclesiastica*, Rome, 1584. Elle a inspiré celle de R. SCHOLZ, p. 172-175.

[2] Elles furent réunies en une collection unique par les soins de ses compatriotes d'Ancône : ce manuscrit se trouve aujourd'hui à la Bibliothèque du Vatican.

[3] D'après ses premiers éditeurs, elle fut écrite en 1320, *iubente Ioanne XXII Pontifice Maximo* (p. 563). Elle débute, en effet, par une dédicace à Jean XXII, mais qui ne fait aucune allusion à un ordre du pontife.

pontife calomnié, dit son mot sur les principales questions ecclésiastiques du temps [1]. Beaucoup plus courts, les autres sont des dissertations canoniques de moindre intérêt : *Tractatus brevis de duplici potestate prelatorum et laicorum, De potestate collegii mortuo papa, De facto Templariorum* [2].

Tous ensemble ont pour commun caractère de viser des objectifs réduits et d'ordre plutôt pratique. Sans disparaître entièrement, le conflit doctrinal soulevé par la politique de Boniface VIII y cède le pas à des questions concrètes d'organisation et de discipline. On s'en préoccupait aussi dans d'autres milieux et, naturellement, à de tout autres points de vue. Ainsi la logique aussi bien que la chronologie autorisent à rapprocher d'Agostino Trionfo, avec les projets de Pierre Dubois, les *desiderata* soumis au concile de Vienne dans les célèbres mémoires de deux prélats français : Guillaume Le Maire, évêque d'Angers, et Guillaume Durand le jeune, évêque de Mende. Grâce à ces témoins divers, on peut apprécier l'état de l'opinion sur ces problèmes positifs qui avaient été la cause ou la suite du différend entre la France et le Saint-Siège, et qui passent ici au premier plan alors que les discussions spéculatives de leurs contemporains en laisseraient à peine entrevoir l'acuité.

On n'aurait d'ailleurs pas une vision adéquate du mouvement d'idées qui agita ce début du XIVe siècle en matière de théologie politique si l'on se bornait à notre pays.

Dès 1892, au cours d'un étude comparative sur Dante et Jean de Paris, C. Cipolla suggérait de faire un rapprochement entre nos publicistes français et ceux qui, vers la même époque,

---

[1] Déjà signalé dans DENIFLE, *Chartularium*, t. II, Paris, 1891, n. 634, p. 102, il est édité avec des coupures dans FINKE, p. LXIX-XCIX. L'éditeur, au demeurant, comme déjà Denifle, se contente d'insinuer à titre d'hypothèse le nom d'Ag. Trionfo (p. 252). R. SCHOLZ est tout à fait affirmatif (p. 175). — Nous avons encore de cette même époque un autre plaidoyer pour Boniface VIII, dû au grand canoniste bolonais Guy de Baisi, connu sous le nom d'*Archidiaconus*, mais où rien ne dépasse la stricte discussion de la cause. Texte dans MANSI, t. XXV, c. 417-426, d'après un manuscrit de la cathédrale de Lucques.

[2] Publiés dans R. SCHOLZ, p. 486-516, d'après le ms. lat. 4046 de la Bibliothèque nationale. Notice littéraire, *ibid.*, p. 175-189.

soit en Allemagne, soit en Italie, entreprenaient la défense de la cause impériale [1]. Au dossier qu'il connaissait d'autres documents sont venus s'ajouter depuis, qui permettent de transformer en tableau complet l'esquisse du savant juriste italien et attestent l'existence, dans le reste de l'Église, de courants intellectuels analogues à celui dont nous avons relevé chez nous les principales manifestations. La seule différence est que, sous la pression des événements, la controverse prend ici les allures d'un corps à corps, tandis qu'elle n'est guère ailleurs qu'un pacifique tournoi. Mais, à cela près, les positions sont les mêmes. C'est pourquoi à la littérature suscitée par les affaires de France et dont la France fut presque toujours la patrie, le parallélisme des dates et des doctrines invite à joindre celle que provoquait à peu près simultanément, dans les milieux intéressés, le problème de l'Empire.

Trois apologistes de l'idée impériale se succèdent en Allemagne de la fin du XIIIᵉ siècle au commencement du XIVᵉ. Le plus ancien est Jourdain d'Osnabrück [2], avec son petit traité *De praerogativa Romani Imperii*, écrit pendant le grand interrègne (1256-1273) [3]. Quelques années plus tard, soit peu de temps après la mort du pape Nicolas III (22 avril 1280), Alexandre de Roes, chanoine de Cologne, envoyait à son protecteur, le cardinal Jacques Colonna, l'opuscule de ce « très savant et vénérable maître », en y ajoutant un traité de sa composition sur le même sujet. Car, en disant la messe à Viterbe pendant

---

[1] C. Cipolla, *Il trattato « De Monarchia » di Dante*, dans les *Memorie della reale Accademia... di Torino*, deuxième série, t. XLII, 1892, p. 342-343 et 384-387.

[2] Sa vie est à peu près inconnue. Il apparaît comme chanoine d'Osnabrück de 1251 à 1283, avec parfois le titre de *magister* ou de *scholasticus*, et sa mort est fixé à un 15 avril, peut-être de l'an 1288. Voir R. Scholz, art. *Jordan von Osnabrück*, dans *Realencyclopädie*, t. XXIII, 1913, p. 698-700, qui analyse la littérature assez complexe du sujet et précise, d'après les derniers travaux, surtout d'après W. Schraub (*Jordan von Osnabrück und Alexander von Roes*, Heidelberg, 1910) l'œuvre authentique de Jourdain.

[3] Édité dans Goldast, *Monarchia*, t. II, p. 1462-1476; réédité par G. Waitz, *Abhandlungen der k. Gesellschaft der Wissenschaften zu Göttingen*, t. XIV, 1868, p. 1-92. Seul le chapitre I (p. 43-52) est de Jourdain.

le dernier conclave, il avait constaté avec indignation que les missels de la curie ne contenaient plus, au canon, la prière d'usage pour l'empereur. D'où une nouvelle apologie de l'Empire et de son rôle providentiel, qui s'est d'ailleurs tellement agglomérée à la précédente qu'il a fallu toute la sagacité de l'érudition moderne pour les démêler [1]. Le même thème est enfin repris, dans les premières années du XIVe siècle, par un théologien de plus grande notoriété : Engelbert, abbé d'Admont [2]. Son traité *De ortu et fine imperii* date probablement de 1307 [3]. Il paraît qu'on discutait fort sur la question autour de lui. Beaucoup estimaient que la faiblesse actuelle de l'Empire était le signe d'une irrémédiable décadence; d'autres ajoutaient que les crimes qui en avaient marqué l'origine le vouaient à une disparition fatale. Pour lui, il se déclare ferme partisan de l'institution impériale et il prend la plume pour faire partager aux autres sa conviction [4].

Conformément à leur but, ces divers auteurs s'appliquent principalement à établir ou rappeler les titres historiques de l'Empire; mais ils ne peuvent pas s'empêcher de toucher, au moins en passant, à la question de ses rapports avec l'Église. La théologie incluse dans leurs plaidoyers impérialistes allait devenir, chez d'autres, l'objet de thèses *ex professo*. Et, comme il devait arriver, ces thèses furent contradictoires.

Ici comme ailleurs s'affirme d'abord le point de vue pontifical, c'est à dire la subordination de l'Empire à l'Église : il est représenté par la *Determinatio compendiosa de iurisdictione*

---

[1] Dans l'édition WAITZ déjà citée, l'œuvre d'Alexandre comprend la première préface (p. 39-40) et les chapitres II-XI (p. 52-90), soit la plus grande partie du traité jadis attribué à Jourdain. On ne sait d'ailleurs rien de l'auteur en dehors des renseignements donnés par son ouvrage.

[2] Voir sur sa vie et ses œuvres B. HEURTEBIZE, dans *Dict. théol. cath.*, t. V, c. 120-121. Né vers 1250, moine, puis, en 1297, abbé du monastère d'Admont en Styrie, il y mourut en 1331, laissant un héritage considérable d'ouvrages ascétiques et théologiques.

[3] Il est édité dans GOLDAST, *Politica imperialia*, Pars XVIII, 1, p. 754-773, et, depuis, dans *Maxima Bibliotheca Patrum*, Lyon, 1677, t. XXV, p. 362-378.

[4] Prologue (GOLDAST, p. 754). Plus loin, il se réfère nommément à Jourdain d'Osnabrück (*ibid.*, 18, p. 768).

imperii [1]. Les rares historiens qui la connurent autrefois la reportaient vers le milieu du xive siècle, et cette date tardive lui enlevait toute signification spéciale. On s'est aperçu depuis qu'il fallait la placer, non pas à la fin, mais au commencement des grands débats sur les droits de la papauté en matière temporelle [2]. D'où l'importance primordiale que tout le monde s'accorde à lui reconnaître comme à la première tentative notable de justifier en doctrine la politique d'Innocent III et de ses successeurs.

Tous les problèmes sont loin d'être résolus à l'endroit de cet ouvrage. Mais il est couramment admis que la *Determinatio* appartient à la fin du xiiie siècle, peut-être aux environs de 1300, et qu'elle a pour auteur l'illustre chroniqueur dominicain Toloméo de Lucques [3]. Il est certain, en tout cas, qu'elle offre des rencontres frappantes et nombreuses avec la suite que celui-ci a donné au traité *De regimine principum* laissé incomplet par saint Thomas d'Aquin [4]. Et si ces analogies ne devaient pas suffire pour conclure à l'identité d'auteur, nous aurions alors deux attestations convergentes des conceptions accréditées au sujet de l'Empire chez les théologiens pontificaux.

Dans le sens opposé se place la célèbre *Monarchia* de Dante. La date en est fort discutée : d'autant que « l'absence de toute allusion contemporaine précise » annule ici le recours à la critique interne [5]. On se rallie assez communément aujourd'hui,

---

[1] Révélée d'abord, puis longuement analysée, par H. Grauert (*Aus den kirchenpolitischen Traktatenliteratur des XIV Jahrhunderts*, dans *Historisches Jahrbuch*, t. XXIX, 1908, p. 497-536), la *Determinatio* a été éditée l'année suivante par M. Krammer.

[2] Une des preuves, c'est que la *Determinatio* est déjà utilisée par Alvarez Pelayo, *De planctu Ecclesiae*, I, 40-43. Cfr H. Baylaender, *Alvaro Pelayo*, p. 33-34.

[3] Voir Krammer, Introduction, p. vii-xxx, qui conclut à 1281. Il a été combattu par H. Grauert (*Historisches Jahrbuch*, t. XXXI, 1910, p. 242-243), qui, avec plus de raison, semble-t-il, propose 1300.

[4] L'œuvre de Toloméo commence au chapitre V du livre II et se lit dans les éditions sous le nom du Docteur Angélique (*Opera omnia*, t. XXVII, p. 361-412). Elle fut écrite entre 1298 et 1308, probablement vers 1300 (Krammer, p. xxii).

[5] E. Jordan, *Dante et la théorie romaine de l'Empire*, dans la *Nouvelle Revue hist. de droit français et étranger*, t. XLV, 1921, p. 359.

sur le témoignage de Boccace, à l'année 1311, marquée par la descente de Henri VII en Italie[1]. Toujours est-il que l'auteur, non content d'y affirmer sa foi impérialiste et d'y revendiquer l'autonomie de l'Empire à l'égard de la papauté, s'efforce de trouver une solution originale au problème dès lors inévitable de leur dépendance respective. Par où Dante n'appartient pas seulement à l'histoire des idées politiques, mais tout autant à celles des systèmes théologiques qui commençaient à s'élaborer sur les relations de l'Église et de l'État.

Qu'il s'agisse de royauté française ou d'Empire germanique, c'est partout, au fond, le pouvoir civil qu'il s'agit de situer à l'égard du pouvoir spirituel dans l'économie du monde chrétien. Avec ou sans conflit, un même problème se pose, dont rien ne montre mieux l'urgence et la gravité que l'abondance de ces productions littéraires dans un laps de temps aussi restreint et dans des circonstances par ailleurs bien différentes. Deux foyers de controverse, indépendants sans nul doute l'un de l'autre, s'allument en même temps dans la chrétienté, que cette distinction même oblige à étudier séparément, mais dont l'unité réelle permet à l'historien les plus utiles confrontations.

---

[1] Pour l'exposé des opinions, voir G. A. SCARTAZZINI, *Enciclopedia dantesca*, Milan, 1899, art. *Monarchia*, t. II, p. 1266-1274, et C. WITTE, Introduction à son édition de la *Monarchia*, p. XXXV-XLIX. Celui-ci veut placer la *Monarchia* à la fin du XIIIe siècle; en quoi il est suivi par E. BOEHMER, *Ueber Dante's Monarchie*, p. 5-14; mais cette opinion n'a pas prévalu.

CHAPITRE IV

DOSSIER DE LA CONTROVERSE

SOMMAIRE. — Matériaux communs au service de thèses contradictoires. —
I. *Arguments d'Écriture Sainte.* Sens littéral et sens allégorique. La suprématie pontificale établie sur l'Ancien Testament : les deux luminaires,
philosophie sacerdotale de l'histoire politique, le rôle de Samuel et de Jérémie.
Preuve par le Nouveau Testament : les deux glaives, les pouvoirs de Pierre.
— Antithèse : mission religieuse de la royauté ; modestie de Jésus et de
Pierre ; les droits de César.—Réponse des théologiens pontificaux et réplique
de leurs adversaires ; procès de la méthode allégorique. — II. *Arguments
de tradition.* Citations patristiques et textes du *Corpus Iuris.* Excellence
théorique de la papauté ; ses droits sur le temporel en général, sur l'élection
et la conduite des souverains ; sur la translation de l'Empire et la déposition
des rois. — Antithèse : critique des arguments invoqués par les théologiens
pontificaux. Arguments positifs : textes favorables à la mission spirituelle de
la papauté et à la distinction des deux pouvoirs. — Essai de réplique par
Henri de Crémone. — III. *Arguments de raison.* Toute-puissance de la
dialectique. Raisons philosophiques à l'appui de l'autorité pontificale : la
loi d'unité ; le principe de subordination hiérarchique ; la primauté du spirituel. Considérations *a posteriori* : l'Église fondement des sociétés. Raisons
théologiques : royauté du Christ et de son vicaire ; unité de l'Église ; primauté
du spirituel. — Antithèse : critique de l'argumentation précédente. Arguments positifs : distinction des puissances et origine divine du pouvoir
civil. — Conflit de deux philosophies de l'ordre politique et religieux.

Bien que ces divers ouvrages et opuscules aient tous leur
prix pour l'histoire, ils sont loin d'offrir une égale importance.
Non seulement ils diffèrent en étendue ; mais, pour beaucoup
d'entre eux, leur originalité nous apparaît le plus souvent
minime. Et ne le serait-elle pas davantage encore si l'on pouvait
avoir une connaissance plus complète de ce milieu ? Il y aurait
donc mince profit à entreprendre l'analyse détaillée de chacun [1].

---

[1] Cette analyse est faite par les auteurs, tels que R. SCHOLZ, qui s'en tiennent
au côté littéraire de la controverse. Raison de plus pour tenter une synthèse
qui permet seule de saisir le fond même du débat.

Sauf pour les personnalités de premier plan, qui méritent une
étude à part, la valeur des autres est plutôt d'ordre collectif,
comme représentants plus ou moins anonymes des idées et des
tendances qui se disputaient un peu partout les esprits.

D'un groupe à l'autre, en effet, c'est un même lot d'arguments
qui s'échangent, lancés tour à tour et rétorqués suivant la
méthode impersonnelle des écoles. Comme chacun se faisait
un devoir, en cette époque où la dialectique régnait en souveraine, de rapporter et de réfuter les raisons de l'adversaire, on
les retrouve ordinairement deux fois, d'abord chez ceux qui
les admettent, puis chez ceux qui les critiquent. Passes d'armes
interminables, et la plupart du temps sans grand intérêt, mais
qui nous mettent à même de restituer la physionomie générale
du combat.

Le principal dossier est constitué par Jean de Paris, qui
énumère quarante-deux arguments des théologiens pontificaux,
auxquels il oppose autant de réponses. Il affirme s'être préoccupé
de recueillir tous ceux qu'il pouvait trouver dans la tradition
orale ou écrite du temps [1]. Cependant il est loin d'être exhaustif.
La *Quaestio in utramque partem* relève dix-huit arguments de la
même école et le traité *Rex pacificus* en rapporte dix-sept, qui
ne coïncident pas tous avec les premiers. Abondante série qui
s'enrichit encore de quelques numéros grâce à Henri de Crémone et au défenseur anonyme de la bulle *Clericis laïcos*. Quant
aux raisons positives des auteurs plus ou moins hostiles à la
papauté, outre qu'elles sont incorporées dans les démonstrations
du *Dialogue* et de la *Quaestio in utramque partem*, nous en avons
une liste de seize dressée par le traité *Rex pacificus*, qui peut elle-
même se compléter par les réfutations que Henri de Crémone
et les autres théologiens de son bord ne manquent pas d'ajouter
à leurs thèses [2].

---

[1] « Haec sunt quae audire vel colligere potui in hanc partem. » *De potestate
regia et papali*, 12 (GOLDAST, t. II, p. 124).

[2] Dès le premier jour, il semble que ce dossier ait pris en France sa forme
à peu près définitive. On trouve, en tout cas, peu d'éléments neufs chez les
polémistes impériaux, tels que Dante et Toloméo de Lucques.

Ces divers arguments sont empruntés aux sources classiques de la théologie : Écriture sainte, tradition ecclésiastique, raison. Plusieurs sont d'un type absolument net et, de ce chef, reparaissent partout avec une constante uniformité. D'autres sont plutôt des thèmes que chacun exploitait à sa guise et présentent, en conséquence, d'assez nombreuses variantes agglomérées autour d'un noyau commun. A côté de ceux qui restent simples, beaucoup deviennent composites et prolongent le raisonnement par les textes ou *vice versa*. Leur ensemble a l'avantage de montrer comment se posait le problème de l'Église et de l'État devant la pensée du XIVe siècle naissant. Sans doute la plupart étaient déjà utilisés dans l'école; mais le fruit de la controverse fut de les rapprocher ici pour la première fois et de les mettre, si l'on peut dire, en ligne de bataille pour la postérité [1].

En éclairant ce chapitre assez curieux de théologie positive, un coup d'œil synthétique sur les grandes lignes de cette argumentation nous fournira le fond historique sur lequel les thèses contradictoires des grands protagonistes se détacheront plus tard en haut relief.

I

Toujours la théologie catholique fit profession de chercher dans l'Écriture son principal appui. Aux faits qu'elle raconte, aux textes qu'elle contient, le moyen âge accordait sans hésiter leur pleine valeur comme parole de Dieu. Une exégèse allégorisante, dont le principe, accrédité par les Pères, se diversifiait en applications variées suivant l'ingéniosité de chacun, venait, au besoin, supplémenter le sens littéral. Grâce à cette double méthode, les livres bibliques formaient comme un vaste arsenal

---

[1] Voir le diptyque dressé il y a plus d'un demi-siècle, surtout d'après les écrivains postérieurs, dans Friedberg, *De finibus...*, sous ces titres aux antithèses un peu voyantes : « *De civitatis servitute* », p. 15-31 ; « *De civitatis libertate* », p. 38-70. Le même tableau est refait plus brièvement par l'auteur dans *Die M. A. Lehren über.... Staat und Kirche*, t. I, p. 6-11 et 20-26. Il y a lieu de le reprendre à l'aide de nos controversistes, qui les premiers en groupèrent tous les éléments et les transmirent à leurs successeurs.

où les dialecticiens des deux camps allaient tour à tour s'approvisionner.

Les tenants de la papauté n'éprouvaient aucun embarras à établir tout d'abord la suprématie pontificale au nom de l'Ancien Testament. Deux faits principaux, l'un symbolique, l'autre historique, leur servaient de base. Au quatrième jour de la création (*Gen.*, I, 14-19), Dieu avait fait le soleil et la lune Dans ces deux « grands luminaires » tout le monde voyait le symbole de la double puissance qui préside à la marche de l'humanité [1]. Sur quoi les théologiens pontificaux avaient beau jeu pour arguer que la lune doit au soleil tout son éclat : preuve ou signe que les rois tiennent du pape toute leur autorité [2].

D'autant que les origines de l'histoire humaine déposaient, à leurs yeux, en faveur de la théocratie. Au début, Dieu gouverna le monde par lui-même ; puis par Noé et les patriarches, qui furent des prêtres, puisqu'on les voit ériger des autels et offrir des sacrifices au Seigneur ; enfin par Moïse et Aaron, tous deux prêtres de la tribu de Lévi, préposés au gouvernement temporel et spirituel du peuple de Dieu. C'est encore Dieu qui, dans la suite, suscitait les prophètes et donnait à Israël ses rois. Philosophie religieuse de l'histoire, d'où ressort à la fois la nécessité de l'unité dans le monde et sa réalisation au profit de l'ordre sacerdotal [3].

---

[1] Ce symbolisme, déjà commenté par Innocent III (voir *supra*, p. 32), est également accepté par Frédéric II, qui essaie de le tourner à son profit : « ...Minus a maiori continuam suscipit claritatem » (WINKELMANN, *Acta imperii inedita*, t. I, n. 355, p. 314). Pendant la querelle des Investitures, plusieurs voyaient dans le soleil l'image de l'Empire et de sa supériorité (Card. HUMBERT, *Adversus Simoniacos*, III, 21 ; *Libelli de lite*, t. I, p. 225 ; PL, CXLIII, 1175).

[2] HENRI DE CRÉMONE, édit. SCHOLZ, p. 469. Cfr JEAN DE PARIS, 12 (GOLDAST, t. II, p. 121) et *Rex pacificus* (DUPUY, p. 664) qui se réfère à Innocent III. — D'où des calculs qui varient suivant les conceptions astronomiques des auteurs. La glose des Décrétales admet que le soleil est 47 fois plus grand que la lune, c'est à dire que l'autorité du pape est autant de fois supérieure à celle du roi. Mais d'autres, tels que Laurent, aboutissaient à une supériorité de 7744 1/2 (*In* I, 33, 6, c. *Solitae*, ad v. *Inter solem et lunam*, dans *Corpus Iuris*, Lyon, 1671, t. II, c. 426). Nous avons signalé plus haut (p. 56) des supputations analogues chez l'*Hostiensis*, déjà raillé à ce sujet par *Rex Pacificus* (p. 677).

[3] HENRI DE CRÉMONE, édit. SCHOLZ, p. 461-462. Cfr *Non ponant laïci* (*ibid.*, p. 472-473) et *Quaestio in utramque partem*, 5 (GOLDAST, t. II, p. 103).

Sur ce thème fondamental se greffaient un certain nombre d'accessoires. Pour accentuer la *diminutio regiae potestatis*, d'aucuns aimaient rappeler que Dieu a institué personnellement le sacerdoce, tandis qu'il a seulement permis l'institution de la royauté (*Deut.*, XVII, 14-15), que la première demande d'un roi fut mal accueillie par Samuel et sévèrement jugée par Dieu (*I Reg.*, VIII, 6-10; OSÉE, VIII, 4). En tout cas, c'est le prêtre qui donnait au roi, avec l'onction, la véritable source de son pouvoir et qui, en la personne de Melchisédec, recevait de lui la dîme. Quand le Pharaon, au moment de la famine, profitait de l'universelle détresse pour mettre la main sur les terres de ses sujets, il ne toucha pas aux biens du clergé (*Gen.*, XLVII, 22-26) : première indication des immunités ecclésiastiques, utilisée plus tard par le pape Urbain II [1]. Chez le peuple de Dieu, les Lévites étaient les juges suprêmes dans les cas difficiles (*Deut.*, XVII, 8-9 et 12) et la Loi punissait de mort l'audacieux qui refusait de leur obéir. Joseph préposé à la maison du Pharaon signifiait le rôle du pape dans l'Église (*Ps.*, CIV, 21) et Jérémie sa fonction au dehors quand il s'affirmait muni de pleins pouvoirs sur les rois et les royaumes pour y détruire ou construire à son gré (JÉR., I, 10). Et l'on ne manquait pas d'observer que le prophète n'était pas un roi, « mais l'un des prêtres d'Anathoth » [2].

A plus forte raison le Nouveau Testament devait-il fournir une riche matière à la dialectique de nos théologiens. Ils lui demandaient tout d'abord le droit général de l'Église. Un texte de l'Apocalypse ramène un symbole analogue à celui des deux luminaires primitifs : cette femme revêtue du soleil, c'est évidemment l'Église avec sa puissance spirituelle, et le pouvoir temporel est représenté par la lune qui est sous ses pieds [3]. Sans figure, l'Église n'a-t-elle pas reçu de son fondateur (MATTH., XVIII,

---

[1] Le texte est, en réalité, de GRATIEN, c. 22, C. XXIII, qu. 8 (édit. FRIEDBERG, c. 961).

[2] Pour l'ensemble de cette argumentation, voir JEAN DE PARIS (*loc. cit.*). Elle est résumée par *Rex pacificus*, qui ajoute quelques références au *Corpus Iuris*.

[3] HENRI DE CRÉMONE, p. 468.

15-17) le pouvoir de coërcition le plus étendu, *indistincte*, sur tous ses enfants ? Henri de Crémone lisait dans la parabole du festin des noces l'image des deux états successifs de l'Église. Quand le maître envoie quérir ses invités (Luc, XIV, 17), c'est l'annonce de l'Église primitive, qui n'employait que la persuasion. Puis le *compelle intrare* (*ibid.*, 23) désigne l'Église moderne qui met la contrainte à son service. Jésus lui-même, qui appela les premiers Apôtres, n'a-t-il pas abattu le dernier sur le chemin de Damas [1] ? De toutes façons, l'Église détient les deux pouvoirs, temporel et spirituel. Ils sont désignés sous la métaphore évangélique des deux glaives (Luc, XXII, 38). Offrir au Seigneur deux épées pour le défendre eût été une dérision. Les pauvres armes que les Apôtres ont en mains sont le signe de la double puissance ecclésiastique, et l'on faisait bien ressortir que le Christ en approuve expressément le principe en disant : « *Satis est* » [2].

Ces pouvoirs généraux de la société ecclésiastique appartiennent éminemment à son chef. De cette vérité fondamentale c'est encore Henri de Crémone qui fournit la plus ferme démonstration, reliant de la sorte la révélation explicite du Nouveau Testament à la philosophie suggérée par l'Ancien.

Jusqu'à l'avènement du Christ, c'étaient des prêtres qui régnaient ou des rois par eux institués. Au moment de l'Évangile (Luc, III, 2), Anne et Caïphe détiennent encore le pouvoir ; mais déjà il se troublent parce que le Christ prêtre et roi va le leur enlever. Sa qualité royale est établie par tous les psaumes messianiques et par les généalogies qui le rattachent à la race de David. En même temps sa parenté avec Élisabeth atteste

---

[1] HENRI DE CRÉMONE, p. 468. Jean de Paris lui emprunte nommément cet exposé. Seul le dernier trait est pris par Jean à une source inconnue, dont l'auteur lisait une semblable succession des âges de l'Église dans le psaume *Quare fremuerunt gentes*.

[2] L'argument des deux glaives n'est relevé par Jean de Paris que dans la citation de saint Bernard. Il a une physionomie plus autonome dans le traité anonyme *Non ponant laïci* (édit. SCHOLZ, p. 477), qui l'applique aussitôt à Pierre et commente ainsi JEAN, XVII, 11 : « *Converte gladium*, scilicet materialem, *in vaginam*, hoc est in potestatem tuam, ut usum eius aliis possis committere...* » Cfr *Quaestio in utramque partem*, 5 (GOLDAST, t. II, p. 105). On a déjà vu cette exégèse chez Innocent IV (*supra*, p. 45).

qu'il est de souche sacerdotale. A la dernière Cène, il a fait manifestement acte de prêtre, et n'avait-il pas usé du glaive matériel qui caractérise les rois quand il chassait les vendeurs du temple ? Durant son ministère, il se reconnaissait (JEAN, V, 22) comme le juge investi par le Père d'une juridiction universelle ; après la Résurrection, il proclame que « tout pouvoir lui a été donné » (MATTH., XXVIII, 18), et l'Apocalypse le salue comme le « Roi des rois et Seigneur des seigneurs » (Apoc., XIX, 16).

Or, ces divers pouvoirs le Christ les a délégués à son vicaire, en lui confiant les clés du royaume (MATTH., XVI, 19), en le chargeant de paître en son nom le troupeau (JEAN, XXI, 15-17). D'où il suit qu'il faut reconnaître à Pierre et à ses successeurs, comme au Seigneur lui-même, claves celestis et terreni imperii [1]. Attentifs aux précisions du langage juridique, les canonistes font ressortir que Pierre a le caractère de plenus vicarius : ce qui dit tout quand il s'agit du vicarius Dei [2].

L'exégèse allégorique du temps permettait de lire en bien d'autres endroits ces privilèges du pouvoir pontifical. Quand Jésus dit à Pierre : « Lance l'hameçon » (MATTH., XVII, 27), parole que le maître adresse à lui seul, c'était le symbole de sa suprême juridiction [3]. Son sacerdoce mérite éminemment le titre de regale sacerdotium (I PIERRE, II, 9). Le pape est cet « homme spirituel qui juge toutes choses et n'est lui-même jugé par personne » (I Cor., II, 15). Et qu'on ne s'étonne pas d'un pouvoir aussi grandiose quand l'Apôtre a dit (ibid., VI, 3) : « Ne savez-vous pas que nous jugerons les anges ? A plus forte raison les choses séculières ! », ou encore (ibid., III, 22) : « Nostra sunt omnia [4]. »

---

[1] HENRI DE CRÉMONE, p. 462-465. Voir semblable démonstration en plus court dans Non ponant laïci, p. 473, 479-480.

[2] Disputatio inter clericum et militem (GOLDAST, t. I, p. 13). Cfr Non ponant laïci, p. 473, 479-480.

[3] Non ponant laïci, p. 472. Pour établir l'identité du Christ et de Pierre, l'auteur (p. 473) rappelle la scène du Quo vadis.

[4] Tous arguments cités par JEAN DE PARIS, et dont les éléments se trouvent dispersés ailleurs. Le dernier texte doit se lire en réalité : « Vestra sunt omnia. »

A ces textes scripturaires, sur lesquels argumentaient les théologiens pontificaux, l'école rivale n'était pas en peine d'opposer d'autres textes. Volontiers l'auteur du *Dialogue* recourt à l'Ancien Testament pour établir la sujétion du sacerdoce au pouvoir royal [1], d'après les témoignages de respect que les prêtres et les prophètes rendaient aux rois (*III Reg.*, I, 23 ss.), d'après la conduite de Joas qui ne craignait pas de reprocher aux prêtres leur négligence à réparer le temple (*IV Reg.*, XII, 7-8) et dont le zèle est formellement approuvé par l'Écriture (*II Par.*, XXIV, 2). Pour la plupart, les autres auteurs s'en tiennent au Nouveau Testament, qui leur sert à établir le caractère tout spirituel du sacerdoce chrétien.

Le critère décisif est fourni par l'exemple de Jésus lui-même. Or, non seulement il a écarté la royauté que lui offrait l'enthousiasme des foules (JEAN, VI, 15), mais il a refusé d'intervenir dans une question d'héritage (LUC, XII, 14). Son royaume n'est pas de ce monde (JEAN, XVIII, 36); il est venu ici-bas, non en juge mais en sauveur (*ibid.*, III, 17), non pour être servi mais pour servir (MATTH., XX, 28). Il a bien distingué entre les droits de Dieu et de César (*ibid.*, XXII, 21); il n'a pas voulu se dispenser d'acquitter son tribut (*ibid.*, XVII, 23-27). Quant à l'expulsion des marchands du temple dont se réclament les adversaires, c'est un acte sacerdotal plutôt que royal.

Or il est écrit que « le disciple n'est pas au-dessus du maître » (MATTH., X, 24). A l'exemple de la sienne, l'autorité apostolique doit être un humble service et non une domination (LUC, XXII, 26). En réalité, Pierre n'a reçu qu'une autorité spirituelle : Jésus lui a remis les clés du royaume céleste et non pas des royaumes d'ici-bas. Lui-même ne s'en reconnaît pas d'autre, quand il déclare au boiteux de la Belle Porte qu'il n'a ni or ni argent à lui donner, mais que tout ce qu'il a il le lui donne (*Act.*, III, 6), ou encore quand il se décharge du temporel sur les diacres pour se livrer à la prière et à la prédication (*ibid.*, VI, 4). D'une manière générale, saint Paul déclare que le soldat

---

[1] *Disputatio* (GOLDAST, t. I, p. 15-16).

de Dieu ne s'embarrasse pas dans les affaires séculières (*II Tim.*, II, 4) et que le prêtre est constitué *in iis quae sunt ad Deum* (*Hebr.*, V, 1). Ce qui exclut l'idée d'attribuer au Souverain Pontife un pouvoir sur le temporel[1].

En présence de ces divers arguments les théologiens de la papauté ne restaient pas sans réponse. Si le Christ a prescrit de payer le tribut à César et s'est lui-même soumis à cette obligation, Henri de Crémone explique, en s'appuyant sur l'autorité de saint Matthieu (XVII, 25-26) et le commentaire de saint Augustin, que ce fut par condescendance. De même ailleurs il a donné aux hommes le pouvoir de le juger, bien qu'il ne puisse être jugé par personne. Et quand il disait que son royaume n'est pas de ce monde, il faut distinguer entre le droit et le fait :

« Respondetur quod non erat de facto, quia ei non obediebatur, sed de iure bene erat. Et ideo... dicit in Oratione dominica : « *Adveniat regnum tuum* », id est : fiat istud quod tibi obediatur sicut regi[2]. »

Ce pouvoir temporel le Christ l'a bien transmis à Pierre, puisqu'il lui a donné, sans distinction ni restriction, pouvoir sur toutes choses : «*Quodcumque ligaveris*» etc. :

« Dicendo « Quodcumque » omnia comprehendit, tam spiritualia quam temporalia. »

Que si Pierre ne l'a pas revendiqué, pas plus d'ailleurs que la plénitude de ses droits spirituels sur les rois persécuteurs, il faut tenir compte du développement providentiel que Dieu réservait à son Église :

« Tunc primum Ecclesie novella germina pululabant, nec erat adimpleta illa prophetia : *Et adorabunt eum omnes reges, omnes gentes servient ei* (*Ps.*, LXXI, 11). Que quanto magis impletur, tanto Ecclesia maiori utitur potestate[3]. »

---

[1] Les principaux de ces textes sont relevés dans *Rex pacificus*, arg. XII-XVI (DUPUY, p. 661-669) et dans *Quaestio in utramque partem* (GOLDAST, t. II, p. 96-97).

[2] HENRI DE CRÉMONE, édit. SCHOLZ, p. 468-470.

[3] *Non ponant laïci* (*ibid.*, p. 472-477). Joseph de Maistre devait dire pareillement : « Le pouvoir pontifical, à raison de son caractère et de son importance, était sujet plus qu'un autre à la loi universelle du développement... En second

De leur côté les théologiens de la royauté s'attaquaient aux fondements bibliques de la thèse pontificale. Presque tous dénoncent l'allégorisme qui en fait le fond et rappellent que seul le sens littéral peut être admis à titre d'argument [1]. Il est intéressant de voir, à propos de ce cas particulier, surgir ce problème général de méthode [2].

Sous le choc de ce bélier s'effondrait presque toute l'argumentation établie sur l'Ancien Testament. L'exégèse des deux luminaires n'est évidemment qu'une allégorie : « *Mystica est expositio... ; mystica autem theologia non est argumentativa* », écrit Jean de Paris. D'autant que le symbolisme des deux astres peut s'entendre autrement et que la lune, si l'on tient à y voir l'image du pouvoir civil, a reçu de Dieu des propriétés qui n'appartiennent pas au soleil [3]. Quelques-uns s'appliquent même à retourner en leur faveur cette allégorie, en arguant que la distinction des deux « luminaires » signifie la distinction des pouvoirs et qu'au total la lune ne vient pas du soleil, mais a été, aussi bien que lui, produite immédiatement par Dieu [4]. Plus simplement d'autres reconnaissent que par là est affirmée la prééminence du spirituel dans l'ordre de la dignité — ce que personne ne conteste — et plaisantent les calculs fantaisistes que d'aucuns demandèrent à la cosmographie pour en évaluer la grandeur [5].

---

lieu, il fallait que l'explosion de la puissance pontificale... coïncidât avec la jeunesse des nations européennes qu'elle devait christianiser » (*Du pape*, livre II, chap. 10).

[1] C'était revenir fort heureusement à la tradition de saint Augustin (*Epist.*, XCIII, 8, 24, dans CSEL, t. XXXIV, II, p. 470; PL, XXXIII, 334) et de saint Thomas, qui disait du sens littéral : « *Ex quo solo potest trahi argumentum*, non autem ex eis quae per allegoriam dicuntur » (*Sum. theol.*, Iª, qu. 1, art. 10, ad 1um).

[2] Voir *Non ponant laïci* (édit. SCHOLZ, p. 484-485) : glose de la bulle *Unam Sanctam* (édit. FINKE, p. CIX); JEAN DE PARIS, 15, 19 et 20 (GOLDAST, t. II, p. 128, 135 et 136); *Rex pacificus* (DUPUY, p. 676). — R. SCHOLZ insiste à plusieurs reprises (par exemple, p. 273 et 333) sur l'importance de ces déclarations pour la méthode théologique.

[3] JEAN DE PARIS, 15, p. 128.

[4] *Quaestio in utramque partem*, p. 96.

[5] *Rex pacificus*, p. 677 (dirigé contre l'*Hostiensis*).

La conception théocratique de la première histoire humaine ne résistait pas davantage à une exégèse rigoureuse. Jusqu'à Noé, c'est Dieu qui préside directement au gouvernement des hommes; donc cette période ne prouve rien. A partir de ce moment, Dieu y pourvoit « par des ministres »; mais, avant Moïse, il n'y avait pas de vrai sacerdoce. Moïse lui-même était un chef civil, puisqu'il s'associe Aaron pour le spirituel. La tribu sacerdotale de Lévi n'avait pas de territoire, pour montrer qu'elle devait être tout entière au service de Dieu. Plus tard, les rois furent choisis parmi les chevaliers et non parmi les prêtres. L'intervention de Samuel aux origines de la royauté relève de l'inspiration divine : rien à conclure d'un cas aussi exceptionnel.

Cette histoire est, au contraire, favorable à la distinction des pouvoirs. Melchisédec lui-même, simple roi de Salem, n'avait rien d'un monarque universel et, si Abraham lui paya la dîme, c'est, *non necessitate censionis, sed ex donatione propriae voluntatis* [1]. Quant à la mission prophétique de Jérémie, elle est évidemment tout entière d'ordre spirituel; il ne s'agit pour lui que de prêcher à tous la parole divine, d'arracher les vices et de planter les vertus [2].

A plus forte raison en est-il ainsi dans le Nouveau Testament. Les deux glaives ne sont qu'une allégorie sans valeur probante, dit carrément Jean de Paris [3]. Et il reste que le Christ n'a jamais exercé qu'un pouvoir spirituel — quelques-uns même lui contestent, en tant qu'homme, le pouvoir royal [4] — et qu'il n'en a pas transmis d'autre à Pierre. On observe, au besoin, qu'il ne

---

[1] *Quaestio in utramque partem* (GOLDAST, t. II, p. 103-104); cfr p. 96. L'observation relative au rôle de Samuel est due à la glose anonyme de la bulle *Unam Sanctam* (édit. FINKE, p. CXI-CXII). Ce même auteur ajoute que le sacre du roi ne prouve rien, parce que c'est l'exercice d'un pouvoir tout spirituel.

[2] « Superioritas quantum ad officium praedicationis et correctionis » (*Rex pacificus*, dans DUPUY, p. 679). L'auteur s'appuie sur l'autorité de saint Bernard et conclut : « Auctoritas Ieremiae distorte ad sensum alienum trahitur. » L'anonyme de Finke dit également : « Non potest ex hoc aliud haberi quam firma et solida potestas et auctoritas praedicandi verbum Dei » (p. CXII).

[3] « Non est hic nisi quaedam allegatio allegorica ex qua non potest sumi argumentum » (*De potestate regia et papali*, 19, p. 135).

[4] Ainsi JEAN DE PARIS, 8-9, p. 117-118.

faut pas confondre son règne glorieux avec son avènement dans l'humilité et que c'est pour celui-ci seulement que Pierre est constitué son vicaire, *ad ea imitanda quae Christus egit humilis in terra quia illa nobis necessaria sunt*[1]. Quant aux fameux textes sur l'homme spirituel et le jugement des anges, une exégèse littérale montre qu'ils n'ont rien de commun avec la question du pouvoir pontifical[2].

Une fois écartés les vains prestiges de l'allégorisme, il était évidemment difficile aux théologiens de la papauté d'appuyer leurs thèses sur l'Écriture ou de répondre adéquatement aux témoignages que les adversaires ne manquaient pas d'invoquer en leur faveur. Le combat allait se poursuivre sur le terrain de la tradition.

II

Souvent déjà l'argument traditionnel, sous forme de citation patristique ou de texte canonique, avait servi de renfort à l'argument scripturaire. Mais cette source est aussi exploitée pour elle-même par les théologiens des deux partis.

Les témoignages patristiques interviennent rarement dans la controverse. Nos auteurs, en effet, n'ont guère connu les Pères que par des extraits et n'ont jamais soupçonné leurs positions respectives dans le temps. Ils ignoraient moins les docteurs du XIIe siècle et l'on y avait déjà relevé les déclarations de Hugues de Saint-Victor sur la prééminence du pouvoir spirituel, de saint Bernard sur les deux glaives, qui allaient passer dans la bulle *Unam Sanctam*. Ces deux textes figurent en bon rang au dossier des théologiens pontificaux[3].

---

[1] *Disputatio* (GOLDAST, t. I, p. 13).

[2] *Quaestio in utramque partem*, p. 107. Cfr *Rex pacificus*, p. 680 : « Apostolus loquitur de iudicio discretionis quod habetur per internam inspirationem. » L'anonyme de Finke (p. CXIII-CXIV) précise qu'il s'agit du jugement surnaturel. Ce texte et cette idée tiennent une grande place dans la théologie du moyen âge. Voir FINKE, p. 186-190.

[3] Voir JEAN DE PARIS, 12, p. 122-123 ; *Rex Pacificus*, p. 666 ; GILLES DE ROME, I, 3-5, p. 12-14, 16 et 20 ; I, 7 et III, 10, p. 24-25 et 258. Pour saint Bernard en particulier, voir l'appendice III, p. 405-409 et 421-423.

Plus volontiers ils utilisaient le *Corpus Iuris*, qui avait le double avantage de fournir un choix d'anciennes sentences et une collection de textes ayant force de loi. Cet aspect juridique est ici de beaucoup le principal. La plupart des références au *Corpus*, toujours marquées en chiffres très précis, restent anonymes chez nos théologiens. Quand par hasard l'auteur en est cité, c'est toujours sans égard au contexte et aux circonstances de l'écrit. Commes les articles d'un code, les textes prennent une valeur en soi. Recueillis suivant cette méthode par les compilateurs successifs des collections canoniques, ils recevaient du chef de cette insertion un nouveau titre à planer dans l'absolu. Aussi nos commentateurs considéraient-ils les canons à peu près à l'égal des textes inspirés [1].

Or ils y lisaient que l' «ordre sacerdotal s'élève au-dessus de la puissance royale autant que l'or au-dessus du plomb [2]». Déclaration un peu générale, que d'autres venaient préciser à souhait : celle surtout du pseudo-Nicolas II, qui reconnaît à Pierre *terreni simul et celestis imperii iura*. Et ce privilège est héréditaire, puisque ailleurs il est dit du pape qu'il tient « la place de Dieu », qu'il est « le vicaire de Dieu » sur la terre [3].

Ces paroles se traduisaient en droits bien définis, que nos théologiens se plaisent à énumérer. En vertu des immunités traditionnelles, le pape avait plein pouvoir sur les personnes et les biens consacrés à Dieu. Tous les attentats de la puissance laïque à cet égard étaient des sacrilèges justiciables de sa juridiction. Les principes admis sur le bras séculier permettaient

---

[1] « Ipsi canones sunt per Spiritum Sanctum dictati » (HENRI DE CRÉMONE, édit. SCHOLZ, p. 470-471). Cfr *Non ponant laïci* (*ibid*., p. 472) : « ...Auctoritate canonum... divinitus editorum. » La formule remonte à saint Léon le Grand (*Epist.*, XIV, 2; PL, LIV, 672).

[2] *Rex pacificus*, p. 665. Citation de saint Ambroise d'après une lettre de Grégoire VII, dans GRATIEN, c. 10, D. XCVI (FRIEDBERG, t. I, c. 340). L'anonyme *Non ponant laïci* interprète dans le même sens l'oraison du Vendredi Saint : « Ei [Ecclesiae] subiciens principatus et potestates » (p. 489).

[3] Ces trois textes sont cités à la suite dans *Non ponant laïci* (p. 472-473). Le premier est le plus classique; il est également rapporté par JEAN DE PARIS, 12 (p. 122), discuté dans *Quaestio in utramque partem*, 5 (p. 105) et *Rex pacificus* (p. 665).

au pape de requérir le secours des souverains pour la protection de l'Église et de leur demander compte de leur négligence, à plus forte raison de leur hostilité.

En bien des cas, l'autorité pontificale débordait de l'ordre proprement ecclésiastique sur l'ordre civil. Ainsi, lorsque les évêques jouissent d'une juridiction temporelle, les appels doivent être portés, non pas devant les tribunaux laïques, mais devant le métropolitain ou le pape [1]. Jean de Paris relève des cas où l'appel du juge séculier au pape est admis. Lorsqu'il y avait contestation en matière de fiefs, le plaignant pouvait en référer au pape. Plus encore, en vertu du texte de saint Matthieu, XVIII, 17, l'Église étendait sa compétence à tous les cas d'injustice sans distinction : *indistincte ubi iniuria sibi denunciatur.* Théodose et Charlemagne avaient consacré le droit précis de porter toute cause devant le tribunal du Saint-Siège, aussitôt qu'une des parties en exprimait le désir, malgré l'opposition de la partie adverse. Il était également reçu que le Pape pouvait, dans les successions, disposer des restitutions dont le destinataire était inconnu ou commuer les legs indéterminés [2]. D'autres invoquaient aussi le droit de légitimation reconnu au Pontife Romain, avec tous les effets ecclésiastiques et civils qu'il ne manquait pas de sortir [3].

Toutes ces prescriptions attestaient la suprématie du pape sur la société civile en général : il en est d'autres qui atteignaient directement le pouvoir et la personne de son détenteur. L'empereur devait être confirmé par le pape et lui prêter serment. Autant dire qu'il tenait de lui son pouvoir [4]. Beaucoup se contentaient de ces principes, comme s'ils valaient également pour tous les souverains. D'autres prenaient soin de les expliciter, en rappelant la hiérarchie féodale qui rattachait, en théorie,

---

[1] *Non ponant laïci*, p. 478-479 (avec références canoniques à l'appui). Ces privilèges sont admis même par les juristes. Voir CARLYLE, t. II, p. 87.

[2] JEAN DE PARIS, 12, p. 122.

[3] *Rex pacificus*, p. 666.

[4] HENRI DE CRÉMONE, p. 466; *Non ponant laïci*, p. 476; *Rex pacificus*, p. 666; JEAN DE PARIS, *loc. cit.*

tous les princes à l'autorité suprême de l'empereur et par
là-même à celle du pape qui investit ce dernier :

« Universi reges et principes fatentur se imperatori romano subesse
quantum ad corporalia. Quod quidem ius superioritatis in temporalibus
quicumque actribuunt ei de iure, cum ipse dicatur mundi dominus...
Et tunc non poterant negare quin etiam subsunt pape in temporalibus
mediate, cum imperium teneatur ab eo [1]. »

Pour l'exercice de leur pouvoir non moins que pour son
origine, les souverains dépendaient du pape. En cas de
conflit, c'est à celui-ci que les évêques devaient obéir. Le
pape peut enlever aux princes la collation des bénéfices [2]. S'ils
viennent à tomber dans une faute grave, il a le droit de prononcer leur déposition et d'annuler tous les serments de leurs
sujets [3].

A l'appui de ces revendications juridiques les réminiscences
historiques ne manquaient pas. N'est-ce pas le pape qui a transféré l'Empire d'Orient en Occident : aux Francs d'abord, puis
aux Germains ? Ce thème était classique, au moins depuis Innocent III. Dès le début de la controverse, les théologiens de la
papauté ne se privaient pas d'en tirer parti [4]. Il y avait encore
les dépositions dont les Décrétales ou les chroniques conser-
vaient le souvenir. Boniface VIII croyait pouvoir affirmer que
ses prédécesseurs avaient déposé trois rois de France [5]. Les
théologiens du droit pontifical invoquaient seulement le cas du
roi Childéric, dépossédé par le pape Zacharie. Des faits plus
nombreux qui concernaient l'empereur d'Allemagne, ils rete-
naient au moins le plus récent : la déposition de Frédéric II
par Innocent IV au concile de Lyon [6]. A titre supplémen-
taire, quelques-uns s'appuyaient aussi sur la fameuse dona-

---

[1] *Non ponant laïci*, p. 475-476.
[2] JEAN DE PARIS, p. 123 ; *Quaestio in utramque partem*, p. 106.
[3] JEAN DE PARIS, p. 122. Cfr HENRI DE CRÉMONE, p. 466.
[4] HENRI DE CRÉMONE, p. 465-466 ; *Non ponant laïci*, p. 473 ; JEAN DE PARIS, 12,
p. 122.
[5] DUPUY, p. 79. Voir plus haut, p. 78.
[6] JEAN DE PARIS et *Non ponant laïci*, loc. cit.; *Quaestio in utramque partem*,
p. 106; *Rex pacificus*, p. 664.

tion de Constantin, qui était elle-même passée dans le droit [1].

Ces divers arguments n'étaient pas tous également invulnérables. En tout cas, les défenseurs de la royauté trouvaient à y répondre.

Ils veulent tout d'abord qu'on distingue entre l'autorité des théologiens, même les plus respectables, et celle de l'Écriture, qui seule est « authentique », c'est à dire garantie. Jean de Paris le dit crûment à propos de Hugues de Saint-Victor : *Dicta Hugonis non sunt autentica et modicum roboris afferunt* [2]. Sous le bénéfice de cette première réserve, il expose que la parole de Hugues s'applique à la cérémonie du sacre et que cette intervention de l'Église ne peut pas signifier la création du pouvoir royal, mais bien la manifestation de son origine divine [3]. L'exégèse de saint Bernard est un peu plus laborieuse; mais on arrive à se débarrasser de son texte, soit en le faisant passer pour l'expression vacillante d'une opinion personnelle, *non loquitur ibi asserendo sed magis dubitando*, soit en profitant de la distinction qu'il établit entre le *nutus sacerdotis* et le *iussus imperatoris*, pour le rattacher à la thèse qui exclut l'Église du domaine temporel [4].

Quant aux Décrétales où les Souverains Pontifes revendiquent leurs privilèges, on leur opposait parfois la question préalable au nom d'un principe assez hardi : *Non est multum efficax testimonium pro seipso, nisi demum fulciatur ratione vel authoritate Scripturae* [5]. Ce qui n'empêchait pas de réduire ensuite par

---

[1] Voir *Quaestio in utramque partem*, p. 105-106.

[2] Formule inspirée de saint THOMAS, *Summa theol.*, IIa IIae, qu. 5, a. 1, ad 1um : « Quamvis dicta Hugonis de Sancto Victore magistralia sint et robur *non* habeant... » La particule négative est indûment supprimée dans beaucoup d'éditions. Voir M.-D. CHENU, O. P., « *Authentica* » et « *Magistralia* » : *Deux lieux théologiques aux XIIe-XIIIe siècles*, dans *Divus Thomas*, Plaisance, troisième série, t. II, 1925, p. 257-285; cfr p. 268.

[3] JEAN DE PARIS, 18, p. 132.

[4] La première interprétation est exposée dans *Rex pacificus*, p. 682. JEAN DE PARIS adopte la seconde (*De potestate regia et papali*, 19, p. 135), non sans avoir tout d'abord appliqué à saint Bernard la même exclusive qu'au Victorin : « ...Dictum Bernardi quod non est *magnae auctoritatis* » (11, p. 121). Voir plus bas l'appendice III, p. 419-420.

[5] Principe émis dans *Quaestio in utramque partem*, p. 105, et répété par JEAN DE PARIS, 15, p. 129.

une discussion interne le texte du pseudo-Nicolas. S'il est dit que le pape possède l'empire de la terre aussi bien que du ciel, c'est en ce sens que le Christ lui a donné *potestatem solvendi et ligandi in terra*, ou encore que son pouvoir est universel, comme l'Empire lui-même, à la différence des patriarches dont il est question à côté [1]. De toutes façons, le canon se ramène au pouvoir spirituel.

La prodigieuse extension que le droit médiéval reconnaissait à la juridiction ecclésiastique était contrebalancée par d'autres textes qui en marquaient les limites et que nous retrouverons. Aussi nos théologiens n'y insistent guère. Tout au plus observe-t-on que le droit de légitimation est spirituel de sa nature : s'il a des effets temporels, c'est seulement *indirecte et quasi per quamdam consequentiam non necessariam sed congruam* [2]. On s'attache davantage au rôle du pape vis-à-vis de l'empereur. La confirmation et le couronnement de l'élu par le Souverain Pontife sont des actes du pouvoir spirituel, qui ne confèrent au pape aucune autorité sur le souverain, pas plus que le cardinal d'Ostie n'a de juridiction sur le pape parce qu'il est admis à le couronner [3]. En tout cas, on ne saurait rien conclure de ce fait pour le pouvoir des autres souverains. Le sacre est *quoddam sacramentale et spirituale*, lequel d'ailleurs suppose la royauté déjà constituée; la perception des dîmes et autres privilèges du clergé ne comporte pas de suprématie en sa faveur. S'il est écrit que le pouvoir royal vient de Dieu, on ne voit nulle part qu'il vienne du pape :

«Institutio regis in veteri lege a solo Deo pendebat... Per quam veritatem canonum possit hoc adaptari ad potestatem spiritualem pape, non videtur usquequaque conspicuum [4].»

A cette thèse on ne saurait opposer le droit de déposition

---

[1] Argumentation donnée *in extenso* dans *Quaestio in utramque partem*, p. 105, et, au milieu de quelques autres, dans JEAN DE PARIS, 15, p. 129-130; résumée dans *Rex pacificus*, p. 679.

[2] *Rex pacificus*, p. 682.

[3] *Ibid.*, p. 681.

[4] Glose anonyme de la Bulle *Unam Sanctam* (édit. FINKE, p. CXI-CXII).

reconnu au pape : c'est encore un exercice de son pouvoir spirituel et pas autre chose [1]. La translation de l'Empire n'est qu'une fiction sans réalité, *non transtulit veritatem sed nomen*, observe judicieusement Jean de Paris. Quant aux cas de destitution, ils ne constituent pas une preuve : *Ista argumenta sunt de facto et dicunt quid factum, non tamen quid fieri debeat.* Délier les sujets du serment de fidélité relève du seul pouvoir spirituel : *Illud fuit magis declaratio iuris, quod scilicet iuramentum in illo casu non ligabat, quam absolutio a iuramento fidelitatis* [2]. Au surplus, le cas de Childéric n'est pas *ad rem.* L'histoire prouve que le pape ne l'a pas déposé, mais a seulement conseillé sa déposition : *Deposuit, id est deponere volentibus consuluit.* Ce sont les barons de France qui l'ont déposé, à moins qu'il n'ait lui-même donné volontairement sa démission. Tout différent est le cas de l'empereur, qui, étant confirmé par le pape, peut être déposé par lui :

« De illo imperatore concedo quod Papa est eius dominus temporalis, quoniam ille imperator fit per electionem et a Papa confirmationem recipit et coronam [3]. »

Moins encore pouvait-on alléguer la donation de Constantin. Non pas que personne alors en contestât l'authenticité ; mais les arguments ne manquaient pas à nos juristes pour en énerver la valeur probante. Comment Constantin, au mépris de son rôle d'administrateur, aurait-il pu aliéner les biens de l'Empire ? En tout cas, il ne pouvait jamais lier ses successeurs, qui gardaient le droit de révoquer son acte, ni comprendre dans sa donation des sujets qui ne lui appartenaient pas. Sans compter qu'il serait dangereux pour les théologiens de la papauté de trop appuyer sur cet argument : ce serait prouver que le droit pontifical a une origine tardive et tout humaine. Tout au plus

---

[1] *Quaestio in utramque partem*, p. 106.

[2] JEAN DE PARIS, 16, p. 130.

[3] *Rex pacificus*, p. 677-678. Cfr *Quaestio*, p. 106, et JEAN DE PARIS, 15, p. 129, qui ajoute cette observation de méthode : « Nec oportet ex talibus factis singularibus, quae interdum ex devotione ad Ecclesiam vel personam, vel ex favore vel ex alia causa, et non ex debito iuris fiunt, argumenta sumere. »

peut-on accorder que l'empereur abandonnait par là au pape
le pouvoir temporel sur la ville de Rome [1].

Cette critique aurait pu passer pour décisive : les théologiens
de la royauté la soutenaient encore par des arguments positifs.
Aux pontificaux ils avaient beau jeu d'opposer les déclarations
ardentes par lesquelles saint Bernard s'efforçait de ramener
Eugène III à la simplicité et à l'humilité apostoliques [2]. La
glose leur fournissait un texte de Bède, où il est dit que le
chrétien s'avilit plutôt qu'il ne s'élève à s'occuper du temporel [3],
et d'autres en quantité pour établir le caractère tout spirituel
des pouvoirs du Christ [4]. Ils démontraient que le pouvoir royal,
étant plus ancien que le sacerdoce, ne pouvait tenir de lui sa
valeur et arguaient que la papauté n'avait jamais fait usage de
ce double pouvoir qu'on voulait lui décerner [5]. Au contraire,
les Décrétales fournissaient de multiples preuves que les deux
pouvoirs doivent être regardés comme distincts en théorie,
officia potestatis utriusque propria discrevit [*Christus*], que
l'Église s'affirmait redevable de l'impôt à l'État, que l'empereur
avait reçu le droit de confirmer l'élection du pape, que le pape
ne se reconnaissait pas qualité pour recevoir les appels ou juger
en matière de fiefs [6].

Graves objections, et bien propres à ébranler les thèses pontificales. Henri de Crémone essaie pourtant d'y parer. La donation
de Constantin n'est pas l'origine, mais la réalisation officielle
du droit pontifical : *nec tum fuit* [*Ecclesia*] *dotata primo de
iure, sed de facto*. Précisément le fait que l'empereur ne pouvait
aliéner les biens de l'Empire est la preuve qu'il n'y a pas ici

---

[1] *Quaestio in utramque partem*, p. 106. Cfr HENRI DE CRÉMONE, p. 467 :
« Opponunt iuristae : talia non fiebant ante Constantinum. »

[2] Les passages les plus exploités sont *De consideratione*, I, 6, 7 ; II, 6, 9 et
11 ; III, 1, 1-2 (PL, CLXXXII, 735-736, 747-748, 758-759). Cfr *Quaestio*,
p. 100 ; *Rex pacificus*, p. 682-683 ; JEAN DE PARIS, 10, p. 119. Pour le détail,
voir plus bas l'appendice III, p. 410-416.

[3] *Rex Pacificus*, p. 667-668.

[4] JEAN DE PARIS, 8-9, p. 117-118.

[5] Voir HENRI DE CRÉMONE, p. 469 : « Dicitur eciam : Papa numquam exercuit
istam utramque iurisdictionem. »

[6] Longue énumération dans *Quaestio*, p. 97-98. Cfr *Rex pacificus*, p. 666-667.

donation proprement dite [1], mais bien reconnaissance d'un droit antérieur : *non dedit, sed recognovit*. Il n'est donc pas exact de regarder le pouvoir impérial comme primitif : en tout cas, s'il en était ainsi, les empereurs auraient perdu leurs droits par leurs crimes, en particulier par les persécutions infligées à l'Église et à son auguste chef.

Si les papes n'ont pas usé de leur droit royal, ce n'est pas faute de pouvoir, mais pour ne pas compromettre leur dignité :

« Non fuit propter deesse potencie, sed propter dignitatem eius et vilitatem iurisdictionis temporalis. »

Mais, en toute rigueur, les souverains ne sont que les délégués de l'Église :

« Ius humanum ab imperatoribus est institutum et ipsi statuerunt aliqua circa temporalia, sed alia statuta *auctoritate Ecclesie* statuunt et ideo non sunt adeo firma quin per Ecclesiam possint corrigi et emendari. »

Lorsque les papes semblent dire le contraire en quelques décrétales, c'est par un sentiment d'humilité ou pour ne pas troubler l'ordre en retirant les concessions qu'ils ont bien voulu consentir :

« Causa humilitatis hoc dicit [Papa], vel quia non decet sine causa revocare quod fecit Ecclesia, scilicet assumere potestatem alii commissam [2]. »

Toutes ces distinctions attestent l'ardeur des convictions qui animaient l'auteur. Mais, d'un point de vue strictement logique, il est difficile de n'y pas voir des échappatoires plutôt que des raisons. Comme les textes de l'Écriture, les faits de l'histoire et les témoignages du *Corpus Iuris* étaient interprétés de part et d'autre suivant un système préconçu, qu'ils alimentaient, mais qu'ils n'avaient pas fait naître et qu'ils n'auraient pas

---

[1] A quoi Jean de Paris (10, p. 120) oppose le langage même de l'Église, qui parle de *donatio*, non de *redditio*.

[2] HENRI DE CRÉMONE, p. 467-470. A l'appui de cette dernière assertion l'auteur donne un exemple significatif : « Sicut etiam papa dicit quod non *vult* honorem sibi fieri qui debetur aliis episcopis, quia sic confunditur ordo ecclesiasticus. Non tamen dicitur quod *non possit.* »

suffi à justifier. Qu'il s'agisse de la Bible, des Pères ou des Décrétales, l'exégèse est au premier plan de la controverse; mais les substructions en sont manifestement d'ordre rationnel.

III

Outre le minimum de raisonnement qui est toujours nécessaire pour encadrer ou prolonger les textes, la dialectique proprement dite est une arme nouvelle aux mains de nos théologiens. Jamais époque n'eut autant que le moyen âge foi en la toute-puissance de la déduction. Le syllogisme n'était pas seulement une habitude d'école: il était l'instrument de découverte ou, du moins, le moyen de démonstration par excellence. Et comme on professait en même temps l'unité du savoir humain, une même conclusion pouvait s'établir sur les prémisses les plus variées, pourvu qu'on y pût montrer l'expression d'un principe vrai ou admis comme tel. Tout l'art de la preuve consistait à découvrir les moyens termes. La présente controverse suffirait à montrer combien était féconde à cet égard l'ingéniosité des esprits et avec quelle tranquille audace ils jetaient des ponts « en forme » par dessus ce qui nous paraîtrait des abîmes.

Pour établir leur thèse, les théologiens pontificaux invoquent d'abord la philosophie. Des côtés les plus divers les arguments affluent à profusion.

Ils en appellent à la loi dionysienne d'unité : *omnis multitudo ad unitatem reducitur sicut ab unitate procedit.* A plus forte raison en est-il ainsi quand on y ajoute l'idée d'ordre. D'après Aristote, dans un système de choses bien ordonnées, il faut admettre un seul élément, *unum minimum*, auquel tout le reste se ramène. Comment le monde chrétien ne serait-il pas soumis à cette loi? Il y faut donc reconnaître un seul principe, en qui et par qui l'*universitas fidelium* se ramène à l'unité [1], et ce principe en peut être que le pape. L'arithmétique confirme par l'absurde cette vérité :

---

[1] « L'*argumentum unitatis* devient la clef de voûte de tous les autres arguments » (GIERKE, trad. J. DE PANGE, p. 103).

« Binarius est numerus infamis, quia principium divisionis. Divisio autem fons et origo dinssensiois, et divisio (= dissensio) causa confusionis [1]. »

De son côté, la physique en fournit comme la preuve expérimentale. « Nous voyons que, dans le plan de l'univers, toutes choses sont disposées *secundum sub et supra*, pour dépendre finalement d'un seul corps supérieur, qui renferme tous les autres : le ciel empyrée. Ainsi en est-il dans l'Église. Dans l'Église triomphante, il y a un ordre entre les anges. Il y a des supérieurs et des inférieurs, des ordres et des hiérarchies; mais le tout se ramène à une seule tête et principe originel : savoir Dieu. » L'application est facile à l'Église militante :

« Nam sunt diversi ordines et diverse potestates ecclesiastice et seculares, et ultimo est summus Pontifex, in quo omnes potestates agregantur et ad quem reducuntur et ad quem tamquam in simplicissimum terminantur [2]. »

Le principe d'unité est, comme on le voit, l'expression d'une loi d'ordre : c'est pourquoi il se complète par le principe de subordination hiérarchique. Envisagé en lui-même, ce dernier donne lieu à de nouveaux arguments. Qui voudrait mettre en doute que le spirituel l'emporte sur le temporel ? C'est pourquoi de toutes façons celui-ci dépend et doit dépendre de celui-là.

Et d'abord dans son origine. Jean de Paris formule cet argument d'après l'*a priori* de la métaphysique dionysienne :

« Utraque potestas a Deo est. Ergo ordine quodam, scilicet secularis mediante spirituali et non immediate a Deo [3]. »

Mais le spirituel n'est pas qu'un intermédiaire : il est la cause du temporel, comme l'âme du corps. Principe riche de conséquences. Car toute la réalité de l'effet est déjà dans la cause, en vertu de l'adage *Quae sunt causatorum insunt cause* :

---

[1] *Quaestio in utramque partem*, p. 102, 103 et 105.

[2] *Non ponant laïci*, p. 474-475. L'auteur voit une image de ce rôle dans la tiare pontificale, qui repose sur une base large, symbole des puissances humaines, pour se terminer par une seule pointe.

[3] Dans JEAN DE PARIS, 12, p. 122.

« Ergo potestas temporalis omnium habet esse penes illum in quo est potestas spiritualis omnium, scilicet penes papam [1]. »

Dès lors qu'il est la cause efficiente du temporel, le spirituel en devient aussi la cause finale. Et l'on sait qu'à celle-ci appartient dans les êtres la suprême juridiction :

« Temporalia ordinantur ad spiritualia et interdum eis conferunt. Papa ergo, qui curam gerit de spiritualibus, habet etiam de temporalibus iudicare et ordinare, saltem in quantum ad spiritualia valent. »

C'est de quoi la nature nous fournit l'exemple. Les corps célestes sont administrés par les anges; le corps est gouverné par l'âme. Autant de preuves de cette loi générale qui soumet le temporel au spirituel. Elle entraîne logiquement la suprématie de la papauté sur le pouvoir civil.

Au milieu de cette argumentation *a priori* se glissent quelques considérations plus conformes à nos manières actuelles d'envisager la question. Il faut juger des rapports entre l'Église et l'État suivant leurs fins respectives. Or, l'État ne poursuit que le bien naturel de ses sujets, tandis que l'Église se préoccupe de leur bien surnaturel et de leurs destinées éternelles. Supériorité de fin qui assure à l'Église une incontestable prééminence ; mais nos théologiens ne concevaient pas une prééminence qui ne fût une autorité :

« Ergo potestas spiritualis, quae ministris Ecclesiae collata est, superior est non solum dignitate sed etiam causalitate potestate seculari, et ei habet praecipere qualiter debeat operari [2]. »

Même dans l'ordre temporel, l'État n'a-t-il pas besoin de l'Église ? Saint Augustin avait dit : « Il n'y a pas de gouvernement possible sans la vraie justice. » Or, où se trouve la « vraie justice » en dehors du christianisme, c'est à dire du pape ? Voici par quel enchaînement cette conclusion se rattache à l'aphorisme augustinien :

« *Sine (vera) iustitia non potest regi respublica.* Vera autem iustitia

---

[1] Dans *Rex pacificus*, p. 665.
[2] Dans JEAN DE PARIS, 12, p. 122.

non est in republica cuius Christus non est rector. Sed respublica populi christiani debet esse recta et vera. Ergo Christus in ea debet esse rector. Sed papa est Christi vicarius... Ergo Papa est rector reipublicae, etiam in temporalibus [1]. »

A ces inductions ou déductions tirées de la philosophie s'en ajoutent d'autres dont la théologie fournit les éléments. On raisonne sur les rapports du pape avec le Christ dont il est le vicaire. Dès là qu'il conste des Écritures que le Christ fut prêtre et roi, que tout pouvoir lui a été donné [2], que donc il a possédé et exercé la puissance temporelle aussi bien que la spirituelle, il faut conclure que son vicaire doit l'avoir également [3]. Et l'on fait ressortir qu'en la lui accordant le Christ imitait la sagesse du père de famille, qui, avant de partir pour un long voyage, laisse à un procureur le soin de toutes ses affaires. Sinon, comment sa prudence ne serait-elle pas en défaut [4] ?

D'autres fois le raisonnement s'appuie sur les propriétés de l'Église, d'où l'on tire le rôle du pape. Essentiellement l'Église est une. Or l'unité du corps mystique appelle l'unité de chef, sous peine d'avoir un monstre à deux têtes. Donc le pape est le chef unique, dont tous les membres dépendent au temporel comme au spirituel [5]. Cet argument fondamental prend parfois une forme mystique : l'Église n'ayant qu'un époux ne doit avoir aussi qu'un seul vicaire de l'époux [6]. Ailleurs on le confirme par des analogies d'ordre historique ou social, en rappelant que Rome ne put supporter deux rois, que des deux jumeaux qui se battaient dans le sein de Rébecca l'un reçut le pouvoir sur son frère, que les abeilles obéissent à une seule reine et que les cigognes suivent un seul chef de file dans leurs migrations [7].

---

[1] Dans *Rex pacificus*, p. 665. Argumentation qui se retrouve à peu près à la lettre dans JEAN DE PARIS (*loc. cit.*). Le texte de saint Augustin est pris au *De civitate Dei*, II, 21, 4 (PL, XLI, 68-69).

[2] MATTH., XXVIII, 28.

[3] *Quaestio in utramque partem*, p. 104, et *Rex pacificus*, p. 664.

[4] *Non ponant laïci*, p. 474.

[5] Dans JEAN DE PARIS, 12, p. 122, et *Quaestio*, p. 103.

[6] *Rex pacificus*, p. 665.

[7] *Non ponant laïci*, p. 475.

Enfin on se réfère à l'Église du ciel, type divin de celle-ci, où règne *unus solus et summus Hierarcha* [1].

Nos théologiens font aussi valoir les droits incontestés du pape et en déduisent les conséquences avec rigueur. S'il est vrai que le pape jouit de la *plenitudo potestatis*, comment lui refuser la domination du temporel [2] ? Ne doit-il pas être, plus que personne, *perfectus in utraque vita, activa scilicet et contemplativa* ? Or la perfection de la vie active consiste dans l'*administratio temporalium*. D'autant que les clercs sont plus instruits que les laïques : donc c'est à eux que revient le droit de gouverner [3].

Plus sérieuse était la considération du ministère spirituel dévolu au pape. On y appliquait parfois la simple logique verbale, en vertu de l'adage : *Qui potest maius potest minus.* Mais on ne manquait pas aussi d'en apercevoir les retentissements réels. Il était admis que le pape pouvait connaître de tout péché. Or il est bien évident qu'il peut y avoir péché dans la gestion des choses temporelles. Aucune raison, par conséquent, de fermer ce domaine au pontife romain [4]. Sinon, on arriverait à dire que l'Église n'a aucun moyen de poursuivre les hérétiques : ce qui serait se rendre soi-même suspect d'hérésie [5]. Henri de Crémone, qui oppose à ses adversaires cette conséquence extrême, exprime bien par ailleurs la portée positive du principe. Le pouvoir spirituel sur les âmes doit s'étendre au reste de la création, qui est tout entière au service des âmes :

« Papa super animas potestatem recepit....; hoc omnes conveniunt. Sed omnia quaecumque fecit Dominus fecit propter homines... Et ita omnia qua sunt in aere et in terra et in mari sunt homini, scilicet ad sustentacionem et vegetacionem et delectacionem corporis. Sed corpus est anime et sub potestate pape. Ergo de primo ad ultimum omnia sunt sub potestate eius et anime sunt sub potestate pape, qui est successor Petri et vicarius Iesu Christi [6]. »

---

[1] *Quaestio in utramque partem*, p. 102, et *Rex pacificus*, p. 664.
[2] Dans *Quaestio*, p. 106.
[3] Dans JEAN DE PARIS, 12, p. 124.
[4] *Ibid.*, p. 122.
[5] HENRI DE CRÉMONE, p. 460.
[6] *Ibid.*, p. 465.

Toutes ces raisons paraissaient tellement décisives aux théologiens de la papauté qu'ils accusaient leurs adversaires de se dérober à leur conscience pour capter la faveur des princes [1].

A quoi ceux-ci de répondre que les bonnes grâces de la papauté étaient encore plus utiles à des clercs et que l'empressement de certains docteurs à élargir démesurément ses droits pouvait bien n'être pas désintéressé [2]. C'est dire s'ils éprouvaient aucun embarras à discuter leurs arguments.

L'unité du monde, dont personne ne voulait alors douter, pouvait être assurée autrement : savoir, par deux pouvoirs distincts, le temporel étant toujours d'une certaine façon ordonné en vue du spirituel, *potestas temporalis quodammodo ordinatur ad spiritualem in his quae ad ipsam spiritualitatem pertinent*, l'un et l'autre au service de Dieu, seule source dernière d'unité. Et si le nombre deux est « infâme » à certains égards, *pro eo quod est principium divisionis*, il est « sacré » par ailleurs : *numerus sacratus propter duas tabulas Decalogi... vel propter duo praecepta charitatis* [3].

De même peut-on comprendre différemment le principe de subordination. Il n'est pas exact que le spirituel soit ici la cause du temporel : tous deux procèdent immédiatement de Dieu comme source, encore qu'ils soient d'inégale dignité. Le principe dionysien de la hiérarchie interdit précisément au supérieur d'avoir action sur l'inférieur autrement que par le canal des intermédiaires. Tout est sauvegardé en admettant la prééminence du spirituel que personne ne veut refuser au pape [4].

N'étant pas proprement la cause du pouvoir civil, le pouvoir spirituel n'en est pas davantage la règle et la fin. Dans une maison bien ordonnée, les divers emplois sont autonomes sous l'œil du père de famille, et le professeur ou le pédagogue n'ont

---

[1] Dans JEAN DE PARIS, 12, p. 124.

[2] *Ibid.*, 21, p. 139 : « Magis probabiliter posset e contrario dici quod tales doctores qui sic indebite ampliant auctoritatem Papae loquuntur timore vel favore ipsius, cum sint personae ecclesiasticae qui magis possunt per ipsum promoveri. »

[3] *Quaestio in utramque partem*, p. 103 et 105.

[4] JEAN DE PARIS, 19, p. 134.

pas à diriger le médecin. Celui-ci n'a pas davantage à instituer ou destituer le pharmacien dont il utilise les remèdes. Les anges dont on se réclame ne produisent pas les corps célestes qu'ils gouvernent. Ainsi le monde est une cité bien conduite, que le pape et l'empereur administrent sous l'œil de Dieu, dont chacun relève immédiatement.

« Totus mundus est quasi una civitas in qua Deus est suprema potestas, quae Papam et Imperatorem instituit [1]. »

Sans doute il est bien vrai de dire avec saint Augustin qu'il n'y a pas d'État sans morale, et pas de morale sans Dieu. Mais il n'est pas nécessaire pour cela de recourir au pape vicaire du Christ. Le roi peut aussi *vices Dei gerere in regimine temporali*. En bonne doctrine, les vertus morales peuvent subsister sans les théologales et ne reçoivent d'elles qu'un complément accidentel. Ainsi l'État bénéficie du pouvoir spirituel ; mais il n'en a pas un besoin absolu [2].

Les arguments à base théologique ne paraissaient pas plus irrésistibles aux partisans du roi. Si les deux pouvoirs furent unis dans la personne du Christ — ce qui n'est pas sûr — il ne s'ensuit pas qu'ils doivent l'être dans la personne de son vicaire. Au contraire convient-il que les perfections divines soient diversement réparties sur les diverses créatures. L'unité de l'Église est suffisamment sauvegardée par l'unité de son chef invisible, d'où découlent les pouvoirs du pape dans l'Église et du souverain dans son royaume [3]. Il n'y a rien à conclure de la hiérarchie angélique ; car les hommes n'ont de commun avec les anges que l'âme. S'il y a un chef suprême des âmes, il ne s'ensuit pas qu'il en faille un pour les corps. D'autant que Dieu, chef de la hiérarchie céleste, peut suffire à tout parce qu'il est infini, tandis que les soucis temporels sont faits pour encombrer son vicaire au détriment du spirituel [4].

Quant à la *plenitudo potestatis*, c'est une formule vague et

---

[1] JEAN DE PARIS, 18, p. 132.
[2] *Rex pacificus*, p. 680. Cfr JEAN DE PARIS, 19, ad 27um, p. 134.
[3] *Quaestio in utramque partem*, p. 104 et 103.
[4] *Ibid.*, p. 102, et *Rex pacificus*, ad v^{um}, p. 678.

qui appellerait bien des réserves. L'axiome : *qui potest maius potest et minus* ne vaut que pour les choses du même ordre. Du fait que l'homme engendre l'homme, il ne s'ensuit pas qu'il puisse donner le jour à une mouche ou à un chien. Au surplus, l'adage ne tient pas quand il s'agit d'un pouvoir délégué [1]. La perfection du pape et la culture des clercs s'exercent suffisamment dans le domaine spirituel [2]. Si le pape connaît du péché, ce ne peut être qu'au point de vue de la morale théorique : ou bien il faudrait en venir à lui confier tous les cas de mariage et de succession, toutes les causes criminelles, sous prétexte qu'il y a là matière à péché [3]. Le domaine de la fin ne comporte pas nécessairement celui des moyens, pas plus que la possession d'un cheval ne donne la propriété des harnais qui lui sont destinés. Au surplus, le pape n'est pas le propriétaire des âmes, mais leur éducateur et le tuteur de leurs intérêts [4].

Comme arguments positifs, les théologiens de la royauté alléguaient surtout la distinction des pouvoirs et l'origine divine du pouvoir civil. A quoi les pontificaux de riposter que la distinction des pouvoirs ne signifie pas leur égalité et que le pouvoir civil vient de Dieu, non pas immédiatement, mais par le canal de son vicaire [5]. Réponse à laquelle les adversaires opposaient la mission spirituelle de l'Église et le titre de « serviteur » sous lequel le pape a coutume de se désigner. D'autant que le système des pontificaux aboutit à l'absurde. Si le pape est souverain temporel du monde, pourquoi pas l'évêque de son diocèse et le curé de sa paroisse ? Ce qui serait la confusion de deux ordres que Dieu a voulu distinguer [6].

L'abondance et la variété de ces arguments donnent une idée de la controverse et de l'ardeur qu'on y apportait dans les deux camps. Quand ils sont autre chose que des exercices

---

[1] *Quaestio in utramque partem*, p. 106-107. Cfr Jean de Paris, 17, p. 131.
[2] Jean de Paris, 21, p. 139.
[3] *Ibid.*, 16, p. 131.
[4] *Ibid.*, 20, p. 136.
[5] Henri de Crémone, p. 466-467, et *Non ponant laïci*, p. 476-478.
[6] *Rex pacificus*, p. 668. Cfr *Disputatio*, dans Goldast, t. I, p. 15-16.

d'escrime dialectique, ils laissent entrevoir des systèmes antagonistes sur la conception de l'Église, de l'État et de leurs
mutuels rapports. Pour les publicistes superficiels, cette philosophie put demeurer latente; mais, dès cette époque, il ne
manqua pas d'esprits plus pénétrants qui s'appliquèrent à la
dégager.

CHAPITRE V

THÈSES ANTAGONISTES :
LES THÉOLOGIENS PONTIFICAUX

I. GILLES DE ROME

Sommaire. — Systématisation méthodique de la suprématie pontificale. — I. *Principes : l'Église et le pouvoir civil.* Excellence du pontife romain dans l'ordre spirituel. Son empire sur le temporel : toute royauté légitime dérive du sacerdoce. La société chrétienne : les deux pouvoirs distincts, mais dépendant du pape comme cause première. Conséquences : juridiction de l'Église en matières politiques. — II. *Principes : l'Église et le droit de propriété.* L'Église a le droit de posséder. Son domaine sur tous les biens temporels : primauté du spirituel, signification des dîmes. Conséquences : toute propriété dépend de l'Église; déchéance théorique des pécheurs et des infidèles. Absolue universalité du domaine de l'Église. — III. *Précisions théoriques et modalités d'application.* Le droit de l'Église et les droits particuliers : haut domaine et domaine inférieur. Raison d'être du pouvoir civil comme suppléant et auxiliaire de l'Église. Son rôle : cause seconde sous l'autorité ecclésiastique. Conséquences : autonomie normale de l'État; interventions et concessions bénévoles de l'Église. — Plénitude du pouvoir pontifical. Caractère moral et métaphysique de cette conception.

Dans les matériaux divers que les remous de la polémique faisaient tour à tour surgir et s'entre-choquer il y avait tous les éléments de deux thèses contradictoires, dont on a pu çà et là deviner les grandes lignes. En rapprochant et groupant ces arguments pour les besoins de l'exposition, comment ne pas laisser apercevoir les principes dont ils procèdent et le terme vers lequel ils s'orientaient, jusque dans l'éparpillement de la *disputatio* ? Pour que ces doctrines fussent mises en évidence, il suffisait que la question fût abordée, non plus par de simples dialecticiens avant tout préoccupés de subtiles attaques ou de

parades élégantes, mais par de véritables théologiens, capables
de penser et soucieux de construire. Bien que l'atmosphère des
combats ne soit généralement pas favorable aux grandes œuvres
spéculatives, des deux côtés quelques-uns surent suffisamment
dominer la controverse pour en réaliser la pleine signification
dans l'ordre doctrinal.

C'est alors que se constitua la thèse pontificale, et non
pas sous la forme restreinte de la juridiction *ratione peccati*,
mais avec toute l'ampleur que laissaient entrevoir les principes
de Grégoire IX et d'Innocent IV. Gilles de Rome garde l'honneur d'y avoir attaché son nom. Son traité *De ecclesiastica
potestate*, aujourd'hui retrouvé, est une œuvre de belle tenue,
qui, par l'ampleur de la conception et la vigueur de l'exécution,
répond bien à la renommée du *Doctor fundatissimus* [1]. Non
pas que la composition en soit absolument rigoureuse : l'auteur
procède par accumulation de détails plutôt que par synthèse.
Comme dans ses autres ouvrages, son style est terne et diffus.
Gilles y garde sa manière didactique et prolixe, qui aime prendre
les questions *ab ovo* et ne fait grâce d'aucune distinction. De
sorte qu'il achète par bien des longueurs et des redites la clarté
qu'on se plaît à lui reconnaître. Il s'accuse d'ailleurs lui-même
de ce défaut, en l'excusant par les humbles exigences du public
peu cultivé auquel il s'adresse [2]. Mais de cette exposition
traînante une pensée se dégage, qui donne une impression rare

---

[1] Brève analyse dans Ad. FRANCK, *Réformateurs et publicistes de l'Europe*,
t. I, p. 98-102, et R. SCHOLZ, p. 46-55. — A ces esquisses, où ne figure aucun
texte, il ne faut pas demander autre chose que de reproduire la succession
matérielle des principaux thèmes. Une étude organique reste toujours nécessaire
pour entrer dans le mouvement interne de l'ouvrage et souvent pour comprendre la pensée exacte de son auteur, qu'un simple résumé ne laisse pas
apercevoir, si même il ne la trahit.

[2] « Finis huius operis est omnes fideles, sive totum populum christianum,
erudire... In toto autem populo multi sunt quorum intellectus est hebes et
grossus, et, quia tales sunt parvuli in Christo, non esca sed... lac est eis potius
tribuendum » (II, 12, p. 81). Cfr III, 1, p. 115, où il oppose sa simplicité à la
méthode des *profundiores*. — D'ailleurs il estime que les répétitions ont leur
bon côté, quand elles mettent en évidence de nouveaux aspects : « Semper
enim dicendus est nova dicere qui sive eadem sive alia semper ad nova cernitur
ordinare (p. 82). »

de puissance et d'élévation. Les fleuves au cours sinueux, qui s'avancent lentement dans la plaine, ne sont-ils pas ceux dont le lit est le plus large et le courant plus profond ?

A lire ce traité, on ne se douterait pas de l'agitation politique et théologique au milieu de laquelle il fut écrit. Sauf quelques vagues allusions à des opposants qu'il désigne par l'expression discrète de *iuristae aliqui*[1], Gilles disserte en toute sérénité. Jamais le moindre trait de polémique ne vient troubler la calme exposition du docteur. Il ne veut pas davantage être un apologiste; nettement il se pose en théologien qui fait connaître à des croyants la portée de leur foi :

« Nam in hoc tractatu hominibus fidelibus loquimur, quia nihil ad nos de his qui foris sunt[2]. »

Cette foi est éminemment synthétique. Elle ne distingue pas entre l'Église et son chef :

« Si habet Ecclesia haec (= claves regni), habet Summus Pontifex qui adeptus est apicem totius Ecclesiae[3]. »

Ainsi tout ce qui est vrai du pouvoir ecclésiastique en général l'est, par là-même, du pape. Gilles en demande la preuve, comme tous les docteurs de l'époque, à l'Écriture et aux canons. Mais, ce que tous alors faisaient sans toujours le dire, il se reconnaît le droit de prolonger par la dialectique la teneur littérale des textes et de les projeter franchement dans l'absolu :

« Utrum omnia haec intellexerit qui illam decretalem condidit, nihil ad nos. Sufficit autem nobis quod omnia haec vera sint, et, si vera sint, quod proficua sint[4]. »

S'il en est ainsi des Décrétales, à plus forte raison de l'Écriture inspirée. L'argumentation de Gilles est un modèle de la méthode théologique telle qu'on la concevait communément à cette

---

[1] III, 1, p. 118.

[2] II, 5, p. 45.

[3] II, 12, p. 88. Cfr III, 9, p. 155 : « Totum posse quod est in Ecclesia reservatur in Summo Pontifice. » Voir SCHOLZ, p. 60.

[4] III, 8, p. 151. R. SCHOLZ (p. 120-122) a bien marqué ce caractère philosophique de son esprit et de sa méthode.

époque. C'est au nom de ces principes qu'il entreprend de dissiper ou de prévenir une ignorance qui serait fatale *de potestate summi sacerdotii*. Il commence par lui reconnaître en passant le suprême pouvoir doctrinal :

« Nam ad Summum Pontificem et ad eius plenitudinem potestatis spectat ordinare fidei symbolum et statuere quae ad bonos mores spectare videntur, quia, sive de fide sive de moribus quaestio oriretur, ad ipsum spectaret deffinitivam dare sententiam, ac statuere nec non et firmiter ordinare quid christiani sentire deberent... Possunt itaque doctores per viam doctrinae de fide et de moribus tractatus et libellos componere, sed quid sentientialiter sit tenendum... ad solum Summum Pontificem pertinebit [1]. »

Après ces quelques mots sur le magistère du Pape, où il anticipe avec une remarquable précision la doctrine de l'infaillibilité, l'auteur se sent pressé de développer davantage ses pouvoirs sur le temporel : *de potestate ipsius super temporalia quae dicenda sunt compellimur diffusius enarrare.* C'est ainsi que, sans le dire, mais en fonction évidente des controverses du temps, Gilles entreprend d'exposer et de justifier les droits de la puissance pontificale dans l'ordre social au sens le plus vaste, c'est à dire par rapport au pouvoir civil, puis, d'une manière plus générale, par rapport à l'usage des biens temporels. Et comme s'il craignait que ses premières thèses pussent donner le change sur ses véritables positions, il recommande à ses lecteurs de réserver leur jugement jusqu'après lecture complète de l'ouvrage [2].

« Précaution oratoire » déjà signalée par Ch. Jourdain [3], et qui montre que le dogmatisme de notre théologien ne l'aveugle pas entièrement sur la complexité de son sujet. Ce sera donc rendre justice à ses plus formelles intentions, et en même temps suivre les règles d'une interprétation équitable, que d'exposer successivement, mais avec un égal soin, et les principes qu'il affirme et les tempéraments dont il veut en entourer l'expression.

---

[1] I, prologue, p. 7.

[2] « In quo tractatu rogamus quoscumque lectores ut nullam sententiam proferant donec totum opus duxerint perlegendum » (*ibid.*, p. 7).

[3] Ch. JOURDAIN, *Un ouvrage inédit de Gilles de Rome*, p. 15.

I

D'après la table des matières qui se lit en tête de l'ouvrage, la première partie est consacrée à traiter *de huiusmodi potestate* [*ecclesiastica*] *respectu materialis gladii et respectu potenciae saecularis.* Ce titre est exact pour l'indication positive qu'il énonce ; mais il n'exclut pas que le même thème ne revienne encore ailleurs. En tout cas, Gilles dessine bien dès le début les lignes essentielles de sa pensée sur les rapports de l'Église et de l'État.

Cette pensée se développe suivant une progression qui ne semble pas avoir été suffisamment remarquée. L'auteur commence par établir l'excellence du pontife romain, en traits qui sans doute le placent à la cime du monde spirituel, mais qui ne touchent pas encore ses rapports avec les souverains temporels.

Il lui applique pour cela le texte de l'Apôtre sur « l'homme spirituel »[1] qui juge et n'est pas jugé. Exégèse alors classique ; seulement ce privilège ne dépasse pas encore les catégories communes de l'ordre moral. De même qu'en géométrie la ligne droite est la norme, *rectum est iudex sui et obliqui*, au moral la rectitude est le principe qui règle tous les jugements, parce qu'elle représente la perfection. Or il faut distinguer entre la perfection personnelle et la perfection de l'état. La première est synonyme de la pureté de conscience. Ceux qui la possèdent, fussent-ils des ignorants et des simples, jugent de toutes choses, et en jugent bien, parce qu'ils ont le sens des choses divines. Personne, à cet égard, ne peut se mettre au-dessus d'eux. L'autre forme de perfection ou de spiritualité suit la fonction. Elle appartient éminemment à l'autorité ecclésiastique, qui est au dessus de toutes les autres et n'a pas de supérieur ici-bas :

« Qui est perfectus et sanctus et spiritualis secundum statum, et potissime secundum statum praelationis, ille est elevatus secundum iurisdictionem et secundum plenitudinem potentiae. Ille omnia iudicabit, id est omnibus dominabitur, et non poterit a nemine iudicari,

---

[1] I *Cor.*, II, 15.

id est nullus poterit sibi dominari. Talis autem est Summus Pontifex, cuius status est sanctissimus et spiritualissimus. »

Le langage courant ne donne-t-il pas au pape le titre de « très saint Père » ? Formule qui est toujours vraie de l'état et qui doit se vérifier autant que possible de la personne. Ce n'est pas pour rien que l'Église multiplie ses prières pour la sainteté de son chef. En tout cas, le Souverain Pontife est *spiritualissimus secundum statum et secundum eminentiam potentiae.* A ce titre, sa juridiction s'étend sur toutes choses et personne ne peut se comparer à lui [1]. Il ne s'agit, comme on le voit, que de la haute situation et de la suprême autorité qui revient au Pape du chef de son ministère spirituel.

Gilles lui applique encore dans le même sens un autre texte de saint Paul : *Omnis anima potestatibus sublimioribus subdita sit* [2]. Texte qui, dans sa généralité voulue, comprend le double pouvoir : spirituel et temporel. La glose l'applique spécialement à celui-ci, parce que les fidèles ont besoin qu'on les rappelle au devoir d'obéissance envers l'autorité séculière. Mais l'autorité spirituelle, bien que, par elle-même, elle ne dispose pas de sanctions extérieures, n'en a pas moins le droit de figurer parmi ces *sublimiores potestates* qui ont droit à notre soumission. L'une et l'autre s'adressent à l'homme tout entier — *omnis anima*, dit le texte — mais celle-ci le saisit plutôt par l'âme, celle-là par le corps.

« Si potestates saeculares habent potentiam super totum hominem, quia eis non solum corpore sed etiam voluntate servire debemus, huiusmodi tamen potestas non competet eis *nisi ratione corporis* seu ratione rerum corporalium..... Sed spiritualis potestas... potestatem habet in totum hominem *ratione animae.* »

Il y a, de ce chef, une incontestable source d'excellence pour l'autorité spirituelle et, parce que celle-ci est aux mains du pape, il se trouve mis au-dessus de toute autorité humaine : *tanto excellentior et nobilior est omni potestate terrena et saeculari*

---

[1] I, 1, p. 9-10.
[2] *Rom.*, XIII, 1.

*quanto anima est excellentior corpore et quanto spiritualis vita
excellentior est quam terrena* [1].

Jusqu'ici il n'est donc question que de prééminence spirituelle et l'on peut même remarquer comment notre théologien
insiste, sans nul doute d'une manière intentionnelle, sur l'obéissance due au pouvoir civil : ce qui lui suppose une véritable
autorité. Mais cette excellence du pouvoir spirituel va maintenant développer sa pleine extension.

Il faut le reconnaître comme le principe radical et le suprême
contrôle de la puissance temporelle. Gilles appuie cette thèse
capitale d'abord sur l'autorité: il reproduit le texte classique
de Hugues de Saint-Victor, ainsi que l'oracle de Jérémie, et
rappelle que, de fait, l'Église a transféré l'Empire d'Orient en
Occident. Mais il insiste davantage sur la raison : *etiam hoc
universalis ratio persuadet.* Son seul argument est la loi de
subordination hiérarchique formulée par Denys, qui gouverne
toutes les œuvres de Dieu. Du moment donc qu'il y a deux
autorités ou, comme on disait alors, deux glaives, l'un dépend
nécessairement de l'autre. C'est dire que le temporel est subordonné au spirituel :

« Quae sunt a Deo oportet ordinata esse. Non essent autem ordinata
nisi unus gladius reduceretur per alterum et nisi unus esset sub alio...
Gladius ergo temporalis reducendus est per spiritualem tamquam
per superiorem et materialis ordinatus est sub alio tamquam inferior
sub superiori. »

Et qu'on ne dise pas qu'il suffirait d'une sujétion au spirituel.
Dans ce cas la loi d'ordre ne serait pas satisfaite :

« Non esset gladius sub gladio, non essent temporalia sub spiritualibus,
non esset ordo in potestatibus, non reducerentur infima in suprema
per media [2]. »

---

[1] I, 2, p. 11-12.

[2] I, 3, p. 12-13. Voir plus bas, II, 5, p. 46-49, où l'auteur revient sur l'allégorie
des deux glaives et la translation de l'Empire. C'est d'ailleurs une question
de savoir si le glaive dégainé par Pierre signifiait le pouvoir temporel ou le
spirituel. Quelle que soit l'exégèse adoptée, Gilles montre que ce texte accorde
à l'Église les deux pouvoirs (II, 15, p. 111-113).

Il s'ensuit que le pouvoir sacerdotal a une noblesse et une dignité qui le mettent au-dessus de tout pouvoir humain. Gilles l'établit par quatre considérations d'ordre très différent, qui viennent soutenir son argument fondamental.

Les unes sont empruntées au droit médiéval. C'est l'Église qui bénit et sacre les rois : ce qui, d'après l'épître aux Hébreux [1], est une preuve de supériorité. Elle perçoit la dîme des biens terrestres. Mais cette redevance est en elle-même un tribut payé à la majesté divine. En la remettant aux mains de l'Église, la puissance temporelle s'avoue tributaire de la puissance ecclésiastique :

« Terrena itaque et temporalis potestas, ut terrena est,.... est tributaria et censuaria ecclesiasticae potestati, quam vice Dei recognoscens in recognitione propriae servitutis debet ei decimas exhibere. »

Du présent Gilles remonte au passé et pose en fait que toute royauté légitime a été instituée par le sacerdoce. Car, ou bien le pouvoir royal était uni à la dignité sacerdotale, comme ce fut le cas pour Melchisédec, *regnum... sacerdotio coniunctum ut principalius esset ibi sacerdotium quam regnum*, ou bien il fut établi par celle-ci, comme en témoigne l'exemple de Samuel. De là viennent tous nos *regna moderna*. Quant aux royautés dont il est fait mention sous la loi de nature, elles furent le fruit de l'injustice et du brigandage : *omnia quasi huiusmodi regna per invasionem et usurpationem habita sunt* [2]. Injustice également la domination que les monarques païens exercèrent sur la primitive Église [3].

Ces arguments de fait sont confirmés par un principe général que suggère la marche providentielle du monde. Nous y voyons la matière gouvernée par l'esprit. Les corps les plus grossiers obéissent aux plus subtils; le ciel lui-même, de tous les corps

---

[1] *Hebr.*, VII, 7.

[2] I, 4, p. 14. La thèse est reprise plus bas (II, 5, p. 45-46, et III, 1, p. 118-120), à l'adresse de ceux qui veulent que les deux pouvoirs viennent immédiatement de Dieu.

[3] III, 1, p. 119 : « In primitiva Ecclesia, *non de iure sed de facto*, quamdam prioritatem et excellentiam, Deo permittente, habebant imperatores et reges. »

le plus élevé et qui exerce sur tous son influence, est gouverné par des intelligences spirituelles [1]; au sommet de tout est Dieu, l'Esprit suprême. Cette ordonnance du monde physique nous indique ce qui doit exister dans le monde social :

« In gubernatione universi, tota corporalis substantia per spiritualem gubernatur... Quod videmus in ordine et in gubernatione universi debemus ymaginari in gubernatione rei publicae et in gubernatione tocius populi christiani. »

Et l'auteur de s'exalter en retrouvant dans l'Église la réalisation de cette universelle harmonie :

« Bene ergo ordo pulcherrimus universi relucet in Ecclesia et inter fideles, ut, sicut corpora inferiora reguntur per superiora, et tota substantia corporalis per spiritualem, ipsa autem spiritualis per Deum, sic et in Ecclesia domini temporales et inferiores reguntur per superiores, universa autem temporalis et terrena per spiritualem, et potissime per Summum Pontificem [2]. »

La philosophie de l'histoire politique esquissée par notre auteur suppose l'antériorité chronologique du sacerdoce. Comme pour renforcer sa démonstration, Gilles prend soin d'établir ce fait *ex professo*.

En vrai métaphysicien, il en demande tout d'abord la preuve à la raison [3]. Quoi qu'il en soit, en effet, des phénomènes contingents où nous voyons les choses évoluer de l'imperfection vers la perfection, en soi c'est l'acte qui précède la puissance et le parfait qui explique l'imparfait : *absolute et simpliciter actus praecedit potentiam et perfectum imperfectum.* L'histoire biblique confirme cette doctrine. On a objecté que le sacerdoce n'apparaît qu'avec Melchisédec au chapitre XIV de la Genèse, tandis que le plus ancien roi, Nemrod, est déjà mentionné au chapitre X. C'est confondre le mot et la chose :

---

[1] Allusion à la théorie des esprits moteurs des astres, imaginée par Aristote et adoptée par saint Thomas (*Summa theol.*, pars I^a, qu. 70, art. 3).

[2] I, 4, p. 15-16. On remarquera ce genre de réalisme qui situe *in Ecclesia* la hiérarchie des suzerainetés seigneuriales. Pour nos spéculatifs, l'Église est la réalité totale dont la société civile n'est qu'une partie.

[3] I, 5, p. 18-20.

« Dicemus quod forte nomen sacerdotii non praecessit nomen regni ; sed res ipsa quae est sacerdotium praecessit etiam tempore rem quae est regnum. »

Car il n'est pas question de royauté avant le déluge et Nemrod, le premier des rois connus, est un lointain descendant de Noé. Mais Noé lui-même, au sortir de l'arche, fit acte sacerdotal. Bien plus, Abel déjà offrait à Dieu des sacrifices et il est probable, *credibile est*, qu'Adam en fit autant après son péché. Ainsi la priorité historique du sacerdoce est un fait constant. Ce qui permet de comprendre qu'il soit l'origine du pouvoir royal.

Gilles n'oublie pas pour autant la maxime paulinienne que tout pouvoir vient de Dieu. Mais il n'admet pas qu'on s'en fasse une arme contre la dépendance du glaive temporel, sous prétexte qu'il viendrait de Dieu aussi bien que le spirituel. Car, si l'autorité royale est divine dans sa nature, elle ne l'est pas dans son origine immédiate. Ainsi que le montre bien le cas de Saül, elle vient toujours aux souverains par l'intermédiaire du sacerdoce, c'est à dire de l'Église :

« Potestas regia et universaliter potestas terrena, si refert se ad suam originem prout iucepit esse in populo fideli, fuit per sacerdotium vel per potestatem ecclesiasticam constituta... Non ergo aeque immediate a Deo est haec potestas et illa : immo est *haec per illam* et per consequens est *haec sub illa* [1]. »

Dans cette doctrine il ne faut pas voir autre chose que l'affirmation, poussée jusqu'à ses plus extrêmes conséquences, de cette loi d'unité qui fut toujours le postulat conscient de la pensée médiévale. Alors que, dans l'ordre spéculatif, la raison et la foi ne faisaient que les deux éléments d'un seul tout, comment ces deux grandes réalités qu'étaient l'Église et l'État auraient-elles pu rester hétérogènes ? On n'oubliera pas qu'à cette époque un semblable souci d'unification présidait à la théorie politique des légistes, même français, qui considéraient

---

[1] II, 5, p. 46. Cfr III, 1, p. 120, où l'auteur s'explique sur le texte de saint Paul : « Est ergo utrumque [regnum et sacerdotium] a Domino, et unum et aliud, sed unum per aliud. »

volontiers le roi comme le « magistrat » de l'empereur [1]. Le champ était ouvert à la spéculation des théologiens. Tout les invitait à y entrer, jusqu'au légitime sentiment de leur avantage du moment qu'ils disposaient d'un principe assez large pour unifier sous la dépendance de l'Église et du pape toutes les puissances d'ici-bas.

A la lumière de ces prémisses sur les rapports originels des deux puissances, Gilles expose, par manière de conclusion, sa conception de la société. Elle repose sur la nature de l'homme qui est corps et âme, c'est à dire fait de deux principes à la fois distincts et intimement unis. Le corps a besoin de la nourriture matérielle; l'âme d'un aliment spirituel. Pour se procurer l'un et l'autre, et, au besoin, pour le défendre, la société humaine a reçu de Dieu les deux glaives. C'est dire que le pouvoir temporel et le pouvoir spirituel sont deux réalités aussi profondément distinctes que l'âme et le corps :

« Sicut anima est res distincta a corpore, et e converso, sic gladius materialis est distinctus a spirituali, et e converso. »

L'histoire a réalisé progressivement cette différenciation. Sous la loi de nature, les deux glaives, sans se confondre, étaient aux mains de la même personne. Ils se distinguent déjà davantage au temps des Juges, qui collaborent avec les prêtres, *aliqualiter distincti et aliqualiter uniti*, et plus encore sous les rois, *magis distincti*, en attendant de l'être tout à fait sous la loi de grâce. Mais distinction ne veut pas dire indépendance. De même que le corps est subordonné à l'âme, ainsi le pouvoir temporel au spirituel :

« Cum corpus habeat hanc unionem et hunc ordinem ad animam quod semper *de iure* sibi debet esse subiectum..., eodem modo se habet in his gladiis, quia gladius materialis *de iure* debet esse subiectus spirituali et ab hoc iure et ab hoc debito non potest absolvi. »

Telle est du moins la règle, et le devoir de l'homme ici-bas

---

[1] « ... Non... quod rex princeps est, sed quia committatur in magistratum principis » (JACQUES DE RÉVIGNY, dans TOURTOULON, *Les œuvres de Jacques de Révigny*, Paris, 1889, p. 48).

consiste précisément à la faire prévaloir en réalité. Est-il besoin de dire que ce n'est pas toujours le cas ? Mais le désordre des faits ne saurait porter atteinte aux principes. Les hommes vertueux sont ceux qui s'assujettissent à la loi morale : les bons princes, ceux qui se soumettent à la loi ecclésiastique [1].

Ce n'est d'ailleurs là que la surface des choses. Si les deux pouvoirs sont distincts dans leur fonctionnement, au fond c'est dans le pape qu'ils ont tous deux leur racine dernière. Il se réserve le glaive spirituel : quant au glaive temporel, suivant la formule de saint Bernard que Gilles reprend à son compte, s'il n'est pas entre ses mains, il ne laisse pas d'être à ses ordres, *ad nutum non ad usum.* Ainsi en était-il dans l'Ancien Testament, où Moïse détenait d'abord la totalité des pouvoirs, puis en délégua une partie à des assesseurs qui devaient le soulager dans cette tâche trop lourde pour un seul. Dans la suite, on voit que, pour les cas graves, l'appel était autorisé des juges aux prêtres et que tout nouveau roi était invité à leur demander un exemplaire de la Loi pour y conformer sa conduite. Le devoir des princes chrétiens est pareillement de soumettre leur pouvoir à la loi du Christ et de l'Église :

« Sic est modo : principes saeculares in his quae pertinent ad materialem gladium debent esse sub Ecclesia, quia ad opus Ecclesiae in bonum fidei, in augmentum spiritualium bonorum, debent uti huiusmodi gladio.... Quod iugum non est servitus sed libertas, quia iugum Christi suave est et onus eius leve. »

Voilà comment l'Église, sans avoir la gestion directe du temporel, en a du moins la haute direction *per quamdam excellentiam* [2]. Et qu'on ne voie pas là une sorte d'infériorité sur le sacerdoce primitif. C'est par là, au contraire, que le sacerdoce chrétien affirme sa perfection [3]. De la sorte, le Souverain Pontife

---

[1] I, 6, p. 21-24. Plus loin (II, 6, p. 49-57), l'auteur reprend la thèse de la subordination du pouvoir séculier avec de nouveaux arguments métaphysiques : « Quod terrena potestas, tum *quia particularior,* tum *quia materiam praeparans,* tum etiam *quia longinquius attingit optimum,* secundum se et secundum sua spirituali potestati iure et merito famulatur. »

[2] I, 7, p. 26-27.

[3] I, 8, p. 28-29.

agit à la manière des anges, qui meuvent les corps par un seul acte de volonté; il étend son empire, non seulement sur le glaive temporel, mais sur la personne de son détenteur; à la façon des hiérarchies supérieures, il actionne les inférieures, pour entrer par elles en contact avec l'ordre matériel. N'est-ce pas le contraire qui serait une imperfection?

Plus loin, notre théologien passe des principes aux applications. La subordination de l'État doit s'étendre logiquement à tous les éléments d'action dont il dispose. Puissance civile et militaire, mesures économiques et législatives, tout cela doit être soumis aux canons de l'Église et ordonné en vue de la servir:

« Ars dominandi secundum terrenam potestatem et ipsa terrena potestas debet sic esse subiecta potestati ecclesiasticae ut seipsam et omnia organa et instrumenta sua ordinet ad obsequium et ad nutum spiritualis potentiae. Et quia organa et instrumenta potestatis terrenae sunt civilis potentia, arma bellica et bona temporalia quae habent reges, et constitutiones quas ostendit, ideo seipsam et omnia haec... ordinare debet ad obsequium et voluntatem ecclesiasticae potestatis [1]. »

Les lois en particulier n'ont de valeur que si elles sont conformes à la justice. Mais la justice relève essentiellement de l'autorité spirituelle: *est enim iusticia res spiritualis, quia est rectitudo quaedam sola mente perceptibilis.* Il s'ensuit que les dispositions prises par les souverains ne sont valides que si elles sont conformes à la pensée de l'Église ou approuvées par elle:

« Ipsa potestas terrena... non habebit iudicare quid iustum vel quid non iustum nisi in quantum hoc agit in virtute potestatis spiritualis... Propter quod omnes leges imperiales et potestatis terrenae sunt ad ecclesiasticos canones ordinandae, ut inde sumant robur et etiam firmitatem; vel omnes tales leges a potestate terrena editae, ut robur et firmitatem habeant, non debent contradicere ecclesiasticis legibus, sed potius sunt per potestatem spiritualem et ecclesiasticam confirmandae [2]. »

Du commencement à la fin, Gilles n'abandonne pas un

---

[1] II, 6, p. 56. Répété presque dans les mêmes termes, II, 7, p. 57: « Quaecumque possidet potestas terrena ad adminiculum et famulatum iurisdictionis ecclesiasticae disponantur. »

[2] II, 10, p. 74.

instant les sommets sur lesquels s'est établie sa pensée de théologien spéculatif. Sa théorie des rapports entre l'Église et l'État
n'est pas d'un juriste attentif aux médiocres réalités d'ici-bas,
moins encore d'un politique soucieux de servir un parti, mais
d'un métaphysicien et d'un moraliste qui, en revendiquant la
suprématie pontificale, ne prétend pas affirmer autre chose
que les droits souverains de Dieu dont le pape est à la fois le
représentant et le serviteur, que ces intérêts spirituels de l'humanité dont l'Église résume la formule à ses yeux de croyant.

II

Cette méthode préside à la deuxième partie, plus neuve
peut-être [1], et certainement plus déconcertante au premier
abord pour une intelligence moderne [2], où Gilles expose les
droits de l'Église en matière de biens temporels.

Il en traitera, dit-il, *propter quosdam temere asserentes quod
non liceat Ecclesiae aliqua temporalia possidere* [3]. Contre eux
Gilles établit très sagement que le détachement absolu est un
opus surerogationis, que les biens temporels sont pour l'Église
un indispensable surcroît, *quasi additamenta et quasi adiectiones*,
que son idéal est, en conséquence, comme celui des Apôtres :
*nihil omnino possidere quantum ad sollicitudinem et omnia possidere
quantum ad dominium.* Tous les textes de l'Écriture dont on se
réclame doivent s'entendre dans le sens de cette distinction.
Que l'Église naissante ait tout sacrifié à l'apostolat, on le com-

---

[1] Pour R. SCHOLZ également (p. 65), c'est le point où Gilles se montre le
plus personnel.

[2] Ch. JOURDAIN (p. 15) a parlé de « ces étranges maximes, si dures, si outrées,
si capables d'effrayer et d'irriter les esprits ».

[3] Arnaud de Brescia et tous les sectaires pseudo-mystiques du moyen âge
ont contesté à l'Église le droit de posséder des biens. Voir *Dict. théol. cath.*,
t. I, c. 1973. En formulant une thèse analogue, Jean de Paris nomme expressément les Vaudois. Voir *supra*, p. 149, et *infra*, p. 282. Gilles a sans nul doute
devant l'esprit les mêmes adversaires historiques ; mais le fait qu'il parle au
présent permet de croire qu'il pense également à ces Fraticelles ou autres
« spirituels » égarés, alors si répandus, qui opposaient à la propriété ecclésiastique la loi évangélique de pauvreté (*Dict. théol. cath.*, t. VI, c. 781).

prend; mais aujourd'hui la situation est différente et la propriété est devenue, non seulement un droit pour l'Église, mais une force dont elle ne doit pas se priver :

« Nunc autem... non solum licet clericis temporalia habere, sed etiam expedit... Habuit enim prius Ecclesia initium, postea incrementum; nunc autem habet perfectionem et statum. Propter quod, ut in statu huiusmodi se conservet, et indiget divino auxilio ne naufragium patiatur, et temporalium subsidio ne a laïcis vilipendatur [1]. »

La thèse n'est pas intéressante uniquement par rapport aux controverses de l'époque : elle montre que l'esprit de Gilles n'était pas fermé à toutes les préoccupations d'ordre positif. Mais, cette concession une fois faite aux contingences du temps ou aux besoins de la vie, il va reprendre de plus belle le cours familier de ses spéculations.

Non seulement l'Église a le droit de posséder des biens propres, mais son domaine s'étend sur toutes les choses temporelles. Incidemment l'auteur avait déjà fait entrer ce privilège dans la *gloria apostolorum* :

« Si possessio dicat ipsum dominium, quis diceret quod spiritualis potestas non debeat temporalia possidere, cuius est omnibus dominari? Unde et Glossa... subdit quod gloria apostolorum fuit tam res quam dominos earum possidere [2]. »

Mais il éprouve le besoin d'en fournir une démonstration en règle. Les biens matériels ne sont-ils pas normalement subordonnés aux spirituels? C'est dire que, pour Gilles, du moment que le Souverain Pontife a la garde des seconds, il dispose également des premiers :

« Bona temporalia sunt organa adminiculancia et deservientia spiritualibus bonis. Quod si servire desinant, desinunt esse bona. Nam temporalia bona non ordinata ad spiritualia et non deservientia eis, etsi sunt bona in se, non sunt bona nobis... Temporalia itaque, quia secundum se ordinantur ad spiritualia et debent obsequium spiritualibus et ancillari eis, Summus Pontifex, qui in corpore mystico universaliter dominatur [spiritualibus, manifestum est quod etiam omnibus tempo-

---

[1] II, 1-3, p. 31-40. Le texte cité en dernier lieu est pris p. 36 et 40.
[2] *Ibid.*, 1, p. 32. On remarquera cette identification de *possidere* et *dominari*.

ralibus dominatur] et sit dominus temporalium ut temporalia sunt [1].»

On voit avec quelle facilité notre théologien transforme en axiomes d'ordre juridique les principes de l'ordre moral. Il demande la même conclusion à la fin naturelle et surnaturelle de l'homme. Tous les biens de ce monde sont au service du corps, et le corps au service de l'âme; mais l'âme est soumise au Pontife romain. Par où le pouvoir de celui-ci atteint tout ce qui dépend de celle-là :

« Erit ergo hic ordo : quod potestas Summi Pontificis dominatur animabus, animae dominantur vel de iure dominari debent super corpora..., ipsae autem res temporales nostris corporibus famulantur. Consequens est quod sacerdotalis potestas, quae dominatur animabus, corporibus et temporalibus rebus principetur [2]. »

Au point de vue surnaturel, l'homme doit tout à l'Église; mais l'Église est fondée sur le Christ et celui-ci en a confié le gouvernement à Pierre. Or le successeur de celui-ci pourrait-il avoir moins de pouvoir ? D'où il faut conclure que l'empire du pape s'étend sur la personne et les biens de tous les fidèles :

« Quis ergo unquam diceret quod quilibet fidelis secundum se totum et secundum omnia quae habet non sit sub regimine Petri et gubernatione Summi Pontificis, qui in potestate et regimine Ecclesiae Petro noscitur successise ? »

On aboutit au même résultat en considérant le principe philosophique de finalité, en vertu duquel *semper imperfectiora ordinantur ad perfectiora et obsecuntur perfectioribus*. Car le pape est au suprême rang de la perfection, par le fait de ses pouvoirs spirituels que Gilles ne craint pas d'appeler divins : *potestas quodammodo divina et caelestis*. Toutes ces abstractions s'incarnent pour lui dans le fait des redevances ecclésiastiques, véritable hypothèque qui survit aux changements de propriétaire et qui donc tient à l'essence même du temporel : *onus temporalium ut temporalia sunt*. Ce cens annuel que l'Église

---

[1] II, 4, p. 41. Le texte imprimé est inintelligible. Nous rétablissons la ligne entre crochets d'après le ms. 4229, fol. 13ᵛ.

[2] *Ibid.*, p. 42. Le même argument est exposé également par Henri de Crémone (édit. SCHOLZ, p. 465). Voir plus haut, p. 186.

perçoit de droit divin est la marque visible de son domaine :

« Quis diceret temporalia non esse sub dominio Ecclesiae, super quibus habet censum annuum iure et mandato divino ? »

Gilles n'a pas l'illusion de croire que ces revendications de l'Église soient partout reconnues. Il sait, au contraire, que beaucoup se révoltent contre cette vérité : *multi forte huic iuri et veritati rebellant.* Mais il n'en maintient pas moins que la suprême juridiction du pape, *de iure et ex debito*, est un principe certain et la subordination du temporel une véritable dette à laquelle personne ne peut légitimement se dérober [1].

Cette même thèse lui apparaît comme un corollaire de ce qu'il a précédemment établi sur les mutuelles relations des deux pouvoirs. Du moment que le pouvoir civil est *per potestatem ecclesiasticam et a potestate ecclesiatica*, que, par conséquent, il doit être tout entier *sub famulatu et sub obsequio potestatis ecclesiasticae*, il s'ensuit que les biens temporels qu'il administre sont au pouvoir de l'Église :

« Non esset potestas regia sub potestate ecclesiastica constituta nisi et ipsa temporalia, quibus praeest potestas regia, essent sub potestate Summi Pontificis collocata... Consequens est quod ipsa temporalia, quibus dominatur terrena potestas, sub ecclesiasticae potestatis imperio necessario collocentur, necnon ad ecclesiasticam potestatem [tam] *dominos quam res eorum possidere* [2]. »

Si toutes les choses temporelles sont strictement la propriété de l'Église, que faudra-t-il donc penser de leurs détenteurs ? Logiquement on devra dire qu'ils ne les possèdent que par la grâce de l'Église et sous son autorité :

« Quod *omne dominium cum iustitia*, sive sit rerum sive sit personarum, sive sit utile sive potestativum, *nonnisi sub Ecclesia et per Ecclesiam esse potest* [3]. »

On remarquera la formule : *omne dominium cum iustitia.* Elle nous avertit dès la première ligne que l'auteur, quand il parle

---

[1] II, 4, p. 42-45.
[2] II, 5, p. 45, 47, et 49.
[3] Titre du chapitre 7, p. 57. Cfr II, 10, p. 70.

de droit, ne l'envisage pas dans ses formes contingentes mais dans son principe, qu'il pense, non pas au titre social qui le justifie devant les hommes, mais au fondement métaphysique qui est la raison dernière de sa légitimité [1]. C'est dans ce sens et dans ces termes qu'il applique sa doctrine, soit à la propriété individuelle qui donne empire sur les biens, soit à la juridiction féodale qui confère autorité sur les personnes :

« Volumus... ostendere quod nullum sit dominium cum iustitia, nec rerum temporalium nec personarum laïcarum nec quorumqumque, quod non sit sub Ecclesia et per Ecclesiam, ut agrum vel vineam vel quodcumque aliud quod habet hic homo vel ille non potest habere cum iustitia nisi habeat illud sub Ecclesia et per Ecclesiam. »

Il en cherche la preuve dans ces hautes régions où l'ordre moral rejoint l'ordre religieux et chrétien. La justice, en effet, est une de ces lois absolues dont les diverses applications forment un enchaînement rigoureux. Mais le premier anneau, et qui soutient tous les autres, n'est-il pas celui qui rattache l'homme à Dieu, donc au Christ et à l'Église ? Faute de remplir ce premier devoir, qui est la loi fondamentale de son être, l'homme n'a plus aucun droit :

« Nisi reddatur unicuique quod suum est, vera iusticia non est. Cum tu debeas esse sub Deo et sub Christo, nisi sis sub eo, iniustus es, et, quia iniuste es subtractus a Domino tuo Christo, iuste quaelibet res subtrahitur a dominio tuo. Qui enim non vult esse sub domino suo, nullius rei cum iustitia potest habere dominium. »

Or, c'est l'Église qui assure aujourd'hui notre appartenance à Dieu par la régénération baptismale, comme elle l'assurait autrefois par les rites de la loi naturelle ou mosaïque. Sans elle nous restons dans un état radical d'injustice. Il s'ensuit que c'est à elle que nous devons nos véritables titres de propriété : *magis itaque erit Ecclesia domina possessionis tuae quam tu ipse* [2].

---

[1] D'où l'on voit combien lourde est la méprise de ceux, tels que R. Scholz (p. 66), qui veulent y voir une tentative en vue de renverser les fondements du droit et de lui substituer l'arbitraire de l'absolutisme papal.

[2] II, 7, p. 60-61. Ailleurs on voit apparaître une conception sociologique, assez surprenante aujourd'hui, mais familière au moyen âge, aux termes de

Le même raisonnement s'applique au droit de succession. En le développant, Gilles pousse encore plus loin son principe et déclare expressément que ce n'est pas le péché originel seul, mais aussi le péché actuel, qui porte une atteinte mortelle à nos droits. Quiconque n'est pas en ordre avec Dieu n'est pas digne des dons de Dieu :

« Etiam ipsis temporalibus non sumus digni dominari, nisi simus Deo subiecti... Qui non est subiectus Deo digne perdit et iniuste possidet omne illud quod habet a Deo. »

Mais le possesseur injuste mérite d'être dépossédé. Gilles n'hésite donc pas à proclamer la déchéance du pécheur :

« Si ab indigno possessore tollitur possessio et ab indigno dominatore tollitur totaliter dominium, nil dignius et nil iustius poterit iudicari. Quare si per peccatum originale nascitur quis non subiectus Deo et per peccatum actuale mortale fit non subiectus, consequens est quod peccatum tam originale quam actuale omnium rerum tuarum possessorem te facit indignum... Tunc... et tamdiu es iustus possessor quamdiu eam [haereditatem] digne possidere vales. Si autem sis vel efficiaris indignus, dignum et iustum est quod illa priveris [1]. »

Redoutable théorie, au nom de laquelle les sectes mystiques du moyen âge en arrivaient à saper les fondements de toute autorité, ecclésiastique ou autre, et que bientôt des révolutionnaires logiques allaient reprendre en toute sa rigueur contre l'Église [2]. Sans prendre garde à ces attaches suspectes ou à la

---

laquelle la propriété individuelle n'est pas une institution primitive : *primitus non fuit de iure haec possessio huius vel illa illius.* Gratien, à la suite de saint Augustin, en rapporte l'origine au « droit humain » (c. 1, D. VIII ; édit FRIEDBERG, t. I, c. 12-13). Gilles précise que ce droit humain lui-même est consécutif à une sorte de contrat, *ex conventione et pacto,* qui est devenu de plus en plus fréquent à mesure que les hommes se multipliaient et a fini par recevoir la consécration de la loi. Mais lois et conventions n'ont de valeur que par l'Église, qui en est le juge et le garant. De ce chef encore s'accuse le vasselage ecclésiastique de la propriété. Voir II, 12, p. 83-84.

[1] II, 8, p. 63-64. Cfr p. 65 : «Peccans avertisti et subtraxisti te a Domino Deo tuo : dignum est... quod subtrahatur a te omnis possessio tua. Noluisti enim servire Deo : dignum est quod nihil serviat vel famuletur tibi. »

[2] Voir WYCLIF, *De civili dominio,* I, 1-4 (édit. POOLE, Londres, 1885, p. 1-47). D'où est issue la proposition 15 condamnée au concile de Constance : « Nullus est dominus civilis, nullus est praelatus, nullus est episcopus, dum est in peccato mortali » (DENZINGER-BANNWART, n. 595). Cfr D. HEINE, *Wiclifs*

menace de ces conséquences, attentif à suivre la ligne droite de son système plutôt qu'à en prévoir les répercussions possibles sur le réel, Gilles subordonne franchement les situations sociales à l'état moral des consciences. Il n'en veut tirer qu'une conclusion favorable à son mysticisme : savoir que nous devons à l'Église, en même temps que l'héritage céleste, le droit de recueillir et de garder la succession de nos parents.

Car le fait de la génération charnelle n'est qu'une *iusticia initiata*; pour se transformer en droit effectif, elle a besoin de devenir, par la régénération que donne l'Église, une *iusticia perfecta et consummata*. Ainsi la loi naturelle est un simple commencement, qui doit être parfait et complété par un principe surnaturel. Ce qui fait que l'homme doit plus à l'Église, qui l'a régénéré selon l'esprit, qu'à son père qui l'a engendré selon la chair [1].

Il s'ensuit que celui qui renie l'Église ou qui est renié par elle n'a plus aucun droit. L'excommunié perd tous ses titres à la légitime possession de son patrimoine ; il ne peut s'en dire encore le propriétaire que par la bienveillance de l'Église :

« Excommunicatus nihil potest dicere quod sit suum; vel, si hoc potest dicere, hoc sit solum ex indulgentia Ecclesiae [2]. »

C'est pourquoi l'Église pourrait autoriser les fidèles à s'appro-

---

Lehre vom Güterbesitz, Gütersloh, 1903, p. 12-33. — Même position chez J. Hus; voir J. KUBISTA, *Zur Lehre des Mag. Johann Hus*, Budweis, 1881, p. 21-23, et la proposition 30, identique à la précédente, réprouvée par le même concile (DENNZINGER-BANNWART, n. 656).

[1] *De ecclesiastica potestate*, II, 7, p. 57-58. Développement II, 8, p. 61-66. Ce recours au surnaturel est à retenir à titre d'indice, pour bien comprendre la pensée de notre théologien, et il faut sans nul doute à sous-entendre à sa théorie du pouvoir aussi bien que de la propriété. Mais Gilles a le tort de ne pas marquer suffisamment la valeur propre de l'ordre naturel et, par là-même, de paraître la sacrifier. Sur ce point nous verrons bientôt (*infra*, p. 234) que la doctrine de son disciple Jacques de Viterbe marque un heureux progrès.

[2] *Ibid.*, II, 12, p. 82. Cfr p. 86 : « Ex indulgentia et benignitate Ecclesiae. » Un peu plus loin, il est vrai, l'auteur précise : « Hoc est intelligendum si consideretur excommunicatus secundum se. » Même avec cette réserve, la pensée de Gilles est ici en désaccord formel avec celle de son maître saint Thomas (voir *Summa theol.*, II[a] II[ae], qu. 12, art. 2 : « Infidelitas secundum seipsam non repugnat dominio », et *ibid.*, qu. 10, art. 10); à plus forte raison, avec celle des canonistes modernes. Cfr KOBER, *Der Kirchenbann*, p. 348-350.

prier ses biens ou lui interdire d'ester en justice pour se défendre. Si elle ne le fait pas, c'est *ex indulgentia et benignitate*, parce qu'il lui plaît d'agir encore avec miséricorde à l'endroit même de ses enfants révoltés [1].

Les mêmes principes valent implicitement pour le gouvernement des hommes. Gilles en fait à cette nouvelle espèce l'application explicite. Tout pouvoir vient de Dieu; mais celui-là seul est ou reste légitime dont le possesseur se conforme à la loi de Dieu. Les autres ne gouvernent que par usurpation et pure tolérance divine :

« Es igitur princeps, es rex habens potentiam magnam, a Deo illam potestam habens : ex hoc esse debes Deo magis subiectus. Sed si Deo subiectus non es, indignus es illa potencia. »

Mais, comme c'est l'Église seule qui nous met en règle avec Dieu, c'est encore elle qui est la source de tout pouvoir :

« Et quia nulli sunt digni nec honore, nec dominio, nec potestate, nec aliquo alio bono nisi per sacramenta ecclesiastica et per Ecclesiam, bene dictum est... quod, licet non sit potestas nisi a Deo, nullus tamen est dignus aliqua potestate nisi sub Ecclesia et per Ecclesiam fiat dignus [2]. »

De ces détails Gilles s'élève à une sorte de synthèse sur les conditions juridiques de la société humaine en matière des biens temporels. L'Église a un domaine, à prendre ce mot dans son sens le plus large, absolument universel, soit parce qu'il porte sur tous les hommes et toutes les choses sans exception, soit parce qu'il comporte toutes les formes, c'est à dire la juridiction et la propriété :

« Quia ergo spiritualis gladius potest de omnibus temporalibus iudicare, habet super temporalibus universale dominium iurisdictionale et potestativum; quia vero potest de omnibus temporalibus metere, habet universale dominium utile et fructiferum [3]. »

Au-dessous de l'Église, les hommes se partagent en deux

---

[1] II, 12, p. 86.

[2] II, 9, p. 68 et 69.

[3] II, 10, p. 73. Plus loin (II, 11, p. 80), l'Église est appelée *catholica et plena et universalis domina*.

grandes catégories : les fidèles et les infidèles. Ceux-là ont sur leurs biens un domaine réel, mais partiel et restreint, *particulare et aliquale* [1]. Ils le prouvent en payant la dîme, qui fait d'eux les censitaires de l'Église. En plus, ils s'imposent des dons volontaires, tribut payé à l'Église par lequel ils s'affirment ses esclaves, en mémoire de la captivité spirituelle dont elle les a délivrés : *ut homines fideles non solum sint censuarii Ecclesiae... sed eciam sint tributarii et sicut servi empticii Ecclesiae.* Servitude à jamais bénie, *quam benedicta sit ista servitus*, qui se traduit en mille avantages spirituels et qui relève moins de la contrainte que de l'amour : *magis est amoris quam timoris, magis est devotionis quam coactionis* [2].

Ces redevances ne mettent-elles pas les fidèles au-dessous des infidèles, qui ont le privilège d'être indépendants ? Erreur profonde ; car les infidèles sont les esclaves de Satan et, dès lors, privés de tout domaine légitime :

« Nullam possessionem, nullum dominium, nullam potestatem possunt infideles habere vere et cum iusticia, sed usurpative et cum iniusticia. »

La raison en est, suivant les principes déjà établis, qu'ils sont en rébellion contre Dieu à qui ils doivent l'hommage de la foi, en rébellion également contre l'Église à qui ils refusent le tribut dont ils lui sont redevables :

« Quilibet debet tributum Deo, et de seipso quia est servus Dei, et de omnibus quae habet quia omnia habet a Deo. Ideo... praeter decimas quae sunt census possessionum nostrarum, debemus offerre oblationes, quasi tributum quoddam, ut simus tributarii et censuarii ipsius Dei, et per consequens ipsius Ecclesiae, quia non possumus reconciliari Deo nisi per Ecclesiam et sub Ecclesia. »

En effet, l'Église, par là-même qu'elle est détentrice du baptême, qui est une condition absolument nécessaire de salut, a une juridiction universelle sur tous les hommes et sur tous

---

[1] Ceci s'entend toujours d'un domaine *de iure et iustitia* (II, 10, p. 70).

[2] II, 10, p. 76-77. Sur ce thème l'auteur devient volontiers lyrique. « Quam laudabilis sit ista servitus..., quam utilis..., quam nobilis, per quam non sumus homini [subiecti], sed Deo ! » (*ibid.*, 11, p. 78).

les lieux. Tous ceux, infidèles ou mauvais chrétiens, qui refusent de lui rendre leurs devoirs se mettent dans un état personnel de désordre et deviennent injustes possesseurs de tous leurs biens ou titres :

« Infideles vel etiam fideles contra Ecclesiam delinquentes nec se ipsos recte habent nec suas facultates debite tenent..... Ecclesiae quod debent non reddentes..., omnia (omnium ?) quae habent tam propriarum [rerum] quam eciam facultatum, necnon dominiorum et potestatum, sunt indebiti possessores [1]. »

Ainsi l'Église, parce qu'elle résume l'œuvre de Dieu ici-bas, devient pour l'homme, tant dans la vie privée que dans la vie publique, le centre de tous ses devoirs et la source de tous ses droits. Or ces prérogatives de l'Église s'incarnent tout naturellement dans la personne du pape son chef. L'ordre moral égale l'ordre religieux, celui-ci à son tour égale la foi chrétienne et l'institution ecclésiastique. De l'un à l'autre de ces plans, il y a continuité parfaite et tous ensemble dessinent le monde spirituel, qui n'est pas seulement l'arrière-fond, mais le fondement logique et le soutien constant du monde matériel. Aux yeux du philosophe, l'idéal n'est-il pas la suprême et, à vrai dire, la seule réalité ?

Voilà pourquoi, à la base de toutes les propriétés, de toutes les juridictions, de tous les titres juridiques en un mot, il faut placer Dieu [2] et, avec Dieu, l'Église et le pape qui le représentent. Si l'on admet cette base, tout l'édifice humain prend une consistance rationnelle et tout s'écroule si on la suppose absente. Tel est le point de vue de métaphysicien mystique sous lequel Gilles de Rome envisage l'ordre social. Dans ce sens et pour cette raison, avec la sereine hardiesse du spéculatif qui suit jusqu'au bout la portée de ses principes, il étend à toutes les

---

[1] II, 11, p. 79-80. Doctrine appuyée sur une exégèse singulière du psaume LXXII, 8 : « Dominabitur a mari usque ad mare et a flumine usque ad terminos orbis terrarum.» Gilles pose les égalités suivantes : « *A flumine*, id est a Iordane..., id est a baptismo. »

[2] « Nam ipse est supremus ordo qui potest esse in rebus, ordo videlicet qui est ad Deum » (III, 1, p. 119).

choses de ce monde ce qu'il appelle *rigor ecclesiasticae potestatis* [1]. Formule dont l'apparent dogmatisme montre qu'il a bien le sentiment d'énoncer une vue théorique de l'esprit et que cette « rigueur » ne va pas, dans la pratique, sans des nuances d'adoucissement qui ne sont pas moins nécessaires pour la comprendre et la préciser.

III

A plusieurs reprises, tout en développant dans sa pleine teneur le droit de la puissance ecclésiastique, Gilles affirme en passant son intention — et sa prétention — de ne porter dommage à aucun de nos droits particuliers. C'est dire qu'il entrevoit une synthèse qui respecte à la fois les principes et les faits. Non content de la promettre, il s'applique à la tracer, et c'est à quoi est consacrée la fin de son ouvrage. Rien ne révèle mieux que cet effort de mise au point le caractère de sa doctrine et le mérite de sa systématisation.

Pour le fondement de la propriété, on devine sans peine suivant quelle ligne se réalise l'accord idéal des ayant-droit respectifs. La notion de haut domaine était rendue familière au moyen âge par les souvenirs de l'Empire romain [2] et par l'organisation du système féodal. Elle permettait la compénétration et la subordination de droits divers sur un objet donné. Notre théologien en fait ici l'application en termes très précis :

« Licet dicamus Ecclesiam omnium possessionum et omnium temporalium esse matrem et dominam, non tamen propter hoc privamus [fideles] dominiis suis et possessionibus suis, quia... et Ecclesia habet huiusmodi dominium et etiam fideles huiusmodi dominium habent. Sed Ecclesia habet tale dominium universale et superius, fideles vero particulare et inferius [3]. »

---

[1] II, 6, p. 50.

[2] Sur cette incise de Justinien : « ...*Cum omnia principis intelligantur* » (*Codex Iustinian.*, 3, VII, 37; édit. KRUEGER, Berlin, 1877, p. 310), toute une école de juristes s'était fondée, au XIIIᵉ siècle, qui entendait d'une véritable propriété ce haut-domaine impérial. Cfr G. MEYER, *Das Recht der Expropriation*, p. 87.

[3] II, 7, p. 61.

Plus loin, les deux membres de cette proposition générale sont démontrés en deux chapitres successifs [1]. Sans doute notre théologien, conformément à sa méthode et à son but, s'y montre surtout préoccupé d'établir la supériorité de la juridiction ecclésiastique, au double point de vue de l'étendue et de l'efficacité. Mais il n'en reste pas moins que ce droit radical et primaire a pour corrélatif le droit secondaire, réel bien que subordonné, de ceux qui détiennent les profits et les charges immédiates de l'exécution. Les deux notions coëxistent et s'appellent l'une l'autre :

« Regeneratus per Ecclesiam... fit per Ecclesiam iustus dominus rerum suarum. Et quia iam est iustus dominus rerum suarum et factus est per Ecclesiam, oportet quod res suae sint sub eo tamquam sub iusto domino et sint sub Ecclesia a qua habet tale dominium. Sed aliter erunt sub Ecclesia et aliter erunt sub eo, quia sub Ecclesia erunt tamquam sub ea quae habet dominium superius et primarium..., sed erunt sub domino temporali tamquam sub domino qui habet dominium inferius et secundarium, quod est immediatum et executorium [2]. »

Le problème de l'Église et de l'État est plus complexe ou du moins notre théologien s'applique à le résoudre plus longuement. Ici encore, chaque fois qu'il affirme la suprématie de la société spirituelle, comme pour prévenir une objection facile à prévoir, il ne manque pas de dire que son intention n'est pas de détruire les droits du pouvoir civil, mais bien plutôt de les conserver :

« Nec intendimus potestati terrenae et saecularibus principibus sua iura subtrahere, sed potius conservare [3]. »

Car il sait qu'il faut rendre à César ce qui est à César, comme à Dieu ce qui est à Dieu [4], et que les deux puissances, dans le plan providentiel, sont faites pour se prêter un mutuel concours :

---

[1] II, 10, p. 70-78, et II, 12, p. 81-90.
[2] III, 11, p. 162.
[3] II, 4, p. 40.
[4] II, 7, p. 58.

« Deo disponente, hae duae potestates sic sunt ad invicem ordinatae
quod una non tollit aliam, sed iuvat, et una non tollit ius alterius sed
quaelibet debito modo observata gaudet et utitur iure suo [1]. »

En bon philosophe, Gilles veut d'abord démontrer la raison
d'être du pouvoir civil. La démonstration n'est pas inutile,
quand on pose en thèse comme lui que l'Église a pleins pouvoirs
sur le temporel non moins que sur le spirituel. Aussi doit-il
envisager comme une objection sérieuse l'idée qu'un seul glaive
pourrait bien suffire [2]. Il est très significatif que, dans les vues
systématiques auxquelles se complaisait la spéculation de notre
théologien, c'est l'existence de l'État qui fasse question.

Gilles n'a d'ailleurs pas d'hésitation sur la réponse. L'État
sans doute a bien sa raison d'être, mais à titre secondaire, si
l'on peut dire, et comme auxiliaire de l'Église. C'est à l'Église
que revient, en principe, la responsabilité du monde et c'est
pourquoi elle a en mains le double pouvoir : *habet spiritualis
gladius posse super utrumque, tam super spiritualia quam super
materialia*. Mais le spirituel, qui est de beaucoup le plus important, risquerait évidemment de péricliter si l'Église devait
s'absorber dans les soucis du temporel. Afin d'obvier à cet
inconvénient, il était bon qu'elle se donnât l'aide de la puissance séculière, non par impuissance, mais pour une meilleure
distribution du travail :

« Tanta est nobilitas et tanta est excellentia rerum spiritualium quod,
ne contingerent defectus circa ea, bonum fuit instituere secundam
potestatem... Quod ergo institutus est secundus gladius, non est
propter impotentiam spiritualis gladii, sed ex bona ordinatione et
decentia..., sed propter beneficium executionis, quia non ita bene nec
ita benefice posset spiritualis gladius exequi spiritualia, vacare circa
spiritualia, si non haberet adiutorium materialis gladii qui vacaret
circa materialia [3]. »

A cette raison fondamentale d'autres viennent s'ajouter. Si

---

[1] II, 6, p. 50.
[2] II, 13, p. 91. Cfr 14, p. 107 : « Spiritualis gladius non potest cum materiali
quod non possit sine materiali, ita quod nulla impotentia est ex parte spiritualis
gladii. »
[3] II, 13, p. 92-94. Cfr p. 108-109.

l'État, au fond, n'a pas de droits qui ne soient déjà dans l'Église,
il ne les a pas de la même manière : il peut exécuter en matière
temporelle, surtout en matière de sanctions, ce qui ne convien-
drait pas au pouvoir sacerdotal, par exemple la peine de mort.
D'un point de vue métaphysique, l'existence distincte et la
subordination de la puissance séculière contribue à faire ressortir
l'ordre et la beauté de l'univers. Enfin, en s'associant l'État,
l'Église élève les laïques à la dignité du gouvernement, *aliqua
dignitas regiminis*, et par là imite la Providence, qui, au lieu
de tout faire par elle-même, veut utiliser le concours des créatures [1].

Ce qui distingue en théorie les deux pouvoirs, c'est donc
tout d'abord l'étendue très inégale de leur compétence :

« Potestas spiritualis est potestas generalis et extensa, cum non solum
ad spiritualia sed ad corporalia se extendat; potestas autem materialis
et terrena est particularis et contracta, cum specialiter sit circa corporalia instituta [2]. »

Là-même où ils coïncident, leur puissance n'est pas de même
ordre. Comme pour la propriété — qui est la base de l'État
au point de se confondre presque avec lui — il faut concevoir
que l'Église a une sorte de haut domaine, de juridiction primaire
et supérieure, qui reste compatible avec une autorité secondaire
au-dessous d'elle.

« Auctoritate primaria et superiori utrumque gladium habet Ecclesia.
Ipsum ergo materialem gladium plus habet Ecclesia quam terrena
potestas, quia plus est habere aliquid auctoritate primaria et superiori
quam auctoritate secundaria et inferiori [3]. »

Ne faut-il pas craindre cependant qu'en raison de sa supériorité
l'autorité de l'Église porte dommage à celle de l'État ? La même
philosophie permet à Gilles de faire comprendre la coëxistence
de ces deux juridictions concentriques. C'est le propre de Dieu,
comme cause première et universelle, de donner aux causes

---

[1] II, 14, p. 109-110. Cette dernière considération est d'une telle importance
qu'elle serait à elle seule *satis sufficiens*.

[2] II, 13, p. 92.

[3] II, 14, p. 107. Cfr III, 4, p. 131 ; 5, p. 139-140, et 6, p. 144-145.

secondes toute leur vertu; mais, selon la loi commune de sa Providence, il respecte l'autonomie de leur action. Ainsi le pape son vicaire ne remplirait pas son rôle d'agent universel et supérieur s'il ne laissait à l'autorité séculière l'exercice de son pouvoir :

« Sicut Deus habet universale dominium in omnibus rebus naturalibus..., ipse tamen secundum communem legem gubernat et, nisi adsit aliquid spirituale, permittit res suos cursus peragere..., sic Summus Pontifex, Dei Vicarius, suo modo habet universale dominium super temporalibus, sed, volens se habere in illud secundum communem legem, nisi sit ibi aliquid spirituale, decens est quod permittat terrenas potestates, quibus commissa sunt temporalia, suos cursus peragere et sua iudicia exercere [1]. »

D'autres arguments confirment cette conclusion. La mission propre du pape, et qui absorbe le principal de ses soins, est l'ordre spirituel : il y manquerait donc s'il accordait au temporel autre chose que *quamdam curam generalem*. Dieu exauce rarement les prières qui tendent à modifier le jeu naturel des agents physiques : le pape ne doit pas davantage troubler le fonctionnement régulier du pouvoir civil. Il y a une grande différence dans la manière dont Dieu gouverne l'Église triomphante et l'Église militante. Dans celle-là, parce qu'elle est toute spirituelle, le recours à Dieu est perpétuel; au contraire, dans celle-ci, il est tout à fait exceptionnel et rarement écouté. Ainsi l'appel au pape est toujours de mise en matière spirituelle, tandis qu'en matière temporelle il ne peut être qu'extraordinaire [2].

Ces diverses considérations dessinent la marche commune du gouvernement pontifical; mais toutes sous-entendent qu'il peut y avoir lieu à des exceptions : *nisi sint aliqua specialia*. Elles se produisent lorsqu'un intérêt spirituel est en jeu : *nisi adsit aliquid spirituale*. Le temporel, en effet, appartient bien à l'Église par lui-même, mais non pas en première ligne : *per se sed non primo*. C'est le spirituel seul qui est de son ressort

---

[1] III, 2, p. 126. Conclusion d'un long chapitre où le pape est comparé au soleil, à la mer ou à tout autre agent universel.
[2] III, 3, p. 126-130.

normal : quant au temporel, il relève immédiatement de l'État. Mais des cas peuvent se présenter où le temporel intéresse le spirituel ; alors seulement l'Église peut y intervenir. En quoi elle ne sort pas de sa sphère ; car le temporel dans ces conditions devient du spirituel :

« Rigor spiritualis potestatis est intendere circa spiritualia ; sed, si casus immineat, si spirituale aliquod hoc requirat, potest iste rigor sine culpa intermitti, ut spiritualis potestas se de temporalibus intromittat[1]... Hoc erit prout temporalia induunt quemdam modum spiritualem, ut ipsa temporalia spiritualia dici possunt[2]. »

Voilà pourquoi Alexandre III a pu dire sans diminuer ses droits pontificaux : *Non est de rigore iuris ut a civili iudice appelletur ad papam*[3], et Innocent III : *Cunctis causis inspectis, temporalem iurisdictionem casualiter exercemus*[4]. Gilles s'applique à déterminer l'aire de ces incidences, qui marque la sphère où s'exerce régulièrement l'action du pouvoir civil.

La règle qu'il pose est celle-ci : chaque fois que le temporel peut être appelé spirituel, il tombe sous le pouvoir de l'Église. C'est ce qui arrive lorsqu'une chose temporelle est commandée par Dieu, l'Esprit souverain ; les dîmes, par exemple, deviennent *res spirituales*, parce qu'elles sont établies par Dieu comme *censura ecclesiarum*. On peut faire la même assimilation pour les choses temporelles annexées aux spirituelles : ainsi les questions de dot par rapport au mariage, le droit de succession par rapport à la légitimité. D'autres fois, c'est le spirituel qui est annexé au temporel, principalement par l'intervention du péché. Voilà pourquoi l'Église peut connaître de toutes les causes où il y a *denuntiatio criminis*[5].

Certaines espèces plus graves ou plus notoires sont réservées

---

[1] III, 4, p. 132.

[2] III, 5, p. 135.

[3] III, 1, p. 114-120. Gilles semble préoccupé par cette décrétale, sur laquelle il revient plusieurs fois dans la suite, III, 2 et 4, p. 126, 132-135. Le texte d'Alexandre est au *Corpus Iuris*, c. 7, X, II, 28 (édit. FRIEDBERG, t. II, c. 412).

[4] III, 4, p. 130-135. Il s'agit de la décrétale *Per venerabilem*. Voir plus haut, p. 34.

[5] III, 5, p. 135-141.

de plein droit à la juridiction ecclésiastique. Tel est le cas de toutes les affaires qui intéressent la paix publique ou qui comportent une violation de serment. On est alors en présence du *crimen ecclesiasticum*, qui est toujours soustrait aux tribunaux séculiers. Dans cette catégorie rentrent, non seulement le parjure, mais l'usure qui blesse les âmes, le sacrilège et l'hérésie qui sont un attentat contre les choses saintes ou contre Dieu [1]

Tous ces motifs d'intervention proviennent de l'objet ; d'autres tiennent aux personnes. C'est ainsi que l'Église est compétente en matière de temporel lorsque l'autorité séculière fait défaut ou se montre négligente, lorsqu'une longue tolérance du prince a créé la coutume, lorsqu'il a fait abandon de ses droits par voie de donation ou de fondation [2]. Si l'on regarde du côté de l'Église elle-même, la plénitude incontestable de son pouvoir lui permet d'intervenir dans les cas particuliers, *qui quasi possunt dici extra leges*, dans les cas difficiles ou douteux, ceux-là surtout qui concernent les rois et les grands, devant lesquels l'autorité séculière se trouverait impuissante [3].

Telles sont les limites que Gilles entend poser à la juridiction de l'Église en matière temporelle. Elles sont incontestablement aussi larges que flottantes, et notre théologien n'en disconvient pas. Plusieurs des cas précis qu'il envisage lui paraissent gros de conséquences, *aliqui tamen istorum casuum sunt praegnantes*, devant lesquelles il ne songe pas à reculer [4]. En particulier, l'intervention *ratione criminis* est d'une extension à peu près indéfinie :

« Ista condicio... est ita lata et ampla ut omnes quaestiones quorumcumque temporalium comprehendat, quia semper potest denunciari quaestio cum crimine [5]. »

Aussi bien, lorsqu'Innocent III borne l'intervention de l'Église

---

[1] III, 6, p. 141-143.
[2] III, 7, p. 146-148.
[3] III, 8, p. 144-151.
[4] III, 7, p. 146, et III, 8, p. 152.
[5] III, 5, p. 138. Cfr p. 140 : « Denunciatio criminis *cuilibet quaestioni*... potest esse annexa. »

à certains cas accidentels, ne faut-il pas être dupe de cette restriction. La formule doit s'entendre sous le bénéfice de ce droit supérieur et primitif auquel l'Église ne saurait renoncer. Son domaine ainsi restreint dépasse encore celui de l'État; l'accidentel ici devient à peu près synonyme d'universel :

« Istud casuale, vel illud quod exercet in certis casibus, est longe amplius quam sit illud regulare quod habet dominus saecularis. Nam illud casuale quasi est universale [1]. »

Pour que cette puissance ne paraisse pas trop envahissante, il est bon de se souvenir que l'Église n'use pas toujours de son droit et veut bien abandonner aux juges civils des matières qui lui reviendraient :

« Si loqueremur de posse simpliciter, est in ea plenitudo potestatis; sed multa potest Ecclesia eciam cum decentia, quae liceret ei facere, quae tamen non facit quia non expediunt : unde multa indulget quae posset facere. Potest ergo Ecclesia multas quaestiones remittere ad iudices civiles et dicere quod illae quaestiones non pertinent ad eam, quia non vult ad quaestiones illas suam potentiam extendere [2]. »

Ainsi le pouvoir de l'Église peut être envisagé sous un triple aspect, suivant qu'on le prend dans l'absolu, *posse simpliciter*, ou bien dans le relatif, où il apparaît conditionné par des considérations, soit de convenance, *posse cum decentia*, soit d'opportunité, *non facit quia non expediunt*. Plus simplement, notre théologien adopte ailleurs une terminologie empruntée à la théocidée. Comme en Dieu, il distingue dans le pape le *summum posse absolutum* et le *posse quibusdam regulis regulatum*. Non pas qu'il soit strictement assujetti aux lois positives, puisqu'il en est l'auteur, mais il doit s'y assujettir lui-même pour l'édification et le bon ordre. Son immixtion dans le temporel sera donc accidentelle et restreinte aux circonstances où elle est justifiée par le souci d'un plus grand bien : *solum in casibus ubi videt Ecclesiae et bono publico expedire* [3].

On voit que Gilles n'a rien d'un juriste qui dresserait le

---

[1] III, 7, p. 145.
[2] III, 5, p. 137.
[3] III, 7, p. 146.

statut légal des relations entre l'Église et l'État. Il reste un pur spéculatif, non seulement lorsqu'il accorde à la puissance spirituelle une étendue théoriquement illimitée, mais tout autant lorsqu'il se préoccupe de tracer les frontières dans lesquelles elle doit pratiquement se tenir. Son intention est certainement d'en régler l'exercice; mais il ne sait recourir pour cela qu'à un simple principe métaphysique, passablement élastique par lui-même, et dont l'application, au demeurant, est laissée à la discrétion du principal intéressé. Du moment que l'État n'a de droits que ceux que l'Église lui reconnaît, il est naturel que celle-ci n'ait de devoirs que ceux qu'elle veut bien s'imposer. Le souverain ecclésiastique selon Gilles de Rome a tout de l'antique monarque absolu, qui ignore les constitutions et dédaigne les chartes : comme Dieu, dont il est ici-bas le lieutenant, il ne dépend que de lui-même et ne connaît de règle que son bon plaisir, de contrôle que la conscience de ses éminentes responsabilités [1].

Il n'est donc pas étonnant qu'après ces explications sur les limites de la puissance pontificale notre théologien soit ramené par la pente familière de son esprit à en affirmer de nouveau la plénitude. En Dieu la toute-puissance consiste en ce qu'il peut se passer des causes secondes; il en est de même du pape :

« Vere in summo Pontifice, quantum ad posse quod est in Ecclesia, residet potestatis plenitudo, quia potest sine causa secunda quod potest cum causa secunda. »

La seule différence, c'est que la puissance de Dieu s'étend indistinctement à toutes choses, tandis que celle du pape est restreinte aux pouvoirs confiés à l'Église :

---

[1] En faisant cette assimilation politique on ne dépasse pas la pensée de Gilles, qui applique au pape la description qu'Aristote fait du prince et veut qu'il soit, lui aussi, *homo multorum oculorum..., homo multarum manuum..., homo multorum pedum* (III, 9, p. 156). C'est dire que, si le pape doit s'entourer de collaborateurs, il ne partage avec personne la responsabilité du pouvoir. Ayant la suprême autorité, il en a aussi les libres initiatives : « Nam, iusta [et] rationabili causa emergente, *libere* potest hac potestate uti, quia ubi est sancta intentio, ibi est spiritus Domini, ibi est et libertas » (*ibid.*, p. 155).

« In Summo Pontifice non absolute et simpliciter, sive non quocumque modo, sed quantum ad posse quod est in Ecclesia est plenitudo potestatis, ut quodcumque potest cum aliis personis ecclesiasticis potest sine illis [1]. »

Cependant la puissance du pape est assez grande pour pouvoir être dite divine et céleste : *dicitur esse caelestis quia est divina*. Elle a du ciel la suprême perfection, l'ampleur, l'universelle influence, la souveraine impassibilité [2]. Au lieu que les autorités humaines sont limitées, la sienne est *sine pondere, numero et mensura*, en ce sens qu'elle s'adresse à tous les hommes, qu'elle embrasse tous les objets, qu'elle domine tous les cas. C'est pourquoi il faut appliquer au pape ce qui est dit de Dieu : *Omnia in mensura, numero et pondere disposuisti* [3]. Toutes les autres dignités ecclésiastiques lui doivent ce qu'elles sont :

« Omnia quae sunt in Ecclesia disponit et ordinat in numero, pondere et mensura..., quia omnia disponit ut habeant certum numerum, [certum pondus] et certam mensuram. »

Mais cette distribution ne l'appauvrit pas et sa personne reste l'incarnation de l'Église dans l'harmonieuse synthèse de ses pouvoirs illimités :

« Totam Ecclesiam disponit et ordinat in seipso, qui est numerus sine numero, pondus sine pondere et mensura sine mensura. »

Si donc la fin de l'homme est de craindre et servir Dieu, ces mêmes devoirs s'appliquent à l'Église qui le représente. Et si l'Église mérite obéissance et respect, il faut en dire autant du Souverain Pontife, *qui tenet apicem Ecclesiae et qui potest dici Ecclesia* [4]. Gilles arrête son exposé sur ces perspectives grandioses. Quelques pages auparavant, le pape était encore

---

[1] III, 9, p. 152-156.
[2] III, 10, p. 157-160.
[3] *Sap.*, XI, 21.
[4] III, 12, p. 165-167. — Dans la harangue qu'il adresse à Boniface VIII, au consistoire du 30 avril 1303, l'ambassadeur allemand célèbre également cette *Apostolice sedis inlimitata auctoritas, carens pondere, numero et mensura* (MGH, *Leges*, sect. IV, t. IV, 1, n. 173, p. 141). Le langage de Gilles n'est donc pas tellement insolite.

appelé *Christi vicarius generalis* [1], *Dei vicarius carissimus* [2]. Entre
Dieu et le Christ, entre le Christ et l'Église, entre l'Église et son
chef, son esprit ne met pratiquement pas de différence. Sous
ces diverses formes, c'est une seule et même autorité qui s'affirme.
Dès lors, les prérogatives du pape n'ont rien d'anormal ou
d'exorbitant : elles sont la conclusion logique de sa position
dans l'économie de l'ordre providentiel. Quand on réalise bien
la pleine signification de celle-ci, il n'y a plus de raison de ne
pas admettre la plénitude de celles-là.

C'est dire combien se méprennent sur la pensée de Gilles
tous ceux qui lui prêtent une figure de partisan fanatique ou
d'anarchiste pieux. Le *De ecclesiastica potestate* ne révèle rien
moins que l'ambition de servir les intérêts menacés de la curie
ou l'intention de bouleverser au nom d'une théorie le régime
établi des propriétés et des gouvernements. En réalité, c'est
une œuvre de doctrine, pour laquelle les événements politiques
de l'époque jouèrent tout au plus le rôle d'amorce occasionnelle,
une œuvre de pure spéculation où l'auteur reconstruit paisiblement le système du monde sans désir de redresser autre chose
que les idées.

Évidemment ce système est tout entier conçu en fonction
d'un milieu donné. Gilles a subi l'empreinte de l'organisation
politico-religieuse de son temps [3] et le soupçon ne lui est pas
venu que les maximes et les pratiques où s'affirmait la suprématie pontificale pussent ne pas être des vérités éternelles.
Au contraire, dans ces faits son regard intuitif de philosophe
chrétien a vu tout au moins l'ébauche d'un grand idéal : le règne
terrestre de Dieu. Une fois ce principe dégagé, il ne restait
plus qu'à le mettre en pleine lumière et à le suivre jusqu'à
ses plus extrêmes conséquences. Sous la pression de sa double
foi en Dieu et en la dialectique, Gilles en est ainsi venu à édifier

---

[1] III, 10, p. 158.
[2] III, 9, p. 155.
[3] R. SCHOLZ (p. 83-89) a bien reconnu que, dans ses éléments positifs, la
pensée de Gilles s'appuie sur le droit canonique médiéval.

dans l'abstrait la métaphysique, on pourrait presque dire le poème, du droit pontifical le plus absolu.

Faut-il donc croire que son esprit était fermé ou hostile à toute perception des réalités contingentes ? Même et surtout au moyen âge, on imagine difficilement un idéalisme à ce point oublieux ou dédaigneux des faits. Gilles de Rome sut, lui aussi, les apercevoir et en tenir compte : seulement c'est à ses autres ouvrages qu'il faut demander de nous faire connaître sa pensée sous cet aspect plus positif.

On a depuis longtemps fait remarquer l'inspiration tout aristotélicienne de son célèbre traité *De regimine principum*[1]. Il y pose en principe avec le maître que l'homme est un animal *communicativum et sociale* : tendance qu'il établit sur l'analyse de ses besoins physiques et intellectuels[2]. D'où il déduit la raison d'être, d'abord de la famille, puis de la cité qui est pour lui la *communitas aliquomodo principalissima... et omnes alias circumplectens*[3], enfin de la nation qui fait de plusieurs cités *communitatem unam regni*[4]. Si tout cela est *secundum naturam* et s'il est vrai, comme l'auteur le répète à tout instant, que les hommes y sont poussés par un *impetus naturalis*, il faut, de toute évidence, en dire autant du pouvoir qui préside à ces diverses formes de communauté. Conclusion tellement obvie que Gilles ne s'attarde pas à la justifier : il lui suffit de démontrer que la monarchie est la meilleure forme de gouvernement. Monarchie qui pourrait, en théorie, être élective ; mais il donne ses préférences à la succession héréditaire[5]. Dans les deux cas, parce qu'il représente l'ordre naturel des choses, le pouvoir

---

[1] V. Courdaveaux, *Aegidii Romani de regimine principum doctrina*, Paris, 1857, p. 8. Cfr p. 52 et 83.

[2] Gilles de Rome, *De regimine principum*, lib. II, 1re p., c. 1 (édition non paginée, Venise, 1498).

[3] *Ibid.*, III, 1re p., c. 1-4.

[4] *Ibid.*, c. 5. Chemin faisant, Gilles établit et ne craint pas de répéter la raison d'être de la propriété privée. Voir II, 3, 5-6 : « Quod possessio est homini quodammodo naturalis », et III, 1, 9, où est combattu le communisme imaginé par Socrate et Platon.

[5] *Ibid.*, III, 2, 3-5.

a son origine en Dieu, comme Gilles s'en explique ailleurs [1], et
la volonté divine s'entend toujours *per consensum hominum* [2].

En rappelant ces aphorismes de philosophie naturelle, que
notre auteur emprunte à la *Politique* d'Aristote et au commentaire qu'en avait donné saint Thomas, on a observé qu'il ne
fait aucune place à cette intervention nécessaire de l'Église qui
fait, au contraire, tout l'objet du *De ecclesiastica potestate*. D'où
R. Scholz s'est empressé de conclure à une « infranchissable
contradiction » entre ces deux formes de sa pensée [3]. Contradiction qui révèlerait elle-même un fait plus grave : savoir
l'opposition que le moyen âge n'arrivait pas à dominer entre
la vue religieuse et la vue rationnelle des institutions politiques.

Ne faut-il pas une singulière prédisposition à créer des anti-
nomies, quitte à les aggraver par des solutions plus paradoxales
encore, pour ne pas voir que ces deux moments ou, plus exactement, ces deux aspects de la pensée de Gilles sont complémentaires, que, loin de se contredire, ils s'étagent en profondeur
pour donner une intelligence plus adéquate de la même réalité ?
Le *De regimine principum* et le *De renunciatione papae* n'envisagent
du pouvoir que les apparences phénoménales : c'est pourquoi
la doctrine commune y suffit à l'auteur, tandis que les spéculations spéciales au *De ecclesiastica potestate* tendent à dégager
ce qui est, à son sens, la raison dernière de l'État. Mais de toute
évidence celle-ci ne supprime pas les autres, pas plus, pour
parler la langue qui lui est chère, que l'action de la Cause
première n'exclut celle des causes secondes.

Il n'en reste pas moins à retenir comme caractéristique de
sa manière doctrinale qu'en exposant le facteur divin de la
société il est ou semble être inattentif aux humbles contingences
du facteur humain. De telle sorte que, sinon sa pensée qui
n'est pas douteuse, son exposition demeure incomplète et que

---

[1] *De renuntiatione papae*, 4 (dans ROCCABERTI, t. II, p. 7).
[2] *Ibid.*, 16, p. 41.
[3] SCHOLZ, p. 118. Cfr p. 55 et 95-98. — Dans le même sens, et sans plus
de raison, le P. U. MARIANI admet un « brusque changement d'inspiration »
entre ces deux traités (*Il «De regimine christiano »*, dans *Il Giornale dantesco*,
t. XXVII, 1924, p. 114).

Gilles abandonne à ses successeurs le soin de réaliser cette synthèse didactique dont il avait dans l'esprit tous les éléments. Méthode abrupte, qui s'ajoute à une théorie déjà déconcertante, pour l'apparenter doublement à la famille de ces grands doctrinaires pour qui le rayonnement de la « thèse » — ou de ce qui paraît tel — éclipse toute considération de l' « hypothèse »[1].

A cette intrépidité spéculative l'œuvre de Gilles, malgré son incontestable archaïsme, emprunte sans contredit un véritable caractère de grandeur. L'auteur est de ces mystiques ardents qui ne savent voir les choses qu'en Dieu et qui appliquent ensuite à cette vue initiale de leur foi toute la puissance de leur raison. Double condition pour aboutir à ces vastes et nobles constructions métaphysiques dont notre âge positif a perdu le goût sans toujours en méconnaître le prix. Rarement dans l'histoire de la théologie on trouverait pareil exemple d'un effort aussi soutenu pour souder les formes visibles de l'institution ecclésiastique aux réalités invisibles qui en sont le principe et pour y rattacher ces hautes notions morales sur lesquelles il faut bien se rendre compte, bon gré, mal gré, que reposent en dernière analyse les fondements de l'édifice social.

---

[1] « Campione dell' ultrapotenza pontificia », écrit de lui le P. U. MARIANI, *loc. cit.*, p. 115.

CHAPITRE VI

THÈSES ANTAGONISTES :
LES THÉOLOGIENS PONTIFICAUX

II. — JACQUES DE VITERBE

SOMMAIRE. — Thèse pontificale sous une forme plus théologique. — I. *Éléments constitutifs de la société chrétienne*. Nature de l'homme. La société spirituelle : de l'Église comme royaume ; son excellence, ses notes distinctives. Fondement naturel de la société civile et de l'État : origine divine du pouvoir royal ; sa dépendance de l'Église au point de vue surnaturel. — II. *Fonctions et droits de la papauté : Dans l'ordre spirituel*. Autorité royale et sacerdotale du Christ. Sa transmission à l'Église : pouvoirs de la hiérarchie sous la dépendance du Souverain Pontife. Preuve théologique de la primauté de Pierre. Juridiction du pape sur les évêques. Le pape centre et force de l'Église. — III. *Fonctions et droits de la papauté : Dans l'ordre temporel*. Royauté temporelle du Christ ; elle est transmise à son vicaire. Antériorité, supériorité de la royauté spirituelle ; son rôle comme cause efficiente et finale de la royauté temporelle. Position du pape comme source de la puissance terrestre. Mutuelles relations des deux pouvoirs. — Toute autorité dérive du pape dans l'ordre spirituel et temporel.

Gilles de Rome trouva dans son Ordre un disciple et un émule. En tête de son *De regimine christiano*, Jacques de Viterbe, pour justifier son entreprise, s'approprie un mot de saint Augustin, qui observait combien il est utile qu'un même sujet soit traité par des auteurs différents, *diverso stylo non diversa fide* [1]. On ne saurait marquer plus exactement sa position à l'égard de son prédécesseur. Chez les deux c'est bien la même

---

[1] AUGUSTIN, *De Trinitate*, I, 3, 5 (PL, XLII, 823).

doctrine, mais ici présentée sous une autre forme et par là mise en un nouveau relief.

Suivant le protocole obligatoire, l'auteur se déclare *scientia et sermone modicum peritus*. Toute son ambition est de présenter *aliqua pauca... ex veracis scripture fontibus derivata et in unius compendiosi opusculi seriem adunata* [1]. Ces formules d'humilité ne doivent pas donner le change. En réalité, sa science égale celle de ses contemporains; elle s'alimente aux sources classiques : Aristote, les Pères, et possède à son service une dialectique exercée. A la différence de ses contemporains, Jacques de Viterbe néglige à peu près complètement le *Corpus Iuris* : c'est moins un canoniste qu'un philosophe et un théologien. Tout en faisant beaucoup d'emprunts à Gilles de Rome, il sait se montrer original. Autant que lui d'ailleurs, il évite la polémique et se tient toujours sur les sommets sereins de la doctrine [2]. Quant au style, Jacques dépasse de beaucoup son modèle : sans prétendre à l'élégance, il a une précision et une netteté qui rappellent la manière de saint Thomas. A tout prendre, le *De regimine christiano* justifie la gloire qui entoura jadis le nom du Docteur Spéculatif [3].

L'ouvrage se divise en deux parties dont la première est consacrée à l'Église, la seconde à celui qui en est la tête : savoir le Christ et son vicaire. Sans offrir toujours un ordre absolument

---

[1] JACQUES DE VITERBE, *De regimine christiano*, Prolog., 6 (*Ms. lat.*, 4229, fol. 59ᵛ ; édit. PERUGI, p. 6-7). — Cette édition étant à peu près inconnue, nous avons cru devoir, ici et dans la suite, établir tout d'abord nos citations et références sur le meilleur des manuscrits français. Il ne sera d'ailleurs pas inutile d'observer que les subdivisions intérieures des chapitres ne coïncident pas entre le ms. 4229 et le texte romain imprimé par Perugi.

[2] On a dit avec raison de son œuvre qu'elle est « un vero trattato teorico, serenamente scientifico » (V. T. COGLIANI, *Giacomo Capocci e Guglielmo de Villana*, dans *Rivista d'Italia*, 1909, t. II, p. 441). — Cet article donne un bon résumé du *De regimine christiano* (p. 430-459), suivi d'une critique historique et philosophique moins objective, mais qui ne manque pas d'originalité. Voir également U. MARIANI, *Il «De regimine christiano» di Giacomo da Viterbo*, dans *Il Giornale dantesco*, t. XXVII, 1924, p. 108-121; traduit en espagnol dans *La Ciudad de Dios*, t. CXL-CXLI, 1925, p. 161-167, 5-17, 258-271.

[3] Voir COGLIANI (*loc. cit.*, p. 454), qui peut dire avec raison que, pour la plénitude de sa synthèse théologique, la clarté de son style, la densité de son exposition, l'ouvrage « n'a pas de précédents ».

rigoureux, les développements suivent, en somme, une marche ascendante, au terme de laquelle, sur une large esquisse de la société chrétienne, on voit se détacher les fonctions et les privilèges du pape son chef

I

Étant donné que l'homme est fait de corps et d'âme, il appartient à deux ordres : l'ordre spirituel et l'ordre matériel, qui font chacun l'objet des deux sociétés entre lesquelles se partage le monde : l'Église et l'État. Jacques s'explique sur l'une et l'autre et leurs mutuels rapports.

Pour marquer la « gloire » de l'Église, il est curieux que son premier mouvement soit de l'assimiler à un État : *rectissime, verissime et convenienter regnum dicitur*. Il faut, en effet, distinguer plusieurs sortes de communautés humaines, à la fois distinctes et subordonnées : la famille, la cité, le royaume. L'Église a reçu alternativement ces trois noms ; mais le nom de royaume est celui qui lui convient le mieux, soit pour le nombre de ses sujets, soit pour la perfection et la variété de ses moyens. Ce royaume s'étend sur deux domaines : la vie présente et la vie future. Église militante et Église triomphante, ces deux parties d'un même tout doivent entrer tour à tour dans le concept intégral de l'Église et de ses propriétés [1].

Ainsi entendu, le royaume spirituel qu'est l'Église s'appelle « orthodoxe » : terme qu'il faut traduire, suivant la lettre de son étymologie, par *recte gloriosum*. Tout ce qui peut faire la gloire d'un État : institution légitime, ancienneté, bonne constitution, concorde, justice, étendue, richesse, solidité, tranquillité, durée, se trouve éminemment réuni dans l'Église [2]. Pour l'établir, Jacques prend l'une après l'autre ces dix conditions et montre que l'Église les réalise mieux qu'aucun royaume profane [3]. Si

---

[1] I, 1 ; fol. 59ᵛ-61ʳ ; édit. PERUGI, p. 9-16.

[2] I, 2 ; fol. 61ᵛ-62ᵛ ; édit. PERUGI, p. 17-21.

[3] Dans cette comparaison, le terme qui revient le plus souvent est l'Empire romain. Plusieurs fois, dans la suite, on voit que les souvenirs classiques tiennent une grande place dans l'imagination de notre auteur.

quelqu'une peut encore laisser à désirer, on n'oubliera pas que
la vie future est là pour combler le déficit de la vie présente.

Ces diverses propriétés de l'Église se résument dans les
quatre notes classiques énumérées par le symbole, de même
que les dix préceptes du Décalogue se ramènent aux quatre
Évangiles. Le nombre quatre, en effet, est un *numerus stabili-
tatis*, consacré tout à la fois par la nature et par la parole de
Dieu. Voilà pourquoi l'auteur se complaît à démontrer successivement, en autant de chapitres, l'unité, la catholicité, la
sainteté et l'apostolicité de l'Église. Longues analyses sans
intérêt pour la question présente, où s'affirme le plus curieux
mélange de réalisme ecclésiastique et de mysticisme chrétien [1].
C'est probablement la première fois que l'on voit développé
ex professo ce thème des quatre notes, qui devait être si fécond
dans la théologie de l'Église, en attendant d'alimenter la controverse.

Au point de vue d'assimilation politique où se place l'auteur,
l'unité et la catholicité sont les deux notes distinctives. Car
l'unité est un principe d'ordre, *una et per consequens ordinata*,
où l'Église trouve le secret de sa force :

« Nam ex ipsa sua unitate redditur Ecclesia fortis et firma. Ipse
quoque ordo eam efficit fortiorem [2]. »

La catholicité fait la gloire de l'Église au dehors, parce qu'elle
affirme son rayonnement sur tous les hommes à travers les lieux
et les temps. Elle va de pair avec l'unité : *est Ecclesia ita una
quod universalis et ita universalis quod una*. Grâce à la réunion
de ces deux qualités, *vere potest dici respublica*. L'Église est
même la seule société qui mérite proprement ce titre :

« Nulla communitas dicitur vere respublica nisi ecclesiastica, quia
in ea sola est vera iustitia et vera utilitas et vera communio [3]. »

Ce n'est pas que notre théologien veuille entièrement lui

---

[1] I, 3-6 ; fol. 62ᵛ-69ᵛ ; édit. PERUGI, p. 23-53.
[2] I, 3, 11 ; fol. 65ᵛ ; édit. PERUGI, p. 32-33. D'autant que cette unité est compatible avec la diversité des rites et des mœurs, fol. 64ᵛ ; édit. PERUGI, p. 29-31.
[3] I, 4, 4 ; fol. 66ᵛ ; édit. PERUGI, p. 39-40.

sacrifier l'État. On a, au contraire, remarqué avec raison qu'à
cet égard sa pensée représente une heureuse réaction contre le
mysticisme exclusif professé par Gilles de Rome [1]. Jacques
de Viterbe tient, avec Aristote, que l'homme est un être naturellement social. Il a besoin pour vivre du secours de ses semblables
et le langage lui permet de s'associer avec eux. Par là s'explique
la tendance qui pousse les hommes à se grouper en familles,
puis en cités et en royaumes :

« Quia igitur naturale est homini vivere in societate, ideo naturalis
inclinatio inest hominibus ad communitates predictas, ordine tamen
quodam, quia primo ad domum, deinde ad civitatem, consequenter
ad regnum [2]. »

Mais comment y aurait-il société sans pouvoir ? Ignorants,
les hommes ont besoin d'être instruits ; pervertis, d'être retenus
sur les pentes du mal ; égoïstes, d'être orientés vers le bien
commun [3]. Pour toutes ces raisons, l'existence du corps social
ne se comprend pas sans l'autorité d'un chef :

« Homo naturaliter est animal sociale et convocativum. Societas
autem et communitas non conservatur sed dispergitur, si non sit
aliquis curam habens de communi bono multitudinis et societatis [4]. »

Dans cet ordre naturel, le croyant voit une disposition divine.
Car Dieu est l'auteur de la nature, aussi bien que de la grâce :
il pourvoit aux besoins spirituels de l'homme par l'Église, à ses
besoins temporels par l'État [5]. Par où, suivant la grande tradition du moyen âge, Jacques n'entend pas seulement les intérêts
matériels, mais aussi les biens d'ordre moral, savoir la pratique
de la vertu [6] et tout ce qui rentre dans notre fin naturelle :

---

[1] R. SCHOLZ, p. 142-144. Cfr MARIANI, dans *Il Giornale dantesco*, t. XLVII,
1924, p. 115-116.

[2] I, 1, 3 ; fol. 59ᵛ ; édit. PERUGI, p. 10.

[3] Ici notre théologien suit de près saint THOMAS, *De regimine principum*, I, 1.

[4] II, 10, 37 ; fol. 102ᵛ ; édit. PERUGI, p. 193.

[5] II, 6 ; fol. 86ᵛ-87ᵛ ; édit. PERUGI, p. 123-128.

[6] Cfr S. THOMAS, *De regimine principum*, I, 14 et 15 : « Videtur finis esse
multitudinis congregatae vivere secundum virtutem ... Rex ... igitur ... ad hoc
praecipuum studium debet intendere qualiter multitudo sibi subdita bene
vivat » (*Opera omnia*, t. XXVII, p. 354 et 355). Voir plus bas JEAN DE PARIS,
p. 292 n. 2.

« Nam secularis potestas, si recta et ordinata sit, intendit principaliter et finaliter subditos dirigere et inducere ad vitam virtuosam... Id enim debet intendere omnis recta potestas in hominibus ad quod homo finaliter ordinatur. »

C'est pourquoi il ne craint pas de dire que le pouvoir civil est jusqu'à un certain point spirituel. Si pourtant on le dit plutôt corporel, c'est parce que la sphère normale de son activité est constituée par les biens nécessaires à la vie du corps ou parce qu'il s'arrête au seuil du surnaturel [1].

Tel étant le plan de la Providence, le droit humain et le droit divin s'accordent à consacrer l'origine du pouvoir royal. Quand on voit les animaux se grouper sous la direction d'un chef, comment n'en serait-il pas de même pour les créatures raisonnables ? Cet instinct social est, pour la royauté, une forme naturelle d'institution divine :

« Est a Deo mediante natura hominum, que ad hanc inclinat, et mediante humana institutione que inclinationem nature perficit [2]. »

Jacques oppose cette doctrine aux esprits excessifs qui ne conçoivent pas l'existence dans l'Église de la puissance temporelle et considèrent le pouvoir royal comme une sorte de fléau tout au plus toléré par Dieu. S'il arrive, en effet, parfois que l'État nuise au bien supérieur de l'humanité, c'est un fait accidentel et qui ne doit pas faire oublier que le pouvoir séculier vient de Dieu, au même titre que le pouvoir spirituel : *utraque potestas est a Deo non solum permittente sed etiam operante* [3]. Ce principe vaut d'emblée pour les cas où le détenteur du pouvoir l'a obtenu par des moyens légitimes. Mais l'usurpateur lui-même peut devenir souverain régulier, *vel per consensum subditorum, vel per auctoritatem superioris.* Ainsi l'Empire romain a commencé par le crime ; mais, dans la suite, le *bonum regimen*

---

[1] II, 6, 3 ; fol. 86ᵛ ; édit. PERUGI, p. 123-124. Voir plus bas (II, 8 ; fol. 94-96 ; édit. PERUGI, p. 154-161) le directoire moral de la royauté.

[2] II, 3, 11 ; fol. 76ᵛ ; édit. PERUGI, p. 84. Sans préjudice pour les interventions spéciales de Dieu, par exemple en Israël.

[3] II, 10, 2 ; fol. 99ʳ ; édit. PERUGI, p. 174.

dont il a fait preuve lui a conquis l'amour des peuples et l'a rendu *quodammodo iustum et legitimum* [1].

On ne saurait faire plus nettement sa place à ce plan de la Providence naturelle que Gilles semblait méconnaître ou du moins oublier [2]. Jacques suit ici les traces de saint Augustin et de saint Thomas. Avec eux, il s'ouvre à la notion des lois fondamentales, et par conséquent divines, de l'ordre social. Dès lors, il se rend compte que rien ne s'oppose à ce que le pouvoir civil, du moment qu'il est nécessaire en fait, puisse revêtir, dans son origine et son exercice, toutes les conditions morales de légitimité.

Il ne renonce pas pour autant à l'idéal chrétien du moyen âge, et c'est ici qu'apparaît la principale originalité de son effort. Deux opinions extrêmes sont en présence, dont l'une voudrait rattacher l'origine de tout pouvoir directement à Dieu, tandis que l'autre le fait dépendre, pour être légitime, de l'autorité spirituelle, c'est à dire de l'Église. Entre les deux il dessine une position intermédiaire : *potest accipi via media que rationabilior esse videtur*. Dans son principe essentiel, le pouvoir vient de Dieu comme auteur des lois naturelles; mais il a besoin, pour remplir parfaitement son rôle, de la grâce que seul le pouvoir spirituel peut lui donner :

« Institutio potestatis temporalis naturaliter et incohative habet esse a naturali hominum inclinatione, ac per hoc a Deo in quantum opus nature est opus Dei; perfective autem et formaliter habet esse a potestate spirituali... Imperfecta siquidem et informis est omnis humana potestas, nisi per spiritualem formetur et perficiatur. »

Ainsi la question de l'État se ramène au grand problème de la nature et de la grâce. De même que sans la foi la vertu n'est pas complète, que le mariage des infidèles, pour légitime qu'il soit, n'atteint pas toute sa perfection, ainsi en est-il du pouvoir :

« Sic nulla potestas est omnino vera sine fide. Non quod sit nulla et omnino inlegitima, sed quia non est vera neque perfecta [3]. »

---

[1] II, 10, 36-42; fol. 104; édit. PERUGI, p. 193-195.

[2] Voir cependant plus haut (p. 210) quelques indications dans ce sens.

[3] II, 7, 4-9; fol. 88; édit. PERUGI, p. 131-132. Cfr II, 4, 11-12; fol. 81ʳ, édit. PERUGI, p. 103; et II, 7, 2; fol. 87ᵛ, édit. PERUGI, p. 129, où il est dit que la royauté dépend de l'Évangile et de l'Église *secundum perfectam institutionem*.

Et l'on voit sans peine ce que cette thèse dogmatique recouvre de réalités expérimentales. S'inquiéter de la légitimité spéculative du pouvoir peut sembler aux esprits positifs une préoccupation bien oiseuse, encore qu'elle ne soit pas sans intérêt pour le philosophe; mais il n'en va pas de même pour les conditions de son exercice. Le pouvoir s'incarne dans des hommes et il est facile de constater la différence que, surtout à ces époques de souveraineté absolue, la profession de la foi chrétienne mettait entre les souverains. Avec cette faculté de synthèse qui distinguait les penseurs du moyen âge, Jacques de Viterbe réunit dans un même coup d'œil le côté métaphysique et le côté moral de la question. Très fermement il affirme l'existence et la valeur de l'ordre naturel en matière politique; mais avec non moins de netteté il le proclame imparfait, tant qu'il n'a pas reçu le soutien et le complément du surnaturel.

Voilà pourquoi et dans quel sens tout le système social dépend en dernier ressort de l'Église. Le domaine spirituel lui appartient en propre, et ceci lui donne tous les caractères d'une société parfaite. Mais, précisément parce qu'il est d'ordre transcendant, le spirituel déborde, encadre et pénètre de toutes parts le temporel, de telle sorte que pratiquement celui-ci ne saurait plus atteindre sa fin sans le secours de celui-là. L'union des deux peut seule réaliser la cité humaine selon le plan divin.

II

Dans l'Église, c'est au pape que revient le rôle capital. Pour qu'elle soit un véritable « royaume », Jacques est amené à dire, dès les premières pages de son traité, qu'elle a un roi : savoir le Christ et son vicaire [1]. Sous le couvert de cette analogie politique, il construit dans la suite une exposition systématique, la plus ancienne sans doute que connaisse l'histoire, des droits spirituels de la papauté.

C'est évidemment le Christ qui détient la plénitude de l'au-

---

[1] I, 1, 8-10; fol. 60ᵛ; édit. PERUGI, p. 13-14.

torité spirituelle. Notre théologien s'en explique *ex professo* et distingue avec soin sa puissance divine de sa puissance humaine. Celle-ci à son tour comprend les pouvoirs naturels de toute âme et les privilèges qui lui sont propres du chef de son union avec la divinité. Ils se ramènent au double pouvoir royal et sacerdotal. La royauté du Christ s'entend de son action sur les âmes : on l'exprime en d'autres termes en disant qu'il est la « tête » de l'Église. Son sacerdoce fait de lui le médiateur entre Dieu et les hommes [1].

Les pouvoirs divins du Christ étaient incommunicables; mais il en est autrement de ses pouvoirs humains. De même que Dieu veut communiquer aux créatures sa puissance de gouvernement et consommer par cette succession ordonnée de causes secondes la perfection de son œuvre, le Christ a voulu communiquer à son Église son double pouvoir royal et sacerdotal. Il le devait à la nature humaine, qu'il élève par là au maximum de puissance; à sa propre dignité, qui ressort mieux, tout comme celle des potentats terrestres, par le nombre de ses serviteurs; il nous le devait surtout à nous-mêmes, qui avions besoin de chefs visibles. C'est pourquoi il a voulu transmettre ses pouvoirs spirituels à des hommes, dont il fait ses ministres et ses coopérateurs [2].

On s'est demandé si la puissance royale et la puissance sacerdotale pouvaient coexister dans la même personne. Il ne saurait y avoir, en tout cas, aucune difficulté pour la royauté spirituelle, c'est à dire celle qui confère l'empire des âmes. Déjà les prêtres de l'Ancien Testament la possédaient dans une certaine mesure : le sacerdoce chrétien unit dans toute sa plénitude le pouvoir d'ordre et le pouvoir de juridiction. Le Christ n'a-t-il pas investi ses apôtres du droit de lier et de délier, c'est à dire de juger les consciences? Or le pouvoir judiciaire est un pouvoir proprement royal.

---

[1] II, 1; fol. 69v-73v; édit. PERUGI, p. 57-70. Il est à remarquer que cette fonction sacerdotale est le fait de sa nature humaine et ne s'exerça que pendant sa vie terrestre, tandis que sa royauté spirituelle s'exerce non seulement sur la terre mais au ciel.

[2] II, 2; fol. 73v-75v; édit. PERUGI, p. 71-77.

« Huiusmodi potestas est iudiciaria ac per hoc regalis, quia iudicare proprie pertinet ad regis officium. Unde hii qui hanc potestatem habent in Ecclesia reges dicuntur non minus vere ac proprie, sed magis quam hii qui temporalem habent iurisdictionem, et tanto magis quanto regnum in spiritualibus excellentius est et dignius quam regnum in temporalibus. Et sicut vere et proprie dicuntur iudices ita vera et proprie reges dici possunt [1]. »

Aussi notre théologien se plaît-il à relever et commenter toutes les expressions scripturaires qui énoncent, au propre ou au figuré, cette mystique royauté de la hiérarchie ecclésiastique. Puis il analyse avec soin les diverses attributions qui en résultent. Du pouvoir sacerdotal relève le droit d'offrir le sacrifice, de célébrer la prière publique, de prêcher la doctrine, de produire et distribuer les sacrements. L'autorité royale comprend le pouvoir de juger, de punir, de légiférer, de propager le règne de la morale, d'administrer les biens temporels, de sauvegarder la paix. Tous ces pouvoirs conviennent aux prélats de l'Église :

« Ipsi vere sunt reges, quia ipsi sunt spirituales iudices in criminibus et in causis spiritualibus. Ipsi causas determinant et sententiant; ipsi corrigunt et pnuiunt; ipsi ligant et solvunt... Ipsi penam relaxant et taxant, ipsi excommunicant et communioni restituunt... Ipsi sunt legum positores; ipsi doctores, ipsi dispensatores... Ipsi disponunt et ordinant ministros divini cultus et alia que ad cultum Dei adhibentur. Ipsi ecclesiastica beneficia distribuunt [2]. »

Que si l'on demande lequel de ces deux pouvoirs est supérieur à l'autre, notre théologien accorde sans hésiter la prééminence au pouvoir royal de juridiction :

« Potestas regia spiritualis superior est et dignior quam sacerdotalis. In sacerdotio enim non importatur presidentia et prelatio sicut in nomine regis, sed importatur mediatio et ministerium. Sacerdos enim habet rationem medii, rex autem habet rationem principii et moventis et finis... Licet enim utraque [potestas] ordinetur ad eumdum finem,

---

[1] II, 3, 29-30; fol. 77ʳ; édit. Perugi, p. 87. Si les prélats de l'Église sont des rois, pourquoi n'en prennent-ils pas le nom? L'auteur de répondre que c'est seulement par humilité et pour mieux marquer la différence avec le pouvoir civil.

[2] II, 4, 5; fol. 79ᵛ; édit. Perugi, p. 97.

tamen ad illum finem agit potestas regia superiori et digniori modo [1]. »

Après cette théorie des pouvoirs ecclésiastiques, Jacques en arrive aux personnes qui les détiennent. Il y a entre elles des inégalités qui se développent en hiérarchie. Le pouvoir d'ordre est inégalement réparti entre les *minores sacerdotes*, représentés dans l'Évangile par les soixante-douze disciples [2], et les évêques successeurs des Apôtres. Mais c'est surtout le pouvoir de juridiction qui s'étage en degrés jusqu'au suprême pontificat, suivant un ordre qui rappelle à notre théologien la hiérarchie féodale présidée par l'empereur.

Cette subordination des fonctions sacrées ne relève pas seulement du simple empirisme social : il faut y voir l'application d'une loi métaphysique. En effet, partout l'inégalité suppose un premier principe qui en soit la règle et la cause :

« Ubi est gradus secundum magis et minus et superius et inferius, oportet esse aliquid unum summum, quia magis et minus dicuntur per comparationem ad maximum [3]. »

Ici cet *unum summum* est constitué par le Christ et son vicaire. Non content d'appeler le pape çà et là *pater patrum*, *pastor pastorum*, Jacques éprouve le besoin de justifier sa primauté par une démonstration *ex professo*. Il s'appuie d'abord sur des considérations rationnelles : *alique rationes que ex magnorum doctorum scriptis accipiuntur*. La principale est que l'Église doit être un État parfaitement ordonné et, par conséquent, parfaitement un. Or qui ne voit que l'unité n'est jamais mieux assurée que par un seul chef ? *Causa unitatis est unum*. Au demeurant, que l'on regarde l'homme, les animaux ou l'ensemble du monde, partout l'on voit que l'unité est la forme naturelle du gouvernement. Elle s'impose surtout dans l'organisme ecclésiastique, soit pour prévenir les divisions et trancher les contro-

---

[1] II, 4, 13-14; fol. 81^v; édit. PERUGI, p. 103-104.
[2] Sur ce point, cfr I, 6, 5; fol. 69^r; édit. PERUGI, p. 51. Voir également plus bas (p. 290-291) la même exégèse chez Jean de Paris, mais avec application spéciale aux curés.
[3] II, 5, 9; fol. 82^r; édit. PERUGI, p. 108.

verses, soit pour assurer l'analogie de l'Église visible avec la cité céleste dont le Christ est l'unique roi [1].

Ce chef suprême de l'Église n'est autre que le pape successeur de Pierre : *nam precessor et successor sunt pares officio et potestate.* Or la primauté de Pierre sur le reste des Apôtres ressort de son nom et des privilèges spéciaux que le Christ lui a dévolus. Aussi la voit-on s'exercer dès l'Église apostolique. Cette démonstration rappelle de tous points celle de nos modernes manuels et, sauf quelques allégorismes, est faite à peu près des mêmes matériaux [2]. A ce droit divin qui lui vient du Christ le pape ajoute d'ailleurs le droit historique créé par la donation de Constantin. Mais notre théologien a bien soin d'observer que celui-ci ne saurait être que la reconnaissance et la promulgation publique de celui-là.

« Illud ius humanum... est divini iuris approbatio et promulgatio et quedam cooperatio ad hoc ut illud quod habebatur de iure haberetur etiam de facto [3]. »

Jacques conçoit cette primauté au sens le plus absolu. Elle fait du pape le suprême détenteur de toute la puissance ecclésiastique :

« Hic est rex omnium spiritualium regum... Hic est generalis iudex... Hic est apud quem plenissime sunt claves a Christo Ecclesie tradite... Hic est summus ordinator divini cultus... Hic est dispensator summus et universalis ministrorum Dei..., distributor dignitatum et officiorum beneficiorumque ecclesiasticorum. Hic est summus et universalis conditor canonum, et approbator legum sacrarumque omnium sanctionum, dispositor omnium ecclesiasticorum ordinum, confirmator institutionum et electionum, determinator dubiorum, ostensor omnium que fienda sunt a singulis et discretor omnium que in Ecclesia fiunt [4]. »

Cette puissance est en lui sans limites d'aucune sorte :

---

[1] II, 5, 14; fol. 83ʳ-84ʳ; édit. PERUGI, p. 113-115. Ces raisons sont toutes prises dans saint Thomas, *Contra gentes*, IV, 76.

[2] II, 5, 15-17; fol. 84ᵛ-86ʳ; édit. PERUGI, p. 115-121. On en trouve déjà une esquisse, toujours d'après saint Thomas, chez HUMBERT DE ROMANS, *Opusc. trip.*, II, 4-9, dans BROWN, *Appendix...*, p. 209-213.

[3] II, 5, 18; fol. 86ʳᵛ; édit. PERUGI, p. 122.

[4] II, 5, 11; fol. 82ᵛ-83ʳ; édit. PERUGI, p. 110.

« A nulla alia potestate puri hominis limitatur aut ordinatur aut iudicatur... Ordini potestatum et legibus ab ipso positis non coartatur. Potest enim agere et mediantibus aliis potestatibus et non mediantibus eis, quando viderit expedire. Potest etiam agere et secundum leges quas ponit et preter illas, ubi opportunum esse iudicaverit [1]. »

Au-dessous du pape, les évêques gouvernent leurs diocèses respectifs. Sa sollicitude à lui est universelle ; car elle s'étend à l'Église tout entière, y compris fidèles et pasteurs :

« Huic uni sunt universi crediti, nec tantummodo ovium sed et pastorum ipse unus omnium pastor. Hic est itaque cui pascendi universaliter Christi oves et agnos cura imminet.... Nam ceteri vocati sunt in partem sollicitudinis, hic autem in plenitudinem potestatis assumptus. Sic autem habent alii partem sollicitudinis quod nichil huic deperit de plenitudine potestatis. »

Un peu plus bas, l'auteur marque expressément que l'Église romaine est la tête et que les autres tiennent d'elle leurs pouvoirs :

« Prima videlicet et precipua velud capud in corpore, quoniam in ea plenitudo potestatis existat, ad ceteras autem pars aliqua plenitudinis derivatur [2]. »

Ainsi toute l'Église est fondée sur le pape et c'est de lui qu'elle tient les perfections énumérées dans la première partie. Si l'Église est une, c'est que le pape assure en sa personne l'unité des églises particulières ; si l'Église est universelle, c'est que le pape détient en elle tous les pouvoirs et a mission de veiller au bien commun de toute la chrétienté. De même la personne du pape peut n'être pas toujours sainte : il n'en est pas moins, par sa fonction, *summus perfectus et totius sanctificationis principium in Ecclesia*. Enfin comment l'apostolicité se vérifie-t-elle dans l'Église, sinon par la communion de tous ses membres avec le successeur de Pierre [3] ? Si donc la force de

---

[1] II, 9, 3 ; fol. 97ᵛ ; édit. PERUGI, p. 167-168.
[2] II, 5, 11 et 13 ; fol. 83ʳᵛ ; édit. PERUGI, p. 111 et 112. Cfr II, 8, 12 ; fol. 93ᵛ ; édit. PERUGI, p. 152 : « Potestas que est in Summo pontifice derivatur ad alios pontifices..., non tamen secundum sui plenitudinem sed secundum partem. »
[3] *Ibid.*, 12-14 ; fol. 83ʳᵛ ; édit. PERUGI, p. 111-113.

l'Église lui vient humainement des Apôtres, c'est dire le rôle
prépondérant de celui qui fut leur tête.

« Illud non est pretereundum quod, licet ab omnibus apostolis Ecclesia
denominatur apostolica, specialiter tamen a vertice apostolorum Petro,
et quia, si fundata sit super omnes apostolos, tamen precipue super
Petrum, qui post Christum, immo vice Christi, est Ecclesie capud
et fundamentum [1]. »

Dans ces dernières lignes on voit émerger l'unité profonde
du système ecclésiastique tel qu'il apparaît à Jacques de
Viterbe. C'est évidemment le Christ qui est la source de tous
les privilèges et pouvoirs dont jouit l'Église ; mais, comme il
convient en un organisme social fait d'hommes et pour vivre
au milieu des hommes, le Christ invisible est représenté par
son vicaire. Voilà pourquoi, après lui et en son nom, on peut
et doit dire que le pape détient la plénitude de la puissance
spirituelle ici-bas. Telle est, dans la conception catholique de
la vie religieuse, la logique du dogme et, en tout cas, la théologie
moderne de la papauté ne repose pas sur d'autres bases. Le
fait qu'elle soit aujourd'hui banale ne doit pas nous faire méconnaître la mérite du théologien qui, dès le début du XIVe siècle,
dessina les lignes fondamentales de cette systématisation [2].

III

A ce même principe Jacques de Viterbe rattache les prérogatives du pape dans l'ordre temporel, qui ne sont pour lui
qu'un rayonnement de sa puissance spirituelle. En quoi il ne
fait que suivre à sa manière les traces de Gilles de Rome.

La royauté du Christ doit s'entendre au sens le plus complet
du mot, c'est à dire d'une autorité sur les choses de la terre
aussi bien que sur celles du ciel. Notre théologien est tellement

---

[1] I, 6, 12 ; fol. 69ᵛ ; édit. PERUGI, p. 52.
[2] « Dans l'histoire de l'ecclésiologie, il marque une date importante qui ne
saurait plus être négligée ; car il recule d'un siècle et demi la première ébauche
du traité de l'Église, qu'on avait coutume d'identifier avec la *Summa de Ecclesia*
de Torquemada » (ARQUILLIÈRE, dans *Dict. théol. cath.*, t. VIII, c. 307).

convaincu de ce corollaire qu'il éprouve à peine le besoin de
le démontrer :

« Dicitur autem Christus esse rex non solum regni celestis et eterni,
sed etiam temporalis et terreni, quia celestia simul ac terrena dispensat
et iudicat. »

Pour toute preuve, il en appelle à ce glaive à double tranchant
que l'auteur de l'Apocalypse vit sortir de sa bouche [1]. Symbole
d'une puissance unique à double application : *Una est eius regia
potestas, que tamen duas partes habet propter regimen celestium et
terrestrium.* Que si le Christ, pendant sa vie terrestre, n'a pas
pris en mains le gouvernement temporel du monde, ce n'est
pas qu'il n'en eût pas le droit; c'est tout simplement qu'il ne
l'a pas voulu. *Non tamen dum in hac vita mortali cum hominibus
conversatus est regnum temporale administrare voluit* [2].

Cette puissance royale fait partie des privilèges que le Christ
devait communiquer aux hommes et qu'il leur a, de fait, com-
muniqués. Le tout est de savoir comment. D'aucuns se persuadent que sacerdoce et royauté sont choses tellement distinctes
qu'elles ne peuvent convenir à la même personne. Ainsi en
était-il dans l'Ancien Testament; il en serait de même dans
le Nouveau, où le Christ a laissé aux Apôtres et à leurs successeurs sa puissance sacerdotale seule, le pouvoir royal étant
réservé aux princes séculiers, sauf les cas exceptionnels où
l'Église jouit de la puissance temporelle *ex concessione principum.*
Telle est bien la conception commune et Jacques ne peut
s'empêcher de la trouver assez plausible, encore qu'il s'estime
en droit de la dépasser au profit d'une plus profonde :

« Licet hoc videatur prima facie satis rationabiliter et verisimiliter
dictum, tamen profundius considerare volentibus veritatem plus et
aliter dicere convenit [3]. »

Par où nous sommes avertis que l'auteur entend nous en-

---

[1] *Apoc.*, I, 16, et XIX, 15.
[2] *De regimine christiano*, II, 1, 31, fol. 73ʳᵛ; édit. PERUGI, p. 70. Voir de
même II, 10, 14-17; fol 101ᵛ; édit. PERUGI, p. 183-184.
[3] II, 3, 3; fol. 75ᵛ; édit. PERUGI, p. 80.

traîner, par delà les apparences, vers les sommets de la métaphysique. Il faut, en effet, bien distinguer l'ordre de la nature et l'ordre de la grâce. Dans chacun il y a place pour un sacerdoce et pour une royauté. Avant la révélation chrétienne, ces deux pouvoirs étaient, en principe, confiés à des personnes différentes, *ne una per aliam impediretur operando.* Déjà cependant des hommes tels que Job et Melchisédec, plus tard Samuel, sont à la fois prêtres et rois. Chez les Romains également, l'empereur cumulait les deux fonctions. Il faut voir dans ces faits accidentels un présage de ce que devait normalement réaliser l'économie du christianisme. De même que le Christ possède la dignité royale et sacerdotale, il la transmet à ses ministres dans l'Église. Et ceci doit évidemment s'entendre tout d'abord de la royauté spirituelle, mais aussi de l'empire sur le temporel, qui appartient à tous les évêques et spécialement au pontife romain [1].

Aujourd'hui cette conclusion nous paraîtrait avoir besoin de preuves. Pour Jacques de Viterbe, elle s'insère tellement bien dans le déroulement logique des principes qui lui sont chers qu'il se contente presque de l'affirmer et de l'utiliser à titre de postulat. La vraie raison est pour lui la primauté du spirituel, qui donne à ses détenteurs un droit d'excellence sur le temporel. Droit qu'il suffit, semble-t-il, d'analyser sous ses divers aspects pour qu'il trouve en lui-même sa justification. C'est pourquoi Jacques abandonne résolument toutes ces argumentations laborieuses par les textes de l'Écriture et des Décrétales, où les défenseurs du droit pontifical consumaient d'ordinaire leurs efforts, pour s'établir sur le terrain des réalités religieuses, tel qu'il apparaît, logique et harmonieux, à son regard de métaphysicien croyant.

Malgré leurs incontestables différences, la royauté spirituelle et la royauté temporelle ont entre elles des rapports frappants. Elles proviennent de la même source, savoir Dieu, tendent à la même fin essentielle qui est la béatitude, s'appliquent aux mêmes

---

[1] II, 3, 12-34; fol. 76ᵛ-77ᵛ; édit. PERUGI, p. 84-91.

hommes, et procèdent par des actes tout semblables. Ce qui autorise à établir entre elles « une certaine analogie » [1]. Mais il s'en faut qu'elles soient sur le même pied : c'est la royauté spirituelle qui l'emporte de toutes parts.

Au point de vue chronologique, la royauté a précédé le sacerdoce chrétien, parce qu'elle est d'origine naturelle. Mais celui-ci n'a-t-il pas été à son tour précédé et annoncé par les institutions lévitiques, plus haut encore par le sacerdoce qui existait sous la loi de nature ? Or, en cette phase primitive de l'humanité, on chercherait en vain des royaumes et des rois. Au total donc, dans l'ordre naturel, c'est le sacerdoce qui est le premier. Et il faut en dire autant dans l'ordre surnaturel, puisque le pouvoir civil ne saurait trouver que dans le Christ et l'Église sa parfaite institution [2].

Que si l'on se place au point de vue de la dignité, le pouvoir spirituel est manifestement supérieur. Il vient de Dieu d'une manière toute spéciale ; il a pour fin le bien surnaturel et s'adresse pour ce motif à l'homme élevé par la grâce. En conséquence, ses actes sont plus parfaits et le nombre de ses sujets incomparablement plus étendu [3].

· Mais ce ne sont là que des rapports de surface : en allant plus au fond des choses, il faut dire que le sacerdoce joue par rapport à la royauté le rôle de cause. Et d'abord le rôle de cause finale, tellement obvie qu'il suffit de l'indiquer :

« Quia finis temporalis, qui est felicitas naturalis, ordinatur ad finem spiritualis qui est beatitudo supernaturalis, et ideo temporalis est propter spiritualem finaliter. Et qui potestatem temporalem quam habent ad spiritualem non ordinant perverse ipsos agere non dubium est. »

Beaucoup voudraient en rester là [4]. Cependant il faut aller plus loin et reconnaître dans le pouvoir spirituel proprement

---

[1] II, 6, 9-10; fol. 87ᵛ; édit. Perugi, p. 125-128.
[2] II, 4, 11-12; fol. 81ʳ; édit. Perugi, p. 102-103.
[3] II, 7, 3; fol. 87ᵛ-88ʳ; édit. Perugi, p. 129-130. Cfr II, 4, 13-14; fol. 81ʳᵛ; édit. Perugi, p. 103-104.
[4] Allusion II, 10, 32; fol. 103ᵛ; édit. Perugi, p. 190.

la cause efficiente du temporel. Nous sommes au point vital du système, sur lequel Jacques ne nous ménage pas les explications. En trois mots, il appartient au spirituel d'établir, de juger et de diriger le temporel [1]. Sans doute le pouvoir civil est d'origine naturelle ; mais, aussitôt qu'on se place dans le plan du révélé, il a besoin de recevoir la consécration de la foi : l'Église la lui procure par la cérémonie du sacre. Grâce à cette investiture, le souverain est apte à collaborer aux fins surnaturelles de l'humanité et prend le droit de commander à des sujets fidèles [2]. Une fois dûment établi, le pouvoir temporel est jugé par le spirituel, qui, en raison de la supériorité de sa fin, a le droit de le contrôler et, au besoin, de le reprendre et de le punir [3]. Ainsi l'exigent les principes, mais aussi les intérêts. Étant données les multiples tentations du pouvoir, la plupart des souverains tendent à la tyrannie : il est bon que la menace des sanctions ecclésiastiques soit là pour les retenir [4]. La prééminence du surnaturel demande encore que le pouvoir spirituel puisse dominer le temporel et le faire collaborer d'office à ses fins propres :

« Temporalis [potestas] vocatur in auxilium a spirituali et vocata debet auxilium ferre et obsequium impendere [5]. »

Ces déductions, où nous serions plutôt tentés aujourd'hui de voir autant de thèses à prouver, suffisent pour Jacques à

---

[1] L'ensemble de cette exposition s'étend du n. 6 au n. 18 ; fol. 88ʳ-89ᵛ ; édit. Perugi, p. 130-135.

[2] *Ibid.*, 9 ; fol. 88ʳᵛ ; édit. Perugi, p. 132. Voir plus bas, 21 ; fol. 90ᵛ ; édit. Perugi, p. 140-141, et II, 10, 26 ; fol 102ʳ ; édit. Perugi, p. 190, où l'auteur établit que, si le pape n'institue pas proprement le pouvoir, il en institue les détenteurs. Le tout, bien entendu, sans préjudice pour le droit humain de l'élection.

[3] *Ibid.*, 10 ; fol. 88ᵛ et 89ʳ ; édit. Perugi, p. 133-134.

[4] *Ibid.*, 21 ; fol. 90ᵛ ; édit. Perugi, p. 141-142. Sanctions qui peuvent aller jusqu'à la déposition (II, 10, 7 ; fol. 100ʳ ; édit. Perugi, p. 178-179). Elles n'atteignent d'ailleurs pas le pouvoir en lui-même, mais seulement l'homme qui en use mal (II, 7, 10 ; fol. 89ʳ ; édit. Perugi, p. 134).

[5] *Ibid.*, 13 ; fol. 89ʳ ; édit. Perugi, p. 135. Cfr II, 10, 12 ; fol. 101ʳ ; édit. Perugi, p. 182, où il entend d'une sorte de pouvoir directif l'exercice du glaive matériel *ad nutum sacerdotis.*

justifier les prérogatives du pape dans l'ordre temporel[1]. *Ad con-*
firmationem il veut cependant apporter « d'autres raisons »[2].
Et il introduit par ce biais, dans une sorte de bref résumé, les
arguments développés par Gilles de Rome.

Les puissances de ce monde sont ordonnées d'après une loi
hiérarchique; or c'est l'ordre spirituel qui est le premier. On
le voit dans les faits : le spirituel reçoit la dîme, véritable tribut
divin; le spirituel sanctifie et bénit le souverain temporel; le
spirituel s'affirme enfin dans le gouvernement du monde, qui
obéit à Dieu le suprême Esprit. D'autre part, la raison établit
sans peine que le spirituel est le principal et le temporel l'accessoire; que le spirituel représente la fin, savoir le salut, et le
temporel les moyens; que le spirituel, en s'adressant à l'âme,
atteint par le fait même le corps et tout ce qui en dépend.
C'est pourquoi il est prévu dans le droit que l'Église peut
juger les souverains, réquisitionner leur puissance, les excommunier en cas de refus. N'y a-t-il pas des rois qui se font d'eux-
mêmes les censitaires de l'Église ? Et comment chacun de nous
pourrait-il avoir en conscience la juste possession de ses biens
s'il ne remplissait d'abord son devoir envers Dieu et ne recevait
de lui la véritable justice dont l'Église est l'intermédiaire ? Le
fameux thème de Gilles de Rome est ici réduit aux proportions

---

[1] On retrouve les mêmes thèmes dans le fragment des *Quaestiones quodli-*
betales dont se réclame le clerc dans le *Songe du Vergier*, I, 77 (GOLDAST,
Monarchia, t. I, p. 83-84) : « Quod spiritualis potestas temporali superior
est, non solum dignitate, sed etiam causalitate, patet sic : Quae insunt causatis
insunt causis... Igitur oportet potestatem temporalem in ecclesia residere apud
illum qui est summus universalis ecclesiae praelatus.» Le principe se prouve
surtout par cette loi générale qui fait dépendre dans le monde le temporel
du spirituel. D'où suit tout naturellement l'application au Souverain Pontife :
« Ideo est vicarius Christi simpliciter superior, non solum dignitate, sed etiam
causalitate. Secundum enim quod superior praecepit inferiori qualiter debeat
operari, sic et spiritualis potestas imperat saeculari. Hinc est quod Papa tradidit
leges principibus saecularibus secundum quas etiam iurisdictionem temporalem
exequi et exercere debeant... Hinc etiam est quod spiritualis potestas regale
sacerdotium dicitur, quia Christus est rex et sacerdos. Ideoque ipsius vicarius
potestatem habet regalem et sacerdotalem, et per ipsum regalis potestas insti-
tuitur, ordinatur, sanctificatur et benedicitur. »

[2] *De regimine christiano*, II, 7, 18-20; fol. 89ʳ et 90ʳ; édit. PERUGI, p. 137-140.

d'un simple argument. Telles sont les raisons diverses qui fondent le droit divin de la papauté sur le temporel. Et si l'on objecte que Pierre n'a pas usé de ce pouvoir, c'est qu'il s'en remettait à ses successeurs [1].

A titre subsidiaire, comme pour ses privilèges spirituels, il faut aussi faire entrer en ligne de compte le droit humain. Mais il est entendu ici encore que la donation de Constantin n'a fait que promulguer les droits antérieurs de l'Église, *divini iuris manifestatio*, et contribuer à les rendre plus effectifs. De toutes façons, cet acte est dû à une inspiration de la Providence, qui voulait rehausser par ce moyen le prestige extérieur du souverain pontificat [2].

On voit maintenant la position théorique de la papauté dans le monde [3]. Étant la suprême incarnation du pouvoir spirituel, elle contient logiquement en elle-même le pouvoir temporel :

« Quia virtutes inferiorum continentur in superioribus et que sunt causatorum preinsunt causis, ideo temporalis potestas, que comparatur ad spiritualem sicut inferius ad superius et sicut causatum ad causam, continetur a potestate spirituali. »

Ce qui doit s'entendre du principe radical, non de l'exécution, qu'elle abandonne normalement aux souverains : *secundum primam et summam auctoritatem, non autem secundum immediatam executionem generaliter et regulariter*. D'où il ressort qu'elle possède la puissance temporelle d'une manière plus haute et plus parfaite que ses détenteurs immédiats, puisqu'elle a le privilège de leur commander et d'utiliser leurs œuvres à ses fins [4]. Il n'y a donc qu'un pouvoir unique, en somme, celui de l'Église, avec une double sphère d'application :

« Non ita est intelligendum quasi duas potestates distinctas et diversas

---

[1] II, 10, 20-21 ; fol. 102ʳ ; édit. PERUGI, p. 184-186.

[2] II, 8, 13 ; fol. 93ʳ ; édit. PERUGI, p. 152.

[3] Les évêques participent eux aussi, dans une certaine mesure, à ces privilèges du pouvoir spirituel ; mais seul le pape les détient en toute plénitude (II, 4, 8-10 ; fol. 80ᵛ ; et II, 7, 16-17 ; fol. 89ᵛ ; édit. PERUGI, p. 100 et 136).

[4] II, 7, 14 ; fol. 89ʳ ; édit. PERUGI ; p. 135. D'où l'auteur conclut au devoir de la plus stricte obéissance pour les souverains.

habeat, sed quia per unam suam potestatem super temporalia et spiritualia potest [1]. »

On peut évidemment se préoccuper de savoir si, dans ces conditions, le pouvoir civil garde encore une raison d'être. Comme Gilles, Jacques la demande tout d'abord à la métaphysique. Les deux pouvoirs se distinguent par leur manière d'agir, et leur harmonieuse répartition contribue à l'ordre de l'univers. Mais il connaît aussi des raisons plus pratiques : grâce au concours de l'État, l'Église est libre de s'adonner à sa mission spirituelle et la protection du bras séculier lui permet de faire bien des choses que, laissée à elle-même, elle serait incapable d'accomplir [2]. Excellentes raisons, qu'on dirait prises sur le vif de l'expérience, et dont l'auteur n'a pas l'air d'apercevoir qu'elles rompent l'équilibre de la thèse spéculative où il s'efforce de les encadrer.

Tel étant le rapport théorique des deux pouvoirs, on voit sans peine comment, de fait, peut s'établir leur fonctionnement. L'Église, en principe, n'exerce pas de pouvoir temporel, sauf en certains cas spéciaux déterminés par les « docteurs ». Notre théologien les détermine à son tour sommairement et y fait entrer toutes les espèces que nous avons déjà trouvées chez Gilles de Rome [3]. De son côté, l'État doit prendre garde d'empiéter sur le spirituel : les clercs échappent à sa juridiction, ainsi que les dîmes et les propriétés ecclésiastiques ; la collation des bénéfices ne saurait lui appartenir, nonobstant toute coutume contraire, qu'à titre ministériel, c'est à dire pour la désignation

---

[1] II, 8, 7 ; fol. 91^v ; édit. PERUGI, p. 146. Cfr II, 10, 6 ; fol. 100^r ; édit. PERUGI, p. 177. — D'où l'on voit combien paradoxale est l'exégèse de PERUGI (Introduction, p. XXII-XXVIII), qui lit dans Jacques de Viterbe l'indépendance, voire même la séparation, des deux pouvoirs, en raison de leur origine immédiatement divine. Il reconnaît d'ailleurs plus loin (*ibid.*, p. XXX) que la position de l'auteur n'est pas absolument nette sur ce point, par suite du besoin qu'il éprouvait de plaire à Boniface VIII.

[2] II, 8, 8-10 ; fol. 92^r ; édit. PERUGI, p. 146-148.

[3] *Ibid.*, 13 ; fol. 93^v ; édit. PERUGI, p. 150-151. L'auteur se défend, du reste, de faire une énumération complète.

du titulaire[1]. Au contraire, il doit prendre à cœur d'honorer
l'Église et de protéger ses pasteurs, plus que cela, d'ordonner
son gouvernement temporel en vue des fins éternelles de ses
sujets. Par là, plus que tout autre, le prince chrétien est investi
d'un caractère en quelque sorte spirituel: *temporalis potestas
quae est intra Ecclesiam participat aliquid spiritualis potestatis*[2].
Mais il reste toujours soumis au pape comme au suprême interprète du droit divin. En retour, l'Église ne lui refuse pas une
légitime reconnaissance : *obsequium... pro patrocinio*[3].

Au terme de ces développements, Jacques se croit autorisé à
conclure que le pape est bien l'héritier du Christ dans sa double
fonction sacerdotale et royale. Sans doute la puissance du Christ
est plus grande à tous égards; mais celle du pape est du même
ordre. De lui aussi on peut dire qu'il possède la *plenitudo
potestatis*, au moins dans ce sens relatif qu'en lui résident
éminemment tous les pouvoirs que le Christ a voulu confier
à son Église[4].

Nous avons vu successivement comment cette *plenitudo potestatis* s'affirme dans l'ordre spirituel, où le pape est la source
du pouvoir épiscopal, puis dans l'ordre temporel, où le pouvoir
royal lui doit son origine et sa règle. Notre théologien a pris
soin lui-même de rapprocher ces deux dérivations diverses
de la puissance pontificale et d'en marquer les rapports. Les
deux ont ceci de commun qu'elles sont les effets d'une seule
cause; mais le pouvoir des évêques reste dans la même ligne,
à un moindre degré de perfection et d'étendue, tandis que le
pouvoir des souverains temporels s'infléchit vers un ordre
inférieur :

---

[1] II, 8, 4-6; fol. 91ʳᵛ; édit. PERUGI, p. 144-145. Cfr II, 10, 9; fol 100ᵛ; édit.
PERUGI, p. 179-180.

[2] *Ibid.*, 14; fol. 94ʳ; édit. PERUGI, p. 153. Suit un long exposé des devoirs
du prince (fol. 94-96; édit. PERUGI, p. 154-161).

[3] II, 10, 5; fol. 100ʳ; édit. PERUGI, p. 177.

[4] II, 9; fol. 96-98ᵛ; édit. PERUGI, p. 163-171. A l'appui de cette *plena potentia*,
l'auteur veut citer *sanctorum Patrum auctoritates*, au moins un choix, *de multis
pauce*. Mais les textes qu'il invoque de saint Cyrille d'Alexandrie et de saint
Jean Chrysostome sont apocryphes.

« Nam potestas pontificum comparatur ad ipsum [Christi vicarium] sicut causatum in quo est perfectio cause secundum eamdem rationem, non tamen totaliter sed in parte... Potestas autem secularium principum comparatur ad ipsum sicut causatum in quo est perfectio cause deficienter et secundum aliam rationem. Nam in principibus secularibus est solum temporalis potestas, et est in eis secundum aliam rationem et secundum alium agendi modum quam sit in summo pontifice [1]. »

D'où il suit que le souverain pontife, parce qu'il réunit en lui la double puissance temporelle et spirituelle, est le seul véritable roi :

« In prelatis Ecclesie et precipue in summo prelato est potestas regia tota et perfecta et plena, in principali (?) autem seculi est secundum partem et diminuta [2]. »

Après cette exposition, il est inutile d'insister longuement sur les traits de ressemblance qui unissent Jacques de Viterbe à Gilles de Rome. En dehors même des passages où le *De ecclesiastica potestate* est visiblement utilisé par le *De regimine christiano*, il y a entre ces deux ouvrages une parenté manifeste de doctrine et plus encore d'esprit [3]. Sans doute Jacques de Viterbe paraît être plus proprement théologien. Non pas qu'il dédaigne le recours aux principes rationnels; mais il fait une place plus grande et plus directe aux données de la révélation : toute sa pensée se concentre sur la dogmatique de l'Église et les privilèges surnaturels du Christ son auteur et son chef. A cette nuance près, tous deux s'accordent à mettre toute puissance aux mains du pape, et pour cette même raison qu'ils ne savent plus distinguer pratiquement entre Dieu et le Christ, entre le Christ et son vicaire.

---

[1] II, 8, 12; fol. 93ᵛ; édit. PERUGI, p. 151-152. — Ce passage se trouve traduit dans B. HAURÉAU, *Histoire littéraire de la France*, t. XXVII, p. 51-52. La plupart des auteurs n'avaient pas jusqu'ici d'autre source directe pour caractériser la doctrine de notre théologien.

[2] II, 10, 10, fol. 101ʳ; édit. PERUGI, p. 181.

[3] Fidèle à son paradoxe, G. L. PERUGI (Introduction, p. XXIII) les veut mettre en opposition. Comme si quelques différences de méthode ou même de légères nuances dans la pensée pouvaient dissimuler l'identité foncière de leur doctrine sur les rapports de l'Église et de l'État !

Dans le développement de cette mystique sociale, Gilles révèle, à n'en pas douter, plus d'envergure et de puissance créatrice ; mais aussi se montre-t-il plus excessif. Parce que moins personnel, son disciple nous apparaît mieux équilibré. Il distingue plus nettement les deux plans, naturel et surnaturel ; dans celui-ci, il analyse les pouvoirs spirituels de la papauté, en rapproche ses pouvoirs temporels, pour rattacher les uns et les autres à ceux du Christ. Avec Jacques de Viterbe, la thèse trop peu nuancée de Gilles est en train de prendre les allures d'une doctrine classique, et l'histoire postérieure atteste que pendant longtemps elle devait, en effet, pour une bonne part le rester.

CHAPITRE VII

THÈSES ANTAGONISTES :

LES JURISTES RÉGALIENS

Naturellement de pareilles thèses étaient faites pour provoquer un choc en retour. Étant donné ce rythme à peu près invariable de la pensée qui porte les esprits d'un extrême à l'autre, rien n'était plus propre que ces affirmations des théologiens pontificaux à favoriser l'éclosion d'un absolutisme contraire. Pour répondre à ceux qui voulaient mettre tous les pouvoirs aux mains du pape, la tentation était forte de les concentrer aux mains du souverain temporel. Elle devait être irrésistible à une époque où les légistes ressuscitaient, pour l'opposer à l'idéal du moyen âge, la vieille notion romaine de la souveraineté.

Sans doute les thèses régaliennes n'ont pas encore, sous Philippe le Bel, reçu la force et l'ampleur qu'elles prendront

plus tard. Comme systématisation, elles restent nettement inférieures à la doctrine rivale. Elles s'affirment cependant en exposés
suffisamment étendus et significatifs pour qu'on n'en puisse
contester l'existence ou méconnaître la direction.

I

Premier document de la controverse, le *Dialogue entre un
clerc et un chevalier* est aussi le plus incontestable monument
de l'esprit et des tendances qui prévalaient chez les juristes
régaliens. Sans être composé à l'égal d'une dissertation d'école,
cet opuscule n'en développe pas moins une doctrine suivie et
l'argumentation populaire dont il use volontiers, loin d'accuser
la pauvreté du fond, ne sert qu'à mieux en faire ressortir la
profondeur et l'originalité.

« Chevalier » ou non, l'auteur se pose tout d'abord en défenseur de la société laïque contre ce qu'il estime être les empiètements de l'Église. Le clerc se réclamait du droit canon contre
les exactions du pouvoir séculier. Mais son partenaire de
répondre en affirmant de la manière la plus tranchée la distinction des domaines. En matière temporelle, ce prétendu
« droit » n'en est pas un; car l'Église n'a aucune juridiction en
dehors du spirituel, pas plus que le roi de France hors de ses
frontières :

« Quae illi [Romani Pontifices] statuunt, si de temporalibus statuunt,
vobis possunt iura esse, nobis vero non sunt. Nullus enim potest de
iis statuere, super quae constat ipsum dominium non habere. Sic nec
Francorum rex potest statuere super imperium, nec Imperator super
regnum Franciae. Et quemadmodum terreni principes non possunt
aliquid statuere de vestris spiritualibus, super quae non acceperunt
potestatem, sic nec vos de temporalibus eorum, super quae non habetis
auctoritatem. »

Aussi toutes les décisions contraires sont-elles « frivoles ».
En particulier, celles de Boniface VIII lui paraissent profondément ridicules. Comme s'il suffisait de s'attribuer un droit en
paroles pour l'acquérir en réalité ! « Dans ces conditions, il est

facile au Pape de s'octroyer des droits sur n'importe quoi. Il n'a qu'à écrire que tout lui appartient aussitôt qu'il l'aura écrit, et aussitôt tout vous appartiendra... Pour avoir un droit, il suffira de le vouloir. Il ne lui reste donc plus qu'à décréter : je veux que ceci soit le droit, lorsqu'il aura envie de mon château ou de ma femme, de mon champ, de mon argent ou de mon trésor [1]. » En un mot, il n'y a pas à tenir compte des revendications pontificales, parce qu'elles sont suspectes d'être intéressées. Le clerc ne s'y méprend pas.

« Si nos ipsi ex nostris velimus probare dictis aut scripturis, totum pro nihilo ducitis, quia nostrum scribere, ut dicitis, dominium nobis aut potestatem, quae aliunde non venerat, dare non potuit. »

Cette argumentation critique suppose comme prémisse que le pape n'a pas d'autorité sur le temporel. De ce principe, qu'il semblait jusqu'ici tenir pour un axiome, le chevalier va maintenant faire la preuve. Il y est amené par le clerc, qui, évincé du terrain canonique, porte la discussion sur celui des Écritures et oppose à son adversaire l'universelle royauté de Jésus-Christ, établie par l'Ancien et le Nouveau Testament : *ista non sunt nostra, sed Dei verba.* Autorité qui passe de plein droit à celui qu'il s'est choisi pour vicaire :

« Tenet enim fides nostra Petrum apostolum... institutum esse plenum vicarium Iesu Christi. Et certe plenus vicarius idem potest quod et dominus eius, cum nulla exceptione, nulla potestatis diminutione est vicarius institutus. »

Sur quoi il est aisé au chevalier d'établir que la royauté du Christ était d'une nature toute spirituelle et que Pierre n'a jamais reçu, ni exercé, une autre sorte de pouvoir. Incidemment il suggère même que l'ancienne Loi permettrait d'aller plus loin, en affirmant la subordination du sacerdoce au pouvoir royal :

« Et Hebraeorum pontifices constat regibus fuisse subditos et a regibus (quod procul a vobis absit !) fuisse depositos. »

Sans insister pour le moment sur cette considération, l'auteur

----

[1] *Disputatio*, dans GOLDAST, t. I, p. 13

renforce l'argumentation scripturaire d'un de ces raisonnements par l'absurde qui lui sont familiers [1]. Dieu, dit-il, peut, à n'en pas douter, nous demander sans conditions le sacrifice de nos biens. « Si donc le pape est investi de pouvoirs divins, il faut accorder que tous vos biens et les nôtres, sans aucun examen de la cause, vous pouvez les donner à celui de vos petits neveux ou cousins qu'il vous plaira, que vous pouvez enlever [à leurs possesseurs] principautés et royaumes pour les distribuer à votre guise. Conclusions absurdes. Voyez plutôt vous-mêmes s'il vous plairait qu'on vous en fît l'application. »

C'est ainsi que le chevalier pense avoir suffisamment démontré la foncière incompétence de l'Église en matière de temporel. Mais ce qui ne lui appartient pas de plein droit ne lui reviendrait-il pas à titre dérivé ? En s'établissant sur ces positions de repli, le clerc fournit à son adversaire l'occasion de rendre sa pensée plus explicite.

« Vous niez donc, s'écrie-t-il, que l'Église ait à connaître du péché, c'est à dire du juste et de l'injuste, ou qu'il puisse y avoir matière à justice dans l'ordre temporel ? » A quoi le chevalier de riposter d'abord, suivant sa manière, en montrant les absurdités qui découlent de cette prétention. La justice est intéressée dans la pendaison des brigands et le jugement des autres coupables. Faudra-t-il donc attribuer toutes ces causes à l'Église *ratione peccati* ? Précisément le chevalier se rend à Paris pour l'affaire d'un héritage qui lui revient du chef de sa femme. Faut-il croire qu'il appartient à l'Église d'en juger, sous prétexte que le mariage relève de sa juridiction ? Dans ce cas, il n'y a plus qu'à fermer les tribunaux civils, à faire taire les lois et ordonnances des princes pour ne plus laisser entendre que celles du clergé.

Non content de cette facile réponse, l'auteur esquisse à ce propos sa conception du rôle de l'Église dans l'État. C'est au souverain qu'il appartient de faire les lois et d'en surveiller l'application d'après la justice, de les interpréter, aggraver ou

---

[1] *Ibid.*, p. 13-14.

adoucir suivant les circonstances. L'immixtion de l'Église en ces matières aboutirait à d'inévitables conflits. Quand le prince dirait : « Ceci est juste », le pape pourrait dire : « Ceci est injuste. » C'est seulement en cas de désobéissance que peut et doit intervenir l'action du pouvoir ecclésiastique pour aider ou suppléer le pouvoir civil impuissant :

« Et ego ostendam vobis secundum Paulum unde vestra cognitio debet incipere.... Si quis tumens superbia non obedierit eius [principis] imperio, nec princeps cuius fuit officium iudicandi habet potestatem resistendi vel coercendi, tunc incipit vestra cognitio, quia tunc accedere debet vestra monitio. »

Fonction de sauvegarde sociale que l'auteur est heureux d'appuyer sur la doctrine de saint Paul[1]. Il consent encore à l'étendre aux crimes publics, tels que les vols et les rapines, quand il n'y a personne qui veuille ou puisse les réprimer. Dans ces cas, l'action de l'Église est un droit et un devoir ; mais elle ne doit jamais dépasser cette mission tutélaire :

« Non enim nego vos in iis casibus debere vel posse vestram potentiam exercere, sed non de iusto vel iniusto, quia de hoc non habetis cognoscere aut manum ad hoc apponere[2]. »

Déjà les hommes d'État du XIVe siècle s'étaient aperçus que l'Église pouvait, dans certains cas, servir d'utile renfort au gendarme. Tout comme aux bonnes époques de l'ordre moral, ils ne voulaient pas non plus lui refuser pour cela une honnête rétribution. C'est toujours le clerc qui introduit ce nouveau développement sur les obligations de l'État envers l'Église, en rappelant un autre principe de la philosophie chrétienne telle que la comprenait le moyen âge : la subordination du temporel :

« Nonne debent temporalia spiritualibus deservire? Ergo temporalia debent esse subiecta spiritualibus. »

Le chevalier veut bien admettre la majeure du raisonnement ; mais il en conçoit tout autrement la conclusion :

---

[1] *Tit.*, III, 1, et *Rom.*, XIII, 1.
[2] *Disputatio*, p. 14-15.

« Vere debent spiritualibus temporalia deservire suo casu, quia tenentur Dei cultoribus necessaria ministrare. »

Un peu plus loin, il précise que par là il faut entendre *honoris debita et vitae necessaria*. Conception qu'il appuie d'abord sur l'instinct des peuples et la *natura naturans*, puis sur les Écritures, mais en marquant bien que les prêtres y sont mis au rang de simples salariés. Moïse a dit [1] et saint Paul a répété [2] qu'il ne faut pas museler le bœuf qui bat le grain ; mais il lui suffit de recevoir sa nourriture, bien que son travail remplisse le grenier. Voilà tout ce qu'on peut accorder à l'Église sur le temporel. Que si l'on reconnaît au pape le droit d'y commander sous le prétexte de sa souveraineté spirituelle, pourquoi pas aussi à l'évêque dans sa province, au curé dans sa paroisse ? Conséquences absurdes, bien faites pour discréditer le principe d'où elles dérivent [3].

Au contraire, c'est à l'État qu'il appartient de contrôler l'Église. Dans l'Ancien Testament, ne voit-on pas que ce sont les prêtres qui adorent les rois, reçoivent leurs ordres, et, au besoin, leurs censures ? C'est au tour du clerc, devant cette offensive, de traduire son étonnement et d'invoquer la distinction des pouvoirs :

« Quid interest regum et principum super dispensatione temporalium nostrorum ? Ipsi sua habeant et nostra nobis dimittant. »

Mais le chevalier lui oppose les responsabilités qui pèsent sur la conscience du pouvoir laïque :

« Nostra multum interest per omnem modum. Numquid non interest nostra circa salutem animarum nostrarum super omnia cogitare ? »

Or une de ces conditions de salut est de veiller au bon usage des fondations :

« Numquid non interest nostra vobis a parentibus mortuis debita prosequi obsequia et etiam obsequia postulare ? Et nonne nostra, pro

---

[1] *Deut.*, XXV, 4.
[2] I *Cor.*, IX, 9, et I *Tim.*, V, 18.
[3] *Disputatio*, p. 15.

parentibus nostris, ad hoc sunt nostra temporalia data et copiose
ministrata ut in cultu divino totaliter expendantur ? »

Bien loin de respecter les intentions des donateurs, le clergé
emploie ces fonds pour son usage personnel. Détournement
injuste, véritable spoliation des vivants et des morts, dont
l'État peut lui demander compte. Au soldat qui refuse de
combattre on ne conserve pas sa solde ; le vassal qui ne s'acquitte
pas de son service perd justement son fief. Et l'implacable
chevalier de rappeler l'histoire de Joas réformant son clergé [1] :

« Ecce laudata est regis religio, quae curam gessit ut bona illius
veteris Ecclesiae solverentur sollicite et expenderentur religiose... Haec
accepistis omnia ad vitae subsidium et ad sanctae militiae stipendium...
Et quidquid superest in pios usus pauperum et miserias aegrotantium
expendere debetis. Quod si non feceritis, multum nostra interest de
eisdem curam habere ne animas mortuorum salutemque vivorum
defraudetis [2]. »

Du moins, insiste le clerc, Joas dépensa cet argent en bonnes
œuvres, tandis que vous l'affectez à des fins militaires. Ce qui
fournit au chevalier une transition pour faire valoir un nouveau
titre des souverains sur les biens d'Église : celui de défenseurs
de l'intérêt national. Il commence, en termes qui rappellent la
fausse pièce *Antequam essent clerici* [3], par railler ceux qui prennent
volontiers leur parti de voir les revenus ecclésiastiques aller
à des parents ou autres personnes souvent peu recommandables,
tandis qu'ils s'indignent à la pensée que le roi pourrait leur
demander une modeste contribution. Comme si le clergé n'était
pas intéressé à la sécurité du royaume et du roi ! Et comme si
l'impôt qu'on lui réclame était autre chose qu'une compensation
pour la solidarité sociale dont les sacrifices des autres lui assurent
le bienfait !

« Regia manus vester murus est; pax regis, pax vestra; salus regis,
salus vestra.... Alii pro vobis et res et personas offerunt morti. Si

---

[1] IV *Reg.*, XII, 7-8, et II *Par.*, XXIV, 2.
[2] *Disputatio*, p. 15-16.
[3] Voir plus haut, p. 99-102.

datur personis ecclesiasticis requies, non est magnum si pro personis servent opes. »

Et l'auteur de montrer avec sa verve réaliste le paradoxe d'un clergé qui n'aurait qu'à s'adonner au repos et à la bonne chère, tandis que les laïques veilleraient sur son bien-être au péril de leur vie. « C'est alors vous qui êtes les seuls seigneurs; les rois et les princes ne sont plus que vos esclaves. » A l'appui de sa thèse, l'auteur trouve à invoquer des précédents scripturaires; puis il conclut que le salut du peuple chrétien est incomparablement plus précieux que tous les trésors de l'Église :

« Non est ergo parcendum ecclesiae materiali, ubi discrimen imminet genti christianae... Nec dubium est quin templum spirituale, quod est homo, dignius sit materiali et templo lapideo... Nec est parcendum materiali templo, nec iis quae dedicata sunt templo, ut salus reddatur et pax periclitanti populo christiano [1]. »

Le clerc essaie en terminant de quelques objections, qui ne servent qu'à mettre davantage en lumière le régalisme du chevalier. Ce droit de reprise sur les donations permet d'abolir tous les vœux. A quoi l'auteur de répondre qu'il n'y a pas de reprise, mais retour à la première destination :

« Hoc non est quae Deo data sunt revocare, sed iis usibus quibus fuerant data applicare. Quae enim sunt Deo data eo ipso sunt piis usibus dedicata. Quid enim poterit sanctius esse quam christiani populi salus, et quid pretiosius Domino quam hostes, raptores et interfectores arcere a populo christiano, et quam pacem subiectis et fidelibus emere? »

On voit si la religion de la patrie date d'hier. Mais ne faut-il pas compter avec les exemptions ecclésiastiques? L'auteur, qui est encore un peu de son temps, accorde que les clercs, les vrais clercs du moins [2], jouissent d'une immunité personnelle en tant que ministres du roi. Mais, loin de constituer un droit

---

[1] *Disputatio*, p. 16.
[2] « Non dico de his qui vita et conversatione laïci sunt, qui non ad honorem Dei sed in fraudem Domini sunt clerici » (*ibid.*, p. 17). — Cfr BONIFACE VIII, Bulle *Etsi de statu* : « Constitutio eadem clericos clericaliter non viventes.... non defendat » (*Registres*, n. 2354, t. I, c. 942, et DUPUY, p. 40).

divin, ceci n'est qu'un privilège consenti par la bienveillance
des princes :

« Concedimus quod clerici in suis personis sunt liberi... Non dico
clare per Evangelium; sed, quia Evangelio et eorum officio videbatur
consonum, indultum est eis hoc privilegium praecipuum. »

Au surplus, cette exemption ne s'applique pas aux terres,
qui restent soumises à l'impôt. Obligation absolue et universelle, et dont le souverain a le droit de fixer le montant à sa
guise, suivant les exigences de l'intérêt public.

« Clara enim ratione conceditur ut respublica reipublicae sumptibus
defendatur; et quaecumque pars gaudeat ista defensione, aequissimum
est ut cum aliis ponant humerum sub onus. »

La longue prescription dont les clercs ont pu jouir par le
bon plaisir du roi ne doit servir qu'à les rendre plus empressés.
Qu'ils prennent pour exemple tant de cités, autrefois libres,
qui se font un devoir aujourd'hui de concourir à la défense
nationale. Cependant, allègue le clerc, nos immunités nous sont
garanties par les lois civiles et canoniques. Sans doute, mais
toutes ces dispositions sont tacitement subordonnées au bien
suprême de l'État, dont le souverain reste juge et qui lui permet,
s'il le faut, d'y déroger. Les concessions du prince sont toujours
faites sous condition :

« Constat et testimonio et recta ratione eos [reges] concedere quatenus
possent in posterum eis reipublicae causa derogare. Unde plane colligitur in omnibus privilegiis hoc exceptum, scilicet ut nisi privilegium
indultum in posterum reipublicae nociturum (sit), vel pro ardua necessitate vel utilitate reipublicae manifesta mutandum. »

Enfin, le clerc réduit à *quia* imagine d'opposer au despotisme
du roi l'autorité suprême de l'empereur. « Cette réponse est un
blasphème », riposte le chevalier. Il en profite d'ailleurs pour
exposer que, la France étant une portion détachée de l'Empire,
son roi possède les mêmes droits que l'Empereur sur ses propres
terres, y compris le *ius altitudinis aut potestatis* : par où il faut
sans doute entendre ce haut domaine que les souverains aimèrent
toujours revendiquer sur les biens de leurs sujets. En consé-

quence, il a pleins pouvoirs sur la législation. Que s'il ne pouvait la modifier en cas de besoin, nul ne le pourrait, *quia ultra eum non est superior ullus* [1]. La note nationaliste ne pouvait manquer dans une apologie aussi résolue de la prépotence du pouvoir civil.

Tout cet exposé aboutit à une péroraison qui donne bien la note de cette homélie laïque, à la fois narquoise et menaçante, qu'est le *Dialogue* :

« Et ideo, Domine Clerice, linguam vestram coercete et agnoscite Regem legibus, consuetudinibus et privilegiis vestris et libertatibus datis regia potestate praeesse, posse addere, posse minuere quaelibet, aequitate et ratione consultis.... Et ideo si aliquid pro salute Regni tuenda videritis istis temporibus immutari, acceptate et patienter hoc ferte, Paulo apostolo hoc vobis dicente : *Qui potestati resistit divinae voluntati resistit* (*Rom.*, XIII, 2), ne qui contra stimulum calcitrant iniuste semel puncti iterum se pungant [2]. »

Il ressort de cette analyse que, si l'auteur combat l'absolutisme du pouvoir ecclésiastique, c'est pour lui substituer celui du pouvoir civil. Non content d'affirmer l'indépendance de l'État et les obligations patriotiques de l'Église — thèses qu'on pourrait croire très modernes — ce qu'il réclame au fond, c'est l'assujettissement de l'Église à l'État, avec le droit pour celui-ci d'utiliser, de contrôler, de réglementer la force morale et sociale qu'elle représente. La fin dernière est ici l'intérêt public et national, qu'il appartient à l'État seul d'administrer avec un despotisme supérieur à toutes les lois. On croirait entendre çà et là un écho de la vieille maxime romaine : *Salus populi suprema lex esto*. Et comme l'État s'incarnait alors dans la personne du prince, c'est au plein sens du mot que, sous son allure négligée et ses critiques incisives, le *Dialogue entre un clerc et un chevalier* nous apparaît aujourd'hui comme la plus pure expression de l'idéal régalien.

---

[1] *Disputatio*, p. 17.
[2] *Ibid.*, p. 18.

II

Cette même doctrine se retrouve, avec plus d'envergure philosophique et une forme déjà systématisée, dans le traité anonyme *Rex pacificus*. La thèse n'est plus ici noyée dans un dialogue aux contours fuyants, mais serrée dans une dissertation qui, pour brève qu'elle soit, n'en est pas moins construite suivant toutes les règles de l'art.

Après avoir rappelé sommairement les opinions opposées — thèse radicale de ceux qui font du pape le maître de toutes choses, mêmes temporelles ; thèse mitigée de ceux qui, tout en admettant que le pouvoir des princes vient de Dieu seul, le font dépendre de l'Église pour l'exécution — l'auteur expose la sienne propre. Elle repose fondamentalement sur l'unité de la société humaine, mais unité conçue de telle façon que le rôle principal revient à l'État. Les relations des deux pouvoirs y sont comprises et décrites d'après l'analogie des fonctions que la physique d'Aristote attribuait à la tête et au cœur [1].

Dans l'organisme, la tête remplit un office de direction et d'équilibre. Mais c'est le cœur qui est *totius corporis fundamentum*, parce que de lui part le sang qui porte la vie. Aussi, dans l'embryon, le cœur est-il créé avant la tête. Or, dans le corps social, la tête c'est le pape [2]. L'auteur ne s'attarde pas à le prouver, tellement le langage ecclésiastique avait accrédité cette formule dans tous les esprits : il se contente d'en fournir l'explication. En raison de son mandat spirituel, il appartient au pape de diriger et exciter les hommes vers les œuvres de salut :

« [Sicut in capite vigent sensus, sic in Papa, qui OMNIBUS PRAEESSE

---

[1] Il est curieux de se souvenir que, sur la foi d'un texte apocryphe de saint Jean Chrysostome, la même comparaison suggérait à un publiciste du XIe siècle, Grégoire de Catino, une application inverse (*Orthodoxa defensio imperialis*, 3, dans *Libelli de Lite*, t. II, p. 536). Dans le même sens, voir plus tard NICOLAS DE CUSE, dans GIERKE, traduct. DE PANGE, n. 79, p. 141-142.

[2] Voir plus bas (appendice V, p. 431-434) par suite de quelle inadvertance ce fait élémentaire a pu être nié par R. Scholz.

NOSCITUR] spiritualiter, vigere debet discretio et sapientia, qua Christi fideles, qui sunt membra Ecclesiae, dirigantur ad opera salutis. Unde ad ipsum, sicut ad caput, spectat omnibus fidelibus dare sensum discretionis... Spectat etiam ad ipsum dare fidelibus motum bonae operationis. »

De cette tête spirituelle partent, comme des nerfs, les divers éléments de la hiérarchie, qui achèvent l'unité du corps :

« Nervi autem, ab ipso capite derivati, sunt diversi gradus et ordines ecclesiastici, quibus secundum eorum diversa et distincta officia, membra Ecclesiae suo capiti, scilicet Christo, et sibi invicem quasi quibusdam connexivis compagibus colligantur. Unde in unitate fidei faciunt unum corpus. »

Le souverain temporel, de son côté, tient la place du cœur. En effet, le cœur est le fondement de la vie ; ainsi le prince, parce qu'il doit incarner la justice, est le fondement de l'État :

« Dominus temporalis, sicut Rex in regno et Imperator in Imperio, recte dicitur fundamentum, propter soliditatem et firmitatem iustitiae quae in ipso debet esse, sine qua respublica nullomodo potest esse stabilis, sicut nec aedificium sie funndamento. »

C'est pour cela qu'en grec les rois étaient appelés βασιλεῖς, *quia tamquam bases populum sustentabant.* Après cette curieuse philologie, qu'il emprunte à Isidore de Séville, l'auteur tire encore argument du fait que le langage canonique réserve aux seigneurs temporels le titre de *fundatores Ecclesiarum.*

De ce cœur, comme autant de veines, procèdent les lois et ordonnances qui distribuent dans les organes la richesse matérielle :

« Ab isto corde... procedunt tamquam a principio venae, id est leges, statuta et consuetudines legitimae, per quas, quasi per quasdam venas, dividitur et defertur ad partes singulas totius corporis, hoc est communitatis et reipublicae, substantia temporalis, sicut in humano corpore sanguis. »

Le prince remplit également le rôle fondamental du cœur à l'égard de l'autorité spirituelle, puisqu'il lui est antérieur :

« Cor etiam potest dici dominus saecularis, ut rex, respectu domini spiritualis, quia sicut cor prius creatur quam caput, sic prius fuit

iurisdictio temporalis in regibus quam fuerit iurisdictio spiritualis in
sacerdotibus vel pontificibus [1]. »

Au fond de cette analogie si méthodiquement développée,
on aperçoit une conception politique, d'après laquelle le rôle
primordial dans la société revient au pouvoir civil, qui assure
la vie temporelle. Celle-ci, en effet, n'est-elle pas indispensable
à tous et la base de la vie spirituelle elle-même ? L'auteur y
revient plus loin, sans s'embarrasser d'aucune métaphore, en
discutant l'objection que les théologiens pontificaux fondaient
sur les rapports de l'âme par rapport au corps. Pour lui, ce
n'est pas le spirituel qui est le soutien du temporel, mais inversement :

« Nam anima sic sustentatur spiritualibus quod ipsa spiritualia non
agunt ad sustentationem corporis. Sed temporalia sic ad sustentationem
corporis agunt quod agunt etiam ad sustentationem animae, quae
deficeret corpore deficiente. Unde maiorem dependentiam habet anima
a temporalibus quam contra [2]. »

Sans appuyer davantage sur cette sorte de positivisme, qui
renversait au profit de l'État la hiérarchie des valeurs sociales,
l'auteur se contente de conclure à la distinction des pouvoirs
et à l'indépendance respective de leurs fonctions :

« Patet ergo ex praedictis quod, sicut in humano corpore sunt duae
partes principales, officia distincta et diversa habentes, scilicet caput
et cor, ita quod una de officio alterius se non intromittit, sic in orbe
duae sunt iurisdictiones distinctae, scilicet spiritualis et temporalis,
habentes officia distincta. Unde, sicut non est aliquis dominus temporalis qui se debeat reputare dominum omnium in temporalibus et spiritualibus, sic Papa non est dominus temporalis omnium [3]. »

Cette conclusion est la thèse capitale que l'auteur s'attache
ensuite à prouver par l'Écriture et la raison. Au cours de cette
démonstration, on verra se trahir encore plus d'une fois son
idée arrêtée sur la prééminence théorique et pratique du pouvoir civil.

---

[1] DUPUY, p. 670.
[2] *Ibid.*, ad 9um, p. 680.
[3] *Ibid.*, p. 670.

Il cherche tout d'abord la distinction des deux pouvoirs dans la constitution du peuple juif. Dès le début, Israël eut deux chefs : Moïse au temporel, Aaron au spirituel. Le premier est appelé *dux* : ce qui, d'après Isidore, est un *officium saeculare*. Il eut pour successeurs Josué, puis des juges et des rois, tous investis d'une juridiction temporelle. Entre autres attributions, il eut celle de partager les héritages et les propriétés : ce qui relève éminemment de l'autorité royale. Autant de preuves que la juridiction temporelle était tout entière aux mains de Moïse : *iurisdictio temporalis totaliter fuit in Moyse.*

Aaron, au contraire, détenait uniquement l'autorité sacerdotale. C'est pour cela qu'il fut choisi par Dieu [1] et l'on ne voit pas qu'il soit jamais sorti de ce domaine :

« Nunquam autem legitur quod Aaron de ducatu et de iurisdictione pertinente ad Moysem se intromisit, volens sibi dominium attribuere, nisi ad mandatum ipsius Moysi. »

En principe, les deux pouvoirs restaient distincts et chacun des deux frères avait en mains sa verge, symbole de son autorité. Seule la verge d'Aaron fut déposée auprès de l'arche d'alliance. Fait où l'auteur s'empresse de voir un signe de ce qui doit être dans l'Église, arche du Nouveau Testament :

« Ex his colligi potest... quod penes Ecclesiam, quae vere est arca Testamenti, non est deposita virga, hoc est potestas aliqua, nisi solummodo virga Aaron, id est potestas spiritualis. »

Aussi plus tard Jérémie (I, 11) eut-il la vision, non pas de plusieurs verges, mais d'une seule verge « qui veillait » :

« Per hoc tam discrete quam sancte significans quod quicumque sacerdos Domini... non ad duas virgas, id est ad duas iurisdictiones ubique habendas, sed ad virgam vigilantem, id est ad iurisdictionem spiritualem, debet respicere, in qua multum est necessarium esse vigilem et sollicitum. »

Ce n'est là cependant que le côté négatif, si l'on peut dire, de cette exégèse politique. S'ils sont séparés, les deux pouvoirs

---

[1] *Exod.*, XXVIII, 1.

ne sont pas équivalents. Leur place respective est encore indiquée par les rapports de Moïse et d'Aaron [1].

Bien que le sacerdoce proprement dit fût aux mains de ce dernier, Moïse est dit prêtre lui aussi (*Ps.* XCVIII, 6). L'auteur n'insiste pas sur cette assimilation; mais il ne manque pas d'observer qu'Aaron appelait Moïse son Seigneur (*Exod.*, XXXII, 22) et que, s'il déchaîne des fléaux sur les Égyptiens — ce qui revenait à user de la juridiction temporelle — ce fut toujours *de expressa auctoritate Moysi.* C'est dire que, si les deux pouvoirs sont distincts *ex ordinatione primo divinitus facta,* l'Église peut cependant exercer quelque juridiction au temporel, mais à titre précaire et comme déléguée de l'État : *nonnisi quantum sibi datum et permissum ab illis qui habent in hoc mundo temporalium potestatem.* Loin d'avoir aucun empire sur le temporel, l'Église en ces matières est soumise aux princes et aux rois :

« Ex quibus habetur quod Ecclesia, quantum ad temporalia, potestati Regum et Principum est tradita et subiecta. »

La même conception qui s'affirme dès les origines inspire encore l'histoire subséquente d'Israël. Partout on y retrouve les deux pouvoirs nettement distincts :

« Certum est enim quod tunc Reges in temporalibus praesidebant, Sacerdotes et Prophetae spiritualia regebant. »

Jamais on n'y voit de prêtre se poser en supérieur à l'égard des rois, *licet bene legantur annunciasse Regibus praecepta Domini.* Cette remarque jetée en passant pourrait bien définir le rôle que l'auteur reconnaît à l'autorité spirituelle par rapport au pouvoir civil. Au contraire, ce sont les rois qui commandent aux prêtres :

« Sed Reges, sicut veri domini, praecipiebant Sacerdotibus et Prophetis. »

Ce ne sont d'ailleurs pas les mauvais rois qui agissent de la

---

[1] Ce double raisonnement est mélangé par l'auteur (p. 671-672); mais l'analyse en distingue aisément les deux directions.

sorte, mais David, Ézéchias, Josias, c'est à dire les meilleurs :

> « Ecce isti tres reges, super omnes qui unquam rexerunt populum Domini meliores, imperando, praecipiendo et mittendo se ostenderunt, sicut et vere erant, *post Deum esse dominos principales*, super quos nec Prophetae nec sacerdos unquam alias attentaverunt aliquid quod esset eis in diminutionem sui dominii temporalis [1]. »

Après avoir établi par l'Ancien Testament l'indépendance du pouvoir royal — indépendance qui va jusqu'à la supériorité — l'auteur en demande une brève confirmation à l'Évangile. On y voit que le Christ refuse de se prononcer sur une question d'héritage (Luc, XII, 14). Preuve évidente que ses disciples n'ont pas plus que lui à se mêler du temporel :

> « Si ergo maioritatem iudicandi in temporalibus, sicut de divisione haereditatis, noluit in hoc mundo habere Christus, magister et dominus, etiam in unico casu particulari, certe nunquam maioritatem deberet appetere quicumque Christi servus, quicumque discipulus, quicumque Apostolus. »

Tout au contraire, le Maître indique aussitôt à ses Apôtres que cette sorte d'ambition procède *ex radice avaritiae*. Exégèse que l'auteur est heureux d'appuyer sur un long morceau de saint Bernard, qui affirme l'incompétence essentielle, *impertinentia*, de l'Église en matière temporelle [2]. Cette *impertinentia* s'avère également quand le Christ répond à Pilate : «*Regnum meum non est de hoc mundo.*» Si le Christ s'est refusé toute souveraineté humaine, comment aurait-il pu et voulu la transmettre à celui qui tient aujourd'hui sa place [3]?

L'argument scripturaire est ici fortifié par l'argument théologique. Car il appartient au pape, comme chef et modèle de la hiérarchie ecclésiastique, d'être *in statu perfectionis*. Or cet état comporte, non pas précisément la domination, mais le renoncement :

> « Ergo ad Papam non tantum pertinet requirere dominium in temporalibus quantum suum affectum retrahere a temporalibus. »

---

[1] Dupuy, p. 673.
[2] *De consideratione*, I, 6, 7 (PL, CLXXXII, 736). Voir l'appendice III, p. 412.
[3] Dupuy, p. 674.

Quand on pense que les prélats ne sont pas propriétaires des biens d'Église, mais de simples administrateurs, comment ne pas trouver surprenant qu'ils prétendent s'arroger un domaine sur les choses séculières ?

« Et est valde mirum. Certum est enim quod praelati non sunt domini rerum ecclesiasticarum, sed dispensatores tantum... Quo modo ergo praelatus aliquis quaerit dominium super res non ecclesiasticas, videlicet super regna et super terras Regum et Principum [1] ? »

On essaie parfois de fonder les droits du pape sur son titre de vicaire du Christ. C'est confondre deux domaines fort différents : *nam ratione ista non est nisi pater spiritualis.* L'auteur explique plus bas que le Christ, qui est toujours le Seigneur suprême, est représenté ici-bas par deux vicaires : l'un au spirituel, l'autre au temporel :

« Quando dicitur : Papa est Christi Vicarius, dico quod verum est in spiritualibus; sed bene habet alium vicarium in temporalibus, videlicet potestatem temporalem, quae, cum sit a Deo, potest dici vices Dei gerere in regimine temporali [2]. »

Plus souvent on invoque la donation de Constantin. Mais, en bon juriste, l'auteur d'observer que cet acte vaut tout au plus pour l'Occident et, dans l'Occident même, pour les terres d'Empire. Or la France est indépendante *a tempore ex quo non exstat memoria.* Cette indépendance a été respectée par les papes [3] et demeure couverte, au besoin, par une prescription plus que séculaire, dont les vertus chrétiennes de ses souverains garantissent la parfaite bonne foi :

« Reges Franciae longe plus quam a centum annis sunt in possessione pacifica quod solum Deum superiorem habent in temporalibus, nullum alium recognoscentes superiorem in istis, nec Imperatorem, nec Papam. Unde patet quod per diuturnam possessionem est ipsis *ius summae superioritatis* in regno suo taliter acquisitum. »

---

[1] DUPUY, p. 674-675. On retrouvera plus loin (p. 286-287) la même idée chez Jean de Paris.

[2] *Ibid.*, p. 680.

[3] Zacharie (*ibid.*, p. 677) n'a pas « déposé » le roi de France, *nunquam enim permississent Barones regni Franciae*, mais seulement donné le conseil de le déposer. Le pape Étienne n'a sacré Pépin que *sicut spiritualis pater* (p. 675).

Comment cette *summa superioritas* ne serait-elle pas un peu menaçante pour le spirituel ? L'auteur ne se prive pas d'en dégager en terminant la portée régalienne :

« Per eamdem rationem concludi potest quod *ius plenum* habet Rex Franciae accipiendi Regalia... et conferendi beneficia ecclesiastica quorum collatio ad ipsos episcopos, dum viverent, pertinebat[1]. »

Au demeurant, tout le monde admet que le pouvoir pontifical l'emporte en dignité sur le pouvoir royal : *conceditur ab omnibus quod dignior est auctoritas pontificalis quam potestas regalis*[2]. Mais ils demeurent absolument distincts et rien n'autorise l'un des deux à empiéter sur l'autre. Cependant l'auteur conçoit qu'ils doivent s'entr'aider pour le bien intégral de l'humanité :

« Ecclesiam esse unam, unitate scilicet perfectionis, ad quam plura concurrunt ad hoc ut sit perfecta. Inter quae duo principalia sunt, scilicet iurisdictio spiritualis et temporalis... Unde non est inter istas duas iurisdictiones mutua dependentia nisi quantum ad mutuam defensionem, quam sibi mutuo tenentur exhibere, cum necesse fuerit, prout ad unamquamque pertinet, ut bene valeat regi Respublica[3]. »

Ici les deux pouvoirs sont simplement coordonnés en vue des fins supérieures du monde et l'on se croirait en présence de formules très modernes sur les relations réciproques de l'Église et de l'État. Mais on ne saurait oublier qu'ailleurs l'Église est franchement subordonnée au pouvoir civil. Ce dualisme est assurément l'indice d'un certain flottement dans la pensée de l'auteur. Sans lui imputer un système absolu, il y a lieu pourtant d'observer que le principe de l'indépendance des pouvoirs apparaît surtout dans les généralités ou dans la réponse aux objections. Au contraire, c'est dans les moments où l'auteur précise ses conceptions personnelles qu'apparaissent les principes régaliens. On n'a pas fait tort au juriste philosophe du *Rex pacificus* en le mettant sur la ligne qui mène à Marsile de Padoue[4].

---

[1] *Ibid.*, p. 675-676.
[2] *Ibid.*, ad 2um, p. 677.
[3] *Ibid.*, ad 12um et 13um, p. 681.
[4] Voir SCHOLZ, p. 272.

Si on rapproche ce traité du *Dialogue entre un clerc et un chevalier*, on y trouve le même idéal d'un État préposé par Dieu à la société humaine et qui l'administre en pleine indépendance de tout pouvoir terrestre, qui devient, de ce chef, le tuteur de l'Église, la source et la règle de ses privilèges, qui l'utilise pour l'accomplissement de sa mission sociale et acquiert par là le droit de la contrôler en ne lui laissant que le libre exercice de ses pouvoirs proprement surnaturels. De ces doctrines tous deux éprouvent le besoin de tirer des conséquences positives qui achèvent d'éclairer la théorie. L'autonomie de l'État est une arme à double tranchant. Elle libère le souverain de la tutelle du Pape, en lui donnant toute licence de réquisitionner à son gré les biens ecclésiastiques, de percevoir les régales, de pourvoir aux bénéfices vacants.

Nous avons rencontré partout ces revendications pratiques, dont le seul énoncé suffirait à caractériser un état d'esprit et une époque. Un feuillet anonyme publié par R. Scholz nous fournit une nouvelle preuve qu'elles furent pour beaucoup les principales et qu'elles n'étaient, en tout cas, jamais oubliées. L'auteur feint de craindre que la cour s'incline devant les exigences romaines, celles sans doute que contenait la bulle *Ausculta fili*, et il indique les conséquences funestes de cette abdication :

« Quod si dominus rex Francorum sibi denunciatum et in curia publice factum tolleraret dissimulando, aut ius plenum per hoc papa quereret, aut ipse quod querit summum inciperet prescribere principatum, quo ex nunc uti inciperet et ad hoc niteretur necnon ad aufferendum domino regi collacionem beneficiorum et fructus custodiarum ecclesiasticarum [1]. »

C'est dire que la politique régalienne que nous avons vue affirmée par Philippe le Bel trouva dès ce temps des théoriciens pour l'ériger en système, à moins que ce ne soient les juristes du gouvernement qui, après avoir introduit cette politique, ont suscité des publicistes pour la défendre. Peu nous importe ici,

---

[1] Édit. Scholz, p. 484.

alors même que nous en aurions les éléments, de mesurer ce qui put entrer dans ces thèses de conviction ou de complaisance intéressée. La conviction n'en supprimait pas les dangers et l'intérêt ne pouvait qu'en augmenter l'influence. Toujours est-il que, sous prétexte de réagir contre les exagérations des théologiens pontificaux, les légistes tentèrent, sous des formes diverses, de mettre la doctrine au service du despotisme royal.

Si, en effet, leur but premier fut de revendiquer l'indépendance légitime du pouvoir temporel, ils ne tardèrent pas à le dépasser. Pas plus que leurs adversaires, ils ne s'arrêtèrent à la théorie, décidément insuffisante, de la coordination. Alors même que, par habileté ou par tradition, ils ont l'air d'en conserver les termes, ils n'en respectent plus le sens et c'est, au fond, vers une subordination plus ou moins complète de l'Église à l'État qu'ils tendent à l'infléchir. Le régalisme, que nous avons vu affleurer dans la querelle des Investitures, commence à préciser ses lignes chez nos anonymes, en attendant le jour prochain où l'audacieuse tentative de Marsile de Padoue lui permettrait de prendre corps.

CHAPITRE VIII

ESSAIS DE « VIA MEDIA »

I. — LE NATIONALISME FRANÇAIS

Sommaire. — Positions mitoyennes du point de vue français entre le régalisme et la suprématie pontificale. — I. *Esquisse : La « Quaestio in utramque partem »*. Origine divine et indépendance respective des deux pouvoirs. Supériorité du pouvoir spirituel. Restrictions à la *plenitudo potestatis* du pape. Sa juridiction indirecte sur le temporel *ratione peccati*. — Application : autonomie temporelle du roi de France. — II. *Systématisation : Jean de Paris*. Notion et rôle des deux pouvoirs. Leurs rapports : antériorité de la royauté, supériorité du sacerdoce chrétien. Droits du pape sur les biens terrestres, ecclésiastiques et laïques. Droits du pape sur le pouvoir civil : critique de la thèse pontificale ; indépendance de l'État. Raison d'être des deux pouvoirs : mission spirituelle de l'Église ; sa juridiction sur les consciences ; action indirecte de l'empereur dans le cas d'un pape coupable. Quelques problèmes théologiques : autorité doctrinale du pape, mais inférieure à celle du concile ; rêve d'un gouvernement représentatif. — III. *Systématisation : La glose anonyme de la bulle « Unam Sanctam »*. Distinction du temporel et du spirituel. Usage naturel des biens terrestres et mission de l'État. Leur utilisation surnaturelle : mission pédagogique de l'Église à cet égard. — Application : indépendance respective des deux pouvoirs ; dignité supérieure du pouvoir spirituel ; son autorité sur le temporel en vue du salut. — Divers essais pour combiner la supériorité de l'Église avec l'indépendance de l'État.

Volontiers certains historiens réduisent tout le mouvement d'idées qui se déroula autour de Philippe le Bel à l'antithèse sommaire des deux tendances que nous venons de voir s'affronter jusqu'ici. Du point de vue politique, il peut être intéressant de constater comment ce conflit des deux puissances eut le don de partager les esprits en partisans du pape et partisans du roi. Mais cette classification extérieure est loin de répondre au fond des choses. Car tous ceux qui avaient l'air de se ranger dans le parti royal n'entendaient pas rompre avec le dogme de la papauté et il arrivait à plusieurs de combattre la suprématie pontificale sans adhérer aux doctrines des juristes régaliens. Au point de vue doctrinal, des nuances profondes les séparent, qui achèvent de donner à cette controverse tout son intérêt [1].

Dans tous les ordres de la pensée, le premier résultat des problèmes nouveaux est de jeter les esprits vers les solutions extrêmes. Aux novateurs plus ou moins révolutionnaires s'opposent, en général, des conservateurs qui s'accrochent obstinément aux vieilles formules. Il faut parfois bien des luttes, et presque toujours beaucoup de temps, pour que surgissent ces vues modérées auxquelles sourit d'habitude l'avenir. C'est ce que l'on voit se produire ici, sauf que l'acuité du conflit eut pour effet de valoir aux solutions moyennes à la fois plus d'abondance et de précocité.

Le moyen âge avait vécu sur une conception du pouvoir pontifical théoriquement et pratiquement à peu près incontestée. Rien d'étonnant à ce que cet idéal s'affirme avec plus d'intransigeance que jamais sous le choc imprévu de la contradiction. C'est l'instinct de légitime défense qui anime les doctrines aussi bien que les personnes. Néanmoins il était difficile aux spéculatifs de fermer les yeux sur l'insuffisance de ses preuves [2] et les hommes d'action ne pouvaient guère s'illusionner sur son manque d'adaptation aux réalités politiques. On s'en aperçut dès le XIVe siècle et, pour l'historien qui aime surprendre l'origine des grands courants doctrinaux, il est significatif de voir, en pleine lutte de la monarchie française

---

[1] Aussi bien le fait n'a-t-il pas entièrement échappé à tous les observateurs. Quoiqu'il tienne à son schématisme de « parti curialiste » et de « parti royal », R. SCHOLZ reconnaît cependant que le régalisme est loin d'être aussi prononcé chez tous les auteurs que, par exemple, dans le traité *Rex pacificus* (p. 271 et 331) ou dans le *Dialogue* (p. 351). C'était un principe interne de classification à ne pas perdre de vue. — De son côté, H. FINKE avertit (p. 177) de ne pas loger un théologien comme Jean de Paris parmi les gallicans, moins encore parmi les pamphlétaires aux gages de la cour.

[2] Voir plus loin (p. 373, note 1), l'appréciation de quelques bons auteurs modernes.

contre la papauté, des théologiens s'opposer à la fois aux tenants excessifs du droit pontifical et aux théoriciens du régalisme, en cherchant une expression nouvelle à ces principes essentiels que la conscience chrétienne ne saurait jamais abandonner.

I

Comme premier représentant de cette tendance moyenne, il faut citer l'auteur anonyme de la *Quaestio in utramque partem* [1]. Nous avons dit ailleurs comment ce petit traité porte, dans sa facture extérieure et dans la modération de son langage, le caractère d'une œuvre éminemment théologique [2]. On le voit mieux encore à étudier la doctrine dont il contient le bref exposé.

Dès les premières lignes, l'auteur pose la question essentielle en termes volontairement très étudiés : *Utrum Summus Pontifex plenam iurisdictionem et ordinariam potestatem habeat tam in temporalibus quam in spiritualibus* [3] ? Parler de PLENA *iurisdictio* et de *potestas* ORDINARIA indique moins l'intention de nier le pouvoir pontifical que d'en préciser exactement la nature et l'étendue. C'est bien dans ce sens qu'est dirigée la réponse, avec un art des nuances qui lui donne tout son prix.

Il faut tout d'abord poser en principe que les deux pouvoirs viennent de Dieu : ce qui sous-entend qu'ils représentent une institution légitime et, comme il n'y a rien d'inutile dans le plan divin, qu'ils répondent chacun à une finalité propre. Cependant Dieu ne s'est-il pas opposé aux Hébreux qui demandaient un roi ? A quoi l'auteur de répondre en bon théologien que Jahvé voulait se réserver la direction du peuple élu, au lieu de le gouverner *per duces et iudices, viros scilicet mediocres*, ou de l'exposer à l'orgueil des rois. Ce qui n'empêche pas qu'il

---

[1] Bonne analyse dans FRANCK, *Réformateurs et publicistes*, p. 119-135. L'auteur se montre sensible à la « modération » de l'ouvrage (p. 120), qu'il tient d'ailleurs à tort pour l'œuvre d'un légiste.

[2] Voir plus haut, p. 133-135.

[3] *Quaestio in utramque partem*, Introduction (GOLDAST, t. II, p. 96).

condescendit aux désirs du peuple et voulut désigner lui-même son premier souverain [1].

Du moment qu'ils sont l'un et l'autre d'origine divine, les deux pouvoirs doivent normalement être distincts et séparés. Un second article est consacré à justifier cette conséquence, que l'auteur établit sur la double considération de la vie individuelle et sociale. Fait de corps et d'âme, l'homme a besoin de biens temporels et spirituels. A ceux-ci préside l'Église ; ceux-là sont confiés aux rois. « Il leur appartient de punir les coupables, de maintenir le bon ordre dans l'État en y faisant régner la paix et la tranquillité, de défendre la patrie contre ses ennemis. » De même, le plan divin du monde comporte une *duplex civilitas*, savoir la cité terrestre et la cité céleste, qui doivent avoir chacune leur gouvernement spécial. C'est ce qui est indiqué par l'image évangélique des deux glaives.

Il s'ensuit que ces deux pouvoirs ne doivent pas empiéter l'un sur l'autre :

« Distinctae sunt igitur hae potestates, nec debent se mutuo perturbare. Quia sicut Princeps non debet de spiritualibus intromittere se, ita nec Pontifex debet in temporalibus se immiscere, nec iurisdictionem temporalem assumere, *nisi in certis casibus determinatis a iure.* »

On voit que l'auteur prévoit des cas exceptionnels, d'ailleurs bien déterminés, qu'il expliquera dans la suite. Mais ces exceptions ne font que mieux ressortir la règle, dont il emprunte la formule à la décrétale *Cum ad verum* du pape Gélase I er [2], citée d'après le texte de Gratien et commentée en conséquence, de manière à élargir en thèse générale ce qui était dit d'un cas particulier :

« Quasi diceret : quidquid disputando vel litigando dicatur, tamen cum ad veritatem diffiniendam ventum fuerit, debent duae potestates remanere distinctae sicut sunt divinitus institutae [3]. »

Ne pourrait-on pas imaginer cependant que le pouvoir spiri-

---

[1] *Ibid.*, art. 1, p. 99.
[2] Voir plus haut, p. 2, n. 2 et 3.
[3] *Quaestio*, art. 2, p. 99.

tuel comprend en lui-même, de par une sorte d'éminence, le pouvoir temporel ? Étant donné que ces deux pouvoirs sont distincts en principe, ce ne pourrait être qu'en vertu d'une institution positive de Dieu. Or le Christ, auteur de la puissance spirituelle, n'a ni commis ni promis à Pierre le gouvernement de ce monde. L'exemple des Apôtres et du Maître lui-même inspire à notre auteur une sorte d'éloquence, qui soulève un moment la froideur de son argumentation :

« Revolve cuncta sacrae Scripturae volumina : numquam invenies Apostolos sedisse ut de temporalibus iudicarent, nec petiisse ut Reges et Principes eis in temporalibus subiacerent, aut de huiusmodi respondere deberent... Ecce Christus Iesus, Rex Regum, Dominus dominantium, regale fugit dominium et fastuosum fastigium recusavit. Igitur qua ratione vel autoritate vicarius eius vindicabit sibi culmen vel nomen regiae dignitatis ? »

Les mystiques objurgations de saint Bernard allaient trop bien à sa thèse pour que notre auteur se privât de les citer. Au demeurant, le pouvoir temporel n'est-il pas une sorte de déchéance pour un pontife qui a reçu les clés du royaume des cieux ? Notre scolastique redevient lyrique pour chanter l'excellence du pouvoir spirituel :

« Quantum distat Oriens ab Occidente, corpus ab anima, corporalia a spiritualibus, terrena a caelestibus, tantum authoritas Summi Pontificis a culmine imperialis aut regiae dignitatis... Ecce quod quidquid maius, quidquid sublimius excogitari potuit in hac vita Summo Pontifici divinitus est collatum. Quid igitur quaerit amplius ? Numquid non oculum habere ad haec inferiora corruptibilia videtur eius celsitudini denegare [= derogare][1] ? »

Cette supériorité du sacerdoce est un des traits qui distinguent la nouvelle de l'ancienne Loi. Dans celle-ci, en effet, parce que les juifs étaient un peuple tout charnel, *principatus temporalis superior sacerdotio videbatur*. Au contraire, dans le peuple chrétien qui a davantage le sens du spirituel, *potestas spiritualis debet iudicari dignior et sublimior temporali*[2]. Est-ce à dire que le

---

[1] *Quaestio*, art. 3, p. 100-101.
[2] *Ibid.*, p. 104.

Souverain Pontife détienne la plénitude des pouvoirs spirituels ?
Le théologien qu'est l'auteur n'accepte pas sans faire des réserves
une telle formule. C'est le Christ seul qui a pleins pouvoirs
sur les âmes : de cette plénitude il a délégué seulement une
partie — le pouvoir de lier et de délier — au Pape qui l'exerce
en son nom. De telle sorte que le pouvoir du pape est doublement
restreint, et par son origine, et par son objet :

« Nec quantum ad animas dicendus est habere plenitudinem potestatis
nisi in ligando et solvendo, clave tamen non errante. Non enim potest
animas creare, nec in eas gratiam infundere, nec salvare, nec damnare,
nec peccata remittere nisi ministerialiter [1]. »

Lors donc qu'on attribue au Pape la *plenitudo potestatis*, ce
n'est pas à la lettre, mais par opposition aux prélats inférieurs
qui ne jouissent que d'une juridiction limitée. Dans cette doctrine on a parfois voulu voir [2] affirmée la dépendance du pape
par rapport au corps ecclésiastique et la clause *nisi ministerialiter*
a paru comme un indice avant-coureur de la formule *caput
Ecclesiae ministeriale* que Marsile de Padoue devait transmettre
aux Gallicans du grand schisme. C'est méconnaître l'inspiration théologique de tout le passage, où il est seulement question
des rapports du pape avec le Christ. Dire qu'à l'égard de celui-ci
le pape ne saurait être qu'un ministre est un lieu-commun du
dogme chrétien, qui précise la nature exacte de son pouvoir
sans en diminuer aucunement la suprême valeur dans l'ordre
spirituel. On ne devrait pas oublier que les théologiens pontificaux eux-mêmes n'accordaient au pape la *plenitudo potestatis*
que sous le bénéfice des réserves de droit [3].

Il reste cependant que la juridiction du pape, restreinte en
principe au spirituel, s'étend quelquefois jusqu'aux matières
temporelles, *casualiter* suivant la formule d'Innocent III. Ce
sont ces cas exceptionnels que notre auteur s'applique maintenant à expliquer.

---

[1] *Ibid.*, p. 107. Voir *infra* (p. 289) la même doctrine chez Jean de Paris.
[2] SCHOLZ, p. 248-249.
[3] Voir plus haut, p. 222-223 et 249.

Pour cela, il distingue les causes purement spirituelles, qui sont et furent toujours réservées au Souverain Pontife, et les causes purement temporelles, *causae feudales et causae sanguinis et huiusmodi*, qui relèvent en principe du pouvoir civil *immediate et principaliter*. L'Église primitive ne s'en mêlait d'aucune façon. Si elle le fait aujourd'hui, c'est en vertu de la coutume, et encore le droit réserve-t-il la compétence du pouvoir civil en ces matières.

Entre ces deux catégories extrêmes se placent les causes mixtes, savoir *causae temporales quae connexionem quamdam habent cum spiritualibus*. Ainsi une question de fief, lorsqu'elle est conjointe à un pacte ou serment. La *ratio peccati* qui peut s'y introduire autorise par voie indirecte l'intervention du pape dans un ressort qui ne lui appartient pas directement :

« Sic patet de dissensione mota inter Reges Franciae et Angliae super comitatu Pictaviensi. Papa, quia non poterat DIRECTE cognoscere de causa feudali, INDIRECTE ratione iuramenti vel pacti intromisit se de illa. »

Ainsi encore des questions de dot ou de succession peuvent être tranchées par le juge ecclésiastique, lorsque celui-ci est saisi d'une cause matrimoniale. Car alors l'accessoire suit le principal. L'auteur se contente de ces quelques indications et renvoie, pour les autres cas, à la glose classique de l'*Hostiensis*. Il reste qu'en règle générale, *regulariter*, les deux juridictions sont bien tranchées et que le roi de France peut abriter son indépendance temporelle derrière ces principes de droit commun :

« Sic rex Franciae secundum iura non subest Summo Pontifici, nec ei tenetur respondere de feudo regni sui. Posset tamen ei subiacere incidenter et casualiter, ratione connexionis alicuius causae spiritualis [1]. »

C'est ici le seul point où notre *Quaestio* se ressent des controverses du jour. Il paraît d'ailleurs assez important à l'auteur

---

[1] *Quaestio*, art. 4, p. 101.

pour devenir l'objet d'un article spécial. L'indépendance politique du roi est établie sur le célèbre témoignage d'Innocent III : *Rex Francorum superiorem in temporalibus minime recognoscit* et justifiée par la légende de ces réfugiés troyens qui auraient fondé sur les bords du Danube la ville de Sicambrie, puis se seraient installés sur le Rhin et en Gaule sous le nom de « Francs » sans avoir jamais subi le joug de Rome [1]. A ces titres juridiques Dieu ajoute la confirmation du surnaturel. Comme le Christ, le roi de France peut dire : « *Si vous ne me croyez pas, croyez du moins à mes œuvres.* » Témoin les miracles qui s'accomplissent au jour de son sacre : puissance qui se transmet de père en fils comme un bien de famille. Témoin aussi cette pureté de vie, cette éclatante réputation, cette piété et cet amour de la foi chrétienne qui distinguent la maison et le royaume de France, comme la canonisation de saint Louis vient d'en donner la preuve publique. L'auteur ne croit pas pouvoir mieux recommander sa thèse qu'en la mettant sous le patronage moral du bienheureux roi :

« Ad quaestionem ergo propositam pro uobis respondeat Beatus Ludovicus, respondeat eius vita sanctissima, quam crebra miracula protestantur [2]. »

On saisit ici sur le vif cet attachement à la dynastie qui caractérisait la vieille France et dépassait le simple loyalisme politique pour s'élever à une sorte de religion [3]. Par là notre *Quaestio* est bien sur les chemins du gallicanisme. Mais, dans son fond doctrinal, elle s'en tient à la thèse, historiquement et théologiquement incontestable, qui affirme l'indépendance

---

[1] Aussi l'auteur (p. 98) est-il d'accord avec le *Dialogue* (*supra*, p. 260) pour dire du roi de France qu'il est *Imperator in regno suo.* Sur cette formule célèbre, dont on a voulu faire une création de nos publicistes, voir l'appendice IV, p. 424-430.

[2] *Quaestio*, art. 5, p. 102.

[3] Ern. RENAN a parlé de la « religion de Reims » (*Revue des deux mondes*, t. LXXXIV, 1869, p. 79). Religion, ajoute M. P. Fournier, « dont quiconque prétend se faire une idée exacte de l'ancienne France ne saurait méconnaître l'influence » (*Bulletin du jubilé*, p. 161-162). Cfr VIOLLET, *Histoire des institutions politiques et administratives de la France*, t. I, Paris, 1890, p. 269-271.

du monarque dans son gouvernement temporel[1]. Cette conclusion d'actualité se rattache à une conception réfléchie des relations entre l'Église et l'État. Au lieu d'absorber l'une dans l'autre ces deux puissances, l'auteur les tient pour également sacrées dans leur origine, distinctes dans leur fin et indépendantes dans leur sphère normale d'action. On aura remarqué qu'il établit cette doctrine sur les mêmes textes et faits canoniques que Gilles de Rome envisageait à titre d'objections contre sa thèse et croyait pouvoir écarter comme sans valeur. Le *casualiter* d'Innocent III et les autres déclarations qui affirment l'indépendance des souverains sont subordonnés par l'archevêque de Bourges à la suprématie pontificale qu'il pose préalablement comme postulat. Au contraire, c'est là que notre anonyme trouve la formule régulière sur les rapports des deux pouvoirs. Rien ne montre mieux que ce rapprochement la différence de leurs doctrines et de leurs méthodes, ni l'avantage dialectique que cette argumentation positive confère à la *Quaestio in utramque partem*.

L'autonomie qu'elle réclame pour l'État ne va d'ailleurs pas sans d'importants correctifs destinés à sauvegarder la prééminence du spirituel. Non seulement le pouvoir pontifical l'emporte en dignité, mais il exerce une véritable autorité sur les matières mixtes. D'une part la connexion des objets, de l'autre la *ratio peccati* lui donnent, comme on l'a vu, de larges ouvertures sur le temporel. En cas de schisme, d'hérésie ou de rébellion obstinée contre l'Église romaine, le Pape peut agir contre les rois et délier leurs sujets de leur serment de fidélité — *vel absolutos potius declarare*, précise l'auteur[2].

Il faut compter enfin avec la mutuelle solidarité qui unit les deux puissances :

« Si istae duae potestates essent omnino distinctae, ita quod una non dependeret ex altera, ista diversitas esset occasio divisionis. Sed

---

[1] « Sauf la dernière proposition..., tout l'essentiel de cette déclaration de principes pouvait être accepté par les champions de la suprématie pontificale » (J. ZEILLER, *La doctrine de l'État dans saint Thomas d'Aquin*, p. 170).

[2] *Quaestio*, p. 106.

inter eas est mutua dependentia, quia temporalis indiget spirituali propter animam, spiritualis vero indiget temporali propter temporalium rerum usum [1]. »

Et comme le spirituel prime évidemment le temporel, c'est à celui-ci qu'il convient en dernière analyse d'être subordonné à celui-là :

« Sicut temporalia sunt propter corpus et corpus propter animam, ita quod haec omnia inferiora debent ad bonum animae ordinari, aliter non recte uteretur homo temporalibus sed potius abuteretur, sic *potestas temporalis quodammodo ordinatur ad spiritualem*, in his quae ad ipsam spiritualitatem pertinent, id est in spiritualibus [2]. »

Aucun principe n'était plus cher aux théologiens pontificaux. Seulement là où ceux-ci en déduisaient la vassalité de l'État, notre auteur se contente de conclure à la soumission du temporel par rapport au spirituel. En quoi les premiers se montraient tributaires d'un idéal politique déjà périmé, tandis que le second s'efforçait d'interpréter les exigences éternelles de l'ordre moral. Cette manière d'affirmer dogmatiquement l'indépendance de l'État, tout en maintenant son union nécessaire et sa subordination au pouvoir spirituel représenté par l'Église, fait de la *Quaestio in utramque partem* une remarquable anticipation de la théologie moderne. Il ne restait qu'à organiser en système la doctrine qu'elle esquissait en traits succincts : ce fut l'œuvre de Jean de Paris.

II

Théologien et philosophe, nourri d'Aristote aussi bien que de saint Thomas, Jean de Paris est moins un publiciste qu'un penseur original. Non pas qu'il reste étranger au grand conflit qui passionnait son époque : dès les premières lignes de son traité il traduit l'influence de la controverse, en prenant parti contre les « modernes » qui croient devoir faire du pouvoir

---

[1] *Ibid.*, p. 105.
[2] *Ibid.*, p. 103.

temporel un apanage de la puissance ecclésiastique comme telle. Mais il se souvient aussi des anciens Vaudois qui tombaient dans l'erreur inverse, en condamnant comme une déchéance et un abus toute immixtion de l'Église dans le temporel. Préoccupé de tenir un juste milieu entre ces deux tendances contraires, il en arrive à établir une doctrine méthodiquement ordonnée sur la puissance de l'Église en elle-même et dans ses relations avec l'État.

Sa thèse fondamentale est la suivante, qu'il oppose à ses divers adversaires de droite et de gauche :

« Inter has opiniones tam contrarias... puto quod veritas medium ponit, scilicet quod praelatis Ecclesiae non repugnat habere dominium in temporalibus et iurisdictionem... Nec debetur eis per se, ratione sui status et ratione qua sunt vicarii Iesu Christi et apostolorum successores; sed eis convenire potest habere talia ex concessione et permissione principum, si ab eis ex devotione aliquid fuerit collatum eis, vel si habuerint aliunde [1]. »

La première partie est une affirmation de principe contre les adversaires du *dominium* ecclésiastique : Jean de Paris est ici d'accord avec Gilles de Rome [2]. Mais, comme s'il lui suffisait d'avoir posé cette limite ou s'il jugeait une démonstration superflue, il se dispense de la justifier et toutes ses analyses ne tendent qu'à préciser l'origine et le caractère de cette juridiction temporelle ainsi reconnue sans débat. Encore à cet égard faut-il distinguer entre l'aspect positif et l'aspect négatif de sa pensée, que traduisent les deux derniers membres de sa proposition. Pour notre théologien, les *temporalia* de l'Église lui viennent d'une « concession des princes » : par où il se rattache à une vue de saint Augustin, souvent reprise au moyen âge [3],

---

[1] JEAN DE PARIS, *De potestate regia et papali*, Prooemium (GOLDAST, t. II, p. 109).

[2] Voir plus haut, p. 204-205. Il est vrai que Gilles envisage plus strictement le problème de la propriété, tandis que Jean étend son horizon, d'une manière plus générale, à toute juridiction de l'Église *in temporalibus*. Mais, dans la conception médiévale, ces deux ordres de réalités furent toujours connexes et à peu près équivalents.

[3] A l'adressse des Donatistes, saint Augustin écrivait : « Quo iure defendis villas? divino an humano?... Unde quisque possidet quod possidet? Nonne

mais sans d'ailleurs se préoccuper d'en fournir plus longuement
la preuve. Le principal de son effort est consacré à la partie
négative et polémique du problème, celle que tout en ce moment
plaçait à l'ordre du jour. Jean veut donc mettre en lumière
que, par elle-même, l'autorité spirituelle ne confère pas de
juridiction au temporel. Ce qui l'amène à marquer la distinction
des deux puissances, puis à déterminer au nom de ce principe
la loi de leurs mutuels rapports. Partout ici nous le verrons
s'opposer à Gilles de Rome et, sans le dire, réviser discrètement
chacune de ses positions.

En tête de son développement, l'auteur place la définition de
la royauté; car, à la manière des anciens, il n'envisage pratiquement pas d'autre forme de gouvernement que la monarchie :
*Regnum est regimen multitudinis perfectae ad commune bonum
ordinatum ab uno.* Ce régime s'appuie d'abord sur le droit
naturel; car l'homme a besoin de la société, et, sans une tête
unique qui veille au bien commun, la société tomberait en
dissolution comme un corps sans âme. Il s'appuie en outre sur
le droit des gens; car ce sont les rois qui ont arraché les peuples

---

iure humano ? Nam iure divino *Domini est terra et plenitudo eius* (*Ps.*, XXIII, 1)
... Iure tamen humano dicit : Haec villa mea est... Iure ergo humano, iure
imperatorum... Noli dicere : quid mihi et regi ? Quid tibi ergo et possessioni ?
Per iura regum possidentur possessiones » (*In Ioannem*, tract. VI, 25-26; PL,
XXXV, 1436-1437). — Ce texte a été rappelé, au cours de la querelle des
Investitures, par des théologiens comme Geoffroi de Vendôme, qui en fait
l'application formelle à l'Église catholique : « Non enim possessiones haberet
Ecclesia nisi sibi a regibus donarentur » (*Opusc.*, IV; *Libelli de lite*, t. II, p. 692;
PL, CLVII, 219-220). Il a été recueilli par les canonistes avec la même
précision : « Quo iure defendis villas Ecclesiae ? » Voir YVES DE CHARTRES,
Decretum, III, 194, et *Panormia*, II, 63 (PL, CLXI, 244, 1095-1096); GRATIEN,
c. 1, dist. VIII (FRIEDBERG, t. I, col. 12-13). — Sans référence à l'évêque d'Hip-
pone, mais sans doute sous son influence, Hugues de Saint-Victor applique
la même doctrine à tout ce qui regarde les *temporalia* de l'Église : « ... Quaedam
Ecclesiis Christi devotione fidelium concessa sunt possidenda, salvo tamen
iure terrenae potestatis... Sic tamen ut et ipsum quod potestatem habet [Ecclesia]
a principe terreno se habere agnoscat » (*De Sacramentis*, lib. II, pars II, c. 7;
PL, CLXXVI, 419-420). Gilles de Rome, qui suit et aggrave la doctrine augusti-
nienne de la propriété séculière (voir plus haut, p. 208, n. 2), se souvient aussi du
dictum Hugonis et s'en inquiète suffisamment pour essayer de le mettre d'accord
avec sa thèse du haut-domaine ecclésiastique sur tous les biens temporels
(*De ecclesiastica potestate*, III, 11, p. 160-165).

à la barbarie primitive [1]. D'où il ressort que l'État est nécessaire à la bonne marche du monde et qu'il faut le tenir, du chef même de sa fonction, pour un élément du plan providentiel.

Mais l'homme a aussi une fin surnaturelle, qui offre les mêmes exigences et obéit aux mêmes lois. C'est pourquoi il faut également une tête pour en procurer la réalisation. S'il s'agissait d'une fin naturelle, cette mission reviendrait au roi, *cui commissa est cura summa regiminis in rebus humanis.* Ici elle revient au Christ, roi des âmes, et au sacerdoce chrétien qui continue son œuvre de salut [2].

Tels sont les deux pouvoirs en présence. Il y a pourtant entre eux une différence essentielle d'organisation. L'unité de l'Église réclame l'unité du pouvoir spirituel sous un chef suprême : Jean ne fait ici, comme plus haut Jacques de Viterbe, que résumer les raisons classiques de saint Thomas [3]. De fait, le Christ y a pourvu en instituant la primauté de Pierre et de ses successeurs :

« Hic principatum huiusmodi habens est Petrus successorque eius. Non quidem synodali ordniatione, sed ex ore Domini qui Ecclesiae suae noluit deficere in necessariis ad salutem... Et ideo ex divino statuto est ordo omnium ministrorum ad unum. »

Il en est tout autrement de l'État ; car il n'y a plus ici de droit divin et l'instinct social ne réclame pas l'unité politique du genre humain. Au contraire, la diversité des intérêts temporels semble devoir être mieux assurée par la diversité des chefs. Voilà pourquoi il se prononce avec Aristote contre la monarchie universelle :

« Unde Philosophus in *Politicis* dicit generationem regni esse naturalem in singulis civitatibus vel regionibus, non autem imperii vel moanrchiae [4]. »

Ainsi s'affirme le nationalisme spéculatif de notre théologien.

---

[1] JEAN DE PARIS, 1, p. 109-110. Cfr S. THOMAS, *De regimine principum*, I, 2 (*Opera omnia*, t. XXVII, p. 338-339).
[2] *Ibid.*, 2, p. 110-111. Cfr saint THOMAS, *ibid.*, I, 14 (*loc. cit.*, p. 354).
[3] S. THOMAS, *Contra gentes*, IV, 76. Voir *supra*, p. 238-239.
[4] JEAN DE PARIS, 3, p. 111-112. Suit cette observation satirique, prise à saint Augustin, que l'empire romain fut perdu par son *ambitio propria dominandi*.

La doctrine trouve ailleurs son application pratique, quand notre auteur, à propos de la donation de Constantin, observe que cet acte, fût-il valide, ne saurait, en aucun cas, atteindre la France, qui ne fut jamais soumise à l'Empire et dont l'indépendance traditionnelle est, au besoin, couverte par la prescription ainsi que par la sainteté de ses rois. Argumentation à peu près identique à celle que nous avons trouvée dans la *Quaestio in utramque partem* [1]. La théologie de nos deux auteurs se complique décidément de patriotisme, à moins que ce ne soit leur patriotisme qui s'élargisse en théologie.

Des deux autorités qui se partagent le monde Jean cherche ensuite à déterminer le rapport. Il semble les envisager, pour autant qu'il est possible de saisir un ordre dans les méandres de son développement, au point de vue, soit du droit naturel, soit du droit divin. C'est ici qu'il est difficile de ne pas apercevoir une constante réplique aux thèses formulées par Gilles de Rome.

Le pouvoir pontifical ne lui paraît pas chronologiquement antérieur au pouvoir royal. A proprement parler, il n'y avait pas de « vrais prêtres » avant le Christ, tandis que les souverains séculiers étaient de « véritables rois » aussi bien que maintenant, *cum officium eorum esset ad vitae humanae civilis necessitatem sicut modo.* Tout au plus, à prendre ces mots au sens large et impropre, peut-on dire que le sacerdoce et la royauté sont des institutions contemporaines, puisqu'on les voit commencer et finir ensemble : *simul currit et cadit sacerdotium cum regno* [2].

Au sacerdoce il faut évidemment reconnaître une dignité supérieure, à cause de sa fin surnaturelle. Ce qui ne veut pas dire qu'il soit supérieur en toutes choses. Le pouvoir royal, en effet, ne lui doit pas son origine, mais tient de Dieu son auteur la pleine suprématie dans l'ordre temporel. Selon le plan divin, les deux puissances ne sont pas dépendantes, mais coordonnées :

« Non enim sic se habet potestas secularis minor ad potestatem secularem maiorem quod ex ea oriatur vel derivetur... Et ideo in ali-

---

[1] Voir plus haut, p. 279.
[2] JEAN DE PARIS, 4, p. 112-113.

quibus potestas secularis maior est potestate spirituali, scilicet in temporalibus. Nec quoad ista est ei subiecta in aliquo, quia ab illa non
oritur; sed ambae oriuntur ab una suprema potestate, scilicet divina,
immediate. Propter quod inferior non est omnino subiecta superiori,
sed in his solum in quibus suprema subiecit eam maiori [1]. »

Il en était autrement du sacerdoce païen et juif, qui était
soumis au roi en toutes choses, parce qu'il ne gérait, en somme,
que des intérêts temporels. Cependant la Providence préparait
déjà les voies au christianisme, en inspirant, par exemple, aux
Romains de se soumettre au pouvoir sacerdotel plus que la
justice ne l'aurait exigé et en consacrant chez les Gaulois l'autorité
politique des druides [2].

Après cette philosophie des deux pouvoirs considérés comme
forces politiques, Jean suit Gilles de Rome sur le terrain de la
propriété privée. Pour lui, le pape n'est même pas le maître
des biens d'Église, qui appartiennent à la communauté :

« Bona ecclesiastica, ut ecclesiastica sunt, collata sunt communi-
tatibus Ecclesiarum, seu ipsis Ecclesiis, et non personae singulari, ita
quod in bonis ecclesiasticis nulla persona singularis habet proprietatem
et dominium, sed sola communitas. »

Tout ce qu'on peut reconnaître aux particuliers, en tant que
membres de la communauté, c'est le droit d'usufruit sur les
biens ecclésiastiques, *ius utendi ad sustentationem*. Le chef de la
communauté, c'est à dire l'évêque diocésain, a de plus l'administration générale des biens communs. Ainsi en est-il du pape
dans l'Église entière : il n'est pas le propriétaire, mais le suprême
administrateur de tous les biens de la grande communauté
catholique, *generalis dispensator omnium generaliter bonorum
ecclesiasticorum, temporalium et spiritualium*. Sans quoi il n'y
aurait pas de différence entre les biens d'Église et ceux des
Mineurs, dont le Pape assume la nue propriété. Le pape cependant n'aurait-il pas un autre droit sur ces biens en tant que
représentant du Christ? Pas davantage. Car, si le Christ

---

[1] JEAN DE PARIS, 5, p. 113-114.
[2] D'après saint THOMAS, *De regimine principum*, I, 14 (*Opera omnia*, t. XXVII
p. 355).

est maître de toutes choses, c'est en tant que Dieu : en tant
qu'homme, il ne fait pas partie de la communauté ecclésiastique ; et d'ailleurs les donations des fidèles ne sont pas faites
au Christ, mais à ses ministres qui seuls en ont besoin. Par
où notre théologien entend réagir contre certaines prétentions
des théologiens pontificaux. Mais, pour neuve que puisse
paraître cette conception, encore faut-il ne pas méconnaître
les attaches qui la relient à la théologie et au droit traditionnels
de l'Église [1].

De ces principes Jean tire hardiment les conclusions morales
qu'ils comportent. N'étant que le dispensateur des biens
ecclésiastiques, le pape ne peut en user à sa guise, mais seulement *ad necessitatem vel utilitatem Ecclesiae communis* [2]. Tout
autre usage est invalide. Le Pape qui s'en rendrait coupable
est tenu à pénitence et à restitution. Et si l'abus devenait incorrigible, l'Église pourrait procéder à la déposition de son chef [3].

Sur les biens des laïques, l'autorité du Pape est évidemment
moindre encore :

---

[1] Jean s'appuie formellement sur ce passage d'une lettre de saint Augustin
au comte Boniface (*Epist.*, CLXXXV, 9, 35 ; CSEL, t. LVII, p. 32 ; PL, XXXIII,
809) : « Non sunt illa nostra, sed pauperum quorum procurationem quodammodo gerimus, non proprietatem nobis usurpatione damnabili vindicamus. »
Cfr *Rex pacificus* (*supra*, p. 268) et Pierre Dubois (*infra*, p. 346).

[2] *Ibid.*, 6, p. 114-115. Voir GRATIEN, c. 26-28, C. XII, qu. 1 (FRIEDBERG,
t. I, c. 686) et une décrétale d'Alexandre III, c. 2, X, III, 24 (FRIEDBERG, t. II,
c. 533). Doctrine dont on retrouve l'écho dans *Summa theol.* (II^a II^ae, qu. 100,
art. 1, ad 7um), où il est dit du pape : « Quamvis enim res Ecclesiae sint eius
ut principalis dispensatoris, non tamen sunt eius ut domini et possessoris. »

[3] Jean hésite seulement pour savoir si cette déposition appartient au concile
général (*ibid.*, 6, p. 115) ou au collège des cardinaux représentant l'Église (*ibid.*,
24, p. 146). — Ceux qui ont cru devoir signaler l' « audace » de cette doctrine
(par exemple SCHOLZ, p. 322) oublient trop qu'elle était couramment reçue
au moyen âge. Jean se réfère ici expressément à la glose du fameux texte où
Gratien admet la déposition du pape pour crime d'hérésie (c. 6, D. XL ; FRIED-
BERG, t. I, c. 146). Principe que le glossateur étend sans hésiter au cas d'autres
fautes graves : « *Quod si comprehenderetur in quocumque alio vitio et admonitus
non corrigatur, ... idem posset fieri.* » En quoi il ne fait que suivre le célèbre canoniste Huguccio de Pise, dont l'enseignement faisait autorité : « Numquid de
simonia vel alio crimine potest papa accusari ? Dicunt quidam quod non...
Ego autem credo quod idem sit : *de quolibet crimine notorio papa posset accusari
et condemnari si admonitus non vult cessare.* » Cfr *supra*, p. 111-112.

« Infirmius habet dominium in bonis exterioribus laïcorum quam clericorum. Immo nec in illis est dispensator, nisi forte in ultima necessitate Ecclesiae, in qua etiam non est dispensator sed iuris declarator. »

La raison en est que les laïques ont sur leurs biens un véritable droit de propriété, qui leur permet d'en disposer librement. C'est seulement dans le cas d'une interférence avec un bien public d'ordre spirituel que le pape pourrait y intervenir, exactement comme le prince y intervient au point de vue temporel pour sauvegarder un intérêt d'ordre collectif. Notre théologien cite comme exemples la croisade contre les infidèles ou l'insuffisance avérée des revenus d'une paroisse, en insistant avec raison qu'il s'agit moins, dans ces cas, d'une ordonnance positive que d'une interprétation du droit naturel. Tout cela se réfère à la même conception générale d'après laquelle le Souverain Pontife n'est pas une sorte de despote au pouvoir illimité, mais le gérant responsable des intérêts communs à toute l'Église, *unum principale membrum cui incumbit Ecclesiae cura generalis* [1].

Ce que le droit naturel n'accorde pas au pape ne lui serait-il pas accordé par le droit divin ? Notre théologien connaît le système que « certains » veulent échafauder au profit du Souverain Pontife sur l'universelle royauté du Christ ; mais c'est pour l'écarter résolument.

Il ne faut pas, en effet, confondre dans le Christ son humanité et sa divinité. S'il est maître de toutes choses, c'est comme Dieu et créateur, et ce pouvoir n'est évidemment pas susceptible de transmission. Comme homme, il n'est pas exact de dire que le Christ ait été roi temporel, puisqu'il a reçu en partage la pauvreté. Il n'a donc pas pu transmettre à son vicaire le haut domaine du monde qu'il n'avait pas. Toute la royauté que notre foi reconnaît au Christ est d'ordre spirituel :

« Pro tanto dicitur regnare per fidem, quia quod in hominibus est supremum et principale, scilicet intellectum, Christo subiciunt, ipsum

---

[1] JEAN DE PARIS, 7, p. 116.

in fidei obsequium captivantes... Unde Christus per fidem non dicitur regnare in possessionibus, sed in cordibus [1]. »

Les relations politiques des deux puissances obéissent au même principe que la propriété. Il faudrait prouver que le Christ comme homme possédait la royauté temporelle de l'univers et, s'il la possédait, il faudrait prouver encore qu'il l'a transmise, alors qu'il n'a même pas accordé à son vicaire tous ses pouvoirs spirituels et qu'il lui a refusé, par exemple, ce pouvoir d'excellence que tous les théologiens reconnaissent à son humanité [2]. Sinon, l'hypothèse normale reste toujours permise, savoir que les deux puissances soient distinctes *non solum re sed etiam subiecto* et que chacune soit souveraine dans son ordre. Et sans doute le Christ est la tête de l'Église ; mais ne voyons-nous pas régulièrement que ce qui était confondu dans la tête est distinct dans les membres ? Ainsi a-t-il bien pu laisser à Pierre ses pouvoirs spirituels seulement et à César les pouvoirs temporels qu'il tenait de Dieu.

Or il appert que Dieu a voulu que les deux puissances fussent distinctes. Déjà dans l'Ancien Testament le sacerdoce et la royauté ne reposaient pas sur la même tête : à plus forte raison dans le Nouveau, où le sacerdoce présente un degré supérieur de perfection. Les maisons bien organisées ont un personnel distinct pour les diverses fonctions ; mais l'Église n'est-elle pas la maison du Christ ? Au demeurant, l'exercice du pouvoir temporel ne pourrait que nuire au ministère des âmes. Rien, au contraire, ne favorise mieux la paix du monde que l'existence de deux autorités qui ont chacune besoin l'une de l'autre. A ces raisons de convenance notre théologien ne manque pas d'ajouter l'argument décisif, savoir que les papes eux-mêmes ont formellement reconnu la distinction des deux pouvoirs :

« Et sic sunt distinctae [potestates] quod una in aliam non reducitur :

---

[1] *Ibid.*, 8-9, p. 116-118.

[2] Sous ce nom on sait que la théologie comprend surtout le pouvoir qu'avait le Christ d'accorder la grâce sans le rite sacramentel. Voir saint THOMAS, *Summa theol.*, p. III[a], qu. 64, art. 3 et 4. Cfr *supra* (p. 277), où l'on trouve la même précision dans la *Quaestio in utramque partem.*

scilicet sicut spiritualis immediate est a Deo, ita et secularis. Unde imperium a solo Deo est... et Papa non habet gladium ab Imperatore, nec Imperator habet gladium a Papa. »

Si donc il se rencontre que parfois les papes aient exercé une juridiction temporelle, ce ne peut être que par une concession gracieuse des souverains :

« Dominum Papam non habere utrumque gladium, nec iurisdictionem in temporalibus, nisi sibi concedatur a Principe ex devotione [1]. »

En vain imagine-t-on, pour échapper à ces principes, que le pape a seulement l'autorité radicale, dont l'exécution immédiate serait ensuite confiée aux princes. Contre cette conception Jean fait valoir le texte de saint Paul [2], où le prince est dit *minister Dei* tandis qu'il n'est plus ici que *minister papae*. Les faits politiques la contredisent non moins que l'Écriture. Car les rois ont existé avant les papes, en France notamment, et leur pouvoir leur vient de Dieu par le canal de l'élection populaire.

« Potestas regia nec secundum se nec quantum ad executionem est a Papa; sed est a Deo et a populo regem eligente in persona vel in domo. »

C'est la doctrine traditionnelle de l'école sur l'origine du pouvoir, que notre théologien pouvait reprendre à son compte sans qu'il soit besoin, avec R. Scholz, de lui supposer des convictions particulièrement démocratiques [3]. Il se montre plus original en l'appliquant à l'Église :

« Potestas praelatorum inferiorum non est a Deo mediante Papa, sed immediate a Deo et a populo eligente vel consentiente. »

Nous rencontrons ici une des premières attestations de cette théorie, si répandue plus tard, qui fait dépendre la juridiction des évêques, non pas du pape, mais immédiatement de Dieu [4]. Si l'on ajoute que, tout à côté, Jean donne les curés comme

---

[1] JEAN DE PARIS, 10, p. 118-120.
[2] *Rom.*, XIII, 4.
[3] Voir SCHOLZ, p. 324.
[4] Nous la verrons plus tard (p. 352) combattue par Agostino Trionfo.

successeurs des soixante-douze disciples [1], on conçoit comment
les gallicans postérieurs pouvaient se réclamer de lui. Cette
vue incidente sur la constitution ecclésiastique n'est, au demeurant, qu'un argument *a fortiori*. Dès lors que les pouvoirs
spirituels viennent de Dieu et non du pape, à plus forte raison
le pouvoir temporel. Il y aurait du reste un inconvénient métaphysique à donner au pape un pouvoir stérile dont l'exécution
ne lui appartient pas.

« Sic enim Deus magis superflueret in suis operibus quam natura,
quae nulli dat virtutem sine actu... et insipientior esset Deus homine [2]. »

Toute cette discussion est manifestement dirigée contre Gilles
de Rome et tend à établir l'indépendance théorique du pouvoir
royal à l'égard du Souverain Pontificat. Cette thèse pour ainsi
dire négative est confirmée plus loin par une analyse proprement théologique, d'où il ressort d'une manière positive que les
divers pouvoirs ecclésiastiques ne comportent, à parler strictement, rien que de spirituel. Jean en distingue six : consécration
de la matière sacramentelle par le pouvoir d'ordre, absolution
des âmes au for interne par le pouvoir des clés, prédication
de la doctrine par le pouvoir d'apostolat, application de sanctions
extérieures par le pouvoir coërcitif, répartition pratique des
ministères par le pouvoir de juridiction, droit de prélever sur
les fidèles tous les moyens d'une légitime subsistance. Il lui
est ensuite facile de montrer comment le dernier seul est relatif
au temporel, encore que par là les princes soient plutôt les
débiteurs que les sujets de l'Église. Tous les autres sont des
pouvoirs purement spirituels [3]. Même pour le pouvoir coërcitif,
contrairement à l'opinion reçue de son temps, notre théologien
professe qu'il ne comporte par lui-même que le droit de porter
des excommunications ou autres peines spirituelles. S'il peut
entraîner des sanctions temporelles, ce n'est que par accident :

---

[1] On a vu (p. 238) la même doctrine professée par Jacques de Viterbe pour
les *minores sacerdotes*.
[2] Jean de Paris, 11, p. 120-121.
[3] *Ibid.*, 13-14, p. 124-128.

« De potestate correctionis seu censurae ecclesiasticae sciendum quod non est *nisi spiritualis directe*, quia nullam poenam in foro exteriori potest imponere nisi spiritualem, nisi sub conditione et per accidens. Licet enim iudex ecclesiasticus habeat homines in Deum reducere et a peccato reducere et corrigere, hoc tamen non habet nisi secundum viam a Deo sibi datam [1]. »

On voit, dès lors, comment pour notre théologien le gouvernement du monde comprend deux domaines bien distincts : celui des corps et celui des âmes, à chacun desquels président au nom de Dieu deux puissances respectivement souveraines : l'Église et l'État [2]. Cette sorte de dualisme s'oppose directement au monisme des théologiens pontificaux. Non pas que Jean de Paris abandonne cette loi d'unité que tout le monde alors tenait comme nécessaire à l'ordre rationnel et donc à l'intelligibilité du monde. Seulement, tandis que ceux-là en cherchaient le centre dans la papauté, qui leur apparaissait comme la source de tout pouvoir humain, celui-ci le projette en Dieu, d'où la papauté et la royauté dérivent à titre égal [3].

Est-ce dire que ces deux puissances doivent être comme des parallèles qui ne se rencontrent jamais ? Nullement. En même temps qu'il affirme leur indépendance respective, Jean n'ignore pas leurs mutuelles relations. Tout d'abord, en raison de la solidarité qui règne entre les hommes ici-bas, les deux pouvoirs ont besoin l'un de l'autre. Moraliste honnête et candide, notre auteur considère que la distinction de l'Église et de l'État ne peut être qu'un moyen providentiel de développer entre les hommes la concorde et la charité :

« Voluit [Deus] istas potestates esse distinctas re et subiecto..., ut propter mutuam indigentiam et subministrationem membrorum Ecclesiae dilectio et charitas serventur..., dum princeps indiget sacer-

---

[1] JEAN DE PARIS, 14, p. 126.
[2] Cependant, au nom d'Aristote qui donne pour but au législateur le développement de la vertu, Jean s'élève contre l'idée que « potestas regalis sit corporalis et non spiritualis et habeat curam corporum et non animarum » (*ibid.*, 18, p. 132). Cfr JACQUES DE VITERBE, *supra* p. 232-233.
[3] Aussi Jean de Paris est-il une autorité pour les parlementaires gallicans. Voir un arrêt du 19 juillet 1595 dans PITHOU, t. I, p. 128.

dote in spiritualibus et e converso sacerdos principe in temporalibus.
Quod non esset, si unus utrumque haberet [1]. »

Il y a plus ; car cette distinction n'empêche pas la supériorité
du spirituel sur le temporel, ni l'action régulatrice que celui-là
doit exercer normalement sur celui-ci :

« Et ideo dicimus potestatem sacerdotalem maiorem esse potestate
regali et ipsam praecellere dignitate, quia hoc semper reperimus quod
illud ad quod pertinet ultimus finis perfectius est et melius et *dirigit*
illud ad quod pertinet inferior finis [2]. »

Cette « direction » s'adresse proprement à la conscience du
souverain et non point à sa politique :

« Nec eum [regem Papa] dirigit per se ut rex est, sed per accidens
in quantum convenit regem fidelem esse, in quo instruitur a Papa de
fide et non de regimine.... Et ita debet concludi quod potestas terrena
est a Deo immediate, licet ipsa ad beatam vitam dirigatur per potestatem spiritualem [3]. »

Mais encore ne faut-il pas se dissimuler que cet empire de
l'autorité religieuse sur la conscience des rois a des répercussions qui mènent loin. Avec saint Bernard, notre théologien
veut que le pape ait le glaive matériel seulement *in nutu* ; mais
il ne lui refuse pas de donner à cet égard des indications impératives, en raison des intérêts spirituels dont il est le gardien :

« Ubi innuit Papa propter necessitatem boni spiritualis, Imperator
debet exercere iurisdictionem secularis potestatis [4]. »

C'est dire qu'il y a d'inévitables réactions du spirituel sur le
temporel et *vice-versa*. Jean s'en explique formellement dans
les pages qu'il consacre au pouvoir coërcitif, où se trouve le
dernier mot de sa pensée sur les relations des deux pouvoirs.
Il distingue le droit de justice et le droit de sanction. Par
rapport au premier, les frontières juridiques des deux puissances se délimitent sans peine conformément à leur na-

---

[1] *Ibid.*, 10, p. 119.
[2] *Ibid.*, 5, p. 113.
[3] *Ibid.*, 18, ad 20[um], p. 132.
[4] *Ibid.*, 11, p. 121.

ture. Le juge ecclésiastique n'est compétent qu'au spirituel :

« Iudex ecclesiasticus, ut ecclesiasticus est, in foro exteriori non iudicat regulariter nisi de spiritualibus. »

On y ajoute, il est vrai, les matières temporelles *ratione delicti*; mais encore faut-il bien s'entendre sur la notion de délit. Il y a des délits de doctrine qui compromettent la loi morale, *peccato oppositionis seu erroris*, soit en niant son existence, soit en contestant sa portée : c'est évidemment à l'Église, gardienne de la loi divine, qu'il appartient d'en connaître. Quant aux délits de fait, ils relèvent du seul tribunal séculier. Si la justice ecclésiastique en est parfois saisie, c'est en vertu de quelque titre humain :

« De peccato in temporalibus non iudicat vel cognoscit iudex ecclesiasticus..., nisi forte aliunde quam a Christo concessum ei fuerit vel permissum [1]. »

Le droit de sacntion est plus complexe et suggère à notre auteur des précisions intéressantes. En principe, comme on l'a déjà vu [2], l'Église ne peut porter que des peines spirituelles; mais on aura sans doute remarqué la réserve : *nisi sub conditione et per accidens*, qui ouvre au droit pénal ecclésiastique un plus vaste champ d'application. Le *sub conditione* s'entend du cas où le pécheur accepte en compensation de sa faute une amende ou autre peine corporelle : dans ce cas, le juge ecclésiastique a le droit de la lui infliger. Que s'il refuse, l'Église n'a pas d'autre arme contre lui que les censures et l'excommunication, *quae est ultima [poena] quam potest inferre, nec ultra potest aliquid facere*. Mais c'est ici, au moins quand les souverains sont en jeu, qu'intervient le *per accidens*.

Il se produit de deux manières. En cas de péché grave, si le coupable résiste aux censures, l'Église peut d'abord l'avertir et, quand il méprise cette monition, agir sur le peuple — au besoin par la menace de l'excommunication — pour obtenir qu'il soit déposé :

---

[1] Jean de Paris, 14, p. 126.
[2] Ci-dessus, p. 291.

« Posset papa aliquid facere in populo unde privaretur ille seculari honore et deponitur a populo. Et hoc faceret papa in crimine ecclesiastico, cuius cognitio ad ipsum pertinet, excommunicando scilicet omnes qui ei ut domino obedient, et sic populus ipsum deponeret et papa per accidens. »

C'est le droit classique du moyen âge, interprété non plus en vertu d'un empire quelconque de l'Église sur le temporel, mais de sa juridiction morale sur les consciences. Fénelon devait plus tard reprendre cette doctrine sous le nom de pouvoir directif [1]. Que s'il s'agit d'un délit politique, le coupable relève dans ce cas des barons de son royaume. Mais s'il arrive que ceux-ci n'osent ou ne peuvent procéder contre leur souverain, il reste à solliciter le secours de l'Église, qui, sur cette réquisition, *requisita a paribus in iuris subsidium*, agira comme précédemment.

Au demeurant, cette action indirecte du pouvoir spirituel sur le temporel a une contre-partie devant laquelle ne recule pas la logique de notre théologien. Le pape lui aussi peut devenir coupable. Auquel cas, l'empereur, dont la juridiction est universelle au temporel comme la sienne au spirituel, peut agir indirectement en vue de sa déposition. La procédure se déroule avec une parfaite symétrie. S'il s'agit d'un délit temporel contraire aux lois civiles, l'empereur peut d'abord avertir, puis frapper le pape, en vertu du droit propre qu'il possède de punir les malfaiteurs : *nam ad principem pertinet omnes malefactores corrigere primo iure* [2]. Que si le délit est d'ordre ecclésiastique, c'est aux cardinaux, comme représentants de tout le clergé, d'avertir le pape fautif. En cas d'obstination, ils ont le droit de le déposer. S'ils ne peuvent y réussir, il leur appartient d'appeler à leur secours le bras séculier. L'empereur peut donc agir à son tour sur le peuple — s'il le faut par voie d'amendes

---

[1] FÉNELON, *De S. Pontificis auctoritate*, 27, 29 et 42-43 (dans *Œuvres complètes*, Paris, 1851, t. II, p. 30-33 et 49-52). Une de ses sources avouées est Gerson. Or on sait que Gerson a beaucoup emprunté à Jean de Paris. Voir plus haut, p. 150, n. 1.

[2] « *Primo iure* » s'entend dans l'opinion qui rattache l'origine des immunités ecclésiastiques à une concession du pouvoir civil. D'autres veulent qu'elles soient de droit divin. Jean ne se prononce pas entre les deux conceptions.

ou de confiscations — pour le contraindre à refuser son obéissance au pape indigne et obtenir ainsi sa retraite ou sa déposition. Action indirecte, en tout analogue à celle du pape sur un roi criminel :

« Si Papa esset criminosus et scandalisaret Ecclesiam et incorrigibilis esset, princeps posset ipsum excommunicare indirecte et deponere ipsum per accidens, movendo scilicet ipsum per se et per cardinales. Et si quidem Pape acquiescere nollet, posset aliquid facere in populo unde compelleretur cedere vel deponeretur a populo [1]. »

Plus loin, Jean précise deux cas d'espèce où l'intervention du bras séculier lui paraît légitime et nécessaire : celui d'un pape dont l'élection est irrégulière ou qui abuse du glaive spirituel. Ce dernier est posé en des termes qui dénotent une allusion manifeste aux événements contemporains :

« Quid si Papa dicat quod reputat talem haereticum qui tenet aliquid de quo sunt opiniones, et hoc dicat sine concilio generali, vel si dicat quod reputat haereticum omnem hominem asserentem regem Franciae vel aliquem huiusmodi non esse subiectum ? »

Notre théologien de répondre d'abord qu'il faut tout faire pour prendre les paroles du pape en bonne part et sous-entendre ici la réserve de droit : *ratione delicti*. Que si le pape prétendait décidément aller plus loin, il faudrait d'abord le supporter en priant Dieu de le ramener à de meilleurs sentiments. S'il demeurait intraitable et risquait par là d'exciter le peuple à la rébellion, ce serait un de ces abus du glaive spirituel contre lesquels l'Église et le prince pourraient se soulever :

« In hoc casu Ecclesia contra Papam debet moveri et agere in ipsum. Princeps vere violentiam gladii Papae posset repellere per gladium suum cum moderamine. Nec in hoc ageret contra Papam, sed contra hostem suum et hostem reipublicae [2]. »

---

[1] JEAN DE PARIS, 14, p. 127.
[2] *Ibid.*, 23, p. 141-143. Cfr 21, p. 138 : « Est licitum principi abusum gladii spiritualis repellere eo modo quo potest, etiam per gladium materialem, praecipue ubi abusus gladii spiritualis vergit in malum Reipublicae cuius cura regi incumbit. Aliter enim sine causa gladium portaret. » Cet « abus du glaive spirituel » était une espèce dangereuse que Jean de Paris ajoutait pour la circonstance à la série déjà redoutable des fautes qui, d'après le droit médiéval,

Si la papauté médiévale était exposée aux tentations de tous les pouvoirs absolus, d'aucuns, on le voit, n'entendaient pas que l'Église pût être désarmée contre ses excès éventuels. La mise en jugement d'un pape indigne et, au besoin, sa déposition étaient envisagées comme une procédure normale par les canonistes des XIIe et XIIIe siècles [1]. Jean de Paris ne fait guère que reproduire cet enseignement. Ce qu'il accorde au bras séculier est également tout à fait conforme aux principes alors communément admis, et l'histoire des relations entre papes et empereurs à certaines époques troublées offrait des précédents que l'on ne se privait pas d'invoquer [2].

A cette doctrine reçue, notre théologien ajoute seulement la netteté de sa systématisation, qui lui fait équiparer l'action accidentelle de l'empereur sur le pape à celle du pape sur l'empereur et découvrir les rapports indirects qui arrivent à s'établir entre ces deux têtes du monde visible par l'intermédiaire du peuple chrétien confié à leurs communs soins. Normalement indépendants, les deux pouvoirs se font équilibre dans les circonstances extrêmes : l'autorité morale du pape est une suprême ressource contre le despotisme des souverains et la menace du bras séculier peut être une précaution ou un remède contre les abus possibles du pouvoir pontifical. Par sa conception essentielle de la puissance ecclésiastique, Jean de Paris se rallie au plus pur moyen âge, puisqu'il autorise son intervention dans la sphère politique ; mais, en même temps, il se montre tout à fait moderne par la manière d'en comprendre le fonctionnement et de le ramener à l'exercice du pouvoir spirituel.

Chemin faisant, il s'explique en quelques mots sur le magistère doctrinal du pape. Il revendique d'abord le droit de discuter en théologien les limites théoriques de sa puissance, parce que,

---

pouvaient rendre le pape justiciable de l'Église. En tout cas, s'il avait des sources, à la différence de ce qu'il fait ailleurs, il ne les cite pas.

[1] Voir plus haut, p. 111-112 et 287.

[2] Jean cite lui-même (14, p. 127) le cas de Constantin II déposé par le peuple, de Jean XII destitué par l'empereur de concert avec le clergé, et encore (23, p. 143) de Clément II substitué par Henri III à trois prétendants irréductibles.

sur bien des points, elles lui paraissent incertaines. Peut-il, par exemple, autoriser la bigamie ou dispenser du vœu solennel de continence ? La discussion sur ces points et sur bien d'autres ne peut que servir la vérité :

« Et multa etiam alia infinita sunt de potestate Papae dubia, de quibus est utile dubitare et etiam prout per rationes videtur alicui humiliter iudicare [1]. »

Quand surgissent des doutes motivés sur la valeur de ses actes, il faut d'abord regarder à leur objet, qui ne doit rien présenter de contraire à l'Écriture et à la doctrine catholique. Il faut aussi tenir compte des formalités traditionnelles qui les accompagnent ou les préparent. Car il est d'usage que le pape ne procède à des enseignements nouveaux qu'après de longues recherches dans lesquelles l'Église a sa part, *nisi cum magna maturitate et habito prius concilio generali et discussione facta ubique per litteratos* [2]. On remarquera la mention du concile général; Jean le présente ailleurs nettement comme l'autorité suprême en matière de foi.

Il s'agit de savoir, contre Henri de Crémone, si la doctrine des deux glaives doit être admise sous peine d'hérésie. La réponse de Jean est formellement négative, et pour la raison de principe que voici :

« Cum fides christiana sit catholica et universalis, non potest Summus Pontifex hoc ponere sub fide sine concilio generali... Nam, licet concilium non possit proprie legem imponere..., tamen non intelligitur in iis quae fidei sunt. Eo quod orbis maior est Urbe et Papa, concilium maius est Papa solo [3]. »

Faut-il croire que cette conception est personnelle à Jean de Paris ? La manière même dont il l'énonce en passant, bien qu'avec une absolue fermeté, et les termes dont il se sert suggèrent plutôt qu'il se référait à une opinion déjà connue, sinon courante. Toujours est-il qu'il s'écartait par là de la

---

[1] JEAN DE PARIS, 23, p. 142.

[2] *Ibid.*, p. 143.

[3] *Ibid.*, 21, ad 42um, p. 139. — On comparera les vues de Guillaume Durand exposées plus bas (p. 367).

grande tradition théologique et canonique du moyen âge, où la *determinatio fidei* fut unanimement réservée au pape en dernier ressort [1]. On peut supposer que les affirmations de l'école pontificale sur les droits temporels de la papauté ne furent pas étrangères au mouvement de réaction qui aboutit à nier ou à réduire ses prérogatives les plus incontestées dans l'ordre spirituel. C'est, en tout cas, à partir du xive siècle que l'on voit se multiplier les appels au concile, en attendant les célèbres décrets de Constance qui essaieraient de transformer ce fait en droit [2].

Dans l'ordre administratif, Jean de Paris a également professé une conception singulière qui ne devait pas moins fructifier à l'avenir. Son éducation aristotélicienne lui faisait regarder comme l'idéal du gouvernement un régime monarchique tempéré d'aristocratie et de démocratie. C'est ce régime qu'il croyait retrouver dans le peuple hébreu, où Moïse et Josué gouvernent avec un conseil de soixante-douze vieillards élus par le peuple. De même Jean souhaiterait que, dans l'Église, le pape eût à ses côtés comme des États-généraux permanents où siégeraient les élus de chaque province.

« Et sic certe esset optimum regimen Ecclesiae si sub uno papa eligerentur plures ab omni provincia et de omni provincia, ut sic in regimine Ecclesiae omnes haberent partem suam [3]. »

Par là, Jean de Paris s'avançait déjà loin dans la voie du gallicanisme et, plus tard, les réformateurs que fit naître le grand schisme n'avaient pas tout à fait tort en se réclamant de lui

---

[1] Saint Thomas est formel là-dessus (*Summa theol.*, IIª IIae, qu. 1, art. 10). Voir F. X. LEITNER, *Der hl. Thomas über das unfehlbare Lehramt des Papstes*, Fribourg-en-Brisgau, 1872, p. 61-67 et 156-191.

[2] Voir HIRSCH, *Die Ausbildung der conziliaren Theorie*, p. 9-55.

[3] JEAN DE PARIS, 20, ad 35um, p. 137. On a remarqué, non sans quelque apparence de raison, l'analogie qui existe entre cette conception de notre théologien et les constitutions de son Ordre. Cfr R. SCHOLZ, p. 317. — Jean ne viserait-il ici qu'une régionalisation systématique du collège des cardinaux ? Il semble bien que le contexte demande davantage. Cette indécision empêche cependant de lui imputer sans réserves ce qui devint plus tard la « théorie conciliaire ». Ainsi en jugent des historiens très hostiles au Saint-Siège, tels que J. HALLER, dans *Historische Zeitschrift*, 1907, t. XCIX, p. 373-375.

comme d'un ancêtre. Mais il convient de ne pas majorer l'importance de déclarations aussi épisodiques et qui ne furent peut-être, au demeurant, que des vues spéculatives de son esprit. Si par elles il a pu accréditer les traditions gallicanes, par sa doctrine fondamentale sur les relations de l'Église et de l'État il préludait aux enseignements de la théologie moderne. Bellarmin ne s'est pas mépris en le mettant au nombre des auteurs qui ont défendu sur ce point la *sententia media et catholicorum theologorum communis* [1]. Il faut se souvenir de la confusion qui régnait partout, en ce XIVe siècle naissant, pour donner tout son prix à l'œuvre initiatrice, écrite en pleine tourmente, qui mérita de recueillir les suffrages d'un juge difficile entre tous. Cet hommage tardif et le fait qu'il souligne ne doivent-ils pas, auprès de qui cherche à fixer la place définitive de notre théologien dans l'histoire, compter autant que l'utilisation tendancieuse que reçurent à des heures difficiles quelques-uns de ses *obiter dicta*?

III

A côté de Jean de Paris se place la glose anonyme de la bulle *Unam Sanctam* publiée par H. Finke. Moins complète et moins étendue, sa doctrine se déroule suivant la même ligne, dont une exposition très ordonnée met en plein relief les traits distinctifs.

L'auteur fait porter le principal de sa thèse sur l'analyse des deux pouvoirs. D'où suivent, par voie de conséquence logique, les relations qui doivent exister entre eux. Il faut distinguer évidemment l'ordre spirituel de l'ordre temporel. Celui-là relève en principe de l'autorité ecclésiastique, mais encore sous réserve d'importantes distinctions. Si l'on parle des biens naturels, comme l'âme et ses puissances ou les dons de science et de vertu qui les embellissent, Dieu seul en est le maître, parce que seul il en est l'auteur. Il en est de même pour la grâce et les

---

[1] BELLARMIN, *De summo Pontifice*, V, 1 (*Opera omnia*, t. II, p. 145). Cfr *ibid.*, 5, p. 153.

dons surnaturels ; mais, pour distribuer ceux qui sont nécessaires au salut — car il faut excepter les privilèges de surcroît ou *gratie gratis date* — Dieu s'est associé les prêtres comme ministres. C'est à ce titre d'instruments que le pape et les évêques ont ici-bas la gestion des biens surnaturels et que tous les hommes dépendent de leur autorité [1].

Quant aux biens temporels, on peut encore envisager leur substance — et dans ce sens ils n'appartiennent qu'à Dieu qui en est le créateur — ou leur usage. Ici le domaine de l'homme peut coexister avec celui de Dieu. Cet usage est lui-même commandé, dans ses diverses applications, par une quadruple fin. La première peut être la subsistance corporelle, à laquelle chacun a droit et qui lui donne empire sur ce qui est nécessaire à ses besoins, de telle façon qu'en cas de nécessité tous les biens sont communs. On peut aussi chercher le bien naturel de l'âme — soit de l'individu, soit de la collectivité — dont les réalités matérielles sont l'instrument normal. Dans ce sens, les biens de ce monde relèvent du pouvoir civil, qui doit les ordonner au bien commun :

« In ordine ad bonum anime naturale et ad bonum multitudinis, precipue spectat eorum procuratio, cura et dispensatio ad eum qui preest communitati. Talia enim non convenienter et commode procurantur, dispensantur et reguntur vel gubernantur in ordine ad felicitatem politicam et ad pacificum conventum hominum nisi mediante vi directiva legis quoad bonos et vi coactiva eiusdem quod malos [2]. »

Cette métaphysique assure la raison d'être de l'État comme société indépendante et en précise le rôle. Plus loin l'auteur ajoute qu'à cet égard le pouvoir civil ne doit son origine qu'à Dieu et nullement à l'autorité ecclésiastique [3]. Il reste à considérer l'usage des biens de ce monde au regard de notre fin surnaturelle, et c'est ici seulement que l'Église peut intervenir.

---

[1] FINKE, p. CIII-CV.

[2] *Ibid.*, p. CVII.

[3] Voir p. CXI-CXII : « Institutio regis in veteri lege a solo Deo pendebat... Set per quam veritatem canonum possit hec adoptari ad potestatem spritualem pape, non videtur usquequaque conspicuum. »

Elle le fait de deux façons. D'une part en distribuant à ses fidèles les sacrements et en dirigeant leur conduite vers le salut éternel :

« Ministri Ecclesiae habent laycis administrare sacramenta, et eos in fide et moribus instruere, et in finem beatitudinis eterne dirigere et ordinare. »

D'autre part, elle peut leur imposer ce qui est nécessaire à l'entretien de ses ministres. C'est tout ce que l'Église a le droit de faire, en vertu de son mandat divin, sur les biens des laïques. Autant dire qu'au total son pouvoir est d'ordre tout spirituel :

« Videtur sine preiudicio quod non aliam potestatem in eis [temporalibus] habeat directe et immediate nisi spiritualem [1]. »

Il ressort de ces principes que la règle ordinaire des relations entre les deux pouvoirs est leur mutuelle indépendance dans leur sphère respective. A l'État revient la mission de régler les choses de ce monde en vue du bien temporel de ses sujets ; à l'Église et au pape son chef, celle de pourvoir au bien des âmes. C'est d'abord et à tout le moins dans ce sens que « toute créature doit être soumise au Pontife romain ». Mais encore cette soumission est-elle subordonnée à une condition qui sent bien l'esprit du temps. « *Subesse Romano Pontifici* », disait simplement la bulle, et notre glossateur de préciser : « *Pontifici catholico et contra fidem non praecipienti* » [2]. Quant au temporel proprement dit, le pape n'a pas à s'en mêler :

« Si enim causa non spectat ad forum ecclesiasticum de consuetudine vel de iure, de ea iudex ecclesiasticus intromittere se non habet [3]. »

Cependant il ne faut pas perdre de vue la loi d'unité qui règle ce monde. Elle entraîne une certaine subordination des deux pouvoirs, et c'est là-dessus que le texte de la bulle, sur laquelle se moule la pensée de notre anonyme, l'amène surtout à insister. Autant il écarte la supériorité du pouvoir ecclésias-

---

[1] FINKE, p. CVII-CVIII.
[2] *Ibid.*, p. CII.
[3] *Ibid.*, p. CI.

tique *secundum ordinem causalitatis*, autant il l'admet *secundum ordinem dignitatis* [1]. D'où il suit que l'État doit prêter à l'Église son concours et lorsque, par exemple, celle-ci porte des peines temporelles, le pouvoir civil a le devoir de mettre à son service le bras séculier :

« Materiali [gladio] non ferit [Ecclesia] nec manu propria utitur ; sed reges et presides temporales uti et ferire eo habent ad nutum et patienciam sacerdotis, ut gladius materialis sit ad fulcimentum et subsidium spiritualis [2]. »

Du côté de l'Église, si le spirituel est son domaine direct, il faut lui reconnaître le droit d'étendre sa juridiction sur le temporel *ratione peccati* et surtout le privilège de gouverner le temporel en vue de ses fins supérieures.

« Quia corpora grossiora per spiritualia reguntur, et sic potestas regalis per potestatem spiritualem regitur [3]. »

La raison en est que tout converge ici-bas vers le bien de l'âme, *ista scilicet bona exteriora ordinantur ad bona corporis et bona corporis ad bona animae*, et que la fin commande normalement les moyens : *cum secundum exigentiam finis disponi et ordinari habeant ea quae sunt ad finem* [4]. C'est pourquoi l'Église, chargée d'assurer le salut des hommes, a dans son champ d'action tout ce qui le prépare, *quae sunt inductiva salutis*, et tout ce qui s'y oppose, *quae sunt retractiva salutis* [5]. Pour cette raison et dans ce sens le pouvoir civil, préposé aux intérêts temporels de l'humanité, est soumis au pouvoir ecclésiastique qui veille sur ses intérêts spirituels. Ainsi se vérifie le principe dionysien qui exige la réduction de toutes choses à l'unité :

« Potestas temporalis et habens talem potestatem reducitur in Deum mediante spirituali potestate et habente eam... Nam mediante spirituali potestate, eos reducit in Deum et non aliter, puta sacramenta adminis-

---

[1] *Ibid.*, p. CIX. Cfr. p. CI.
[2] *Ibid.*, p. CI.
[3] *Ibid.*, p. CII.
[4] *Ibid.*, p. CVI et CVIII. — C'est le principe même des théologiens pontificaux (voir plus haut, p. 184 et 186), mais qui reçoit ici une autre application.
[5] *Ibid.*, p. CII.

trando, predicando, docendo, monendo quod temporalia sic tractent et disponant ut ad eternam beatitudinem valeant pervenire [1]. »

Pour qualifier cette préséance de l'Église, l'auteur se sert volontiers du verbe *dirigere*, que nous avons déjà trouvé chez Jean de Paris [2] et qu'ils doivent sans nul doute l'un et l'autre à la métaphysique artistotélicienne de la cause finale : terme qui fait naturellement penser au « pouvoir directif » des théologiens postérieurs.

« C'est du Fénelon avant la lettre », a-t-on dit [3]. Et l'observation est juste, comme on l'a vu plus haut, si on l'applique à Jean de Paris, qui explique par là comment l'Église arrive à prononcer la déposition des souverains. Notre anonyme n'a pas poussé aussi loin ses analyses. Quand il traite des sanctions que le pouvoir ecclésiastique peut infliger aux souverains coupables, il ne parle que de peines spirituelles, *penam spiritualem imponet, vel occultam in foro conscientiae, vel manifestam in foro exteriori*, dont la forme suprême est l'excommunication, sans entrer dans le cas où l'excommunication elle-même devient inefficace [4]. Serait-ce que la déposition du souverain lui paraît excéder le droit de l'Église, ou, plus simplement, qu'il ne juge pas à propos de s'expliquer à fond sur ce point ? La lettre de son texte semble favoriser la première hypothèse ; mais le caractère épisodique de son exposé n'interdit pas absolument de s'arrêter à la seconde.

Toujours est-il que le « pouvoir directif » dont il parle n'est pas pour lui cette action profonde sur les consciences qui peut aller jusqu'à rompre le serment féodal de fidélité. Il n'entend jamais par là que cette pédagogie courante par laquelle l'Église nous invite à faire bon usage du temporel en vue de notre fin spirituelle : *predicare, docere et in temporalibus spiritualiter dirigere, monendo eos temporalia ad spiritualia ordinare*. Et ceci lui

---

[1] FINKE, p. CX.
[2] Voir plus haut, p. 293.
[3] A. BAUDRILLART, *Des idées... sur le droit d'intervention...*, dans *Revue d'histoire et de littérature religieuses*, t. III, 1898, p. 314.
[4] FINKE, p. CXIII.

paraît suffisant pour réaliser en Dieu l'unité rationnelle du
monde à l'encontre du dualisme manichéen :

« Non est inconveniens duos principiantes reducere in unum principium, scilicet Deum, dummodo unus teneatur vel ordinetur sub
reliquo quantum ad aliqua, licet non quantum ad omnia [1]. »

On n'échappe pas à l'impression que notre glossateur, s'il
ne sacrifie pas entièrement l'action sociale de l'Église, accorde
plutôt son attention et ses préférences à son action sur les
individus. Il n'en reste pas moins que l'indépendance de l'État
n'est nullement exclusive pour lui, non seulement d'une
collaboration régulière avec l'Église, mais d'une réelle subordination à la haute direction de celle-ci. Ce trait suffit pour le
placer aux antipodes du régalisme et pour l'adjoindre à ce groupe
des théologiens modérés dont nous avons déjà rencontré deux
représentants.

Il serait sans doute excessif de parler d'école à propos d'auteurs
aussi différents et dont rien n'indique, au demeurant, qu'ils se
soient jamais connus. Mais il n'est que juste de constater la
commune tendance qui les unit. Tous ensemble, bien que
chacun à sa manière, ils se préoccupent de réagir contre les
théories extrêmes qui aboutissaient à l'absorption soit de l'État
dans l'Église soit de l'Église dans l'État et d'affirmer la distinction
normale de leurs domaines, mais — et c'est ici leur originalité
— sans prétendre sacrifier pour autant la primauté du spirituel.
Si par le premier point ils s'opposent aux théoriciens absolus
du droit pontifical, ils s'en rapprochent par le second [2]. C'est

---

[1] *Ibid.*, p. cxv-cxvi.

[2] Pour les doctrinaires de l'étatisme, cette *via media* ne peut provenir que
d'une inconséquence. « Liberare quidem... studebant civitatem ab ecclesiae
auctoritate atque refutare argumenta pontificiae potestatis ; attamen minime
doctrinarum consequentias potuerunt effugere, minime talem libertatem
civitati vindicare qualem ecclesiae vindicaverant [et] papae. Etenim eam sententiam contra papales usurpationes defendebant qua Romano Pontifici indirecta
tantum in rebus secularibus potestas conceditur... » (E. FRIEDBERG, *De finibus...*, p. 38). — Cfr p. 61 : «...Quamvis studuerint pontificalem potestatem
diminuere, tamen omnino civitatem illius auctoritate liberare non potuerunt. »
Et p. 62 : « Etsi non omnino a papali ac clericali auctoritate liberabant reges,
tamen feudalia vincula quibus papae eos vincire studebant summa vi operam

dire que ces patriotes assez indépendants pour soutenir dans
ce qu'elles avaient de légitime les revendications du roi restent
des croyants assez fermes pour sauvegarder les privilèges essentiels de la papauté, des théologiens assez avertis pour reprendre
la grande tradition catholique sans négliger la solution des
problèmes nouveaux qui s'imposaient depuis Grégoire VII, en
un mot pour affirmer la suprématie de l'Église sans compromettre l'indépendance normale de l'État.

Pas plus d'ailleurs que les Gilles de Rome et les Jacques de
Viterbe n'avaient inventé le système dont ils érigeaient majes-
tueusement la théorie, nos théologiens n'eurent à créer le leur
de toutes pièces. Déjà dans les premières polémiques soulevées
par les actes de Grégoire VII, on a vu s'esquisser, chez quelques
adversaires modérés de sa politique, l'idée que l'indépendance
providentielle des deux pouvoirs est compatible avec la domination qu'assure à l'Église la supériorité de sa fin. Seulement cette
prééminence du pouvoir spirituel n'admet à son service que
les moyens d'ordre moral [1]. Consciemment ou non, la *Quaestio
in utramque partem*, le glossateur anonyme de la bulle *Unam
Sanctam* et surtout Jean de Paris se rattachent à cette tradition.

Autant ils veulent écarter toute juridiction proprement dite
du pape sur le temporel, autant ils affirment qu'il appartient à
l'Église de diriger l'État au nom des principes surnaturels dont
elle a la garde : droit qui entraîne toujours celui de proposer
aux représentants de la puissance séculière ses avis et, au
besoin, de leur infliger ses remontrances ou ses sanctions. Il
n'échappe même pas au plus pénétrant et au plus complet
d'entre eux, Jean de Paris, que cette action spirituelle de
l'Église peut, par l'intermédiaire des consciences chrétiennes,
atteindre le domaine politique et social. Ce qui est sans nul
doute une manière différente de comprendre la suprématie du

---

dabant ut solverent. » Appréciation reprise dans *Die M. A. Lehren über das
Verhältniss von Staat und Kirche*, t. I, p. 27. — Jusque dans l'injustice de ces
critiques et à travers l'incompréhension foncière dont elles procèdent, on peut
voir un hommage à l'inspiration catholique de nos théologiens.

[1] Voir plus haut, p. 20-23.

pouvoir spirituel, mais non moins sûrement aussi une façon de la maintenir dans la mesure même où elle est l'expression de l'ordre religieux.

Voilà pourquoi la signification politique de l'œuvre de nos théologiens est loin d'égaler en intérêt son importance doctrinale. On fausserait même du tout au tout leur position à souligner exclusivement l'esprit d'initiative qui leur fit répudier les spéculations de la théologie régnante : leur véritable valeur au regard de l'histoire est bien plutôt dans l'effort, à tant d'égards si heureux, qu'ils accomplirent pour incorporer dans une conception harmonieuse du christianisme ce que cet idéal renfermait de durable et de sain. Par où ils ont frayé la voie dans laquelle la théologie moderne a résolument cherché, sinon toujours trouvé, la formule théorique des rapports qui unissent les deux puissances. Non pas que la doctrine des relations entre l'Église et l'État ait été élaborée dès cette époque suivant toute sa perfection. Il suffit pour le mérite de ces lointains initiateurs qu'ils en aient ébauché les grandes lignes et préparé l'avènement.

CHAPITRE IX

ESSAIS DE « VIA MEDIA »

II. — L'IMPÉRIALISME GIBELIN

SOMMAIRE. — Semblable mouvement d'idées autour du problème de l'Empire. I. *Théologie de l'impérialisme.* Prétentions des empereurs à l'indépendance et tendances au césarisme religieux. Droit divin de l'Empire établi sur l'Évangile: Jourdain d'Osnabrück. Titres historiques de l'impérialisme germain : Alexandre de Roes. Justification philosophique de la monarchie impériale : Engelbert d'Admont. Chez tous, l'empire ne relève que de Dieu. — Même position chez les légistes : mémoire anonyme à propos des conflits survenus entre Clément V et Henri VII. — II. *Défense de la suprématie pontificale.* Toloméo de Lucques : la *plenitudo potestatis*; l'Église source et juge de l'autorité impériale. — La *Determinatio compendiosa* et le problème de la juridiction de l'empereur; primauté du pouvoir spirituel; dépendance de l'Empire comme instrument de l'Église. Conséquences : confirmation, couronnement et sacre de l'empereur par le pape. — Revendications des papes de Boniface VIII à Clément V. — III. *Conception moyenne: La « Monarchia » de Dante.* Partie politique : thèse philosophique de la « monarchie »; justification de l'Empire romain; critique du nationalisme. Partie théologique : critique de la suprématie pontificale; mission spirituelle de l'Église; origine immédiatement divine de l'Empire; sa subordination à l'autorité morale du pontife romain. — Dante et la tradition catholique. Suggestion d'une suprématie du pouvoir spirituel associée à l'indépendance de l'État.

Avec bien des différences, les divers auteurs que nous avons vus chercher au problème de l'Église et de l'État une solution basée sur leur mutuelle indépendance se ressemblent au fond en ce qu'ils obéissent à des préoccupations nationalistes. Seul, le glossateur anonyme de la bulle *Unam Sanctam* s'en tient à des généralités philosophiques sur les deux pouvoirs; mais la *Quaestio in utramque partem* et Jean de Paris se placent délibérément au point de vue français. Quelque attachés qu'ils soient, l'un et l'autre, à leur système spéculatif sur le rapport des deux puissances, on sent qu'ils feraient bon marché de l'Empire, pourvu que l'autonomie temporelle de la France fût sauve. Et ce trait, qui les rend si vivants aux yeux des lecteurs français, ne laisse pas d'être une source d'infériorité dans l'ordre doctrinal. Leur théologie ne se dégage pas encore complètement des circonstances qui la firent naître.

Il est curieux de constater que, vers la même époque, d'autres arrivèrent à de semblables conceptions par un chemin tout opposé. Au commencement du xive siècle, l'Empire germanique n'était guère plus qu'une ombre, mais ombre vénérable qui abritait de grands souvenirs et suscitait toujours, au moins en théorie, de vastes prétentions. C'est pourquoi nos théologiens français manifestaient une égale intention de s'opposer à cette menace et à celle de la papauté [1]. Mais, si le nationalisme naissant avait déjà ses dévots, l'impérialisme vieilli gardait encore les siens. Nombreuses étaient les imaginations, en Allemagne, que hantait le rêve de la monarchie universelle et l'âme passionnée de Dante, meurtrie par les incurables dissensions de son pays, allait à son tour la saluer comme un principe de salut.

Or cet impérialisme d'école, quels que soient les intérêts particuliers qu'il recouvrait par ailleurs, ne pouvait subsister, dans des esprits façonnés au moule médiéval, qu'en devenant une thèse théologique. Dès lors, les tendances déjà connues allaient se faire jour sur ce nouveau terrain. Si les théoriciens de la puissance pontificale ne manquaient pas de lui soumettre et presque de lui incorporer l'Empire, les défenseurs de l'autorité impériale, pour sauvegarder son indépendance, furent de plus en plus amenés à la soustraire au pouvoir spirituel. Hostiles sur le terrain politique, le nationalisme français et l'impérialisme gibelin allaient ainsi, dans l'ordre des doctrines religieuses qui leur servaient de base ou de prolongement, se rallier à des

---

[1] Voir SCADUTO, *Stato e Chiesa*, p. 50; cfr p. 97. Leur nationalisme se traduit par la part qu'ils ont prise à l'élaboration et à l'application au roi de France de la fameuse maxime : « *Rex est imperator in regno suo.* » Voir l'appendice IV, p. 425-427.

principes communs. Sans prétendre trancher la question de savoir lequel des deux a pu influencer l'autre ou s'ils ne formeraient pas plutôt deux courants parallèles, le synchronisme de leurs manifestations littéraires, joint au rythme divergent de leurs idées inspiratrices, nous oblige à les mettre en regard, avec la perspective peu banale de reconnaître comment une conception différente de l'État peut inspirer une semblable théologie de l'Église et de l'État.

I

Ce sont, à n'en pas douter, les contingences politiques qui amenèrent la renaissance de l'Empire en Occident. De ce fait historique le souci de l'unité religieuse incarnée dans l'Église et le prestige toujours vivant de la vieille Rome contribuèrent à faire une sorte d'idéal. Idéal assez tenace pour qu'on acceptât un peu partout, malgré le démenti des faits, la solennelle fiction d'un Empire romain universel. La monarchie impériale, aussi bien que la monarchie papale, semblait appelée par la monarchie de Dieu [1]. Sous cette noble théorie se cachaient d'ailleurs des ambitions moins désintéressées. Car, en droit aussi bien qu'en fait, l'Allemagne prétendait faire de l'Empire son fief : l'idée de la monarchie universelle était, comme on l'a dit, « la forme médiévale du pangermanisme » [2].

Étant donnée l'importance théorique et pratique de l'Empire, la question de ses rapports avec le pouvoir spirituel devait se poser d'une manière d'autant plus aiguë. L'Église avait présidé à ses origines et le droit public consacrait les privilèges du pape dans le choix et l'intronisation de son titulaire, dans le contrôle de sa conduite et de son gouvernement. D'autre part, les empereurs avaient une propension bien naturelle à oublier le caractère artificiel de l'institution impériale pour transformer

---

[1] Sur les origines et les diverses formes de la conception impérialiste, voir E. JORDAN, *Le gibelinisme de Dante: la doctrine de la Monarchie universelle*, dans *Dante : Mélanges de critique et d'érudition françaises*, Paris, 1921, p. 61-91.

[2] *Ibid.*, p. 68.

leurs pouvoirs en autant de droits, à secouer la tutelle de l'Église pour ne faire dépendre leur autorité que de Dieu : ce qui était alors la manière la plus efficace de se rendre indépendant. Plus encore, la vieille doctrine ecclésiastique sur la mission providentielle de l'Empereur comme défenseur de l'Église et « vicaire de Dieu »[1] ne pouvait-elle pas être facilement déviée de son but et servir de prétexte à des appétits toujours en éveil ?

On sait que les potentats germaniques ne reculèrent pas devant le césaro-papisme[2]. Déjà latent au fond des anciennes luttes du Sacerdoce et de l'Empire, il venait de s'étaler au grand jour sous Frédéric II. Mais l'énergie des papes eut raison de ce despotisme chronique et assura contre lui l'autonomie du gouvernement spirituel. Ne pouvant ou n'osant plus se donner comme le maître de l'Église, l'Empire n'était-il pas du moins autorisé à se dire son égal ? Sur cette position nouvelle, qui sauvait tout l'essentiel de l'impérialisme, allaient se développer ces justifications doctrinales de l'Empire qui commencent à notre époque et s'échelonnent depuis la fin du XIIIe siècle jusqu'au début du XIVe. Avec une conception politique bien arrêtée, il est frappant que toutes enveloppent plus ou moins distinctement une conception religieuse. L'Empire avait eu depuis longtemps et gardait toujours ses légistes, qui mettaient le droit romain au service de ses prétentions : il allait avoir ses théologiens, qui, sans lui reconnaître la pleine autocratie, ne craindraient pas de la favoriser en établissant son existence et son indépendance sur les vouloirs éternels de Dieu, pour réduire d'autant le rôle de la puissance ecclésiastique à son endroit.

De tous ces mystiques du système impérial le premier en date est Jourdain d'Osnabrück. Il présente l'Empire comme la puissance politique suprême et universelle : *cuius potestas supereminet et alias potestates mundanas tamquam inferiores et minores*

---

[1] Dans la liturgie du sacre, il était dit de l'empereur à deux reprises qu'il est appelé par Dieu *ad regendam Ecclesiam* (DIEMAND, *Das Ceremoniell der Kaiserkrönungen*, p. 105, n. 5). — Sur l'expression « Vicarius Dei », voir plus bas l'appendice VI, p. 435-440.

[2] Les premiers symptômes de cette immixtion du pouvoir civil dans l'Église se manifestent dès le temps de Charlemagne (CARLYLE, t. I, p. 261-273).

sub se continet et includit [1]. Ce sont les Allemands qui sont prédestinés à en avoir la perpétuelle possession : *ut sicut Romani tamquam maiores sacerdotium, sic Germani tamquam minores regnum optinerent* [2]. L'originalité de notre auteur est de donner à ce nationalisme la consécration du droit divin.

En effet, c'est Jésus lui-même qui, pendant sa vie mortelle, a donné l'exemple de la manière dont il faut honorer l'Empire romain. Pour préparer l'heure de son avènement, il a chargé Rome de faire régner la paix dans le monde et il a placé sa naissance juste au moment où l'Empire procédait au recensement de ses sujets. Au cours de son ministère, il a payé l'impôt à César et ordonné de le payer. Enfin il est mort sous un procurateur impérial et sa Providence a disposé que l'Empire serait le suprême rempart contre la venue de l'Antechrist [3]. Curieuse théologie qui fait de la foi chrétienne un soutien de la foi impériale et que nous retrouverons chez Dante [4]. Aussi Jourdain de conclure en suppliant ses contemporains d'apprécier le bienfait providentiel de l'Empire : aux Germains ses compatriotes, qui en ont reçu la charge, de répondre dignement à cette vocation; mais à ceux qui ont la conduite de l'Église de songer à leurs intérêts [5]. Que « les Romains et leurs pontifes » sachent qu'ils se font les complices de l'Antechrist en travaillant à la suppression de l'Empire et que leurs péchés pourraient bien leur faire perdre définitivement cette protection [6].

Nulle part Jourdain ne s'explique sur les rapports de l'Empire avec la papauté. Mais sa pensée se devine aisément à certains

---

[1] *De prerogativa Romani Imperii*, 1 (édit. WAITZ, p. 47).

[2] *Ibid.*, p. 51.

[3] II *Thess.*, II, 7.

[4] Voir plus bas, p. 332.

[5] *Ibid.*, p. 49 : « Utinam Germani, ad quos mundi regimen est translatum et quibus ecclesie Romane regimen est commissum, saperent et intelligerent ac novissima providerent ! » Cette ponctuation du texte imprimé pourrait faire croire que l'auteur accorde à l'Allemagne le *regimen* à la fois du monde et de l'Église. En réalité, il s'adresse parallèlement au *Germani* et aux *Romani*, c'est à dire aux autorités responsables de l'ordre civil et de l'ordre religieux. Pour expliciter ce sens, quelques manuscrits suppléent *hii* avant *quibus*.

[6] *Ibid.*, p. 52.

détails significatifs. Il sait que l'Empire a été transféré des
Grecs aux Germains; mais il se garde de dire que ce soit par la
volonté de l'Église. Tout au contraire, il laisse entendre qu'il
s'agit d'une élection divine. Chemin faisant, il rencontre la
métaphore des deux glaives, où il voit l'image des deux puissances qui sont à la fois nécessaires et suffisantes pour gouverner
le monde; mais rien n'indique qu'elles soient aucunement
subordonnées :

« Hae sunt potestates principales, per quas Deus discernit et distri-
buit iura humano generi, ut genus humanum per iuris regulas ad
vitandum mala et faciendum bona salubriter informetur [1]. »

D'un mot, l'empereur est, lui aussi, le « ministre de Dieu » :
sa place est aux côtés du pape, non au-dessous, pour veiller
de concert aux destinées de l'Église [2].

Loin d'être un isolé, Jourdain fit école. En envoyant ce petit
traité au cardinal Jacques Colonna, Alexandre de Roes commence par en faire sien tout le fond. Il s'indigne, en effet, du
mépris qu'on semble faire à Rome de la dignité impériale. Et
pourtant, déclare-t-il dans sa préface, n'est-ce pas le même
Dieu qui a créé le ciel et la terre, le soleil et la lune, l'homme
et la femme, la partie supérieure et la partie inférieure de la
raison? Allusion manifeste à l'origine divine de la puissance
impériale, dont l'expérience atteste, au demeurant, la nécessité :

« Quemadmodum Romanorum aquila una volare non potest ala,
sic etiam neque Petri navicula inter huius seculi procellas et turbines
uno remo ducitur in directum. Et columba, que tantum unam haberet
alam, non solum avibus celi, sed etiam bestiis terre cederet in rapinam.
Nullum siquidem animal monstruosum ordinatam vel diutinam vitam
habet [3]. »

Pour développer la thèse ainsi amorcée, Alexandre joignait

---

[1] *Ibid.*, p. 46.
[2] *Ibid.*, p. 49 : « Utinam saperent iustitiam et eam diligerent, et regem quem
Dominus eis loco iustitie posuit reverenter intenderent eique sicut Dei ministro
honoris debitum exhiberent ! »
[3] *De prerogativa* (édit. WAITZ, p. 40-42).

au petit livre de Jourdain un traité de son crû. C'est le plus curieux mélange qui se puisse imaginer de légendes historiques et religieuses, associées à des faits réels pour la plus grande gloire de l'Empire allemand. L'auteur admet sans difficulté que la translation de la dignité impériale est due au pape; mais il n'ignore pas que beaucoup contestent aux Germains le droit de la détenir à perpétuité et souhaiteraient la voir maintenant passer aux Français. Tout son but est de justifier, contre ces innovations téméraires, le statut actuel de l'Empire, où il faut voir, à n'en pas douter, une disposition de l'Esprit-Saint [1].

Les droits de la Germanie se fondent tout d'abord sur la race et les services rendus. Car, si les Latins viennent des Troyens par Énée, les Germains en descendent par Priam le jeune : d'où leur nom de *Germani* [2]. De cette race sont sortis ces glorieux princes carolingiens qui ont défendu la papauté contre les Lombards et suppléé par leur courage à la carence de l'Empire byzantin. C'est pourquoi le pape a déposé sur le front de Charlemagne la couronne impériale. La sainteté de ce prince, dont ses nombreux miracles sont la preuve, atteste que ce choix répondait bien au vouloir de Dieu [3]. Comme il était en même temps empereur et roi, il disposa, *ordinatione sibi divinitus inspirata*, que le trône de France serait héréditaire, tandis que la dignité impériale serait soumise à l'élection. Et c'est ainsi que l'Empire s'est fixé en Germanie, pour le grand bien de l'Église, quand ses détenteurs furent fidèles à leur devoir [4].

A ces titres historiques la tradition religieuse ajoute son *confirmatur* [5]. Pierre envoya son bâton pastoral pour rendre la

---

[1] *De prerogativa*, 2, p. 52-53 : «Ne igitur ... humana temeritas immutare presumat statum sacri imperii, quod non est dubium sancti Spiritus ordinatione secundum qualitatem et exigentiam meritorum humanorum gubernari et disponi. »

[2] *Ibid.*, 3-4, p. 34-59. La conquête de César ne fit que rétablir cette *antiqua germanitas*.

[3] *Ibid.*, p. 67-69.

[4] *Ibid.*, 5-7, p. 69-82.

[5] *Ibid.*, 9-10, p. 86-90. On trouve une allusion à cette vieille légende dans saint THOMAS, *In IV Sent.*, Dist. XXIV, qu. 3, art 3, ad 8um (*Opera omnia*, t. XI, p. 46). Cfr *Summa theol. Supplem.*, qu. 40, art. 7, ad 8um.

vie à saint Materne, le premier apôtre de la Germanie, et ce bâton demeura depuis en la possession du glorieux ressuscité. Il subsiste encore dans les deux églises de Trêves et de Cologne, qui vénèrent chacune une partie de cette précieuse relique. N'était-ce pas le symbole de la puissance temporelle que Dieu réservait aux fils de la Germanie pour la protection du troupeau chrétien ?

C'est pourquoi Alexandre ne redoute rien tant que la dissociation de Rome et de l'Empire, qui ne pourrait qu'être funeste pour les deux [1]. Au contraire, il attend de leur union les plus grands bienfaits pour la propagation de l'Église et la sauvegarde intérieure de la foi [2]. Il est bon d'ailleurs que les dons de Dieu soient partagés entre les divers peuples : c'est pourquoi notre théologien accorde aux Romains le sacerdoce à cause de leur attachement à la foi, aux Français la science à cause de la pénétration de leur esprit, aux Germains l'Empire à cause de leur bravoure militaire. Pierre tira l'épée pour la défense de son maître : les princes Germains sont tout prêts à être ses « vicaires » dans ce rôle. Appuyée sur ce bras puissant, l'Église n'aurait plus rien à craindre, ni au dedans, ni au dehors [3]. De toutes façons, l'Empire est d'institution divine, à l'instar de l'Église romaine elle-même :

« Sicut Ecclesia Romana est Ecclesia Dei, sic utique regnum est similiter regnum Dei [4]. »

On conçoit qu'il n'y ait pas de place dans cette conception pour une subordination de l'Empire. Si Alexandre place l'intervention de la papauté aux origines de l'institution impériale, il n'y insiste guère et n'en parle plus dans la suite. Tout son raisonnement le porte plutôt à présenter le pouvoir pontifical et le pouvoir impérial comme deux puissances coordonnées. En créant l'Empire, le pape semble agir comme simple interprète des décrets divins et tout de même en déposant ses déten-

---

[1] *Ibid.*, 6, p. 78-79.
[2] *Ibid.*, 8, p. 83-85. Cfr p. 89.
[3] *Ibid.*, 5, p. 71, et 8, p. 84-85.
[4] *Ibid.*, 8, p. 83.

teurs indignes [1]. Toujours est-il que la fonction impériale a
par elle-même une raison d'être qui suffit à la justifier devant
les hommes et devant Dieu. Aussi bien le principal intérêt de
ce traité est-il moins dans sa théologie que dans la manifestation
qui s'y étale du nationalisme allemand.

Si ces diverses expositions tendaient à légitimer du point de
vue positif le fait de l'Empire, il restait à dégager la philosophie
du système impérial. Engelbert, abbé d'Admont, qui connaissait
l'œuvre de ses prédécesseurs, semble s'être donné pour tâche
de les compléter. Son traité *De ortu et fine imperii* est une étude
rationnelle de ce qu'on appelait alors la « monarchie » [2].

Après des préliminaires philosophiques où il disserte d'après
Aristote sur le bonheur, la justice et la grandeur des États, il
arrive au point central. Suivant la bonne méthode scolastique,
il expose d'abord les diverses raisons pour et contre; puis il
pose et démontre sa propre thèse. Étant donné que le bien
suprême des États c'est la paix, il lui paraît que la paix du
monde est mieux assurée par un Empire universel. Par ailleurs
le principe d'ordre demande que les activités particulières soient
subordonnées aux fins générales : ce qui ne peut évidemment
se faire que par une tête commune de l'humanité. L'Église
elle-même a tout à y gagner pour se défendre contre ses adversaires. Il s'en faut, au demeurant, que l'Empire romain ait fait
entièrement faillite : le monde lui doit les seuls moments de
paix relative qu'il ait connus [3]. Ce qui ne veut pas dire qu'il
doive toujours durer : les péchés des hommes hâtent sa ruine;
mais il ne faut pas se dissimuler que sa destruction coïncidera
avec le règne de l'Antechrist [4].

Le traité d'Engelbert est surtout intéressant pour l'histoire,
en ce qu'il se développe dans le même ordre d'idées que Dante

---

[1] Alexandre connaît et admet la déposition de Frédéric II (*De prerogativa*,
6, p. 79). Voir aussi (*ibid.*, 4, p. 63) une allusion au rôle du pape Zacharie dans
la déchéance du dernier roi mérovingien.

[2] Cfr A. POSCH, *Die staats- und kirchenpolitische Stellung Engelberts von
Admont*, Paderborn, 1920.

[3] *De ortu et fine imperii*, 14-19, dans GOLDAST, *Politica imperialia*, p. 763-769.

[4] *Ibid.*, 18, p. 768, et 21-24, p. 770-777.

allait bientôt reprendre avec tout l'éclat de son génie. Mais la théologie y occupe très peu de place. Et il serait déjà souverainement indicateur que la question de l'Empire y fût traitée sans aucun égard pour la papauté. Au surplus, il ressort de quelques lignes occasionnelles sur l'avènement de l'Antechrist que, pour lui également, Empire et papauté sont les deux têtes symétriques, donc indépendantes, sur lesquelles repose la sécurité de l'Église.

« Stante adhuc capite Ecclesiae in spiritualibus, scilicet Apostolica sede, et capite in temporalibus, scilicet Imperio Romano, et stantibus adhuc fidelibus in fide, locum et commoditatem non habebit deceptio et dominatio Antechristi, capitibus praedictis et membris ipsorum ei resistentibus [1]. »

Avec une autre tournure d'esprit et beaucoup plus de vigueur intellectuelle, Engelbert d'Admont se rattache à la tradition de Jourdain d'Osnabrück et d'Alexandre de Roes. Les uns et les autres croient à l'Empire par conviction religieuse aussi bien que par conviction politique et, parce qu'ils estiment pouvoir trouver sa raison d'être fondamentale dans les plans mêmes de Dieu, ils affichent une commune tendance à ne le faire plus dépendre que de Dieu.

Quand des hommes d'Église tenaient ce langage, on peut supposer ce qu'il en était chez les légistes de la cour. Le moindre incident leur était bon à proclamer les prérogatives inaliénables du pouvoir impérial. Témoin la curieuse consultation qui nous est parvenue sur les difficultés qui surgirent entre Clément V et Henri VII (1312-1313), à propos de la trêve que le pape avait cru pouvoir imposer à l'empereur dans sa lutte contre le roi Robert de Naples [2]. Non content d'épiloguer sur des vices de forme, comme Henri le fait dans sa réponse officielle, l'auteur anonyme remonte au principe et pose en thèse que le pape

---

[1] *Ibid.*, 21, p. 771.
[2] *Quaestio an Romanus Pontifex potuerit treugam inducere principi romanorum.* Texte publié d'abord dans G. DOENNIGES, *Acta Henrici VII*, Berlin, 1839, t. II, p. 58-67; reproduit dans MGH, *Leges*, sect. IV, t. IV, II, append. VII, n. 1248. La partie relative à la trêve va de la p. 1308 à la p. 1313.

n'avait pas le droit de décréter cette trêve, parce que son pouvoir
ne s'étend pas aux matières de l'ordre temporel. Celles-ci
relèvent exclusivement du souverain : *temporalia omnia sub ipsius
Romani principis protectione... divina quadam providentia ac
institutione gencium constituta.* Et l'auteur entend que ce pouvoir est absolument universel. C'est pourquoi l'empereur, de
même qu'il peut seul déclarer la guerre, a seul le droit de
l'arrêter.

Mais à ce propos comment ne pas rencontrer les arguments
classiques par lesquels on voulait établir la suprématie du pouvoir pontifical? Textes bibliques et canoniques, principes
rationnels : l'auteur connaît toutes ces objections des « canonistes »[1] et il les expulse avec une impitoyable rigueur. Ce qui
est dit de l'excellence de la papauté s'entend au spirituel; le
temporel est tout autre chose : *temporalia... prorsus diversa et
adversa.* Là c'est l'empereur qui règne en maître, *nihil est maius
imperio*, et le pape lui-même lui est inférieur à cet égard :
cum non sit superior in temporalibus, immo inferior. Qu'on n'allègue
pas le sacre : c'est une cérémonie religieuse qui ne suppose
aucune supériorité chez celui qui la confère. Pas davantage le
serment de l'empereur : ce n'est pas un acte de vasselage, mais
de foi et de déférence chrétiennes, *non sacramentum subiectionis
seu vassallagii... sed... obsequium christianitatis et fidei*, par lequel
l'empereur s'engage à remplir le rôle de protecteur de l'Église
auquel il est destiné.

Au total, il faut considérer les deux pouvoirs comme respectivement indépendants, suivant la vieille formule de Justinien :
*Maxima in omnibus sunt dona Dei... sacerdocium et imperium,
illud quidem divinis ministrans, hoc autem humanis praesidens...,
ex uno eodemque principio utraque procedentia*[2]. Si le pape vient
à sortir du domaine qui lui est dévolu, c'est un empiètement,
et il est très significatif que notre légiste n'éprouve pas une

---

[1] *Quaestio an Rom. Pontifex potuerit treugam inducere*, p. 1310. En regard il
écrit (p. 1314) : « *Nos in iure civili...* » C'est un signalement.
[2] *Nov.*, VI, praef. (édit. SCHOELL et KROLL, Berlin, 1895, p. 35-36). « Lex
Ecclesiae approbata iudicio », observe l'auteur (p. 1309).

seule fois la tentation de penser aux empiètements éventuels
de l'empereur. Mais il ne saurait admettre que le pape vienne
jeter sa faucille dans le champ du voisin. Or c'est ce qu'il a
fait dans l'espèce : aussi l'empereur n'a-t-il aucun compte à
tenir de ses menaces d'excommunication, qui sont nulles de ce
chef [1]. Ce n'était plus — ou ce n'était pas encore — le temps
où la politique impériale entreprenait de se conformer au radi-
calisme de ces principes. Mais le fait qu'ils aient été formulés,
et d'une manière aussi incisive, est la preuve que Pierre de
la Vigne avait toujours des héritiers, et qui savaient être des
continuateurs.

Une des objections que rencontre notre anonyme est le fait
que l'empereur fût couronné par le pape. N'était-ce pas le
signe visible qu'il tient de l'Église son pouvoir ? Telle était
bien la thèse des pontificaux; mais les légistes entendaient
que l'empereur tirât toute son autorité de la seule élection :
*Non ideo sequitur quod sola electio Romani principis ei ius non tri-
buat imperandi* [2]. Et l'on voit que cette controverse d'apparence
chétive engageait en réalité toute la question de savoir si le
pouvoir impérial était ou non d'origine ecclésiastique. Les
partisans de l'Empire posaient volontiers la discussion sur ce
terrain [3]. Non pas que personne alors songeât à faire reposer
la puissance du souverain sur une base purement humaine;
mais on voulait par ce moyen la rattacher, tout comme celle du
pape, directement à Dieu. Sur cette question d'école s'entre-
choquaient encore une fois deux principes.

De toutes parts s'accusait, à défaut de système organisé, un
état d'esprit favorable, non pas seulement à l'indépendance
temporelle, mais au droit divin de l'Empire. Comment les
défenseurs de la théologie traditionnelle auraient-ils pu ne pas
s'en apercevoir ou ne pas s'en alarmer ?

---

[1] L'anonyme tranche en fonction des mêmes données les difficultés secondaires soulevées par Clément V avant de consentir au couronnement de l'empereur (*ibid.*, p. 1313-1317).

[2] *Ibid.*, p. 1311.

[3] Voir la *Determinatio compendiosa*, 1-2; édit. KRAMMER, p. 4-5.

II

Il n'y avait pas de raison pour l'Église de témoigner à l'impérialisme de particulières tendresses. Autant elle était attachée à l'Empire comme institution religieuse, dans l'espoir d'y trouver le bras protecteur dont elle avait besoin, autant elle était indifférente à ses prétentions politiques. L'attitude des grands despotes allemands était plutôt propre à lui faire redouter leur hégémonie et l'on a justement remarqué que, depuis Grégoire VII, la monarchie universelle fut toujours combattue, de fait sinon de principe, par la papauté [1]. Soucieuse de réalisations plutôt que de théories, l'Église prenait l'Empire tel qu'il était; mais, universel ou restreint, elle avait à cœur de le maintenir dans sa destination originelle, c'est à dire au service des intérêts spirituels dont elle était dépositaire. Voilà pourquoi elle devait s'opposer à son émancipation. Lorsque l'indépendance impériale s'était affirmée dans les faits, les papes s'étaient appliqués de tout leur pouvoir à la réduire, et ils y avaient réussi. Des publicistes vigilants allaient s'employer à ne pas la laisser survivre ou reparaître sournoisement dans les idées.

Les principes formulés par les théologiens pontificaux à l'occasion du conflit entre Boniface VIII et Philippe le Bel s'appliquaient à l'Empire aussi bien qu'à la royauté. Mais le cas particulier de l'institution impériale devait être l'objet d'une spéciale attention. C'est à lui qu'est consacrée la *Determinatio compendiosa*.

Elle est généralement attribuée à Toloméo de Lucques. Il est certain, en effet, que celui-ci était préparé par ses convictions à prendre la défense des droits pontificaux. Dans le *De regimine principum*, où il continue à sa façon l'œuvre inachevée de saint

---

[1] E. JORDAN, *Le gibelinisme de Dante*, 71-73. Cfr p. 87. — Il faut excepter Boniface VIII, qui rappelait aux Français *quia de iure sunt et esse debent sub rege Romano et imperatore* (Discours du 30 avril 1303, dans MGH, *Leges*, sect. IV, t. IV, 1, p. 139-140). Cfr *ibid.*, p. 146 et 149, le passage où il investit Albert d'Autriche *super reges et regna*, appliquant à l'empereur le fameux texte de Jérémie (I, 10) qui était d'ordinaire pour lui la formule du suprême pouvoir pontifical.

Thomas, on trouve l'énoncé le plus net de sa philosophie politique. Non content de rappeler que tout pouvoir vient de Dieu, *a Deo omne provenire dominium sicut a primo dominante* [1], Toloméo tient que le *dominium* du pape dépasse tous les autres parce qu'il est à la fois sacerdotal et royal. A ce titre, il est la source de toute autorité, aussi bien temporelle que spirituelle :

« Sicut corpus per animam habet esse, virtutem et operationem..., ita et temporalis iurisdictio principum per spiritualem Petri et successorum eius [2]. »

Moins que toute autre, l'autorité impériale fait exception. Car les quatre grandes « monarchies » qui se succédèrent dans le monde sont supplantées, suivant le prophète Daniel, par celle du Christ, *qui fuit verus rex et sacerdos et verus monarcha.* Monarchie d'ordre spirituel sans doute, mais qu'il ne faut pas exclure du domaine temporel : *licet a temporalibus non excludatur eo modo quo ad spiritualia ordinantur.* C'est tellement vrai qu'Auguste n'était que son vicaire et qu'en ordonnant le recensement de l'Empire, formalité qu'accompagnait la perception d'un impôt, il marquait sans le savoir que le vrai monarque du monde était né :

« Non sine mysterio, quia ille natus erat qui verus erat mundi Dominus et Monarcha, cuius vices gerebat Augustus, licet non intelligens sed nutu Dei [3]. »

Or les pouvoirs du Christ sont transmis à Pierre et à ses successeurs. Les empereurs vraiment chrétiens l'ont reconnu par leur déférente soumission et, lorsqu'ils devinrent infidèles à leur mandat, le pape transféra l'Empire aux Germains [4]. C'est pourquoi sur cet Empire par lui créé le pape exerce une souveraine juridiction :

---

[1] *De regimine principum*, III, 1 (dans saint Thomas, *Opera omnia*, t. XXVII, p. 370). En particulier, « dominium Romanorum fuit provisum a Deo ». L'auteur le justifie spécialement d'après saint Augustin (*ibid.*, 4-6, p. 372-375).

[2] *Ibid.*, III, 10, p. 379.

[3] *Ibid.*, III, 12-13, p. 381-382.

[4] *Ibid.*, III, 17-18, p. 385-386.

« Hoc supposito quod pro utilitate gregis agat, sicut Christus intendit, omne supergreditur dominium [1]. »

Elle peut aller, si le bien de l'Église venait à l'exiger, jusqu'à la suppression de l'Empire :

« Tantum durabit quantum Romana Ecclesia, quae supremum gradum in principatu tenet, Christi fidelibus expediens iudicaverit. »

On ne saurait mieux exprimer la conception fondamentale de l'Église, pour qui le pouvoir impérial ne fut jamais qu'un instrument. Comme s'il pressentait des difficultés, Toloméo éprouve pourtant le besoin de justifier cette forme extrême de la *plenitudo potestatis*. Elle appartient au pape parce qu'il est la tête du corps mystique, *per quod habemus quod omnis influentia regiminis ab ipso dependet*; parce qu'il est le vicaire du Christ, *primum dirigens et consulens et movens cuius vices Summus Pontifex gerit*; parce qu'il est préposé au bien suprême de l'Église, *ad providentiam vicarii Christi pertinet pro bono universalis Ecclesiae* : ce qui motive son intervention sans limites, soit d'un point de vue négatif *ratione delicti*, soit d'un point de vue positif *ad bonum totius fidei*. Aussi, de même que la nature permet la destruction des êtres particuliers pour la conservation de l'ensemble, que le souverain peut exproprier tel ou tel de ses sujets pour le bien de l'État, à plus forte raison le pape peut-il disposer de l'Empire suivant les intérêts généraux de la chrétienté [2].

Une conception aussi ferme et aussi raisonnée du pouvoir pontifical [3] ne laisse pas de doute sur la solution que Toloméo devait donner au problème qui se discutait alors relativement à l'origine exacte de la juridiction impériale. Ce n'est pas assez dire qu'elle ne saurait venir que de Dieu : elle en vient par

---

[1] *De regimine principum*, III, 10, p. 379.

[2] *Ibid.*, III, 19, p. 386-387.

[3] « C'est le fanatisme de la théocratie et de la monarchie absolue » (Ad. Franck, *Réformateurs et publicistes*, p. 55). Cfr P. Janet (*Histoire de la philosophie morale et politique*, t. I, p. 341-356) qui distingue mieux dans ce traité la part de saint Thomas et celle de son continuateur. Semblables appréciations dans K. Krueger, *Des Ptolemaeus Luccensis Leben und Werke*, Goettingue, 1874, p. 62-64, et D. Koenig, *Toloméo von Lucca*, Harbourg, 1878, p. 9-10.

l'Église, et la cérémonie du sacre est la manifestation nécessaire de cette investiture. Telle est la thèse que la *Determinatio compendiosa* s'applique à démontrer. Par où, même si elle n'était pas de la main de Toloméo, elle est certainement dans son esprit.

Suivant la manière de l'école, l'auteur expose tout d'abord l'état de la question en opposant l'une à l'autre deux séries d'arguments contraires. Les uns veulent que l'empereur, une fois régulièrement élu, obtienne aussitôt le droit d'administrer l'Empire et suggèrent d'établir une parité entre son cas et celui du pape : *ad paria se habent licet in diversis.* A quoi les autres répondent que ce droit de juridiction est subordonné à la confirmation et à la consécration de l'élu par le souverain pontife [1]. D'où l'on voit que tout revient forcément à déterminer les rapports théoriques entre la fonction impériale et le pouvoir spirituel.

C'est pourquoi l'auteur met très justement au premier plan de sa démonstration l'absolue prééminence de la papauté :

« Summum pontificem in sua auctoritate sive spirituali sive temporali dominio preeminere cuiuscumque potestati sive dominationi [2]. »

Aucun homme de sens ne la conteste dans l'ordre spirituel : il s'agit de l'établir aussi pour l'ordre temporel. De cette prémisse fondamentale découlera par voie de simple conséquence la solution du problème posé.

Sur ce plan — et c'était le seul qui pût rendre la question intelligible — l'auteur ne fait que reprendre, sous une forme volontairement ramassée, les arguments que nous avons relevés chez les théologiens du pouvoir pontifical. A ce point de vue, il serait intéressant de fixer exactement la date de la *Determinatio* pour savoir si elle a le mérite de constituer la première synthèse ou si elle n'est, au contraire, qu'une espèce dans un genre déjà connu. Malheureusement la question est encore incertaine. Comme par ailleurs ce petit traité ne présente pas d'emprunt visible à ceux que nous connaissons, on peut les considérer

---

[1] *Determinatio compe dios* , 2-4; édit. KRAMMER, p. 5-11.
[2] *Ibid.*, 5, p. 12.

les uns et les autres comme des productions indépendantes, écloses spontanément sous la pression des circonstances et l'inspiration d'une même théologie.

L'auteur donc rappelle tout d'abord les arguments scripturaires d'où ressort la primauté du pouvoir spirituel; mais il semble avoir à cœur de les choisir plutôt que de les multiplier. Dans l'Ancien Testament, il se restreint aux exemples de Samuel et de Joad, qui attestent l'intervention sacerdotale aux origines de la royauté. Plus inédit est l'appel à la conduite des rois païens : Alexandre n'a-t-il pas honoré le grand-prêtre juif et Attila ne s'est-il pas incliné devant saint Léon? L'histoire démontre d'ailleurs que les princes fidèles à l'Église, tels que Constantin, Justinien et Charlemagne, ont été bénis de Dieu, tandis que les souverains impies ont tous mal fini. Mais c'est le Nouveau Testament qui fournit seul la preuve directe, en établissant que le Christ est vraiment le roi universel et qu'il a transmis à son vicaire cette royauté. D'où la conclusion s'impose avec évidence que l'Empire ne saurait se dire indépendant du Pape :

« Si ergo tota iurisdictio concessa est vicario Christi, apparet quod imperiale dominium dependet a papa. Non ergo sola electio administrationem dabit eidem [1]. »

Au point de vue rationnel également, on voit que partout le corps est au service de l'esprit. Il en est de même dans l'Église :

« Summus anthistes utitur imperatoris offitio ut instrumento, ad sui videlicet et ecclesie defensionem [2]. »

Principe que l'auteur se plaît ensuite à montrer vérifié par l'attitude des princes et codifié dans les saints canons. C'est ainsi que les papes ont pu procéder à la translation de l'Empire et à la déposition des mauvais empereurs [3].

Dans l'exposé de cette théorie, l'auteur attache une particulière importance au geste de Constantin s'effaçant devant le

---

[1] *Determinatio compendiosa*, 6, p. 17.

[2] *Ibid.*, 7, p. 18.

[3] *Ibid.*, 8-10, p. 19-24, et 14, p. 31-32.

pape en Occident [1]. Pour répondre à ses adversaires, il explique plus loin que, le Christ étant le seul roi véritable, les empereurs romains n'étaient que des inférieurs, mais usufruitiers de bonne foi. C'est pourquoi, aussitôt que le premier empereur chrétien eût connu les droits du Christ, il s'empressa de rendre hommage à sa royauté. Son acte n'est donc pas une donation proprement dite, mais une cession qui remet le pape en possession de son dû : *non per viam collationis, sed potius per viam cessionis tamquam vicario veri et proprii domini* [2].

Si l'origine de la juridiction impériale a paru présenter quelque obscurité, c'est à cause des régimes successifs par lesquels est passée la transmission de l'Empire. Au début, il fut héréditaire, et il suffisait alors de la *sola provisio per summum pontificem*. Depuis, les papes l'ont rendu électif, et cette disposition durera *quantum ecclesia Romana permiserit*. Aussi le droit précise-t-il que l'élu, avant de prendre possession, doit recevoir la confirmation du Saint-Siège. Dans tous les cas, c'est du pape que le prince tient son autorité [3]. Jusque-là il peut tout au plus se dire roi d'Allemagne : seule l'investiture du Pape le fait empereur [4].

De ces principes l'auteur tire la réponse aux objections qu'il s'est posées au commencement. Il n'y a guère de neuf que la *digressio* où il s'explique sur l'origine du pouvoir. L'autorité, qui n'avait, à l'époque d'innocence, qu'un caractère moral et directif, est devenue violente depuis le péché. Ce qui n'empêche pas Dieu de l'utiliser pour le bien des hommes. Parmi tous, l'Empire romain a été l'objet d'un vouloir divin spécial à cause de ses vertus, et ceci donne un fondement juridique, dans le sens expliqué plus haut, à la « cession » de Constantin [5].

Outre la confirmation pontificale, la *Determinatio* demande

---

[1] *Determinatio compendiosa*, 8, p. 21 : « Plena est iurisdictio papae, a cuius iuditio omnis iurisdictio dependet, sive regalis, sive imperialis, *precipue considerata cessione Constantini*. »

[2] *Ibid.*, 25-26, p. 47-51.

[3] *Ibid.*, 11-13, p. 24-31.

[4] *Ibid.*, 10, p. 23.

[5] *Ibid.*, 17-25, p. 36-47. « Velle dominari est quedam usurpatio divini regiminis et fuga divine subiectionis » (p. 38).

encore, au nom de la coutume, le couronnement et l'onction
de l'Empereur par le pape. Ainsi s'explique mieux la totale
dépendance de l'Empire par rapport au vicaire du Christ [1].

Il est curieux qu'au terme de cet opuscule, où toutes les lignes
tendent à l'exaltation de la papauté, l'auteur engage le pape
à prendre toujours conseil de ses cardinaux et, au besoin, des
conciles, sous peine de s'exposer à des mesures imprudentes
qui donnent lieu dans la suite à de pénibles révocations [2].
A ce propos il évoque les *parlamenta* qui forment le conseil
de l'Empire. Mais il est évident qu'on se méprendrait en donnant
à ce terme sa signification moderne. La *Determinatio compendiosa* est bien la systématisation du droit pontifical le plus
absolu en regard de l'autorité impériale. Souvent l'auteur, qui
est familier avec le droit canonique, se réfère aux textes ou
aux actes des *utrique Innocentii* [3]. Tout son livre n'est, en réalité,
que la codification de leur conduite et de leur doctrine. Cette
inspiration traditionnelle, jointe à son ton modéré, à sa composition nette et à sa forme précise, explique largement le
succès que la *Determinatio* devait rencontrer plus tard [4]. Elle
est l'adaptation au cas de l'Empire [5] de la théorie que nous avons
vue construite pour le pouvoir en général par les théologiens
pontificaux [6].

---

[1] *Determinatio compendiosa*, 30-31, p. 60-62.

[2] *Ibid.*, 31, p. 63-64.

[3] Voir *ibid.*, 30, p. 61.

[4] Son influence est signalée dans la controverse qui éclata sous Louis de
Bavière. Dans un manuscrit conservé à la bibliothèque du Vatican (lat. 4115,
f. 231-266) R. Scholz a retrouvé une nouvelle édition et continuation de la
Determinatio compendiosa, qui remonte au mois d'août 1342 (*Unbekannte
kirchenpolitische Schriften aus der Zeit Ludwigs des Bayern*, t. I, Rome, 1911,
p. 39, 125-126, 243-248); le texte en est publié au t. II, 1914, p. 520-541.

[5] Au demeurant, le système vaut pour tous les États en général. L'auteur
admet que les papes en peuvent disposer d'autorité quand il y a lieu, *ex causa*,
et rappelle qu'ils l'ont fait *prout exigebant merita dominorum et status incolumis
regionis*. Car, à son sens, *liquido apparet ex plenitudine potestatis pontificalis
omnia dependere, in cuius manu sunt omnes fines terrae... tanquam vices Dei
gerentis* (*ibid.*, 14-15, p. 32-33).

[6] Du même auteur il nous reste un petit traité *De origine et statu Romani
Imperii* (édition KRAMMER, à la suite du précédent, p. 65-75), qui reprend
avec plus de détails un des points touchés dans la *Determinatio* et conclut en

La politique du Saint-Siège s'inspirait de ces principes et, dans la mesure du possible, tendait à les faire prévaloir. Boniface VIII eut l'occasion de les affirmer et ne se priva pas de la saisir. On a déjà vu comment, au cours des années 1300-1301, il proclamait devant les princes allemands le droit traditionnel de la papauté en fait d'élection impériale et comment il exigeait, avant de reconnaître Albert d'Autriche, que celui-ci rendît compte de sa conduite envers son prédécesseur Adolphe de Nassau [1]. Les pourparlers se prolongèrent pendant plus de deux années; mais ils se terminèrent cette fois par un plein succès. En fin de compte, Albert accepta de fournir toutes les satisfactions réclamées; il reconnaissait en particulier que la translation de l'Empire aux Germains vient de la papauté, et d'elle également le droit des princes électeurs (17 juillet 1303). Sur le vu de ses bonnes dispositions, déjà le pape, qui était alors au plus vif de son conflit avec la France, l'avait reconnu par bulle du 30 avril et se préparait, par un acte complémentaire du 31 mai, à lui concéder quelques-unes des dépouilles de Philippe le Bel [2].

C'était un succès, mais combien précaire! Les affirmations les plus solennelles du pape et les déclarations platoniques souscrites par un empereur trop faible, trop craintif ou trop habile pour entrer en lutte avec le Saint-Siège, n'empêchèrent pas les faits de suivre leur cours. Dix ans après, Clément V

---

menaçant les princes allemands de se voir enlever l'Empire s'ils ne veulent pas se reconnaître dépendants du Saint-Siège. — Cet opuscule aurait servi de base à celui de Landulphe Colonna (dans GOLDAST, Monarchia, t. II, p. 88-95), qui fut utilisé un peu plus tard par Marsile de Padoue. Voir KRAMMER, Introd., p. XXXV-XLIII.

[1] Voir plus haut, p. 71-72.

[2] Documents officiels dans MGH, Leges, sect. IV, t. IV, 1, n. 174-182, p. 145-158. Extraits dans RAYNALDI, Annales eccl., an. 1303, nos 1-17 (édit. THEINER, t. IV, p. 313-316). La bulle de promotion est aussi publiée dans Registres, n. 5349, t. III, c. 864-867. — Pour les documents complémentaires, savoir le discours du pape et la réponse des ambassadeurs impériaux au Consistoire du 30 avril 1303, voir A. NIEMEIER, Untersuchungen, p. 114-128, et MGH, ibid., n. 173, p. 138-145. L'importance de cette affaire dans l'évolution du droit en matière d'élection impériale est bien marquée par ENGELMANN, Der Anspruch der Päpste..., p. 64-76.

renouvelait encore les mêmes revendications [1]; mais on a vu que Henri VII se montrait déjà moins souple à leur endroit [2]. Au mémoire de ses légistes les canonistes de la curie eurent beau opposer de longues réfutations, où ils demandaient pour le pape le privilège de créer la puissance temporelle et d'exercer, en conséquence, sur tous ses actes un contrôle souverain [3]. La vieille conception de la suprématie pontificale telle que l'avait

---

[1] « Eidem [Ecclesiae] tantam [Christus] tribuit plenitudinem potestatis ut personis quantumcumque perspicuis, quantumcumque solennitate insignibus et preclaris, in hiis possit sibique competat adesse magnifice per que ipse clari nominis titulum et famose consequantur potentie culmen et etiam incrementum » (Lettre du 19 juin 1311, dans MGH, *Leges*, sect. IV, t. IV, 1, n. 644, p. 607). On remarquera cependant que le ton est moins ferme que celui de Boniface VIII. A la suite, le texte de *Prov.*, VIII, 15, que celui-ci aimait s'appliquer à lui-même, n'est plus appliqué qu'au Christ. — On doit encore au même Clément V une constitution célèbre sur la valeur du serment impérial : « ... Auctoritate apostolica de fratrum nostrorum consilio declaramus illa iuramenta praedicta fidelitatis existere et censeri debere » (II, 9, *in Clem.*; FRIEDBERG, t. II, c. 1149). La forme primitive de cet acte, publiée dans MGH, *Leges*, sectio IV, t. IV, 1, n. 1165, p. 1207-1211, était plus énergique : « ... De fratrum nostrorum consilio *unanimi et concordi* declaramus et *etiam diffinimus* illud iuramentum... » (*ibid.*, p. 1209).

[2] Voir plus haut, p. 317-319.

[3] Deux de ces réfutations ont survécu : l'une publiée d'abord dans P. GACHON, *Étude sur le manuscrit G. 1036 des Archives départem. de la Lozère*, p. 2-30, et reproduite dans MGH, *Leges*, sect. IV, t. IV, 1, n. 1250, p. 1320-1341; l'autre éditée pour la première fois à la suite de celle-ci, d'après le ms. lat. 4113 de la Bibliothèque nationale, dans MGH, *ibid.*, n. 1251, p. 1342-1362. Toutes les deux sont anonymes. — L'auteur de la première se tient de préférence sur le terrain purement juridique. Mais il reconnaît au pape « toute puissance », ce qu'il précise en lui attribuant *terreni et celestis regni imperium*, et, pour justifier son intervention en matière politique, il élargit dans le sens d'Innocent IV (voir plus haut, p. 44) les formules classiques d'Innocent III : « Subest [imperator] in hac parte, *saltem ratione peccati.* » Et encore : « Imperialis [potestas] est sub pontificali, *saltem* quoad illa que peccatum commissum vel committendum respiciunt » (*loc. cit.*, p. 1325-1326). Voir plus bas, d'après GACHON, p. 43, une pièce du même ordre, n. 1255, p. 1378-1382. — Chez le second, les textes du droit s'éclairent de gloses et d'arguments philosophiques au service de la thèse la plus absolue : « Intelligendum est... quod Christi vicarius habet plenitudinem potestatis iudicandi de temporalibus et spiritualibus. Set... *exequcio* aliquorum temporalium data est principibus temporalibus, quorum auctoritas derivatur a plenitudine potestatis vicarii Christi, eciam auctoritas imperialis vel regalis » (II, 5, p. 1344) « ... Verum enim est quod potestas imperialis est a Deo..., set... mediante potestate papali a qua oritur ut inferior a superiori... Executionem potestatis temporalis papa committit imperatori... Et hinc est quod potestas pape Christi vicarii habet instituere, destituere,

élaborée le moyen âge pouvait demeurer toujours une thèse
d'école, encore que sur ce terrain même elle rencontrât des
adversaires de plus en plus nombreux : elle était impuissante
à s'établir efficacement ou à se maintenir dans la réalité. Tout
comme la monarchie française, l'Empire réclamait son autonomie
et se montrait capable d'en prendre les moyens.

III

Dans ce conflit de thèses antagonistes y avait-il place pour
une position modérée ? Le mérite de Dante est de l'avoir cru.
Quoi qu'il en soit, en effet, de l'impression qu'en retirèrent
ses contemporains ou des jugements précipités portés sur elle
par des critiques tendancieux, la *Monarchia* se classe, au regard
de l'histoire, parmi les essais tentés pour harmoniser l'idée
impériale avec la suprématie du pouvoir spirituel.

Les admirateurs du grand poète semblent avoir surtout
fixé leur attention sur le côté politique de cet ouvrage. Il n'est
pourtant pas sûr, après ce que nous avons déjà vu des théories
impérialistes en Allemagne, que ce soit là son aspect le plus
neuf. Pour faire ressortir l'intérêt de sa tentative, l'auteur assure
bien que la connaissance de la « monarchie » est aussi utile que
négligée, *cum inter alias veritates occultas et utiles temporalis
monarchie notitia utilissima sit et maxime latens*, que cette matière
est encore *ab omnibus intemptata* : ce qui lui donne l'espoir tout
à la fois de rendre service au monde et d'attacher à son nom
la gloire des grands initiateurs, *tum ut utiliter mundo pervigilem,
tum etiam ut palmam tanti bravii primus in meam gloriam adi-
piscar* [1]. Sans vouloir chicaner l'Alighieri sur cette ambition,

corrigere, compescere, ligare et suspendere potestatem imperialem et regalem » (*ibid.*, 7, p. 1345). Telle est la signification symbolique des deux clés
que porte le pape. Il est d'ailleurs des cas où celui-ci peut prendre directement
en mains la gestion du temporel et, d'une manière générale, l'*executio temporalium* n'est remise au souverain que *quantum et quamdiu sibi videbitur*. Tout
cela constituant l'ordre essentiel de la Providence : « Penes summum sacerdotem residet *de iure divino et naturali* utraque iurisdictio et super spiritualia
et super temporalia » (*ibid.*, p. 1346-1347). Cfr *ibid.*, 15-16, p. 1351-1352.
[1] DANTE, *Monarchia*, I, 1 (édit. WITTE, p. 4).

il n'en est pas moins certain que d'autres l'avaient précédé dans cette voie et que son originalité est ici moins dans la création que dans la mise en œuvre. Toujours est-il que personne n'a plus et mieux fait pour donner à l'impérialisme gibelin un caractère doctrinal, voir même religieux.

Dante, en effet, n'a rien d'un politique au sens actuel du mot et pas davantage d'un partisan. Si la *Monarchia*, comme on le suppose, lui fut inspirée par l'expérience des luttes intestines qui déchiraient sa patrie, aucune œuvre ne porte moins la trace de sa vie. C'est en philosophe qu'il raisonne sur le plan idéal du monde et à peine quitte-t-il le terrain des principes pour quelques rares allusions aux faits de son temps. Sa conviction est qu'une monarchie universelle est indispensable à la marche normale de l'humanité [1]. Il cherche à la justifier par une de ces démonstrations en forme, où voisinent, suivant les méthodes dialectiques de l'époque, les éléments les plus divers.

On ne saurait douter que tous les hommes aient une même fin, savoir le plein développement de leurs puissances intellectuelles. Mais ce développement demande la paix, et la paix ne peut être assurée que par le gouvernement d'un seul [2]. Ce qui est vrai d'une famille, d'un village, d'une cité, d'un royaume l'est autant du genre humain tout entier : d'où la nécessité d'un monarque de l'univers. Le monde, au demeurant, peut-il mieux faire que de reproduire l'image de Dieu son auteur, de suivre les traces du ciel son père ? De toutes façons l'unité apparaît comme sa loi. A ces raisons d'ordre spéculatif s'en ajoutent de pratiques. Il faut au monde un juge suprême pour trancher les litiges qui surgissent dans son sein : quel peut-il être sinon un monarque universel ? Parce qu'il n'a plus rien à ambitionner, celui-ci est apte à incarner en sa personne la justice ; parce qu'il

---

[1] Cette monarchie est d'ailleurs compatible avec la diversité des coutumes et lois nationales. Seuls les intérêts généraux du monde relèveraient du monarque universel, dont les souverains particuliers appliqueraient ensuite les mesures au caractère de leurs pays respectifs (*Monarchia*, I, 14, p. 28-29).

[2] Même thème dans saint THOMAS, *De regimine principum*, I, 2 (*Opera omnia*, t. XXVII, p. 338-339).

est élevé au-dessus de tous, il peut les embrasser tous d'une souveraine charité et leur assurer à tous une parfaite liberté. En un mot, du moment qu'il a chance d'être le mieux disposé pour le gouvernement, les convoitises étant chez lui réduites au minimum, il a tout ce qu'il faut pour bien conduire les autres. L'ontologie n'établit-elle pas enfin que ce qui peut se faire par un seul ne doit pas se faire par plusieurs, et, d'une manière encore plus générale, qu'un être est bon dans la mesure où il est un? De son côté l'expérience atteste que le monde n'a connu de paix que sous l'empire d'Auguste, moment béni que le Christ a choisi pour son avènement, tandis que, depuis, l'histoire montre combien les divisions nationales ont enfanté de malheurs.

Au terme de cette argumentation scolastique, Dante semble se retrouver poète pour conclure en un appel pathétique, où éclatent à la fois ses angoisses d'homme et ses méditations de penseur :

« O genus humanum, quantis procellis atque iacturis quantisque naufragiis agitari te necesse est, dum bellua multorum capitum factum in diversa conaris [1] ! »

Cette monarchie nécessaire au monde n'est d'ailleurs pas pour lui une simple abstraction : elle fut historiquement réalisée dans l'Empire romain. Dante consacre sa seconde partie à exposer les raisons divines et humaines qui en garantissent la légitimité. Curieux développement où l'humanisme de l'auteur s'épanouit en conclusions politiques.

Si la noblesse est un titre au commandement, qui peut rivaliser avec Énée et donc avec le peuple dont il fut le père? Au demeurant, Dieu n'a-t-il pas mis à maintes reprises le sceau du miracle sur son histoire? D'un point de vue tout positif et terrestre, chacun peut reconnaître que ses conquêtes n'ont jamais procédé que de la justice et tendu qu'au bien commun. Comme il est des races faites pour la servitude, le peuple romain fut prédestiné à la domination par ses vertus. Son succès même

---

[1] *Ibid.*, I, 16, p. 33.

dans l'âpre course à l'hégémonie universelle et les sanglants duels qui l'accompagnèrent n'a-t-il pas le caractère d'un jugement divin ?

S'adressant enfin à ses frères dans la foi, Dante leur montre, par une démonstration analogue à celle que nous avons rencontrée chez Jourdain d'Osnabrück [1], l'empire de Rome sacré par la conduite même du Christ. En se soumettant dès sa naissance au recensement impérial, Jésus proclamait que cet édit était juste, et donc aussi le pouvoir qui l'avait porté. Il voulut encore mourir par l'ordre d'un procurateur romain et, dès lors qu'il était à ce moment-là le représentant du monde entier en qui devait être juridiquement puni le péché de tous, il affirmait par cette circonstance la compétence de son juge ainsi que l'universelle juridiction de l'empereur dont Pilate n'était que le lieutenant [2]. La foi impérialiste est assez ancrée dans l'esprit de Dante pour jaillir à flots pressés de toutes ses convictions philosophiques, de ses admirations littéraires et de ses croyances religieuses.

Il est inutile après cela de chercher longuement ce qu'il pense du nationalisme. C'est pour lui le suprême fléau du genre humain. Hantée de réminiscences bibliques, son imagination y voit un fruit de cette concupiscence dont la griffe est venue déchirer la robe sans couture [3], une rébellion criminelle et sacrilège qu'il ne saurait assimiler qu'à la révolte des peuples contre Dieu et son Christ :

« ....Cum doleam reges et principes in hoc vitio concordantes ut adversentur domino suo et unico suo Romano principi..., cum illo clamare possum pro populo glorioso et pro Caesare qui pro principe caeli clamabat (*Ps.*, II, 1) : «*Quare fremuerunt gentes et populi meditati sunt inania* [4] ? »

Par cet idéal politique on voit combien Dante est opposé

---

[1] Voir plus haut, p. 312.

[2] Sur ce dernier point, voir notre article *Dante et le châtiment du Christ*, dans *Revue des Sciences religieuses*, t. I, 1921, p. 401-407.

[3] *Monarchia*, I, 16, p. 33.

[4] *Ibid.*, II, 1, p. 38.

aux nationalistes français, qui contestaient les droits de l'Empire
et s'efforçaient, en tout cas, de soustraire la France à sa juridiction. On a même pu établir un rapport d'opposition directe
entre l'argumentation de la *Monarchia* et celle de Jean de
Paris [1]. Il n'en est que plus curieux de constater qu'ils allaient
se trouver pleinement d'accord sur le terrain théologique.

Après avoir justifié la monarchie dans son principe et dans
ses formes concrètes, l'auteur achève son œuvre en étudiant
les rapports de l'Empire avec la papauté. C'est ici que de
philosophe politique Dante devient théologien. Dans les questions précédentes, il s'agissait plutôt de dissiper l'ignorance
que de trancher une controverse : dans celle-ci, il a l'impression
de se jeter en plein débat :

« Huius... tertie questionis veritas tantum habet litigium ut, quemadmodum in aliis ignorantia solet esse causa litigii, sic et hic litigium
causa sit ignorantie magis. »

Le litige est dû à tous ceux qui, soit par zèle religieux, soit
par calcul intéressé, soit par préjugé d'école, veulent assujettir
l'Empire à l'autorité de l'Église. Contre eux Dante se propose
d'établir l'indépendance de l'empereur à l'égard du pape. Il
s'agit pour lui d'une vérité dont il abordera la défense avec
une courageuse résolution, mais sans se départir du loyalisme
catholique le plus sincère et le plus délicat :

« Cum quibus, illa reverentia fretus quam pius filius debet patri,
quam pius filius matri, pius in Christum, pius in Ecclesiam, pius in
pastorem, pius in omnes christianam religionem profitentes, pro salute
veritatis in hoc libro certamen incipio [2]. »

---

[1] Voir Carlo CIPOLLA, *Dante Alighieri e Giovanni da Parigi*, dans *Memorie
della reale Accademia delle Scienze di Torino*, deuxième série, t. XLII, 1892,
p. 325-419. Rien n'indique d'ailleurs que Dante ait connu personnellement
l'œuvre du théologien français. Lorsque certaines idées sont courantes —
et c'était le cas pour la « monarchie » — les coïncidences ne suffisent pas à
prouver l'emprunt (*ibid.*, p. 387). Ce qu'on peut affirmer avec certitude, c'est
que Dante est en opposition formelle — et sans doute voulue — avec le nationalisme qui s'affirmait de plus en plus chez les juristes français vers le même
temps. Voir Paul FOURNIER, *La « Monarchia » de Dante et l'opinion française*,
dans *Bulletin du jubilé*, 1921, p. 147-175.

[2] *Monarchia*, III, 3, p. 96.

Le combat, suivant la tactique de l'époque, est d'abord défensif. Dante reproduit les principaux arguments scripturaires, historiques et rationnels, des théologiens pontificaux et les discute méthodiquement l'un après l'autre pour les arracher à ses adversaires [1]. Ni l'allégorie des deux luminaires ou celle des deux glaives, ni l'élection et la déposition de Saül par Samuel, ni la royauté du Christ et les promesses faites à saint Pierre ne prouvent la dépendance du pouvoir civil par rapport au pape. La donation de Constantin est invalide du chef de l'Empire comme du chef de l'Église. Quant au principe d'unité, il peut s'entendre autrement que d'une subordination de l'Empire au pouvoir pontifical [2].

Plus brièvement Dante expose ensuite sa thèse personnelle. L'Empire ne dépend pas de l'Église en fait, puisqu'il existait avant elle comme autorité légitime : la preuve en est que le Christ s'est soumis à ses représentants, que saint Paul a fait appel à ses tribunaux, que l'Église a accepté ses dons. Il ne saurait dépendre d'elle en droit ; car l'administration du temporel est *contra naturam Ecclesie*. Elle ne saurait lui être conférée que par un décret positif de Dieu. Or non seulement cette loi n'existe nulle part, mais il en existe une contraire :

« Omnis namque divina lex duorum testamentorum gremio continetur : in quo quidem gremio reperire non possum temporalium sollicitudinem sive curam sacerdotio primo vel novissimo commendatam fuisse. Quinimmo invenio sacerdotes primos ab illa de precepto remotos, ut patet per ea que Deus ad Moysem, et sacerdotes novissimos per ea que Christus ad discipulos [3]. »

---

[1] On a conjecturé (U. MARIANI, *Il « De regimine christiano »*, dans *Il Giornale dantesco*, 1924, t. XXVII, p. 188), mais sans preuves précises, que Dante aurait ici voulu réfuter les grands docteurs pontificaux, Gilles de Rome et surtout Jacques de Viterbe.

[2] *Monarchia*, III, 4-13, p. 96-128. Cette discussion offre peu de traits saillants. Si on a pu la présenter comme « une des plus fortes du moyen âge sur le point en litige » (P. JANET, *Hist. de la philosophie morale et politique*, t. I, p. 385), c'est en ignorant celles que nous avons analysées plus haut, chapitre IV, p. 162-190.

[3] *Ibid.*, III, 14, p. 132. — C'est pour Dante un principe que l'Écriture est l'autorité fondamentale. Voir *ibid.*, 3 : « Que quidem [traditiones quas decretales dicunt], etsi auctoritate apostolica sint venerande, fundamentali tamen scrip-

Dante, on le voit, adopte résolument le principe cher aux théologiens français, d'après lequel toute la mission de l'Église se réduit à l'ordre spirituel. C'est pourquoi il la tient pour *omnino indisposita ad temporalia recipienda* [1]. Sa « forme », c'est la vie du Christ, et le Christ a dit que son royaume n'est pas de ce monde : *ut exemplar Ecclesie, regni huius curam non habebat* [2].

Écarter les prétentions de l'Église, c'est déjà démontrer *ex consequenti* que l'Empire ne dépend que de Dieu. La philosophie peut, du reste, justifier directement cette vérité. En raison de sa double nature, l'homme a une double fin, temporelle et éternelle. Pour l'atteindre, il lui faut la double autorité du pape et de l'empereur : celui-là pour lui assurer comme vicaire du Christ la vérité et la vie surnaturelles ; celui-ci pour lui procurer la félicité terrestre et en particulier, à titre de *curator orbis*, le bien suprême de la paix [3]. Or Dieu seul, qui destine l'empereur à ce rôle, peut lui donner les moyens de le bien remplir. C'est pourquoi il faut conclure que l'autorité impériale procède immédiatement de l'autorité divine :

« Auctoritas temporalis monarche sine ullo medio in ipsum de fonte universalis auctoritatis descendit [4]. »

De ce principe Dante déroule logiquement les conséquences relatives à l'investiture du chef de l'Empire et au rôle de ses électeurs :

« Quod si ita est, solus eligit Deus, solus ipse confirmat, cum superio-

---

ture postponendas esse dubitandum non est. » L'application qu'il en fait se réfère à *Num.*, XVIII, 20, et MATTH., X , 9.

[1] *Ibid.*, 10, p. 123.

[2] *Ibid.*, 15, p. 134-135.

[3] Dante se plaisait à voir cet idéal réalisé dans l'ancienne Rome, avant les luttes funestes qui mirent en opposition le Sacerdoce et l'Empire (*Purg.*, XVI, 106-108) :

> « Soleva Roma, che il buon mondo feo,
> Due Soli aver, che l'una et l'altra strada
> Facean vedere, e del mondo e di Deo. »

[4] M. JORDAN (*Bulletin du jubilé*, p. 316, n. 1) a rapproché de ce texte cette formule suggestive des *Lettres politiques* de Dante, VIIl, 5 : « [*Deus*] *a quo velut a puncto bifurcatur Petri Caesarisque potestas.* » L'auteur rappelle, au demeurant, que l'authenticité de ces *Lettres* est contestée.

rem non habeat. Ex quo haberi potest ulterius quod nec isti qui nunc, nec alii cuiuscumque modi dicti fuerint electores, sic dicendi sunt; quin potius denuntiatores divine providentie sunt habendi. »

Malgré son zèle à soutenir l'origine divine du pouvoir impérial, Dante ne veut pourtant pas qu'il soit entièrement indépendant du pontife romain :

« Que quidem veritas ultime questionis non sic stricte recipienda est ut Romanus Princeps in aliquo Romano Pontifici non subiaceat, cum mortalis ista felicitas quodammodo ad immortalem felicitatem ordinetur [1]. »

Sur le caractère et l'étendue de cette soumission relative, Dante ne s'explique guère. On peut néanmoins entrevoir sa pensée quand il attribue ailleurs au pouvoir spirituel la grâce, c'est à dire l'influence morale, qui permet au prince temporel d'atteindre plus efficacement sa fin :

« Regnum temporale non recipit esse a spirituali, nec virtutem que est eius auctoritas, nec etiam operationem simpliciter, sed bene ab eo recipit ut virtuosius operetur per lucem gratie quam in celo et in terra benedictio summi Pontificis infundit illi [2]. »

C'est de cette doctrine que s'inspire évidemment l'auteur en écrivant à l'adresse de l'empereur ce suprême conseil où semble se résumer tout son idéal :

« Illa igitur reverentia Cesar utatur ad Petrum qua primogenitus filius debet uti ad patrem, ut luce paterne gratie illustratus virtuosius orbem terre irradiet, cui ab illo solo prefectus est qui est omnium spiritualium et temporalium gubernator [3]. »

Serait-ce trop que de lire dans ces lignes une amorce du pouvoir directif ? Toujours est-il que Dante se rattache par son point de départ à l'école des théologiens français, puisque avec eux, même s'il n'est pas descendu aussi loin dans la vie des applications, il conçoit un état politique où l'indépendance

---

[1] *Monarchia*, III, 16, p. 139-140.
[2] *Ibid.*, 4, p. 103. De son côté, le pouvoir civil peut *in patrocinium Ecclesie patrimonium et alia deputare*. Et c'est ainsi que Dante interprète la *donatio Constantini* (*ibid.*, 10, p. 127).
[3] *Ibid.*, 16, p. 140.

du pouvoir civil coëxiste avec sa subordination au pouvoir spirituel [1], où l'action de l'Église et du pape son chef, parce qu'elle préside en souveraine à l'ordre spirituel, accompagne, encadre et domine celle de l'empereur pour le bien intégral de l'humanité.

Et si l'on prend garde que c'est précisément sur ces perspectives que se clôt la *Monarchia*, on a peine à comprendre par quelle illusion d'optique certains historiens ont voulu faire de son auteur un ennemi de l'Église et de la papauté. D'aucuns on cru trouver en lui un précurseur de la Réforme [2]; d'autres ont tenté d'abriter leur gallicanisme sous l'autorité de son nom [3]. En réalité, Dante n'a pris aucun intérêt aux problèmes que peut poser devant les hommes d'Église le gouvernement interne de l'Église et ses plus dures invectives contre les papes indignes de leurs fonctions n'ont jamais atteint les privilèges de la fonction elle-même [4]. Jusque dans la *Monarchia*, s'il discute avec énergie les revendications temporelles de la papauté, c'est, comme on l'a vu, dans une attitude de profond et religieux respect.

Son système politique lui-même accorde au pape une place, qui, pour être d'un autre ordre que celle que des apologistes trop fervents revendiquaient alors pour lui, reste encore considérable. Tout en combattant sa domination immédiate sur le temporel, Dante professe que l'empereur doit lui être soumis jusque dans sa mission de gouvernement. On a pu dire de lui

---

[1] C'est évidemment rester bien en deçà de sa pensée que de traduire, avec GIERKE (traduct. J. DE PANGE, p. 123), « qu'en raison de la sublimité du but de l'Église, il faut lui reconnaître, non seulement une plus grande valeur intrinsèque, mais encore *un rang extérieur plus élevé* ».

[2] Ainsi G. V. LECHLER, *Der Kirchenstaat und die Opposition gegen den päpstlichen Absolutismus*, Leipzig, 1870, p. 19-20. Cfr SCHIRMER, *Dante Alighieri's Stellung zu Kirche und zu Staat*, p. 28-29, et K. HEGEL, *Dante über Staat und Kirche*, p. 48-50.

[3] Voir P. RONZY, *Dante auxiliaire du gallicanisme*, dans *Dante: Mélanges de critique et d'érudition françaises*, p. 125-137.

[4] « Ses jugements les plus cruels ont la volonté de servir la papauté en mesurant ce qu'elle est à ce qu'elle devrait être... Son indignation, jusque dans ses injustices, est une grande pitié née d'un grand amour » (P. BATIFFOL, *Le catholicisme de Dante*, dans *Bulletin du jubilé*, 1921, p. 247). Cfr KRAUS, *Dante*, p. 754-755.

qu'« il oppose une forme de théocratie à une autre »[1]. Bien qu'elle soit tout juste esquissée, on n'en peut méconnaître le principe ni contester la tendance. Aussi bien des juristes doctrinaires, non moins hostiles au Saint-Siège que gagnés au dogme moderne de l'État laïque, n'ont-ils pas su cacher leur dépit de rencontrer au terme de prémisses libérales des conclusions qui ressemblent fort à celles de Bellarmin [2]. C'est dire à quel point est incontestable, même en ses vues les plus hardies sur l'ordre mondial, l'orthodoxie de l'*altissimo poeta* [3].

Des historiens catholiques ont entrepris de montrer que sa « philosophie politique » a des traits de famille avec celle de saint Bernard [4]. Beaucoup plus visiblement elle rejoint celle qu'élaboraient à ce moment-là même Jean de Paris et les autres théologiens de l'école française. Ceux-ci étaient des nationalistes ardents, celui-là un impérialiste convaincu ; mais tous s'accordent dans la même conception religieuse d'un État qui serait tout à la fois indépendant du pouvoir pontifical et soumis à sa haute direction. Ils ne s'arrêtent plus à l'idéal un peu sommaire et facilement tendancieux d'une simple coordination entre les deux puissances : ils affirment la prééminence nécessaire de l'Église ; mais leur originalité est de la comprendre sans léser l'autonomie non moins nécessaire de l'État.

Le XIVe siècle n'était pas encore — ou n'était déjà plus — mûr pour comprendre un système qui déroutait ses habitudes de pensée et ses expériences de vie. Aussi bien Dante s'attendait-il à soulever contre lui quelques indignations [5]. Son pronostic ne fut pas démenti. De son vivant, on ne saurait dire

---

[1] E. JORDAN, *Dante et saint Bernard*, dans *Bulletin du jubilé*, 1921, p. 316, note 10. Cfr J. ZEILLER (*L'idée de l'État dans saint Thomas d'Aquin*, p. 172) qui reconnaît chez Dante « une certaine dépendance de la puissance laïque vis-à-vis de la puissance ecclésiastique ».

[2] E. FRIEDBERG, *De finibus...*, p. 61 : « Argumentorum a se allatorum quasi immemor..., minime discrepans hac in re a Bellarmino... »

[3] Ainsi LANZONI, *La Monarchia di Dante*, p. 174-181, et FRANCK, *Réformateurs et publicistes*, p. 118.

[4] E. JORDAN, *Dante et saint Bernard*, dans *Bulletin du jubilé*, 1921, p. 267-331.

[5] *Monarchia*, III, 1, p. 87.

si le *De Monarchia* fut bien connu du public : il ne semble pas, en tout cas, avoir rencontré de contradictions [1]. Mais, quelques années à peine après sa mort, les agents politiques du Saint-Siège cherchaient à compromettre sa mémoire dans l'aventure schismatique de Louis de Bavière : au rapport de Boccace, Bertrand du Pouget, légat de Jean XXII en Italie, aurait condamné le livre au feu et nourri l'intention de dénoncer l'auteur comme hérétique en faisant brûler ses restes [2]. Cette suprême flétrissure lui fut épargnée; mais il dut subir de copieuses et véhémentes réfutations [3]. Encore aujourd'hui, si son inspiration catholique est hors de doute, n'est-il pas significatif qu'il soit besoin de la démontrer ?

Il n'en est pas moins clair pour nous, à la distance des siècles, que la pensée de Dante peut s'intégrer sans trop d'effort dans la grande tradition de l'Église. Grâce à lui et aux théologiens animés du même esprit, entre les conceptions extrêmes qui risquaient chacune d'entraîner la confusion des deux pouvoirs, un système moyen était né, qui entreprenait de les équilibrer dans une vision plus complète et plus souple du plan divin, où l'indépendance qui tient à leur origine et à leur fonction immédiate s'affirmerait sans détriment pour la loi de subordination qui résulte de leur inégale collaboration aux fins suprêmes de l'humanité. Les contemporains purent s'y mé-

---

[1] Au dire de Boccace, jusqu'à l'époque de Louis de Bavière, il aurait été *appena saputo*. Rapporté dans CIPOLLA, *Il trattato « De Monarchia »*, p. 330.

[2] Voir F. X. KRAUS, *Dante*, p. 271-272, 281 et 747-748. La *Monarchia* figure à l'*Index* de Venise (1554), d'où elle est passée, sous Benoît XIV, à l'*Index* romain (*ibid.*, p. 750). Mais elle a disparu du nouvel *Index* publié par Léon XIII. Consulter à ce sujet la note anonyme *Dante e la S. Congregazione dell' Indice*, dans *Civiltà cattolica*, 1923, t. III, p. 346-347.

[3] Vers 1327, le dominicain Guido Vernani, auteur lui-même d'un opuscule *De potestate Summi Pontificis*, écrivit contre Dante un *Tractatus de reprobatione Monarchiae*. Les deux ouvrages ont été publiés à Bologne en 1746. Voir HURTER, *Nomenclator literarius*, t. II, col. 538, n. 1. — Au cours des controverses qui éclatèrent sous Louis de Bavière, on signale encore un assez grand nombre de traités anonymes qui visent ou semblent viser à la réfutation de la *Monarchia*. Voir R. SCHOLZ, *Unbekannte... Schriften*, t. I, p. 220, 250-254 et 256. Entre temps la faveur des juristes sauvait l'ouvrage de l'oubli (KRAUS, p. 764-768).

prendre : c'était l'inévitable réaction de l'opinion reçue. Mais, à condition de se placer assez haut pour dominer tous les méandres de la spéculation théologique, l'historien reconnaîtra sans peine, dans les principes développés par Dante et par ces écrivains français qu'il combattit sur un autre terrain, en même temps qu'un legs du meilleur passé, le germe d'un avenir qui, pour être lointain, ne devait être ni moins durable ni moins fécond.

CHAPITRE X

PROBLÈMES PRATIQUES ET PROJETS DE RÉFORME

SOMMAIRE. — Quelques aspects complémentaires du problème ecclésiastique sur le terrain des réalités. — I. *Chez les légistes : Plans de Pierre Dubois.* Abondance et originalité de son œuvre littéraire. Projets de politique internationale au service de l'impérialisme français. Réformes religieuses : suppression du patrimoine de saint Pierre et de la propriété ecclésiastique. Moyens proposés : le concile, l'autorité du pape. Rapports du spirituel et du temporel : indépendance théorique, sujétion pratique de la papauté. — Inspiration similaire des conseillers royaux. — II. *Chez les théologiens pontificaux : Agostino Trionfo.* Idéal politico-religieux et apologie de Boniface VIII. Liberté de l'Église : critique de Clément V; le pape doit retourner à Rome. Divers abus dans l'Église : remède dans une réforme morale. — Problèmes particuliers : le procès des Templiers et les droits de l'autorité ecclésiastique; l'origine de la juridiction épiscopale; les pouvoirs du Sacré-Collège. — Boniface VIII et les cardinaux : prétendue « opposition oligarchique »; accord sur le principe de l'autorité pontificale. — III. *Dans l'épiscopat français.* Attitude des évêques sous Philippe le Bel. — Mémoire de Guillaume Le Maire au concile de Vienne : les immunités ecclésiastiques; l'abus des exemptions; revendication de la responsabilité épiscopale. — Traité de Guillaume Durand. Liberté et domination de l'Église : adhésion à la doctrine de Gilles de Rome. Doléances sur les mœurs ecclésiastiques et les abus de la cour romaine. Réforme de l'Église dans la tête et les membres : autorité du pape et des évêques; appel aux canons; réunion périodique des conciles. — Tendances diverses vers le gallicanisme.

Jusqu'ici nous avons eu affaire à des spéculatifs, qui débattaient dans l'abstrait les grandes questions théoriques sur les relations de l'Église et de l'État. Bien que provoquées par les événements politiques, ces thèses d'école ne quittent guère, en général, le domaine serain des principes, et c'est ce qui en fait le prix pour l'histoire des idées. Mais en même temps se posaient des problèmes d'ordre pratique, sur lesquels les esprits plus positifs concentraient leur attention et qui, de ce chef, tiennent une certaine place dans la littérature du temps.

Les doléances sur la situation ecclésiastique furent de toutes les époques, et aussi les projets plus ou moins heureux conçus pour y remédier. Hommes d'État et hommes d'Église, en ce début du XIVe siècle, ont tour à tour enrichi de leurs gloses ce chapitre sans fin. Le détail des problèmes soulevés par ces divers publicistes appartient à l'histoire politique ou à l'histoire des institutions. Mais la présente étude ne serait pas complète si elle négligeait les tendances qui s'y font jour ou les conceptions générales qui s'expriment à cette occasion. Il faut s'attendre à rencontrer ici les mêmes positions et les mêmes attitudes que précédemment. Comment l'angle optique ne changerait-il pas suivant qu'il s'agit de légistes dévoués à la cause royale, de théologiens attentifs aux droits du Saint-Siège ou de prélats gallicanisants? En achevant le tableau doctrinal dont nous avons voulu tracer l'esquisse, les témoignages qui nous restent sur les préoccupations respectives des uns et des autres serviront à montrer tout ce que, dès ce moment, soulevait de questions cette *reformatio Ecclesiae in capite et in membris* qui, si longtemps encore, devait rester à l'ordre du jour de la chrétienté.

I

Ce sont naturellement les avocats du pouvoir civil qui ont ici les opinions les plus complètes et les plus radicales.

A plusieurs reprises déjà nous avons rencontré le nom de Pierre Dubois. On convient généralement aujourd'hui que le personnage a été surfait par l'admiration des érudits qui, vers le milieu du dernier siècle, entreprirent de ressusciter sa mémoire [1]. La fécondité de sa plume ne doit pas donner le change sur l'importance de son rôle. Malgré ses offres de service réitérées, l'avocat de Coutances n'eut jamais l'honneur d'être associé à la politique de Philippe le Bel. Ses conceptions sont

---

[1] Voir plus haut, p. 126-127.

donc celles d'un simple particulier, dont rien ne permet de dire quel écho elles rencontrèrent auprès de ses contemporains. Mais elles n'en sont pas moins curieuses comme spécimen des visions que l'on caressait dans certains milieux légistes et que Pierre Dubois s'employa de tous ses moyens à y développer.

Dès 1300, il exposait au roi ses plans dans un mémoire intitulé : *Summaria brevis et compendiosa doctrina felicis expeditionis et abreviationis guerrarum ac litium regni Francorum*[1]. C'était le fruit de quinze ans de méditations; ce devait être le programme de toute son activité ultérieure, au milieu de laquelle les pamphlets qu'il écrivait contre Boniface VIII ou contre les Templiers semblent plutôt une diversion, si même ils ne furent une manière d'attirer l'attention sur les projets de réforme qui lui étaient chers.

Au moment de la publication de la bulle *Ausculta fili*, il appuya la résistance royale par des *Raciones inconvincibiles*, aujourd'hui perdues, et qui ne semblent pas devoir être confondues avec la *Deliberatio* soumise à l'assemblée du 10 avril 1302. En janvier 1304, il fit offrir au roi par son ami Jean de la Forêt un exposé de ses vues politiques, où il reprenait sans doute l'esquisse de 1300. Dûment remanié, ce mémoire est devenu, quelques années plus tard, le *De recuperatione terrae sanctae*. Une première édition en fut dédiée à Édouard Ier, roi d'Angleterre, entre 1305 et 1307. Le jour de l'Ascension, 23 mai 1308, l'auteur en présentait une seconde à Philippe le Bel. Sous prétexte de s'expliquer sur la conquête de la Terre Sainte, Pierre Dubois y développe un véritable traité de politique générale, où reviennent toutes les pensées familières de sa vie. C'est l'ouvrage auquel est due la gloire posthume de son auteur[2].

---

[1] Bibliothèque nationale, ms. lat. 6222 C, fol. 1-33. L'ouvrage est encore inédit; mais des extraits nombreux en sont cités par le dernier éditeur du *De recuperatione*.

[2] Édité d'abord sans nom d'auteur dans BONGARS, *Gesta Dei per Francos*, Hanau, 1611, t. II, p. 316-361, il a été réédité par Ch.-V. LANGLOIS, Paris, 1891, avec introduction et notes. Analyse dans RENAN, *Histoire littéraire de la France*, t. XXVI, p. 503-524.

Nous n'avons pas à étudier ici les idées qu'il propose, dans le plus complet pêle-mêle, sur l'invasion et le partage de la Palestine, sur la modification de la loi de recrutement, sur la réforme de l'enseignement et de la procédure judiciaire, sur le célibat du clergé ou l'arbitrage international. Il nous suffit de nous arrêter à ses vues sur l'ordre ecclésiastique. Elles sont d'un réformateur qui semble, au premier abord, passablement révolutionnaire. L'auteur, en effet, tient que la délivrance de la Terre Sainte ne saurait être obtenue que par le secours divin, et celui-ci par des peuples pacifiés et une Église sainte : c'est par ce biais qu'il introduit ses plans de réforme politico-religieuse.

Dans l'ordre politique, les guerres entre nations chrétiennes lui paraissent un scandale devant les infidèles et un fléau pour l'Église, surtout à cause des âmes qu'elles risquent de jeter en enfer. C'est pourquoi il réclame instamment la paix et propose des moyens infaillibles pour réduire les divers conflits en cours. Par delà le présent, il songe à l'avenir et rêve d'une véritable société des nations qui grouperait tous les États européens et s'étendrait jusqu'à Constantinople, où le royaume latin doit être rétabli : le tout sous la présidence d'un empereur d'Occident, qui serait désigné, non plus par élection, mais par hérédité [1]. Or, comme il destine cet Empire au roi de France et le trône de Constantinople à Charles de Valois son frère, on voit que cette refonte du statut européen n'est pour lui qu'un moyen détourné de réaliser dans le monde l'impérialisme français.

Dans l'ordre religieux, il s'élève contre les désordres de l'Église : simonie de la cour romaine, népotisme des papes, incurie spirituelle et faste des prélats, attachement excessif du clergé à la poursuite de ses intérêts temporels, esprit mondain et fortune scandaleuse des moines [2]. Aux grands maux les

---

[1] Voir, pour les projets de pacification, *De recuperatione*, n. 3-12, édit. LANGLOIS, p. 6-11 ; pour la réorganisation de l'Empire, n. 13, p. 12-13 ; pour la création de l'empire latin à Constantinople, n. 104-105, p. 89 ; pour la prépondérance française, n. 115-116, p. 103-104.

[2] Ces doléances sont surtout exprimées n. 29-37, p. 22-32.

grands remèdes : Pierre Dubois n'est pas à court de réformes.
Tout d'abord le Pape doit renoncer au pouvoir temporel,
moyennant une pension qui le délivrerait des soucis politiques
où il s'absorbe trop souvent et lui permettrait de s'adonner
librement à son ministère spirituel. Le patrimoine de saint
Pierre serait confié au roi de France, qui l'administrerait par
un de ses fils ou frères sous le titre de *Senator romanus* [1]. Il
est curieux de voir avec quelle candide sérénité les plans de
réforme ecclésiastique s'associent, dans l'esprit de notre auteur,
avec les ambitions de son nationalisme. Si l'on ajoute que,
pour lui, les Romains ont perdu par leurs excès le droit de
garder le pape chez eux et que Clément V est formellement
invité à répartir les promotions cardinalices de manière à
garantir aux Français la possession indéfinie du trône pontifical [2], on devine quelles espérances les débuts de la papauté
avignonnaise faisaient naître en certains milieux. Il n'a pas
dépendu de nos légistes que la translation de la curie sur les
bords du Rhône ne devînt le prélude de cette séquestration
du Saint-Siège dont nous ne tarderons pas à voir qu'on redoutait
ailleurs l'éventualité [3].

Pour parer aux abus que l'excès des richesses développe
chez les clercs, Dubois propose la même solution radicale.
L'État doit liquider les biens ecclésiastiques. Sur les fruits de
cette opération, une part sera prise pour assurer une pension
honorable aux membres du clergé; le reste constituera un
capital pour la délivrance ou l'aménagement de la Palestine [4].
Bien entendu, une mesure identique doit être appliquée aux

---

[1] Voir *De recuperatione*, n. 40, p. 33; n. 111, p. 98-99; n. 116, p. 105.

[2] *Ibid.*, n. 111-112, p. 101-102. Ce programme ne fut que trop bien réalisé.
Sur cent trente-quatre cardinaux créés par les papes d'Avignon, cent-treize
furent français. C'était bien « la nationalisation du Sacré Collège au profit
de la France » (G. MOLLAT, *Les papes d'Avignon*, p. 343).

[3] Voir plus bas, p. 354-355.

[4] *Ibid.*, n. 45-49, p. 35-42. Chez les hommes d'Église, l'idée d'un impôt
extraordinaire prélevé sur les biens ecclésiastiques en vue de la croisade était
courante, témoin HUMBERT DE ROMANS, *Opusc. tripart.*, I, 26 (dans BROWN,
Appendix, p. 205).

biens des Ordres monastiques, tant d'hommes que de femmes [1].
Par cette réorganisation l'auteur se flatte de servir à la fois
les intérêts de l'Église et de la patrie.

Or, vers la même époque et pareillement dans un mémoire
sur la croisade, Guillaume de Nogaret suggérait une semblable
liquidation de la propriété ecclésiastique [2]. Il s'agit évidemment
plus que de plans personnels. Pareille convergence accuse une
des conceptions où se complaisait l'esprit des légistes et l'on
ne saurait méconnaître que le projet de croisade n'était ici
qu'un voile commode pour dissimuler certains appétits.

Comme s'il pressentait pourtant que la réalisation de ses rêves
serait encore lointaine et difficile, Pierre Dubois propose, en
attendant, d'affecter à l'œuvre de la Terre Sainte la moitié des
biens laissés par tous les prélats au moment de leur décès et
l'avoir entier des clercs intestats [3]. Il maintient, en outre, que
le souverain garde toujours, en cas de nécessité, un droit illimité
de réquisition sur la propriété ecclésiastique [4]. On voit que le
souci des Lieux Saints n'est ici qu'un prétexte pour affirmer
l'absolutisme royal et le développer jusqu'à ses plus extrêmes
conséquences, y compris le droit de confiscation. Avec Jean
de Paris, notre légiste tient que les clercs sont *non domini
rerum ecclesiarum sed solum administratores* [5]; mais il est remarquable que c'est au roi qu'il réserve le contrôle principal de
leur gestion.

Il se montre également soucieux d'affermir la juridiction des
cours royales à l'encontre des officialités [6]. Plus tard il démontra
que le crime d'hérésie, quand il se complique d'apostasie,
échappe de plein droit au for de l'Église et ne manqua pas
de faire l'application de ce principe au cas des Templiers [7].

---

[1] *De recuperatione*, n. 50, p. 43.
[2] Mémoire publié dans *Notices et extraits...*, t. XX, II, p. 199-205, et analysé dans RENAN, *Histoire littéraire de la France*, t. XXVII, p. 295-298.
[3] *De recuperatione*, 42, p. 34-35.
[4] *Ibid.*, n. 123, p. 116. Cfr n. 131, p. 121.
[5] *Ibid.*, n. 57, p. 46. Voir plus haut, p. 286-287.
[6] *De abreviatione*, analysé dans SCHOLZ, p. 417-421.
[7] *Notices et extraits...*, t. XX, II, p. 180.

Néanmoins, pour réaliser cette double réforme politique et religieuse, Pierre Dubois se rend compte qu'il doit s'appuyer sur l'autorité de l'Église. C'est pourquoi il demande la réunion d'un concile, dont il fixe le lieu, sans dire le motif de sa préférence, à Toulouse [1]. Mais il ne veut pas oublier pour autant la primauté du pape. Non seulement il se plaît à louer la sagesse des pontifes romains [2], mais le pape est pour lui le successeur de Pierre et le vicaire du Christ [3]. Dès lors, il le tient pour *caput universalis Ecclesie* [4] et, d'une manière générale, pour *summus salutis reipublice curatus in terris* [5]. En conséquence, c'est de lui qu'il attend la réforme de l'Église. *Consideret summus apostolicus* est sa formule familière [6]. *Studeat reformare statum praelatorum totius populi et cleri reipublicae christianorum*, dit-il encore [7], et c'est pourquoi il souhaite que son opuscule lui soit soumis pour éclairer ses décisions [8]. D'autres fois sans doute il s'adresse au futur concile [9]; mais on n'oubliera pas que ce concile est convoqué par le pape et collabore toujours avec lui, plus exactement sous lui : *Summus Pontifex in concilio statuat*, écrit notre légiste [10]. Absolutiste dans l'Église comme dans l'État, Pierre Dubois n'a rien soupçonné des théories conciliaires.

Ce qui est plus significatif, c'est qu'il compte également sur le pape pour la réforme politique. S'il veut mettre Charles de Valois sur le trône de Constantinople, c'est *cum consilio Ecclesie romane* [11], et il invite le roi de Castille à *compromittere in dominum papam* [12]. D'une manière générale, il s'adresse au

---

[1] *De recuperatione*, n. 3, p. 7; n. 106, p. 90; n. 109, p. 97.

[2] *Ibid.*, n. 97, p. 79.

[3] *Ibid.*, n. 29, p. 22. Cfr n. 65, p. 55; n. 106, p. 89.

[4] *Ibid.*, n. 59, p. 48. Cfr n. 108, p. 93.

[5] *Ibid.*, n. 106, p. 91. Cfr n. 109, p. 94.

[6] *Ibid.*, n. 30, 33, 34, 35, p. 24-27.

[7] *Ibid.*, n. 39, p. 32. Cfr n. 96, p. 77.

[8] *Ibid.*, n. 106, p. 90.

[9] *Ibid.*, n. 27, p. 20; n. 57, p. 46. Cfr n. 7-13, p. 10-13.

[10] *Ibid.*, n. 102, p. 82. Cfr n. 107, p. 91-92.

[11] *Ibid.*, n. 104, p. 89.

[12] *Ibid.*, n. 116, p. 106. — Quand ailleurs il veut pousser Philippe le Bel à briguer la couronne impériale, c'est vers Clément V qu'il l'invite à se tourner

pape pour contraindre les princes chrétiens à entrer dans les voies de pacification qu'il propose et frapper les délinquants. Il préfère d'ailleurs les sanctions temporelles aux excommunications qui perdent les âmes sans résultat [1]. Que ce soit par exhortations ou par menaces, c'est, en tout cas, du Souverain Pontife qu'il attend une action efficace et durable pour la réorganisation de l'Église :

Velit statum reipublice christicolarum spiritualiter et temporaliter, prout pater luminum inspiraverit, generaliter reformare, tali modo quod reformationem suam sit verisimile fore perpetuo duraturam [2]. »

Dans le statut définitif du monde selon ses rêves notre réformateur réserve également une place au pape. Non seulement il serait le suprême juge d'appel dans l'État Romain qu'administrerait en son lieu et place le roi de France [3], mais il aurait à contrôler et confirmer les sentences du tribunal d'arbitrage qui doit veiller sur les destinées de la paix universelle [4]. Ce rôle politique du pape n'est que le suprême épanouissement de sa fonction spirituelle, qui lui confère la charge du monde entier et constitue à son profit la seule monarchie universelle actuellement possible [5].

On peut maintenant entrevoir la conception d'ensemble qui se dégage de ces divers projets. En principe, le spirituel et le temporel sont deux puissances distinctes et autonomes : Dubois rappelle brièvement les fondements scripturaires et rationnels de cette distinction [6]. De fait, il insiste en particulier sur l'indépendance du roi de France, « qui ne reconnaît pas de supérieur sur la terre » [7] — privilège qui lui est d'ailleurs

---

et, pour les besoins de sa cause, il reconnaît très fortement au pape le droit de se passer des électeurs. Mémoire publié dans *Notices et extraits...* t. XX, ii, p. 186-189.

[1] *De recuperatione*, 4, p. 8. Cfr n. 101, p. 82.
[2] *Ibid.*, n. 99, p. 81.
[3] *Ibid.*, n. 116, p. 105.
[4] *Ibid.*, n. 12, p. 11-12.
[5] *Ibid.*, n. 63, p. 54. Cfr n. 70, p. 58.
[6] *Ibid.*, n. 51-52, p. 43 ; n. 111, p. 100.
[7] *Ibid.*, n. 5, p. 8.

commun avec beaucoup d'autres princes [1] — et rappelle avec
horreur les entreprises « inouïes » de Boniface VIII [2]. En regard,
le pape veille aux intérêts spirituels de l'humanité, de manière
à procurer cette unité du monde qui demeure le suprême
idéal [3].

Ainsi le pape et le roi sont, chacun dans sa sphère, les représentants de Dieu. Mais, à y regarder de plus près, la situation
de ces « deux vicaires » [4] n'est pas égale. Car il faut se rappeler,
non seulement que le roi de France a pleins pouvoirs sur le
statut de l'Église dans son royaume, mais qu'il tient le pape
sous sa dépendance : dépendance matérielle par la gestion de
son domaine, dépendance morale par le siège et le recrutement
de la curie. Dans sa *Deliberatio* de 1302, Dubois se référait
à un acte légendaire du pape Hadrien II, qui aurait conféré à
Charlemagne, avec la collation des bénéfices et la jouissance
des régales, le droit absolu de nommer les papes et les évêques
dans l'Église catholique. Louis le Débonnaire aurait renoncé
à ce dernier privilège, mais retenu le premier [5]. On dirait que,
dans son *De recuperatione*, notre réformateur s'est appliqué à
réparer autant qu'il dépendait de lui l'abdication des Carolingiens. En même temps qu'il conserve aux successeurs de
Charlemagne tous les droits régaliens à l'intérieur de leur
pays, il combine un remaniement de l'Empire qui leur permettrait de mettre la main sur la papauté.

En somme, Pierre Dubois est bien dans la tradition des
légistes. Tout en proclamant l'indépendance des deux pouvoirs,
de fait il ne conçoit l'Église que subordonnée à l'État et rêve
d'un monde où le Saint-Siège serait au service du nationalisme
français. S'il ne lui fut pas donné de réaliser cette politique, il
s'en consola en construisant des projets qui lui semblaient
propres à la mettre en action. Et pour chimériques qu'ils

---

[1] *De recuperatione*, n. 12, p. 11 ; n. 52, p. 44 ; n. 106, p. 90.
[2] *Ibid.*, n. 111, p. 99.
[3] *Ibid.*, n. 46, p. 36.
[4] *Ibid.*, n. 111, p. 100.
[5] DUPUY, p. 45.

puissent être, il faut bien reconnaître que ces plans révèlent un état d'esprit et qu'ils contribuèrent sans nul doute à l'accentuer.

Sans se griser d'aussi vastes horizons, les conseillers officiels de la cour aiguillaient dans le même sens, mais par des voies plus positives, la politique religieuse du gouvernement. Les prélèvements de taxes sur les biens du clergé continuèrent après comme avant la bulle *Clericis laïcos*. A l'assemblée du 10 avril 1302, Pierre Flote fit un exposé des *gravamima* dont la France avait à se plaindre. Ses principaux griefs étaient l'abus des réserves, qui avaient pour conséquence de faire passer les bénéfices à des étrangers ou à des titulaires non résidants, le trop grand nombre des subsides exigés par la curie qui appauvrissaient les églises et tarissaient la générosité des bienfaiteurs [1]. Jusque dans sa réponse à l'ultimatum en douze articles communiqué par le cardinal Lemoine, le roi réserve avec modération, mais avec fermeté, les droits traditionnels de la couronne, notamment sur la collation des bénéfices, la perception des régales et, en certains cas extrêmes, la saisie du temporel des ecclésiastiques délinquants : le tout *sicut ad eum pertinet de iure et bona consuetudine* [2].

Les mêmes revendications se font jour, sur un ton plus agressif, dans le mémoire que Philippe le Bel fit remettre à Benoît XI contre Boniface VIII. On y réclame, en particulier, le jeu sincère et normal des élections; on y proteste contre l'abus des provisions directes, contre les exactions du fisc pontifical, contre les actes d'autorité pris sans consultation préalable du concile ou des cardinaux [3]. Vers la même époque, Pierre Dubois insérait ces réclamations, à l'usage du grand public, dans la *Supplication du pueuble de France au Roy* [4]. La

---

[1] D'après la lettre des évêques de France au Pape (DUPUY, p. 68-69).
[2] *Ibid.*, p. 93-94.
[3] *Ibid.*, p. 210-214. Voir un nouvel exposé très étendu des revendications et prétentions royales dans un mémoire lu par Nogaret au cours du procès de Boniface VIII (*ibid.*, p. 317-324). Bonne analyse de cette pièce dans LIZERAND, *Clément V et Philippe IV le Bel*, p. 207, n. 2. Cfr BOUTARIC, *La France sous Philippe le Bel*, p. 64-82.
[4] DUPUY, p. 215-217.

polémique venait au secours de la diplomatie pour soutenir les prétentions régaliennes et l'on sait que la cour de France n'eut de repos que lorsqu'elle eût trouvé en Clément V un pontife qui consentît, sinon à les reconnaître, du moins à les tolérer.

Quoi qu'il en soit, en effet, du bien fondé de ces divers détails, on ne saurait se dissimuler que l'ensemble de ces revendications dessinait un système et que, sous prétexte de venger la tradition contre les empiètements de Boniface VIII, ce système tendait à la mainmise de l'État sur les personnes et les biens ecclésiastiques [1]. L'affaire de Bernard Saisset et surtout le procès des Templiers sont la preuve que le régalisme n'était pas un vain mot.

II

Il était naturel que, du côté pontifical, si les préoccupations d'ordre pratique ne manquaient pas, elles prissent un tour exactement opposé. L'idée d'une réforme hantait depuis longtemps les plus fidèles serviteurs de l'Église, qui, pour la préparer, ne craignaient pas d'exprimer hautement leurs *desiderata*. Un siècle et demi plus tôt, saint Bernard adressait à Eugène III son *De consideratione*, où les élans du mysticisme voisinent si curieusement avec les plus vertes critiques [2]. Plus près de la période qui nous occupe, Humbert de Romans, général des Dominicains, relevait avec franchise, en vue du concile de Lyon (1274), les maux de l'Église et les remèdes à y apporter [3]. Quelques années plus tard, un théologien tout dévoué au Saint-Siège, le franciscain Alvarez Pelayo, confesseur de Jean XXII,

---

[1] « La politique de Philippe le Bel et de ses ministres peut être définie une vaste tentative pour exploiter l'Église au profit de la royauté » (RENAN, *Histoire littéraire de la France*, t. XXVII, p. 298). Cfr LIZERAND (*Clément V et Philippe le Bel*, p. 409), qui voit comme terme final des efforts du roi « une association de Clément V avec Philippe le Bel pour la direction et l'exploitation de l'Église ».

[2] PL, CLXXII, 727-808.

[3] *Opusc. tripart.*, III (dans BROWN, *Appendix*, p. 223-226). Voir aussi II, 11-17 (*ibid.*, p. 215-221).

allait faire entendre dans son *De planctu Ecclesiae* la protestation des consciences chrétiennes contre les abus de son temps. L'époque où nous sommes n'offre pas d'œuvre aussi importante [1]; mais le même esprit critique et réformateur anime déjà quelques-uns des petits écrits, récemment découverts, d'Agostino Trionfo.

Personne ne s'étonnera d'y retrouver cette ferveur dans la revendication du droit pontifical absolu qui devait bientôt lui inspirer sa célèbre *Summa de potestate ecclesiastica*. Elle s'affirme surtout dans l'opuscule *De duplici potestate prelatorum et laïcorum* [2]. L'auteur écrit à un moment où les vérités les plus certaines s'obnubilent sous l'effet de complaisances intéressées : ce qui est sans nul doute une allusion aux controverses du temps. Pour son compte, il n'a pas de ces timidités et sa thèse affiche dès les premières lignes le dogmatisme le plus abrupt :

« Omnem potestatem tam spiritualem quam temporalem a Christo in prelatos et principes seculares derivatam esse mediante Petro eius successore, cuius personam Romanus Pontifex representat [3]. »

C'est la conception déjà souvent rencontrée qui fait du pape la source de tout pouvoir ici-bas ; mais elle prend ici un singulier relief par le fait que l'auteur rapproche sur le même plan de dépendance l'autorité temporelle des princes et l'autorité spirituelle des prélats. Il s'applique, en effet, tout d'abord à montrer que la juridiction des évêques ne leur vient pas directement de Dieu, mais par l'intermédiaire du pontife romain [4]. Comme

---

[1] Il suffit de mentionner pour mémoire les déclamations générales contre la corruption de l'Église et surtout des religieux que le célèbre médecin Arnaud de Villeneuve mêlait à ses prophéties sur la venue prochaine de l'Antechrist. Après avoir compté pour cette réforme sur Boniface VIII, déçu dans ses espérances, il adresse à son successeur les mêmes sommations, qui ne devaient pas obtenir plus de résultat. Voir son mémoire à Benoît XI, en date du 2 juin 1304, dans FINKE, n. 26, p. CLXXXII-CXCII.

[2] Édité dans SCHOLZ, *Die Publizistik*, p. 486-501.

[3] *De duplici potestate*, p. 486. Cfr p. 489 : « Ostendemus utramque potestatem spiritualem et temporalem in papa residere et in omnes alios, clericos et laycos, mediante ipso derivari. »

[4] On a pu voir la thèse inverse chez Jean de Paris (*supra*, p. 290). D'autres théologiens prenaient sur ce point, en même temps qu'Agostino, la défense du droit pontifical, par exemple Hervé Nédellec († 1323), dont le *De potestate*

on lui oppose l'analogie du pouvoir civil, Agostino profite de l'objection pour faire rentrer dans ses cadres ce cas particulier. La prééminence du règne spirituel sur les choses de la matière, la supériorité des fins surnaturelles dont le pape est le représentant, la justice dont il est le gardien exigent qu'il ait pour rôle d'instituer, de régler et de juger l'autorité séculière. Raisonner autrement équivaudrait à professer l'existence de deux principes et de deux dieux. D'où il suit que le successeur de Pierre est *principium et causa omnium temporalium et corporalium*; que de lui dérive le pouvoir des rois et la valeur de leurs actes législatifs, *ab ipso eorum potestas debet derivari necnon eorum leges et statuta per ipsum debent confirmari*; que l'autorité temporelle réside radicalement en lui non moins que la spirituelle, *utramque potestatem... residere consequitur in summo pontifice.* La seule différence est qu'il lui appartient d'exercer celle-ci, tandis qu'il confie celle-là aux souverains comme à ses instruments : *comittit execucionem talis potestatis secularis regibus et principibus qui debent esse organa et instrumenta eius* [1].

De cette doctrine, où les principes de la bulle *Unam Sanctam* sont éclairés par les arguments de Gilles de Rome, Agostino va faire, dans son apologie de Boniface VIII, une application aux biens ecclésiastiques :

« Papa est dominus omnium, non solum spiritualium sed eciam temporalium. Aliter militaris (militans ?) ista ecclesia monstruosa esset si haberet duo capita, unum in spiritualibus et aliud in temporalibus. Rerum tamen temporalium ecclesiarum et clericorum papa est dominus quantum ad usum, quia eis utitur sicut placet. Set rerum temporalium aliorum papa est dominus quantum ad dispensacionem [2] ... Falsis et erronicis oppinionibus se appodiaverunt, defendentes ... summum

---

papae appartient à cette époque. Voir HAURÉAU, *Histoire littéraire de la France*, t. XXXIV, Paris, 1915, p. 336 et 350. Cfr E. ELTER, *Un ouvrage inconnu de Hervé Nédellec*, dans *Gregorianum*, t. IV, 1923, p. 211-240.

[1] *De duplici potestate*, p. 497-501.

[2] *Tractatus contra articulos inventos...*, I, 3 (édit. FINKE, p. LXXIII). — Saint Thomas se rattache à la doctrine opposée (voir *supra*, p. 287, n. 2) et repousse en conséquence comme une « erreur » l'opinion d'après laquelle le pape ne pourrait commettre de simonie (*In IV Sent.*, Dist. XXV, qu. 3, art. 3, ad 2um; *Opera omnia*, t. XI, p. 63). Cfr *Summa theol.*, II^a II^{ae}, qu. 100, art. 1, ad 7um.

pontificem non dominum in temporalibus. Quod dicere non est dubium quod sapit haeresim [1]. »

Rien ne lui est plus facile avec ce principe que de justifier Boniface contre l'accusation de simonie ou autres abus de pouvoir qui lui sont reprochés. Non pas que le pape ne puisse jamais devenir indigne ou coupable; mais c'est à l'Église représentée par le concile qu'il appartient d'enquêter sur sa conduite, et non au pouvoir civil :

« Ad sacrum concilium cardinalium et prelatorum tocius ecclesie militantis de vita et condicione summi pontificis pertinet investigare, non ad principes seculares [2]. »

On devine à cette dernière observation que l'auteur est jaloux d'assurer à l'Église son indépendance. Le grand mérite qu'il reconnaît à Boniface VIII est d'avoir affirmé ses droits avec une infatigable énergie : *insudavit semper ad veritatis elucidacionem et iusticie defensionem* [3]. Cette liberté ecclésiastique dont il fut le héros lui semble, tout au contraire, compromise par l'impunité scandaleuse laissée à ses ennemis : *Ecclesiam quasi captivam tenent non... sinentes eam esse in sua libertate* [4]. Et par ce biais tout à fait caractéristique de sa tendance Agostino délaisse la cause de Boniface pour glisser à son auguste destinataire ses réflexions sur les événements contemporains.

Non content d'énoncer cette crainte générale, il précise toutes les appréhensions que lui cause le séjour du pape *in dominio emulorum ecclesie et domini Bonifacii.* En théorie, il ne semble pas voir d'inconvénient à la nomination d'un pape français, puisqu'on le désirait en France jusqu'à menacer de faire une Église nationale. Mais le choix de Clément V lui paraît une

---

[1] *Tract. contra articulos inventos...*, I, 6, p. LXXVII.

[2] *Ibid.*, I, 7, p. LXXVIII. Et l'auteur de continuer (p. LXXIX) : « Convocetur ergo concillium prelatorum, magistrorum et aliorum eruditorum in sacris literis. » Cette idée d'admettre les « maîtres » et les « savants » au concile qui jugerait le pape est spéciale à Agostino. On la retrouve dans la *Summa de potestate ecclesiastica*, I, 5, 6.

[3] *Ibid.*, II, 6, p. LXXXIV-LXXXV.

[4] *Ibid.*, II, 2, p. LXXXI.

expérience suffisante pour qu'on ne soit plus tenté de la recommencer [1]. Outre son amour des richesses et son népotisme, il lui reproche sa faiblesse à l'égard des persécuteurs de Boniface VIII [2], faiblesse aggravée par le fait inquiétant qu'il ait établi le gouvernement central de l'Église à portée de leurs mains [3]. Comment dès lors pourrait-il résister aux désirs du roi de France? Et comment lui complaire sans déplaire aux autres? Quand on pense que Boniface VIII fut insulté alors qu'il résidait sur ses propres terres en souverain indépendant, comment son successeur sera-t-il à l'abri d'un attentat quand il séjourne sur le territoire même de ses ennemis?

Aussi les cardinaux doivent-ils s'unir pour demander au pape de quitter un pays où il ne peut demeurer davantage sans péril pour l'Église et le pape a le devoir de se rendre à leurs prières. En cas de refus, si tout le Sacré Collège était d'accord, il pourrait solliciter l'autorisation de revenir *ad sedem primordialem ecclesie*; mais chaque cardinal en particulier n'est pas tenu d'en faire autant. Il pourrait sans doute faire valoir d'excellentes raisons économiques et morales : le désordre actuel de la curie, la cherté de la vie à l'étranger, le désir de pourvoir à l'entretien de son église et de sa famille. Néanmoins il y a aussi bien des raisons contraires, ne fût-ce que de ne pas laisser le champ libre aux intrigues de ses concurrents. Comme conclusion, Agostino conseille à Gaëtani de rester aux côtés du pape, *tacendo potius quam loquendo*, en attendant des jours meilleurs [4]. Si le séjour de la papauté en France comblait d'aise les nationalistes français, on voit quelles susceptibilités il éveillait du côté romain, quels problèmes aussi il commençait à poser devant les consciences catholiques. De ces causes diverses devait

---

[1] *Tract. contra articulos inventos*, III, 3, p. LXXXVIII-LXXXIX.

[2] *Ibid.*, p. LXXXVII. Cfr III, 13, p. XCVII : « Ipse, ut nostis, non agit sed agitur, nec est suus set aliorum. »

[3] *Ibid.*, II, 5, p. LXXXIII-LXXXIV. D'une manière générale, il n'estime pas opportun que le pape demeure dans son lieu d'origine : c'est Rome qui est son siège normal, sauf le cas exceptionnel d'un concile œcuménique (*ibid.*, III, 6 et 8, p. XCI-XCIII).

[4] *Ibid.*, III, 9-13, p. XCIII-XCVIII.

naître un jour le grand schisme d'Occident : il est frappant
d'en rencontrer le germe trois ans à peine après l'élection de
Clément V.

Chemin faisant, Agostino constate l'abus de la superbe et
de la préséance temporelle chez les pasteurs de l'Église et il
souhaite que les papes s'appuient sur les armes de l'esprit
plutôt que de la chair [1]. Il ne conteste pas le népotisme et
l'avidité de Boniface VIII ; mais il se contente de dire qu'il ne
faut point être trop sévère pour les torts d'un pape quand ses
qualités dépassent ses défauts [2]. De même il n'ignore pas les
calculs qui se font dans les conclaves [3] et les brigues ou divisions
qui déchirent le Sacré Collège [4] ; mais il ne voit à cela d'autre
remède que l'humilité et le recours à Dieu : toutes dispositions
que la Providence se charge d'entretenir par des surprises aussi
douloureuses que la conduite du pape actuel. Dès qu'il ne
s'agit plus de revendiquer la liberté de l'Église, la pensée
d'Agostino ne dépasse pas les lieux communs du mysticisme.
Sans fermer les yeux sur de trop réelles misères, il ne semble
pas y attacher beaucoup d'importance, pourvu que le principe
d'autorité soit sauf.

Le même esprit se manifeste dans l'opuscule *De facto Templariorum*. Après avoir arrêté les Templiers et entamé contre eux
un procès d'hérésie (octobre 1307), Philippe le Bel essaya de
légitimer en droit sa conduite. Pendant que Pierre Dubois,
toujours ardent à défendre l'absolutisme royal, s'empressait de
démontrer que le souverain avait le droit et le devoir, comme
suprême défenseur de la foi, de punir lui-même les hérétiques
de son royaume [5], les théologiens manifestaient leur émotion

---

[1] *Tract. contra articulos inventos...*, III, 2, p. LXXXVI.

[2] *Ibid.*, III, 3, p. LXXXVIII.

[3] *Ibid.*, p. LXXXVII.

[4] *Ibid.*, III, 5, p. XC.

[5] *Notices et extraits...*, t. XX, II, p. 180-181. Où l'on a remarqué à bon droit,
« sinon de la part du roi, du moins de celle de quelques-uns de ses conseillers, une tendance marquée à s'immiscer dans les affaires spirituelles en
qualité de défenseur de la foi » (E. BOUTARIC, *Comptes-rendus de l'Académie des
Inscriptions*, t. VIII, p. 92).

devant cet empiètement de l'État sur la juridiction ecclésiastique. Agostino fut de ce nombre [1].

Ce n'est pas que les Templiers lui paraissent bien intéressants : si les crimes qu'on leur reproche sont fondés, l'Ordre doit être carrément supprimé par l'Église. Mais il y a là une question de principe. L'hérésie est un cas réservé au pouvoir spirituel et les Templiers sont des religieux : double raison qui interdit d'admettre l'intrusion du pouvoir civil en cette affaire *sine speciali mandato et requisicione ecclesie*. Incidemment l'auteur d'insinuer que l'autorité séculière pourrait *in tali iudicio incaute procedere* [2]. L'histoire du terrible procès devait montrer la justesse de cette observation. Mais il s'agit avant tout pour notre théologien d'une immunité ecclésiastique à sauvegarder. Tout au plus admet-il qu'en cas d'urgente nécessité l'État puisse prendre l'initiative des poursuites, quitte à rendre les accusés au for de l'Église dès que celle-ci les réclamera. Ce n'était pas ici le cas et l'on ne peut assez déplorer qu'avant de consulter les théologiens le pouvoir royal les ait mis tout d'abord en présence du fait accompli [3]. Puisse le Saint-Esprit, conclut-il mélancoliquement, inspirer aux princes de mieux obéir à l'Église à l'avenir !

Dans cette défense du for ecclésiastique en matière d'hérésie, Agostino Trionfo se trouvait d'accord avec l'Université de Paris [4]. En France comme à Rome, le culte du droit ecclésias-

---

[1] Voir son traité *De facto Templariorum*, édité dans SCHOLZ, *Die Publizistik*, p. 508-516.

[2] *Ibid.*, p. 514.

[3] *Ibid.*, p. 516.

[4] Voir la réponse de la Faculté de Théologie, en date du 25 mars 1308, dans DENIFLE-CHATELAIN, *Chartularium Universitatis Parisiensis*, n. 664, t. II, p. 125-127. — En voici la partie essentielle, où est traitée la question de principe : « Nobis videtur quod auctoritas iudicis secularis non se extendit ad faciendum processum aliquem in facto heresis contra aliquem non derelictum ab ecclesia, nisi ecclesia requirente vel requisita, nisi quando evidens et notorium periculum immineret, in quo casu sub spe certa ratihabitionis licet potestati seculari eos capere, cum proposito reddendi ecclesie quamcito obtulerit se facultas. Nec videtur nobis quod ex aliqua auctoritate novi vel veteris Testamenti expresse possit haberi quod princeps secularis aliter se debeat intromittere de crimine supradicto. » — Avec non moins de décision nos théologiens

tique faisait encore l'union, sur les points essentiels, de tous les esprits que les divergences les plus graves eussent par ailleurs séparés.

Mais la curie elle-même n'était-elle pas en proie à des dissensions intestines? On a fait grand état des plaintes formulées par les cardinaux Colonna contre l'absolutisme de Boniface VIII, de quelques phrases incidentes où le célèbre canoniste Jean Lemoine revendique les droits du Sacré Collège, pour conclure à l'existence d'une « opposition oligarchique », dont le but plus ou moins conscient aurait été l'établissement d'une sorte de papauté constitutionnelle [1].

En réalité, les Colonna n'ont cherché à Boniface VIII qu'une guerre personnelle, en vue d'établir l'illégitimité de son avènement et l'indignité de sa conduite. Quand ils déclarent, dans leur mémoire de 1304 à Philippe le Bel : *Quod de plenitudine potestatis possit omnia hoc periculosissimum est dicere*, c'est évidemment une manière de rappeler que le pouvoir du pape a des limites. Mais il ressort du contexte : *Nam et Deus dicitur non posse malum agere* que ces limites sont toutes d'ordre moral. C'est dans le même sens qu'ils réclament le respect des canons et la collaboration du Sacré Collège à la direction des affaires [2]. Jean Lemoine ne demande, lui aussi, pour les cardinaux que

---

maintiennent que les Templiers sont des religieux et à ce titre, par conséquent, exempts de la juridiction civile : « Nobis videtur quod milicia ad deffensionem fidei ordinata statum religionis non impedit et quod tales milites votum religionis institute ab ecclesia profitentes pro religiosis haberi debeant et exemptis... » En cas de doute, « ad ecclesiam que ipsorum religionem instituit istam causam pertinet terminare ». On voit que le désir de complaire au roi n'allait pas chez nos docteurs jusqu'au sacrifice de la vérité : *multum ex corde volentes obsequi mandatis regiis ac eciam veritati.*

[1] R. SCHOLZ, *Die Publizistik*, p. 190-208. Cette conception s'était affirmée chez les cardinaux adversaires de Grégoire VII. Voir J. SCHNITZER, *Die Gesta Romanae Ecclesiae des Kardinalis Beno*, Bamberg, 1892, p. 93-95. Elle avait été également caressée par Frédéric II (Lettre du 10 mars 1239, dans HUILLARD-BRÉHOLLES, t. V, 1, p. 282). Cfr GRAEFE, *Die Publizistik*, p. 12 et 27.

[2] DUPUY, p. 226-227. Dès 1297, ils présentaient les cardinaux comme étant *ab exordio nascentis ecclesie constituti... ad dirigendos Romanos Pontifices et consulendum eisdem non ut consiliarii voluntarii sed necessarii potius ad considendum et coniudicandum et ad resistendum eisdem cum reprehensibiles essent.* Texte publié par Fr. EHRLE, dans *Archiv...*, t. V, 1889, p. 522.

le droit d'être consultés; mais il reconnait au pape la *plenitudo potestatis*, bornée seulement par les exigences du droit naturel et divin [1]. On discutait depuis longtemps chez les canonistes sur l'origine des cardinaux, sur leurs pouvoirs *sede vacante* [2] ou sur la juridiction compétente pour les juger. Toutes questions spéculatives où les avis étaient partagés, les uns plus favorables aux privilèges cardinalices, les autres à l'autorité pontificale, sans que ces problèmes d'école eussent la moindre influence sur la marche réelle de l'Église ou signifiassent une crise de son gouvernement.

Au total, rien n'autorise à chercher l'expression d'un système, moins encore la manifestation d'un parti, dans les récriminations intéressées de deux mécontents ou dans les revendications platoniques des théoriciens du droit. Qu'il y ait toujours eu des tiraillements dans le Sacré Collège, c'est un fait acquis à l'histoire, et il n'est pas surprenant que les manières autoritaires de Boniface VIII aient excité des mécontentements. Mais il n'y a rien là qui indique la moindre velléité de réformes constitutionnelles [3]. Il ne faut pas oublier que les Colonna restèrent fidèles à Boniface VIII tant que celui-ci ne contraria pas leurs intérêts, que Jean Lemoine fut un collaborateur de toute sa politique et que, devant les prétentions de Philippe le Bel, tout le Sacré Collège se solidarise avec le pape sans la moindre hésitation [4].

Les temps n'étaient pas encore venus où les cardinaux essaieraient de prendre en main le gouvernement de l'Église sans ou contre le pape. Si les membres officiels de la curie ou ses serviteurs officieux formulent des plaintes et envisagent des réformes, c'est moins pour diminuer que pour fortifier le pouvoir central de l'Église et le mieux imposer au respect de tous.

---

[1] Voir H. FINKE, p. 126-146. Plus haut, l'auteur met bien au point la prétendue opposition du Sacré Collège à la papauté (*ibid.*, p. 77-108).

[2] Agostino Trionfo a laissé, lui aussi, une petite dissertation *De potestate collegii mortuo papa*, éditée dans SCHOLZ, p. 501-508.

[3] Le fait est bien reconnu, contre R. SCHOLZ, par J. HALLER, *Historische Zeitschrift*, t. XCIX, 1907, p. 369-370.

[4] Lettre du 26 juin 1302, dans DUPUY, p. 63-65.

III

Dans l'épiscopat français, en revanche, on voit déjà se dessiner cette tournure particulière d'esprit qui devait produire un jour le gallicanisme.

Au moment le plus vif du conflit entre Boniface VIII et Philippe le Bel, on a vu comment les évêques prirent, dans l'ensemble, parti pour le roi. Non seulement ils signèrent l'appel au concile contre le pape, mais ils acceptèrent sans protestation les déclarations théoriques et pratiques de régalisme que les agents de la cour exprimèrent à ce propos [1]. Que cette attitude s'explique par des raisons politiques plutôt que par des scrupules théologiques, c'est l'évidence même. Il n'en est pas moins vrai que cette conduite révélait un état d'âme et créait un précédent.

Un peu plus tard, les préparatifs du concile œcuménique de Vienne donnèrent lieu à des manifestations qui, pour être platoniques, n'en sont pas moins dignes d'intérêt [2]. Clément V avait mis au programme de l'assemblée, entre autres objets, la réforme de l'Église et demandé aux évêques d'exprimer en toute liberté leurs *desiderata*. Deux de ces mémoires nous sont parvenus : celui de Guillaume Le Maire, évêque d'Angers, et celui de Guillaume Durand, évêque de Mende, neveu du célèbre Spéculateur.

Guillaume Le Maire est connu par le « Livre » où il prit soin de consigner lui-même les principaux faits et gestes de son épiscopat, et qui est devenu une des sources les plus précieuses sur l'histoire religieuse à cette époque [3]. Dès son élévation au siège d'Angers (1291), il avait entrepris la réforme de son

---

[1] Voir plus haut, p. 108, 113-115 et 117-118.

[2] Cfr M. HEBER, *Gutachten und Reformvorschläge für das Vienner General-concil*, p. 37-59.

[3] *Liber Gulielmi Majoris*, édit. Célestin PORT, dans la *Collection de documents inédits sur l'histoire de France*. Mélanges historiques, t. II, p. 187-570. Sur G. Le Maire, voir B. HAURÉAU, *Histoire littéraire de la France*, t. XXXI, p. 75-95.

diocèse et l'un de ses objectifs avait été de restaurer la liberté de l'Église contre les empiètements des officiers royaux. Ceux-ci se permettaient de faire obstacle à l'exercice de la justice ecclésiastique ou de lui refuser l'appui du bras séculier, de contester à l'Église la jouissance des dîmes qui sont pour elle un droit divin, de saisir indûment le temporel des ecclésiastiques, de piller les biens de l'Église sous prétexte de régales, d'exiger des tailles abusives, de percevoir avec une odieuse brutalité les décimes concédées au roi. Une assemblée de la province de Tours dressa la liste motivée de ces divers *gravamina* et Guillaume fit appel, dans une lettre éloquente, à la piété de Philippe le Bel (12 avril 1299). Il eut la satisfaction d'obtenir gain de cause. Le roi donna des ordres pour faire cesser les abus commis *contra immunitatem ecclesiasticae libertatis* et assurer à l'Église le droit de vaquer en paix au service de Dieu. Si tout n'était pas parfait dans les relations politiques de l'Église et de l'État, il n'y avait pas encore, en cette aurore du XIVe siècle, de désaccord fondamental sur les principes. L'évêque d'Angers se plaçait sur le terrain du droit médiéval le plus strict et Philippe le Bel s'empressa de reconnaître, au moins en théorie, le bien-fondé de ses revendications [1].

Dans son mémoire destiné au concile de Vienne, Guillaume Le Maire mit la même énergie à exprimer ses réclamations sur le gouvernement intérieur de l'Église. Après avoir exposé son avis sur l'affaire des Templiers et sur la croisade, il en arrive à la réforme ecclésiastique. Obéissant aux ordres du pape, il donnera en toute franchise son sentiment sur cette question :

« In omnibus et per omnia fidei catholicae, quam sancta Romana tenet, docet et praedicat Ecclesia, eciam ad sanguinis effusionem assenciens, correctioni et mandato ipsorum dicti Domini summi

---

[1] Voir ce dossier dans *Liber Gulielmi*, p. 353-374. Guillaume Durand le jeune obtint, entre 1298 et 1302, de semblables rescrits de Philippe le Bel (*Histoire littéraire de la France*, t. XXXV, p. 11). — Inversement, d'autres fois ce sont les gens du roi qui s'élèvent contre les empiètements de l'autorité ecclésiastique sur les droits de la couronne. Voir un curieux mémoire sur la situation du Languedoc, vers 1300, dans *Notices et extraits...*, t. XX, II, p. 132-135.

pontificis et concilii, tamquam filius obediencie, me subicio reverenter [1]. »

Sous le bénéfice de cette déclaration, Guillaume développe
ensuite une douzaine de doléances. Plusieurs sont d'ordre
exclusivement religieux; d'autres atteignent les institutions
ecclésiastiques du temps. Ainsi notre évêque se plaint *de exces-
sibus exemptorum* [2] : la propagation et la popularité des Ordres
mendiants avaient mis depuis longtemps la question au rang des
plus actuelles. Il s'élève surtout contre l'abus des réserves pontificales : pratique qui, d'après lui, a le double inconvénient de
priver les collateurs ordinaires de leurs droits et de faire passer
les bénéfices à des titulaires qui en recueillent les revenus sans
y résider [3]. La centralisation administrative que le Saint-Siège
poursuivit à son profit depuis le milieu du XIIe siècle n'allait
pas, comme on voit, sans protestation [4].

Cependant Guillaume est obligé de convenir que le système
des élections donne souvent des résultats déplorables, *frequen-
tius est electio diabolica quam canonica*, et cela en particulier
per impressionem et importunitatem potencie secularis [5]. Aussi,
quand il s'agit d'en arriver aux remèdes, se contente-t-il d'un
vague appel aux anciens canons, d'où doivent sortir automa-
tiquement toutes sortes de biens [6].

Il ne craint d'ailleurs pas de reconnaître au pape la *plenitudo
potestatis* et il lui demande de s'en servir en supprimant les
Templiers [7].

---

[1] *Liber Gulielmi*, p. 477.

[2] *Ibid.*, p. 480. A l'occasion du concile, Gilles de Rome écrivit également
contre les exemptions (*Histoire littéraire de la France*, t. XXX, p. 546), qui
furent défendues par le cistercien Jacques de Thérines. Résumé par Noël
VALOIS, dans *Histoire littéraire de la France*, t. XXXIV, p. 193-211.

[3] *Liber Gulielmi*, p. 481-484.

[4] Lire à ce sujet G. MOLLAT, *La collation des bénéfices sous les papes d'Avignon*,
p. 289-312.

[5] *Liber Gulielmi*, p. 485.

[6] *Ibid.*, p. 488. « Unum remedium generale ad praesens satis sufficere videretur, videlicet quod dicta sanctorum Patrum et statuta conciliorum... et decreta
Romanorum Pontificum tam in capite quam in membris ab omnibus integre
servarentur. »

[7] *Ibid.*, p. 473.

On voit que l'évêque d'Angers n'a rien d'un révolutionnaire. Ses critiques portent sur des questions de fait plutôt que de principe; ses suggestions sont d'un moraliste et non d'un réformateur positif. Il est respectueux du pape aussi bien que du roi; mais le sentiment de l'autorité ne va pas en lui jusqu'à restreindre l'indépendance épiscopale. C'est par là que son amour de l'Église prend une teinte gallicane. Elle s'affirme surtout dans cette lettre aux Pères du concile de Vienne, qui est comme son testament spirituel :

« Notum omnibus facio quod, si tractetur vel agatur quod illa nobilis et inclita inter filias Ierusalem nobilissima Gallicana ecclesia, a gloriosis principibus tam magnifice fundata et dotata, nostris temporibus tributaria efficiatur, aut quod perpetue servituti subdatur, non assentio; immo quatenus possum contradico. Si autem dominus summus pontifex, summam bonorum ecclesiasticorum administrationem habens, aliquid facere velit de sue plenitudine potestatis, tollerare oportet, cum nemo audeat sibi dicere : Cur ita facis? Verumptamen ve prelatis consentientibus quod dicta ecclesia mutiletur et subiaceat tributarie functioni [1]. »

Il est permis de croire que Guillaume Le Maire exagérait en voyant l'Église gallicane menacée de servitude. Mais le souci qu'il manifeste de défendre ses prérogatives est une de ces préoccupations qui font date et qui devaient se développer dans la suite. Un semblable état d'esprit, avec une tournure plus accentuée vers les solutions pratiques, se retrouve chez son illustre contemporain, Guillaume Durand [2].

Tandis que l'évêque d'Angers n'avait destiné au concile qu'un mémoire succinct, l'évêque de Mende s'est donné la peine d'écrire un véritable traité *De modo generalis Concilii celebrandi* [3]. Il y déploie un très grand luxe d'érudition canonique, mais une absence totale de composition. A travers le

---

[1] *Liber Gulielmi*, p. 488-489.

[2] Notice par P. VIOLLET dans *Histoire littéraire de la France*, t. XXXV p. 1-139. Le traité sur la réforme y est longuement analysé, p. 79-118. Cfr HEBER, *Gutachten und Reformvorschläge*, p. 40-56.

[3] Cité d'après l'édition *princeps*, Lyon, 1534, LXXIV folios en deux colonnes, plus les tables. Il est réédité dans les *Tractatus illustrium... iurisconsultorum*, t. XIII, pars 1ª, fol. 154-182.

dédale de ses « rubriques » et ses multiples répétitions, on
découvre cependant une pensée très personnelle sur les principales questions alors controversées.

Lui aussi, il réclame dès les premières lignes la réforme
in capite et in membris. Mais cette réforme consiste d'abord
à rétablir le plein exercice des libertés ecclésiastiques. Il rappelle
que les princes sont « établis par Dieu pour protéger l'Église
et ses ministres » [1], et qu'ils doivent, en conséquence, s'abstenir
a gravaminibus Ecclesiae inferendis [2]. Cependant le bulle *Clericis
laïcos* est violée [3] : aussi Guillaume juge-t-il à propos d'insister
longuement sur les immunités de l'Église [4]. En revanche, l'Église
a souci de la sécurité des princes et appuie de son autorité
spirituelle les serments de fidélité qui leur sont faits [5].

Avec la liberté, Guillaume revendique pour l'Église une
véritable domination. Qu'il suffise de dire qu'à deux reprises
l'évêque de Mende se réfère à Gilles de Rome pour sa profonde,
religieuse et utile exposition de la doctrine des deux pouvoirs [6].
Aussi demande-t-il pour son compte l'action du bras séculier
contre les excommuniés rebelles et l'intervention du concile *de
providentia circa gubernationem Reipublicae adhibenda*. Dans cette
providentia, avec la question des monnaies, des poids et mesures,
des marchés illicites, entrerait l'application des lois divines et
canoniques au for civil [7]. Pour prévenir toutes les difficultés,
Guillaume souhaiterait une déclaration explicite, à la fois
précise et modérée, sur la puissance temporelle de l'Église et
de son chef :

« Videretur utile, si absque scandalo fieri posset, haec taliter saecularium principum auribus inculcari quod cognoscerent nullam sibi fieri
iniuriam cum Ecclesia se de aliquibus casibus saecularibus intromittat,
et quod declararetur ad quod spiritualiter et temporaliter primatus

---

[1] *De modo... concilii*, II, 40, fol. XXXIV[r].
[2] *Ibid.*, II, 100, fol. LI[v].
[3] *Ibid.*, II, 5, fol. XVI[r].
[4] *Ibid.*, II, 70, fol. XLV[v]-XLIX[r].
[5] *Ibid.*, II, 71, fol. XLIX-LI. Cfr III, 2, fol. LII[v].
[6] *Ibid.*, III, 3, fol. LIII[r], et III, 26, fol. LVIII[r].
[7] *Ibid.*, III, 20 et 24, fol. LVI-LVII. Cfr II, 61, fol. XLII.

Romanae Ecclesiae se extendit secundum ordinatam potestatem [1]. »

Même s'il fallait supposer derrière ce vœu une arrière-pensée peu favorable à la bulle *Unam Sanctam,* on a suffisamment vu que l'évêque de Mende n'entend pas abandonner les principes de la doctrine médiévale. Il se montre plus novateur sur la réforme intérieure de l'Église.

Comme tout le monde à l'époque, il se plaint du relâchement de la vie et de la discipline ecclésiastiques : scandaleuse situation qu'il se plaît à mettre en contraste avec la perfection des siècles primitifs [2] et pour laquelle il propose une série de mesures où l'on trouverait bien des anticipations du concile de Trente [3]. Il insiste particulièrement sur les exemptions, les réserves pontificales, la simonie, le cumul des prébendes; il déplore vivement la centralisation : *Ecclesia Romana sibi vindicat universa... Unde timendum est quod universa perdat* [4]. A ces divers maux qui ravagent l'Église il ne voit de remède que dans le jeu normal de la hiérarchie et le retour aux canons.

La réforme doit commencer par la tête. Sans contester la primauté romaine, Guillaume y voit une part de droit ecclésiastique :

« Romana Ecclesia domina ac iudex est aliarum, cuius rector catholicus non iudicatur a quoquam, cum eius sedi primum Petri apostoli meritum, deinde secura iussione Domini conciliorum venerandorum auctoritas singularem in Ecclesiis tradiderit potestatem [5]. »

Cette primauté lui paraît, en tout cas, avoir besoin d'explications :

« Quod primatus dictae Romanae declaretur et distingueretur per iura ecclesiastica et saecularia [6] »

et n'autorise pas le pape à se donner des titres emphatiques :

---

[1] *De modo ... concilii*, II, 9, fol. XVIII[r].
[2] *Ibid.*, II, Introduction, fol. XIV[v]-XV[r].
[3] Détail singulier : Guillaume envisage pour le célibat ecclésiastique un régime analogue à celui de l'Orient. Voir II, 46, fol. XXXV.
[4] *Ibid.*, II, 7, fol. XVII[r]. Cfr. II, 31, fol. XXVIII[v].
[5] *Ibid.*, III, 1, fol. LII[r].
[6] *Ibid.*, III, 27, fol. LIX[v].

« Ut primae sedis episcopus princeps sacerdotum vel universalis Ecclesiae non appelletur... Quae verba veritatem inflant et caritatem vulnerant [1]. »

A côté de lui, les évêques sont appelés par Dieu même *in partem sollicitudinis* [2]. Ils tiennent la place des Apôtres et les prêtres celle des soixante-douze disciples [3]. Ce principe posé, Guillaume ne s'occupe plus des *minores sacerdotes*; mais il s'étend avec une particulière complaisance sur le droit épiscopal. Le choix des évêques appartient au chapitre [4] et l'on ne saurait trop regretter qu'en évoquant à elle les « causes d'élection » Rome prolonge le veuvage des Églises [5]. A l'évêque revient la collation des bénéfices curiaux [6] et aussi la pleine autorité sur les religieux de son diocèse : c'est pourquoi Guillaume fait longuement le procès des exemptions [7]. D'une manière générale, il souhaite que Rome témoigne plus d'honneur aux évêques et respecte davantage leurs droits [8].

Non content de poser des principes, l'évêque de Mende indique les moyens propres à les mettre en œuvre. C'est ici surtout que l'on voit apparaître la tendance gallicane de son esprit.

A la base et au sommet de la réforme nécessaire il veut placer le droit. Par où il entend d'abord cette loi abstraite du bien qui s'impose à tous les pouvoirs, *regenda igitur atque limitanda et restringenda est sub ratione potestas ut totum ratio regat*, mais aussi les prescriptions du droit écrit. A tout instant il se réclame des anciens canons : tout le mal vient de ce qu'on les oublie et l'ordre reparaîtra si on veut bien les appliquer. La raison en est qu'il les tient pour l'œuvre du Saint-Esprit : *a sancti Spiritus instinctu... cuius nutu et gratia sancti canones*

---

[1] *De modo... concilii*, II, 34, fol. xxx^r.
[2] *Ibid.*, II, 7, fol. xvi^v.
[3] *Ibid.*, I, 4, fol. ix^r.
[4] *Ibid.*, II, 15, fol. xxii^r.
[5] *Ibid.*, III, 46, fol. lxix^r.
[6] *Ibid.*, II, 7, fol. xvi^v.
[7] *Ibid.*, I, 4, fol. viii-xii^v. Cfr. III, 30, fol. lx.
[8] *Ibid.*, III, 27, fol. lviii^v.

editi sunt. En même temps qu'un idéal de réforme, il en fait une règle contre tous les abus ; car le Saint-Siège lui-même n'a pas le droit de les enfreindre ou de les modifier :

« Contra sanctorum statuta Patrum condere aliquid vel mutare nec huius quidem Sedis Apostolicae potest auctoritas [1]. »

Aussi les canons peuvent-ils devenir une arme défensive contre les excès de l'autorité. Guillaume demande, en une formule assez inquiétante, que tous les inférieurs en soient prévenus : *admonendi sunt subditi ne plus quam expediat sint subiecti* [2].

Mais il n'est droit si parfait qui n'ait besoin d'une autorité vivante pour l'appliquer ou le contrôler. « *Ibi salus ubi consilia multa* [3] » : Guillaume appuie sur cette parole de l'Écriture tout un système parlementaire. C'est ainsi qu'il demande la réunion périodique des conciles provinciaux [4]. Le Saint-Père lui-même a ses conseillers ordinaires dans la personne des cardinaux [5]. A titre extraordinaire, il doit en référer à l'épiscopat réuni en concile, chaque fois qu'il s'agit de créer un nouveau droit ou de prendre des mesures qui intéressent l'Église entière, *cum illud quod omnes tangit ab omnibus approbari debeat* [6]. C'est pourquoi le concile œcuménique sera réuni tous les dix ans et nommera des visiteurs qui en feront appliquer les décrets dans les conciles provinciaux [7].

Sans doute Guillaume se garde de dire que le concile soit l'autorité suprême dans l'Église — et c'est par là que sa pensée se distingue des théories conciliaires que fit éclater le grand schisme. Quelles que soient les similitudes apparentes, on ne

---

[1] *De modo ... concilii*, I, 3, fol. v.
[2] *Ibid.*, II, 34, fol. xxx^r.
[3] *Prov.*, XI, 14.
[4] *De modo... concilii*, II, 1, fol. xv^r, et 11, fol. xviii^r.
[5] *Ibid.*, I, 4, fol. vii^r.
[6] *Ibid.*, II, 41, fol. xxxiv^r.
[7] *Ibid.*, III, 27, fol. lix^r. Le rapprochement s'impose avec la doctrine que nous avons vue plus haut (p. 298) soutenue, dans l'ordre spéculatif, par Jean de Paris, et, au moins à titre de conseil, par la *Determinatio compendiosa* (p. 326).

doit pas perdre de vue que, pour lui, le pape et les évêques
sont faits pour collaborer. Mais, par son culte des canons, par
l'ardeur qu'il manifeste à maintenir la responsabilité de l'épiscopat, par l'essai qu'il tente de lui faire reconnaître un droit
régulier de contrôle, l'évêque de Mende se révèle, à n'en pas
douter, comme un adversaire du pouvoir absolu dans l'Église
et mérite de compter devant l'histoire parmi les tenants de
ces tendances particularistes qui furent désignées dans la suite
sous le nom de gallicanisme [1]. Non sans raison on a supposé
que ces conceptions furent dues pour une bonne part à l'influence
de l'ancien droit canonique [2]. De fait, Guillaume aime citer
les vieux textes à l'appui de ses critiques ou de ses plans de
réforme. Mais encore faut-il ajouter que son attachement aux
canons ne doit rien à l'esprit de chicane : ses préoccupations
juridiques sont toujours au service d'un idéal très élevé sur
la mission spirituelle de l'Église et les obligations morales de
ses chefs.

L'évêque de Mende avait conscience de ses hardiesses, puisqu'il croit devoir s'abriter derrière l'excuse de l'obéissance [3].
Ce qui ne l'empêcha pas de beaucoup s'agiter au concile pour
les faire partager aux autres. Il y eut, au dire de Jean XXII,
de nombreuses plaintes sur le régime des exemptions et réserves
pontificales [4]; il n'y eut pas moins de doléances sur les brèches
faites à la juridiction ecclésiastique par les empiètements des
pouvoirs civils [5]. Mais, au total, l'assemblée tourna court sans

---

[1] Voir P. VIOLLET, dans *Histoire littéraire de la France*, t. XXXV, p. 123-129.
L'influence de G. Durand sur les réformateurs gallicans du xve siècle ne semble
pourtant pas avoir été directe, sauf, plus tard, sur Nicolas de Cuse. — Sur
les conceptions de celui-ci et le rôle qu'il attribue aux conciles dans le
gouvernement suprême de l'Église, on consultera E. VANSTEENBERGHE, *Le
cardinal Nicolas de Cues*, Paris, 1920, p. 36-41. Or un exemplaire du *De modo
generalis concilii celebrandi* se trouve encore aujourd'hui dans sa bibliothèque,
cod. Cusan. 168, avec des annotations de sa main (*ibid.*, p. 26, n. 2).

[2] R. SCHOLZ, p. 221.

[3] *De modo... concilii*, I, 1, fol. IVr.

[4] G. MOLLAT, *La collation des bénéfices*, p. 294.

[5] D'après les fragments d'actes publiés par Fr. EHRLE, dans *Archiv*, t. IV,
1888, p. 366-417.

adopter de décisions importantes, sans aborder, en tout cas, le grand œuvre de réforme si impatiemment attendu de tous côtés [1].

Un siècle plus tard on en parlait encore et les conciles de Constance et de Bâle entreprenaient, sans grand succès d'ailleurs, de le réaliser sans le pape. C'est dans la perspective de cette crise redoutable que les programmes ébauchés par les réformateurs du XIVe siècle prennent tout leur intérêt. En elle-même, cette littérature n'offre guère qu'une contribution à la longue liste des projets avortés ou des rêves chimériques; mais, à la lumière de l'avenir, comment ne pas reconnaître sous son apparente infécondité bien des germes qui ne seront pas tous perdus et, dans le cours pacifique de son développement encore tout livresque, comme une première manifestation des forces adverses que le difficile problème de la réforme ne cessera plus de mettre en jeu?

---

[1] Sur l'histoire du concile de Vienne, consulter HEFELE-LECLERCQ, t. VI, II, p. 643-719, et LIZERAND, *Clément V et Philippe le Bel*, p. 309-340.

CONCLUSION

Sommaire. — Portée historique et bilan théologique de la controverse. —
I. *Systématisation du droit pontifical.* Germes dans l'histoire et la théologie
du M. A. Résultat principal : développement de la *plenitudo potestatis* au
temporel ; théorie du pouvoir direct ; secondairement : théorie des pouvoirs
spirituels de la papauté. — II. *Systématisation du régalisme.* Principes latents
dans la politique impériale. Résultat : esquisse de la théorie régalienne ; droit
divin des rois et subordination de l'Église. — III. *Avènement de la théologie
moderne.* Réaction contre la thèse du pouvoir direct ; essais de conciliation
entre l'autonomie du pouvoir civil et la supériorité du pouvoir spirituel.
Anticipation de la théologie moderne, mais compromise par des tendances
gallicanes. — Intérêt de cette période dans l'histoire du traité *De Ecclesia*.

Un fait au moins se dégage de cet exposé : savoir l'unité et
l'intensité de la controverse théologique dont les premières
années du xive siècle furent le théâtre sur la question des
relations de l'Église et de l'État. Jusque-là, si l'accord des deux
puissances fut loin d'être toujours parfait, rien n'avait encore
sérieusement troublé la notion théorique de leurs rapports
mutuels dans le système du monde chrétien. Non qu'il n'y
eût, au moyen âge, bien des germes de dissidence ; mais ou
bien l'occasion leur manqua de lever en frondaisons doctrinales,
ou bien ils s'épuisèrent en pousses fragiles qui n'eurent pas
la force de durer. L'impression demeure, au total, que, dans
cette période, remarquable d'ailleurs par une si grande activité
spéculative, le problème des deux puissances ne se posait pour
ainsi dire encore pas.

Au contraire, on le voit maintenant s'étaler à vif [1]. En France,
c'est le conflit survenu entre Boniface VIII et Philippe le Bel

---

[1] La différence qui distingue les luttes du moyen âge et celles qui ouvrent
le xive siècle est déjà bien saisie et nettement caractérisée par Cogliani, *Giacomo Capocci e Guglielmo de Villana*, dans *Rivista d'Italia*, 1909, t. II, p. 436-437.

qui met le feu aux intelligences sur les droits respectifs du pouvoir royal et du pouvoir pontifical. Simultanément la discussion s'ouvre, en Allemagne et en Italie, sur les rapports de l'Empire et de la Papauté.

Cette coïncidence ne saurait être accidentelle. Elle dénonce le moment où l'évolution des idées et des institutions politiques amène les souverains à prendre suffisamment conscience de leur maturité pour afficher leurs prétentions à l'autonomie et rejeter, en conséquence, cette tutelle de l'Église qui fut la loi presque indiscutée des siècles antérieurs. Fait immense qui marque l'avènement des temps modernes [1]. A peine moindre est sa portée dans l'histoire des doctrines religieuses, puisque, dès le premier jour, on vit les représentants de la pensée chrétienne, attentifs à cette émancipation de l'État, s'appliquer suivant leurs tendances à la soutenir ou à la combattre. Et ce ne sont plus entre eux de simples escarmouches, mais de véritables batailles, où se dessinent nettement les positions adverses entre lesquelles s'échangent déjà les arguments et les traités. La théologie catholique s'est enrichie d'un nouveau chapitre : celui des relations entre l'Église et l'État [2].

On n'en a vu souvent que les manifestations littéraires. Les pages qui précèdent auront sans doute montré que l'intérêt doctrinal en est autrement profond et qu'il s'agissait, dans cette dispute où la politique semble être au premier plan, d'interpréter et de préciser l'enseignement de la tradition chrétienne sur un point essentiel, celui par où le principe évangélique touche aux réalités de l'ordre social. Ce n'est pas que la question fût entièrement neuve; mais jamais encore elle n'avait été posée avec une telle netteté, ni débattue avec une pareille ampleur. Aussi les œuvres de combat qui se multiplient au cours de

---

[1] Voir K. WENCK, *Kirche und Staat am Ausgange des Mittelalters*, dans *Zeitschrift für allgemeine Geschichte*, t. I, 1884, p. 594.

[2] Certains historiens semblent le reculer jusqu'à la fin du XVIe siècle; par exemple, J. TURMEL, *Histoire de la théologie positive du concile de Trente au concile du Vatican*, Paris, 3e édit., 1906, p. 412. En réalité, les Suarez et les Bellarmin se rattachent à une tradition déjà vieille de trois siècles et qui ne s'est pas brisée dans l'intervalle.

ces années fécondes et tourmentées sont-elles pour qui en réalise pleinement le sens un témoignage d'une exceptionnelle importance, propre à éclairer tout à la fois le moyen âge dont elles procèdent et les temps modernes qui en dépendent [1].

S'il est vrai que tout ici-bas est à la fois cause et effet, certains moments de l'histoire, tout autant que certains phénomènes de la nature, offrent à cet égard un caractère privilégié. Comme la source qui jaillit aux pieds de la montagne, la controverse politico-ecclésiastique dont l'époque de Philippe le Bel est le centre révèle à l'œil exercé l'affleurement extérieur d'un réseau souterrain aux ramifications innombrables [2], en même temps qu'elle marque la naissance et précise la direction de courants théologiques dont les péripéties vont désormais se dérouler au grand jour.

I

Quand on a présentes à l'esprit les positions prises sur ce point par la théologie postérieure, on ne peut pas ne pas être frappé par le fait que ce premier débat fut, au moins en apparence, surtout favorable à l'éclosion de ces thèses extrêmes où s'affirme l'opposition de dogmatismes également intransigeants.

Grâce aux conditions historiques de son avènement, le problème des deux puissances fut ou parut tout entier conçu en fonction de la suprématie pontificale telle que l'avait comprise et pratiquée le moyen âge. Sous diverses formes, cette doctrine avait régné à peu près sans conteste sur toute la pensée et la vie de l'Église depuis la fin du XIe siècle. C'est elle qui fut l'objet, sinon la cause, de la controverse qui inaugure le XIVe, elle surtout qui en fit les principaux frais.

Elle sembla, d'abord, y gagner dans toute la mesure où la

---

[1] Voir E. DUBLANCHY (*Turrecremata et le pouvoir du pape dans les questions temporelles*, dans *Revue thomiste*, 1923, p. 75), qui note avec raison ce commencement du XIVe siècle comme une étape décisive dans le développement du droit pontifical.

[2] Cfr COGLIANI, *Giacomo Capocci* (*Rivista d'Italia*, 1909, t. II, p. 453).

systématisation réfléchie double la valeur de l'action. Tous les principes constitutifs en existaient sans doute dans la politique séculaire des papes et dans les déclarations occasionnelles des théologiens qui avaient inspiré ou commenté ces faits. Mais c'est seulement au temps de Philippe le Bel que ces *disiecta membra* commencèrent à prendre physionomie de système. Et ce ne fut pas pour s'arrêter à ces formules moyennes qu'aurait pu suggérer la *ratio peccati* invoquée par Innocent III, mais pour poser le droit pontifical sous la forme la plus complète et la plus absolue.

D'une part, Boniface VIII reprit à son compte le vieil idéal du pape maître et arbitre des souverains, avant même d'en condenser les traits dans les formules impératives de la bulle *Unam Sanctam*. En même temps, l'opposition de la cour de France suscitait des théologiens qui s'emparaient de ces maximes pour en dégager la signification, en fournir la preuve et développer les conséquences. Subordonner étroitement le temporel au spirituel, faire du pape en tant que vicaire du Christ la source de tout droit et de toute autorité sur la terre, soumettre à son contrôle tous les actes des souverains : autant de thèses dont ces auteurs, également épris de dialectique et d'ordre chrétien, acceptaient les prémisses et déroulaient didactiquement les conclusions. Avec les Gilles de Rome et les Jacques de Viterbe s'élevaient sur ces bases des constructions doctrinales de grande allure, qui tendaient à introduire la domination politique du pape dans le concept du christianisme intégral. Premiers monuments théologiques dressés en l'honneur de la suprématie pontificale et qui allaient servir de modèle, dans les années immédiatement suivantes, aux Agostino Trionfo, aux Alvarez Pelayo, en attendant plus tard Jean de Torquemada et les autres théoriciens du pouvoir direct.

Ce n'est pas ici le lieu d'apprécier le fond de ce système [1].

---

[1] Il ne sera peut-être pas inutile de noter cependant que les meilleurs auteurs le traitent aujourd'hui sans miséricorde. « Quod Ecclesia non accepit a Christo potestatem ullam temporalem sive politicam, et quod directam in saecularia iurisdictionem ipsa sibi nunquam vindicavit. In hac assertione facillime, nunc

Nos hommes politiques modernes reprendraient sans doute à ce propos le mot d'Émile Ollivier sur « la rapacité des théologiens »[1], et il fut un temps — pas encore très lointain — où, dans l'Église et au dehors, les auteurs les plus graves n'en parlaient qu'avec des gestes d'effroi[2]. Cependant l'historien qui se contente de comprendre y reconnaît sans peine l'aboutissant normal des principes consacrés par les siècles précédents et le philosophe peut y voir sans déchéance l'expression d'un idéal qui ne manque pas de grandeur[3]. Auguste Comte, après Joseph de Maistre, n'a-t-il pas rêvé de rendre au monde le bienfait que le moyen âge avait connu : savoir la haute régence d'un pouvoir spirituel ? Les critiques les plus chatouilleux peuvent au moins sympathiser avec l'effort de pensée qui produisit ces constructions d'école.

D'autant que la pleine élaboration du système coïncide

---

saltem, convenient omnes. Quod si qui olim, quos recenset Bellarminus (*De Rom. Pont.*, l. 5, c. 1) in partem oppositam declinaverunt, *vix ac ne vix quidem sunt attendibiles*. Nam vel fuerunt iurisconsulti in theologia parum versati, vel *theologi sat obscuri nominis*...Quorum rationes, si quid demonstrant, demonstrant potius absolutam causae inanitatem. » Card. L. BILLOT, *Tractatus de Ecclesia Christi*, t. II, Prato, 1910, p. 79-80. — Cfr E. DUBLANCHY (article cité de la *Revue thomiste*, 1923, p. 78), qui, à côté de « l'erreur niant au pape tout pouvoir dans les choses temporelles », signale parallèlement « *l'erreur* attribuant au pape, en ces matières, une juridiction universelle immédiate ». Plus loin (p. 84-85), Gilles de Rome est nommément dénoncé pour ses « *graves erreurs* » sur la juridiction ainsi que sur la propriété et, par voie de conséquence, sur l'origine du pouvoir. Un des principaux mérites du cardinal Torquemada serait le « rejet de l'*erreur* attribuant au pape une juridiction universelle immédiate dans les choses temporelles » (p. 86). On a vu que, sur ce point, le grand canoniste du XVᵉ siècle fut précédé, dès le XIVᵉ, par Jean de Paris et les théologiens de son bord.

[1] E. OLLIVIER, *L'Église et l'État au concile du Vatican*, t. II, p. 449.

[2] « Opinion si dangereuse et si contraire aux droits des souverains... » (GOSSELIN, *Pouvoir du pape au moyen âge*, p. 742). — « Le danger qu'elles [ces doctrines politiques] pouvaient offrir au XIVᵉ siècle est encore présent et actuel. La théorie du gouvernement théocratique n'est point morte » (HUILLARD-BRÉHOLLES, *Historia diplomatica Friderici II*, Préface, p. CDXXXII).

[3] Il arrive même à des profanes de saisir la logique profonde qui préside à ces suprêmes extensions du christianisme social. Voir, par exemple, COGLIANI, dans *Rivista d'Italia*, 1909, t. II, p. 445 et 456. Mais, l'accord étant fait sur le principe, il reste qu'on en peut comprendre différemment l'application. Et c'est là qu'apparaît, autour d'une même donnée religieuse, la diversité des systèmes théologiques ainsi que leur inégale valeur.

précisément avec le déclin de la politique dont il est issu. En apparence, le coup de grâce lui fut porté par la résistance victorieuse de Philippe le Bel. Mais plus grave à tous égards est l'absolution du forfait royal à laquelle devait aboutir le procès que la cour de France poursuivit contre la mémoire de Boniface VIII [1]. Sous couleur de venger l'honneur de l'Église contre les hérésies et autres prétendus crimes du pape défunt, qui peut, en effet, se dissimuler que Philippe le Bel cherchait une revanche sur l'importune menace de ses revendications politiques ?

Les contemporains ne s'y méprirent pas. Tandis que les avocats officiels du malheureux pontife s'épuisaient en arguties procédurières dans le chétif espoir d'aboutir à un non-lieu [2], d'autres, à côté, réalisaient mieux l'importance tragique du cas et ne se résignaient pas sans protester à l'immense scandale d'un pape traduit en jugement devant l'Église sur l'injonction de ses agresseurs. Il existe encore deux plaidoyers, écrits sans doute à titre privé pour la défense de Boniface VIII par deux maîtres diversement célèbres à l'époque. L'un était l'archidiacre bolonais Guy de Baisi. Après avoir purgé le pape du crime d'hérésie et dénoncé en juriste l'irrecevabilité de ses accusateurs, il s'élève jusqu'au principe latent de cette douloureuse intrigue :

« Quis enim obumbrare valeat quin tales obiectiones fiant contra ipsum patrem eo quod voluit tempore vitae suae defendere Ecclesiae libertatem [3] ? »

Dans une pièce de semblable inspiration, Agostino Trionfo présentait pareillement Boniface VIII comme un confesseur, voir même un martyr, de la liberté ecclésiastique [4]. Et quand il ajoutait que l'Église n'avait pas connu un tel chef depuis « deux cents ans » [5], sans trop vouloir presser une indication

---

[1] Voir MOLLAT, *Histoire des papes d'Avignon*, p. 256-262, et LIZERAND, *Clément V et Philippe le Bel*, p. 190-243.

[2] Les pièces du procès sont publiées dans DUPUY, p. 237-576.

[3] MANSI, t. XXV, c. 420.

[4] *Tractatus contra articulos inventos*, II, 6 (édit. FINKE, p. LXXXIV-LXXXV).

[5] *Ibid.*, III, 3, p. LXXXVIII.

chronologique jetée sans doute *modo oratorio* — et qui, prise à la lettre, sacrifierait jusqu'à Innocent III — on devine cependant la conviction très nette que, pour lui, c'est bien toute la conception médiévale du pouvoir pontifical qui est en jeu dans ce pitoyable débat [1]. On comprend dès lors que les mesures d'apaisement prises par Clément V aient paru, à l'époque, une sorte d'abdication.

Il est curieux que ce soit juste le moment où la domination politique des papes disparaissait ainsi de l'histoire qui ait vu les droits politiques de la papauté prendre une forme et une ampleur croissantes sous la plume des docteurs. Comme il arrive souvent, la théorie restait en retard sur l'expérience et les thèses survivaient aux démentis des faits. Jamais on n'a tant parlé de monarchie papale, disserté de ses droits, affirmé sa plénitude, que lorsqu'elle n'était plus qu'un souvenir. Par un singulier contraste, la thèse de la pleine autorité pontificale en matière temporelle entrait dans la littérature scientifique à l'heure même où se consommait son effondrement dans la réalité. Et c'est parce qu'elle a le privilège de présider à cet avènement paradoxal que l'époque de Philippe le Bel suscite doublement l'intérêt du théologien.

Cependant il appartient aux idées centrales d'en éveiller d'autres autour d'elles. L'objet essentiel de la controverse théologique ici étudiée était la suprématie temporelle du pape ; mais l'élaboration de cette thèse devait attirer la réflexion sur le rôle général du Souverain Pontife dans l'Église. Ici encore les Sommistes du XIIIe siècle n'avaient laissé que des éléments épars : leurs héritiers du XIVe s'appliquèrent à les coordonner. Chez Jacques de Viterbe en particulier, on trouve déjà large-

---

[1] Certains moralistes, au contraire, n'étaient pas éloignés de voir une leçon dans les malheurs du pape. Témoin cette remarque de BERNARD GUI à propos de l'attentat de Nogaret : « Super ipsum autem Bonifatium, qui reges et pontifices ac religiosos clerumque et populum horrende tremere fecerat et pavere, repente timor, tremor et dolor una die pariter irruerunt ; aurumque nimis siciens aurum perdidit et thesaurum, ut eius exemplo discant superiores prelati non superbe dominari in clero et populo, sed... curam gerere subditorum priusque amari appetant quam timeri » (*Chron.*, ad an. 1303, dans DUCHESNE, *Liber Pontificalis*, t. II, p. 471).

ment ébauchée la théorie de l'autorité spirituelle, avec ces
thèses qui allaient devenir classiques sur le fondement de la
primauté, la position du pape par rapport au Christ et aux
divers membres de la hiérarchie, l'étendue de son pouvoir
doctrinal et législatif. Œuvre de systématisation encore impar-
faite et qui appelait bien des retouches, mais qui n'en préludait
pas moins à ces futures Sommes *De potestate ecclesiastica* par
où se préparait de loin la synthèse doctrinale achevée au
concile du Vatican.

Ainsi commençait à se construire une première théologie du
pouvoir pontifical, toute dominée par le postulat de la *plenitudo
potestatis* et qui en faisait avec une égale confiance l'application
aux choses de l'ordre spirituel et de l'ordre temporel.

II

Sur ce terrain où elle avait solidairement engagé toutes les
formes de la suprême autorité ecclésiastique, cette construction
théologique rencontra de sérieux obstacles.

Par une réaction facile à comprendre, l'effort même qui
s'accomplit en vue d'affirmer et de systématiser les pouvoirs du
pape en matière temporelle fit naître le système diamétralement
opposé. Impliqué dans les prétentions de Henri IV et de Frédéric
Barberousse, momentanément réalisé par Frédéric II, le césarisme religieux s'affiche en droit et en fait sous Philippe le Bel.

Car les théoriciens de l'État, pas plus que ceux de la papauté,
ne s'arrêtent à la coordination des deux puissances, ou du
moins cette formule n'est chez eux qu'un prétexte commode.
Aux yeux de politiciens avides d'étendre leurs droits, mais qui
restaient des croyants, l'indépendance de l'État ne pouvait se
légitimer que par son origine divine, et celle-ci conférait au
souverain une responsabilité sans limites, qui devait englober
le bien spirituel comme les autres et donc l'Église chargée
d'y pourvoir [1]. Le mysticisme chrétien de son côté ne cessait

---

[1] On a dit ingénieusement que « le césarisme est devenu théologien avec

d'exalter la mission religieuse du pouvoir, alors que les juristes recueillaient à son profit les maximes de l'absolutisme romain. C'est pourquoi aux théologiens qui défendaient l'autorité universelle de l'Église s'opposèrent les légistes qui revendiquaient la souveraineté absolue et l'universelle compétence de l'État.

Telle est la conception qui se fait jour à travers la politique de Philippe le Bel et parfois jusque dans les actes émanés de sa chancellerie, qui inspire à Pierre Dubois ses plans de réforme ecclésiastique et dont de hardis publicistes, tels que les auteurs anonymes du *Dialogue entre un clerc et un chevalier* et le traité *Rex pacificus*, amorcent déjà la théorie.

A côté des monuments élevés en l'honneur de la suprématie pontificale, ces premières systématisations du régalisme peuvent encore paraître timides et réservées. Elles n'en ébauchent pas moins ce système d'absolutisme politico-religieux dont Marsile de Padoue allait bientôt dresser le programme et que la Réforme du XVIe siècle transformerait un jour en réalité. Ceux qui trouveraient anormales les prétentions temporelles de la papauté ne doivent pas perdre de vue le dogmatisme inverse qui poussait alors les hommes d'État à établir sur le droit divin des incursions autrement effectives — et certainement moins justifiées — dans le domaine spirituel.

Souvent depuis Grégoire VII ces deux tendances extrêmes s'étaient heurtées sur le terrain des faits; le suprême intérêt du conflit soulevé par la politique de Philippe le Bel est de les mettre nettement aux prises sur le terrain des idées. Mais cette fois la rencontre fut créatrice. Car de ce choc allaient sortir des systèmes plus nuancés, dont les auteurs essaieraient de conserver en les complétant les uns par les autres les éléments de vérité contenus dans les précédents. Si, en effet, le régalisme confisquait évidemment l'indépendance de l'Église, comment ne pas voir que le système élaboré par les théoriciens de l'autorité ecclésiastique respectait mal la légitime autonomie de l'État?

Philippe le Bel » (G. L. PERUGI, *Il De regimine christiano*, Introd., p. XXXII-XXXIII). Et rien n'est plus exact, à condition d'ajouter qu'il l'était depuis déjà longtemps.

Il fallait trouver des issues nouvelles pour sortir de l'impasse. Dès le xive siècle, il y eut des théologiens assez perspicaces pour s'y employer.

III

Ce ne sont d'ailleurs pas les prétentions des légistes régaliens qui rencontrèrent les plus vives contradictions, sans doute parce qu'elles étaient moins accusées ou que la tradition doctrinale et pratique des siècles antérieurs pouvait paraître un suffisant préservatif. Il n'en fut pas de même pour le système naissant du pouvoir direct, dont les affirmations extrêmes furent franchement combattues aussitôt que formellement exprimées. Opposés sur le terrain politique, des avocats du nationalisme comme le furent, en France, Jean de Paris, l'auteur de la *Quaestio in utramque partem*, ou le glossateur anonyme de la Bulle *Unam Sanctam*, et des fervents de l'Empire tels que Dante s'accordent à protester contre la juridiction temporelle de la papauté et à défendre contre elle l'indépendance des souverains.

Néanmoins ce n'est là que l'aspect négatif de leur pensée et cette œuvre critique, à laquelle tant d'historiens superficiels se sont arrêtés, ne doit pas faire perdre de vue l'œuvre constructive qu'ils entreprenaient en même temps. Car il s'en faut que, pour eux, la distinction des deux puissances emporte leur égalité. Ils se rendent bien compte que la foi chrétienne impose d'admettre la prépondérance du pouvoir spirituel et, avec le principe, ils veulent même, à l'occasion, sauver les formes d'application qu'il avait reçues depuis Grégoire VII. Mais — et c'est ici la nouveauté de leur tentative — normal ou exceptionnel, l'exercice de cette supériorité est ramené par eux à la mission spirituelle de l'Église. La métaphysique aristotélicienne des fins leur permet de comprendre qu'il puisse exister une hiérarchie entre deux puissances distinctes et, par conséquent, que l'intérêt supérieur des âmes dont l'Église est gardienne doive dominer et diriger tout ce qui regarde la poursuite des biens temporels. Au lieu d'une tutelle politique, c'est une direction morale qui atteint l'État par l'intermédiaire de la conscience de ses représentants. On explique en vertu du même principe que, dans le cas d'une défaillance grave de leur part, l'Église puisse ramener les princes à l'ordre en agissant sur la conscience de leurs sujets.

Tel est le système que l'on a vu esquissé dans la *Quaestio in utramque partem* et la glose de la bulle *Unam Sanctam*, fermement développé chez Jean de Paris, et dont on retrouve au moins le germe dans la *Monarchia* de Dante. Il a pour caractère de reprendre la plus ancienne tradition ecclésiastique en y incorporant tout l'essentiel de ce que le moyen âge avait introduit de nouveau. Par où il est un premier témoin de cette théologie moderne qui, mise en présence des mêmes données, en a cherché la conciliation dans le même sens. L'importance de ce mouvement vient de ce que la politique y est accessoire, sinon étrangère. C'est au nom de la foi et de la philosophie chrétiennes que ces divers auteurs revendiquent, chacun à sa façon, la distinction des pouvoirs et s'appliquent à tracer la voie moyenne où se peuvent concilier ces deux facteurs également indispensables de l'ordre providentiel : l'autonomie de l'État et la primauté de l'Église.

Par là se dessine, en opposition avec les tenants du pouvoir direct qui était alors la théorie classique, une école théologique originale, non moins attachée que l'autre aux droits essentiels de la papauté et plus attentive sans nul doute à qualifier les modalités contingentes de son rayonnement social. École, en tout cas, dont l'influence devait être considérable, puisqu'on lui doit pour une bonne part le mouvement doctrinal qui aboutit à l'Encyclique *Immortale Dei.* Si l'on a pu dire, non sans une pointe d'exagération, que, pour déterminer la doctrine des relations entre l'Église et l'État, Léon XIII s'est mis « à l'école de Bossuet » [1], il faut ajouter qu'ici l'auteur de la *Defensio declarationis cleri gallicani* se rattachait en droite ligne à ces

---

[1] E. VACANDARD, *Revue du clergé français*, t. XLIX, 1906, p. 25-37. Reproduit dans *Études de critique et d'histoire religieuses*, deuxième série, Paris, 1910, p. 265-288.

théologiens du xive siècle naissant qui prirent le parti du roi de France contre Boniface VIII et furent traités en adversaires par les premiers théoriciens de la papauté.

Ces glorieuses destinées et l'hommage qu'elles rendent à la rectitude de son inspiration fondamentale ne doivent d'ailleurs pas faire oublier la note spécifique que cette théologie de l'Église et de l'État tient de ses premières origines. Née dans une heure difficile, elle n'est pas sans en porter quelques traces.

D'une manière générale, on y trouve, en effet, ce mélange d'archaïsme théologique et de particularisme national qui devait s'appeler bientôt le gallicanisme. Il se manifeste dans les faits avant de pénétrer dans les systèmes. Ces conciles nationaux où se traitent les intérêts de l'Église de France et dont les membres se groupent si volontiers autour du roi contre le pape, ces évêques processifs prompts à dénoncer ce qu'ils croient être les abus de la cour romaine et à dresser contre la centralisation pontificale l'autorité des anciens canons, ne sont-ils pas des précurseurs ? Et comment l'appel au concile œcuménique souscrit avec tant d'unanimité contre Boniface VIII n'aurait-il pas, malgré son caractère très spécial de représailles juridiques, passé pour un précédent dans les milieux où la théorie conciliaire fut admise à l'égal d'un dogme ? Il est vrai que cet état d'esprit protestataire coïncide parfois, comme chez Durand de Mende, avec une adhésion sans réserve à la domination politique du pontife romain. Plus conséquents avec eux-mêmes étaient les théologiens comme Jean de Paris, qui enlèvent au pape la juridiction immédiate du temporel et n'admettent son autorité spirituelle qu'au prix de précisions théoriques fort semblables à des restrictions et de compensations pratiques où l'on devine des entraves. Ne semble-t-il pas que la *plenitudo potestatis* dût être comme un bloc, dont toutes les parties subsistent ou s'écroulent à la fois ?

Ainsi en fut-il pendant longtemps. Les défenseurs du Saint-Siège auraient cru manquer à ses droits s'ils n'y avaient directement englobé l'ordre politique et quiconque s'appliquait à sauvegarder l'indépendance de l'État passait pour ennemi du suprême pouvoir spirituel ou finissait par le devenir. Jusqu'au XVIᵉ siècle, c'est l'esprit de Gilles de Rome qui inspire les meilleurs défenseurs du pouvoir pontifical, tandis que le gallicanisme compromettait de plus en plus les essais de médiation tentés par Jean de Paris. Un jour viendrait cependant où la théologie catholique, sous la menace du césaro-papisme, entreprendrait de définir plus exactement la sphère des deux pouvoirs et ne craindrait plus de porter atteinte aux droits de l'Église en proclamant l'autonomie de l'État, ni de diminuer le siège de Pierre en lui refusant l'empire direct du temporel. Comme néanmoins il fallait, d'accord avec la tradition chrétienne et la saine raison, maintenir la suprématie du spirituel, l'ensemble de l'école finirait ce jour-là, avec bien des variantes, par abriter les droits du pouvoir pontifical derrière ces formules soit de « pouvoir indirect » soit de « pouvoir directif » qui, au XIVᵉ siècle, eurent sans nul doute l'air de les nier.

S'il est vrai que la pensée croyante unit aujourd'hui, sans trop de difficultés, la notion d'une suprême autorité spirituelle et de son empire moral sur toute la vie de l'humanité à celle de l'indépendance des gouvernements dans l'ordre purement temporel où se meut normalement leur activité politique, on peut apprécier à son prix l'œuvre des théologiens qui, mis pour la première fois en présence de ce difficile problème, en aiguillèrent, malgré bien des tâtonnements, la solution dans cette voie.

Dans l'histoire de la théorie comme des autres sciences, les périodes troublées sont aussi les périodes fécondes. Sur la question des deux pouvoirs et de leurs mutuelles relations, la pensée médiévale n'avait, en somme, connu que des agitations de surface. Rien d'étonnant à ce que la plupart des esprits s'en soient tenus à des réponses encore sommaires ou à des postulats indémontrés.

Au contraire, le conflit de Boniface VIII et de Philippe le Bel eut pour caractère de mettre en opposition formelle les prétentions antagonistes de l'Église et de l'État. Voilà pourquoi une controverse ardente s'ensuivit, qui serait déjà précieuse par le nombre et la variété des œuvres dont elle enrichit la littérature théologique. Elle a de plus le mérite d'ouvrir dans l'Église un des champs d'investigation qui ont le plus vivement occupé les intelligences et le rare privilège de dessiner en raccourci, dans la mêlée confuse du premier jour, toutes les positions doctrinales qui devaient commander l'avenir. De ce chef elle offre une importance de premier ordre pour l'historien qui veut connaître l'origine et saisir la forme exacte des théories émises dans la suite sur le droit pontifical.

Il n'est pas jusqu'aux théologiens qui n'en puissent retirer, en y touchant du doigt les conditions complexes dans lesquelles s'élaborait alors la théorie du pouvoir ecclésiastique, d'utiles suggestions pour distinguer l'accessoire de l'essentiel et asseoir sur le roc de la tradition chrétienne intégrale l'interprétation systématique de la foi. Car la question se pose toujours de bien délimiter le domaine des deux cités qui se partagent le monde et d'en harmoniser les fins. Tâche éminemment délicate, et qui ne peut être menée à bon terme qu'en éclairant les principes éternels aux lumières que fournit l'expérience du passé.

APPENDICES

APPENDICE I

SAINT PIERRE DAMIEN
ET LES DROITS DE LA PAPAUTÉ

Parmi les autorités que les théologiens pontificaux du XIVe siècle aimaient citer en faveur de leur thèse sur les droits politiques du Saint-Siège figure le texte suivant : « *Qui beato vitae aeternae clavigero terreni simul et caelestis imperii iura commisit.* » On l'attribuait alors, sur la foi de Gratien, au pape Nicolas II : ce qui ne pouvait qu'en augmenter le crédit. Mais il n'était pas besoin de cette illustre origine pour que des dialecticiens fussent portés à lire dans ces lignes la conception, à laquelle ils étaient acquis par ailleurs, d'un pouvoir pontifical qui embrassait dans sa plénitude le double domaine temporel et spirituel.

On a depuis longtemps reconnu que ce texte est, en réalité, de saint Pierre Damien [1] et que, rendu à son véritable auteur, il apparaît absolument étranger à la question des droits du pape en matière temporelle. Tous les historiens ont observé combien serait peu vraisemblable, au milieu du XIe siècle, l'affirmation d'une autorité politique du Saint-Siège que personne ne soupçonnait en ce moment et que Grégoire VII lui-même, au plus fort de son conflit avec l'Empire, devait à peine suggérer. En tout cas, ce n'est pas saint Pierre Damien qui semble destiné à faire exception, puisque notoirement son programme de

---

[1] Par une singulière inadvertance, un historien généralement mieux informé en attribue avec insistance la paternité au pape Eugène III (A. Hauck, *Der Gedanke der päpstlichen Weltherrschaft*, Leipzig, 1904, p. 33-36; cfr p. 44, n. 3). La lettre de celui-ci (12 oct. 1147; Jaffé-Wattenbach, n. 9149, t. II, p. 48-49) témoigne seulement de la prédilection que les papes, non moins que les théologiens, eurent de bonne heure pour cette formule frappée en médaille depuis déjà plus d'un siècle par l'évêque d'Ostie. On la retrouve chez Grégoire IX (voir *supra*, p. 39, n. 1) et Innocent IV, chez celui-ci avec cette légère variante : « ... beato Petro ejusque successoribus *terreni simul ac celestis imperii commissis habenis* » (Winkelmann, *Acta imperii inedita*, t. II, n. 1035, p. 698); plus tard encore chez Jean XXII (c. 1, in *Extr. Joann.* XXII, v, 1; Friedberg, t. II, c. 1211).

réforme est toujours établi sur le principe de la distinction des pouvoirs et de leur mutuelle collaboration [1]. Mais, ceci reconnu, l'aphorisme en question a paru parfois difficile. Ainsi en jugent, en tout cas, ses derniers commentateurs, soit qu'ils renoncent à en pénétrer le sens, soit qu'ils se contentent de l'insinuer avec toutes sortes de précautions où se traduit un peu d'embarras [2]. Il s'en faut pourtant que ce petit problème d'exégèse soit tellement insoluble. Si le texte peut à bon droit sembler obscur ou équivoque quand il est pris à l'état isolé, l'examen du contexte fournit tous les éléments nécessaires pour en éclairer et préciser la signification.

I

Des trois circonstances où se rencontre dans les écrits de saint Pierre Damien l'énigmatique formule, la première suffit à donner la clé des autres. Elle se lit tout d'abord dans le discours qu'il tint, en janvier 1059, comme légat du pape Nicolas II, aux Milanais révoltés [3].

Son but est d'établir l'autorité du Saint-Siège sur la grande métropole du Nord : il y traite en conséquence, suivant ses propres expressions, *de praerogativa et principatu Sedis Apostolicae* [4]. Rien, dans ce thème général, n'annonce autre chose que la revendication du pouvoir

---

[1] Voir A. FLICHE, *Études sur la polémique religieuse*, p. 51-52 et 120-121 ; cfr du même, *La réforme grégorienne (Spicilegium Sacrum Lovaniense*, t. VI), t. I : *La formation des idées grégoriennes*, 1924, p. 227-229 ; CARLYLE, t. IV, p. 44-48 et 168-169 ; G. BAREILLE, *Dict. de théol. cath.*, t. III, art. *Damien*, c. 49 ; après L. KUEHN, *Petrus Damiani und seine Anschauungen über Staat und Kirche*, Carlsruhe, 1913, p. 19-31. — Les principaux endroits où s'affirme cette conception fondamentale sont *Opusc.*, IV et LVII, 1 (PL, CXLV, 86-87 et 820-821) ; *Serm.*, LXIX (PL, CXLIV, 900) ; *Epist.*, III, 6 ; IV, 9 et VII, 3 (*ibid.*, 294, 315 et 440). Dualisme politique d'autant plus frappant que, dans le texte cité en dernier lieu et ailleurs encore, l'auteur admet que le Christ a réuni en sa personne la dignité de prêtre et de roi. Principe d'où l'on ne manquait pas de conclure, au XIVe siècle, que ce double privilège s'est également transmis à son vicaire. Voir plus haut, p. 167-168, 236 et 241-243.

[2] Voir GIERKE, traduct. J. DE PANGE, p. 113, n. 22 ; surtout CARLYLE, t. II, p. 208, et t. IV, p. 46 et 168-169 ; et, après lui, E. JORDAN, *Bulletin du jubilé*, 1921, p. 280, n. 2. — Les anciens auteurs étaient plus décidés, sans doute parce qu'ils y avaient regardé de plus près, et l'on y trouve esquissée la solution que la présente note a pour but d'établir. Voir Fr. NEUKIRCH, *Das Leben der Petrus Damiani*, Gœttingue, 1875, p. 86-87, et J. KLEINERMANNS, *Der heilige Petrus Damiani*, Steyl, 1882, p. 158-159.

[3] *Opusc.*, V (PL, CXLV, 91). Sur l'histoire et l'issue de cette révolte, voir FLICHE, *La réforme grégorienne*, t. I, p. 180-182.

[4] *Ibid.*, 92.

spirituel. S'élevant d'emblée aux principes, l'évêque d'Ostie en montre la source dans les titres privilégiés que donne à l'Église romaine la charte de sa fondation. Les autres Églises, même les plus vénérables, sont d'origine purement humaine, *sive rex sive imperator sive cuiuslibet condicionis homo purus instituit*, et, par suite, ne peuvent avoir que des droits limités, suivant les intentions ou la puissance de leur fondateur. Mais l'Église de Rome a été instituée par le créateur de l'univers : *non quaelibet terrena sententia sed illud verbum quo constructum est caelum et terra*. En faut-il davantage pour justifier l'universalité de sa juridiction ? Principe général que l'orateur applique aussitôt à l'Église de Milan et que, par un argument *ad hominem* des plus opportuns, il est ensuite heureux de confirmer par le témoignage de saint Ambroise.

C'est dans le développement de ces prémisses théologiques qu'apparaît la phrase contestée, dont voici la teneur complète : *Romanam autem Ecclesiam solus ipse fundavit, super petram fidei mox nascentis erexit, qui beato vitae aeternae clavigero terreni simul et caelestis imperii iura commisit.* Il y est question, comme on le voit, d'opposer la fondation divine de l'Église romaine à l'institution tout humaine des autres. Mais, non content de rappeler ce fait capital, Pierre Damien tient ici à rapporter les paroles qui l'accompagnèrent. Sans être proprement une citation, son texte est une allusion manifeste à celui de l'Évangile [1] qu'il suit pas à pas et dont il reproduit *modo oratorio* les traits essentiels :

S. MATTHIEU	S. PIERRE DAMIEN
XVI, 17-19	*Opusc.* V
a) « *Beatus* es Simon Bar Iona... Tu es Petrus et *super* hanc *petram* aedificabo *Ecclesiam meam.* b) Et tibi dabo *claves regni caelorum.* c) Et quodcumque ligaveris super *terram* erit ligatum et in *caelis.* »	a') Romanam autem *Ecclesiam* solus ipse fundavit, *super petram* fidei mox nascentis erexit, b') qui *beato vitae aeternae clavigero* c') *terreni* simul et *caelestis* imperii iura commisit. »

Le parallélisme est évident, sauf que les propositions coordonnées du style hébraïque sont synthétisées par notre orateur de manière à mettre en vedette les droits universels de Pierre qui sont tout l'objet de son discours. Mais l'original donne ici le sens de la réplique : les droits de Pierre doivent s'entendre d'une autorité qui s'étend à la terre comme au ciel et l'on peut conjecturer que ces *imperii iura*, d'apparence politique, sont tout simplement une association suggérée

---

[1] Cfr JEAN DE PARIS, *De potestate regia et papali*, 15 (GOLDAST, t. II, p. 130) : « *Quasi alludens* verbis quibus Petro commissa est potestas. »

par les *claves regni*. En tout cas, ce n'est pas la nature de ce pouvoir qui est en cause, mais uniquement son étendue [1]. Ni le sujet, ni les circonstances n'amenaient l'auteur à modifier le caractère de sa source : il ne s'agissait pas pour lui de gloser en profondeur, comme on a pu le faire plus tard, la compréhension des promesses évangéliques; il lui suffisait d'en marquer l'extension sans bornes. Voilà pourquoi nous l'avons vu souligner cette particularité que le fondateur de l'Église est aussi le créateur du ciel et de la terre. L'immensité de sa puissance permet de comprendre et, s'il en était besoin, de légitimer la délégation illimitée qu'il en fait à son vicaire ici-bas.

Non seulement l'évêque d'Ostie se réfère de la sorte, et pour ainsi dire en gros, à la promesse évangélique, mais il la veut utiliser à ses fins. En effet, à travers tout le passage on sent courir une argumentation implicite, où l'un des privilèges de Pierre, parce qu'il est incontesté, sert à justifier l'autre, qui est ou paraît momentanément en question. A cet égard, la mention des pouvoirs célestes de l'Apôtre intervient comme base d'un raisonnement *a fortiori*. Si, par la volonté souveraine du Christ, la juridiction de Pierre s'étend jusque dans les cieux, à plus forte raison n'est-elle soumise à aucune barrière territoriale sur la terre [2]. Cette induction, que la seule logique du morceau suffirait à autoriser, est, de plus, justifiée par un texte formel, qui précède immédiatement les lignes que nous étudions et qui, par conséquent, jette sur elles une lumière décisive :

« Quae autem provincia per omnia regna terrarum ab eius ditione extranea reperitur cuius arbitrio ipsum quoque caelum et ligatur et solvitur ? »

On peut estimer que notre orateur force un peu la note en disant que le pouvoir de Pierre va jusqu'à « lier » et « délier » le ciel même [3]. Mais il ne saurait y avoir aucune ambiguïté sur l'idée qui se cache sous ces formules de rhétorique et pas davantage sur la conclusion que l'auteur en prétend tirer. Si l'autorité de Pierre est telle que les

---

[1] On rapprochera *Epist.*, I, 12 (PL, CXLIV, 216) : « Quis enim nesciat quod princeps apostolorum Petrus potestatem regni caelestis accepit, virtutem ligandi sive solvendi quod vellet in caelis ac terris obtinuit ? » Et encore ces paroles prêtées à saint Pierre dans *Serm.*, XXX (*ibid.*, 667) : « Potestatem ligandi non solum in terra sed et in caelestibus habeo. »

[2] Bellarmin, qui a bien vu que ce texte s'inspire de l'Évangile, est loin d'en réaliser l'équilibre interne quand il l'interprète comme une simple répétition où tout disparaît de l'inférence que l'auteur en veut déduire : « Christus Petro concessit ut quod ille solveret et ligaret in terris esset solutum aut ligatum et in caelis. *Allusit* enim Nicolaus ad verba Domini Matth. XVI » (*De summo Pontifice*, V, 5; dans *Opera omnia*, t. II, p. 151).

[3] Cfr *Serm.*, XXVI (*ibid.*, 646) : « Dignatio gloriosa hominem in terris positum caelis imperitare... »

sentences qu'il porte ici-bas sont ratifiées là-haut par l'autorité divine, si par là-même il a, d'une certaine façon, qualité pour commander dans les cieux, il s'ensuit évidemment, en vertu de l'adage : *Qui potest plus potest minus*, qu'aucune partie de la terre n'échappe à son gouvernement. Ainsi les *terreni imperii iura*, qui interviennent un peu plus bas, sont une simple variante de sa juridiction *per omnia regna terrarum*. Pierre Damien n'envisage pas ici les conséquences éventuelles du pouvoir pontifical dans l'ordre politique, mais seulement l'aire géographique de son rayonnement dans l'ordre religieux.

II

Il tenait, d'ailleurs, suffisamment à cette expression de sa pensée pour la reproduire mot à mot, plus de trois ans après, dans sa *Disceptatio synodalis*, rédigée au moment de l'assemblée d'Augsbourg qui devait décider entre le pape Alexandre II et l'antipape Cadalous (octobre 1062). L'avocat de l'Église romaine, qui est censé plaider contre celui de l'Empereur — c'est à dire le porte-parole de Damien lui-même — commence par montrer que cette affaire intéresse toutes les Églises, *ad cunctas Ecclesias pertinere*, parce que toutes reposent sur Rome comme sur leur fondement, *omnium fundamentum est et basis*. C'est à ce propos qu'il rappelle, dans les termes que nous connaissons, l'origine divine de cette Église et les glorieuses prérogatives de son autorité [1]. Ici encore, il n'est pas question de droits politiques, mais bien de la dignité spéciale du Saint-Siège et de l'importance majeure qui lui revient dans le monde catholique, par comparaison avec les Églises locales, en raison de son universelle primauté.

Une troisième fois l'évêque d'Ostie revient à sa formule favorite, en traitant du pouvoir coërcitif. Après avoir longuement exploité les préceptes et les exemples de rigueur contenus dans l'Ancien Testament, il invoque l'autorité du Christ, qui n'a pas craint de faire à Pierre de durs reproches, et cela justement quand il venait de l'établir dans ses privilèges de chef :

«Salvator etiam noster..., mox ut Petro caeli terraeque iura commisit, protinus eum dura redargutione corripuit [2]. »

En effet, le blâme infligé à Pierre se lit dans saint Matthieu (XVI, 23) et cette scène suit immédiatement celle de Césarée, à la suite

---

[1] *Opusc.*, IV (*ibid.*, 67-68). Pour le fond de l'affaire et l'analyse du dialogue, voir FLICHE, *Études sur la polémique religieuse*, p. 46-47 et 116-120; cfr *La réforme grégorienne*, t. I, p. 347-348.

[2] *Opusc.*, LVII, 3 (PL, CXLV, 822).

de laquelle le même Pierre avait été constitué fondement de l'Église et préposé au royaume des cieux (*ibid.*, 18-19). Investiture que Pierre Damien, suivant son habitude, traduit à nouveau par *caeli terraeque iura*. Cette expression, que rien n'appelait dans le contexte, n'est, de toute évidence, qu'un résumé personnel de l'Évangile et ne saurait pas plus le dépasser que dans les cas précédents [1]. Tout au plus cette insistance peut-elle servir à éclairer la psychologie de notre auteur — et par là-même un peu celle de tout son temps — en marquant sa propension à revêtir d'une forme juridique le langage simple de Jésus.

Si l'interprétation de ces textes pouvait avoir besoin d'une confirmation, on la trouverait dans cette strophe d'une hymne à saint Pierre, où sont célébrés les privilèges de l'Apôtre. C'est toujours l'Évangile que l'auteur y traduit, mais avec les nuances spéciales de son style, qui transparaissent jusque sous les exigences du mètre :

> « Supernae claves ianuae
> tibi, Petre, sunt traditae
> tuisque patent legibus
> terrena cum caelestibus [2]. »

Qu'il s'agisse comme tout à l'heure de *iura* ou comme ici de *leges*, c'est toujours une manière de désigner la pleine autorité qui revient au chef de l'Église dans le monde des âmes, et cela sans nul doute avec toute l'ampleur que comporte l'Évangile, mais non moins incontestablement suivant la même direction.

Il reste qu'ailleurs saint Pierre Damien a célébré la prééminence du Souverain Pontife *tamquam rex regum et princeps imperatorum* [3]. Cependant on ne voit pas qu'il ait jamais entrevu — ou du moins exprimé — ses droits en matière politique. La fameuse phrase qu'exploitèrent les spéculatifs du XIVe siècle au profit de la suprématie temporelle n'a pu donner cette illusion qu'en étant détachée de son contexte et transposée sur un plan absolument étranger à l'esprit de son auteur [4]. Replacée dans son cadre historique et logique, elle

---

[1] Ailleurs encore Pierre Damien fait allusion à la même scène, et cette fois avec une clarté qui ne laisse prise à aucune équivoque : « Nam et ipse Dominus Petrum universali prius Ecclesiae praetulit, deinde gravis reprehensionis invectione pulsavit » (*Epist.*, IV, 12 ; PL, CXLIV, 324). On ne manquera pas d'apercevoir à quel point s'éclairent l'une l'autre ces deux formes d'une même pensée. « *Caeli terraeque iura commisit* » est, à la lettre, synonyme de « *universali Ecclesiae praetulit* ».

[2] *Carm.*, 72 (PL, CXLV, 941).

[3] *Opusc.*, XXIII (PL, CXLV, 474). Par compensation on se rappellera cette déclaration sur la dignité de l'empereur : « Eo superior quisquam in humano genere reperiri non potuit » (*Opusc.*, LVI, 4 ; *ibid.*, 812).

[4] Ce contresens apparaît déjà chez les canonistes du XIIe siècle, qui rencon-

ne signifie nulle part autre chose que la ferme revendication des droits spirituels de la papauté.

———————

traient la formule dans le *Décret* sous le nom de Nicolas II. Voir CARLYLE, t. II, p. 206-209. Pour Rufin, le *celeste imperium* désigne l'autorité du pape sur les clercs ; le *terrenum regnum vel imperium,* ses droits sur les personnes laïques : « Summus itaque patriarcha quoad auctoritatem ius habet terrent imperii, eo scilicet modo quia primum sua auctoritate ... confirmat et posi tam ipsum quam reliquos seculares istis secularibus abutentes sua auctoritate pene addicit et ipsos eosdem post penitentes absolvit » (SINGER, *Die Summa Decretorum des Magister Rufinus*, p. 47-48). Cfr *supra*, p. 31. Cette interpré- tation est adoptée par Étienne de Tournai : « Nam Petri successores et conse- crare sacerdotes habent et coronare imperatores » (SCHULTE, *Die Summa des Stephanus Tornacencis*, p. 32). L'un et l'autre, cependant, rapportent à titre documentaire une autre interprétation qui l'explique par un simple rappel de la promesse évangélique. On peut regretter qu'ils n'aient pas fait prévaloir ce sens littéral.

APPENDICE II

GILLES DE ROME
ET LA BULLE « UNAM SANCTAM »

Lorsqu'en 1858 Charles Jourdain découvrit dans un manuscrit de la Bibliothèque nationale le *De ecclesiastica potestate* de Gilles de Rome, il ne put pas ne pas être frappé des ressemblances de ce traité avec la célèbre bulle *Unam Sanctam*. Il y relevait, en effet, non seulement la même doctrine, mais de telles coïncidences dans son expression qu'elles provoquèrent une invincible tentation d'attribuer à Gilles la rédaction de la bulle [1]. Citations et conclusions étaient aussitôt vulgarisées dans les milieux allemands par un article de F.-X. Kraus [2]. Les historiens postérieurs les reproduisent ou utilisent encore, sans guère y ajouter [3].

Il nous suffira de reprendre à notre tour ce tableau pour montrer à quel point il est suggestif, mais aussi pour préparer, sur les relations des deux textes, les éléments d'un jugement plus précis.

I

« Nous avons, écrivait Ch. Jourdain, retrouvé presque mot à mot dans notre manuscrit toutes les phrases *principales* de l'acte pontifical. » Comme s'il craignait d'être en reste, Kraus supprime cette restriction. « La comparaison de la bulle *Unam Sanctam* avec notre manuscrit fait, assure-t-il, trouver dans ce dernier presque mot pour mot *toutes les phrases* de la première. » En réalité, son dossier, comme d'ailleurs celui de son guide français, porte sur trois groupes de phrases seule-

---

[1] Ch. Jourdain, *Un ouvrage inédit de Gilles de Rome*, p. 17-21.

[2] F.-X. Kraus, *Ægidius von Rom*, dans *Oesterreichische Vierteljahresschrift für katholische Theologie*, t. I, 1862, p. 21-24. — L'auteur maintient ses positions de jeunesse, mais sans nouvelles preuves à l'appui, dans *Dante, sein Leben und Werk*, p. 680.

[3] Voir R. Scholz, *Die Publizistik zur Zeit Philipps des Schönen*, p. 124-128, et G. U. Oxilia, *Un trattato inedito di Egidio Colonna*, Introduction, p. LXXIV-LXXVI.

ment, pris, il est vrai, parmi les plus importants et les plus caractéristiques :

BONIFACE VIII	GILLES DE ROME
BULLE « *Unam Sanctam*[1] »	« *De ecclesiastica potestate*[2] »

I. — «...Oportet autem gladium
esse sub gladio et temporalem auctoritatem spirituali subici potestati.
Nam, cum dicat Apostolus : *Non est
potestas nisi a Deo, que autem a Deo
sunt ordinata sunt*, non ordinata essent
nisi gladius esset sub gladio et tamquam inferior reduceretur per alium
in supprema. Nam, secundum beatum
Dionysium, lex divinitatis est infima
per media in supprema reduci. Non
ergo secundum ordinem universi
omnia eque ac immediate; sed infima
per media, inferiora per superiora,
ad ordinem reducuntur.

« Oportet hos duos gladios, has duas
auctoritates et potestates a Deo esse,
quia, ut dictum est, *non est potestas
nisi a Deo*. Sic autem oportet haec
ordinata esse, quoniam, ut tangeba-
mus, quae sunt a Deo oportet ordinata
esse. Non essent autem ordinata nisi
unus gladius reduceretur per alterum
et nisi unus esset sub alio, quia, ut
dictum est per Dionysium[3], hoc
requirit lex divinitatis, quam dedit
Deus universis rebus creatis, id est
hoc requirit ordo universi, id est uni-
versarum creaturarum, ut non omnia
aeque immediate reducantur in suprema, sed infima per media et inferiora
per superiora... Si igitur haec ordinata
sunt, oportet gladium temporalem sub
spirituali, oportet sub vicario Christi
regnum existere (I, 3).

II. — « Spiritualem autem et dignitate et nobilitate terrenam quamlibet
precellere potestatem oportet tanto
clarius nos fateri quanto spiritualia
temporalia antecellunt. Quod etiam
ex decimarum datione, et benedictione, et sanctificatione, ex ipsius
potestatis acceptione, ex ipsarum
rerum gubernatione claris oculis intuemur.

« Quod sacerdotalis potestas dignitate et nobilitate praecedat potestatem
regiam et terrenam apud sapientes
dubium esse non potest. Quod possumus declarare quadrupliciter : primo ex decimarum datione; secundo ex
benedictione et sanctificatione; tertio
ex ipsius potestatis acceptione; quarto
ex ipsarum rerum gubernatione (I, 4).

III. — « Nam, veritate testante,
spiritualis potestas terrenam potestatem instituere habet, et iudicare, si
bona non fuerit. Sic de Ecclesia et
ecclesiastica potestate verificatur vati-
cinium Ieremie : *Ecce constitui te hodie
super gentes et regna* et cetera que

« Quod spiritualis potestas instituere habet terrenam potestatem et,
si terrena potestas bona non fuerit,
spiritualis potestas eam poterit iudicare. Ergo de Ecclesia et de potestate
ecclesiastica verificatur illud vatici-
nium Ieremiae : *Ecce...* (I, 3).

---

[1] *Registres de Boniface VIII*, n. 5382, t. III, c. 889-890, et DUPUY, *Histoire
du différend*, Preuves, p. 55-56.

[2] *De ecclesiastica potestate*, I, 1, 3 et 4 (édit. OXILIA et BOFFITO, p. 7, 12-13
et 16).

[3] Quelques lignes plus haut, Gilles avait cité Denys dans les termes mêmes
de la bulle : « Nam secundum Dionysium... lex divinitatis est infima in suprema
per media reducere. »

secuntur. Ergo si deviat terrena potestas, iudicabitur a potestate spirituali; sed si deviat spiritualis minor,
a suo superiori; si vero supprema, a
solo Deo non ab homine poterit
iudicari, testante Apostolo : *Spiritualis
homo iudicat omnia, ipse autem a
nemine iudicatur.* »

«Si deviat ergo potestas terrena,
iudicabitur a potestate spirituali tamquam a suo superiori; sed si deviat
potestas spiritualis, et potissime potestas summi Pontificis, a solo Deo poterit
iudicari (I, 4).

« Quod Summus Pontifex est tantae
potenciae quod est ille *spiritualis homo*
qui *iudicat omnia* et *ipse a nemine
iudicatur* (I, 1).»

Tous les auteurs se sont bornés à ces comparaisons verbales, et
il est certain qu'elles sont de nature à suggérer une parenté entre
les deux écrits. « Nous aurions pu multiplier ces rapprochements,
concluait Ch. Jourdain; mais ceux qui précèdent suffisent pour
démontrer d'une manière péremptoire la conformité qui existe, dans
le fond comme dans la forme, entre l'acte le plus célèbre de Boniface VIII
et le traité inédit de Gilles de Rome.» «Parfaite conformité», insiste
de son côté Kraus, toujours prompt à forcer le trait.

Que si, non content de regarder à la lettre des deux textes, on pousse
la comparaison jusqu'à la teneur logique de leur contenu, le problème
ne laisse pas de se modifier, sans le moindre détriment d'ailleurs
pour la certitude de la solution.

II

Et d'abord, d'un point de vue extérieur, il est remarquable que les
points d'incidence, qui couvrent à peu près tout entière la deuxième
partie de la bulle, intéressent uniquement deux chapitres d'un ouvrage
qui en compte trente-six. Ils portent sur une seule idée fondamentale :
la supériorité de l'Église sur l'État. Or est-il besoin de dire que Gilles
a l'occasion d'en développer bien d'autres au cours de son traité?
Simple réflexion, mais déjà propre à jeter quelque jour sur le rapport
des deux documents. Tout ne s'explique-t-il pas à merveille en admettant que c'est l'auteur de la bulle qui va chercher dans l'œuvre considérable de Gilles les morceaux relatifs à sa thèse? Une étude plus
approfondie vient fortifier cette première impression.

Il s'en faut que les ressemblances constatées soient de même valeur.
Au § I, sans être abolie, leur importance est de beaucoup atténuée
par le fait que tout le développement y roule sur la combinaison
du texte de saint Paul (*Rom.*, XIII, 1) avec un aphorisme dionysien
certainement traditionnel. Cette communauté du fond ne devait-elle
pas entraîner dans une certaine mesure l'identité des termes? Il reste
que les matériaux et l'architecture du raisonnement y sont les mêmes.

Ce syllogisme dont l'Épître aux Romains fournit de part et d'autre la majeure, dont la mineure invoque le principe de subordination hiérarchique soutenu par l'autorité du pseudo-Denys, dont la conclusion applique aux deux glaives la loi providentielle des intermédiaires, ne saurait être dû à une rencontre de hasard. Or il est évident que la bulle dégage mieux le nerf de l'argumentation, d'abord parce qu'elle place en tête la thèse à démontrer et la parole de saint Paul qui en est la base, puis parce qu'elle néglige les répétitions et les gloses explétives qui encombrent l'exposé de Gilles. Tout se passe comme si le texte verbeux de celui-ci était débrouillé et résumé par le rédacteur de celle-là.

Les § II et III ont ceci de particulier qu'ils suivent de très près un passage classique de Hugues de Saint-Victor. Gilles le cite *ex professo* à plusieurs reprises [1] et en fait tout le fondement de sa thèse; mais la bulle en respecte davantage l'ordre et la teneur.

Bulle « *Unam Sanctam* »	« *De sacramentis* [2] »
« Spiritualem autem et dignitate et nobilitate terrenam quamlibet precellere potestatem oportet tanto clarius nos fateri quanto spiritualia temporalia antecellunt. [Quod etiam ex decimarum datione, et benedictione, et sanctificatione, ex ipsius potestatis acceptione, ex ipsarum rerum gubernatione claris oculis intuemur].	« Quanto vita spiritualis dignior est quam terrena et spiritus quam corpus, tanto spiritualis potestas terrenam sive saecularem honore et dignitate praecedit.
« Nam, veritate testante, spiritualis potestas terrenam potestatem instituere habet, et iudicare, si bona non fuerit. [Sic de Ecclesia et ecclesiastica potestate verificatur vaticinium Ieremie....]	« Nam spiritualis potestas terrenam potestatem et instituere habet ut sit et iudicare habet, si bona non fuerit.
« [Ergo si deviat terrena potestas, iudicabitur a potestate spirituali; sed si deviat spiritualis minor, a suo superiori; si vero supprema], a solo Deo non ab homine poterit iudicari, testante Apostolo : *Spiritualis homo...* etc. »	« Ipsa vero a Deo primum instituta est et, cum deviat, a solo Deo iudicari potest, sicut scriptum est : *Spiritualis...* »

Il ressort de ce tableau que la bulle ne fait guère ici que reproduire le texte de Hugues, coupé de quelques interpolations. Or ces interpolations sont prises mot pour mot au traité de Gilles.

---

[1] Voir *De ecclesiastica potestate*, I, 3, p. 12; I, 4, p. 14 et 16; I, 5, p. 20.
[2] HUGUES DE SAINT-VICTOR, *De sacramentis*, II, pars II, c. 4 (PL, CLXXVI, 481).

La première est particulièrement significative, n'étant que la liste des chefs de preuve réunis par Gilles à l'appui de la proposition fondamentale de Hugues. Mais cette quadruple division lui est toute personnelle et n'a de sens que comme cadre du chapitre qui en développe méthodiquement les diverses parties [1]. Ne pouvant insérer *in extenso* toute cette dissertation, l'auteur de la bulle a voulu du moins en sauver le plan. Il lui a suffi pour cela de laisser tomber les numéros qui en accusaient l'origine et la destination scolaires. Mais ce canevas non développé est-il encore intelligible ?

Aucune difficulté pour le premier et le troisième points du résumé pontifical : *decimarum datio, ipsius potestatis acceptio* sont des expressions qui se suffisent. Le second est déjà moins clair. Cette *benedictio* et cette *sanctificatio* énoncées l'une et l'autre sans complément ne s'appliqueraient-elles pas à ces dîmes dont il vient d'être question ? Des traducteurs s'y sont mépris [2]. Pour lever l'équivoque, il faut recourir au texte de Gilles, d'où il appert que, sous ces formules un peu indécises, celui-ci pense au sacre et à la bénédiction des rois. Quant au quatrième membre de l'énumération : *ex ipsarum rerum gubernatione*, il est bien près d'être énigmatique sans le commentaire qu'en donne son auteur [3]. Se trouverait-il beaucoup d'interprètes pour y lire une allusion à cette loi providentielle qui confie la marche du monde matériel à la direction de l'esprit ? Mieux que de longs morceaux, des coïncidences aussi caractérisées établissent à l'évidence la réalité de l'emprunt et ne laissent pas douter que le traité de Gilles soit ici la source.

Que si après le sens littéral de cette insertion révélatrice on regarde à son rôle logique, la même conclusion s'impose avec non moins de force. Chez Gilles de Rome, cette quadruple division est la preuve unique de la thèse qui lui tient à cœur : savoir la prééminence de l'autorité ecclésiastique sur le pouvoir royal. Or la bulle établit d'abord cette même vérité sur un principe plus général : la primauté ontologique du spirituel, *spiritualia temporalia antecellunt*. En quoi elle suit exactement Hugues de Saint-Victor, qui, sans formuler expressément cette loi, l'incluait en deux exemples : la supériorité de l'esprit sur le corps et de la vie de l'âme sur la vie des sens. A côté de cet argument fondamental, elle veut pourtant faire un sort à la dialectique du *De ecclesiastica potestate*. C'est pourquoi les quatre raisons de Gilles seront

---

[1] *De ecclesiastica potestate*, I, 4, p. 13-16.

[2] Ainsi H. HEMMER (art. *Boniface VIII*, dans *Dict. théol. cath.*, t. II, c. 1000), qui traduit : « Le paiement, la bénédiction et la sanctification des dîmes... »

[3] M. HEMMER (*loc. cit.*) continue : « ... la collation du pouvoir et la pratique même du gouvernement (?) le font voir clairement à nos yeux ».

mentionnées, mais à titre complémentaire : *Quod* ETIAM *ex decimarum datione*, etc... *claris oculis intuemur*. Modification d'autant plus frappante que l'énoncé de la thèse : *Spiritualem... dignitate et nobilitate terrenam... praecellere* ne suit la pensée de Hugues qu'en la transposant dans le style abstrait de Gilles. De toutes façons il ressort que la bulle *Unam Sanctam* utilise ici le *De sacramentis* en ayant sous les yeux le *De ecclesiastica potestate*.

Ainsi en est-il dans les phrases qui suivent. Là où le Victorin disait clairement : *Spiritualis potestas terrenam potestatem instituere habet ut sit*, la bulle se contente de cette expression plus vague : *Instituere habet*. On a supposé que, si le document pontifical s'abstient de reprendre à son compte le *ut sit* de Hugues, c'était « peut-être... pour ne pas effaroucher et blesser au vif par insistance la susceptibilité de Philippe le Bel [1] ». Préoccupation fort peu vraisemblable dans un texte par ailleurs si abrupt et qui ne s'adressait pas spécialement à la France, mais à toute la chrétienté. Il est autrement naturel d'admettre que la bulle se tient, ici encore, près de son modèle, lequel, tout en professant que la royauté doit son origine au sacerdoce, n'estime pas compromettre cette conception en résumant la doctrine de Hugues sous cette forme elliptique : *quod spiritualis potestas instituere habet terrenam* [2]. Titre succinct que le contenu du chapitre et celui de bien d'autres à la suite se chargent d'expliciter à souhait. Parce que privé de ce contexte, le texte laconique de la bulle a fini par devenir obscur et des théologiens ont cru lui rendre suffisante justice en interprétant *instituere*, au mépris du sens original, dans le sens du pouvoir directif [3]. Le document pontifical est ici tributaire de Gilles au point d'en être la victime.

Or, dans ces pouvoirs politiques de l'Église, après Gilles et dans les mêmes termes, la bulle se plaît à voir vérifié l'oracle de Jérémie, I, 10. Exégèse qui n'a rien de spécial, puisqu'on la rencontre chez Innocent III [4]. La seule particularité à retenir, c'est que Gilles rapporte le texte prophétique *in extenso*, tandis que la bulle n'en cite que le commencement qu'elle fait suivre d'un *et cetera*. Fait où l'on a cru saisir la même nuance de réserve que, tout à l'heure, dans la manière

---

[1] E. VACANDARD, *Études de critique et d'histoire religieuse*, deuxième série, p. 272.

[2] Rubrique du chapitre III, p. 12.

[3] Voir FUNK, *Zur Bulle Unam Sanctam*, dans *Kirchengeschichtliche Abhandlungen*, t. I, p. 484-489, et VACANDARD, p. 268-273. Cfr *supra*, p. 84, n. 1.

[4] INNOCENT III, *Epist. ad Alexium imperatorem* (PL, CCXVI, 1184). Cfr S. BERNARD, *De consideratione*, II, 6, 9 (PL, CLXXXII, 747). Voir ci-dessus, p. 32.

d'abréger la formule de Hugues de Saint-Victor [1]. Comme si la parole biblique n'était pas suffisamment connue ! On sait d'ailleurs qu'en des circonstances non moins graves Boniface VIII n'hésitait pas à se l'appliquer au complet [2]. Mieux vaut croire que l'auteur de la bulle a eu tout simplement souci d'être court. En tout cas, il reste que cette citation banale est amenée par une clause d'introduction qui se retrouve littéralement dans Gilles. Nouvelle confirmation, et d'autant plus probante qu'il s'agit d'un détail plus insignifiant, à l'appui de l'hypothèse de l'emprunt.

De ces prémisses se déduit logiquement le rapport des deux pouvoirs en cas de forfaiture. Tout entier à sa spéculation sur l'excellence du pouvoir spirituel, Hugues se contentait de conclure à son inviolabilité : en cas de faute, il ne relève que de Dieu. Conformément à son but général, la bulle marque ici tout d'abord la sujétion du pouvoir civil : l'autorité ecclésiastique est juge de ses manquements et n'est elle-même jugée par personne. Or cette même glose se lit également dans Gilles. Les ressemblances déjà relevées dans les passages voisins permettraient de conclure par analogie que son texte est l'original. Ce qui le rend incontestable, c'est qu'ici la bulle corrige discrètement son modèle. Gilles, uniquement attentif à souligner le contraste avec l'autorité séculière, semble remettre au jugement divin tous les détenteurs de l'autorité ecclésiastique sans exception : *Si deviat potestas spiritualis, et potissime potestas Summi Pontificis, a solo Deo poterit iudicari.* Formule matériellement inexacte, malgré la légère restriction du *potissime*. L'auteur de la bulle s'en est aperçu et a pris soin de rectifier : le pouvoir civil relève du pouvoir spirituel; les membres inférieurs de la hiérarchie ecclésiastique relèvent de leurs supérieurs; l'autorité suprême seule ne relève plus de l'homme, mais de Dieu. Ce qui donne, en même temps qu'une doctrine irréprochable, une belle gradation à trois paliers, tout à fait d'accord avec le principe hiérarchique emprunté plus haut à la métaphysique du pseudo-Denys.

Si l'auteur du *De ecclesiastica potestate* avait eu sous les yeux une exposition aussi bien équilibrée, on ne concevrait pas d'où aurait pu lui venir la mauvaise inspiration d'en rompre l'harmonie. Précisément parce qu'elle est inadéquate, sa version doit être la première. Tout en s'en inspirant, le rédacteur du document pontifical a eu le scrupule d'éviter ses défauts et la volonté de faire mieux.

C'est ainsi que les observations convergentes de la critique interne,

---

[1] VACANDARD, *Études de critique...*, p. 272.
[2] Voir plus haut, p. 71 et 74.

en montrant combien est intime le rapport de nos deux textes, jettent une lumière décisive sur le sens de leur mutuelle dépendance. Tout contribue à prouver que le traité de Gilles a servi de base à cette partie de la bulle *Unam Sanctam*[1].

III

Divers indices relevant de la critique externe permettent d'aboutir au même résultat par un chemin non moins sûr.

Si la bulle était antérieure au *De ecclesiastica potestate*, ne serait-il pas étonnant qu'elle n'y fût point citée, alors qu'elle allait si bien à la thèse de l'auteur ? On a fait valoir par ailleurs que le traité de Gilles est certainement exploité dans le *De regimine christiano* de son confrère et disciple Jacques de Viterbe, qui fut promu évêque de Bénévent le 3 septembre 1302, soit deux mois et demi avant la promulgation de la bulle *Unam Sanctam* (18 novembre). Cependant, dans sa dédicace à Boniface VIII, Jacques ne fait pas mention de son titre épiscopal et se donne encore comme simple théologien. Preuve que son traité fut écrit avant la rédaction de la bulle : donc, *a fortiori*, celui de Gilles dont il se sert[2].

Cette observation générale, d'une incontestable sagacité, devient une certitude si l'on prend garde à un détail du même ouvrage qui ne semble pas encore avoir été aperçu. Après avoir établi par la philosophie la prééminence du spirituel, l'auteur veut apporter quelques raisons subsidiaires, qu'il énonce dans les termes suivants :

« Quod autem spiritualis potestas sit dignior et superior arguunt QUIDAM : primo ex decimarum datione..., secundo ex sanctificatione et benedictione...; tertio ex gubernatione rerum[3]... »

On reconnaît le thème créé par Gilles de Rome. Sans doute la quadruple division de celui-ci est réduite à trois membres par la suppression du troisième : *ex ipsius potestatis acceptione*. Mais tous les autres coïncident et les preuves sommaires que l'auteur en donne ne font que résumer l'argumentation plus copieuse du *De ecclesiastica*

---

[1] Inutile de discuter l'hypothèse de la priorité du document pontifical, qui eut jadis quelques partisans. « Ce manifeste en faveur de l'autorité pontificale, a-t-on écrit du *De ecclesiastica potestate*, n'est pour ainsi dire qu'un commentaire de la Bulle *Unam sanctam* » (F. LAJARD, *Gilles de Rome*, dans *Histoire littéraire de la France*, t. XXX, p. 544). Cfr Ad. FRANCK, *Réformateurs et publicistes de l'Europe*, t. I, p. 102.

[2] R. SCHOLZ, p. 132.

[3] *De regimine christiano*, II, 7, 18 (Bibliothèque nationale, ms. lat. 4229, fol. 89ᵛ-90ʳ).

potestate. Ce passage, au surplus, entre dans une série d'autres où Jacques fait notoirement allusion aux vues les plus caractéristiques de son maître. Il ne saurait y avoir d'incertitude là-dessus [1].

Or — et c'est ici le point qui intéresse la question présente — cette citation manifeste est donnée sans autre référence qu'un vague « *quidam* ». C'est la manière bien connue de l'école, qui n'aime pas citer les noms propres, surtout des auteurs contemporains. Si l'on se rappelle cependant que cette même argumentation est passée dans la bulle *Unam Sanctam*, on ne s'expliquerait pas qu'un document émané de la suprême autorité ecclésiastique, et qui allait entrer au *Corpus Iuris*, fût l'objet d'une désignation qui serait irrespectueuse à force d'être indéterminée. Il faut donc conclure que Jacques de Viterbe a connu ce texte, pour lui si intéressant, à une époque où il n'était pas encore consacré par la bulle pontificale [2].

Nouvelle preuve que celle-ci est postérieure à l'œuvre de Gilles et que, par conséquent, la dépendance est de son côté.

IV

Faut-il aller jusqu'à dire que Gilles de Rome est l'auteur de la bulle ? A la suite de Ch. Jourdain, les auteurs cités plus haut l'ont admis sous forme d'hypothèse plus ou moins appuyée, et cette affirmation est en voie de trouver place un peu partout, jusque dans les encyclopédies courantes, comme l'expression d'une vérité moralement acquise [3]. Cependant aucune preuve n'autorise cette attribution.

Très loyalement Ch. Jourdain écrivait : « Ne pouvons-nous pas supposer qu'ils [ces deux manifestes] sont sortis de la même main ?... Nous livrons à nos lecteurs cette conjecture, que nous ne serions pas en mesure de démontrer directement, mais qui nous paraît s'accorder assez bien avec l'ensemble des faits jusqu'ici connus. » Ces faits sont

---

[1] Voir plus haut, p. 246-247.

[2] Ce raisonnement prendrait une force beaucoup plus grande encore s'il fallait retenir comme exacte la leçon : *Arguit quidam*, que donne pour ce passage l'édition PERUGI, p. 137.

[3] On la trouve dans E. FRIEDBERG, *Zeitschrift für Kirchenrecht*, t. VIII, 1869, p. 81-82, et *Die mittelalterlichen Lehren über das Verhältniss von Staat und Kirche*, t. I, p. 17-18 (qui se réfère à MOEHLER, *Kirchengeschichte*, t. II, p. 494); S. RIEZLER, *Die literarischen Widersacher der Päpste zur Zeit Ludwig des Baiers*, p. 140, n. 3 ; J. BERCHTOLD, *Die Bulle Unam Sanctam*, p. 124, n. 1 ; B. JUNGMANN, *Dissertationes selectae*, t. VI, p. 51 ; MOLITOR, *Die Decretale « Per venerabilem »*, p. 93. — Cfr BENRATH, art. *Ægidius von Rom*, dans *Realencyclopädie*, t. I, p. 202; SCHEEBEN, art. *Colonna*, dans *Kirchenlexicon*, t. III, c. 668; DUBRAY, art. *Colonna*, dans *The catholic Encyclopedia*, t. IV, p. 127.

les suivants : la présence de Gilles au concile romain de novembre 1302 d'où est sortie la bulle, ses tendances théologiques favorables aux prérogatives les plus absolues du Saint-Siège, son autorité dans les écoles de son temps. « Partisan courageux de Boniface VIII, pour citer encore une fois Ch. Jourdain — le seul auteur, à ma connaissance, qui esquisse un essai de démonstration — théologien illustre, homme d'expérience autant que de savoir, n'était-il pas au nombre de ceux sur qui la papauté devait se reposer le plus naturellement du soin de défendre sa suprématie ? » En admettant que tout cela soit vrai, la papauté comptait sans nul doute bien d'autres serviteurs aussi aptes que l'évêque de Bourges à élaborer la formule de ses droits et plus qualifiés pour cette tâche par leur position officielle à la curie. Qui voudrait, au demeurant, établir même une ombre de conclusion sur le débile fondement de simples possibilités ? Le plaisir savoureux de reporter sur un prélat de France la paternité du document pontifical qui a le plus choqué la vieille Église gallicane ne justifie pas cette entorse aux règles de la méthode historique [1].

Que dire alors de la dépendance indéniablement constatée entre la bulle et le traité de Gilles ? Elle s'explique très bien en admettant que le document pontifical a connu et utilisé le *De ecclesiastica potestate*, sans que ces deux textes procèdent nécessairement de la même main. Conjecture pour conjecture, n'est-il pas aussi naturel de supposer que le rédacteur de la bulle ait voulu se servir d'un ouvrage alors célèbre et su en adapter ce qui allait à ses fins ? L'analyse de son œuvre nous a révélé un travail assez subtil d'additions et de corrections sur le texte qu'il avait sous les yeux. Tous faits qui exigent l'intervention d'un auteur différent du maître, assez docile pour choisir un modèle et le suivre, mais aussi assez indépendant pour le remanier.

Pourquoi ce rédacteur ne serait-il pas Boniface VIII lui-même ? Rien ne commande sans doute, mais rien n'empêche non plus de lui imputer la rédaction personnelle des pièces émanées de sa chancellerie. Il est vrai que la bulle *Unam Sanctam* ne porte pas en tête le nom du pape : circonstance exploitée jadis par les adversaires de son authenticité. Mais, sans parler du *Corpus Iuris*, les régestes conservés aux archives du Vatican la portent à sa date parmi ses actes. Rien ne permet de ravir à Boniface VIII le document qui a immortalisé son nom.

Un témoignage postérieur de quelque vingt ans semble même

---

[1] Déjà le rôle communément attribué à Gilles dans la rédaction de la bulle apparaît comme « douteux » à J. ZEILLER, *L'idée de l'État dans saint Thomas d'Aquin*, p. 173.

inviter, sinon obliger, à l'inscrire parmi ses œuvres propres au sens le plus strict. «[*Decretalis*]... *quam propria manu dictavit* [*papa Bonifacius VIII*]», écrivait un publiciste contemporain de Jean XXII, Gilles Spiritalis [1], et d'éminents spécialistes ont cru devoir prendre à la lettre ce renseignement [2].

Mais ce témoin n'est-il pas déjà bien tardif pour faire foi sur un fait aussi précis ? Dès lors que le pape endosse la responsabilité d'un texte, il est d'usage — et de règle — de le tenir, au moins *modo oratorio*, pour un fruit de son cerveau et un produit de sa plume. Il n'est pas sûr que l'attestation de Gilles Spiritalis dépasse en portée ces conventions du style ecclésiastique. Non pas que Boniface ne puisse être l'auteur de sa propre bulle; mais il faudrait, pour imposer cette conclusion, des arguments péremptoires qui font défaut. L'hypothèse reste toujours possible d'un scribe anonyme qui aurait écrit le document que le pontife devait publier. Et il faut avouer que les finesses que nous avons surprises dans ses procédés rédactionnels rendent cette hypothèse assez vraisemblable.

Rien ne prouve, en tout cas, et tout exclut que ce *minutante* ait été Gilles de Rome en personne. Il faut renoncer désormais à lui attribuer l'honneur d'avoir mis sur pied le texte de la bulle *Unam Sanctam*. C'est assez pour sa gloire de savoir que quelques pages de son livre l'ont certainement inspiré, et ce doit être assez pour notre curiosité d'historiens [3].

---

[1] AEGIDIUS SPIRITALIS, *Libellus contra infideles et inobedientes* (édité dans R. SCHOLZ, *Unbekannte kirchenpolitische Streitschriften aus der Zeit Ludwig des Bayern*, t. II, Rome, 1914, p. 109).

[2] R. SCHOLZ, *Die Publizistik*, p. 127; après H. FINKE, *Aus den Tagen Bonifaz VIII*, p. 147, n. 2, et H. GRAUERT, *Historisches Jahrbuch*, t. XIII, p. 609. La même information est encore retenue par U. MARIANI, *Il « De regimine christiano »*, dans *Il Giornale dantesco*, 1924, t. XXVII, p. 114.

[3] A cette source certaine de la bulle U. MARIANI (*ibid.*, p. 113-114) veut ajouter le traité de Jacques de Viterbe, mais sans autre argument que la communauté de leur inspiration doctrinale. Cette considération ne saurait suffire tant qu'on n'a pas relevé des ressemblances textuelles assez marquées pour établir une dépendance.

APPENDICE III

PLACE DE SAINT BERNARD DANS LA CONTROVERSE

Nulle part, sans doute, on ne peut mieux saisir que dans les cinq livres *De consideratione* cette *complexio oppositorum* qui caractérise le génie de saint Bernard, comme d'ailleurs celui de tous les mystiques, et qui a si souvent déconcerté les interprètes superficiels ou prévenus. « Examen de conscience de la papauté tracé par un saint », comme on l'a dit [1], où le lyrisme pour le Saint-Siège coexiste avec la satire la plus aiguë des mœurs de la curie. Théologie du pouvoir pontifical, pourrait-on ajouter, où les prérogatives spirituelles du pape sont développées avec une ampleur sans précédent et traduites en formules que devait reprendre Innocent III, cependant que toute immixtion dans le domaine temporel lui est interdite avec la même rigueur. Or, c'est précisément dans ce contexte que vient s'encadrer la fameuse allégorie des deux glaives, qui fut longtemps l'argument par excellence de la suprématie politique de l'Église et demeure encore, aux yeux de tous, la synthèse de ce que le dogmatisme de l'école a jamais, à cet égard, conçu de plus hardi.

Ce n'est pas ici le lieu de concilier ces divergences et de montrer comment les aspects successifs de la pensée de saint Bernard s'harmonisent sans trop de peine quand on fait leur part respective aux procédés d'un écrivain qui ne déteste pas les effets de style et déploie une sorte de coquetterie à rendre saillants les angles de ses antithèses, aux préoccupations d'un moine épris de pureté apostolique et qui redoute la contagion du siècle, non seulement pour l'âme d'un pape qui est son fils, mais pour la papauté même dont il entretient en son âme ardente l'idéal quelque peu conventionnel, enfin aux finesses d'un théologien qui sait distinguer entre la théorie et la pratique, condamner l'abus, modérer ou déconseiller l'usage, sans pour cela rejeter le droit. Mais si des critiques modernes, habitués à tenir compte des contingences psychologiques et certainement placés dans toutes les conditions voulues pour être indépendants, ne surent pas toujours

---

[1] E. VACANDARD, *Vie de saint Bernard*, t. II, p. 474. Cfr p. 437.

démêler ces perspectives complexes, comment voudrait-on demander des vues plus adéquates ou plus sereines à une époque dialectique telle que le début du xive siècle, où il s'agissait surtout de thèses à démontrer, où l'autorité du saint abbé de Clairvaux était à la fois trop importante et trop respectée pour que chacun pût résister au désir de s'en prévaloir ?

De fait, le nom de saint Bernard fut souvent mêlé à cette première controverse sur les droits du Saint-Siège en matière politique, et rien n'est curieux comme de voir ses textes servir alternativement d'armes aux mains de chaque parti.

I

Seuls les théologiens impériaux ne semblent pas en avoir fait état. Car on ne peut compter pour une citation l'emprunt que lui fait la *Determinatio compendiosa* pour stigmatiser le caractère des Romains [1]. Dante lui-même, qui relève l'argument des deux glaives, le rapporte comme les autres sans nom d'auteur et sans allusion visible à la forme que lui avait donnée saint Bernard [2]. Le mysticisme de celui-ci offrait évidemment peu de ressources à nos auteurs sur le terrain politico-juridique où se mouvait leur pensée.

Il en va autrement aussitôt que le problème se pose dans l'ordre proprement théologique. Le passage sur les deux glaives [3] n'était-il pas un point d'appui tout indiqué pour les tenants de la suprématie politique du Saint-Siège ? C'est d'après lui que la bulle *Unam Sanctam* définit les pouvoirs de l'Église. La comparaison des textes montre avec quelle fidélité Boniface VIII calque ses doctrines et ses formules sur celles de l'abbé de Clairvaux :

« *De consideratione* »	Bulle « *Unam Sanctam* »
« Quem tamen [gladium] qui tuum negat non satis mihi videtur attendere verbum Domini dicentis sic : *Converte gladium tuum in vaginam.* Tuus ergo et ipse, tuo forsitan nutu, etsi non tua manu evaginandus. Alioquin	« ...Nam dicentibus Apostolis : *Ecce gladii duo hic,* in Ecclesia scilicet, cum apostoli loquerentur, non respondit Dominus nimis esse sed satis. Certe qui in potestate Petri temporalem gladium esse negat male verbum

---

[1] S. Bernard, *De consideratione*, IV, 2, 2 (PL, CLXXXII, 773), cité dans *Determinatio compendiosa*, 24 (édit. Krammer, p. 46-47). L'auteur donne ce texte comme pris *in epistola quam Eugenio pape direxit.* Ce qui est dans la manière ordinaire de Toloméo de Lucques et fournit un argument pour lui attribuer la *Determinatio* (Krammer, *ibid.*, p. xxv-xxvi).

[2] Dante, *Monarchia*, III, 9 (édit. Witte, p. 112-113).

[3] *De consideratione*, IV, 3, 7 (PL, CLXXXII, 776).

si nullo modo ad te pertineret et is, dicentibus Apostolis : *Ecce duo gladii hic*, non respondisset Dominus : *Satis est*, sed : Nimis est.

« Uterque ergo Ecclesiae, et spiritualis scilicet gladius et materialis ; sed is quidem pro Ecclesia, ille vero et ab Ecclesia exserendus ; ille sacerdotis, is militis manu, sed sane ad nutum sacerdotis et iussum imperatoris. »

attendit Domini proferentis : *Converte gladium tuum in vaginam.*

« Uterque ergo est in potestate Ecclesiae, spiritualis scilicet gladius et materialis ; sed is quidem pro Ecclesia, ille vero ab Ecclesia exercendus ; ille sacerdotis, is manu regum et militum, sed ad nutum et patientiam sacerdotis. »

Sans laisser entendre à quel point est étroite la dépendance littéraire de la bulle, son plus ancien glossateur, le cardinal Jean Lemoine, ne manque pas de commenter ce passage à l'aide de saint Bernard. Avec une parfaite précision d'analyse il ramène à trois les points de convergence : application au pouvoir temporel du glaive dégainé ; possession réelle par Pierre du glaive matériel, bien qu'il ne doive pas en user ; manière différente dont les deux glaives sont *in potestate Ecclesiae* [1]. C'est assez dire combien fut reconnue, dès la première heure, l'identité qui nous frappe encore aujourd'hui entre l'exégèse, la dialectique et la théologie de saint Bernard et celles du document pontifical.

Le même texte devait naturellement être utilisé comme preuve de tradition par les théologiens qui se vouèrent à la défense des droits de la papauté. Il n'apparaît pas chez Henri de Crémone [2], ni dans l'opuscule anonyme *Non ponant laïci*, dont la documentation est d'ordre à peu près exclusivement canonique. Mais il figure dans le dossier d'objections composé par les polémistes régaliens : seule la *Quaestio in utramque partem* rapporte l'argument des deux glaives, d'une manière impersonnelle, *secundum doctrinam sanctorum* [3] ; Jean de Paris et le traité *Rex pacificus* le citent expressément sous le nom et dans les termes mêmes de saint Bernard [4]. Ce témoignage suffirait à montrer quel appoint les apologistes du Saint-Siège pensaient trouver chez l'abbé de Clairvaux. De fait, les deux grandes synthèses qui nous restent de l'école pontificale s'appuient, chacune à sa manière, sur son autorité.

---

[1] JEAN LEMOINE, Glose sur la bulle *Unam Sanctam*, dans *Corpus Iuris*, édition de Lyon, 1671, t. III, III, c. 208.

[2] Celui-ci adopte pourtant l'exégèse allégorique des deux glaives, mais sans allusion ni référence à saint Bernard (édit. SCHOLZ, p. 477).

[3] *Quaestio in utramque partem* (GOLDAST, t. II, p. 105).

[4] Voir *Rex pacificus* (DUPUY, p. 666) et JEAN DE PARIS, *De potestate regia et papali*, 12 (GOLDAST, t. II, p. 122-123). Ce dernier cite le texte de saint Bernard avec cette curieuse variante qu'on ne retrouverait peut-être pas ailleurs : « ... *ille sacerdotis* ORE, *is militis manu* ».

Quelle que soit sa prédilection pour l'argumentation philosophique, Gilles de Rome ne dédaigne pas l'allégorie évangélique des deux glaives. Souvent il la développe pour son compte personnel [1]; mais, d'autres fois, il se réfère aussi à l'abbé de Clairvaux.

Il se sent pleinement d'accord avec lui sur le fond des choses :

« Habet Ecclesia gladium spiritualem etiam ad usum...; ipsum autem gladium materialem non habet ad usum sed ad nutum, ut est communis doctorum sententia et ut Bernardus ait. »

Peu importe d'ailleurs cette différence dans l'usage des glaives; l'essentiel est que l'Église les possède tous deux :

« Utrumque ergo gladium habet Ecclesia, sed non eodem modo [2]. »

Et plus loin :

« Utrumque pertinet ad Ecclesiam, sive exercendus ab ea sive exercendus pro ea..., ut hoc modo uterque gladius esset Petri [3]. »

Où l'on ne manquera pas de remarquer avec quelle pénétration notre théologien réalise la portée profonde que beaucoup de commentateurs modernes ne savent pas ou ne veulent pas reconnaître aux paroles de saint Bernard.

Seul un minime détail d'exégèse les divise : Gilles voit le pouvoir spirituel dans l'épée dégainée par l'Apôtre et le pouvoir temporel dans l'épée restée au fourreau, tandis que l'interprétation de saint Bernard est exactement inverse. Divergence que l'auteur réduit au prix d'une distinction — car, en tant qu'elle fut une arme effective, l'épée brandie par Pierre ne peut signifier que le pouvoir spirituel; mais elle désigne le pouvoir temporel en tant qu'elle est visible au dehors — et qui, au demeurant, n'entraîne pas de conséquence, puisque chacune de ces interprétations aboutit à mettre les deux glaives en la possession de l'Église :

« Ex utroque colligi potest quod Ecclesia non solum habet spiritualem gladium sed materialem [4]. »

Conformément à son plan, qui consiste à développer tout d'abord les privilèges qui reviennent au vicaire du Christ dans l'ordre spirituel, Jacques de Viterbe prend soin d'apporter à l'appui de ses déductions théologiques le témoignage de saint Bernard, soit pour prouver la

---

[1] *De ecclesiastica potestate*, I, 3; II, 5; III, 11 (édit. OXILIA et BOFFITO, p. 13, 46, 140).

[2] *Ibid.*, I, 5, p. 24-25.

[3] *Ibid.*, III, 10, p. 158.

[4] *Ibid.*, II, 15, p. 111. Cfr II, 5, p. 47.

primauté du pape [1], soit pour mettre en évidence la *plenitudo potestatis* qu'elle renferme et illustrer le devoir de suprême vigilance qui en découle [2]. Au contraire, les pouvoirs du pape en matière temporelle sont par lui posés sans aucun essai d'argumentation positive.

Saint Bernard n'a donc pas de rôle à jouer dans sa démonstration : il n'y intervient, en effet, que d'une manière tout à fait accessoire, comme on le verra plus loin [3], par manière d'explication et pour ainsi dire d'apologétique. C'est seulement au dernier chapitre de son traité, et pour répondre à une objection dirigée contre sa thèse, que l'auteur a recours au texte classique de l'abbé de Clairvaux. On lui oppose le passage de l'Épître aux Romains [4], où saint Paul met le glaive matériel aux mains du prince; à quoi il réplique, avec saint Bernard, que le pouvoir spirituel possède bien les deux glaives, mais d'une manière différente :

« Spiritualis potestas sicut habet duplicem potestatem sic habet duplicem gladium..., sed dicitur habere utrumque gladium diversimode. »

Il explique d'ailleurs, avec Gilles de Rome, que d'avoir le glaive matériel *secundum nutum* c'est l'avoir *digniori modo* [5].

Pour nos deux théologiens, l'autorité de saint Bernard n'est jamais, au demeurant, qu'un argument auxiliaire, à côté de beaucoup d'autres; mais il reste qu'elle leur a paru propre à corroborer ou à défendre la thèse dont ils se sont constitués les défenseurs : thèse qui attribue à l'Église, bien qu'elle n'en ait pas normalement l'usage, la possession radicale du pouvoir temporel [6]. Il est d'autant plus piquant de constater que les partisans de la thèse contraire se tournaient à leur tour, et avec une égale confiance, vers le même saint Bernard pour en obtenir la preuve ou la confirmation.

---

[1] JACQUES DE VITERBE, *De regimine christiano*, II, 5, 16 (Bibliothèque nationale, ms. lat. 4229, fol. 85ᵛ-86ʳ; édit. PERUGI, p. 120), qui reproduit *De consideratione*, II, 8, 16 (PL, CLXXXII, 752), à partir de ces mots : *Stat ergo inconcussum privilegium tuum tibi...*

[2] *Ibid.*, II, 9, 4 (fol. 98ᵛ; édit. PERUGI, p. 170-171), où sont cités à la suite *De consideratione*, IV, 7, 23 (PL, 788) à partir de *De cetero oportere...* jusqu'à *contra se paveat* et quelques phrases de II, 6, 13 (PL, 749) : *Age ergo, puta tempus putationis adesse* jusqu'à *nobiles eorum in manicis ferreis*. Un peu plus haut (II, 4, 16; fol. 94ʳ; édit. PERUGI, p. 154), le nom de saint Bernard est mentionné, à côté de saint Grégoire, parmi les auteurs qui ont traité *de perfecta vita que debet esse in pontificibus*.

[3] Voir plus bas, p. 420-423.

[4] *Rom.*, XIII, 4.

[5] *Ibid.*, II, 10, 11 (fol. 101ʳ; édit. PERUGI, p. 180-181).

[6] Nos auteurs n'invoquent jamais que le *De consideratione*. Le passage similaire de l'épître 256 ne semble pas avoir frappé leur attention.

II

Rien, en effet, n'était plus facile que d'organiser la contre-attaque avec toutes les chances de succès. Il suffit de relire d'affilée quelques-unes des « considérations » énergiques au nom desquelles l'abbé de Clairvaux veut mettre son disciple en garde contre l'envahissement des affaires séculières, pour comprendre combien des théologiens désireux d'interdire au pape le domaine du temporel pouvaient aisément s'en emparer à leur profit. A l'exception du *Dialogue*, qui est un simple pamphlet, tous les écrivains du parti royal y puisèrent largement.

La curie était devenue le tribunal du monde et le pape devait prêter l'oreille, jour et nuit, aux criailleries des plaideurs. Dès les premières pages de son traité, saint Bernard demande à Eugène III de rompre avec cette déplorable habitude au nom de la parole du Maître : *Quis me constituit iudicem... super vos*[1] ? Prévoyant qu'on lui opposera la primauté, l'honneur et le prestige du Saint-Siège, il rappelle à ses contradicteurs supposés les souvenirs de l'âge apostolique et en dégage vivement la portée :

« Et tamen non monstrabunt, puto, qui hoc dicerent ubi aliquando quispiam Apostolorum iudex sederit hominum, aut divisor terminorum, aut distributor terrarum. Stetisse denique lego Apostolos iudicandos, sedisse iudicantes non lego. Erit illud, non fuit. Itane imminutor est dignitatis servus si non esse maior domino suo, aut discipulus si non vult esse maior eo qui se misit, aut filius si non transgreditur terminos quos posuerunt patres sui ? *Quis me constituit iudicem ?* ait ille dominus et magister, et erit iniuria servo discipuloque nisi iudicet universos ? »

Il ne s'agit d'ailleurs pas seulement ici de se remettre en présence d'un idéal de perfection trop méconnu; la question, pour l'abbé de Clairvaux, engage la conception même du pouvoir des clés :

« Mihi tamen non videtur bonus aestimator rerum qui indignum putat Apostolis seu apostolicis viris non iudicare de talibus quibus datum est iudicium in maiora. Quidni contemnant iudicare de terrenis possessiunculis hominum, qui in caelestibus et angelos iudicabunt ? Ergo in criminibus, non in possessionibus potestas vestra, quoniam propter illa et non propter has accepistis claves regni caelorum, praevaricatores utique exclusuri non possessores. *Ut sciatis*, ait, *quia Filius hominis habet potestatem in terra dimittendi peccata* (MATTH., IX, 6) etc. Quaenam tibi maior videtur et dignitas et potestas, dimittendi peccata an praedia dividendi ? Sed non est comparatio. »

D'autant que les affaires matérielles dépendent du pouvoir civil et que, dès lors, il y a pour le pape une sorte d'empiètement à vouloir s'en mêler :

---

[1] LUC, XII, 14.

« Habent haec infirma et terrena iudices suos, reges et principes terrae. Quid fines alienos invaditis ? Quid falcem vestram in alienam messem extenditis ? Non quia indigni vos, sed quia indignum vobis talibus insistere, quippe potioribus occupatis [1]. »

Au cours du livre second, saint Bernard aborde la question plus générale de la mission de l'Église en matière temporelle et il explique, à ce sujet, d'après le précédent symbolique de Jérémie, la manière dont il entend la supériorité du pontife romain :

« Factum superiorem dissimulare nequimus; sed enim ad quid omnimodis attendendum. Non enim ad dominandum, opinor. Nam et propheta, cum similiter levaretur, audivit : *Ut evellas et destruas, et disperdas et dissipes, et aedifices et plantes* (IEREM., I, 10). Quid horum fastum sonat ? Rusticani magis sudoris schemate quodam labor spiritualis expressus est. Et nos igitur, ut multum sentiamus de nobis, impositum senserimus ministerium, non dominium datum. »

De ce principe il tire aussitôt les conséquences pratiques :

« Si sapis, eris contentus mensura quam tibi mensus est Deus. Nam quod amplius est a malo est. Disce exemplo prophetico praesidere non tam ad imperitandum quam ad factitandum... Disce sarculo tibi opus esse non sceptro, ut opus facias prophetae. Et quidem ille non regnaturus ascendit, sed exstirpaturus. Putasne et tu invenias aliquid elaborandum in agro domini tui ? Et plurimum. »

A cet exemple pris dans l'ancienne Loi s'ajoute celui de saint Pierre dans la nouvelle, que saint Bernard demande à une très curieuse allégorisation des paroles que l'Apôtre adressait au boiteux du temple :

« Nec locus est otio ubi sedula urget sollicitudo omnium Ecclesiarum. Nam quid tibi aliud dimisit sanctus Apostolus ? *Quod habeo*, inquit, *hoc tibi do*. Quid illud ? Unum scio : non est aurum neque argentum, cum ipse dicat : *Argentum et aurum non est mihi* (*Act.*, III, 6)... Esto ut alia quacumque ratione haec tibi vindices, sed non apostolico iure. Nec enim tibi ille dare quod non habuit potuit. Quod habuit hoc dedit : sollicitudinem, ut dixi, super Ecclesias. »

Et cette sollicitude n'a rien d'un empire brutal :

« Numquid dominationem ? Audi ipsum : *Non dominantes*, ait, *in clero, sed forma facti gregis* (*I Petr.*, V, 3). Et ne dictum sola humilitate putes, non etiam veritate, vox Domini est in Evangelio : *Reges gentium dominantur eorum et qui potestatem habent super eos benefici vocantur*, et infert : *Vos autem non sic.* (LUC, XXII, 25-26). Planum est : Apostolis interdicitur dominatus ...[2] »

Agir autrement a le caractère d'une véritable usurpation. Pour le mieux inculquer, la plume pieuse de saint Bernard ne recule pas devant l'invective et la menace.

---

[1] *De consideratione*, I, 6, 7 (PL, 735-736).
[2] *Ibid.*, II, 6, 9 (PL, 747).

« I ergo tu et tibi usurpare aude, aut dominans apostolatum, aut apostolicus dominatum. Plane ab alterutro prohiberis. Si utrumque simul habere voles, perdes utrumque. Alioquin non te exceptum illorum numero putes de quibus queritur Deus sic : *Ipsi regnaverunt, et non ex me; principes exstiterunt, et ego non cognovi* » (OSÉE, VIII, 4) [1].

Ces deux développements de saint Bernard constituent la principale mine où nos publicistes viennent, chacun suivant ses goûts, s'approvisionner de textes appropriés aux besoins de leur cause. Le premier est introduit presque entièrement [2] par le traité *Rex pacificus* dans le corps de sa thèse et l'auteur y trouve la preuve que les choses temporelles échappent par principe à la compétence de l'Église :

« Vult dicere quod ex indignitate et insufficientia non procedit quod de talibus non debeant iudicare, sed magis ex' impertinentia [3]. »

Plus loin, dans la réponse qu'il fait aux objections de ses adversaires, le début du second lui sert à montrer *satis expresse* que le texte de Jérémie doit s'entendre d'une juridiction *in spiritualibus*, d'une charge morale d'âmes et non point d'une véritable autorité [4].

Bâtie à peu près sur le même modèle, la *Quaestio in utramque partem* fait de saint Bernard un usage de tous points semblable. Seulement, c'est le second passage qu'elle incorpore à sa démonstration. Elle le prend juste au point où s'arrêtait l'auteur du *Rex pacificus*, soit à partir des mots : *Nos... impositum senserimus ministerium non dominium datum*, et le suit, sauf quelques coupures ou variantes sans importance, jusqu'à la fin. Par où l'auteur inconnu pense établir que le Christ, loin d'avoir communiqué à ses Apôtres le pouvoir qu'il avait lui-même en matière temporelle, le leur a plutôt interdit :

« Et sic declaratum est quod summo Pontifici... non sit collatum a Deo dominium terrenorum nec iurisdictio temporalis [5]. »

Dans la discussion des objections, le nom de saint Bernard reparaît encore une fois, mais sans citation ni référence, pour confirmer *quia terrena distrahunt et a caelestium contemplatione perturbant* [6].

Au lieu d'une dissertation scolaire, Jean de Paris a écrit un traité en forme. L'abbé de Clairvaux y tient donc une beaucoup plus grande place, mais moins par citations massives que par petits fragments

---

[1] *De consideratione*, II, 6, 10-11 (PL, 748).

[2] Exactement à partir de *Ubi aliquando* jusqu'à *potioribus occupatis*, sauf une coupure, d'ailleurs aussitôt rétablie, de la phrase : *Mihi tamen non videtur...*

[3] *Rex pacificus* (DUPUY, p. 674).

[4] *Ibid.*, ad 6[um], p. 679.

[5] *Quaestio in utramque partem*, 3 (GOLDAST, t. II, p. 100).

[6] *Ibid.*, p. 102. L'auteur pense évidemment au *De consideratione*, I, 5-7 (PL 734-737), où ce thème est, en effet, traité *satis diffuse*.

adaptés, et, au besoin, répétés, aux tournants successifs de l'exposition.

S'agit-il d'établir la dignité du pouvoir sacerdotal par rapport au pouvoir royal, Jean invoque très à propos, à côté de Hugues de Saint-Victor, la phrase :

« Quaenam tibi maior videtur et dignitas et potestas, dimittendi peccata an praedia dividendi? Sed non est comparatio [1]. »

Pour fixer la position qui revient au pape en matière de biens temporels, il détache le petit paragraphe qui commence par *Esto ut alia quacumque ratione haec tibi vindices, sed non apostolico iure* [2].

Quant au principal de sa thèse, Jean de Paris procède avec le même discernement. Après avoir prouvé *per sanctos expositores* qu'il n'y a pas de texte dans l'Évangile où apparaisse un pouvoir du Christ *in temporalibus*, il ajoute qu'on en trouve de contraires, surtout Luc, XII, 14, qu'il commente à l'aide de saint Bernard :

« Non monstrabitur, inquit, ubi aliquando quispiam Apostolorum sederit iudex hominum etc. [3] »

Un peu plus loin, il invoque la déclaration où le Christ oppose à la superbe des rois de la terre l'idéal d'humilité dont il fut lui-même l'exemple, et la réprobation radicale des grandeurs humaines qu'en tirait l'abbé de Clairvaux lui revient aussitôt en mémoire : *Planum est quod Apostolis interdicitur dominatus* [4] etc. Il prolonge même la citation au delà de ce qu'avaient fait ses prédécesseurs et va cueillir, quelques lignes plus bas, cette antithèse expressive : *Forma apostolica haec est, dominatio interdicitur, indicitur ministerium*, dont il rapproche, à titre d'explication ou de continuation, ces phrases de la page suivante :

« Exi, [o Eugeni], exi, inquam, in mundum. Ager est enim mundus, isque creditus tibi. Exi in illum, non tamquam dominus, sed tamquam villicus, videre et procurare unde exigendus es rationem [5]. »

D'où l'auteur conclut : *Non a Christo vel ab eius vicario Petro habet Summus Pontifex dominatum.* Conclusion qu'il fortifie par un appel au texte de saint Bernard rapporté en premier lieu : *In criminibus non in possessionibus potestas vestra*, et à la suite qui réserve aux princes

---

[1] JEAN DE PARIS, *De potestate regia et papali*, 5 (GOLDAST, t. II, p. 113).

[2] *Ibid.*, 6, p. 115. Là où saint Bernard écrivait sous forme d'interrogation : *Numquid dominationem?*, Jean lit une négation absolue : *Non dominationem.*

[3] *Ibid.*, 8, p. 117.

[4] *Ibid.*, 10, p. 119. La suite est légèrement atténuée dans la version de Jean : « ... Ergo et tu tibi usurpare *cave* » (pour *aude*).

[5] *De consideratione*, II, 6, 12 (PL, 749).

de la terre *haec infima et terrena* [1]. Distinction des pouvoirs que le pape doit respecter, sous peine d' « envahir les frontières d'autrui ». Jean de Paris était là au point central de sa démonstration : c'est pourquoi il multiplie les citations de saint Bernard et se plaît à réunir en une sorte de bloc, après les avoir débarrassées de leur contexte littéraire ou oratoire, les formules les plus saillantes des deux chapitres déjà séparément exploités.

En répondant aux arguments de ses adversaires, l'occasion ne lui manque pas de retrouver encore l'abbé de Clairvaux. Il lui sert à mettre en lumière que la puissance essentielle de l'Église est, *non... potestas dominii, sed auctoritas magisterii* [2]. La preuve principale en est prise au texte déjà connu du livre II, dont pour cette fois Jean renverse l'ordre :

« ... Apostolis [seu viris apostolicis [3]] interdicitur dominatus... Esto ut alia quacumque ratione haec tibi vindices, sed non apostolico iure etc. »

et au milieu duquel il intercale, sans avertir qu'elle est prise d'ailleurs, cette citation encore inédite : *Domabis lupos et non dominaberis ovibus* [4]. Un peu plus loin, l'aphorisme bernardin : *In criminibus non in possessionibus potestas vestra* est arboré pour soustraire le temporel à la juridiction de l'Église : *Et ita de peccato in temporalibus non iudicat vel cognoscit iudex ecclesiasticus, sed secularis tantum* [5].

Dans ces conditions, il est étonnant que, pour expliquer le fameux texte de Jérémie, Jean n'ait pas recours au commentaire que saint Bernard en donne *ex professo* et préfère se rabattre sur un mot jeté en passant, qu'il estime sans doute plus expressif : *Accingere*, inquit, *gladio tuo, gladio* scilicet *spiritus quod est verbum Dei*. Rapproché de ce qui suit : *Sic enim domabis lupos et non dominaberis ovibus*, rien ne lui paraît plus propre à faire voir *qualis est papalis principatus* [6]. Ce même texte revient encore plus loin, pour marquer le caractère débonnaire de l'autorité dévolue au Souverain Pontife : *Neque enim ei dedit [Deus animas] ut esset dominus earum, sed instructor et defensor contra*

---

[1] Le texte de Mabillon porte ici : *haec infirma*. Jean de Paris, comme à peu près tous les auteurs du temps, lisait : *haec infima*, qui est peut-être une leçon meilleure.

[2] JEAN DE PARIS, 14, p. 126.

[3] Glose introduite ici par réminiscence de I, 6, 7 : « Qui indignum putat Apostolis *seu apostolicis viris* » (PL, 736).

[4] *De consideratione*, II, 6, 13 (PL, 749).

[5] JEAN DE PARIS, 14, p. 126.

[6] *Ibid.*, 15, p. 128. La dernière citation est légèrement glosée pour être mise en corrélation logique avec la précédente. Saint Bernard écrit absolument : « Domabis lupos sed ovibus non dominaberis. »

lupos [1]. Enfin, contre ceux qui opposent à la monarchie le texte d'Osée, VIII, 4 : « *Regnaverunt et non ex me* », Jean de Paris est heureux de s'abriter derrière saint Bernard, qui l'entend *de papa et praelatis ecclesiasticis quaerentibus dominatum* [2].

Jusqu'ici, notre théologien ne fait guère, au total, que reprendre d'une manière plus judicieuse et plus appropriée le dossier de ses prédécesseurs. Ce sont toujours, en somme, les deux mêmes pages du *De consideratione* qui forment l'arsenal de la controverse et il n'y a guère de différence entre les auteurs que dans la façon d'en tirer parti. Parce qu'il embrasse un horizon plus étendu, Jean de Paris allait verser aux débats un texte nouveau. Il se souvient, en effet, que saint Bernard entend faire leur juste place aux divers éléments de la hiérarchie, quand il dit à Eugène III :

« Erras si, ut summam, ita et solam institutam a Deo vestram apostolicam potestatem existimas. Si hoc sentis, dissentis ab eo qui ait : *Non est potestas nisi a Deo.* Proinde quod sequitur : *Qui potestati resistit Dei ordinationi resistit*, etsi principaliter pro te facit, non tamen singulariter. Denique idem ait : *Omnis anima potestatibus sublimioribus subdita sit* (*Rom.*, XIII, 1-2). Non ait : sublimiori, tamquam in uno, sed *sublimioribus* tamquam in multis. Non ergo tua sola potestas a Domino : sunt et mediocres, sunt et inferiores [3]. »

L'intérêt de cette citation est dans la conclusion imprévue et toute de circonstance en vue de laquelle notre théologien croit pouvoir la prendre comme prémisse :

« ... Ecce manifeste in hoc ordine hierarchico nullam potestatem dat papae quam non det mediis praelatis, licet eam in papa ponat summam. Ex quo patet quod, cum dicti medii praelati non habeant potestatem nisi a Christo spiritualem, non potest esse quod papa singulariter habeat temporalem per hoc quod est totius Ecclesiae summus seu supremus hierarcha [4]. »

Ainsi le principe hiérarchique, par un détour des plus inattendus, arrive à faire supporter à l'échelon suprême cette exclusion de la juridiction temporelle qui caractérise les échelons inférieurs et qu'il s'agissait avant tout de démontrer.

Notre auteur n'est d'ailleurs pas tellement hypnotisé par cette exégèse accommodatrice qu'il ne voie le sens littéral de ce passage chez l'abbé de Clairvaux :

« ...Est etiam considerandum, poursuit-il, quod ex dicto ordine hierarchico

---

[1] *Ibid.*, 20, ad 32um, p. 136.

[2] *Ibid.*, ad 35um, p. 137.

[3] *De consideratione*, III, 4, 17 (PL, 768).

[4] JEAN DE PARIS, 19, ad 29um, p. 134 : « Hanc autem digressionem hic feci, précise l'auteur, propter aliquos magnos qui propter unitatem ecclesiasticae hierarchiae nituntur ostendere papam habere utrumque gladium. »

Bernardus ubi supra reprehendit Papam quia dictum ordinem ecclesiasticum perturbat, dum abbates et inferiores episcoporum eximit, eos immediate sibi subdens... »

Sur le fait Jean s'abstient de se prononcer; mais il lui paraît y avoir une question de droit, *quod etiam non possit de iure fieri sentire videtur*, et ici il tient à marquer une petite réserve : *sed Bernardo sic sentienti non consentio ex toto* [1].

Ce n'était sans doute pas le moment de traiter le problème des exemptions. S'il est naturel qu'un membre de l'Ordre dominicain ne voulût pas laisser croire qu'il donnait un assentiment tacite à la thèse de leur illégitimité, on conçoit assurément que deux mots discrets lui suffisent pour cela. Mais, à un autre point de vue, le laconisme de sa formule prend une signification psychologique : il montre que saint Bernard cesse de l'intéresser dès là qu'il ne s'agit plus de disputer au pontife romain la possession des deux glaives.

En somme, ce que Jean de Paris, ce que les auteurs anonymes de la *Quaestio in utramque partem* et du traité *Rex pacificus* demandent toujours à saint Bernard, ce qu'ils croient lire en maintes pages du *De consideratione*, c'est la preuve que la juridiction temporelle n'entre pas directement dans la mission de la papauté selon le plan divin et qu'elle lui est même formellement contraire [2], c'est-à-dire exactement le contre-pied de la conception théologique que les Gilles de Rome et les Jacques de Viterbe prétendaient autoriser de son nom.

III

Autour de ces positions contradictoires des escarmouches dialectiques devaient normalement se produire. Elles furent pourtant plus rares qu'on ne pourrait le supposer.

Les théologiens du parti français avaient, de prime abord, l'avantage d'offrir des textes nombreux, dont la masse et la variété pouvaient aisément donner l'illusion d'une doctrine continue. Il leur suffisait d'écarter la déclaration erratique sur les deux glaives pour acquérir la conviction d'avoir saint Bernard avec eux. C'est de quoi la critique de l'époque leur fournissait sans peine d'abondants moyens.

Dès lors qu'elle n'emprunte pas l'énoncé de l'argument à l'abbé

---

[1] JEAN DE PARIS, 19, p. 135.
[2] Bossuet s'emparait encore des mêmes textes dans le même sens. Voir *Defensio declarationis cleri gallicani*, I, 3, 15 (*Œuvres complètes*, édit. Vivès, t. XXI, p. 432-436).

de Clairvaux, la *Quaestio in utramque partem* n'avait pas non plus à se débarrasser de son témoignage. Ce passage est, au contraire, l'objet d'une discussion en règle dans le traité *Rex pacificus*[1]. L'auteur, à qui les artifices de la chicane sont évidemment familiers, y ergote sur les particularités du texte pour en atténuer la valeur, faute, dirait-on, de pouvoir en réduire le sens. Sa tactique est de ramener le *dictum Bernardi* à une opinion sans guère de consistance : *Non loquitur ibi asserendo sed magis dubitando.* Ce qui lui ferait, en bonne méthode, perdre le caractère d'*auctoritas.*

Il observe à cette fin que la proposition principale porte les traces d'un doute, qui s'exprime par le terme *forsitan.* Car, d'après lui, l'abbé de Clairvaux dirait : *Tuus ergo et ipse forsitan tuo nutu etsi non tua manu evaginandus.* Il n'est besoin que d'arrêter la citation au cinquième mot et de placer la virgule après *forsitan* pour rattacher logiquement l'adverbe au pronom *tuus* qui se lit en tête et faire ainsi glisser la nuance d'hésitation qu'il comporte sur la possession par Pierre du glaive matériel.

En réalité, saint Bernard avait écrit : *Tuus ergo et ipse, tuo forsitan nutu etsi non tua manu evaginandus.* Où l'on voit que l'abbé de Clairvaux est catégorique sur l'appartenance du glaive matériel à Pierre et qu'il hésite seulement sur la manière d'en comprendre ou d'en qualifier l'exercice. Il est clair d'ailleurs que la version même qu'avait sous les yeux l'auteur du *Rex pacificus*[2] peut aussi bien s'entendre dans ce sens et que le contexte immédiat n'en supporte pas d'autre[3]. Seule une interprétation rapide, servie sans doute par une lecture fautive, mais avant tout inspirée par une idée préconçue, explique sans la justifier la méprise de notre subtil dialecticien.

Un autre détail du morceau lui fournit une seconde échappatoire à peine moins malencontreuse. A la fin de son développement saint Bernard ne dit-il pas : *Et de hoc alias ?* Ce qui pour le lecteur sans parti-pris est un renvoi à l'épître 256, dans laquelle, six ans auparavant,

---

[1] *Rex pacificus,* ad 17um (DUPUY, p. 682-683).

[2] Toute hypothèse de falsification intentionnelle doit être exclue. C'est ainsi que le texte est cité *in extenso* parmi les objections (p. 666). On conçoit du reste que des formules aussi souvent répétées aient fini par prendre des contours flottants. Jean de Paris (chap. 12, p. 122) se rapproche davantage de la version reçue : *Tuus est ergo et forsitan ipse tuo nutu etsi non tua manu evaginandus.*

[3] On lit tout à la suite : « Uterque ergo [gladius] Ecclesiae...; ille sacerdotis, is militis manu, sed *sane* ad nutum sacerdotis. » La phrase principale est non moins absolue que la première et *sane* est une évidente réplique de *forsitan.*

28

l'abbé de Clairvaux fournissait à Eugène III de semblables précisions sur son double pouvoir [1].

Notre auteur y voit aussitôt un *confirmatur* de la distinction qui fait la base de son exégèse :

« Et de hoc alias. Ac si diceret : Non stes ei quod modo dictum est *cum dubitatione*, sed his quae alias dixi. »

Or « ailleurs » sa pensée est formellement contraire :

« ... *Sub assertione* autem contrarium dixit et docuit in eodem libro in pluribus locis. »

Et par ce biais l'auteur de ramener les divers passages où s'affirme le caractère tout spirituel de l'autorité ecclésiastique. Une simple référence lui suffit au fragment du livre I qu'il a déjà cité dans sa thèse [2]; mais il veut reproduire *in extenso*, pour rendre sans doute sa démonstration plus triomphante, un texte du même ordre que nous n'avions pas encore vu figurer dans la controverse :

« Ut mihi videtur, dispensatio tibi super illum [orbem terrarum] credita est, non data possessio. Si pergis usurpare et hanc, contradicit tibi qui dicit : *Meus est orbis terrae et plenitudo eius* (Ps., XLIX, 12). Non tu ille de quo propheta : *Et erit omnis terra possessio eius* (Ps., CIII, 24). Christus hic est qui possessionem sibi vindicat, et iure creationis, et merito redemptionis, et dono Patris. Cui enim alteri dictum est : *Postula a me et dabo tibi gentes haereditatem tuam et possessionem tuam terminos terrae* (Ps., II, 8) ? Possessionem et dominium cede huic : tu curam illius habe. Pars tua haec : ultra ne extendas manum. »

On opposera peut-être la prééminence reconnue au pape. L'abbé de Clairvaux se hâte de l'expliquer en fonction du même idéal :

« Quid ? inquis, non negas praesse et dominari vetas ? Plane sic. Quasi non bene praesit qui praeest in sollicitudine. Numquid non et villa villico et parvus dominus subiectus est paedagogo ? Nec tamen villae ille nec is sui domini dominus est. Ita et tu praesis ut provideas, ut consulas, ut procures, ut serves. Praesis ut prosis; praesis ut *fidelis servus et prudens quem constituit Dominus super familiam suam*. Ad quid ? *Ut des illis escam in tempore* (MATTH., XXIV, 45), hoc est ut dispenses, non imperes. Hoc fac et dominari ne affectes, hominum homo [3], ut non dominetur tui omnis iniustitia. At satis superque id intimatum est supra, cum quis sis disputaretur [4]. Addo tamen et hoc : nam nullum tibi venenum, nullum gladium plus formido quam libidinem dominandi [5]. »

---

[1] *Epist.*, 256, 1 (PL, CLXXXII, 464) : « Petri uterque est [gladius], alter suo nutu, alter sua manu evaginandus. » Cette lettre est de 1146 et le IVe livre du *De consideratione* au plus tôt de 1152.

[2] Voir plus haut, p. 412.

[3] « *Homini homo* », lit ou corrige l'auteur du *Rex pacificus*.

[4] Allusion au développement du livre II, que l'abbé de Clairvaux rattache à ce thème : « Nunc *quis sis* et de quo sis factus advertendum » (II, 5, 8; PL, 746).

[5] *De consideratione*, III, 1, 1-2 (PL, 758-759).

Sur quoi notre auteur de répéter une fois encore sa conclusion familière :

« ... In quibus apparet quod Papa super omnes nec habet nec appetere debet dominium temporale... »

Manifestation surabondante de ses sentiments bien connus, mais qui ne fait pas avancer l'interprétation de saint Bernard. Au lieu d'expliquer sa doctrine, le *Rex pacificus* ne fait, au bout du compte, qu'en juxtaposer les divers aspects, avec l'espoir évident de noyer le passage embarrassant sous l'avalanche d'autres en apparence opposés. Mais, après comme avant cette tentative de diversion, le texte relatif aux deux glaives demeure, s'il est vrai qu'il n'y a pas moyen d'en évacuer la lettre, avec toutes les difficultés que forcément il impose aux théologiens qui veulent se réclamer de saint Bernard pour interdire à l'Église toute juridiction sur le temporel.

En moins de mots, Jean de Paris serre de plus près le problème et en donne, à son point de vue, une bien meilleure solution.

Il commence par s'attaquer à l'exégèse du texte évangélique en lui-même, où nous n'avons pas à le suivre, pour montrer qu'il est loin d'avoir la portée que les théologiens pontificaux lui veulent attribuer. Puis il en arrive au *dictum Bernardi*, dont il avait dit auparavant, évidemment par rapport à l'Écriture, *quod non est magnae auctoritatis* [1]. Il n'en est pas moins heureux de capter cette « autorité » au bénéfice de sa thèse. Manœuvre hardie qui n'est pas seulement l'artifice d'un jouteur exercé, mais qui a l'avantage de s'appuyer sur une étude attentive du texte. Car notre théologien a bien remarqué les conditions très différentes dans lesquelles l'abbé de Clairvaux accorde à l'Église les deux glaives :

« Potest etiam dici quod dicta auctoritas Bernardi pro nobis est, quia dicit quod *utrumque est Ecclesiae, sed materialis pro Ecclesia, spiritualis vero ab Ecclesia exercendus, iste sacerdotis, is militis manu, sed sane ad nutum sacerdotis et iussum imperatoris*. Ubi signanter dicit : *ad nutum sacerdotis*, et non per manum vel ad iussum eius, quia in hoc non habet auctoritatem iubendi vel compellendi, sed solum innuendi si voluerit imperator [2]. »

Bossuet devait un jour reprendre la même explication en se référant à Jean de Paris [3]. Des critiques contemporains ont pareillement distingué

---

[1] JEAN DE PARIS, 11, p. 121.

[2] *Ibid.*, 19, p. 135. Cfr 14, p. 127, où apparaît une semblable distinction dans un développement sur l'intervention de l'empereur à l'égard de papes indignes, mais qui n'en semble pas moins relative à l'intervention des papes en matière politique : « Non quidem manu nec iussu, sed nutu et supplicatione. »

[3] BOSSUET, *Defensio declarationis*, I, 3, 16 (*Œuvres complètes*, édit. Vivès, t. XXI, p. 437-439).

entre le « droit de réquisition » dont saint Bernard se contenterait pour l'Église, et le « droit de domaine éminent » qu'il ne songerait pas à lui reconnaître [1]. C'est, à n'en pas douter, la seule voie par laquelle on puisse caresser l'espoir, si l'on doit jamais y réussir, de ramener l'abbé de Clairvaux dans les cadres de la théologie moderne. Mais contre cette interprétation spécieuse subsiste le fait que, soit avant, soit après une distinction qui tend seulement à en préciser le mode, l'abbé de Clairvaux croit pouvoir poser comme une réalité ferme et absolue la possession par l'Église du glaive temporel. Et c'est ce qui fait la force, au regard de la stricte logique, de la position prise à l'endroit de saint Bernard, dès le XIVe siècle, par les théoriciens du droit pontifical.

Comment imaginer cependant que ceux-ci aient pu ne rien apercevoir des textes qui semblaient s'opposer à leur conception ou ne rien entendre des plaidoyers adverses qui s'appliquaient à les faire valoir ? Quelle que fût la puissance de morcelage inhérente aux méthodes de la *disputatio*, on peut difficilement concevoir qu'ils aient soutenu le paradoxe de se proclamer d'accord avec saint Bernard en négligeant d'harmoniser à leur thèse le plus clair de sa doctrine sur l'autorité pontificale. Il faut s'attendre, de leur part, à un effort de synthèse propre à contrebalancer celui de leurs contradicteurs.

Gilles de Rome semblait être particulièrement bien placé pour mener cette œuvre à bonne fin. Sa théorie du haut-domaine lui permettait de concilier convenablement pour son propre compte les contingences qui en venaient régler l'exercice. N'était-il pas tout naturel d'en faire l'application à l'exégèse de saint Bernard ? Cependant Gilles ne paraît pas s'en être préoccupé, soit que le problème ne se posât pas devant son esprit, soit qu'il lui parût évident que l'abbé de Clairvaux se plaçait sur le plan spéculatif où il se tenait lui-même. De telle sorte que son dogmatisme se donne la suprême élégance tout à la fois de pousser à bout la thèse et de dédaigner l'objection ou, en tout cas, d'en abandonner la réponse au jeu normal des principes préalablement établis.

Moins confiant dans ses lecteurs ou plus méthodique en son exposé, Jacques de Viterbe a eu le mérite de voir le problème et le courage de s'employer à le résoudre. Il est même curieux de noter avec quelle tranquille audace il en renverse les facteurs. Son intention, comme celle de Gilles, est bien d'affirmer que le pouvoir ecclésiastique est la cause efficiente et, si l'on peut dire, enveloppante du pouvoir civil, puisque celui-ci est contenu dans celui-là comme dans son principe.

---

[1] E. JORDAN, dans *Bulletin du jubilé*, p. 313. Cfr p. 317.

Mais il n'appuie sa démonstration que sur des raisons purement théologiques et, comme on l'a vu, le texte de saint Bernard sur les deux glaives survient tout juste pour parer à une objection de détail [1].

Cependant, avec une telle ampleur, la puissance ecclésiastique ne va-t-elle pas envahir la puissance séculière ? Aucunement, quand on se souvient — et c'est ici, pour Jacques, le second membre de sa thèse, compensateur du premier — que l'autorité temporelle du pape n'a pas à s'exercer immédiatement, au moins d'une manière normale :

« Concludi potest quod spiritualis potestas temporalem iurisdictionem quam habet non debet exercere, immediate loquendo, regulariter et communiter [2]. »

Or, c'est pour marquer ces limites essentielles du pouvoir pontifical qu'il s'adresse à l'abbé de Clairvaux, alors qu'il a cru pouvoir en établir le bien-fondé sans lui :

« Et beatus Bernardus... informat Eugenium papam ut non se implicet negotiis temporalibus nisi ex causa... »

Sa ressource pour cela est ce même long développement du livre I que nous avons vu si copieusement exploité par l'auteur du *Rex pacificus* et par Jean de Paris. Pour la circonstance, il le prend même quelques lignes plus haut :

« Itaque secundum Apostolum (*I Cor.*, VI, 4-5), indigne tibi usurpas tu Apostolicus officium vile, gradum contemptibilium. Unde et dicebat episcopus, episcopum instruens : *Nemo militans Deo implicat se negotiis saecularibus (II Tim.*, II, 4) [3]. »

Et il s'empresse de rappeler, à la suite du saint docteur, que les Apôtres n'ont pas érigé de tribunal, que le Christ s'est défendu de juger un cas de succession qui lui était soumis, pour conclure en glosant son modèle : « *Non ergo transgrediaris terminos quos posuerunt patres tui.* » Puis il reproduit en entier le passage où saint Bernard, après avoir exposé la nature toute spirituelle du pouvoir des clés, rejette tout à la fois comme une usurpation et un abaissement la prétention de transformer le pape en magistrat temporel. Et ceci suffisait sans nul doute à l'auteur pour justifier la limitation du pouvoir pontifical qu'il avait en vue.

Mais, à la différence des publicistes français, il continue à lire

---

[1] Voir plus haut, p. 409.

[2] JACQUES DE VITERBE, *De regimine christiano*, II, 8, 10 ; fol. 92ʳ ; édit. PERUGI, p. 148.

[3] *De consideratione*, I, 6, 7 (PL, CLXXXII, 735). Jacques laisse d'ailleurs tomber l'antithèse de la dernière phrase et lit platement : « *...Apostolus* episcopum instruens. »

l'abbé de Clairvaux et y rencontre tout à la suite des propositions intéressantes absolument négligées par ceux-ci :

« Denique, ubi necessitas exigit, audi quid censeat Apostolus (I *Cor.*, VI, 2) : *Si enim in vobis iudicabitur huc mundus, indigni estis qui de minimis iudicetis?* Sed aliud est incidenter excurrere in ista, causa quidem urgente, aliud ultro incumbere istis tamquam magnis dignisque tali et talium intentione rebus [1]. »

Ainsi, dans le même texte et à quelques lignes de distance, l'immixtion du pape en matière temporelle serait, d'une part, sévèrement condamnée comme un abus et, d'autre part, admise sous condition, *ubi necessitas exigit, incidenter, causa urgente* : ce qui équivaut à la reconnaître comme légitime en principe. Comment ne pas trouver là une flagrante antinomie? Jacques de Viterbe n'a pas manqué de ressentir cette *contrarietas*. Et cette remarque d'un logicien attentif ne laisse pas de représenter une belle intuition historique, quand on sait que la première partie de ce développement a toujours servi de plate-forme aux gallicans du XIVe siècle et au delà, tandis que Bellarmin appuyait sur la seconde sa doctrine du pouvoir indirect.

Tout s'explique pour notre théologien si l'on distingue entre le droit pontifical et son usage :

« Patet igitur ex hiis verbis quod spiritualis potestas non debet indifferenter iurisdictionem temporalem exercere; tamen potest et debet, causis necessariis exigentibus, immediate se de temporalibus intromittere. Et secundum hanc distinctionem salvatur contrarietas que in predictis verbis esse videtur [2]. »

Il ne restait qu'à étendre cette distinction aux passages similaires et à la raccorder au fameux texte des deux glaives pour rétablir en un corps harmonieux les *disiecta membra* épars dans le *De consideratione*. Jacques de Viterbe s'est contenté d'amorcer cette exégèse; mais il l'a fait en termes suffisamment nets pour que l'on puisse voir combien il lui paraissait facile, non seulement d'enlever à ses adversaires le suffrage de saint Bernard, mais d'intégrer à son propre système les éléments divers d'une pensée qui, sans cela, ne pouvait que rester irrémédiablement disparate. A un apologiste accommodant il eût suffi de dire que, dans ses exposés en apparence divergents, l'abbé de Clairvaux réprouve les abus auxquels donnait lieu la juridiction temporelle des papes, mais en respecte l'usage. Plus habitué aux spéculations d'école, Jacques de Viterbe y trouve la vision adéquate de ce qui lui paraît être la vraie doctrine sur le rapport essentiel des

---

[1] *De consideratione*, II, 6, 7-8 (PL, 736).
[2] JACQUES DE VITERBE, *De regimine christiano*, II, 8, 10; fol. 92v-93r. Dans l'édition PERUGI (p. 149-150), au lieu de *contrarietas*, se lit la version plus accentuée : *contradictio aliqua*.

deux puissances : savoir la possession radicale des deux pouvoirs par l'Église, mais en ajoutant qu'à l'état normal elle délègue aux princes l'autorité temporelle, quitte à la reprendre directement au moins dans certains cas exceptionnels [1].

On se demandera peut-être, au terme de ces analyses, lequel de ces deux groupes antagonistes rendait meilleure justice à la pensée de saint Bernard. Celle-ci est encore aujourd'hui trop discutée pour qu'on puisse entretenir l'illusion de prononcer entre les combattants un arbitrage définitif. Quelques points, en tout cas, peuvent passer pour acquis.

Tout le monde accordera que la doctrine de l'abbé de Clairvaux sur les deux pouvoirs fut, chez nos controversistes, l'objet d'un examen minutieux et que jamais peut-être on n'en réalisa mieux la subtile complexité. Non pas, évidemment, qu'il faille lui imputer l'origine de la controverse; mais les deux parties en présence, qui avaient en commun le culte de l'autorité comme source théologique, aimaient invoquer la sienne, à titre subsidiaire, en faveur de la thèse à laquelle ils étaient gagnés pour d'autres raisons. Dans cette lutte des intelligences sur la nature du pouvoir pontifical, saint Bernard fait figure d'un neutre puissant et vénérable, dont chacun voulait et croyait pouvoir obtenir le renfort.

Il est d'ailleurs assez clair que les tenants de l'école française n'y parvenaient qu'en éludant sa doctrine formelle sur les deux glaives et transformant pour le reste en thèses absolues ses scrupules de mystique ou ses conseils de moraliste intransigeant, tandis que celle-là fournissait aux théologiens pontificaux une donnée ferme qui leur permettait tout au moins de pallier, peut-être même de résoudre assez heureusement, l'apparente opposition qui semblait provenir de ceux-ci. Au demeurant, n'est-il pas instructif de reconnaître que, dès le début du xIVe siècle, furent dessinées dans leurs grandes lignes les directions entre lesquelles les exégètes de saint Bernard n'ont plus cessé de se partager depuis ?

---

[1] Avec la même dextérité dialectique, notre auteur (II, 10, 16; fol. 101ᵛ; édit. PERUGI, p. 184) exploite au profit de ses idées familières la célèbre apostrophe : *In his successisti non Petro sed Constantino* (*De consideratione*, IV, 3, 6; PL, 776) qu'il s'est posée comme objection. Tout s'éclaire à ses yeux par une distinction entre ce que le pape doit au droit divin d'une part et au droit humain de l'autre : « Petro succedit in potestate temporali prout eam Petrus iure divino habuit et ipse similiter habet. Sed prout papa huiusmodi potestatem habet iure humano sic succedit Constantino. » Est-il besoin d'observer à quel point cette subtilité d'école est étrangère à l'esprit et au texte de saint Bernard ?

APPENDICE IV

SUR UNE CRÉATION JURIDIQUE
DES PUBLICISTES FRANÇAIS

M. Paul Fournier présentait naguère au public français de la manière
la plus favorable, et en les confirmant de sa grande autorité [1], les conclusions d'un savant italien, M. Francesco Ercole, sur l'origine de
l'adage : « *Rex est imperator in regno suo* » [2].

D'après les deux éminents juristes, peu de maximes seraient plus
intéressantes dans l'histoire des catégories politiques. Étant donné, en
effet, que le droit romain ne connaissait d'autre prince que l'empereur,
que le système féodal considérait encore celui-ci, au moins d'une
manière théorique, comme le suprême suzerain du monde entier, ce
fut pour la pensée médiévale, qui s'élaborait sous cette double influence,
un véritable problème que d'abriter dans un concept plausible l'indépendance nécessaire et pratiquement bien reconnue des souverains
locaux. Plus qu'ailleurs la difficulté devait surtout paraître vive dans
un pays comme la France, où le sentiment national fut de bonne heure
particulièrement développé.

Cependant la solution fut lente à venir. Longtemps on se contenta
de la chercher dans le privilège consacré par la décrétale *Per venerabilem*
d'Innocent III (1205) : ... *Cum rex ipse superiorem in temporalibus minime
recognoscat* [3]. Formule suffisante pour la pratique, mais très vulnérable
en théorie, comme ne manquèrent pas de l'observer les doctrinaires
du pouvoir impérial, puisqu'elle constatait un fait sans affirmer le
droit [4]. Ce droit d'aucuns même semblaient renoncer à l'établir,

---

[1] P. FOURNIER, *La Monarchia de Dante et l'opinion française*, dans *Bulletin
du jubilé*, 1921, p. 167-174.

[2] Fr. ERCOLE, *L'origine francese di una nota formola Bartoliana*, dans *Archivio
storico italiano*, t. LXXIII, 1915, p. 241-294.

[3] Dans le *Corpus Iuris*, c. 13, X, *qui filii sint legitimi*, IV, 17 (FRIEDBERG,
t. II, col. 715).

[4] Déjà la *Glossa ordinaria* de Jean le Teutonique marque la réserve que devait

témoin, vers la fin du XIIIe siècle, Jacques de Révigny, pour qui le roi de France n'est pas proprement *princeps*, mais bien *magistratus principis*[1].

Vue trop contraire aux traditions françaises pour ne pas rester isolée et qui, en tout cas, ne pouvait avoir qu'un caractère purement spéculatif. Son contemporain Guillaume Durand de Mende se tenait beaucoup plus près des réalités et en essayait déjà une systématisation assez heureuse quand il ajoutait à la parole d'Innocent III ce commentaire d'une portée plus générale : « *Rex Franciae princeps est in regno suo* »[2].

Il n'y avait plus qu'un pas à faire pour dire que l'autorité du roi sur son royaume est juridiquement identique à celle de l'empereur sur les terres d'Empire. De cette suprême démarche, qui allait radicalement briser au profit des monarchies nationales le vieux rêve si longtemps entretenu d'une souveraineté unique, la maxime : «*Rex est imperator in regno suo*» fut l'expression, et de là vient l'intérêt qui s'attache à la question de son origine.

I

En tête de son mémoire, M. Ercole résume bien l'état ancien des opinions.

Jusqu'à ces derniers temps, c'est à Baldo († 1400) qu'on attribuait assez communément la paternité de la célèbre formule[3]. Mais, comme on la trouve équivalemment et à maintes reprises dans les écrits de Bartole († 1357), le dernier historien de celui-ci, M. Sidney Woolf, croit pouvoir la faire remonter jusqu'à l'un de ses maîtres, mort en 1335, Oldrado da Ponte[4]. Sur quoi M. Ercole a démontré qu'il faut

---

reprendre Innocent IV : « *De facto; de iure tamen subest Romano Imperio* » (*Corpus Iuris can.*, c. 13, X, IV, 17, ad v. *minime recognoscat*; édition de Lyon, 1671, t. II, c. 1543).

[1] TOURTOULON, *Les œuvres de Jacques de Révigny*, Paris, 1889, p. 48.

[2] DURAND DE MENDE, *Speculum iuris*, IV, part. III, *De feudis*, 2, n. 29 (édit. de Francfort, 1592, t. III, p. 310).

[3] M. Ercole (*loc. cit.*, p. 244, n. 1) signale comme témoins ESMEIN, *Cours élémentaire d'histoire du droit français*, Paris, 1910, p. 339; VIOLLET, *Histoire des institutions politiques et administratives de la France*, t. II, p. 64; CHENON, dans *Mélanges Fitting*, Montpellier, 1907, t. I, p. 211. Et le fait n'est pas révoqué en doute par M. Fournier (*loc. cit.*, p. 170).

[4] C. W. SIDNEY WOOLF, *Bartolus of Sassoferrato*, Cambridge, 1913, p. 380 et suiv. Quelques textes caractéristiques de Bartole sont réunis dans ERCOLE, p. 242, n. 3. Oldrado professe, en effet, cette doctrine et fut, de ce chef, fortement malmené par les juristes restés fidèles à l'impérialisme traditionnel (ERCOLE, p. 283-284).

reculer encore plus loin, jusqu'aux publicistes français qui assumèrent la défense de la cause royale sous Philippe le Bel.

On en trouve, en effet, toute la substance dans le *Dialogue entre un clerc et un chevalier*, où l'auteur admet que la France est une portion détachée de l'Empire : *Imperii portio, pari divisione ab eo discreta et aequali dignitate et auctoritate... insignita.* D'où il suit que tous les droits et privilèges de l'Empire appartiennent au royaume de France : *Quidquid ergo privilegii et dignitatis retinet imperii nomen in parte una, hoc regnum Franciae in alia* [1]. La *Quaestio in utramque partem* en fournit même la lettre : *Omnia enim quae pro imperatore faciunt valent nihilominus pro rege Franciae qui imperator est in regno suo.* Ce que l'auteur précise en disant du roi de France qu'il est *par imperatori quantum ad libertatem suae iurisdictionis* [2]. Doctrine qui n'offre, comme le remarque très judicieusement M. Ercole, rien d'essentiellement nouveau, mais qui reçoit ici pour la première fois « *veste di assioma giuridico* » [3].

A ces deux témoignages, qu'il retient comme d' « une importance capitale », M. Paul Fournier a pu en ajouter un troisième du même temps, « qui a échappé aux investigations, pourtant très minutieuses, de M. Ercole ».

Il est emprunté à un mémoire composé vers 1303 par l'évêque de Mende, Guillaume Durand le jeune, pour défendre contre l'administration royale ses droits sur le temporel de son évêché. Un des arguments de l'avocat du roi était celui-ci : *Quod Dominus Rex sit imperator in regno suo ut imperare possit terre et mari et omnes populi regni sui eius regantur imperio* [4]. Il y a donc coïncidence parfaite pour les dates et les termes. Aucun document ne pouvait mieux confirmer la thèse

---

[1] *Disputatio* (GOLDAST, *Monarchia*, t. I, p. 17). Encore est-il que l'auteur admet le droit primitif de l'Empire dont la France a hérité par sectionnement.

[2] *Quaestio in utramque partem* (GOLDAST, t. II, p. 98). — M. Sidney Woolf, qui a eu connaissance de ce texte, l'a pris pour un anachronisme et a voulu, de ce chef, renvoyer la *Quaestio* au milieu du XIVe siècle (*Bartolus of Sassoferrato*, p. 369 et suiv.). Toute la difficulté disparaît du moment que le texte n'est plus isolé et le contenu de la *Quaestio* la fixe d'ailleurs, sans aucun doute possible, à l'époque de Philippe le Bel. Voir plus haut, p. 133-134. — On y lit encore vers la fin (GOLDAST, p. 103) cette formule similaire : « Quilibet Rex est caput regni et imperator imperii ». Cfr JEAN DE PARIS, *De potestate regia et papali*, 19 (GOLDAST, t. II, p. 134) : « Quilibet rex est... caput regni sui et imperator monarcha, si fuerit, est caput mundi. » Voir dans le même sens *Rex pacificus* (DUPUY, p. 670) : « Dominus temporalis, sive rex in regno, sive imperator in imperio, recte dicitur fundamentum. »

[3] ERCOLE, p. 273.

[4] MAISONOBE et PORÉE, *Documents historiques sur le Gévaudan : Mémoire relatif au Paréage de* 1307, Mende, 1896-1897 (cité dans FOURNIER, *La Monarchia de Dante*, p. 171).

de M. Ercole sur les origines françaises de la formule que les juristes italiens devaient ensuite recueillir et propager. Où d'ailleurs trouverait-on, pour buriner ce principe d'indépendance, un milieu plus favorable que celui des légistes qui entouraient Philippe le Bel et s'appliquaient à soutenir par la plume, contre toutes les formes ou menaces d'empiètement, l'absolue souveraineté politique dont il se montrait jaloux?

Du reste, la preuve documentaire est ici appuyée par des vraisemblances historiques dont M. Ercole montre bien la force et la convergence [1]. Trois maîtres de la science juridique en Italie au début du XIVe siècle ont, sous des formes diverses, adopté la doctrine qui équipare le roi à l'empereur. Or de chacun on peut faire voir qu'il a subi des influences françaises.

Cino de Pistoie, qui écrivait sa *Lectura in codicem* en 1314, y use d'une expression analogue à celle qu'employait Durand de Mende l'ancien : *Talis dominus qui non recognoscit superiorem est princeps in terra sua*, et cela dans un contexte où il rapporte des opinions soutenues *ultra montes*. Oldrado da Ponte, au contraire, s'apparente nettement au langage de la *Quaestio in utramque partem*, quand il écrit : *Cum quilibet rex de facto teneat locum imperatoris in regno suo*, et divers indices dans son œuvre montrent qu'il connaissait nos légistes. Comment d'ailleurs l'eût-on tant critiqué plus tard dans les écoles italiennes si l'on n'avait eu le sentiment qu'il rompait avec la tradition nationale? André d'Isernia diffère des maîtres précédents en ce qu'il s'alimente surtout aux sources canoniques; mais il modifie l'impérialisme de la *Glossa ordinaria* pour enseigner comme eux : *Reges liberi habent illud posse quod Imperator in Imperio*. Or aux suggestions de la critique interne on n'oubliera pas d'ajouter qu'il enseignait vers 1316 et qu'il vivait à Naples où régnait la dynastie d'Anjou.

Tout s'accorderait donc pour faire de la maxime qui allait devenir si célèbre dans l'histoire du droit et constituer comme le programme des monarchies modernes une création de nos publicistes français.

II

Il n'est cependant pas impossible de leur trouver à eux-mêmes de lointains ancêtres et leur création, en tout cas, ne s'est point faite *ex nihilo*.

Après tout ce qu'on vient de lire sur l'« innovation » que représenterait la formule : « *Rex est imperator in regno suo* » et sur les efforts si

---

[1] ERCOLE, p. 278-291.

méritoires multipliés par d'honorables érudits pour situer au début du XIVe siècle l'avènement de cette *solenne ed epigrammatia espressione*, on est bien placé pour apprécier à sa juste valeur historique les lignes suivantes du vieux canoniste Alain, qui, au plus tard vers 1208 et peut-être avant, commenta la première *Compilatio* des Decrétales. Nous allons tout d'abord à la conclusion, quitte à revenir aussitôt après sur les prémisses qui en éclairent la portée :

« ... *Et quod dictum est de imperatore dictum habeatur de quolibet rege vel principe qui nulli subest.* UNUSQUISQUE ENIM TANTUM IURIS HABET IN REGNO SUO QUANTUM IMPERATOR IN IMPERIO. Divisio enim regnorum de iure gentium introductum [= introducta] a papa approbatur, licet antiquo iure gentium imperator unus in orbe esse deberet. »

L'auteur vient d'attribuer au successeur de Pierre la possession des deux glaives et il se demande, en conséquence, si le pape ne pourrait donc pas retenir pour lui le glaive matériel. A quoi il fait une réponse formellement négative, au nom du droit canon et de l'ordre public :

« Nunquid papa materialem gladium sibi posset retinere ? Resp. non ; Dominus enim gladios divisit, ut XCVI di. *Cum ad verum,* et praeterea Ecclesia ex hoc turbaretur [1]. »

Dans ce texte on peut voir en raccourci comme une synthèse complète de la conception politique chère au moyen âge. Au sommet de l'édifice social, le pape, source de toute autorité. Le haut-domaine qu'il possède de ce chef sur tous les États n'engendre d ailleurs pas la confusion des pouvoirs. Car, si les deux glaives sont unis dans leur principe, Dieu a voulu qu'ils fussent distincts dans leur exercice et la puissance séculière a sa fin propre dans le plan divin, ainsi que le prouve le canon célèbre où le pape Gélase proclame la distinction établie par Dieu entre l'autorité spirituelle et le pouvoir civil [2]. Mais, comme celui-ci ne se présente dans le canon *Cum ad verum* que sous les espèces du pouvoir impérial, notre glossateur semble redouter une objection et c'est sans doute pour y répondre ou y parer qu'il ajoute que le principe émis pour l'empereur vaut également pour tout autre souverain. Chaque roi dans son royaume a la même raison d'être que l'empereur dans l'Empire, et donc les mêmes droits.

---

[1] Texte publié, d'après un ms. de Halle, Y e 52, par Fr. SCHULTE, *Literaturgeschichte der Compilationes antiquae,* dans *Sitzungsberichte der k. Akademie der Wissenschaften,* Philosophisch-historische Klasse, t. LXVI, 1870, p. 90.

[2] « Cum ad verum ventum est regem atque pontificem, ultra sibi nec imperator iura pontificatus arripuit, nec pontifex nomen imperatorium usurpavit. » GÉLASE I, *Tomus de anathematis vinculo* (PL, LIX, 109), reproduit dans GRATIEN, c. 6, Dist. XCVI (édit. FRIEDBERG, t. I, c. 339).

Non pas que cet état de choses paraisse à l'auteur absolument normal. Il rappelle, au contraire, l'antique *ius gentium*, aux termes duquel il ne devrait y avoir qu'un seul empereur de tout l'univers. Mais il se rend compte de la révolution qui s'est faite dans le monde par le fait de la *divisio regnorum* et, loin de la condamner, il accepte qu'elle procède elle aussi *de iure gentium* et il précise que le pape la couvre de son approbation. Voilà pourquoi, le vieil idéal de l'*imperator unus* étant sauf, il n'hésite pas à mettre, au double point de vue philosophique et juridique, sur le même pied que l'empereur les princes et les rois qui se partagent aujourd'hui les débris de sa succession. C'est Dieu qui a « divisé les glaives », puis le cours de l'histoire qui a « fragmenté en royaumes » l'Empire unique d'autrefois ; mais, sous ces modalités contingentes du régime politique, c'est toujours le pouvoir civil avec la fonction providentielle qu'il lui appartient de remplir. Dès lors, l'Église ne pouvait que témoigner aux détenteurs de la souveraineté, quels qu'il soient, la même considération. Et comme l'empereur reste malgré tout le souverain-type, la logique imposait d'étendre aux autres rois et princes autonomes qui ont pris sa place les droits qui lui sont reconnus. D'où apparaît, au terme du raisonnement dont nous venons de reconstituer les mailles, la conclusion doctrinale qui présentement nous intéresse : *Unusquisque rex vel princeps qui nulli subest tantum iuris habet in regno suo quantum imperator in imperio.*

Alain fut-il le premier écrivain ecclésiastique à dégager explicitement cette doctrine et, en toute hypothèse, son autorité n'a-t-elle pas dû se faire sentir chez les canonistes postérieurs ? Ne serait-il pas utile, en particulier, de rechercher les liens éventuels qui ont pu le relier au napolitain André d'Isernia, dont M. Ercole reconnaît que l'œuvre présente une inspiration foncièrement canonique [1] ? Il y aurait peut-être des recherches à faire de ce côté, que nous devons abandonner à la diligence des spécialistes : il nous suffit de les avoir orientées en rappelant un texte resté inaperçu et digne à tous égards de retenir l'attention, puisqu'il énonce paisiblement, un siècle avant Philippe le Bel, ce principe de parité juridique entre les rois et l'empereur que l'auteur anonyme de la *Quaestio in utramque partem*, cent ans après, devait condenser dans l'aphorisme destiné à devenir classique : « *Rex est imperator in regno suo* ».

Il reste d'ailleurs toujours vrai de dire avec M. Fournier [2] : « Dans cette maxime la France peut revendiquer la frappe vigoureuse de la

---

[1] Ercole, p. 285-286.
[2] P. Fournier, *La Monarchia de Dante*, p. 172.

formule, que l'Angleterre devait plus tard lui emprunter pour affirmer son indépendance. » « Quant à l'idée exprimée », elle est de beaucoup antérieure et ce ne sont pas des légistes qui la forgèrent les premiers en vue de fins politiques, mais un décrétaliste qui la rencontra dans ses réflexions désintéressées sur l'ordre chrétien.

APPENDICE V

LE PAPE DANS LE TRAITÉ « REX PACIFICUS »

En exposant la doctrine du traité *Rex pacificus*, R. Scholz assure
que l'auteur ne connaît à l'Église qu'une tête « transcendante », savoir
le Christ, et que le pape n'est pas nommé par lui comme chef, même
au spirituel. C'est du Christ invisible que procèderaient les nerfs et
les veines du corps social, c'est à dire toutes les fonctions, soit ecclésiastiques, soit civiles. Et le professeur de Leipzig ne peut s'empêcher
de voir là une solution assez élégante de la vieille antimonie entre le
Sacerdoce et l'Empire, si souvent accusée sous la comparaison tendancieuse de l'âme et du corps [1].

Il ne prend pas garde cependant que ce beau résultat n'est acheté
qu'au prix d'une exégèse paradoxale. Un théologien, ou même un
légiste, qui, à l'aurore du xive siècle, ignorerait le rôle de la papauté
dans l'Église ou la supprimerait par prétérition ne serait-il pas une
figure inédite dont l'invraisemblance doit faire réfléchir ? Pourquoi
l'auteur, au demeurant, s'il avait une manière aussi simple de concevoir
« l'harmonieuse concordance » des deux pouvoirs, éprouverait-il le
besoin d'écrire toute une dissertation pour délimiter leurs rapports
mutuels ? Et comment se donnerait-il tant de peine pour soustraire
au pape le domaine du temporel s'il est vrai qu'il ne lui reconnaisse
même pas celui du spirituel ?

Du reste, les allusions ne manquent pas au cours du traité qui
sont faites pour donner l'éveil au lecteur impartial. Le Pontife romain
y est appelé formellement *non solum praelatus immo omnibus ecclesiasticis praelatis praepositus* [2], ou encore *pater spiritualis* [3], *Christi vicarius...
in spiritualibus* [4]. Au surplus, il ne s'agit pas seulement d'expressions

---

[1] SCHOLZ, p. 264-265. Voir *supra*, p. 262.

[2] *Rex pacificus* (DUPUY, p. 674).

[3] *Ibid.*, p. 675.

[4] Voir p. 679 ad 6um, p. 680 ad 10um, p. 681 ad 13um. Cfr p. 675 : « Ergo Papa
in regno Franciae non est dominus nec superior in temporalibus, sed tantum
in spiritualibus, sicut et ubique terrarum. »

fugitives : ces traits jetés en passant se rattachent à une conception d'ensemble assez clairement exprimée par ailleurs.

On ne conteste pas, en effet, que l'auteur affirme la pleine autorité du souverain au temporel. N'est-ce pas dire, dès là qu'il admet expressément *duae iurisdictiones distinctae… habentes officia distincta*, que ces « deux juridictions » ont chacune ici-bas leur chef ? Cette induction seule a déjà par elle-même la valeur d'une preuve. La même conclusion ressort encore du parallélisme physiologique développé par l'auteur pour traduire en image cette pensée abstraite. De même que la tête et le cœur sont deux parties de l'organisme physique, ils doivent se retrouver dans l'organisme social. Si donc l'Empire en est le cœur, c'est également une autorité visible qui doit en être la tête. Cette logique interne du morceau suffirait, pour tout esprit non prévenu, à trancher la question.

Peut-être, au demeurant, estimera-t-on que l'auteur aurait pu parler clair et nous épargner ainsi cet effort de dialectique. Aussi bien cette exégèse n'a-t-elle pour but que de relever les indices qui devaient donner à R. Scholz un doute sur la valeur de sa découverte. Dès lors, au lieu de dédaigner ou méconnaître de telles évidences, il aurait sans doute pris garde à l'état défectueux du texte édité par Dupuy, qui est jusqu'à un certain point responsable de son erreur. Le lecteur attentif ne peut pas, en effet, n'y pas remarquer, dès l'introduction, un hiatus qui va jusqu'à rendre inintelligible la marche du raisonnement.

Après avoir cité l'opinion de ceux qui attribuent au pape l'autorité immédiate sur le temporel — c'est à dire ses principaux adversaires — notre anonyme indique en seconde ligne, mais sur le même plan, la position des canonistes plus modérés qui font dépendre l'État de l'Église uniquement pour l'exécution. Or, sans donner son sentiment sur cette théorie, il s'embarque aussitôt dans un développement sur la tête et le cœur que rien n'avait annoncé. Au tournant décisif de la p. 669-670, on a la surprise de rencontrer cette phrase déconcertante : « *Nam et Dominus utroque gladio usus est et Moyses* » (fin de la p. 669), qui se continue tout aussitôt, sans même un signe de ponctuation, par les lignes suivantes (sommet de la p. 670) : « OMNIBUS PRAEESSE NOSCITUR spiritualiter… ».

Évidemment la première partie achève l'argument de l'école adverse, rapporté ici à titre d'objection ; mais quel sens donner à la seconde ? Et que penser de l'écrivain qui, sans autre indication, joindrait à cet aphorisme énigmatique le thème du *sensus discretionis* et du *motus bonae operationis* que la tête doit communiquer aux fidèles du Christ ? Ce serait l'incohérence pure. Ne faut-il pas aux critiques un rare amour des paradoxes pour s'en contenter, ou ne pas s'en apercevoir ?

Pour résoudre le cas, l'hypothèse d'une lacune se présente assez naturellement à l'esprit. De fait, en se rapportant au texte imprimé par Du Boulay, on découvre que Dupuy a laissé tomber ici toute une page. Elle débute par ces mots :

« Sed istorum opinio non multum accedit ad propositam quaestionem. Esto enim quod Imperator subsit papae *quantum ad executionem gladii...* »

C'est donc bien la discussion du système exposé en dernier lieu, que l'auteur écarte en quelques lignes. Après quoi il propose sa propre thèse, qui refuse absolument au pape toute juridiction sur le temporel. Pour l'établir, suivant la manière de l'école qui ne dédaigne pas de rattacher, fût-ce de loin et moyennant quelques lieux-communs, les conclusions particulières à une loi générale, il en appelle à la constitution providentielle de l'homme. :

« Ad huius intelligentiam notandum quod, sicut dicit *Prov.* XVI : « *Universa propter semetipsum operatus est Dominus* », sicut [= sic] etiam omnia quae in mundo sunt voluit propter hominem operari. Et inde est quod... voluit quod in homine inveniretur una similitudo quae totius mundi esset repraesentativa. Unde etiam homo graece microcosmus dicitur. »

Le monde, en effet, se compose du règne spirituel ou angélique et du règne corporel. Or ces deux natures entrent dans la composition de l'homme. Par son âme il est l'image de l'être angélique, et non pas seulement parce qu'elle est esprit, mais parce que ses trois facultés maîtresses : mémoire, intelligence, volonté, reproduisent la triple hiérarchie des anges. Son corps est, tout de même, le résumé du monde matériel. Ce qui doit s'entendre jusqu'au détail le plus strict. Et c'est par ce long circuit que l'on arrive à voir le rôle des deux organes principaux du corps humain : le cœur et la tête, qui deviennent le symbole des deux juridictions auxquelles les intérêts de cette terre sont confiés :

« In corpore autem humano sic est quod, cum in eo sint partes plurimae et membra multa, sunt tamen duo membra principalia, videlicet cor et caput, quorum sunt varia officia et distincta. Et sicut in corpore humano cordis et capitis sunt distinctae operationes, sic in regimine mundano duae sunt iurisdictiones... Et sicut in humano corpore carentia capitis vel cordis esset causa dissolutionis et mortis, sic cessatio alterutrius istarum iurisdictionum esset causa destructionis Ecclesiae... »

D'où l'auteur est conduit à exposer méthodiquement le symbolisme, d'abord de la tête, puis du cœur. Or, si le cœur représente le pouvoir temporel, la tête, comme bien l'on pense, c'est le pape, qui a pour mission de pourvoir aux intérêts spirituels de l'humanité :

« Proprietas autem capitis appropriatur habenti iurisdictionem spiritualem, quia, sicut in capite vigent sensus..., *sic in Papa*, qui ‖ OMNIBUS PRAEESSE

29

NOSCITUR SPIRITUALITER, vigere debet discretio et sapientia... Unde ad ipsum sicut et ad caput spectat omnibus fidelibus dare sensum discretionis [1]...»

Nous retrouvons ici le texte donné par Dupuy, mais intelligible désormais et logiquement articulé grâce à la restitution de l'anneau manquant. Après avoir décrit séparément, sous l'analogie de la tête et du cœur, le rôle du pape et du roi dans la société humaine, l'auteur peut ensuite passer à l'analyse de leurs rapports respectifs. Et l'on voit suffisamment à quelle étourderie se ramène l'interprétation sensationnelle qui ne sait pas voir le rôle spirituel du pape dans le traité *Rex pacificus*.

---

[1] Du Boulay, *Historia Universitatis Parisiensis*, Paris, 1668, t. IV, p. 940-941.

APPENDICE VI

« VICARIUS DEI »

Quelques lecteurs nous sauront peut-être gré, vu l'intérêt qui s'attache à cette expression, de recueillir ici un petit dossier de citations qui en attestent l'emploi, dès la plus haute antiquité, au profit de l'empereur [1]. Nous y joindrons quelques textes plus modernes, comme premiers éléments d'une enquête que d'autres pourront ensuite compléter.

I. — *Période patristique.*

1. - PSEUDO-AUGUSTIN, *Quaestiones Veteris et Novi Testamenti*, XCI, 8 (CSEL, t. L, p. 157; PL, XXXV, 2284) :

« Rex adoratur in terris quasi *vicarius Dei*. Christus autem post vicariam impleta dispensatione [PL : post vicariam impletam dispensationem] adoratur in caelis et in terra. »

Cfr *ibid.*, CVI, 17 (CSEL, p. 243; PL, *ibid.*, 2319) : « Habens [homo] imperium Dei quasi vicarius eius, quia omnis rex Dei habet imaginem. »

N. B. — L'auteur est communément identifié avec l'*Ambrosiaster*. Ce qui placerait son œuvre dans le dernier quart du IVe siècle.

2. - ANASTASE II (496-498), *Epistola ad Anastasium Imperatorem* (*Epist.*, I, 61, dans THIEL, *Epistolae Romanorum Pontificum*, p. 620) :

« Pectus clementiae vestrae sacrarium est publicae felicitatis, ut per instan-

---

[1] A l'origine de cette terminologie on a signalé une survivance du culte anciennement rendu aux souverains (Fr. KERN, *Gottesgnadentum und Widerstandsrecht*, Leipzig, 1914, p. 123). De fait, chez les Babyloniens, le roi est expressément regardé comme le vicaire de Dieu. Voir P. DHORME, *La religion assyro-babylonienne*, Paris, 1910, p. 146-148. — Chez les Latins, Sénèque (*De clementia*, I, 1; édit. HOSIUS, Leipzig, 1914, p. 210) prête à Néron un monologue autocratique qui débute par ces termes : « Egone ex omnibus mortalibus placui electusque sum qui *in terris deorum vice fungerer?* ». Cfr VÉGÈCE, *Epitoma rei militaris*, II, 5 (édit. LANG, Leipzig, 1885, p. 38) : « Nam imperator cum Augusti nomen acceperit, *tanquam praesenti et corporali Deo* fidelis est praestanda devotio. »

tiam vestram, quam *velut vicarium* praesidere iussit in terris, evangelicis apostolicisque praeceptis non dura superbia resistatur, sed per obedientiam quae sunt salutifera compleantur. »

II. — *Période carolingienne.*

1. - CATHULFUS, *Epist. ad Carolum II*, vers 775 (MGH, *Epistolae*, t. IV, p. 503) :

« Memor esto ergo semper, rex mi, Dei regis tui cum timore et amore, quod tu es *in vice illius* super omnia membra eius custodire et regere... Et episcopus est in secundo loco, in vice Christi tantum est... Deus tuus dixit tibi, *cuius vicem tenes*, in Psalmo : *Et nunc reges, intelligite...* (*Ps.*, II, 10). »

2. - SEDULIUS SCOTUS, *De rectoribus christianis*, 19, sous Charlemagne ou Louis le Débonnaire (PL, CIII, 329) :

« Oportet Deo amabilem regnatorem, quem divina ordinatio *tamquam vicarium suum* in regimine Ecclesiae esse voluit... ut singulis personis quae iusta sunt decernat. »

3. - SMARAGDE, *Via regia*, 18, sous Louis le Débonnaire (PL, CII, 958) :

« Fac quidquid potes pro persona quam gestas, pro ministerio regali quod portas, pro nomine christiani quod habes, pro vice Christi qua fungeris. »

4. - *Capitula Pistensia*, 1, juin 862 (MGH, *Leges*, sect. II, t. II, p. 305). — On a supposé que ce texte serait dû à Hincmar de Reims (H. SCHRÖRS, *Hinkmar Erzbischof von Reims*, Fribourg-en-Brisgau, 1884, p. 235, n. 72).

« Deus, qui essentialiter est « *rex regum et dominus dominantium* » (*I Tim.*, VI, 15), participatione nominis et numinis Dei, id est potestatis suae, voluit et esse et vocari regem et dominum pro honore et *vice sua regem* in terris. »

5. - Cette conception se retrouve dans le monde anglo-saxon aussi bien que dans le monde germanique, témoin cette formule du roi Ethelred, citée et traduite dans Fr. KERN, *Gottesgnadentum*, p. 55 :

« Le roi chrétien est le vicaire du Christ dans le peuple chrétien et il doit venger avec zèle les offenses du Christ. »

III. — *Moyen Age.*

A. — Comme on pouvait s'y attendre, la querelle des Investitures devait amener les défenseurs de l'Empire à rappeler ce vieil idéal.

1. - Ainsi en est-il chez PIERRE CRASSUS, *Defensio Heinrici*, 6, composé en 1084 (*Libelli de lite*, t. I, p. 450) :

« Sciant non esse liberos, sed sub potestate agere quae ex Deo est, id est sub principe suo qui *vicem Dei* agit. »

2. - De même dans *Tractatus Eboracenses*, IV, vers 1100-1103 (*ibid.*, t. III, p. 667) :

« Quidquid facit [rex] ...., qui natura Deus est et Christus per *vicarium suum* hoc facit, per quem vices suas exsequitur. »

Cfr *ibid.*, p. 664 : « Iste due persone, sacerdos videlicet et rex, vices Christi tenere videntur et imaginem. »

3. - FRÉDÉRIC BARBEROUSSE, *Ordonnance du 2 juillet* 1173 (MGH, *Leges*, sect. IV, t. I, n. 240, p. 335) :

« Imperatoria maiestas quae regis regum et domini dominantium *vicem gerit* in terris. »

B. — Dans la suite, cet idéal se maintient surtout chez les légistes, dont il forme la doctrine classique. Voir GIERKE, *Les théories politiques du moyen âge*, traduct. J. DE PANGE, p. 154.

1. - JEAN BASSIANUS, juriste du XIIIᵉ siècle, *Summa in libro Novellarum*, Nov. 73, praef., 1 :

« Propterea Deus de caelis imperatorem constituit in terris ut per eum *tamquam per procuratorem* leges factis emergentibus coaptet. »

2. - HENRI DE BRACTON, *De legibus et consuetudinibus Angliae*, I, 8, 5, vers 1256-1257 (édit. TWISS, t. I, p. 38, Londres, 1878; dans les *Chronicles and Memorials*, t. LXX) :

« Quod sub lege esse debeat [rex], cum sit *Dei vicarius*, evidenter apparet ad similitudinem Iesu Christi cujus vices gerit in terris. »

Et encore *ibid.*, III, 9, 3 (t. II, Londres, 1879; même série, p. 172-174) :

« Separare debet rex (cum sit *Dei vicarius* in terra) ius ab iniuria... Nihil enim potest rex in terris, cum sit *Dei minister et vicarius*, nisi id solum quod de iure potest... Exercere igitur debet rex potestatem iuris sicut *Dei vicarius et minister in terra*... Igitur, dum facit iustitiam, *vicarius est Regis aeterni*, minister autem diaboli dum declinet ad iniuriam. »

Cfr II, 24, 1 (t. I, p. 440) : « Sicut Dei minister et *vicarius* tribuat unicuique quod suum fuerit. »

3. - A tous ces textes, dont la plupart sont fournis çà et là par l'ouvrage de MM. Carlyle [1], on ajoutera ceux que nous avons rencontrés au cours de la présente étude, par exemple le traité *Rex pacificus*, p. 268 [2].

---

[1] CARLYLE, t. I, p. 146-149, 213-215. Cfr p. 259-262; t. II, p. 77; t. III, p. 35-36, 68-69, 100 et 109; t. IV, p. 275.

[2] En même temps l'empereur est censé le « vicaire » du peuple romain. « Principis placitum est imperialis sanctio, quae per excellentiam vocatur constitutio. Quod enim principi placuit legis habet vigorem, id est vicem. Nam, cum Imperator proprie sit *vicarius*, eius censura, licet non sit lex, legis habet vigorem » (PLACENTINUS, *Summa Institutionum*, I, 2, dans CARLYLE, t. II, p. 58).

C. — Bien que moins familier aux théologiens et aux hommes d'Église, ce langage ne leur est pourtant pas inconnu.

1. - Aribon, archevêque de Mayence, Discours prononcé au sacre de l'empereur Conrad II le Salique, 8 sept. 1024, dans Wippo, *Vita Conradi* (PL, CXLII, 1228) :

« ... Ad summam dignitatem pervenisti : *vicarius es Christi.* »

2. - Yves de Chartres reproduit le texte rapporté plus haut du pape Anastase II (*Decretum*, XVI, 16; PL, CLXI, 904).

3. - Saint Thomas d'Aquin se sert pour son compte d'un terme équivalent dans sa théorie de la souveraineté (*De regimine principum*, I, 12; *Opera omnia*, t. XXVII, p. 352) :

« ... Sit [rex] in regno sicut in corpore anima et sicut Deus in mundo. Quae si diligenter recogitet..., iustitiae in eo zelus accenditur, dum considerat ad hoc se positum ut *loco Dei* iudicium regno exerceat. »

4. - Nicolas de Lyre est formel (*Postilla super totam Bibliam : In I Par.*, XIII, 1; édition non paginée, Nüremberg, 1481) :

« Quando rex, qui in temporalibus est *Dei vicarius*, bene se habet erga Deum, Deus in agendis dirigit eum. »

5. - De même Toloméo de Lucques, suite au *De regimine principum* de saint Thomas, II, 15 (*Opera omnia*, t. XXVII, p. 368) :

« Reges et principes *vices Dei* gerunt in terris, per quos Deus mundum gubernat sicut per causas secundas. »

Cfr *ibid.*, II, 16 et III, 5 (p. 370 et 374).

6. - Et plus tard Æneas Sylvius (*De ortu et authoritate imperii*, 23; dans Schard, *Sylloge historico-politico-ecclesiastica*, p. 397) :

« Imperatorem [homines] mundi dominum tamquam *Dei vicem* in temporalibus gerentem venerentur. »

D. — Cette expression se trouve également sous des plumes hétérodoxes. Elle est courante dans J. Wyclif, *De officio regis* (édit. W. Pollard et Sayle, Londres, 1887). Ainsi I, p. 4-5 :

« Rex est *Dei vicarius* quem proximo dictum est esse timendum; ideo necesse est sibi servari honorificentiam *in eius vicario*... Debent eis esse subditi... timore spirituali sub obtentu premii eterni ex merito subieccionis *regi vicario Christi.* »

Un peu plus loin (*ibid.*, p. 12), l'auteur commente les textes cités ci-dessus du pseudo-Augustin :

« Nec valet ficcio qua dicitur istum sanctum non dicere regem esse vicarium Dei sed quasi vicarium, quia... oportet hoc adverbium *quasi* connotare veram racionem vicarii... Aut ergo oportet [negare] episcopum esse vicarium Christi verum, aut eadem auctoritate simpliciter concedere regem esse verum Dei vicarium. »

Puis encore (*ibid.*, p. 13), celui de Nicolas de Lyre :

« Oportet ergo Deum habere in ecclesia duos vicarios, scilicet regem in temporalibus et sacerdotem in spiritualibus. »

Cfr III, p. 58-59; IV, p. 77-80; V, p. 104; VI, p. 141; VIII, p. 197. On y relève (IV, p. 78) cette précision intéressante, dirigée contre le pseudo-Aristote (*Secreta secretorum*, VII) : « Licet rex sit *Dei vicarius*, ut dicit Augustinus, et per consequens *nec Deus in celo nec in terris*, tamen oportet omnia opera eius esse a Dei iusticia exemplata. »

N. B. — Vers l'époque de Charlemagne, les évêques aiment aussi se dénommer les vicaires de Dieu et du Christ : « Ministerium episcoporum... quos constat esse *vicarios Christi* et clavigeros regni caelestis » (*Episcoporum de paenitentia Ludovici relatio*, en 833; MGH, *Leges*, sect II, t. II, p. 51). — « Nos autem Dei iudicio *sui* ab illo *vicarii* constituti » (*Concilium Meldense-Parisiense*, 83, en 845-846; *ibid.*, p. 421). — « Ab ipso ac ceteris *Christi vicariis*... propalata capitula... Nos omnes, licet indigni, *Christi* tamen *vicarii* et apostolorum ipsius successores » (Même concile, *ibid.*, p. 397). — « Rectores ac pastores Ecclesiarum ut patres et *Christi vicarios* colite » (*Epist. synod. Carisiacensis*, 7, en 858; *ibid.*, p. 432). — « [Christi pontifices], qui *vicarii principis pastorum* in Ecclesia Dei esse videntur » (RABAN MAUR, *Epist. Fuld. fragm.*, 20, c. IV; MGH, *Epist.*, t. V, p. 526) [1].

Cette désignation se retrouve encore chez saint Bernard (*Tractatus de moribus et officio episc.*, LX, 36 (PL, CLXXXII, 832). Voir la remarque de Mabillon (*ibid.*, 829, note 88) : « *Episcopum Christi vicarium veteri more appellat* ». De même chez Jean de Salisbury (*Policraticus*, V, 2; édit. WEBB, t. I, p. 582; PL, CXCIX, 540).

Innocent III serait le premier qui applique au pape le titre de *vicarius Dei*, ses prédécesseurs ne s'appelant ou n'étant jamais appelés que les « vicaires de Pierre » (E. AMANN, art. *Innocent III*, dans *Dict. théol. cath.*, t. VII, c. 1972). Il est certain que l'expression *vicarius Dei* devient courante à partir de cette époque; mais on tiendra compte de l'approximation intéressante que représente à cet égard la formule : *vicarius Christi* [2]. Elle est familière à saint Bernard : « Unicum se *Christi vicarium* [Petrus] designavit » (*De consideratione*, II, 8, 16; PL, CLXXXII, 752). « Oportere te esse consideres... sacerdotem Altissimi, *vicarium Christi*, christum Domini » (*ibid.*, IV, 7, 23; PL,

---

[1] En majeure partie d'après CARLYLE, t. I, p. 273-274.

[2] Fait déjà reconnu dans K. BURDACH, *Vom Mittelalter zur Reformation* p. 293, et A. HAUCK, *Der Gedanke der päpstlichen Weltherrschaft*, p. 36. — Chez les divers témoins de notre controverse, *vicarius Dei* et *vicarius Christi* sont équivalemment appliqués au Pape. Une variante assez neuve est fournie par Jean de Paris, quand il use du terme *vicarius Christi* à propos de simples prêtres (*De potestate regia et papali*, 8; GOLDAST, t. II, p. 117).

788). Voir encore *Epist.*, 251 (*ibid.*, 451) et *Tract.* de *moribus et officio episc.*, VIII, 31 (*ibid.*, 829). Sur ce dernier texte Mabillon observait (*ibid.*, n. 88) : « *Pontifici Romano quem Bernardus inter primos vicarium Christi proprio nomine appellavit* ». Même remarque *ibid.*, 345, n. 484, et 451, n. 678.

Eugène III, d'après une chronique de son temps (*Historia pontificalis*, 40; MGH, *Script.*, t. XX, p. 543), se désigne lui-même comme *Christi vicarius* et son contemporain Gerhoch de Reichersberg écrit en parlant de Grégoire VII : « *Christus per suum vicarium Petri successorem...* » (*De investigatione Antichristi*, 19; *Libelli de lite*, t. III, p. 325). De son côté, Jean de Salisbury appelle au moins une fois (*Epist.*, 198, PL, CXCIX, 217) le pape *vicarius crucifixi*, et tout de même Pierre de Blois (*Epist. ad Cael.* ; PL, CCVI, 1263). Voir encore saint Thomas de Cantorbéry (*Epist.* 9 ; PL, CXC, 452 ; cfr 443).

Bien que plus rare à l'époque patristique, ce terme n'y est pourtant pas inconnu. Témoin cette acclamation d'un synode romain (13 mars 495), rapportée par le pape Gélase (*Epist.*, XXX, 15; THIEL, p. 447) : « *Vicarium Christi te videmus* ». — « NOTANDUS HIC LOCUS, observe l'éditeur (*ibid.*, n. 45); PRIMUS ENIM EST in quo Romanum praesulem *vicarium Christi* appellatum meminimus ». Et il faudrait en rapprocher, si l'origine romaine n'en était un peu douteuse, le texte du *De aleatoribus*, 1 : « Quoniam nobis divina et paterna pietas apostolatus ducatum contulit et *vicariam Domini sedem* caelesti dignatione ordinavit » (CSEL, t. III, III, p. 93; PL, IV, 827).

IV. *Période moderne.*

D'après le système gallican, en héritant la fonction, le roi de France aurait aussi hérité le titre. On le trouve dans un arrêt du Parlement de Paris, en date du 19 juillet 1595, rapporté par P. PITHOU (*Preuves des libertez de l'Eglise gallicane*, t. I, p. 128) :

« N'ont laissé... les Docteurs de l'Église gallicane de tenir cette maxime certaine et indubitable, que les royaumes dépendoient de Dieu seul, que comme le pape et les évesques pour le spirituel estoient ses vicaires les Roys l'estoient pour le temporel. »

Une ordonnance de Charles VI (1385) traduit expressément cette conviction (*ibid.*, p. 271) :

« Non immerito *Dei vicarius* quoad iurisdictionem temporalem appellari possumus et debemus. »

TABLES

1. — Dans la table des textes bibliques (p. 453) on relèvera les textes de l'Écriture utilisés, ne fût-ce que par allusion, ou discutés au cours de la controverse.

2. — Dans la table des citations (p. 455), conformément à l'objet doctrinal de notre étude, nous ne ferons figurer que les citations relatives au problème théologique de l'Église et de l'État, soit avant, soit pendant la controverse.

I. — LISTE DES PRINCIPAUX OUVRAGES CITÉS

I. — SOURCES DE LA CONTROVERSE

I. — SOURCES DIRECTES

Bibliothèque nationale. — Manuscrit latin n. 4229 (Colb. 2402).

On y trouvera groupées les principales productions des théologiens pontificaux : le *De ecclesiastica potestate* de Gilles de Rome, le petit traité de Henri de Crémone publié par R. SCHOLZ, le *De regimine christiano* de Jacques de Viterbe.

BOUTARIC, E. — *Notices et extraits de documents inédits relatifs à l'histoire de France sous Philippe le Bel*, dans *Notices et Extraits des manuscrits de la bibliothèque impériale*, t. XX, II, Paris, 1862, p. 83-237.

DIGARD, G., FAUCON M., et THOMAS, A. — *Les Registres de Boniface VIII*, t. I-III, Paris, 1884-1921, dans la *Bibliothèque des écoles françaises d'Athènes et de Rome*, 2e série.

[DUPUY, P.] — *Histoire du différend d'entre le pape Boniface VIII et Philippes le Bel roy de France*, Paris, 1655.

L'ouvrage contient, sous le titre de *Preuves*, tous les documents officiels du conflit, plus, à la fin, le traité anonyme *Rex pacificus*.

DURAND DE MENDE le jeune, Guillaume. — *De modo generalis concilii celebrandi*, Lyon, 1534.

FINKE, H. — *Aus den Tagen Bonifaz VIII*, Munster, 1902.

Le supplément documentaire contient une apologie de Boniface VIII par Agostino Trionfo et une glose anonyme de la bulle *Unam Sanctam* jusque-là faussement attribuée au cardinal Lemoine.

GOLDAST, M. — *Monarchiae s. Romani Imperii sive tractatus de iurisdictione imperiali, regia et pontificia seu sacerdotali*, 3 volumes, Francfort, 1668.

Collection où sont réunies, parfois avec des attributions inexactes, les principales œuvres des publicistes royaux ou des théologiens indépendants : la *Disputatio inter clericum et militem*, la *Quaestio in utramque partem* et sa traduction française par Raoul de Presles, le traité *De potestate regia et papali* du dominicain Jean de Paris.

IDEM. — *Politica imperialia*, Francfort, 1614.

On y trouve le traité *De ortu et fine imperii* par Engelbert d'Admont.

KRAMMER, M. — *Determinatio compendiosa de iurisdictione imperii*, Hanovre et Leipzig, 1909, dans la collection des *Fontes iuris germanici antiqui*.

LANGLOIS, Ch.-V. — *De recuperatione terre sancte*. Traité de politique générale par Pierre DUBOIS, Paris, 1891, dans la *Collection de textes pour servir à l'étude et à l'enseignement de l'histoire*.

OXILIA, G. U. et BOFFITO, G. — *Un trattato inedito di Egidio Colonna*, Florence, 1908.

Édition du traité *De ecclesiastica potestate* de Gilles de Rome, d'après le *Cod. Magliabechiano* I, VII, 12 de la Bibliothèque nationale de Florence.

PERUGI, G. L. — *Il De regimine christiano di Giacomo Capocci Viterbese*, Rome, 1914-1915.

Édition du traité *De regimine christiano*, d'après le *Cod. lat.* 3212 de la *Biblioteca Casanatense*.

PICOT, G. — *Documents pour servir à l'histoire des assemblées réunies sous Philippe le Bel*, Paris, 1901, dans la *Collection des documents inédits sur l'histoire de France*.

PORT, C. — *Liber Gulielmi Majoris*, dans la *Collection des documents inédits sur l'histoire de France. Mélanges historiques*, t. II, Paris, 1887.

ROCCABERTI (DE), J. Th. — *Bibliotheca maxima pontificia*, 21 volumes, Rome, 1695-1699.

SCHARD, S. — *De Jurisdictione, auctoritate ac praeeminentia imperiali ac potestate ecclesiastica*, Bâle, 1555.

Collection rééditée suivant l'ordre chronologique sous le titre de *Sylloge historico-politico-ecclesiastica*, Strasbourg, 1618. Publication du même ordre que celle de Goldast, mais moins complète et avantageusement remplacée par celle-ci.

SCHOLZ, R. — *Die Publizistik zur Zeit Philipps des Schönen und Bonifaz VIII*, Stuttgart, 1903, dans les *Kirchenrechtliche Abhandlungen* d'U. Stutz, fascicules 6-8.

L'auteur y publie en appendice l'opuscule de Henri de Crémone *De potestate papae*, un écrit anonyme relatif à la bulle *Clericis laïcos* désigné par son *Incipit: Non ponant laïci*, trois petits traités d'Agostino Trionfo : *De duplici potestate prelatorum et laïcorum, De potestate collegii mortuo papa, De facto Templariorum*.

WAITZ, G. — *Des Jordanus von Osnabrück Buch über das Römische Reich*, dans les *Abhandlungen der Kaiserlichen Gesellschaft von Wissenschaften zu Göttingen* (Historisch-Philologische Klasse), t. XIV, 1868, p. 3-93.

Édition critique du traité *De prerogativa Romani Imperii*, dont le premier chapitre est dû à Jourdain d'Osnabruck, le reste étant l'œuvre d'Alexandre de Roes.

WITTE, C. — *Dantis Aligherii De Monarchia Libri III*, Vienne, 1874.

II. — SOURCES AUXILIAIRES

ALEXANDRE DE HALÈS. — *Summa theologica*, Nuremberg, 1482 (édition non paginée).

BELLARMIN, R. — *Opera omnia*, 12 volumes, Paris, 1870-1874.

BONAVENTURE (S.). — *Opera omnia*, Quaracchi, 1882-1902.

BRACTON (DE), Henri. — Voir HENRI DE BRACTON.

BROWN, E. — *Appendix ad fasciculum rerum expetendarum et fugiendarum*, Londres, 1690.

> On y trouve imprimé le mémoire destiné au concile de Lyon par Humbert de Romans.

Corpus Iuris Canonici, Lyon, 1671.

> Les textes canoniques y sont accompagnés de gloses anciennes; la bulle *Unam Sanctam* en particulier y est suivie de la glose authentique du cardinal Lemoine.

DENIFLE, H. — *Chartularium Universitatis Parisiensis*, Paris, 1889-1897.

DENIFLE, H. et EHRLE, Fr. — *Archiv für Literatur und Kirchengeschichte des Mittelalters*, Berlin et Fribourg en Brisgau, 1885-1893.

DENZINGER, H.-BANNWART, Cl. — *Enchiridion symbolorum et definitionum*, 12e édition, Fribourg-en-Brisgau, 1920.

DUNS SCOT, J. — *Opera omnia*, 27 volumes, Paris, 1891.

DURAND DE MENDE l'ancien, Guillaume. — *Speculum iuris*, Francfort, 1592.

FRIEDBERG, É. — *Corpus Iuris canonici*, Leipzig, 1879-1881.

HENRI DE BRACTON. — *De legibus et consuetudinibus Angliae*; édit. TWISS, Londres, 1878-1883, dans les *Chronicles and Memorials of Great Britain and Ireland*, t. IX-X.

HOEFLER, C. — *Albert's von Beham Conceptbuch*, dans *Bibliothek des literarischen Vereins in Stuttgart*, t. XVI, II, Stuttgart, 1847.

HOSTIENSIS (DE SEGUSIO), Henri. — *Summa aurea*, Lyon, 1588.

HUILLARD-BRÉHOLLES, A. — *Historia diplomatica Friderici II*, Paris, 1852-1859.

INNOCENT IV. — *Apparatus in quinque libros Decretalium*, Milan, 1505.

Libelli de lite Imperatorum et Pontificum saeculis XI et XII conscripti, dans les *Monumenta Germaniae historica*, 3 volumes, série in-4°, Hanovre, 1891-1892.

MANSI, D. — *Sacrorum conciliorum nova et amplissima collectio*, réédition H. Welter, Paris, 1901 et suiv.

MIGNE, J. P. — *Patrologiae cursus completus*. Série latine, Paris, 1844-1869.

Monumenta Germaniae historica, Hanovre, 1826 et suiv.

PITHOU, P. — *Preuves des libertez de l'Église gallicane*, Paris, 2e édit., 1651.

SCHULTE (VON), J. Fr. — *Die Summa des Stephanus Tornacensis über das Decretum Gratiani*, Giessen, 1891.

SINGER, H. — *Die Summa Decretorum des Magister Rufinus*, Paderborn, 1902.

THIEL, A. — *Epistolae Romanorum pontificum genuinae*, Braunsberg, 1867-1868.

THOMAS D'AQUIN (S.) — *Opera omnia*, Paris, 1871.

Tractatus illustrium in utraque tum pontificii tum Caesarei iuris facultate Jurisconsultorum de potestate ecclesiastica, Venise, 1584.

VINCENT DE BEAUVAIS. — *Speculum doctrinale*, Venise, 1494.

WINKELMANN, E. — *Acta imperii inedita*, Innsbruck, 1880-1885.

II. — ÉTUDES GÉNÉRALES

AFFRE, D. A. — *Essai historique et critique sur la suprématie temporelle du pape et de l'Église*, Paris, 1829.

BAILLET, A. — *Histoire des démeslez du pape Boniface VIII avec Philippe le Bel*, Paris, 2e édit., 1718.

BAUDRILLART, A. — *Des idées qu'on se faisait au XIVe siècle sur le droit d'intervention du souverain pontife en matière politique*, dans *Revue d'histoire et de littérature religieuses*, t. III, 1898, p. 193-224, 309-338.

BIANCHI DI LUCCA, G. A. — *Della potestà e della polizia della Chiesa*, Turin, 1854-1859.

BLAKEY, R. — *The history of political literature*, Londres, 1855.

BOUTARIC, E. — *La France sous Philippe le Bel*, Paris, 1861.

CARLYLE, R. W., et A. J. — *A history of mediaeval political theory in the West*, t. I-IV, Édimbourg et Londres, 1903-1922.

CRIVELLUCCI, A. — *Storia delle relazioni tra lo Stato e la Chiesa*, Bologne, 1886.

DAUNOU, J. P. — *Essai historique sur la puissance temporelle des Papes*, Paris, 3e édit., 1811.

DRUMANN, W. — *Geschichte Bonifacius des Achten*, Koenigsberg, 1852.

FÉRET, P. — *La faculté de théologie de Paris. Moyen Age*, t. III, Paris, 1896.

FINKE, H. — *Aus den Tagen Bonifaz VIII*, Munster, 1902.

FOURNIER, P. — *Les conflits entre la juridiction ecclésiastique et la juridiction séculière*, dans *Les officialités au moyen âge*, Paris, 1880, p. 94-127.

FRANCK, Ad. — *Réformateurs et publicistes de l'Europe. Moyen Age et Renaissance*, Paris, 1864.

FRIEDBERG, É. — *De finibus inter Ecclesiam et civitatem regundorum iudicio*, Leipzig, 1861.

IDEM. — *Die mittelalterlichen Lehren über das Verhältniss von Staat und Kirche*, dans *Zeitschrift für Kirchenrecht*, t. VIII, 1869, p. 69-138 (Réédité sous le même titre en deux brochures, Leipzig, 1874).

GEFFCKEN, H. — *Staat und Kirche in ihrem Verhältniss geschichtlich entwickelt*, Berlin, 1875.

GIERKE (VON), O. — *Les théories politiques du moyen âge*, traduction J. DE PANGE, Paris, 1914.

[GOSSELIN, J.] — *Pouvoir du Pape au moyen-âge*, Paris, nouvelle édit., 1845.

HAUCK, A. — *Der Gedanke der päpstlichen Weltherrschaft bis auf Bonifaz VIII*, Leipzig, 1904.

HEFELE-LECLERCQ, J. — *Histoire des conciles*, Paris, 1907 et suiv.

HERGENROETHER, J. — *Katholische Kirche und christlicher Staat*, Fribourg-en-Brisgau, 2e édit., 1873.

HUNDESHAGEN, C. B. — *Ueber einige Hauptmomente in der geschichtlichen Entwickelung des Verhältnisses zwischen Staat und Kirche*, Heidelberg, 1860.

IDEM. — *Die theokratische Staatsgestaltung und ihr Verhältniss zum Wesen der Kirche*, dans *Zeitschrift für Kirchenrecht*, t. III, 1863, p. 232-266.

JANET, P. — *Histoire de la philosophie morale et politique*, Paris, 1858.
   A partir de la troisième édition, Paris, 1887, l'ouvrage porte le titre suivant : *Histoire de la science politique dans ses rapports avec la morale*.

JUNGMANN, B. — *De pontificatu Bonifacii VIII*, dans *Dissertationes selectae in historiam ecclesiasticam*, Ratisbonne, 1886, t. VI, p. 1-77.

KISSLING, G. — *Das Verhältnis zwischen Sacerdotium und Imperium in den Anschauungen der Päpste von Leo I. bis Gelasius I*, dans les *Veröffentlichungen der Sektion (Görresgesellschaft) für Rechts- und Sozialwissenschaft*, t. XXXVIII, Paderborn, 1921.

LANGLOIS, Ch.-V. — *Philippe le Bel et Boniface VIII*, dans E. LAVISSE, *Histoire de France*, t. III, II, Paris, 1911.

LAURENT, F. — *L'Église et l'État*, Bruxelles, 1856.

LECHLER, G. V. — *Der Kirchenstaat und die Opposition gegen den päpstlichen Absolutismus im Anfang der XIV. Jahrhunderts*, Leipzig, 1870.

LILIENFEIN, H. — *Die Anschauungen von Staat und Kirche im Reich der Karolinger*, Heidelberg, 1902.

MARTENS, W. — *Die Beziehungen der Ueberordnung, Nebenordnung und Unterordnung zwischen Kirche und Staat*, Stuttgart, 1877.

MICHAËL, E. — *Beiträge zur Geschichte des mittelalterlichen Staats-*

rechts, dans *Zeitschrift für katholische Theologie*, t. XXVI, 1902, p. 263-280.

MOLITOR, W. — *Die Decretale « Per venerabilem » von Innocenz III. und ihre Stellung im öffentlichen Rechte der Kirche*, Munster, 1896.

NIEHUES, B. — *Geschichte des Verhältnisses zwischen Kaiserthum und Papsthum im Mittelalter*, Munster, 1877-1887.

OLLIVIER, Ém. — *L'Église et l'État au concile du Vatican*, Paris, 1879.

RIEZLER, S. — *Die literarischen Widersacher der Päpste zur Zeit Ludwigs des Bayers*, Leipzig, 1874.

ROCQUAIN, F. — *La papauté au moyen âge. Études sur le pouvoir pontifical*, Paris, 1881.

IDEM. — *La cour de Rome et l'esprit de réforme avant Luther*, Paris, 1893-1895.

SCADUTO, Fr. — *Stato e Chiesa negli scritti politici della fine della lotta per le investiture sino alla morte di Ludovico il Bavaro* (1122-1347), Florence, 1882.

SCHOLZ, R. — *Die Publizistik zur Zeit Philipps des Schönen und Bonifaz VIII*, Stuttgart, 1903, dans les *Kichenrechtliche Abhandlungen* d'U. STUTZ, fascicules 6-8.

SCHULTE (VON), Fr. — *Die Macht der römischen Päpste über Fürsten, Länder, Völker und Individuen*, 3e édit., Giessen, 1896.

IDEM. — *Die Stellung der Concilien, Päpste und Bischöfe vom historischen und canonistischen Standpunkte*, Prague, 1871.

SCHWAB, J.-B. — *Zur Kirchengeschichte des XIV. Jahrhunderts*, dans *Theologische Quartalschrift*, t. XLVIII, 1866, p. 3-56.

SCHWANE, J. — *Histoire des dogmes*. Moyen Age, traduction A. DEGERT, t. V, Paris, 1903.

SOLMI, A. — *Stato e Chiesa secondo gli scritti politici da Carlomagno fino al Concordato di Worms* (800-1122), Modène, 1901.

TOSTI, L. — *Storia di Bonifacio VIII*, Mont-Cassin, 1846.

III. — ÉTUDES SPÉCIALES

AMANN, E. — Art. *Innocent III et Innocent IV*, dans VACANT-MANGENOT, *Dictionnaire de théologie catholique*, t. VII, c. 1961-1996.

ANTONIADÈS, B. — *Die Staatslehre des Thomas ab Aquino*, Leipzig, 1890.

ARQUILLIÈRE, H. X. — *L'appel au concile sous Philippe le Bel*, dans *Revue des questions historiques*, t. LXXXIX, 1911, p. 23-55.

IDEM. — *L'origine des théories conciliaires*, dans *Séances et travaux de l'Académie des sciences morales et politiques*. Nouvelle série, t. LXXV, 1, 1911, p. 573-587.

IDEM. — Art. *Jacques de Viterbe*, dans VACANT-MANGENOT, *Dictionnaire de théologie catholique*, t. VIII, c. 305-309.

BATIFFOL (Mgr.), P. — *Le catholicisme de Dante*, dans *Bulletin du jubilé* [pour la célébration du 6ᵉ centenaire de la mort de Dante Alighieri], Paris, 1921, p. 237-252.

BERCHTOLD, J. — *Die Bulle Unam Sanctam. Ihre wahre Bedeutung und Tragweite für Staat und Kirche*, Munich, 1887.

BOEHMER, E. — *Ueber Dante's Monarchie*, Halle, 1866.

BOUTARIC, E. — *Les idées modernes chez un politique du XIVᵉ siècle*, dans *Revue contemporaine*, deuxième série, 1864, p. 417-447.

IDEM. — *Mémoire sur la vie et les œuvres de Pierre Du Bois*, dans *Comptes-Rendus de l'Académie des Inscriptions et Belles-Lettres*, t. VIII, Paris, 1864, p. 84-106.

BURDACH, K. — *Vom Mittelalter zur Reformation*, t. II, 1, 1913.

CIPOLLA, C. — *Il trattato « De Monarchia » di Dante Alighieri e l'oposcolo « De potestate regia et papali » di Giovanni da Parigi*, dans *Memorie della reale Accademia delle Scienze di Torino*. Série II, t. XLVII, 1892 (*Scienze morali, storiche e filologiche*), p. 325-419.

COGLIANI, V. T. — *Giacomo Capocci e Guglielmo de Villana scrittori politici del secolo XIV*, dans *Rivista d'Italia*, t. XII, II, 1909, p. 430-459.

DESJARDINS, G., S. J. — *La Bulle « Unam Sanctam »*, dans *Études*, t. XXXVI, 1880, p. 161-181, 382-399, 517-535.

DUBLANCHY, E. — *Turrecremata et le pouvoir du pape dans les questions temporelles*, dans *Revue thomiste*, nouvelle série, t. VI, 1923, p. 74-101.

DOMEIER, V. — *Die Päbste als Richter über die deutschen Könige*, Breslau, 1897.

EHRMANN, F. — *Die Bulle « Unam Sanctam » des Papstes Bonifacius VIII. nach ihrem authentischen Wortlaut erklärt*, Wurzbourg, 1896.

ENGELMANN, E. — *Der Anspruch der Päbste auf Konfirmation und Approbation bei den deutschen Königswahlen*, Breslau, 1886.

FINKE, H. — *Zur Characteristik Philipps des Schönen*, dans *Mitteilungen des Instituts für oesterreichische Geschichtsforschung*, t. XXVI, 1905, p. 201-224.

FLICHE, A. — *Études sur la polémique religieuse à l'époque de Grégoire VII. Les Prégrégoriens*, Paris, 1916.

IDEM. — *Saint Grégoire VII*, Paris, 1920.

IDEM. — *La Réforme grégorienne*, t. I et II, dans le *Spicilegium Sacrum Lovaniense*, t. VII et IX, Louvain, 1924-1925.

FOURNIER, P. — *Le « De Monarchia » de Dante et l'opinion française*, dans *Bulletin du jubilé*, p. 147-175.

450 TABLES

Funk, Fr.-X.— *Zur Bulle «Unam Sanctam»*, dans *Kirchengeschicht-liche Abhandlungen*, Paderborn, 1897, t. I, p. 483-489.

Gachon, P. — *Étude sur le manuscrit G. 1036 des Archives départe-mentales de la Lozère*, Montpellier, 1894.
Analyse par P. Fournier, dans *Bulletin critique*, 15 décembre 1895, p. 687-691.

Gennrich, P. — *Die Staats- und Kirchenlehre Johanns von Salisbury*, Gotha, 1894.

Gillmann, Fr. — *Von wem stammen die Ausdrücke «potestas directa» und «potestas indirecta» in temporalibus?*, dans *Archiv für katho-lisches Kirchenrecht*, t. XCVIII, 1918, p. 407-409.

Goedeckemeyer, A. — *Die Staatslehre des Thomas von Aquino*, dans *Preussische Jahrbücher*, t. CXIII, 1903, p. 398-419.

Grabmann, M. — *Studien zu Iohannes Quidort von Paris*, dans *Sitzungsberichte der bayerischen Akademie der Wissenschaften.* Philosophisch-philologische und historische Klasse, Abh. 3, Munich, 1922.

Graefe, Fr. — *Die Publizistik in der letzten Epoche Kaiser Frie-drichs II*, Heidelberg, 1909.

Grauert, H. — *Aus den kirchenpolitischen Traktatenliteratur des XIV. Jahrhunderts*, dans *Historisches Jahrbuch der Görresgesell-schaft*, t. XXIX, 1908, p. 497-536.

Greinacher, A. — *Die Anschauungen des Papstes Nikolaus I. über das Verhältniss von Staat und Kirche*, Berlin, 1909.

Hauréau, B. — *Jacques de Viterbe*, dans *Histoire littéraire de la France*, t. XXVII, Paris, 1877, p. 45-64.

Idem. — *Guillaume Le Maire, évêque d'Angers*, ibid., t. XXXI, Paris, 1893, p. 75-95.

Heber, M.— *Gutachten und Reformvorschläge für das Vienner General-concil*, Leipzig, 1896.

Hegel, K. — *Dante über Staat und Kirche*, Rostock, 1842.

Hemmer, H. — Art. *Boniface VIII*, dans Vacant-Mangenot, *Diction-naire de théologie catholique*, t. II, c. 991-1003.

Hirsch, K. —*Die Ausbildung der konziliaren Theorie im XIV. Jahr-hundert*, Vienne, 1903.

Holtgreven, A. — *Das Verhältniss zwischen Staat und Kirche nach den Quellen des canonischen Rechtes dargestellt*, Berlin, 1875.

Hotzmann, R. — *Wilhelm von Nogaret*, Fribourg-en-Brisgau, 1898.

Jordan, Éd. — *Dante et saint Bernard*, dans *Bulletin du jubilé*, p. 267-331.

Idem. — *Le gibelinisme de Dante: la doctrine de la Monarchie uni-verselle*, dans *Dante. Mélanges de critique et d'érudition française*, Paris, 1921, p. 61-91.

IDEM. — *Dante et la théorie romaine de l'Empire*, dans *(Nouvelle) revue historique de droit français et étranger*, t. XLV, 1921, p. 353-396; quatrième série, t. I, 1922, p. 191-232, 333-390.

JOURDAIN, Ch. — *Un ouvrage inédit de Gilles de Rome en faveur de la Papauté*, Paris, 1858. Extrait du *Journal général de l'Instruction publique*, reproduit dans *Excursions historiques et philosophiques à travers le moyen âge*, Paris, 1888, p. 173-197.

KERN, Fr. — *Humana civilitas. Eine Dante-Untersuchung*, Leipzig, 1913.

IDEM. — *Gottesgnadentum und Widerstandsrecht*, Leipzig, 1914.

KRAUS, Fr.-X. — *Ægidius von Rom*, dans *Oesterreichische Vierteljahresschrift für katholische Theologie*, t. I, 1862, p. 1-33.

IDEM. — *Dante. Sein Leben und sein Werk*, Berlin, 1897.

LAJARD, J. — *Jean de Paris*, dans *Histoire littéraire de la France*, t. XXV, Paris, 1869, p. 244-266.

IDEM. — *Jean Lemoine*, ibid., t. XXVII, Paris, 1877, p. 201-225.

IDEM. — *Gilles de Rome*, ibid., t. XXX, Paris, 1888, p. 421-566.

LANZONI, F. — *La Monarchia di Dante*, Milan, 1864.

LIZERAND, G. — *Clément V et Philippe IV le Bel*, Paris, 1910.

MARIANI, U. — *Il « De regimine christiano » di Giacomo da Viterbo*, dans *Il Giornale dantesco*, t. XXVII, 1924, p. 108-121. Traduit en espagnol dans *La Ciudad de Dios*, t. CXL-CXLI, 1925, p. 161-167, 15-17, 258-271.

MARTENS, W. — *Das Vaticanum und Bonifaz VIII*, Munich, 1888.

MERLIN, N. — Art. *Gilles de Rome*, dans VACANT-MANGENOT, *Dictionnaire de théologie catholique*, t. VI, c. 1358-1365.

MEYER, E. — *Staatstheorien Papst Innocenz III*, Bonn, 1920.

MIRBT, C. — *Die Absetzung Heinrichs IV. durch Gregor VII. in der Publizistik jener Zeit*, dans *Kirchengeschichtliche Studien Hermann Reuter... gewidmet*, Leipzig, 1888, p. 95-144.

IDEM. — *Die Publizistik im Zeitalter Gregors VII*, Leipzig, 1894.

MOHLER, L. — *Die Kardinäle J. und P. Colonna. Beitrag zur Geschichte des Zeitalters Bonifaz VIII*, Paderborn, 1914.

MOLLAT, G. — *Les papes d'Avignon*, Paris, 3ᵉ édit., 1921.

IDEM. — *La collation des bénéfices sous les papes d'Avignon*, Paris, 1921.

MUELLER, K. — *Ueber das Somnium Viridarii*, dans *Zeitschrift für Kirchenrecht*, t. XIV, 1879, p. 134-205.

MURY, P. — *La Bulle Unam Sanctam*, dans *Revue des questions historiques*, t. XXVI, 1879, p. 41-130; t. XLVI, 1887, p. 253-257.

NIEMEIER, A. — *Untersuchung über die Beziehungen Albrechts I. zu Bonifaz VIII*, Berlin, 1900.

POSCH, A. — *Die staats- und kirchenpolitische Stellung Engelberts von Admont*, dans les *Veröffentlichungen der Sektion (Görresgesellschaft) für Rechts- und Sozialwissenschaft*, t. XXXVII, Paderborn, 1920.

RENAN, E. — *Pierre Dubois*, dans *Histoire littéraire de la France*, t. XXVI, Paris, 1873, p. 471-536.

IDEM. — *Guillaume de Nogaret, ibid.*, t. XXVII, Paris, 1877, p. 233-371.

IDEM. — *Bertrand de Got pape sous le nom de Clément V, ibid.*, t. XXVIII, Paris, 1881, p. 272-314.

IDEM. — *Études sur la politique religieuse du règne de Philippe le Bel*, Paris, 1899.
Réimpression posthume des trois articles précédents.

RIVIÈRE, J. — *Dante et le châtiment du Christ*, dans *Revue des sciences religieuses*, t. I, 1921, p. 401-407.

IDEM. — *Le pape est-il « un Dieu » pour Innocent III?, ibid.*, t. II, 1922, p. 447-451.

IDEM. — *« In partem sollicitudinis »*. Évolution d'une formule pontificale, *ibid.*, t. V, 1925, p. 210-231.

RONZY, P. — *Dante auxiliaire du gallicanisme*, dans *Dante. Mélanges de critique et d'érudition française*, p. 125-137.

SAEGMUELLER, J.-B. — *Die Idee von der Kirche als Imperium Romanum im kanonischen Recht*, dans *Theologische Quartalschrift*, t. LXXX, 1898, p. 50-81.

SCHEEBEN, J. — *Die Bulle Unam Sanctam und ihr neuester Gegner*, dans *Der Katholik*, t. LXVIII, 1, 1888, p. 449-483, 561-602.

SCHILLING, O. — *Die Staats- und Sociallehre des hl. Thomas von Aquino*, Paderborn, 1923.

SCHIRMER, W. C. — *Dante Alighieri's Stellung zu Kirche und zu Staat*, Dusseldorf, 1891.

SCHOLZ, R. — *Zur Beurteilung Bonifaz VIII. und seines Characters*, dans *Historische Vierteljahrschrift*, t. IX, 1906, p. 470-515.

SCHRAUB, W. — *Jordan von Osnabrück und Alexander von Roes*, Heidelberg, 1910.

SCHWAB, J.-B. — *Johannes Gerson*, Wurzbourg, 1858.

VERLAQUE, V. — *Jean XXII. Sa vie et ses œuvres*, Paris, 1883.

VIOLLET, P. — *Guillaume Durant, évêque de Mende*, dans *Histoire littéraire de la France*, t. XXXV, Paris, 1921, p. 1-139.

WAILLY (DE), N. — *Mémoire sur un opuscule anonyme intitulé : « Summaria, brevis et compendiosa doctrina felicis expeditionis et abbreviationis guerrarum ac litium regni Francorum »*, dans *Mémoires de l'Académie des Inscriptions et Belles-Lettres*, t. XVIII, II, Paris, 1849, p. 435-495.

WENCK, K. — *Kirche und Staat am Ausgang des Mittelalters*, dans *Zeitschrift für allgemeine Geschichte*, t. I, 1884, p. 592-606.

IDEM. — *Philipp der Schöne von Frankreich*, Marbourg, 1905.

ZECK, E. — *Der Publizist Pierre Dubois*, Berlin, 1911.

ZEILLER, J. — *L'idée de l'État dans saint Thomas d'Aquin*, Paris, 1910.

II. — TABLE DES CITATIONS

I. — TEXTES BIBLIQUES

SIGEBERT DE GEMBLOUX

Leodiensium Epistola.

(*Libelli de lite*, t. II)

7   22
10   20

SMARAGDE

Via regia.

(PL, CII)

18   436

Summa Coloniensis

Voir DÉCRÉTISTES

Summa Parisiensis

Voir DÉCRÉTISTES

TANCRÈDE

Voir DÉCRÉTALISTES

THOMAS BECKET (S.)

(édit.   J.   CRAIGIE-ROBERTSON;
PL, CXC)

Epistolae.

9   440
179, 180   30 n. 1
383   19

THOMAS D'AQUIN (S.)

Summa theologica.

I^a,

qu. 1, art. 10   171 n. 1
qu. 70, art. 3   199 n. 1

II^a II^{ae},

qu. 1, art. 10   299 n. 1
qu. 5, art. 1   177 n. 2
qu. 10, art. 10   49, 210 n. 2
qu. 12, art. 2   49, 210 n. 2
qu. 40, art. 2   49 n. 2
qu. 60, art. 6   49
qu. 100, art. 1   353 n. 2

III^a,

qu. 64, art. 3-4   289 n. 2

Supplementum,

qu. 40, art. 7   314 n. 5

Summa contra Gentes.

IV, 76   239 n. 1, 284
                    n. 3

In II Sententiarum.

Dist. XLIV,

qu. 2, art. 2   48

In IV Sententiarum.

Dist. XXIV,

qu. 3, art. 3   314 n. 5

Dist. XXV,

qu. 3, art. 3   353 n. 2

Dist. XXXVII,

Exposit. textus 51 n. 1

Quaestiones quodlibetales.

XII, qu. 12, art. 19
                    49 n. 1

Contra errores Graecorum

II, 27   88 n. 1

De regimine principum.

I, 1   232 n. 3
I, 2   284 n. 1, 330
                    n. 2
I, 12   438
I, 14-15   50, 232 n. 6,
                    284 n. 2, 286
                    n. 2

Tractatus Eboracenses.

(*Libelli de lite*, t. III)

IV   20, 436-437

VINCENT DE BEAUVAIS

Speculum doctrinale.

VII, 32   48 n. 1

VINCENT L'ESPAGNOL

Voir DÉCRÉTALISTES

WALÉRAN DE NAUMBOURG

De unitate Ecclesiae conservanda.

(*Libelli de lite*, t. II)

I, 3; II, 15   15, 16-17

Wenrich de Trèves		Decretum.	
Epistolae Theoderici Virdunensis.		III, 194	283 n.
(Libelli de lite, t. I)		V, 378	30 n. 3
4	15	XVI, 16	438
6	16	Panormia.	
Yves de Chartres		II, 63	283 n.
(PL, CLXI-CLXII)		V, 109-110	30 n. 3
Epistolae.			
15	18 n. 3		

III. — SOURCES IMMÉDIATES DE LA CONTROVERSE

JOURDAIN D'OSNABRUCK
De prerogativa Romani Imperii.
(édit. WAITZ)

LE MAIRE (Guillaume)
Liber Gulielmi Majoris:.
(édit. C. PORT)

LEMOINE (Jean)
Glose de la bulle *Unam Sanctam.*
(*Corpus Iuris*, édit. de Lyon, 1671, t. III, III)

MATTHIEU D'AQUASPARTA
Sermon du 6 janvier 1300

Discours du 24 juin 1302

NOGARET (Guillaume de)
Acte d'accusation contre Boniface VIII
Plaidoyers *pro domo*

III. — TABLE ALPHABÉTIQUE DES NOMS PROPRES ET DES MATIÈRES

364; ses doctrines : suprématie de la puissance ecclésiastique, 364; réforme de l'Église par le retour aux canons, 365-366, et la périodicité des conciles, 298 n. 3, 367; son inspiration gallicane, 368, 381; ses rapports avec l'autorité civile, 361 n. 1, 426.

Dyroff, A., 142 n. 2.

Écriture Sainte, son rôle dans la controverse, 164-173; son autorité exclusive pour Dante, 334 n. 3; procès de la méthode allégorique à propos du pouvoir pontifical, 171, 172 n. 3.

Édouard Ier, roi d'Angleterre, 343.

Église, sa raison d'être comme société spirituelle, 201, 230, 274-275, 284; sa nature et ses notes d'après Jacques de Viterbe, 230-235; son rôle et ses pouvoirs d'après la bulle *Unam Sanctam*, 80-85; sa mission réduite au spirituel : par Waléran de Naumbourg, 12; par les juristes régaliens, 42, 254-255, 262-267; par Dante, 334-335; étendue au temporel par la tradition médiévale, 5-8, 11-13, 31, 48-59, 96-97; développée dans ce sens par les théologiens pontificaux, 185-186, 197-202, 244-247; théorie des états successifs de l'Église, 167, 204-205; importance de la controverse dans l'histoire du traité de l'Église, 241, 376, 377, 382-383; rapports de l'Église et de l'État, voir Coordination, Subordination des pouvoirs.

Ehrle, H., cardinal, 69 n. 1, 110 n. 1, 111 n. 1, 116 n. 1, 358 n. 2, 368 n. 5.

Ehrmann, F., 87 n. 2.

Elter, E., 353 n.

Empereur, sa place dans la société médiévale, 5, 8, 96, 310; sa mission comme « avoué de l'Église » et « vicaire de Dieu », 8, 311, 435-440; prétentions des empereurs à l'indépendance de droit divin, 14, 18-19, 41-43; revendications du Saint-Siège sur leur élection et le contrôle de leur conduite, 9-10, 33, 37-38, 40, 71-72, 325-328; spécialement sur leur déposition, 9-10, 40; discussions qu'elles soulèvent, 13-16, 40-43; consécration de ce droit dans l'École, 30-31, 49, 53, 58, 176; sa reconnaissance par les théologiens français, 137, 179; origine de la juridiction impériale : rattachée directement à Dieu par les légistes, 319; à l'investiture de l'Église par les théologiens pontificaux, 322-325.

Empire, son origine ecclésiastique, 8, 310; sa raison d'être humaine et divine chez les théologiens allemands, 311-317; chez Dante, 329-333; son autonomie revendiquée par les docteurs et légistes impériaux, 43, 317-319, 333-335; sa subordination spéciale à l'Église selon les théologiens pontificaux, 321-322, 324-325; théorie de la translation de l'Empire : chez Innocent III, 33; chez Grégoire IX, 37; dans la controverse, 176, 179, 197, 313, 314, 315, 321, 325, 326 n. 6.

Engelbert, abbé d'Admont, sa vie et son œuvre, 159; sa doctrine sur la raison d'être et l'indépendance de l'Empire, 316-317.

Engelmann, F., 10 n. 2, 33 n. 3, 327 n. 2.

Ercole, Fr., sur les origines françaises de la formule : *Rex est imperator in regno suo*, 424-429.

Esmein, 425 n. 3.

État, voir Empire, Royauté; ses relations avec l'Église, voir Coordination, Subordination des pouvoirs.

Ethelbert, roi, 436.

Étienne II, pape, 268 n. 3.

Étienne de Tournai, canoniste, 25. 393 n.

Étienne Tempier, 142.

Eugène III, pape, 180, 350, 387 n. 1, 406 n. 1, 410, 415, 418, 440.

Évêques, leurs pouvoirs spirituels et

*

TABLE ANALYTIQUE DES MATIÈRES

INTRODUCTION

LA DOCTRINE DES DEUX POUVOIRS AU COURS DU MOYEN AGE

CHAPITRE I

POSITIONS DOCTRINALES DE BONIFACE VIII

CHAPITRE IV

DOSSIER DE LA CONTROVERSE

CHAPITRE V

THÈSES ANTAGONISTES :

LES THÉOLOGIENS PONTIFICAUX

I. — GILLES DE ROME

CHAPITRE VI

THÈSES ANTAGONISTES :

LES THÉOLOGIENS PONTIFICAUX

II. — JACQUES DE VITERBE

CHAPITRE VII

THÈSES ANTAGONISTES :

LES JURISTES RÉGALIENS

CHAPITRE VIII

ESSAIS DE « VIA MEDIA »

I. — LE NATIONALISME FRANÇAIS

CHAPITRE IX

ESSAIS DE « VIA MEDIA »

II. — L'IMPÉRIALISME GIBELIN

TABLES

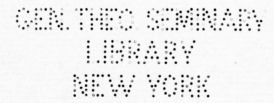

IMPRIMATUR :
Lovanii, 15 Oct. 1925,
De mandato
P. LADEUZE,
Rector Universitatis.

ACHEVÉ D'IMPRIMER LE NEUF
JUIN MIL NEUF CENT VINGT-SIX
PAR L'IMPRIMERIE SAINTE-CATHERINE,
BRUGES, (BELGIQUE).

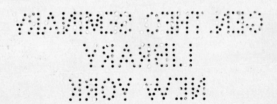

La souscription à toute la série du *Spicilegium*, prise aux Bureaux de la publication (Louvain, rue de Namur, 40 ; Chèque postal J. Martin, Bruxelles 76492, Paris 1er Arr. C. C. 40039), ou à la librairie Champion (Paris, VIe, Quai Malaquais, 5), donne droit à une remise de 20 % sur les prix des fascicules non encore parus. Les fascicules sont payables après réception.

VOLUMES PARUS :

1 et 2. **Saint Jérôme, sa vie et son œuvre.** Première partie. deux volumes, par F. CAVALLERA, professeur à l'Institut Catholique de Toulouse. . . . . 36 fr.
Couronné par l'Académie Française, prix Thérouanne.

3. **Pour l'Histoire du mot " Sacramentum " : I. Les Anténicéens,** par J. DE GHELLINCK, S. J., E. DE BACKER, J. POUKENS, S. J., et F. LEBACQZ, S. J. . . . . . 30 fr.

4. **Paul de Samosate,** étude historique par G. BARDY, professeur à l'Institut Catholique de Lille. . . . . . 36 fr.
Couronné par l'Académie des Inscriptions, prix Bordin, et par l'Association pour l'encouragement des Études Grecques, prix Zographos.

5. **La Somme des Sentences, œuvre de Hugues de Mortagne vers 1155,** par MARCEL CHOSSAT, S. J., avec pieui.. introduction par J. DE GHELLINCK, S. J. . . 16 fr.

6. **La Réforme Grégorienne : I. La formation des idées grégoriennes,** par AUGUSTIN FLICHE, professeur à l'Université de Montpellier. . . . . 26 fr.

7. **Richard de Middleton, sa vie, ses œuvres, sa doctrine,** par EDGAR HOCEDEZ, professeur au Collège Théologique S. J. de Louvain . . . . 42 fr.

9. **La Réforme Grégorienne : II. Grégoire VII,** par AUG. FLICHE. . . . . 37.50 fr.
Couronné (tomes I et II) par l'Académie des Inscriptions, prix Saintour.

POUR PARAITRE PROCHAINEMENT :

10. **Le " De Incarnatione " de Saint Athanase,** étude critique et historico-doctrinale, par le chanoine J. LEBON.

Les œuvres de Robert de Melun, I, texte inédit, publié par le R. P. RAYMOND MARTIN, O. P.

Les " Quaestiones " de Simon de Tournai, texte inédit publié par le chanoine J. WARICHEZ.

Discours inédits d'Eusèbe d'Émèse en latin.

Le Sacramentaire de Gellone.

Le " Liber septem Custodiarum ", le " Registrum „ et le " Catalogus " de Jean Boston (1410).

Byzantion. Revue Internationale des Études byzantines. Tome I, 1924, 600 p. et nombreuses figures. 75 fr. belges

Revue celtique, dirigée par J. Loth, membre de l'Institut, avec le concours de G. Dottin, E. Ernault et J. Vendryes. T. XLIV, 1926. Abonnement annuel : France, 40 fr. — U. P.. . . . . 43 fr.

Revue des Études latines, Rédacteur en chef : J. Marouzeau, 4ᵉ année, 1926. Abonnement. France, 30 fr. — U. P. . . . . 32 fr.

Revue de philologie française, dirigée par L. Clédat et J. Gilliéron. T. XXXVI. 1925. Abonnement annuel : France, 40 fr. — U. P. . . . . $ 2.50

Romania, fondée par P. Meyer et G. Paris, publiée par Mario Roques. T. LI, 1925. Abonnement annuel : France, 50 fr. — U. P.. . . . . $ 3

Revue des études slaves. Directeurs : A. Meillet et Paul Boyer ; secrétaire : André Mazon. Parait deux fois par an, à raison de 2 fascicules doubles pour l'année entière. T. V, 1925. Abonnement annuel : France, 40 fr. — U. P., 43 fr. Le prix du volume annuel pour les années écoulées est porté à . . . . 50 fr.

Les Langues du monde, par un groupe de linguistes, sous la direction de A. Meillet et M. Cohen. Toutes les langues connues classées par familles, par MM A. Meillet, J. Vendryes, Marcel Cohen, A. Sauvageot, Jean Deny, Serge Elisséev, C. Autran, G. Lacombe, Prince N. Troubetskoy, Jules Bloch, J. Przyluski, G. Ferrand, Maurice Delafosse, L. Homburger, Paul Rivet. In-8º raisin, de 811 p., avec 6 croquis et 18 cartes linguistiques en couleur hors texte. Broché. . . 95 fr. Relié toile pleine . . . . 110 fr.

Les premières traductions roumaines de l'Ancien Testament, Palia d'Orestie, (1581-1582). I. Préface et Livre de la Genèse, publiés avec le texte hongrois de Heltai et une introduction par Mario Roques. In-8º, 214 pages. . . . . 60 fr.

Mario Roques. **Le 24 janvier, Conférence à l'Association des Étudiants roumains.** In-4º, 12 pages. . . . . 3 fr.

Havet (L.), membre de l'Institut. **Notes critiques sur le texte de Festus.** 1914, in-8º de 58 pages. . . . . 3 fr. 75

— **Notes critiques sur Properce.** 1916, in-8º de 131 p. . . . . 7 fr. 50

Heuzey (L.). **Histoire du Costume antique,** d'après des études sur le modèle vivant, avec une préface de Edmond Pottier. 1923, in-8º jésus, 310 pages, 142 figures et 7 planches hors texte . . . . 60 fr.

Marouzeau (J.). **L'ordre des mots dans la phrase latine.** Les groupes nominaux. 1922, in-8º, 236 p. . . . . 30 fr.

Meillet (A.). **Recherche sur l'emploi du génitif-accusatif en vieux-slave.** Grand in-8º, 19 fr. — **Étude sur l'étymologie et le vocabulaire du vieux-slave.** Iʳᵉ partie. Gr. in-8º, 10 fr. 50. — 2ᵐᵉ partie, 1905, in-8º, 18 fr. 75. — **Grammaire polonaise** (en collaboration avec Mᵐᵉ Wilmann-Grabowska), 1922. . . . 16 fr.

Meillet (A.) et Vendryes (J.). **Traité de grammaire comparée des Langues classiques,** 1925, in-8º carré, xiv-650 pages . . . . 40 fr.

Oppien d'Apamée. La Chasse. Édition critique par F. Boudreaux, mort au champ d'honneur, 1909, in-8º . . . . 11 fr. 25

Rouillard (G.). **Les Papyrus de Vienne,** in-8º raisin, 92 p. . . . . . 7 fr.

Vient de paraître :

Catalogue des Manuscrits Grecs de la Bibliothèque de la Laura au Mont-Athos (Texte en grec), par Spyridon et S. Eustratiadès. In-4º, 515 pages sur 2 colonnes. Titre en grec et en anglais.. . . . . 400 fr.

Catalogue des Manuscrits Grecs de la Bibliothèque de la Vatopédi au Mont-Athos (Texte en grec), par les mêmes auteurs. In-4º, 276 pages, sur 2 colonnes. 200 fr.

La publication des présents catalogues termine l'inventaire des trésors manuscrits du Mont-Athos commencé en 1895 par le *Catalogue of the Greek manuscripts at Mont-Athos* de S. Lambros.

Imprimerie Sainte-Catherine, Bruges (Belgique).